Uni-Taschenbücher 232

UTB
FÜR WISSEN
SCHAFT

Eine Arbeitsgemeinschaft der Verlage

Birkhäuser Verlag Basel · Boston · Stuttgart
Wilhelm Fink Verlag München
Gustav Fischer Verlag Stuttgart
Francke Verlag München
Harper & Row New York
Paul Haupt Verlag Bern und Stuttgart
Dr. Alfred Hüthig Verlag Heidelberg
Leske Verlag + Budrich GmbH Opladen
J.C.B. Mohr (Paul Siebeck) Tübingen
R.v. Decker & C.F. Müller Verlagsgesellschaft m.b.H. Heidelberg
Quelle & Meyer Heidelberg
Ernst Reinhardt Verlag München und Basel
K.G. Saur München · New York · London · Paris
F.K. Schattauer Verlag Stuttgart · New York
Ferdinand Schöningh Verlag Paderborn · München · Wien · Zürich
Eugen Ulmer Verlag Stuttgart
Vandenhoeck & Ruprecht in Göttingen und Zürich

Walter Larcher

Ökologie der Pflanzen

auf physiologischer Grundlage

4., überarbeitete Auflage
181 Abbildungen
und 54 Tabellen

Verlag Eugen Ulmer Stuttgart

Walter Larcher, geb. 1929 in Kitzbühel. Studium der Biologie, der Erdwissenschaften und der Physik in Innsbruck. 1962 Habilitation für Allgemeine Botanik, 1965 Berufung zum Ordentlichen Professor an der Universität Innsbruck. Mitglied der Österreichischen Akademie der Wissenschaften.

CIP-Kurztitelaufnahme der Deutschen Bibliothek

Larcher, Walter:
Ökologie der Pflanzen auf physiologischer
Grundlage / Walter Larcher. – 4., überarb.
Aufl. – Stuttgart : Ulmer, 1984.
(UTB für Wissenschaft:
Uni-Taschenbücher; Bd 232)
ISBN 3-8001-2529-3

NE: UTB für Wissenschaft/Uni-Taschenbücher

Wollgrasweg 41, 7000 Stuttgart 70 (Hohenheim)
Printed in Germany
Einbandgestaltung: Alfred Krugmann
Satz: Sulzberg-Druck GmbH, Sulzberg im Allgäu
Druck: Offsetdruckerei Karl Grammlich, Pliezhausen
Gebunden bei Reclam, Ditzingen

Vorwort

Ökologie ist die Wissenschaft von den Wechselbeziehungen und Wechselwirkungen zwischen den verschiedenen Lebewesen und ihrer Umwelt, vom Stoffhaushalt und den Energieflüssen, die das Leben auf der Erde möglich machen, und von den Anpassungen der Organismen an die Lebensbedingungen. Die Ökologie der Pflanzen greift aus dem innig verflochtenen Organismengefüge die Pflanzen heraus und sie beschäftigt sich mit dem bezeichnenden Verhalten einzelner Pflanzenarten in Abhängigkeit von den Umwelteinflüssen *(autökologische Betrachtungsweise)* und mit der Wirkung der Umweltfaktoren auf die Zusammensetzung der Pflanzendecke und den Wettbewerb zwischen den Einzelpflanzen im Bestand *(synökologische Betrachtungsweise).* Die Synökologie geht vorwiegend von der Analyse der Bestandesstruktur und der räumlichen Veränderlichkeit der Umweltfaktoren aus, die Autökologie von den Lebensfunktionen und ihrer Steuerung durch zeitlich veränderliche Außenfaktoren; die Autökologie wendet daher vergleichend physiologische Arbeitsmethoden an.

Ein so umfangreiches und vielseitiges Fach wie die Ökologie kann im Rahmen eines Kurzlehrbuches nur unter Verzicht auf Vollständigkeit oder auf Tiefgang dargestellt werden. Es ist ein *Anliegen des Buches,* die Denkweise der Ökologie zu vermitteln, Einblicke in grundlegende Vorgänge, Wirkungsmechanismen und Funktionszusammenhänge im System „Pflanze und Umwelt" zu bieten und aktuelle Probleme des sich so rasch entwickelnden Faches aufzuzeigen. Dieser Zielsetzung dient die *thematische Beschränkung auf die vorwiegend physiologisch-ökologische Betrachtungsweise.* Anhand ausgewählter Beispiele werden die Lebensvorgänge der Pflanzen, ihr Energieumsatz und ihr Stoffhaushalt unter der Einwirkung von Umweltfaktoren und ihre Anpassungsfähigkeit an diese aufgezeigt. Der Wettbewerb und die Interferenz zwischen den Organismen sind völlig ausgeklammert; Hinweise auf entsprechende Literatur sind auf Seite 365 zu finden. Die Anwendungsmöglichkeit und Aussagesicherheit ökologischer Ergebnisse kann nur beurteilen, wer sich mit den Besonderheiten ökologischer Meß- und Auswertetechnik vertraut gemacht hat. Einiges wenige darüber ist im Schlußkapitel angedeutet. Wer tiefer in das Verständnis der kausalanalytischen Pflanzenökologie eindringen will, wird sich aber viel eingehender mit Fragen der Methodik beschäftigen müssen; eine Liste von Methodenbüchern ist dem Quellenverzeichnis vorangestellt.

Ökologie ist ein sehr zeitgemäßes Fach, aber keineswegs eine Erfindung unserer Tage. Ich habe mich bemüht, diese Tatsache dadurch zum Ausdruck zu bringen, daß die in die Abbildungen und Tabellen aufgenommenen Ergebnisse den Weitblick, das Mühen und die Erfolge der Experimentalökologen aus den Pionierjahren in der ersten Hälfte dieses Jahrhunderts ebenso widerspiegeln wie den Wissensfortschritt in neuester Zeit. Das Quellenverzeichnis soll eine Anregung sein, die eine oder andere Originalveröffentlichung im Rahmen von Konversatorien, Seminaren oder im Selbststudium genauer kennenzulernen. In diesem Sinn möge das vorliegende Buch nicht nur Lehrbehelf, sondern auch Arbeitsgrundlage sein.

Mein Dank richtet sich zunächst an meine Mitarbeiter am Institut; in dem Jahr, das der Vorbereitung des Manuskripts gewidmet war, haben sie alle in selbstloser Kameradschaft wann immer möglich zeitraubende Verwaltungsaufgaben bereitwillig auf sich genommen und mich dadurch entlastet. Für die kritische Durchsicht des Manuskriptes und für wertvolle Anregungen danke ich Dr. Alexander Cernusca und Dr. Helmut Bauer; der Abschnitt über den Stickstoffhaushalt wurde von Prof. Dr. Meinhard Moser überprüft, die hydrobiologischen Textteile hat Doz. Dr. Roland Pechlaner durchgesehen. Für die gewissenhafte Übertragung des Textes vom Tonbanddiktat danke ich Frl. Dietlinde Rothart, für die saubere Ausführung der Abbildungen 1, 89 und 140 Frau Anna Honus. Herrn Roland Ulmer danke ich für seine Geduld, Herrn Dr. Steffen Volk für die Betreuung des Manuskripts vor und während der Drucklegung.

Vor allem aber möchte ich den Altmeistern der experimentellen Ökologie Arthur Pisek, Otto Stocker, Heinrich Walter meinen Dank abstatten und des verewigten Bruno Huber gedenken. Sie haben mich für das so schwierige, aber auch so schöne Fach begeistert und an ihrer Erfahrung teilnehmen lassen.

Innsbruck, Januar 1973 W. Larcher

Zur dritten Auflage

Der beachtliche Wissenszuwachs auf dem Gebiet der Ökologie und der Physiologie der Pflanzen hat eine gründliche Überarbeitung des Buches notwendig gemacht. Text, Tabellen und Abbildungen wurden überprüft, auf neuesten Stand gebracht und wesentlich erweitert. Dabei wurden Wünsche von Benützern und Rezensenten früherer Auflagen berücksichtigt, soweit sie mit dem für ein Kurzlehrbuch vertretbaren Umfang und Aufbau und mit der thematischen Schwerpunktsetzung in Einklang zu bringen waren. Die einzelnen Abschnitte wurden umgereiht: Eine Übersicht über die Einwirkung der physikalischen Umweltfaktoren Strahlung und Wärme und die Reaktionen der Pflanzen auf diese ist in Kapitel 3 zusammengefaßt, die chemischen Faktoren werden in den Kapiteln über Stoffwechsel, Stoffhaushalt und Stoffkreisläufe behandelt.

Bei der Neubearbeitung haben mich zahlreiche Kollegen unterstützt. Wertvolle Anregungen verdanke ich R. ALBERT, H. BAUER, J. BENGER, R. BORNKAMM, S. W. BRECKLE, K. BURIAN, M. CALDWELL, W. H. O. ERNST, O. HÄRTEL, Th. KELLER, H. KINZEL, M. KLUGE, T. A. RABOTNOV, H. RICHTER, C. SCHNARRENBERGER, V. VARESCHI und H. WALTER; bei der Beschaffung von Unterlagen und Datenmaterial halfen S. BORTENSCHLAGER, A. CERNUSCA, I. IMPENS, M. I. KISLYUK, K. KREEB, U. KULL, A. KUMURA, B. C. LABUS, P. LOSSAINT, G. NACHUZRISCHWILI, P. S. NOBEL, J. POLLANSCHÜTZ, R. RABE, M. SCHINNER und L. SMEETS. Herr R. GAPP fertigte die meisten der neuen Abbildungsvorlagen mit großem Einfühlungsvermögen an, JOHANNA WAGNER half bei der Durchführung der Korrekturen. Ihnen allen gilt mein herzlicher Dank. Ganz besonders danke ich wieder Herrn ROLAND ULMER für sein verständnisvolles Entgegenkommen und den Mitarbeitern des Verlages für die angenehme und hilfsbereite Zusammenarbeit.

Innsbruck, Januar 1980 W. Larcher

Zur vierten Auflage

Vor siebzig Jahren erschien ein Buch mit gleichem Titel wie dieses von OSCAR DRUDE. Im Rückblick wird deutlich, wie sehr sich in diesem Zeitraum Arbeitsweise und vordergründige Forschungsinteressen der kausalanalytischen Pflanzenökologie gewandelt haben. Das Ziel hingegen ist gleich geblieben: Einblick zu gewinnen in die Vorgänge, die zur Harmonisierung zwischen den Lebensansprüchen der Pflanzen und den Lebensbedingungen führen. Der Weg zur Aufklärung dieser Fragestellung ist trotz der immer rascher anwachsenden Fülle neuer Daten noch weit. Mit MARCEL PROUST „spüren wir, daß des Lesers Weisheit dort beginnt, wo die des Autors endet und wir möchten, daß er uns Antworten gibt, während er uns doch nur Wünsche geben kann".

Wieder danke ich für Kritik und Anregungen. Herrn ROLAND ULMER und den Mitarbeitern seines Verlages danke ich für die überaus angenehme Zusammenarbeit.

Innsbruck, Oktober 1983 W. Larcher

Inhaltsverzeichnis

Abkürzungen, Symbole, Umrechnungsfaktoren

Vorzeichen für Zehnerpotenzen

M	mega (10^6)
k	kilo (10^3)
h	hekto (10^2)
d	deci (10^{-1})
c	centi (10^{-2})
m	milli (10^{-3})
µ	mikro (10^{-6})
n	nano (10^{-9})

Abkürzungen und Symbole

a	Jahr; Zeiteinheit
a_w	Relative Aktivität des Wassers
A	Fläche
ADP	Adenosindiphosphat
Akz.	Akzeptorsubstanz
ATP	Adenosintriphosphat
B	Bestandesvorrat an Pflanzenmasse
ΔB	Biomassenänderung (bei positiven Werten: Bestandeszuwachs)
bar	Druckeinheit; 1 bar = 10^5 Pascal
°C	Grad Celsius; relatives Temperaturniveau
C	Konzentration
C_A	Konzentration von CO_2 oder H_2O in der Luft außerhalb des Blattes
C_I	Konzentration von CO_2 oder H_2O im Interzellularensystem des Blattes
cal	Kalorie
CAM	Diurnaler Säurestoffwechseltyp der Kohlenstoffixierung (Crassulacean Acid Metabolism)
Chl	Chlorophyll
CGR	Bestandesproduktionsrate (crop growth rate)
d	Tag; Zeiteinheit
D	Diffusionskonstante [$m^2 \cdot s^{-1}$]
DL_{50}	Dürreletalität, Zustand bei 50 %igem Dürreschaden
dm^2	Flächenmaß; bei Blättern: einfache (projizierte) Fläche

dm^2_2	Bei Blättern: Gesamtoberfläche (oberseitige + unterseitige Oberfläche)
dyn	Kraftmaß (1 dyn = 10^{-5} N)
E	Verdunstete Wassermenge
ε	Wirkungsgrad der Strahlungsausnützung
erg	Energiemaß
Ev	Evaporationsvermögen, potentielle Evaporation
FG	Frischgewicht
FK	Feldkapazität des Bodens
g	Gramm; Masseneinheit
G	Gewicht
GAP	3-Phosphoglycerinaldehyd
Γ	CO_2-Kompensationskonzentration
h	Stunde (Dauer, Uhrzeit); Zeiteinheit
ha	Hektar; Flächeneinheit (1 ha = 10^4 m^2)
h	Lichtquantenenergie ($6{,}625 \cdot 10^{-34}$ J · s)
I	Niederschlagsinterzeption
I	Einstrahlung an einer bestimmten Stelle in der Pflanzendecke (oder in einem Gewässer)
I_o	Auf die Pflanzendecke (Gewässeroberfläche) auftreffende Strahlung
I_a	Absorbierte Strahlung
I_K	Beleuchtungsstärke bei Kompensation (Ph = R)
I_S	Beleuchtungsstärke bei Lichtsättigung der Photosynthese
IR	Infrarote Strahlung (> 750 nm)
J	Flux, Massentransport
J	Joule; Energieeinheit (1 J = 1 N · m)
k	Koeffizient, Umrechnungsfaktor
k_M	Umsatzfaktor mineralischer Nährstoffe im Bestand
k_T	Reaktionsgeschwindigkeit biochemischer Prozesse bei einer bestimmten Temperatur
K	Kelvin; Temperatureinheit, Temperaturdifferenz
kcal	Kilokalorie (1 kcal = 10^3 cal)
kg	Kilogramm; Masseneinheit
kJ	Kilojoule (1 kJ = 10^3 J)
klx	Kilolux (1 klx = 10^3 lx)
kW	Kilowatt (1 kW = 10^3 W)
λ	Wellenlänge (Strahlung)
λ	Latente Wärme des Wassers
l	Liter; Volumeneinheit
LAI	Laubarealindex, Blattflächenindex (BFI)
LF	Luftfeuchte
LG	Lichtgenuß
lx	Lux, photometrische Einheit für Beleuchtungsstärke
m	Meter; Längeneinheit

M	molar; Konzentrationsangabe (Mol *in* 1 l Lösung)
M_a	Aufgenommene Mineralstoffmenge
M_B	Bestandesvorrat an Mineralstoffen
M_i	Inkorporierte Mineralstoffmenge
M_r	Ausgewaschene Mineralstoffmenge (Rekretion)
M_{VA}	Mineralstoffverlust durch Abfall
M_{VK}	Mineralstoffverlust durch Fraß
MJ	Megajoule (1 MJ = 10^6 J)
mg	Milligramm (1 mg = 10^{-3}g)
MH	Meereshöhe (m)
min	Minute
ml	Milliliter (1 ml = 10^{-3}l = 1 cm^3)
mm	Millimeter; Längenmaß (1 mm = 10^{-3} m) und Maß für die Niederschlagshöhe (1 mm Niederschlag = 1 l Wasser · m^{-2} Bodenoberfläche)
mol	Mol; Mengenangabe (Molekulargewicht in g)
µm	Mikrometer (1 µm = 10^{-6} m)
n	Anzahl, Teilchenzahl
N	Newton; Krafteinheit (1 N = 1 kg · m · s^{-2})
N	Auf die Pflanzendecke fallender Niederschlag, Freilandniederschlag
N_n	Unter einer Pflanzendecke am Boden auftreffender Niederschlag
NAD^+	Nicotinamid-adenin-dinucleotid, reduzierte Form: NADH + H^+ (vereinfachte Schreibweise $NADH_2$); Reduktionssystem
$NADP^+$	+ Nicotinamid-adenin-dinucleotid-phosphat, reduzierte Form: NADPH + H^+ ($NADPH_2$); Reduktionssystem
NAR	Nettoassimilationsrate (Stoffproduktionsrate)
nm	Nanometer (1 nm = 10^{-9} m)
$ÖK_{Ph}$	Ökonomischer Koeffizient des Photosynthesevermögens
$ÖK_{PP}$	Ökonomischer Koeffizient der Bestandesproduktivität
$ÖK_S$	Ökonomischer Koeffizient des Ökosystems
Osmol	Osmolalität; Maß für osmotisch wirksame Konzentration (mol pro kg Lösungsmittel × Dissoziationsfaktor × osm. Koeffizient
OxAc	Oxalacetat
ω	Wasserausnützungskoeffizient (water use efficiency)
P	Turgordruck der Zelle, Wandspannung
P	Stoffproduktion der Pflanze
P_b	Bruttoproduktion
P_i	Anorganisches Phosphat
P_n	Nettoproduktion
Pa	Pascal; Druckeinheit (1 Pa = 1 N · m^{-2} = 10^{-5} bar)

PEP	Phosphoenolpyruvat
PGS	3-Phosphoglycerinsäure
pH	Negativer Potenzexponent (Logarithmus) der Wasserstoffionenkonzentration
Ph_b	Photosynthese (Bruttophotosynthese, reelle Photosynthese)
Ph_n	Nettophotosynthese (apparente Photosynthese)
PhAR	Photosynthetisch aktive Strahlung
PP	Primärproduktion (Ertrag der Bestandesproduktion)
ppm	Teile pro 10^6 Teile, nicht mehr zugelassenes Konzentrationsmaß
PPR	Primärproduktionsrate (Produktionsleistung des Bestandes)
PR	Produktionsrate (Produktionsleistung der Pflanze)
PWP	Permanenter Welkepunkt
π	Potentieller osmotischer Druck
Φ	Quantenertrag [mol $O_2 \cdot$ Einstein^{-1}]
Ψ	Wasserpotential
PWP	Permanenter Welkungspunkt
q	Porendurchmesser
Q	Energiefluß, Energieumsatz
Q_{10}	Temperaturkoeffizient biochemischer und physiologischer Vorgänge
r	Transportwiderstand, Diffusionswiderstand
r_s	Stomatärer Diffusionswiderstand
R	Allgemeine Gaskonstante ($R = 8{,}3143\,J \cdot K^{-1} \cdot mol^{-1}$)
R	Respiration
R_d	Dunkelatmung
R_1	Atmung im Licht
RGR	Relative Zuwachsrate (Stoffproduktionsrate)
RLF	Relative Luftfeuchte
RuBP	Ribulose-1,5-bisphosphat
RuP	Ribulose-5-phosphat
RWC	Wassersättigungsgrad (relative water content)
s	Sekunde; Zeiteinheit
S_K	Kurzwellige Strahlungsbilanz
S_L	Langwellige Strahlungsbilanz
σ	Oberflächenspannung des Wassers [$N \cdot m^{-1}$]
t	Zeitpunkt, Zeitdauer
t	Tonne ($1\,t = 10^3\,kg$)
T	Temperatur
τ	Matrikaler Druck
TG	Trockengewicht
TL_{50}	Temperaturstreß-Letalität; Temperatur, die 50 %igen Hitze- oder Kälteschaden verursacht

Torr	Druckmaß
Tr	Transpiration
Tr_s	Stomatäre Transpiration
Tr_{cut}	Kutikuläre Transpiration
TS	Trockensubstanz
UV	Ultraviolette Strahlung (< 400 nm)
ÜT	Übertemperatur (Körpertemperatur höher als Lufttemperatur)
V_A	Verlust an organischer Trockensubstanz durch Abfall
V_{AV}	Wasserverlust durch Abfluß und Versickerung
V_{ET}	Wasserverlust durch Evapotranspiration
V_K	Trockensubstanzverlust über Konsumenten (Fraß, Parasitismus)
W	Watt; Leistungseinheit ($1\ W = 1\ J \cdot s^{-1}$)
W_a	Absorbierte Wassermenge
W_{akt}	Aktueller Wassergehalt (WG bei Probenentnahme)
W_s	Wassergehalt im gesättigten Zustand
WG	Wassergehalt
WSD	Wassersättigungsdefizit
z	Relative Höhe
%	Prozent (Teile pro 10^2 Teile)
‰	Promille (Teile pro 10^3 Teile)

Umrechnungen

Definitionen ökologischer und ökophysiologischer Begriffe und Worterklärungen findet man bei M. SCHAEFER und W. TISCHLER, Wörterbücher der Biologie: Ökologie, 2. Auflage, UTB 430, Fischer, Stuttgart 1983.

Energie (Arbeit)

$1\ J = 1\ N \cdot m = 1\ kg \cdot m^2 \cdot s^{-2} = 1\ W \cdot s = 0{,}239\ cal = 10^7\ erg$

$1\ W \cdot h = 3{,}6\ kW \cdot s = 3{,}6\ kJ = 0{,}86\ kcal$

$1\ MJ = 0{,}278\ kWh$

$1\ cal = 4{,}1868\ J$

$1\ kcal = 1{,}163\ W \cdot h$

Energieverbrauch bei der Wasserverdunstung

Verdampfungswärme bei 0° C = $2{,}50\ kJ \cdot g^{-1} H_2O$ ($597\ cal \cdot g^{-1} H_2O$)
bei 10° C = $2{,}48\ kJ \cdot g^{-1}$ ($592\ cal \cdot g^{-1}$)
bei 20° C = $2{,}45\ kJ \cdot g^{-1}$ ($586\ cal \cdot g^{-1}$)
bei 30° C = $2{,}43\ kJ \cdot g^{-1}$ ($580\ cal \cdot g^{-1}$)

Wasserpotential

$\Psi\ [MPa] = 0{,}462 \cdot T_{abs} \cdot \ln a_w$

$a_w = p_w/p^*_w = 10^{-2}\ RLF\ [\%]$

p_w = gegebener Wasserdampfdruck

p^*_w = Sättigungswasserdampfdruck

$1\ osmol \cdot kg^{-1} = 0{,}00832 \cdot T_{abs}\ MPa$

Strahlung (Leistung)
$1\ W \cdot m^{-2} = 1\ J \cdot m^{-2} \cdot s^{-1} = 1{,}43 \cdot 10^{-3}\ cal \cdot cm^{-2} \cdot min^{-1} = 31{,}53\ MJ \cdot m^{-2} \cdot a^{-1}$
$1\ cal \cdot cm^{-2} \cdot min^{-1} = 6{,}98 \cdot 10^{2}\ W \cdot m^{-2} = 6{,}98 \cdot 10^{5}\ erg \cdot cm^{-2} \cdot s^{-1}$
$1\ erg \cdot cm^{-2} \cdot s^{-1} = 1{,}43 \cdot 10^{-6}\ cal \cdot cm^{-2} \cdot min^{-1} = 10^{-3}\ W \cdot m^{-2}$
$1\ klx \approx 4-5\ W \cdot m^{-2}$ (PhAR) Tageslicht $\approx 3-4\ W \cdot m^{-2}$ (PhAR) Kunstlicht
$1\ W \cdot m^{-2}$ (PhAR) $\approx 3-5\ \mu mol$ Photonen $\cdot m^{-2} \cdot s^{-1} = 30-50$ nmol Photonen $\cdot cm^{-2} \cdot s^{-1}$
1 mol Photonen $= 1{,}7 \cdot 10^{5}\ J$ (bei λ 700 nm) bis $3 \cdot 10^{5}\ J$ (bei λ 400 nm)

Druck
$1\ MPa = 10^{6}\ Pa = 10\ bar$
$1\ bar = 10^{5}\ N \cdot m^{-2} = 10^{5}\ Pa = 100\ J \cdot kg^{-1} = 10^{6}\ erg \cdot cm^{-3}$
1 bar = 750 Torr = 0,9869 atm
$1\ Torr = 1{,}33 \cdot 10^{-3}\ bar \approx 1$ mm Hg-Säule
1 atm = 1,0132 bar = 760 Torr

Phytomasse
$1\ g\ TS \cdot m^{-2} = 10^{-2}\ t \cdot ha^{-1}$
1 g org. TS $\approx$ 0,45–0,5 g C $\approx$ 1,5–1,7 g CO_2
1 g C $\approx$ 2–2,2 g org. TS $\approx$ 3,1–3,4 g CO_2
1 g CO_2 $\approx$ 0,59–0,66 g org. TS $\approx$ 0,27–0,30 g C

Gaswechsel
1 g CO_2-Umsatz $\approx$ 0,73 g O_2-Umsatz (RQ[CO_2/O_2] = 1)
1 g O_2-Umsatz $\approx$ 1,38 g CO_2-Umsatz
$D_{CO_2} = 0{,}64\ D_{H_2O}$
$D_{H_2O} = 1{,}56\ D_{CO_2}$
0,03 vol. % $CO_2 = 300\ \mu l \cdot l^{-1} = 282\ \mu bar = 28\ Pa$ CO_2-Partialdruck
$1\ \mu l \cdot l^{-1} = 1{,}963\ \mu g\ CO_2 \cdot l^{-1}$ (bei 1013 mbar Luftdruck und 0 °C)
$1\ mg\ CO_2 \cdot dm^{-2} \cdot h^{-1} = 0{,}028\ mg\ CO_2 \cdot m^{-2} \cdot s^{-1} = 0{,}63\ \mu mol\ CO_2 \cdot m^{-2} \cdot s^{-1}$
$1\ mg\ CO_2 \cdot m^{-2} \cdot s^{-1} = 36\ mg\ CO_2 \cdot dm^{-2} \cdot h^{-1} = 22{,}7\ \mu mol\ CO_2 \cdot m^{-2} \cdot s^{-1}$
$1\ \mu mol\ CO_2 \cdot m^{-2} \cdot s^{-1} = 0{,}044\ mg\ CO_2 \cdot m^{-2} \cdot s^{-1} = 1{,}58\ mg\ CO_2 \cdot dm^{-2} \cdot h^{-1}$
$1\ mg\ H_2O \cdot dm^{-2} \cdot h^{-1} = 1{,}54\ \mu mol\ H_2O \cdot m^{-2} \cdot s^{-1}$

Weitere Umrechnungsfaktoren bei Šesták et al. (1971) Kreeb (1974 a), Slavík (1974), Incoll et al. (1977), Savage (1979), und Wyn Jones und Gorham (1983)

1 Die Umwelt der Pflanzen

Pflanzen besiedeln alle Lebensräume der Erde: das Meer, die Binnengewässer; auf dem Festland sind Pflanzen selbst auf so unwirtlichen Plätzen wie in Wüsten und auf Eisfeldern anzutreffen. In ferner geologischer Vergangenheit, als sich die ersten Landpflanzen entwickelten, trafen diese auf eine Erde, die aus Wasser, Luft und Gestein bestand. Hydrosphäre, Atmosphäre und Lithosphäre wurden zu ihrer Umwelt. Später entstand unter der sich schließenden Vegetationsdecke unter Mitwirkung von Mikroorganismen und Tieren das wichtigste Substrat der Pflanzen: der Boden, die Pedosphäre.

1.1 Die Hydrosphäre als Lebensraum

Zur Hydrosphäre gehören die *Weltmeere* mit ihrer gewaltigen Ausdehnung von 71 % der Erdoberfläche, die fließenden und stehenden *Binnengewässer* und das *Grundwasser.* In der chemischen Zusammensetzung der Gewässer (Abb. 1) bestehen große Unterschiede, nicht nur zwischen dem an Na^+, Mg^{2+}, Cl^- und SO_4^{2-} reichen Meerwasser mit einem durchschnittlichen Salzgehalt von 35 g/l und den meist an Ca^{2+} und HCO_3^- reicheren Süßwässern, sondern auch örtlich je nach der Art der Zuflüsse und dem Grad der Durchmischung. *Wasserströmungen* sorgen auch für einen Temperaturausgleich. Wo sie fehlen, bildet sich infolge der starken Strahlungsabsorption in den oberen Wasserschichten eine sehr bezeichnende Temperatur- und Dichteschichtung aus, die auf Ernährung, Produktivität und Verbreitung der Wasserorganismen großen Einfluß hat.

1.2 Die Atmosphäre

Die **Lufthülle der Erde** versorgt die Pflanzen mit Kohlendioxid und Sauerstoff, und sie nimmt den Wasserdampf auf, der bei der Verdunstung abgegeben wird. Ständige Luftbewegung sorgt für eine weitgehend konstante Zusammensetzung der Luft. Diese besteht aus 78 Vol.% Stickstoff, 21 Vol.% Sauerstoff, 0,03 Vol.% Kohlendioxid, Wasserdampf und Edelgasen (Abb. 1). Außerdem enthält die Luft gasförmige und feste Verunreinigungen, vor allem Schwefeldioxid, flüchtige Stickstoffverbindungen, Halogenverbindungen, Staub und Ruß.

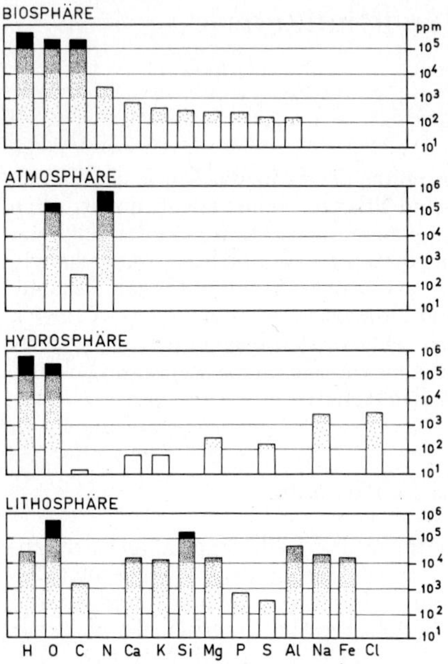

Abb. 1. Mengenanteil chemischer Elemente (Anzahl der Atome, nicht Gewichtsanteil) am Aufbau der Biosphäre, Hydrosphäre und Lithosphäre. Die chemische Eigenständigkeit der Biosphäre kommt deutlich zum Ausdruck; die Organismen filtern aus dem Angebot an chemischen Verbindungen nach ihren Bedürfnissen qualitativ und quantitativ aus.
Die Ordinate ist logarithmisch geteilt. Ablesebeispiel: In der Biosphäre sind H, O, C und N in größter Menge vorhanden: $4{,}98 \cdot 10^5$ von 10^6 Atomen (d. s. rund 50 % aller Atome) sind Wasserstoffatome, je $2{,}49 \cdot 10^5$ (d. s. rund 25 %) sind Sauerstoff- und Kohlenstoffatome und $2{,}7 \cdot 10^3$ (d. s. rund 3‰) sind Stickstoffatome. Nach Deevey (1970).

Der Bereich der Atmosphäre, mit dem die Pflanzen in Berührung kommen, ist die **Troposphäre**, die Wetterzone der Lufthülle. Das kurzzeitig schwankende *Wetter*geschehen (Regenfälle, Gewitter, Windstöße), aber auch der längerfristige *Witterungsablauf* (Regenzeiten, Frostperioden) und der *Klima*charakter (der mittlere Zustand und der gewöhnliche Verlauf der Witterung an einem bestimmten Ort) ändern sich über geringe Distanz. Je nach Geländebeschaffenheit, Dichte, Höhe und Art des Pflanzenwuchses bilden sich eigenständige Klimaräume unterschiedlicher Ausdehnung aus. Innerhalb des großräumigen *Makroklimas*, das durch das meteorologische Stationsnetz erfaßt wird, lassen sich mikroklimatische Bereiche abgrenzen, wie das *Kleinklima* bestimmter Hanglagen oder von Talmulden, das *Bioklima* z. B. in Pflanzenbeständen und das *Grenzflächenklima* der bodennahen und blattnahen Luftschicht. Die in den Luftraum ragenden Pflanzenteile sind also einer starken zeitlichen und örtlichen Wechselhaftigkeit der Strahlung, der Temperatur, der Luftfeuchtigkeit, des Niederschlages und der Luftbewegung ausgesetzt, die mitunter eine erhebliche Beanspruchung darstellen kann.

1.3 Die Lithosphäre und der Boden

Die **Erdkruste** ist der unerschöpfliche *Vorratsraum* für die Vielzahl von chemischen Elementen, die von den Organismen für den Aufbau ihrer Körpersubstanz benötigt werden (Abb. 1). Die Lithosphäre steht im Stoffaustausch mit der Hydrosphäre und sie beliefert über Vulkane und Emanationen auch die Atmosphäre. Vor allem aber ist sie das Ausgangsmaterial für die Bodenbildung.

Boden ist mehr als oberflächlich gelockerte Lithosphäre. Er ist ein *Umwandlungs- und Vermischungsprodukt aus mineralischen und organischen Substanzen.* Böden entstehen unter Mitwirkung von Lebewesen in Abhängigkeit von den Umweltbedingungen, sie sind einem ständigen Wechsel unterworfen: sie wachsen, reifen, können altern und zugrunde gehen. Ständig setzt die physikalische und chemische Verwitterung aus dem Gesteinsuntergrund Mineralstoffe frei und ständig verwesen Pflanzenabfälle und abgestorbene Bodenorganismen. Zusammen mit den Exkrementen der Bodentiere wandeln sich die Verwesungsprodukte allmählich in Huminstoffe um, die mit den mineralischen Verwitterungsprodukten Komplexe bilden. In natürlichen Böden baut sich ein Profil aus *Horizonten* auf, das zwischen Streu- und Humusauflagen und dem mineralischen Verwitterungshorizont Durchmischungszonen mit verschieden hohem Humusanteil einschließt. Die Profildifferenzierung ist bezeichnend für den jeweiligen *Bodentyp* in seiner Bedingtheit durch Klima, Pflanzendecke, Bodenorganismen, Gesteinsuntergrund und Beeinflussung durch den Menschen. Mit der Bodenbildung, dem Bodenaufbau und dem System der Bodentypen befaßt sich die *Bodenkunde.* Grundkenntnisse aus diesem Fach sind eine unbedingte Voraussetzung für jeden, der Pflanzenökologie verstehen will.

Die festen Teilchen im Boden verkitten sich zu Krümeln, die Lückenräume freilassen. Diese durchsetzen den ganzen Boden als *Porensystem,* das teilweise mit Luft, teilweise mit Wasser gefüllt ist. Der Boden ist somit ein Mehrphasensystem, in dem sich feste, flüssige und gasförmige Phase durchdringen. Er ist ein Auffangraum von großer Kapazität und in besonderem Maße befähigt, physikalische und chemische Einflüsse *abzupuffern.* Unterhalb der obersten Zentimeter herrschen im Boden *klimatisch ausgeglichenere Verhältnisse* als in der Atmosphäre. Strahlung dringt praktisch nicht ein, die Temperatur ändert sich nie sprunghaft und Austauschvorgänge erfolgen über Diffusion, also langsam. Der Boden ist daher für zahlreiche Organismen der geeignetste Lebensraum. Die Wurzeln, das in vieler Hinsicht empfindlichste Organsystem der höheren Pflanzen, sind ganz auf ein Leben im Boden eingerichtet. Eine Landschaft ohne Boden ist eine lebensabweisende Mondlandschaft. Nur wenige Pionierpflanzen wie Luftalgen, Flechten und Moose gedeihen auch auf blankem Gestein oder Sand.

1.4 Die Ökosphäre

Atmosphäre, Hydrosphäre und Lithosphäre waren da, bevor es Leben gab, aber erst durch das Auftreten von Lebewesen wurden sie zur Umwelt. **Umwelt** ist nach einer Definition von A. F. THIENEMANN (1941) *die Gesamtheit der äußeren Lebensbedingungen, die auf ein Lebewesen oder eine Organismengemeinschaft (Biozönose) auf ihrer Lebensstätte (Biotop) einwirken.* Nur Lebewesen haben eine Umwelt! Zu dieser gehören nicht allein die Einflüsse der unbelebten Umgebung sondern ebenso die Mitbewohner.

Der von Organismen bewohnte Lebensraum der Erde ist die **Ökosphäre**. Auf dem Festlandsanteil der Ökosphäre beschränkt sich die **Biosphäre** (nach J. LAMARCK die Gesamtheit der Lebewesen) auf einen schmalen Saum an der Grenze zwischen Atmosphäre und Lithosphäre – Bäume ragen allenfalls 70–100 m hoch, die durchwurzelte und von Tieren und Mikroorganismen besiedelte Bodenschicht reicht wenige Meter tief. In den Meeren und Binnengewässern ist die lichtdurchflutete obere Wasserschicht am dichtesten belebt, unter 100 m Wassertiefe halten sich dauernd nur noch Spezialisten unter den Tieren und heterotrophen Mikroorganismen auf.

Innerhalb der Organismen kommt den *Pflanzen* eine hervorragende Bedeutung zu: Sie sind imstande, durch ihre *Photosynthese* aus dem Weltraum stammende Energie – die Sonnenstrahlung – einzufangen und festzulegen. Auch in ihrer *Massenentwicklung* übertreffen die Pflanzen alle übrigen Organismen bei weitem: rund 99 % der Gesamtmasse aller Lebewesen (**Biomasse**) auf der Erde entfallen auf Pflanzenmasse. Allerdings enthält die Pflanzenmasse (**Phytomasse**) einen erheblichen Anteil von **Nekromasse**, d. s. tote Gewebe wie Sklerenchym, tote Leitelemente und anhaftende abgestorbene Teile, wie z. B. vertrocknete Blattbasen oder Borken. Durch ihre gewaltige Massenentwicklung stellt die Pflanzendecke einen stabilisierenden Faktor im Kreislauf der Stoffe dar und beeinflußt sehr wesentlich das Klima.

2 Die Pflanze im Ökosystem

2.1 Das Ökosystem als ökologisches Wirkungsgefüge

Organismengemeinschaften und ihre unbelebte Umwelt sind in der Natur durch vielfache *Wechselbeziehungen strukturell und funktionell* verflochten. Einen einigermaßen einheitlichen Bereich der Ökosphäre nennt man Biogeozönose oder Ökosystem. Verschiedene Autoren verwenden beide Bezeichnungen synonym, heuristisch bestehen jedoch Unterschiede. Der Begriff „**Biogeozönose**" wurde von V. N. SUCHAČEV geprägt (SUCHAČEV und DYLIS 1964); er umfaßt in erster Linie *strukturelle Merkmale* wie die Lebensformen- und Artendiversität der Lebensgemeinschaften *in ihrer Bedingtheit* durch biotische und abiotische Umwelteinflüsse. Der Ausdruck „**Ökosystem**" geht auf A. G. TANSLEY (1935) zurück, der Ökosystembegriff wurde aber schon von R. WOLTERECK (1928) gefaßt. Das Ökosystemkonzept strebt vor allem die *Analyse funktioneller Beziehungen* zwischen Organismen und Umwelt einer Biogeozönose an. Durch E. P. ODUM (1953) wurde der Ökosystembegriff ausgebaut und in den Mittelpunkt ökologischer Forschung gestellt. H. ELLENBERG (1973) definiert das Ökosystem als ein *ganzheitliches Wirkungsgefüge von Lebewesen und deren anorganischer Umwelt*, das bis zu einem gewissen Grad zur *Selbstregulation* fähig ist.

Ökosysteme haben eine bestimmte Raumausdehnung und bilden in der Ökosphäre ein mannigfaltiges Mosaik. Ein Wald ist ein Ökosystem, eine Wiese, ein See, das Meer. Die Gesetzmäßigkeiten, die in allen diesen Ökosystemen wirken, gelten in gleicher Weise für die Ökosphäre als Ganzes, für natürliche Biogeozönosen und für künstliche Systeme wie ein Aquarium oder ein bemanntes Raumschiff. Die Abb. 2 soll den typischen Aufbau eines Ökosystems und die wesentlichen Wechselbeziehungen innerhalb des Ökosystems und zur Umwelt zeigen.

2.2 Stoffumsatz und Energietransfer

2.2.1 Trophische Komponenten des Ökosystems

Jedes selbständig funktionierende Ökosystem setzt sich aus wenigstens zwei biologischen Komponenten zusammen, den Primärproduzenten und den Zersetzern. Zwischen diese kann sich eine Kette von Verbrauchern einschalten.

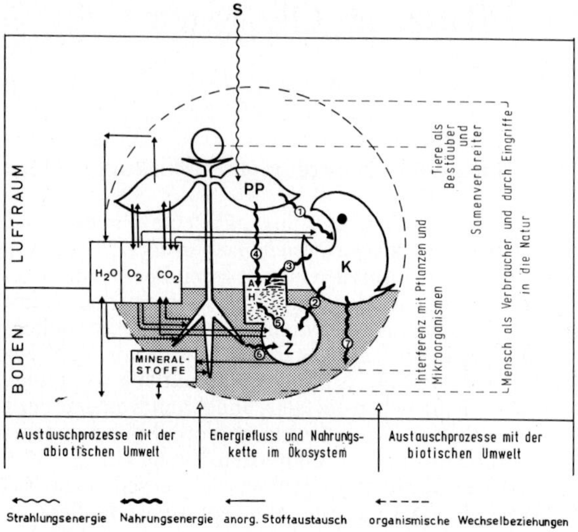

Abb. 2. Energiefluß, Materiefluß, Stoffkreisläufe, Austauschvorgänge und Organismeninterferenz in einem Landökosystem. *Komponenten des Ökosystems:* PP Primärproduzenten, K Konsumenten, Z Zersetzer, A abgelagerte tote organische Substanz (Streu, Tierleichen), H Humus. *Energiefluß und Nahrungskette:* S Sonneneinstrahlung, 1 Tierfraß und Parasitismus, 2 Organische Ausscheidungen von Tieren und Mikroorganismen, 3 Abfall von Tierleichen und abgestorbenen Mikroorganismen, 4 Abfall von Primärproduzenten, 5 Abbau (Humifizierung, Mineralisierung) von organischen Abfällen, 6 Organische Ausscheidungen der Pflanzen, 7 Verluste von organischen Abscheidungen aus dem Ökosystem. *Anorganische Stofftransporte:* CO_2 zu Primärproduzenten (Photosynthese) und aus dissimilatorischen Vorgängen in Primärproduzenten, Konsumenten und Zersetzern (Bodenatmung), O_2 von Primärproduzenten (Photosynthese) zu sauerstoffverbrauchenden Dissimilationsprozessen; H_2O von verdunstenden Flächen (Bodenverdunstung, Verdunstung durch Organismen) in die Atmosphäre, als Niederschläge aus der Atmosphäre in den Boden, aus dem Boden Verbrauch durch Organismen und Verlust als Abfluß; Mineralstoffe aus dem Boden in Primärproduzenten, über die Nahrungskette und Zersetzertätigkeit (mit Mineralisierung) zurück zum Boden. (Original).

Primärproduzenten sind *autotrophe* Lebewesen, die anorganische Grundstoffe in organische Bindung überführen und sie dadurch auf ein höheres Energieniveau heben. Die grünen Pflanzen und manche Bakterien bauen *photosynthetisch* (mit Hilfe des Sonnenlichtes) aus Kohlendioxid und Wasser Kohlenhydrate als Ausgangsstoff für weitere Synthesen auf, verschiedene Mikroorganismen nützen dazu die Energie aus, die bei exergonen anorganischen Reaktionen frei wird (*Chemosynthese*).

Verbraucher (Konsumenten) sind die *heterotrophen* Lebewesen, die sich unmittelbar oder mittelbar von den organischen Stoffen ernähren, die durch die Primärproduzenten aufgebaut worden sind. Zu den Verbrauchern gehören zunächst die *Pflanzenfresser* (Herbivoren, Phytophagen) und die *Pflanzenparasiten.* Von den Herbivoren ernähren sich *Fleischfresser* (Carnivoren, Zoophagen), und beide werden von *Tierparasiten* befallen.

Zersetzer (Saprovoren, Destruenten, Reduzenten) sind jene Organismen, die die Abfälle von Pflanzen und Tieren bis zur Stufe der anorganischen Ausgangssubstanzen abbauen: Detritusfressende Tiere, Pilze und Bakterien. Die Zersetzer können, ebenso wie die Herbivoren und andere Konsumenten, anderen Organismen als Nahrung dienen. Dann kommt ihnen die Rolle von *Sekundärproduzenten* zu. Das selbe Individuum kann also je nach seiner Stellung in der Nahrungskette Sekundärproduzent, Verbraucher oder Zersetzer sein.

2.2.2 Nahrungskette, Nahrungsnetz und Energiefluß

Unter **Nahrungskette** versteht man den Übergang der Nahrungsenergie von den Primärproduzenten auf eine Reihe von Organismen mit wiederholtem Fressen und Gefressenwerden.

Nahrungsnetz. Konsumenten und Reduzenten sind nur selten streng auf eine bestimmte Nahrungsquelle spezialisiert. Meist ernähren sich Pflanzenfresser von verschiedenen Pflanzenarten, Räuber von verschiedenen Beutetieren. Umgekehrt dient eine Pflanzenart verschiedenen Konsumenten als Nahrung, das gleiche gilt für Tiere und Mikroorganismen. Die Artenvielfalt (*Diversität*) in der Natur gestattet daher ein Ausweichen auf mehrere mögliche Nahrungsquellen, so daß sich die trophischen Beziehungen zwischen den Organismen eines Ökosystems in vielfältiger Weise vernetzen. Innerhalb dieses Nahrungsnetzes erfolgt der Energiefluß meist in einer bestimmten Richtung, die dann einer Nahrungskette entspricht.

Energiefluß. Entlang der Nahrungskette wird ein Energiefluß durch das Ökosystem in Gang gehalten, der mit der Bindung der eingestrahlten Sonnenenergie beginnt und mit der vollständigen Zerlegung der organischen Verbindungen endet, wobei in jeder Verbraucherstufe Energie verloren geht (*Energiekaskade*). In Abb. 3 sind *Energieflußdiagramme* für ein Gewässerökosystem, einen Wald und ein anthropogenes Ökosystem wiedergegeben. Das dargestellte *Gewässerökosystem* ist ein natürlicher, jedoch anthropogen teilweise beeinflußter Süßwassersee, in dem 1,2 % der einfallenden Strahlungsenergie durch die Primärproduzenten gespeichert und an die aufeinanderfolgenden Verbraucherstufen verteilt wird. Drei Energieströme verlassen dieses Ökosystem: Wärme, die bei der Strahlungsabsorption entsteht, Energie, die bei der Atmung freigesetzt wird, und organische Substanz, die dem Ökosystem verloren geht, z.B. durch abfließendes Wasser fortgeschwemmt oder durch Fischfang entzogen wird (Exporte). Von Stufe zu Stufe sinken die Biomasse und der Energieumsatz um etwa eine

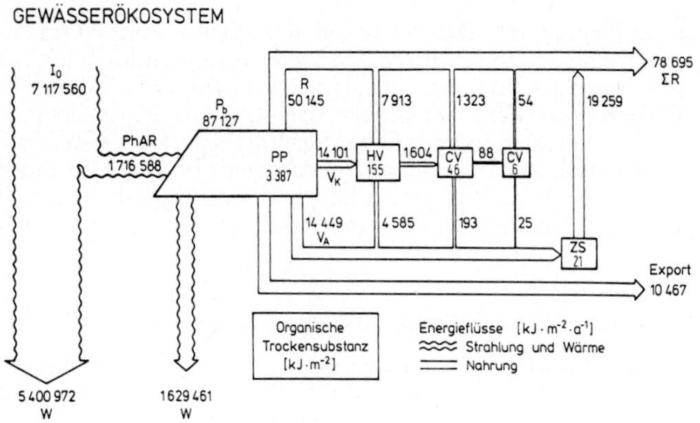

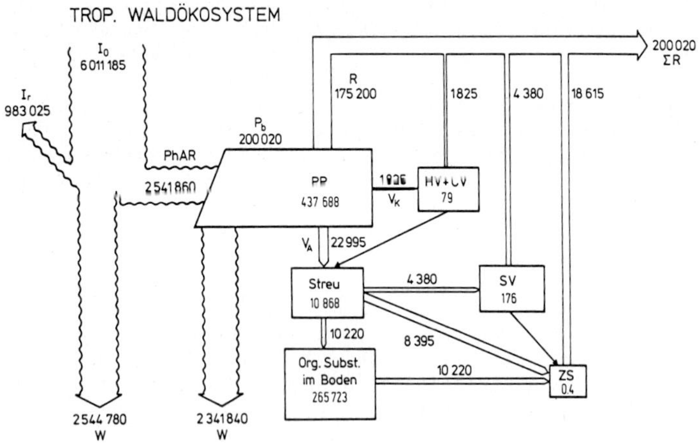

Zehnerpotenz ab. Das Energieflußdiagramm für ein *Waldökosystem* stellt die Verhältnisse in einem artenreichen tropischen Regenurwald dar. Ein großer Vorrat an Pflanzenmasse, Streu und organischer Substanz im Boden dient einer Vielfalt von Herbivoren, Carnivoren, Saprovoren und Zersetzern als Nahrung. Bezeichnend für naturbelassene Landökosysteme ist die im Verhältnis zur Phytomasse um Zehnerpotenzen geringere Biomasse der Konsumenten und Reduzenten. Im tropischen Regenurwald verwerten die Pflanzen 3,4 % der eintreffenden Strahlung, die Primärproduktion ist also außerordentlich groß.

AGRARÖKOSYSTEM

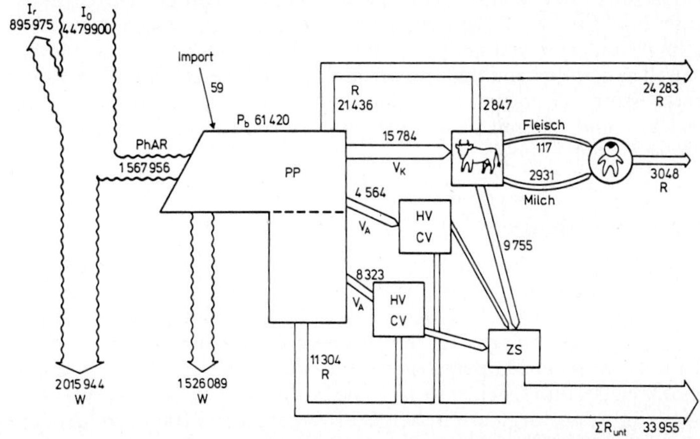

Abb. 3. Vereinfachte Energieflußdiagramme für ein *Gewässerökosystem* (Quellsee bei Silver Springs in Florida; H. T. ODUM 1957), ein *Waldökosystem* (tropischer Regenwald auf Puerto Rico; ODUM und PIGEON 1970) und ein *Agrarökosystem* (bewirtschaftete Goldhafer-Mähwiese; CERNUSCA et al. 1976). Die Zahlen in den Kästchen geben die Biomasse der einzelnen Ökosystemkomponenten in kJ $\cdot m^{-2}$ an, Energieflüsse sind in kJ $\cdot m^{-2} \cdot a^{-1}$ angegeben. Von der auftreffenden Strahlung (I_o) wird ein Teil reflektiert (I_r), ein Teil als photosynthetisch aktive Strahlung (PhAR) von den Pflanzen absorbiert, der Rest wird im Wärmehaushalt (W) des Ökosystems umgesetzt. Die Primärproduzenten (PP) binden Strahlungsenergie als Bruttoprimärproduktion (P_b). Ein Teil der gebundenen Energie wird sogleich für die Atmung (R) der Primärproduzenten verbraucht. Vom Produktionsüberschuß ernähren sich die Herbivoren (HV) durch Beweidung (V_K) und diese wiederum dienen den Carnivoren (CV) verschiedener Ordnung als Nahrung. Die organischen Abfälle (V_A) werden von den Saprovoren (SV) und schließlich von den Zersetzern (ZS) verwertet. An jeder Stelle der Nahrungskette geht Energie durch Atmung verloren, außerdem kann dem Ökosystem von außen Energie zugeführt (Import) oder entzogen (Export) werden. Entwurf: A. CERNUSCA.

Von der gebildeten organischen Substanz kommen 91 % als Abfall der Zersetzernahrungskette (Saprovoren, Mineralisierer) zugute. Nur 9 % werden von Tieren der pflanzlichen Biomasse direkt entnommen, der Lebendfresserkette kommt im Waldökosystem also energetisch eine geringere Bedeutung zu als im Gewässerökosystem. Im *bewirtschafteten Wiesenökosystem* lenkt der Mensch den Energiefluß hauptsächlich in die Richtung der Lebendfresserkette; rund 55 % der von den Pflanzen produzierten Nahrungsenergie wird Haustieren in Form von Grünfutter und Heu zugeführt. Die Abfälle der Nutzviehhaltung müssen zur Aufrechterhaltung des Energieflusses als Düngung den Bodenorganismen der Wiese wieder zurückgegeben werden. Die Struktur und Funktionsweise von Agrarökosystemen wird durch Arbeitsleistung (Import von Energie) aufrechterhalten. Das System wird dadurch in den Zustand höchster Produktivität gebracht und es wird eine Sukzession verhindert, die, ohne Bewirtschaftung, an der Stelle von Feldern und Wiesen in der gemäßigten Klimazone Buschland und Wald entstehen ließe.

2.2.3 Stoffkreisläufe

Energie fließt in einer Richtung: von der Sonne über die Primärproduzenten zu den Zersetzern – *Stoffe kreisen.* Jeder Bioelementekreislauf vollzieht sich in dreierlei *Dimensionsbereichen: in der Pflanze, im Ökosystem und in der Ökosphäre. Der Einzelorganismus* nimmt Stoffe auf, er baut sie in seine Körpersubstanz ein oder verwertet sie im Betriebsstoffwechsel und scheidet sie aus. Die Stoffbewegung im *Ökosystem* beginnt mit dem organismischen Stoffumsatz der Primärproduzenten und führt über Zwischenverbraucher und Zersetzer wieder zum Ausgangspunkt zurück. Der Stoffkreislauf innerhalb der Organismengemeinschaft des Ökosystems beruht darauf, daß die *Stoffwechselprodukte und Ausscheidungen der einen Komponente zur Nahrung der nächstfolgenden Komponente* werden. Der Nahrungskreislauf im Ökosystem ist an geochemische Stoffumlagerungen angeschlossen, die über das Ökosystem hinausführen und den Stoffhaushalt der Organismen mit dem anorganischen Stoffhaushalt der Ökosphäre verknüpfen. Durch den komplexen biogeochemischen Stoffaustausch wird das *Ökosystem zu einem offenen System.*

Es gibt zwei **Grundtypen** von biogeochemischen Stoffkreisläufen. Beim Kreislauf des Kohlenstoffs, des Sauerstoffs und beim Wasserkreislauf stellen die Atmosphäre und die Hydrosphäre das wichtigste Reservoir dar, die großräumige Zirkulation erfolgt verhältnismäßig rasch in der Gasphase. Dem *Gasumlauftyp* können die *erdgebundenen Kreisläufe* des Schwefels, Phosphors und der übrigen mineralischen Bioelemente gegenübergestellt werden, bei denen die Nährstoffe in wäßriger

Lösung transportiert werden und wo die Vorratsmengen im Boden und in der Erdkruste sehr viel weniger mobil sind als beim gasförmigen Typus. Der Stickstoffkreislauf nimmt eine Mittelstellung zwischen den beiden Typen ein. Die Pflanzen entnehmen den Stickstoff in Ionenform aus dem Boden, der Hauptvorrat befindet sich aber in Gasform in der Atmosphäre.

2.3 Informationstransfer und Regulationen

2.3.1 Biotische Interferenz

Zwischen den Organismen eines Ökosystems bestehen nicht nur trophisch-energetische Beziehungen, sondern vielfältige andere Abhängigkeiten und Wechselwirkungen. Diese *Organismeninterferenz*, die auch über die Grenzen einzelner Ökosysteme hinausgreifen kann, ist ein wichtiger Regelfaktor in der Ökosphäre, der bei ausschließlich quantitativer Betrachtung der Stoff- und Energieumsätze unterbewertet wird. Durch Interferenz werden Entwicklung, Ausbreitung und Bestand einer Art innerhalb der Biogeozönose und in einem größeren Gebiet gefördert oder gehemmt und die Stabilität des Ökosystems als Ganzes gepuffert.

Fördernde biotische Einflüsse sind bestäubungs- und verbreitungsökologische Beziehungen zwischen Pflanzen und Tieren, Symbiose mit Mikroorganismen, aber auch die Abschirmung des Jungwuchses durch erwachsene Pflanzen vor starker Strahlung, Überhitzung oder Abkühlung. *Hemmend* sind der Wettbewerb der Pflanzen um Licht, Wasser und Nährstoffe, außerdem die Zurückdrängung und Unterdrückung von Organismen durch Ausscheidungen (Allelopathie zwischen Nachbarpflanzen, Antibiose zwischen Mikroorganismen), und der Parasitismus in allen seinen Spielarten und Auswirkungen (z. B. die Belastung des Wasserhaushaltes der Wirtspflanzen durch Hemiparasiten wie Misteln). Ferner gibt es einen *Informationstransfer durch Wirkstoffe*, die die *Entwicklung und Gestaltbildung* anderer Partner des Ökosystems beeinflussen. So modifiziert von Pflanzen abgegebenes Aethylen in anderen Pflanzen die Aktivität der eigenen Phytohormone, Auxinabscheidung durch Pflanzenwurzeln stimuliert das Wachstum von Pilzen und Bakterien im Boden, Wirkstoffe aus parasitischen Pilzen und Tieren lösen Entwicklungsstörungen und Deformationen (z. B. Gallenbildung) aus und ecdysonartige Substanzen aus Pflanzen können die Entwicklung von Insekten steuern.

2.3.2 Selbststeuerung und dynamisches Gleichgewicht im Ökosystem

Ökosysteme besitzen die Fähigkeit zur Selbststeuerung. Die Grundlage dafür sind ausgewogene Interferenzbeziehungen, das ausgeprägte

Anpassungsvermögen von Einzelorganismen, Populationen und Lebensgemeinschaften und der Ringschluß der Produzenten, Konsumenten und Reduzenten im *biologischen Stoffkreislauf.* Ist die Energiezufuhr ausreichend und der Stoffrückfluß ungestört, so wird eine einmal eingestellte Gleichgewichtslage im Artengefüge und im Stoffaustausch mit der Umwelt ohne große Veränderungen beibehalten. Solche *stabile Ökosysteme* besitzen häufig eine große Biomasse, die aber nicht mehr zunimmt, weil der jährliche Zuwachs im Nahrungskreislauf aufgebraucht wird. E. P. ODUM (1969) nennt diese Ökosysteme *protektiv.* Das Musterbeispiel für ein protektives Ökosystem sind tropische Urwälder, in denen die Pflanzen viel organische Substanz produzieren, von der aber ein großer Teil in Umlauf kommt und remineralisiert wird. Bei der Besprechung des Kohlenstoffhaushalts und des Mineralstoffhaushalts wird darauf näher eingegangen. Bei der Besiedlung von Neuland oder nach tiefgreifenden Zerstörungen, etwa nach einem Wald- oder Heidebrand, muß sich eine Gleichgewichtslage im Ökosystem erst aufbauen. Junge Ökosysteme sind zunächst störungsanfällig, *instabil.* Mit ihrer bescheidenen Biomasse füllen sie den Raum nicht aus, ihre Wachstumsrate ist aber hoch, sie sind *produktiv.* Mit dem Heranreifen regelt sich ihr Zuwachs auf einen ausgeglichenen Umsatz ein, das anfänglich produktive Ökosystem wandelt sich allmählich in ein protektives Ökosystem um. Die Selbststeuerung sorgt dafür, daß Massenentwicklung und Expansion der einzelnen Glieder des Ökosystems dem Funktionsganzen untergeordnet bleiben und die Populationen nicht ins Uferlose wachsen.

2.3.3 Belastbarkeit ökologischer Systeme

Die Anpassungsfähigkeit und das Selbststeuerungsvermögen einer Lebensgemeinschaft können durch außergewöhnliche **Belastungen** (*Umweltstreß*) überbeansprucht werden. Solche Belastungen mögen vorübergehende, wenn auch einschneidende Ereignisse wie Überschwemmungen, Lawinen, Frost, Brände, Dürre und Parasitenkalamitäten sein, sie können aber auch langfristig stören wie Luft- und Gewässerverunreinigungen und maßlose Bewirtschaftung.

Die Belastbarkeit einer Biogeozönose hängt von der *Artenzusammensetzung*, der *Propagationsleistung* dominierender und funktionsregelnder Organismen, der *Vielfalt von Altersstadien*, besonders aber von der *Störungsanfälligkeit*, (Streßausgesetztheit und Empfindlichkeit gegen Streßwirkungen) und der *Erholungsfähigkeit* nach schädigender Belastung oder vorübergehend unausgeglichener Stoff- und Energiebilanz ab. Bei dauernd einwirkenden und *regelmäßig* wiederkehrenden Belastungen, wie z.B. jahresperiodische klimatische Extremsituationen oder Schadgasimmissionen, vermag ein Ökosystem in der Regel eher eine Gleichgewichtslage aufrechtzuerhalten als bei unregelmäßig eintretenden Störungen. So sind klimatisch bedingte Vegetationsgrenzen wie subarktische, subalpine und subaride Waldgrenzen oder Baumwuchsgrenzen in stark windausgesetzten Landschaften (Inseln, Küstengebiete) das Ergebnis einer allmählichen Gleichgewichtseinstellung zwischen Verlust und Ersatz von Biomasse. Eine Verschiebung der Gleichgewichtseinstellung und damit auch der Vegetationsgrenze erfolgt erst, wenn sich das Ausmaß und die Häufigkeit der Belastung, etwa im Zuge langfristiger Klimaschwankungen, dauerhaft ändern. Im Gegensatz dazu schwanken in Wüsten mit zeitlich und mengenmäßig stark *variablen* Niederschlägen die Produktionsleistung der Pflanzen und die Einbußen an Biomasse infolge Dürreschädigung von Jahr zu Jahr so sehr, daß der Stoffumlauf und der Energieumsatz kurzfristig zwischen produktiven und defizitären Phasen pendeln und zeitweise stagnieren. Die Belastbarkeit solcher Systeme beruht hauptsächlich auf spezialisierten Anpassungs- und Überlebensstrategien der einzelnen Organismen.

3 Strahlung und Wärme: Energie, Information, Belastung

3.1 Strahlungsangebot und Strahlungswirkungen

Alles Leben auf der Erde wird in Gang gehalten durch den *Energiestrom,* der von der Sonne ausgestrahlt wird und der Biosphäre zufließt. Für den Aufbau der Biomasse und den Betrieb der Lebensprozesse aller Glieder der Nahrungskette genügt schon die verhältnismäßig kleine Strahlungsmenge, die durch die Photosynthese der Pflanzen in Form *latenter chemischer Energie* gebunden wird. Die weitaus größere Menge an absorbierter Strahlung wird sofort in *Wärme* umgewandelt, die zum Teil für die *Verdunstung* des Wassers verbraucht wird und im übrigen zur Erhöhung der Temperatur auf der Erdoberfläche führt. Die Strahlung ist also die Energiequelle für den Wärmehaushalt, den Wasserhaushalt und den Haushalt an organischer Substanz, und sie schafft die Voraussetzungen für eine Umwelt, in der die Lebensansprüche der Organismen erfüllt werden können.

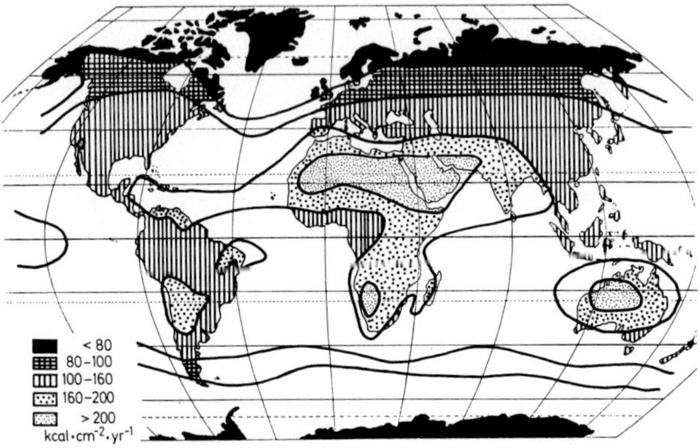

Abb. 4. Jährliche Sonneneinstrahlung (300-2200 nm) auf die Erdoberfläche. Nach GEIGER (1965).

3.1.1 Das Strahlungsangebot

3.1.1.1 Der Strahlungsdurchtritt durch die Atmosphäre

An der Außengrenze der Erdatmosphäre herrscht eine Bestrahlungsstärke von 1,39 kW $\cdot$ m^{-2} (*Solarkonstante*). Davon gelangen auf die Erdoberfläche jedoch durchschnittlich nur 47 %, mehr als die Hälfte der Sonnenstrahlung wird durch *Brechung und Beugung* in hohen Luftschichten und vor allem durch *Reflexion* an Wolken sogleich in den Weltraum zurückgeworfen oder durch Wolken und *Lufttrübungen zerstreut und absorbiert.* Von der Strahlung, die auf dem Boden oder der Pflanzendecke ankommt, konnte etwa die Hälfte als *direkte Sonnenstrahlung* ungehindert die Atmosphäre passieren, der Rest, die *diffuse Himmelsstrahlung*, wurde vorher in Luft und Wolken zerstreut. Direkte Sonnenstrahlung und diffuse Himmelsstrahlung zusammen nennt man *Globalstrahlung*. Auf Meeresniveau empfängt eine ebene Fläche in mittleren Breiten mittags eine Globalstrahlung bis etwa 900 W $\cdot$ m^{-2} (1,3 cal $\cdot$ cm^{-2} $\cdot$ min^{-1}). Je nach geographischer Breite eines Ortes, Meereshöhe, Geländegestaltung und Häufigkeit der Bewölkung ergeben sich große regionale und lokale Unterschiede in der Strahlungsversorgung (Abb. 4). So erhalten die wolkenarmen *Hochdruckgebiete* unter den Wendekreisen überdurchschnittlich viel Sonnenstrahlung; statt 47 % durchdringen im Mittel 70 % der zugeführten Strahlung die klare Lufthülle über den Trockengebieten. In *größeren Meereshöhen* ergeben sich dank dem kürzeren optischen Weg der Strahlen und der geringen Lufttrübung höhere Einstrahlungssummen als in Tieflagen.

3.1.1.2 Die Strahlungsverteilung in der Pflanzendecke

Pflanzenbestände entwickeln ein Assimilationssystem, das aus einander überdeckenden und sich gegenseitig beschattenden Blattschichten aufgebaut ist. Eine tief *gestaffelte Pflanzendecke* nützt durch stufenweise Absorption die auftreffende und eindringende Strahlung weitgehend aus (Abb. 5). Zur Charakterisierung der Beleuchtungsverhältnisse am Wuchsplatz der Pflanzen führte J. WIESNER (1907) den Begriff des *relativen Lichtgenusses* ein. Der relative Lichtgenuß drückt aus, wieviel Prozent des Außenlichtes am Standort vorhanden sind. In Laubwäldern und lichten Nadelwäldern der gemäßigten Zone gelangen während der Vegetationsperiode durchschnittlich 10–20 %, in winterkahlen Wäldern vor dem Laubaustrieb im Frühjahr 50–70 % der Freilandhelligkeit zur Krautschicht. Unter dichten Nadelwäldern und in artenreichen Tropenwäldern sinkt der Lichtgenuß auf wenige Prozent und sogar unter 1 %. In diesem Bereich liegt in der Regel die Existenzgrenze für Sproßpflanzen. Thallophyten können sich auf lichtärmeren Standorten (um 0,5 % Lichtgenuß, Luftalgen bis 0,1 %) noch halten.

Der **Strahlungsabfall im Bestand** hängt vor allem von der Belaubungsdichte und der Anordnung der Blätter ab. Die Belaubungsdichte läßt sich durch den *Blattflächenindex* (leaf area index = LAI; D. J. WATSON 1947) zahlenmäßig erfassen. Der kumulative LAI sagt aus, wie groß die Oberfläche sämtlicher Blätter über einer bestimmten Bodenfläche ist:

$$\text{LAI} = \frac{\text{Gesamtsumme der Blattflächen}}{\text{Bodenfläche}} \qquad (1)$$

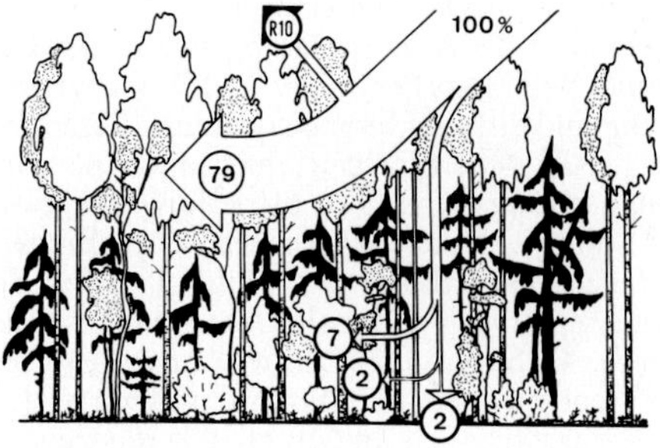

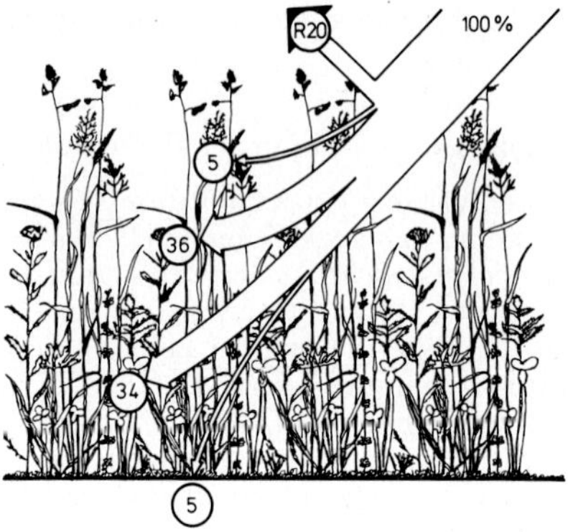

Abb. 5. Strahlungsabschwächung in einem borealen Birken-Fichten-Mischwald und in einer Mähwiese. Von der eintreffenden photosynthetisch verwertbaren Strahlung werden an der Bestandesoberfläche 10 bzw. 20 % reflektiert (R), der größte Teil der Strahlung wird in der Bestandesschicht mit der dichtesten Belaubung absorbiert, der Rest gelangt an die Bodenoberfläche. Nach KAIRIUKŠTIS (1967), CERNUSCA (1975).

Der Blattflächenindex wird meistens in m^2 Blattfläche über m^2 Bodenfläche angegeben, eigentlich ist er ein dimensionsloses Maß für den Überdeckungsgrad. Bei einem LAI von 4 wäre die Grundflächeneinheit von einer viermal so großen Blattfläche überlagert, die selbstverständlich in mehreren Niveaus angeordnet ist. Auf ihrem Weg durch die Pflanzendecke hat die Strahlung die hintereinander liegenden Blattschichten zu durchdringen. Dabei nimmt ihre Intensität mit anwachsendem Überdeckungsgrad entsprechend dem *Lambert-Beerschen Extinktionsgesetz* exponentiell ab. Bei einigermaßen *homogener* Laubschichtung kann der Strahlungsabfall über die Extinktionsgleichung in der von M. MONSI und T. SAEKI (1953) abgewandelten Form berechnet werden:

$$I = I_o \cdot e^{-k \cdot LAI} \qquad (2)$$

I ist die Intensität der Strahlung in einem bestimmten Abstand vom Oberrand der Pflanzendecke,
I_o ist die Strahlung im Freien,
k ist der für diese Pflanzengesellschaft gültige Extinktionskoeffizient,
LAI ist die Gesamtsumme der Blattflächen über der Meßstelle pro Einheit der Bodenfläche (kumulativer LAI).

Der *Extinktionskoeffizient* bezeichnet die Stärke des Lichtabfalls im Bestand. In Getreidefeldern, Wiesen und Röhricht mit vorwiegend steilgestellten Blättern (mehr als ¾ der Blätter mit Blattwinkel über 45°) liegt der Extinktionskoeffizient unter 0,5 und es herrscht in der Mitte des Bestandes noch wenigstens die Hälfte der Beleuchtungsstärke des Außenlichtes (Abb. 6: *Gramineen-Typ*). Dagegen beträgt in Pflanzengemeinschaften mit abspreizenden, breiten Blättern, etwa in einem Kleefeld, in einer Sonnenblumenpflanzung oder in Hochstaudenfluren, der Extinktionskoeffizient mehr als 0,7, dort sind in halber Bestandeshöhe bereits ⅔ – ¾ des eintreffenden Lichtes absorbiert (Abb. 6: *Dikotyledonen-Typ*). Wälder mit engem Kronenschluß und dichter Belaubung verschlucken schon im oberen Kronenraum so viel Strahlung, daß in den Stammraum und auf den Waldboden nur wenig gelangt. In solchen *Wäldern* ergibt sich ein Lichtabfall ähnlich oder noch abrupter wie unter Dikotyledonenkräutern. Wälder, die aus Baumarten mit schütteren Kronen aufgebaut sind (Birken, Eichen, Föhren, Eucalyptus) und offene Baumbestände zeigen dagegen einen ähnlich graduellen Lichteinfall wie Grasgesellschaften.
Die Strahlungsinterzeption im Bestand ist zusätzlich charakterisierbar durch die Angabe der Raumfüllung durch das Laub (*leaf area density*), bei der der LAI nicht auf die Grundflächeneinheit, sondern auf die Volumeneinheit des Bestandes bezogen wird (m^2 Blattfläche pro m^3 Bestandesraum). Dadurch werden auch die Unterschiede in der *Blattanordnung* und *Blattstellung* erfaßt.

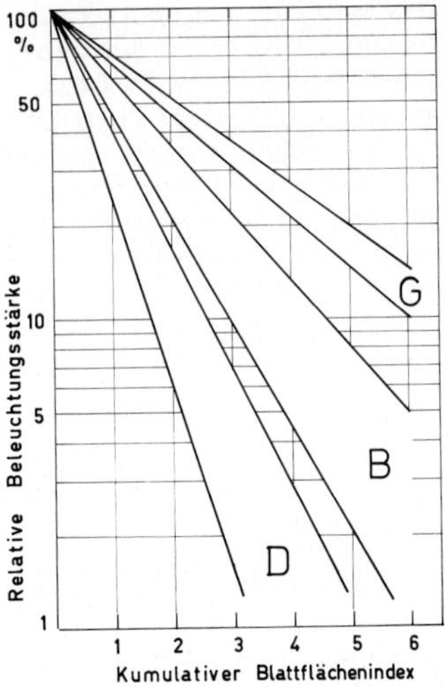

Abb. 6. Exponentielle Helligkeitsabnahme in verschiedenen Pflanzenbeständen mit zunehmendem Blattflächenindex. Der kumulative Blattflächenindex ergibt sich durch die Summierung der Indexwerte der einzelnen übereinanderliegenden Assimilationsflächen des Pflanzenbestandes. In breitblättrigen Dikotyledonengesellschaften (D) ist die Lichtabschwächung schon bei einem niedrigen Blattflächenindex erheblich, in Grasgesellschaften (G) erfolgt die Helligkeitsabnahme langsam; Baumbestände (B) nehmen eine Mittelstellung ein. Nach MONSI und SAEKI (1953) und KIRA, SHINOZAKI und HOZUMI (1969).

Für genaue Studien, insbesondere für die mathematische Analyse und Simulation des Strahlungsklimas von Pflanzenbeständen müssen weitere Parameter quantitativ erfaßt werden: Die Blattwinkelstellung (Häufigkeitsverteilung!), Lage und Ausdehnung von Lücken im Bestandesschluß, Strahlungseinfall und Streulicht.

3.1.1.3 Das Strahlungsklima in Gewässern

Im Wasser wird die Strahlung stärker abgeschwächt als in der Atmosphäre. Die langwellige Wärmestrahlung wird schon in den obersten Millimetern, die infrarote Strahlung in den obersten Zentimetern absorbiert. UV durchstrahlt die obersten Dezimeter bis Meter. Licht gelangt bis in größere Tiefen, wo im Meer blaugrünes, in Seen gelbgrünes Dämmerlicht herrscht. Das Strahlungsangebot in Gewässern hängt ab:

(a) Von den *Beleuchtungsverhältnissen über dem Wasserspiegel.*
(b) Vom Ausmaß der *Reflexion* und der *Rückstreuung* des Lichtes an der Wasseroberfläche; im Durchschnitt reflektiert bei hohem Sonnenstand eine glatte Wasserfläche 6 % des eintreffenden Lichtes, bei starkem Wellengang etwa 10 %. Bei niedrigem Sonnenstand nimmt dagegen die Reflexion erheblich zu, so daß ein großer Teil des Lichtes nicht mehr ins Wasser eintritt. Dies hat zur Folge, daß unter Wasser der Tag kürzer ist als auf dem Lande.
(c) Von der *Extinktion beim Strahlendurchgang* durch das Wasser. Mit zunehmender Tiefe nimmt die Strahlungsintensität exponentiell ab. Die Strahlung wird durch das Wasser selbst, durch gelöste Stoffe, durch suspendierte Bodenteilchen, Detritus und das Plankton absorbiert und außerdem gestreut. In trüben Fließgewässern kann schon unterhalb 50 cm das Lichtangebot auf 7 %, also einen Wert wie unter dem Kronendach eines Fichtenwaldes, abnehmen. In klaren Seen erreicht 1 % des auftreffenden Lichtes Tiefen von 5–10 m, so daß Sproßpflanzen in 5 m Tiefe, festsitzende Algen bis in 20–30 m Tiefe vorkommen können. Die Wasserschicht oberhalb der Existenzgrenze für autotrophe Pflanzen wird als *euphotische Zone* bezeichnet. Im offenen Meer ist die lichtdurchflutete euphotische Zone tiefer: im Mittelmeer dringt in Küstennähe 1 % der Strahlung bis in 60 m, im klaren Wasser der Ozeane bis in 140 m Tiefe.

3.1.2 Die Strahlungsaufnahme durch die Pflanze

Die Biosphäre empfängt **Sonnenstrahlung** aus dem Wellenlängenbereich von 290 nm bis etwa 3000 nm (Abb. 8). Kürzerwellige Strahlung wird in der oberen Atmosphäre durch Ozon und Luftsauerstoff absorbiert, die langwellige Grenze ist durch den Wasserdampf- und Kohlendioxidgehalt der Luft verursacht. Etwa 40–45 % der zugestrahlten Sonnenenergie entfällt auf den Wellenlängenbereich 380–780 nm, den wir als *sichtbares Licht* empfinden. An diesen Spektralbereich schließt sich gegen kürzere Wellenlängen die *ultraviolette Strahlung* (UV-A 315–380 nm, UV-B 280–315 nm, UV-C aus künstlichen Strahlern 100–280 nm), gegen längere Wellenlängen die *infrarote Strahlung* (780–3000 nm) an. Außer durch Sonnenstrahlung werden Pflanzen auch noch von **Temperaturstrahlung** (langwelliges IR 3000 bis 10^5 nm Wellenlänge) getroffen, und sie selbst geben solche Strahlung ab.

Von der *Strahlung, die auf eine Pflanze fällt,* wird ein Teil an der Oberfläche reflektiert, ein Teil wird absorbiert, was übrig bleibt wird durchgelassen. Reflexion, Absorption und Transmission von Strahlung erfolgen in pflanzlichem Gewebe selektiv, d. h. in Abhängigkeit von der Wellenlänge (Abb. 7).

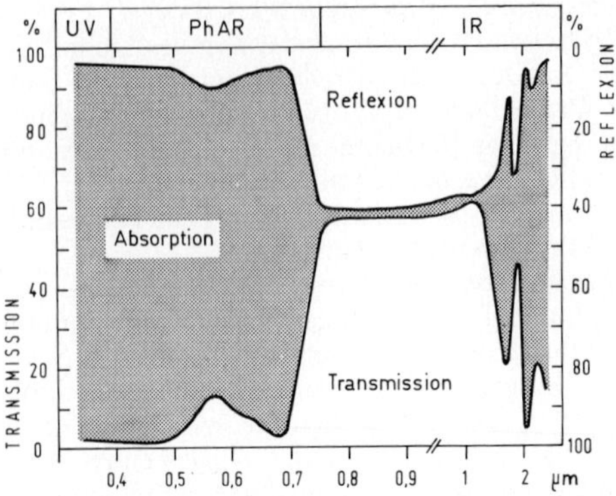

Abb. 7. Relative Reflexion, Transmission und Absorption eines Pappelblattes *(Populus deltoides)* in Abhängigkeit von der Wellenlänge der auftreffenden Strahlung. Nach Gates (1965).

Reflexion. Im infraroten Bereich reflektieren die Blätter 70% der senkrecht auftreffenden Strahlung, im sichtbaren Bereich dagegen im Durchschnitt nur 6–12%. Grünes Licht wird stärker reflektiert (10–20%), oranges und rotes Licht am wenigsten (3–10%). Ultraviolette Strahlung wird im allgemeinen wenig zurückgeworfen, die Blätter reflektieren im UV nicht mehr als 3%. Eine Ausnahme machen gewisse Blüten, die stellenweise eine starke UV-Reflexion aufweisen, die von Insekten wahrgenommen werden kann und diesen als Anflugmarkierung dient. Das Reflexionsvermögen hängt von der *Oberflächenbeschaffenheit* der Blätter ab; ein Haarfilz z.B. erhöht die Reflexion der sichtbaren Strahlung und des nahen IR auf das Doppelte bis Dreifache.

Absorption. Die in das Blatt eindringende Strahlung wird weitgehend absorbiert. UV wird zum größten Teil schon durch Wachsauflagen, kutikuläre und verkorkte Außenschichten der Epidermis, ferner durch phenolische Verbindungen im Zellsaft der äußersten Zellagen zurückgehalten, so daß in die tieferen Blattschichten höchstens 2–5 %, meist weniger als 1% der UV-Strahlung eintreten (Abb. 9B). Die Epidermis ist also ein wirksames UV-Filter für das Assimilationsparenchym. Die Absorption im sichtbaren Bereich ist vor allem durch die *Chloroplastenpigmente* bedingt. Deshalb treten in der spektralen Absorptionskurve von Blättern dort Maxima auf, wo Chlorophylle und Carotinoide ihr Absorptionsmaximum aufweisen (vgl. Abb. 7 mit Abb. 8). Rund 70% der in das Mesophyll eintretenden sichtbaren Strahlung werden durch Chloroplasten absorbiert. Beim Durchgang durch das Blatt wird die Strahlung zunehmend abgeschwächt, so daß der Strahlungsgewinn hintereinander liegender Zellschichten exponentiell abfällt. Infrarot wird im Bereich bis 2000 nm wenig, im Bereich der langwelligen *Temperaturstrahlung* über 7000 nm dagegen fast vollständig (97%) absor-

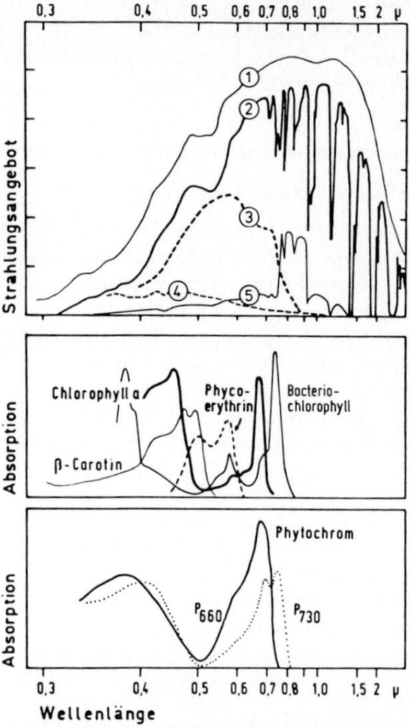

Abb. 8. Spektrale Energieverteilung (1) der Sonnenstrahlung außerhalb der Erdatmosphäre, (2) der direkten Sonnenstrahlung in Meereshöhe, (3) der Strahlung in 1 m Wassertiefe im Küstenbereich des Meeres, (4) der diffusen Himmelsstrahlung („Blauschatten") und (5) der Strahlung unter einem Pflanzenbestand („Rotschatten"). Nach Gessner (1955), Gates (1965) und R. Schulze (1970). Darunter: Spektrale Absorption durch photosynthetisch und photokybernetisch wirksame Pigmente. Nach Blinks (1951), French und Young (1956), Siegelman und Butler (1965).

biert. Dementsprechend verhält sich die Pflanze gegenüber der Wärmestrahlung wie ein schwarzer Körper.

Transmission. Die Strahlungsdurchlässigkeit der Blätter hängt von Bau und Dicke des Blattes ab. Weichlaubige Blätter lassen 10–20 % der Sonnenstrahlung durchtreten, sehr dünne Blätter bis zu 40 %, dicke und derbe Blätter können völlig undurchlässig für die Strahlung sein. Die beste Durchlässigkeit besteht in jenen Strahlungsbereichen, für die auch das Reflexionsvermögen sehr groß ist: im Grün und besonders im nahen Infrarot. *Durch Laubwerk gefilterte Strahlung* ist daher besonders reich an Wellenlängen um 500 nm und über 800 nm. Unter einem Blätterdach herrscht ein Rot-Grün-Schatten, im Waldesdunkel nur noch *Dunkelrot-* und *Infrarotschatten* (Abb. 8).

3.1.3 Strahlungswirkungen auf das Leben der Pflanze

3.1.3.1 Die Wirkungsweise der Strahlung

Strahlung ist für die Pflanze Energiequelle (*photoenergetische Wirkungen*), entwicklungsteuernder Reiz (*photokybernetische Wirkungen*) und zuweilen ein Belastungsfaktor (*photodestruktive Wirkungen*). Alle Strahlungswirkungen werden durch Aufnahme von Quanten ausgelöst. Da nur absorbierte Strahlungsquanten photochemisch aktiv sein können (Gesetz von Grotthuss-Draper), wird jeder strahlungsabhängige Vorgang durch ganz bestimmte Photorezeptoren vermittelt. Diese weisen ein *Absorptionsspektrum* auf, das dem *Wirkungsspektrum* des jeweiligen photobiologischen Geschehens entspricht. In der Abb. 8 sind Absorptionsspektren einiger wichtiger Pflanzenpigmente dargestellt.

In **photoenergetischen** Prozessen betreibt die Energiezufuhr durch Strahlungsabsorption Stoffwechselvorgänge oder verursacht chemische Umsetzungen in direkter Abhängigkeit von der Menge der absorbierten Lichtquanten. Dabei können energiereiche Moleküle aufgebaut werden (*Photosynthese*), molekulare Strukturen verändert werden (*Photokonversion*), Reaktionen beschleunigt werden (z. B. *Photooxidation* von Xanthophyllen) oder die Molekularstruktur kann zerstört werden (*Photoläsionen*).
Die Primärprozesse der Photosynthese (s. Kap. 4.1.1.1) werden bei grünen Pflanzen durch Strahlung im Wellenlängenbereich zwischen 380 nm und 710 nm betrieben. Diese *photosynthetisch ausnützbare Strahlung* („photosynthetic active radiation" **PhAR**; vielfach als Bereich 400–700 nm angegeben) ist eine wichtige pflanzenökologische Meßgröße. *Strahlungsempfänger* für die Photosynthese sind die Chlorophylle mit Absorptionsmaxima im Rot und Blau sowie akzessorische Plastidenpigmente (Carotin und Xanthophylle) mit einer Absorption im Blau und UV. Bei Blaualgen, Rotalgen und Cryptomonaden kommen außerdem Biliproteide (Phycocyan und Phycoerythrin) vor. Photoautotrophe Purpurbakterien besitzen anstelle von Chlorophyll Bacteriochlorophyll mit einer Hauptabsorptionsbande im Dunkelrot.

Zu **photodestruktiven** Auswirkungen kommt es bei extrem hohen Einstrahlungsintensitäten oder durch UV. In beiden Fällen handelt es sich wieder um photoenergetische Prozesse. *Starklichtempfindlich* sind Algen, besonders Rotalgen, Schattenmoose, manche Farne und schattenadaptierte photolabile Blütenpflanzen, vor allem Wasserpflanzen. Die

Starklichtschädigung besteht primär in einer Photooxidation von Chloroplastenpigmenten. Gegen Starklicht schirmen sich manche Pflanzen durch Profilstellung der Blätter oder der Chloroplasten in den Zellen (*Phototaxis*) und durch Ausbildung stark reflektierender Oberflächen (Behaarung) und schlecht strahlungsdurchlässiger Oberflächen (Kork) ab. Bei Energieüberflutung dürfte der *Glykolatstoffwechsel* (s. Kap. 4.1.2) als sauerstoffbindender und energieableitender Kreisprozeß in der Zelle ein wesentlicher Schutzmechanismus sein. Ein weiterer wichtiger Faktor für die Starklichtverträglichkeit ist die Fähigkeit zu rascher *Resynthese* abgebauter Plastidenpigmente.

UV unter 300 nm verursacht außer Photooxidation auch noch Photoläsionen von Nucleinsäuren und Eiweißkörpern und akute Schädigung des Protoplasmas (Abb. 9A). UV-B kommt in der Natur nur in sehr ge-

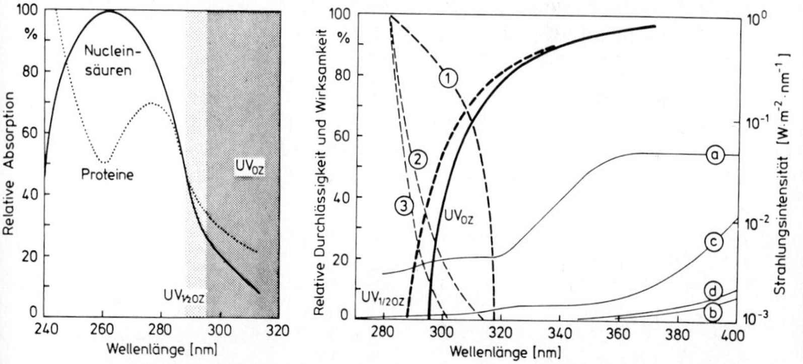

Abb. 9. A. Ultraviolettabsorption durch Proteine und Nucleinsäuren. Der dichte Raster (UV_{OZ}) markiert das kurzwellige Ende der Sonnenstrahlung nach Passieren der Ozonosphäre, der helle Raster gibt die kurzwellige Grenze der Strahlung auf Meeresniveau bei angenommener Verringerung der Ozondichte auf die Hälfte ($UV_{1/2OZ}$) an. Nach CALDWELL (1977).

Abb. 9. B. Angebot und Wirksamkeit ultravioletter Strahlung. UV_{OZ} = Kurzwelliges Ende der Sonnenstrahlung bei steilem Einfall, $UV_{1/2OZ}$ = UV-Strahlung auf Meeresniveau bei Verringerung der Ozondichte in der Stratosphäre auf die Hälfte. 1 = Sistierung der Protoplasmaströmung in Epidermiszellen von Allium cepa; 2 = Mutagene Wirkung auf Lebermoossporen, ebenso: Photosynthesehemmung bei Chlorella; 3 = Epidermisnekrose bei Oxyria digyna. Spektrale Durchlässigkeit von (a) abgelösten Epidermisaußenwänden von Sambucus caerulea, (b) lebender Epidermis mit Flavonoiden im Zellsaft von Sambucus, (c) der Cuticula von Atriplex hastata und (d) der Cuticula von Eryngium maritimum. Nach verschiedenen Autoren aus CALDWELL (1977) und Angaben bei CAPPELLETTI (1961), ROBBERECHT und CALDWELL (1978).

ringer Intensität vor, wobei allerdings mit einer Zunahme zu rechnen ist, wenn die Filterleistung der stratosphärischen Ozonschicht infolge Immission von Stickoxiden und Halogenkohlenwasserstoffen erheblich abgeschwächt wird. *Schädigung durch UV* äußert sich bei Pflanzen als vermindertes Photosynthesevermögen, als Aktivitätsänderung von Enzymen (Peroxidaseaktivität gesteigert, Cytochromoxidase gehemmt), als Wachstumsstörung (Streckungswachstum, Pollenschlauchwachstum), durch Auslösung von Genmutationen und letztlich im Absterben von Zellen (Abb. 9B). Der molekulare Mechanismus der UV-Schädigung des Protoplasmas besteht in der Sprengung von Disulfidbrücken in Eiweißmolekülen und in der Dimerisierung von Thymingruppen der DNS, was Transkriptionsdefekte zur Folge hat. Höhere Pflanzen sind dank der starken UV-Absorption durch die Epidermis weitgehend vor Schädigung geschützt, Thallophyten und besonders Einzeller sind hingegen der destruktiven Wirkung kurzwelliger Strahlung voll ausgeliefert; sie werden durch UV abgetötet, was bei der Keimfreimachung ausgenützt wird.

In **photokybernetischen** Prozessen werden durch Aufnahme von Strahlungsquanten Rezeptorsubstanzen chemisch verändert, die in der Folge Stoffwechsel-, Wachstums- und Entwicklungsvorgänge steuern. Wichtig sind Zeitpunkt, Dauer, Einfallsrichtung und spektrale Zusam-

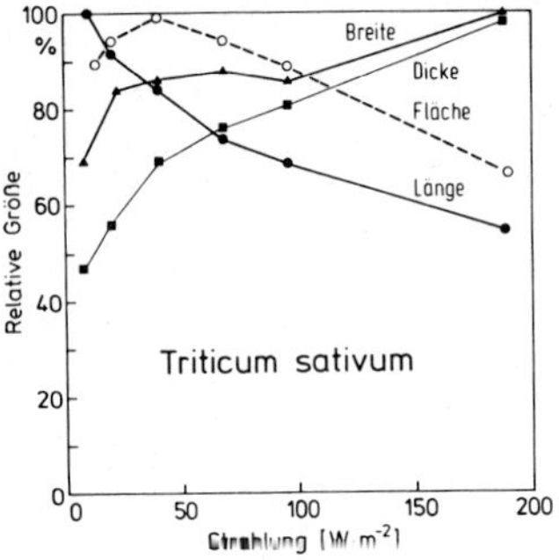

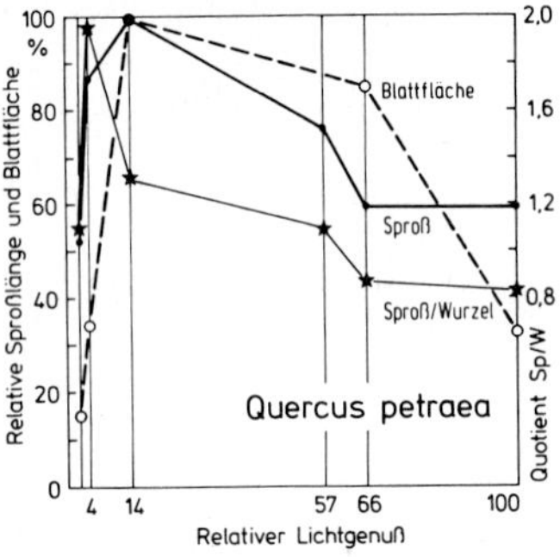

Abb. 10. Länge, Breite, Dicke und Fläche von Weizenblättern nach Anzucht der Pflanzen bei unterschiedlicher Beleuchtungsstärke. Alle Angaben in Prozent des Höchstwerts. Nach Friend, Helson und Fisher (1962).

Abb. 11. Gestaltmerkmale von 2jährigen Eichenpflanzen nach Anzucht unter verschiedenen Beleuchtungsbedingungen. Der durchschnittliche relative Lichtgenuß ist in Prozent der Freilandhelligkeit angegeben, die Sproßlänge und die Blattfläche in Prozent des Höchstwerts; das Verhältnis Sproßlänge/Wurzellänge ist als Quotient ausgedrückt. Nach Meßergebnissen von Trouchet, Gibondeau und Goguely aus Roussel (1972).

mensetzung der Beleuchtung; geringe Strahlungsintensitäten genügen. Strahlung wirkt kybernetisch bei der *Photostimulation* von Biosynthesen (z. B. Chlorophyllbildung aus Vorstufen, Anthocyansynthese), bei der Einortung der Wachstumsrichtung (*Phototropismus*), als Auslöser z. B. der Keimung und der Blütenbildung (*Photoinduktion*). Strahlung beeinflußt die Gestaltausprägung im subzellulären, im zellulären und im gesamtorganismischen Bereich (*Photomorphogenese*; Abb. 10 und 11) und sie synchronisiert den Entwicklungsablauf und die Vegetationsrhythmik mit dem Wechsel der Tages- und Jahreszeiten (*Photoperiodismus*). Näheres über diese lichtgesteuerten Wachstums- und Entwicklungsprozesse muß den Lehrbüchern der Pflanzenphysiologie entnommen werden.
Photokybernetisch wirksam ist einerseits blaue bis ultraviolette Strahlung, andererseits Rotlicht bis ins nahe IR. Das Streckungs- und Richtungswachstum wird durch *Blaulichtrezeptoren* nach Art des Carotins und Riboflavins reguliert, die meisten übrigen Vorgänge durch das *Phytochromsystem.* Phytochrom ist ein Chromoproteid, dessen rotlichtabsorbierender Bestandteil den akzessorischen Algenpigmenten (Phycobilinen) verwandt ist. Es ist *photokonvertierbar,* d. h. es kommt in zwei Formen vor, die durch entsprechende Beleuchtung ineinander umgewandelt werden können: Die hellrotabsorbierende Form P_{660} wird durch Absorption im Spektralbereich 620–680 nm auf die biochemisch aktive dunkelrotabsorbierende Form P_{730} umgeschaltet, dunkelrotes Licht (700–800 nm) revertiert P_{730} in P_{660}. In den Rezeptorstellen (Biomembranen) stellt sich je nach dem Anteil von Hellrot zu Dunkelrot am Strahlungsangebot ein bestimmtes Mengenverhältnis zwischen den beiden Zustandsformen des Phytochroms ein, durch das über die Regulation der Genaktivität die verschiedenen Reaktionen zustandekommen.
Zur Charakterisierung des Lichtklimas auf einem Pflanzenstandort sollte stets auch das photokybernetisch wichtige *Hellrot/Dunkelrot-Verhältnis* bestimmt werden. Dann zeigt sich zum Beispiel, daß am Grunde von Pflanzenbeständen, also dort, wo die Samen keimen und die Jungpflanzen heranwachsen, der Dunkelrotanteil am natürlichen Licht 5- bis 10 mal so hoch wie der Hellrotanteil sein kann. Die Samen zahlreicher Pflanzenarten keimen nur bei Überwiegen des Hellrotanteils (Lichtkeimer), sie bleiben also keimgehemmt, bis sich durch Laubfall oder Auflockerung der Oberschicht die Lichtqualität ändert. Die photokybernetische Verzögerung des Keimungsvorgangs wirkt sich hier nachwuchsregulierend, also populationsökologisch aus.

3.1.3.2 Anpassung der Pflanzen an das standörtliche Strahlungsklima

Die Pflanzen passen sich mit ihrem Stoffwechsel, in ihrer Entwicklung und in ihrer Ausgestaltung an die vorherrschende Quantität und Qualität des Strahlungsangebotes auf ihrem Wuchsplatz modulativ, modifikativ und evolutiv an.

Modulative Adaptationen erfolgen rasch und sind *vorübergehend*; nach Rückkehr zur Ausgangssituation stellt sich das Ausgangsverhalten alsbald wieder ein. Beispiele für Photomodulationen sind Blattbewegungen, die eine günstige Exposition der Blattspreite zum Lichteinfall bewirken, und andere phototrope, photonastische und phototaktische Bewegungen, vor allem aber funktionelle Anpassungen des Stoffwechsels, in erster Linie der Photosynthese, an Intensitätsänderungen der Beleuchtung (s. Kap. 4.2.3.1).

Modifikativ passen sich die Pflanzen an die *durchschnittlichen* Strahlungsbedingungen während des Heranwachsens an und behalten dann ihre Ausprägungsform bei. Schattenadaptierte Pflanzen entwickeln eine große Oberflächenausdehnung der Blätter, hohe Chlorophyllkonzentration in den Chloroplasten und wirksame Ausstattung mit akzessorischen Pigmenten. Pflanzen, die starker Strahlung ausgesetzt sind, bilden ein gut wasserleitendes Achsensystem aus, ihre Blätter besitzen ein mehrfach gestaffeltes Mesophyll und chloroplastenreiche Zellen (Tab. 1). Als Folge der strukturellen Anpassungen und der aktiven Stoffwechselvorgänge erbringen starklichtadaptierte Pflanzen einen größeren Trockensubstanzzuwachs, höheren Energiegehalt der Trokkensubstanz und bessere Fertilität (Blühhäufigkeit, Blütenansatz und Fruchtertrag). Die schwachlichtadaptierten Pflanzen sind dagegen durch sparsamen Assimilathaushalt, effiziente Eiweißsynthese und geringen Wasserumsatz gekennzeichnet. Sie werden dadurch in die Lage versetzt, auf Standorten mit bescheidener Energiezufuhr zurechtzukommen.

Evolutive Anpassungen an das Strahlungsangebot sind *genotypisch* verankert und bedingen die oft auffälligen Unterschiede in der Verbreitungsökologie verschiedener Pflanzenarten und Ökotypen. Die Einteilung der Pflanzen in Dämmerlichtpflanzen, Schattenpflanzen (Sciophyten), Sonnenpflanzen (Heliophyten) und Starklichtpflanzen (auf unbeschatteten Standorten im Hochgebirge, in Wüsten und an Meeresküsten) bringt genotypische Unterschiede im Lichtbedarf und in der Resistenz gegen Starklicht zum Ausdruck. *Erblich festgelegt* sind insbesondere die Reaktionsnorm der Pflanze und die spezifische Adaptationsbreite. So sind Sonnenpflanzen zwar schattenadaptierbar, jedoch nicht in gleichem Ausmaß wie Schattenpflanzen; analoges gilt umgekehrt für die Schattenpflanzen.

Modulative, modifikative und evolutive Adaptationen bestehen nicht nebeneinander, sondern *überlagern einander* und geben so den Pflanzen die Möglichkeit, durch fein abgestufte Anpassung das Strahlungsangebot möglichst weitgehend zu nützen. Die dichte Raumfüllung in

Tab. 1. Unterschiede zwischen Sonnen- und Schattenblättern. Nach Befunden zahlreicher Autoren.

Merkmal	Sonnenblätter	Schattenblätter
Gestaltmerkmale		
Flächenausdehnung der Blattspreite	–	+
Mesophylldicke	+	–
Interzellularensystem (innere Oberfläche)	+	–
Zellenzahl	+	–
Nervaturdichte	+	–
Dicke der Epidermisaußenwand und der Cuticula	+	–
Stomatadichte	+	–
Chloroplastenzahl pro Flächeneinheit	+	–
Dichtpackung der Membransysteme in den Chloroplasten	–	+
Chemische Merkmale		
Trockensubstanz	+	–
Energiegehalt der Trockensubstanz	+	–
Wassergehalt im Frischgewicht	–	+
Zellsaftkonzentration	+	–
Stärke	+	–
Cellulose	–	+
Lignin	+	–
Lipide	+	–
Säuren	+	–
Anthocyan, Flavonoide	+	–
Asche	+	–
Verhältnis Ca/K	+	–
Chlorophyll a/b	+	–
Chlorophyll aI (P 700)	+	–
Photosystem-II-Pigmentkomplex	–	+
Chlorophyll/Xanthophylle	–	+
Lutein/Violaxanthin	+	–
Funktionsmerkmale		
Photosynthesevermögen	+	–
Atmungsintensität	+	–
Transpiration	+	–

+ hoch, viel, intensiv – niedrig, wenig, schwach

der Pflanzendecke, besonders ausgeprägt in tropischen Urwäldern, ist das Ergebnis vollständiger Lichtausnützung durch eine Vielfalt von Lebensformen und Pflanzenarten mit genetisch unterschiedlichem, jedoch durchaus anpassungsfähigem Lichtbedürfnis. Im übrigen spielen bei allen Anpassungen an die Standortshelligkeit noch *Sekundärwirkungen* der Strahlung (Wärme, Einflüsse auf den Wasserhaushalt) mit. Sonnenpflanzen müssen daher immer auch an höhere Temperaturen, trockene Luft und schlechtere Wasserversorgung angepaßt sein.

Außer an die Strahlungsintensität passen sich Pflanzen auch an die *spektrale Zusammensetzung* des Lichtes an. **Chromatische Adaptation** ist vor allem bei Blau- und Rotalgen nachgewiesen worden, die durch eine Mengenverschiebung ihrer spezifischen akzessorischen Pigmente der spektralen Verschiebung des Lichtes beim Durchtritt in tiefere Wasserschichten gerecht werden. Aber auch bei Landpflanzen kann sich die Zusammensetzung der Chloroplastenpigmente in Abhängigkeit von der spektralen Zusammensetzung des Lichtes ändern. Ein hoher Rotanteil im Strahlungsangebot scheint eine Anreicherung von Chlorophyll a zu fördern, viel Grün und Blau die Anreicherung von Chlorophyll b und von Carotinoiden. Die Fähigkeit der Pflanzen, durch Verschiebungen in der Pigmentausstattung Unterschiede im qualitativen Strahlungsangebot auszugleichen ist nicht nur ökologisch, sondern auch pflanzenbaulich, etwa bei der Anzucht unter Kunstlichtbedingungen, von großem Vorteil.

3.2 Wärmehaushalt und Temperaturwirkungen

Pflanzen sind poikilotherme Organismen, das heißt, ihre Eigentemperatur gleicht sich der Temperatur ihrer Umgebung an. Dieser Angleich ist jedoch nicht vollkommen. Durch Energieaustausch mit der Umgebung kann die Temperatur der oberirdischen Pflanzenteile erheblich von der Lufttemperatur abweichen. Der Wärmeumsatz der Pflanzen muß daher stets im Zusammenhang mit dem Energieumsatz am Standort betrachtet werden.

3.2.1 Der Wärmehaushalt

3.2.1.1 Die Strahlungsbilanz als Energiequelle für den Wärmehaushalt

Der Erde strömt Energie in Form von Strahlung zu, die von der Pflanzendecke, dem Boden und der Wasseroberfläche absorbiert wird. Dem Energiegewinn durch die Strahlungsaufnahme steht ein Energieverlust durch die ständige Abgabe thermischer Körperstrahlung entgegen. Die Wärmestrahlung ist entsprechend der niedrigen Oberflächentemperatur der Erde langwellig (3–100 µm) und wird von Dipolmolekülen in der Atmosphäre, besonders vom Wasserdampf, stark absorbiert. Die Lufthülle erwärmt sich dadurch, und die abgefangene Strahlung kommt als langwellige Gegenstrahlung der Atmosphäre wieder zur Erdoberfläche zurück. Der *Nettoüberschuß an Strahlungsenergie* Q_S, den eine Oberfläche in einem bestimmten Zeitraum empfängt, ergibt sich aus der kurzwelligen (0,3–3 µm) Strahlungsbilanz S_K und der Bilanz der langwelligen Wärmestrahlung S_L.

$$Q_S = S_K + S_L \tag{3}$$

$$S_K = S_D + S_H - S_R \tag{4}$$

$$S_L = S_G - S_A \tag{5}$$

Es bedeuten:
S_D = direkte Sonnenstrahlung (vgl. Kap. 3.1.1.1)
S_H = diffuse Himmelsstrahlung
S_R = reflektierte kurzwellige Strahlung
S_A = langwellige Wärmeausstrahlung der Körper
S_G = langwellige Gegenstrahlung der Atmosphäre

Die kurzwellige Strahlungsbilanz stellt die Energieeinnahme dar, die langwellige Bilanz ist in der Regel ein Energieverlust, das **Strahlungssaldo** *(Gesamtstrahlungsbilanz)* ist daher positiv, solange die kurzwellige über die langwellige Bilanz überwiegt. Das ist in der *Einstrahlungsphase* der Fall, die bald nach Sonnenaufgang beginnt und kurz vor Sonnenuntergang endet. Die Bilanz wird negativ, sobald die eingestrahlte Energie den Energieverlust nicht mehr kompensiert *(Ausstrahlungsphase).* Der Energieüberschuß aus der Strahlungsbilanz wird in der Ökosphäre für die Photosynthese der Pflanzen, für die Erwärmung von Phytomasse, Boden und Luft und für Verdunstungsvorgänge verbraucht.

3.2.1.2 Der Wärmehaushalt der Pflanzendecke

Strahlungsbilanz, Energieverbrauch und Wärmeaustausch sind die wesentlichen Größen des Energiehaushalts und damit auch des Wärmehaushalts der Pflanzen. Sie werden in der *Wärmehaushaltsgleichung* zusammengefaßt:

$$Q_S + Q_M + Q_P + Q_{Bo} + Q_K + Q_V = 0 \tag{6}$$

Die wichtigsten Posten im Energiehaushalt der Pflanze sind:
(1) **Die Strahlungsbilanz.**
(2) **Der Energieumsatz bei Stoffwechselprozessen Q_M.** Bei Einstrahlung überwiegt die Energiebindung durch Photosynthese, im Dunkeln und in chlorophyllfreien Geweben erfolgt Energiefreisetzung

bei der Atmung. Trotz der eminenten Bedeutung des Betriebsstoffwechsels für die Organismen ist der Anteil von Q_M am gesamten Energieumsatz verschwindend gering, er liegt in der Größenordnung von 1–2 %.

(3) **Die Wärmespeicherung durch die Phytomasse Q_P.** Zugeführte Energie kann in den Pflanzen vorübergehend gespeichert werden, z. B. wenn der Vegetationsschicht mehr Energie zufließt als gleichzeitig an die Atmosphäre oder in den Boden abgeführt wird. Das ist der Fall bei starker Einstrahlung und geringer Wärmeabfuhr durch Konvektion oder Verdunstung. Dann können sich Blätter bis 10 °C, ausnahmsweise bis 15–20 °C über die Umgebungstemperatur erwärmen. Massive Pflanzenorgane mit großer Wärmekapazität wie sukkulente Blätter und Achsen, fleischige Früchte oder Baumstämme erreichen zuweilen noch höhere *Übertemperaturen* (Abb. 12).

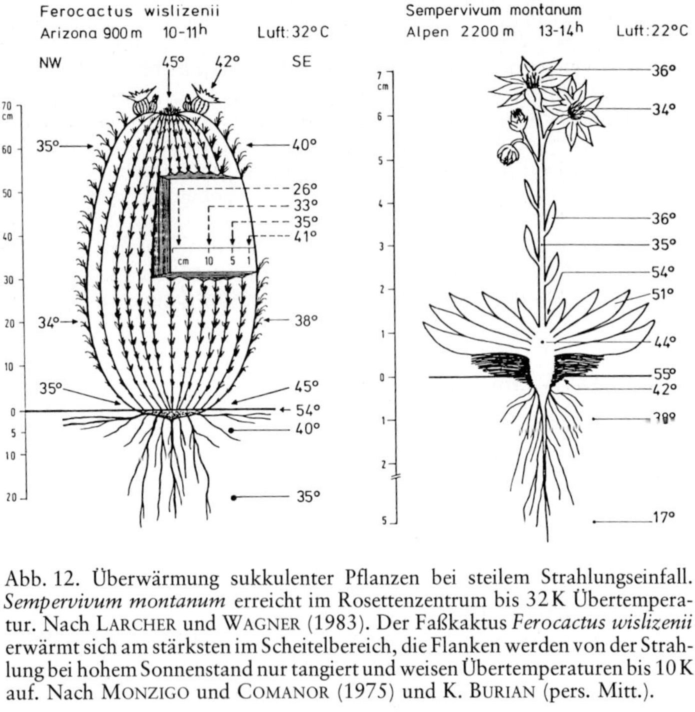

Abb. 12. Überwärmung sukkulenter Pflanzen bei steilem Strahlungseinfall. *Sempervivum montanum* erreicht im Rosettenzentrum bis 32 K Übertemperatur. Nach LARCHER und WAGNER (1983). Der Faßkaktus *Ferocactus wislizenii* erwärmt sich am stärksten im Scheitelbereich, die Flanken werden von der Strahlung bei hohem Sonnenstand nur tangiert und weisen Übertemperaturen bis 10 K auf. Nach MONZIGO und COMANOR (1975) und K. BURIAN (pers. Mitt.).

(4) **Der Bodenwärmestrom Q_{Bo}.** Auf *vegetationsfreien Plätzen* und bei schütterem Pflanzenbewuchs (Wüsten, Dünen, Gebirge, Ruderalstandorte, Kahlschläge und frischbestellte Äcker) wird bei Einstrahlung ein erheblicher Teil der absorbierten Energie als Wärmewelle in tiefere Bodenschichten abgeleitet. Je nach der Farbe, dem Wasser- und Luftgehalt, der Struktur und der Zusammensetzung des Bodens und ganz besonders je nach Geländeneigung und Hangexposition erwärmt sich der Boden unterschiedlich stark. Kompakte und nasse Böden leiten und speichern die Wärme besser als trockene, die sich daher oberflächlich stärker aufheizen. Extrem hohe Oberflächentemperaturen entstehen im Gebirge bei steilem Strahlungseinfall an freigelegten Stellen auf dunklen Rohhumusböden; dort sind Maximaltemperaturen über 70 °C gemessen worden. Während der Phase mit Ausstrahlungsüberschuß kehrt sich der Wärmetransport im Boden um und die tagsüber gespeicherte Wärme wird der Bodenoberfläche zugeleitet, die sich im Laufe der Nacht zunehmend abgekühlt hat. Es kommt also in den oberen Bodenschichten bis etwa 50 cm Tiefe zu tageszeitlichen Temperaturschwankungen. In Gebieten mit einem Jahreszeitenklima überlagert sich diesen ein Jahresgang der Temperatur, der bis in mehrere Meter Tiefe nachweisbar ist.
Unter *geschlossener Vegetation* ist der Boden gegen starke Einstrahlung und Ausstrahlung abgeschirmt. Schon in den oberen Bodenschichten ist die Tagesschwankung der Temperatur verhältnismäßig flach, ab 30 cm Tiefe wird sie bedeutungslos (Abb. 13).

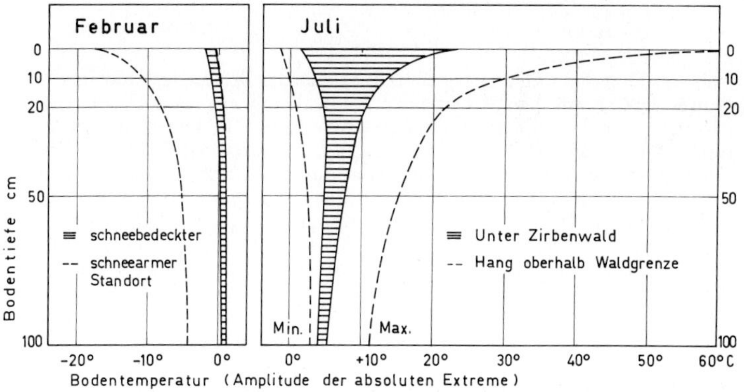

Abb. 13. Einfluß von Schneebedeckung und Wald auf das Ausmaß der täglichen Temperaturschwankung in verschiedenen Bodentiefen auf Standorten im Bereich und oberhalb der alpinen Waldgrenze. Nach AULITZKY (1961, 1962).

Auch eine dicke Schneedecke schafft ausgeglichene Temperaturverhältnisse im Boden. Insgesamt wirkt der Boden im Wärmehaushalt des Standorts thermisch puffernd, indem er tagsüber beträchtliche Wärmemengen aufnimmt, die er nachts wieder abgibt.

(5) **Der Energieaustausch mit der Umgebung.** Zwischen den Pflanzen und ihrer Umgebung kommt es zum Temperaturausgleich durch *Wärmeleitung,* durch *Wärmekonvektion* (fühlbarer Wärmestrom

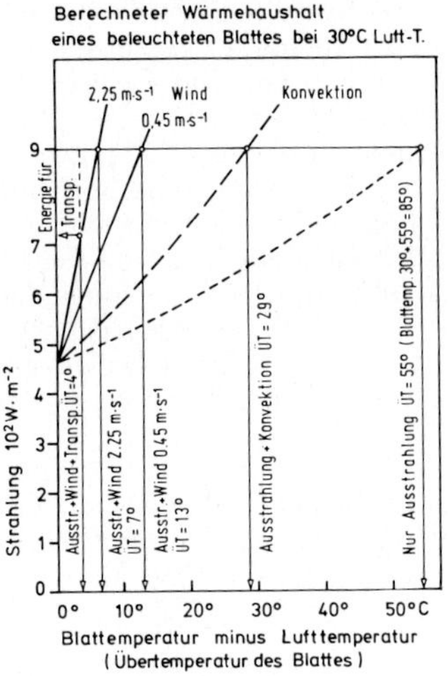

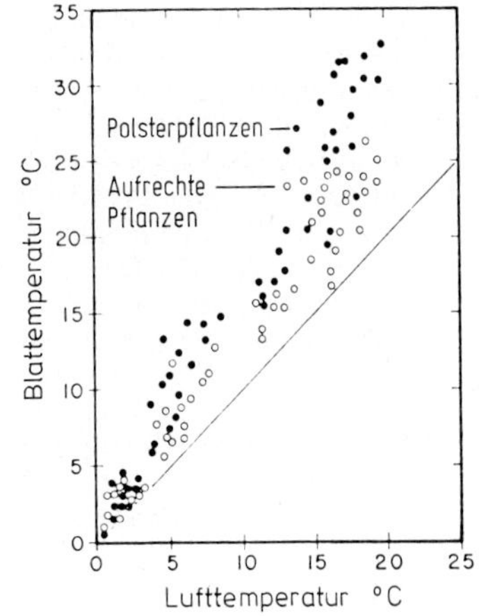

Abb. 14. Diagramm des Energieumsatzes und des Wärmeaustausches eines Blattes von 1 cm Länge bei einer Einstrahlung von $9 \cdot 10^2 W \cdot m^{-2}$ (1,3 $cal \cdot cm^{-2} \cdot min^{-1}$) und einer Lufttemperatur von 30 °C. Die Blattemperatur ergibt sich aus der Differenz zwischen der Energieaufnahme durch Strahlungsabsorption und der Energieabgabe durch Rückstrahlung, Wärmeabfuhr durch Konvektion, Luftbewegung (zwei Windgeschwindigkeiten) und Entzug latenter Wärme durch die Transpiration. Für die Transpiration ist hier ein Energiebedarf von $1{,}6 \cdot 10^2 W \cdot m^{-2}$ (0,23 cal $cm^{-2} \cdot min^{-1}$) entsprechend einer durchschnittlichen Transpirationsintensität von 40 $mg \cdot cm^{-2} \cdot min^{-1}$ eingesetzt. Die jeweilige Übertemperatur ergibt sich aus dem Schnittpunkt der Kurven mit einer Geraden, die auf dem Energieniveau der aufgenommenen Strahlung verläuft. Bei einer Einstrahlung von etwa $4{,}5 \cdot 10^2 W \cdot m^{-2}$ (0,65 $cal \cdot cm^{-2} \cdot min^{-1}$) hätte das Blatt bei einer Lufttemperatur von 30 °C keine Übertemperatur. Nach Gates (1965).

Abb. 15. Blattemperaturen von aufrecht wachsenden (Kreise) und bodenanliegenden (Punkte) Hochgebirgspflanzen bei Besonnung. Die stärkere Erwärmung der Polsterpflanzen ist deutlich erkennbar. Nach Salisbury und Spomer (1964).

Q_K) und durch *Verdunstung oder Kondensation* (latenter Wärmestrom Q_V). In der Pflanze und im Bestand ist die Wärmeableitung unbedeutend, die Wärmeverlagerung (Q_K und Q_V) erfolgt hauptsächlich durch Massenströmung (Luft- und Wasserbewegung).

Konvektion. Bei positiver Strahlungsbilanz ist der Konvektionswärmestrom meist von der Pflanzenoberfläche weggerichtet (Q_K ist negativ); ist die Pflanzenoberfläche kühler als die Luft, so wird ihr aus der Umgebung Wärme zugeführt (Q_K ist positiv). Der Wärmeaustausch mit der umgebenden Luft durch Konvektion ist um so wirksamer, je kleiner und je zerteilter die Blätter sind und je größer die Windgeschwindigkeit ist (Abb. 14). Bei kräftiger Einstrahlung ist die Pflanze von einer überhitzten oberflächennahen Lufthaut umhüllt. Wind trägt die Grenzschicht bis auf wenige Millimeter oberhalb der Pflanzenoberfläche ab und beschleunigt dadurch die Wärmeabgabe. Andererseits sind Rosettenpflanzen und Polsterpflanzen, die dicht dem Boden aufsitzen, gegenüber aufrecht wachsenden Pflanzen wärmebegünstigt, besonders wenn sie windgeschützte Stellen im Gelände besiedeln (Abb. 15). Pflanzen der Arktis und des Hochgebirges sind auf diese Weise in der Lage, trotz der meist niedrigen Lufttemperatur Stoffwechselprozesse und Wachstum in Gang zu halten.

Verdunstung und Wärmehaushalt. Der Wärmehaushalt der Pflanzen ist nicht ausschließlich durch die physikalischen Gegebenheiten bestimmt; über die stomatäre Regulation der Transpirationsintensität (s. Kap. 7.3.3.5) wird er auch von physiologischen Vorgängen in der Pflanze beeinflußt.

Q_V ist negativ, wenn die Pflanzen transpirieren, der Ausdruck wird positiv, wenn sich auf den Blättern Tau oder Reif kondensiert. Die **Kühlwirkung der Verdunstung** läßt sich aus der Wärmehaushaltsgleichung oder über die Transpirationsintensität berechnen. Mit der Wasserabgabe wird ja die Energie abgeführt, die für die Verdampfung aufgewendet wurde. Q_V ist das Produkt aus der Verdunstungsgeschwindigkeit und der spezifischen Verdampfungswärme des Wassers (2,4–2,5 $kJ \cdot g^{-1} H_2O$; s. Seite 15).

$$Q_V = \lambda \cdot E \qquad (7)$$

E ist die verdunstete Wassermenge und λ die im Wasser enthaltene latente Energie. Einer Transpirationsintensität von 1 g $H_2O \cdot dm^{-2} \cdot h^{-1}$ (d. i. 0,1 mm $H_2O \cdot h^{-1}$) entspricht ein Energieverbrauch von rund 70 $W \cdot m^{-2}$ (0,1 $cal \cdot cm^{-2} \cdot min^{-1}$).

Die Verdunstungskühlung ist besonders wirksam bei hoher Lufttemperatur, niedriger Luftfeuchtigkeit und guter Wasserversorgung der Pflanzen. Aus Tab. 2 ist ersichtlich, daß unter Steppenbedingungen ein Viertel der Wärmeabgabe des Blattes auf die Transpiration entfällt.

Wird die Transpiration noch durch **Wind** gesteigert, dann entzieht sie soviel Wärmeenergie, daß die Blätter um einige Grad kühler werden als die Luft. Der Transpirationseinfluß auf den Wärmehaushalt läßt sich leicht nachweisen, wenn die Wasserabgabe der Pflanze behindert

Tab. 2. Differenz zwischen der Temperatur eines *Canna*-Blattes und der Lufttemperatur, und Kühleffekt der Transpiration (nach RASCHKE 1956)

	Wärmeaustausch durch Konvektion und Wind			
	sehr niedrig		sehr hoch	
	T_{Blatt} $-T_{Luft}$	Transpirationskühlung	T_{Blatt} $-T_{Luft}$	Transpirationskühlung
Tag Strahlungsbilanz: $+70\ W \cdot m^{-2}$				
Tropentag 35 °C, 90 % RLF	+26,4 °C	*−3,0 °C*	+1,9 °C	*−0,4 °C*
Steppentag 40 °C, 7 % RLF	+20,9 °C	*−4,8 °C*	−1,1 °C	*−3,0 °C*
Gemäßigter Tag 22 °C, 61 % RLF	+15,9 °C	*−1,3 °C*	+0,7 °C	*−0,5 °C*
Nacht Tropennacht Strahlungsbilanz: $-35\ W \cdot m^{-2}$ 30 °C, 94 % RLF Taupunkt: 29,0 °C	− 1,5 °C	*+0,9 °C**	−0,2 °C	*−0,1 °C*
Steppennacht Strahlungsbilanz: $-56\ W \cdot m^{-2}$ 20 °C, 23 % RLF Taupunkt: −1,9 °C	− 4,3 °C	*−0,1 °C*	−0,5 °C	*−0,2 °C*
Gemäßigte Nacht Strahlungsbilanz: $-49\ W \cdot m^{-2}$ 14 °C, 95 % RLF Taupunkt: 13,2 °C	− 2,4 °C	*+1,3 °C**	−0,3 °C	*0*

* Wärmezufuhr durch Kondensation.

Ablesebeispiel: Unter den Bedingungen eines Tropentages erwärmt sich das Blatt bei Windstille um 26,4 °C, bei gutem Wärmeaustausch nur um 1,9 °C über die Lufttemperatur; ohne Transpirationskühlung wäre die Übertemperatur im ersten Fall um 3 °C, im zweiten Fall um 0,4 °C höher.

wird. Durchschneidet man den Blattstiel und unterbricht dadurch die Wasserzufuhr, oder behandelt man die Pflanze mit transpirationshemmenden Mitteln (Antitranspirantien), so steigt innerhalb weniger Minuten die Blattemperatur an (Abb. 16).

3.2.1.3 Temperaturklima von Pflanzenbeständen

In Pflanzenbeständen findet der Energieumsatz hauptsächlich in einer schmalen, oberflächennahen Zone statt (Abb. 17). In der umsatzaktiven Schicht („*wirksame Oberfläche des Bestandes*") ist die thermische Individualität der Pflanzenteile am deutlichsten ausgeprägt und die zeitliche Veränderlichkeit der Temperatur am größten. Hier erwärmen sich die Blätter und Zweige tagsüber am stärksten und nach Sonnenuntergang kühlen sie am schnellsten aus. An heißen Sommertagen ist die Temperatur an der Bestandesoberfläche von Wäldern der gemäßigten Zone etwa 4 °C und von Wiesen etwa 6 °C höher als die Lufttemperatur über dem Bestand. Unter einem Blätterdach und im dichten Bestand fällt die Strahlungsintensität rasch ab (vgl. Abb. 5) und auch die Ausstrahlung wird abgeschirmt. Der gesamte Energieumsatz ist gedämpft, so daß im Bestandesinneren ausgeglichene Temperaturen

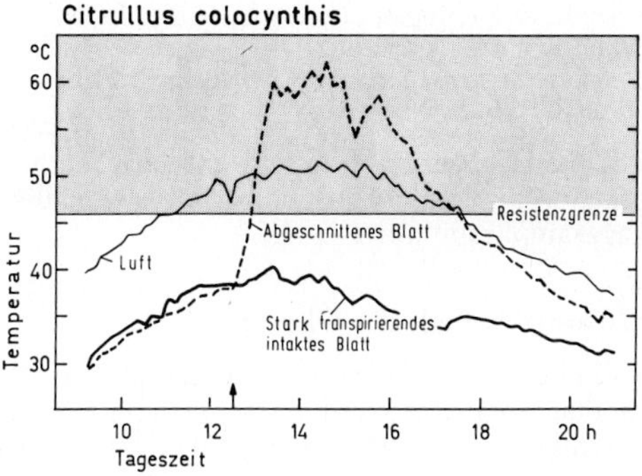

Abb. 16. Kühleffekt der Transpiration auf die Temperatur von Blättern einer bewässerten *Citrullus*-Pflanze unter Wüstenbedingungen. Bei starker Transpiration sind die Blätter trotz intensiver Einstrahlung viel kühler als die Luft. Wird ein Blatt abgeschnitten (Pfeil) und dadurch eine kräftige Transpiration unmöglich gemacht, so steigt die Blattemperatur rasch über die Lufttemperatur und erreicht Wärmegrade, bei denen Hitzeschäden auftreten (Bereich der Hitzeschädigung grau gerastert). Untertemperaturarten wie *Citrullus* können auf heißen Standorten nur überleben, wenn sie stets in der Lage sind, kräftig zu transpirieren. Nach LANGE (1959).

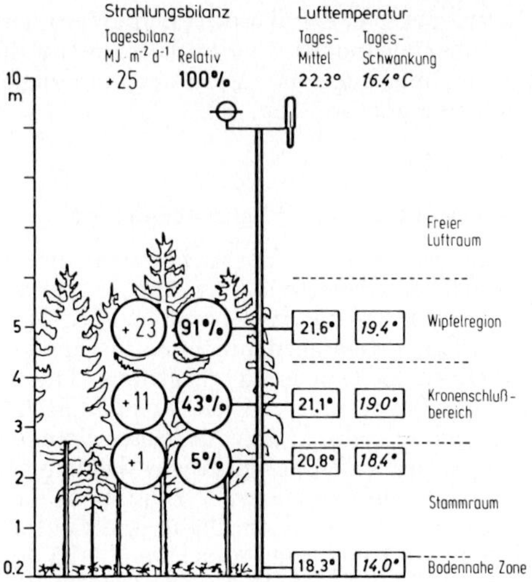

Abb. 17. Strahlungsbilanz und Lufttemperatur (Tagesmittel und Tagesschwankung) über und in einem dichten Fichtenjungwald während einer hochsommerlichen Schönwetterperiode. Der stärkste Energieumsatz erfolgt im oberen Bereich der Wipfelregion, dort ist auch die Tagesschwankung der Lufttemperatur am höchsten. In Bodennähe, wo nur ein sehr kleiner Teil der Strahlung umgesetzt wird, bleibt die Lufttemperatur ausgeglichen und kühl. Vgl. dazu auch Abb. 5. Nach Baumgartner aus Geiger (1961).

herrschen. In dichten Tropenwäldern schwankt die Temperatur tages- und jahreszeitlich weniger als im Ausmaß von 10 °C, in der Regenzeit beträgt die Tagesamplitude nur 2–5 °C.

3.2.1.4 Der Wärmehaushalt der Ökosphäre

Die Gesetzmäßigkeiten des Wärmehaushaltes, die am Beispiel von Pflanzenbeständen aufgezeigt worden sind, gelten für die ganze Ökosphäre. Großräumig angewendet, ist der kleine Bilanzposten des Energieumsatzes durch Stoffwechselvorgänge Q_M zu vernachlässigen, dafür erlangt der Wärmestrom im Boden Q_{Bo} größere Bedeutung.
Das Verhältnis zwischen Q_P, Q_{Bo}, Q_K und Q_V wechselt örtlich je nach Art und Dichte der Pflanzendecke in bezeichnender Weise (Abb. 18). Über längere Zeitabstände hinweg (Jahre) heben sich die Wärmeströme im Boden und in der Vegetation auf, so daß in der Jahresenergiebilanz nur noch Q_S, Q_K und Q_V erscheinen. Das Verhältnis $Q_K : Q_V$ *(Bowen-Ratio)* hängt von der Bewuchsdichte und der Wasserverfügbarkeit ab. In der Nähe von ausgedehnten Wasserflächen und von

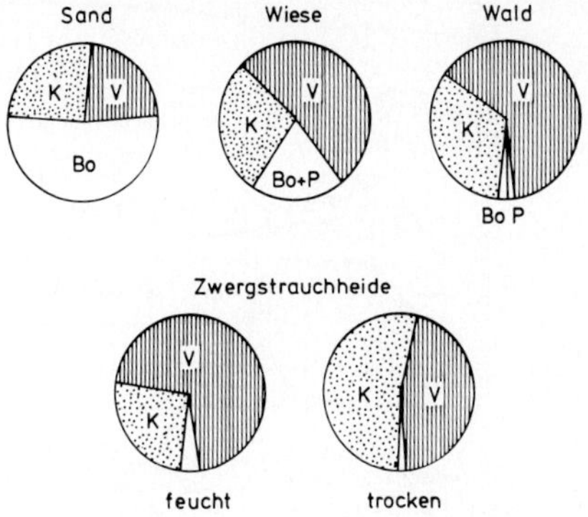

Abb. 18. Energieumsatz in einem Sandfeld, einer Wiese und einem dichten Fichtenwald bei hohem Sonnenstand und in einer alpinen Zwergstrauchheide (Loiseleurietum) bei guter Wasserversorgung und nach einer fünftägigen Austrocknungsperiode. K = Konvektion, V = Verdunstung, Bo = Wärmestrom in den Boden, P = Wärmespeicherung in der Pflanzendecke. Das Bowen-Verhältnis Q_K:Q_V nimmt in der Reihenfolge Wald, Wiese, vegetationslose Fläche zu. Die gut wasserversorgte Zwergstrauchheide verhält sich wie Wald, doch genügen schon wenige heiße und trockene Tage, um die Wärmekonvektion über den Betrag der Wärmeabfuhr durch Verdunstung ansteigen zu lassen. Nach ALBRECHT und BAUMGARTNER aus BERGER-LANDEFELDT (1967) und nach CERNUSCA (1976 b).

stark transpirierenden Pflanzenbeständen wird untertags ein großer Teil der eingestrahlten Energie durch die Verdunstung aufgebraucht und die unteren Luftschichten erwärmen sich nur mäßig. Das Bowen-Verhältnis liegt für Wälder und Wiesen zwischen 0,2 und 0,8 (Nadelwälder und ungemähte Wiesen 0,5–0,8, Laubwälder 0,2–0,5, gemähte Wiesen um 0,2), für offene Pflanzengesellschaften mittlerer und hoher Breiten zwischen 2 und 4, für dürres Grasland bei 5–7. Ein dichtes Pflanzenkleid mildert durch seinen Wärme- und Wasserhaushalt das Klima im Nahbereich und schafft günstigere Lebensbedingungen in der Ökosphäre.

3.2.2 Temperaturwirkungen auf Lebensvorgänge der Pflanzen

Lebensbereich und Leistungsspanne. Ausreichende und angemessene *Wärme ist eine Grundvoraussetzung für das Leben.* Jeder einzelne Lebensprozeß ist auf bestimmte Temperaturgrenzen und eine optimale Betriebstemperatur eingestellt, nach deren Überschreitung die Leistung wieder abfällt. Aus dem harmonischen Zusammenspiel aller die-

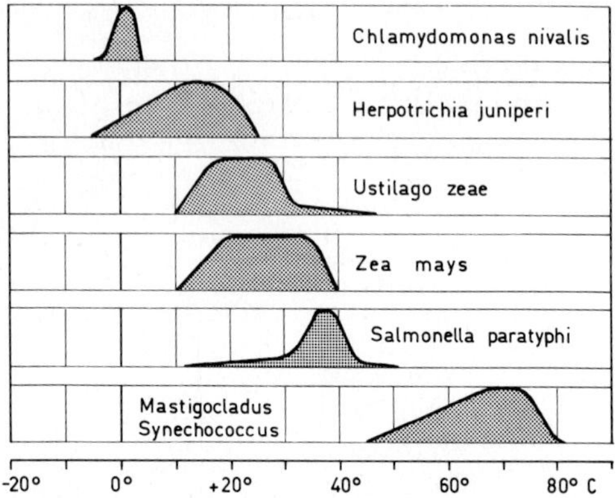

Abb. 19. Temperaturbereich des Gedeihens verschiedener Pflanzen. An niedrige Temperaturen gebunden sind *Chlamydomonas nivalis* und andere Schneealgen, außerdem der Schwarze Schneeschimmel, *Herpotrichia juniperi,* der schneebedeckte Zweige von Coniferen befällt. Das Myzelwachstum des Maisbrands *Ustilago zeae* ist weitgehend auf die Aktivitätsspanne der Wirtspflanze abgestimmt. Warmblüterparasiten wie *Salmonella paratyphi* weisen ein besonders enges Entwicklungsoptimum auf. Bei extrem hohen Temperaturen gedeihen nur thermophile Bakterien und Blaualgen, z. B. *Mastigocladus-* und *Synechococcus*-Arten aus Geysiren. Nach Angaben bei WENT (1957), ALTMANN und DITTMER (1978), RAEUBER, MEINL und ENGEL (1968), KOL (1968), BROCK (1967), DE WIT, BROUWER, PENNING DE VRIES (1970), MÜLLER und LÖFFLER (1971).

ser Vorgänge und aus den Koordinationsstörungen, die bei zu tiefen oder zu hohen Temperaturen auftreten, ergeben sich für jede *Pflanzenart* und jedes *Entwicklungsstadium* bezeichnende kardinale Temperaturbereiche, die aber keine starren Konstanten sind, sondern sich innerhalb der Art durch Aufspaltung in *Stoffwechsel-* und/oder *Resistenzökotypen* und auch im Rahmen der genetisch verankerten Reaktionsnorm durch *Anpassung an die Umweltbedingungen* verschieben können. Landbewohnende Sproßpflanzen gedeihen in der Regel innerhalb eines weiten Temperaturspielraums, sie sind **eurytherm**. Ihre Lebensspanne reicht im aktiven Zustand meist von −5 bis etwa +55 °C, also über 60 Grad, zwischen rund +5 und +40 °C sind sie produktiv und wachstumsaktiv (Abb. 19). Unter den Wasserpflanzen und insbesondere unter den Thallophyten gibt es **stenotherme** Arten, die auf sehr enge und zuweilen extreme Temperaturbereiche spezialisiert sind. So gedeihen Schnee- und Eisalgen (z. B. *Chlamydomonas nivalis* auf Schneefeldern des Hochgebirges und verschiedene Grünalgen und Diatomeen im Polareis) nur nahe dem Gefrierpunkt. Stenotherm sind auch viele parasitische Bakterien und Pilze, die auf die Temperaturverhältnisse eingestellt sind, bei denen die Infektion und die Ausbreitung im Wirt am günstigsten abläuft.

Für ökologische Aussagen ist es notwendig, folgende Beanspruchbarkeitsgrenzen und Temperaturansprüche der verschiedenen Pflanzenarten zu kennen:

Die Temperaturgrenzen des Lebens. Es sind das die jeweils tiefsten und höchsten Temperaturen, die eine Pflanze aushält. Dabei ist zu unterscheiden zwischen der Latenzgrenze und der Letalgrenze. Nach Überschreitung der **Latenzgrenze** werden die aktiven Lebensvorgänge *reversibel* auf minimale Geschwindigkeit herabgesetzt und das Protoplasma verfällt in Hitze- oder Kältestarre. An der **Letalgrenze** treten *bleibende* Schäden auf und das Leben erlischt (vgl. Tab. 4 und 5). Widerstandsfähigkeit gegen große Hitze und Kälte ist ein Vorteil für jede Pflanze, besonders aber für die Konkurrenzflüchter, die sich unter günstigen Temperaturbedingungen nicht durchzusetzen vermögen und sich auf offene und daher klimatisch extremere Standorte zurückziehen.

Die Temperaturspanne für einen ausreichenden Stoffhaushalt, für Wachstum und vegetative Entwicklung. Ein leistungsfähiger Betriebs- und Baustoffwechsel schafft die Grundlage für Wachstum und Entwicklung und ist dadurch entscheidend für die Konkurrenzfähigkeit einer Pflanzenart im Bestand. Die Temperaturspanne für den **photosynthetischen Kohlenstofferwerb** ist bei den meisten Pflanzen im vegetationsaktiven Zustand nur um rund 5 °C enger als die Spanne zwischen Kälteschädigung und Hitzetod der Blätter. Der optimale Temperaturbereich für die Photosynthese und die Stoffproduktion ist hingegen in der Regel nicht breiter als 10–15 °C, wobei die Lage der Optimumtemperatur deutliche Beziehung zum Temperaturklima des Wuchsgebietes der Art zeigt (s. Kap. 4.2.3.2).
Ähnliches gilt für das Wachstum. Das **Streckungswachstum** des *Sprosses* setzt bei Pflanzen der gemäßigten Klimazone einige °C über Null ein, bei Tropenpflanzen erst um 12–15 °C. Pflanzen der Arktis, Gebirgspflanzen und Frühjahrsblüher lassen bereits bei 0 °C Wachstumsvorgänge erkennen. Die Optimumtemperatur, bei der das Streckungswachstum am schnellsten verläuft, liegt bei Pflanzen der Tropen und Subtropen zwischen 30–40 °C, bei den übrigen Pflanzen zwischen 15–30 °C. Der Temperaturbereich, der ein Längenwachstum der *Wurzeln* zuläßt, ist meist sehr breit. Die minimale Grenztemperatur für das Wurzelwachstum liegt bei Holzpflanzen der gemäßigten Zone zwischen 2 und 5 °C, also ziemlich tief. Es überrascht daher nicht, daß die Wurzeln schon vor dem Knospenaustrieb zu wachsen beginnen und daß sie ihr Wachstum bis spät in den Herbst hinein fortsetzen (vgl. Abb. 36). Pflanzen wärmerer Länder stellen höhere Temperaturan-

sprüche. *Citrus*-Wurzeln wachsen nur über 10 °C; im natürlichen Verbreitungsgebiet dieser Gattung sinkt die Bodentemperatur auch in der kältesten Jahreszeit nicht unter diesen Betrag, dem Plantagenanbau kann dadurch aber sehr wohl eine Grenze gesetzt sein, da *Citrus*-Arten gerade im Winter ihre Früchte auffüllen und daher auf eine ausgiebige Wasser- und Nährstoffversorgung angewiesen sind. Reges **Teilungswachstum**, ein Vorgang, der ebenso wie rasches Streckungswachstum nur während der vegetationsgünstigen Zeit abläuft, ist ebenso wärmebedürftig. Die **Zelldifferenzierung** hingegen kann, obzwar sehr langsam, auch bei niedriger Temperatur erfolgen. Die Differenzierung der Knospenmeristeme von Obstbäumen und anderen ausdauernden Gewächsen der gemäßigten Zone wird im Winter nur während besonders kalter Zeitabschnitte unterbrochen. Bei Zwiebelgeophyten der vorderasiatischen Steppen wie z.B. Tulpen und Hyacinthen erfolgt zwar die Anlage der Blattprimordien bei Temperaturen über 20 °C, für die endgültige Ausdifferenzierung des Vegetationsscheitels in der Zwiebel sind jedoch niedrige Temperaturen um 10 °C günstig, wie sie im natürlichen Verbreitungsgebiet dieser Pflanzen im Winter im Boden herrschen. Die Streckung der Sproß- und Infloreszenzachse beim Austrieb bedarf wieder höherer Temperaturen. Ganz allgemein gilt, daß für den Entwicklungsablauf einer Pflanze nicht ein bestimmter optimaler Temperaturbereich, sondern ein optimaler Temperatur*verlauf* wesentlich ist.

Die Temperaturgrenzen und der Wärmebedarf für reproduktive Vorgänge und die Keimung. Für den Fortbestand einer Population und die Ausbreitung einer Art genügt es nicht, daß die Einzelpflanzen Extremsituationen überleben und auskömmlich vegetativ leben, es müssen auch die Voraussetzungen für die Blütenbildung und die Ausreifung und Keimung der Samen gegeben sein. Der Temperaturspielraum für diese Vorgänge ist in der Regel nicht derselbe wie für das Wachstum und die Ausgestaltung der vegetativen Organe.

Die **Blütenbildung** wird innerhalb bestimmter Temperaturschwellen induziert, wieder andere Temperaturen sind für die Ausbildung und die Entfaltung der Blüten wirksam. Winterannuelle und zweijährige Pflanzen, aber auch die Knospen gewisser Holzpflanzen (z. B. Pfirsich) bedürfen einer kalten Jahreszeit, um normal blühen zu können. Sie werden erst blühbereit, wenn sie wochenlang Temperaturen zwischen −3 und +13 °C, vornehmlich zwischen +3 und +5 °C ausgesetzt waren *(Vernalisation)*. Ist die Kühlperiode zu kurz, nicht zeitgerecht oder wird sie durch Erwärmung über 15 °C unterbrochen, dann bleibt der Effekt aus.

Früchte und Samen benötigen i.d.R. zum Ausreifen mehr Wärme als für das Wachstum der vegetativen Pflanzenteile erforderlich ist. Auf Standorten mit kurzer und zugleich kühler Vegetationsperiode ist es für den Weiterbestand einer Pflanzenart von Vorteil, wenn sie durch Aus-

läuferbildung, Wurzelbrut und andere *vegetative Fortpflanzungsmöglichkeiten* einen Ausweg findet. Die kältesten Gebiete werden ebenso wie die trockensten fast nur noch von Kryptogamen besiedelt, die einen minimalen Aufwand für Reproduktionsorgane haben.
Verbreitungsökologisch ist der Temperatureinfluß auf die **Keimung** von größter Bedeutung. Die Temperaturkardinalpunkte für die Sporen- und Samenkeimung müssen mit jenen Außenbedingungen zusammenstimmen, die eine zügige Weiterentwicklung der Jungpflanze ge-

Tab. 3. Temperaturminimum, -optimum und -maximum (in °C) für die Keimung von Samen und Sporen. Alle Daten sind Rahmenangaben, die durch verschiedene äußere (Licht, Feuchtigkeit, Thermoperiode) und innere Faktoren (Ausreifungsgrad, Alter und Keimwilligkeit der Samen) mitunter erheblich verändert werden. Nach Untersuchungen zahlreicher Autoren.

Pflanzengruppe	Minimum	Optimum	Maximum
Pilzsporen			
Pflanzenpathogene Pilze	0–5	15–30	30–40
Meiste Bodenpilze	um 5	um 25	um 35
Thermophile Bodenpilze	um 25	45–55	um 60
Gräser			
Wiesengräser	3–4	um 25	um 30
Getreide der gemäßigten Zone	(0)2–5	20–25(30)	30–37
Reis	10–12	30–37	(35)40–42
C_4-Gräser der Subtropen und Tropen	(8)10–20	32–40	(40)45–50
Krautige Dicotyledonen			
Pflanzen der Tundra und Gebirgspflanzen	(3)5–10	20–30	
Wiesenkräuter	(1)2–5	20–30	35–45
Kulturpflanzen der gemäßigten Zone	1–3(6)	15–25(30)	30–40
Kulturpflanzen der Tropen und Subtropen	10–20	30–40	45–50
Wüstenpflanzen			
Sommerkeimer	10	20–30(35)	
Winterkeimer	0	10–20	um 30
Kakteen	10	15–30	
Bäume der gemäßigten Zone			
Coniferen	4–10	15–25	35–40
Laubbäume	unter 10*	20–30	

* Nach Kaltstratifikation

währleisten. Die Temperaturspanne für die *Keimfähigkeit* ist breit bei Arten mit weitem Verbreitungsgebiet und dann, wenn starke Temperaturschwankungen im Lebensraum der Art auftreten (Tab. 3). *Tropenpflanzen* keimen optimal (d. h. mit größtem Prozentsatz keimender Samen) zwischen 15 und 30 °C, Pflanzen der *gemäßigten Klimazone* zwischen 8 und 25 °C, *Gebirgspflanzen* zwischen 5 und 30 °C. Die *Keimungsgeschwindigkeit* wächst mit steigender Temperatur. Sommerkeimer (meist Arten nördlicher Herkunft) keimen im Gegensatz zu Winterkeimern (aus wintermilden Gebieten) bei niedrigen Temperaturen außerordentlich langsam, erst wenn sich ihr Keimbett über 10 °C erwärmt hat, holen sie das Versäumte schnell nach (Abb. 20). Dadurch wird eine zeitliche Einpassung in die für die Entwicklung der Jungpflanzen günstigste Jahreszeit erzielt.
Bei manchen Pflanzen sorgen komplizierte *Sperrmechanismen* dafür, daß sie nicht zu ungünstigen Zeiten auskeimen. Die Samen vieler Holzpflanzen winterkalter Gebiete (viele Waldbäume, Rosaceen) und die Samen von Gebirgspflanzen (z. B. *Silene acaulis* und viele Primulaceen) keimen leichter, wenn sie in angequollenem Zustand längere Zeit niedrigen Temperaturen oder mildem Frost ausgesetzt waren *(Kaltstratifikation* bei rund +5 °C). Auf manche Tropenpflanzen wirken hohe Temperaturen keimungsauslösend: Bei Reis und Ölpalme wird die Keimruhe durch Einwirkung von 40 °C auf die trockenen Samen rasch beendet.

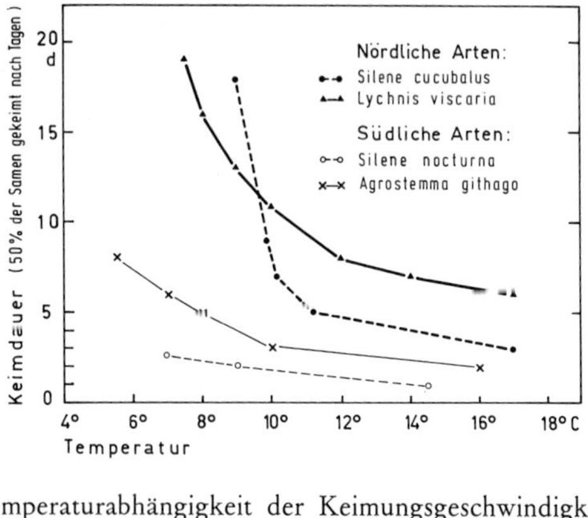

Abb. 20. Temperaturabhängigkeit der Keimungsgeschwindigkeit bei verschiedenen Caryophyllaceen-Arten. Nördliche Arten sind Sommerkeimer, die unter 10 °C nur sehr zögernd keimen, südliche Arten sind Winterkeimer, die schon bei niedrigen Temperaturen rasch keimen können. Nach Thompson (1968).

3.2.3 Die Temperaturgrenzen des Pflanzenlebens

3.2.3.1 Extremtemperaturen auf der Erde

Nur unter Wasser und tief im Boden halten sich die Temperaturen ständig in dem für Pflanzen ungefährlichen und funktionsgünstigen Bereich zwischen etwa 5 °C und 20–25 °C. Nahe der Festlandsoberfläche, aber auch im Gezeitensaum und in Flachwässern pendelt die Temperatur tageszeitlich und – außerhalb der äquatorialen Zone – auch jahreszeitlich zwischen Tiefst- und Höchstwerten, die lebensbedrohliche Grade erreichen können.

Besonders *hohe Lufttemperaturen* findet man unter den Wendekreisen, wo als absolute Maxima + 57 bis + 58 °C in Libyen, Mexiko und Kalifornien gemessen worden sind. Auf etwa 23 % der Festlandsoberfläche der Erde sind mittlere Jahresmaxima der Lufttemperatur über 40 °C zu erwarten, was bei starker Einstrahlung bedeutet, daß dort Pflanzentemperaturen um 50 °C und höher vorkommen können. Außerhalb dieser heißen Gegenden ist *örtlich starke Überhitzung* auf 60 und 70 °C vor allem auf Felsen und offenen, zur Sonneneinstrahlung geneigten Standorten möglich. Die heißesten, von Lebewesen bewohnten Stellen auf der Erde sind Geysire, in denen das Wasser mit 92–95 °C zu-

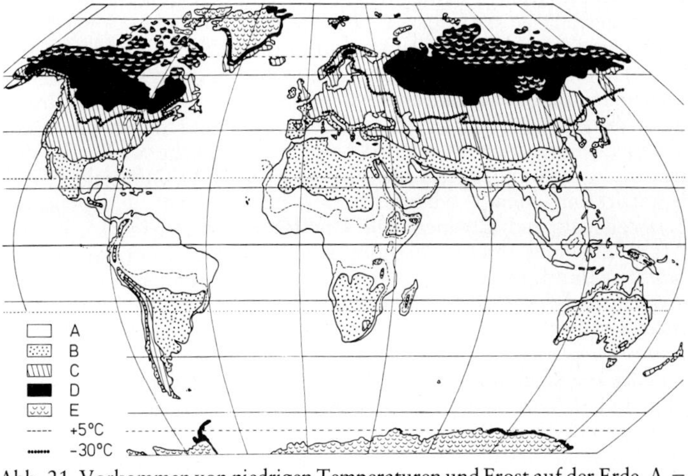

Abb. 21. Vorkommen von niedrigen Temperaturen und Frost auf der Erde. A = frostfreie Gebiete; B = episodische Fröste bis – 10 °C; C = winterkalte Gebiete mit mittlerem Jahresminimum zwischen – 10 und – 40 °C; D = mittleres Jahresminimum unter – 40 °C; E = Polareis und Permafrost (weiße Symbole) ... – 30 °C Minimumisotherme; --- + 5 °C Minimumisotherme. Aus LARCHER und BAUER (1981) nach Daten aus HOFFMANN (1960), BLÜTHGEN (1964) und IVES (1974).

tage tritt; bis in 90 °C heiße Zonen siedeln sich Bakterienkolonien an.

Als *tiefste Temperatur* auf der Erde wurden in der Antarktis Werte nahe −90 °C gemessen, in Grönland und im östlichen Sibirien sind Minima der Lufttemperatur zwischen −66 und −68 °C beobachtet worden. Mit verhältnismäßig *strengem Frost* (mittleres Jahresminimum der Lufttemperatur unter −20 °C) ist auf 42 % der Erdoberfläche zu rechnen, nur auf einem Drittel der Landfläche gibt es keinen Frost (Abb. 21). Bei Frösten kommt es sehr darauf an, ob diese in einem Gebiet *periodisch* im Wechsel der Jahreszeiten oder ob sie episodisch eintreffen. *Episodische* Fröste sind meist gefährlicher, obwohl sie selten tiefe Kältegrade erreichen, weil sie die Pflanzen in einer empfindlichen Lebensphase überraschen können. Auf die alljährlich wiederkehrende Winterkälte bereiten sich hingegen die Pflanzen vor, indem sie ihren Vegetationsablauf so einrichten, daß sie sich allmählich abhärten und ohne Schaden davonkommen.

3.2.3.2 Existenzgrenzen und Überlebensaussichten

Pflanzen besiedeln alle Lebensräume der Erde; das bedeutet, daß sie auch den zuweilen extremen Temperaturbedingungen, die dort herrschen, gewachsen sein müssen. Die Überlebensaussichten einer Pflanzenart ergeben sich aus ihrer *Fähigkeit, die vielfältigen Beanspruchungen* während ungünstiger Witterungsperioden und Jahreszeiten heil zu überstehen und auf gefährdeten Standorten durchzuhalten. Während einer *Hitzeperiode* werden die Pflanzen nicht nur durch die hohen Temperaturen, sondern auch durch die gleichzeitig wirkende Vertrocknungsgefahr belastet; der *Winter* birgt über die unmittelbare Kälteeinwirkung hinaus weitere Gefahrenquellen wie Frosttrocknis, Schneedruck und Lawinen. Die **Überlebenswahrscheinlichkeit** einer Art auf einem bestimmten Standort ist umso höher, je geringer die *Gefährdung* durch regelmäßig wiederkehrende Witterungsexzesse ist, je größer die *Resistenz* des anfälligsten lebenswichtigen Teiles der Pflanze ist und je besser und vollständiger Schädigungen verheilen *(Reparationsvermögen)*.

Um die **Streßgefährdung** durch Hitze und Kälte zu beurteilen, müssen Daten über Vorkommen, Häufigkeit und Eintreffwahrscheinlichkeit gefährdender Temperaturen (absolute und mittlere Extremtemperaturen) bekannt sein. Wo Messungen der Pflanzentemperatur fehlen, liefern Temperaturdaten aus Standardwetterhütten allenfalls für großräumige (zonale) Vergleiche und an geeigneten Objekten (meterhohe Pflanzen) grobe Anhaltswerte, die man notfalls auch für ökologische Aussagen heranziehen kann, doch muß man sich der Fehler bewußt bleiben, die sich dabei ergeben können.

Das **Reparationsvermögen** ist nicht leicht erfaßbar. Restitutionsmöglichkeiten lassen sich aber abschätzen, wenn die Widerstandsfähigkeit der *Erneuerungsknospen* und der sie tragenden Überdauerungsorgane bekannt ist und wenn gelegentlich als Naturexperiment eintreffende lange und strenge Winter, Spät- und Frühfröste oder Hitzeperioden ausgenützt werden, um diese Aussagen durch Beobachtungen am Standort abzusichern.

3.2.3.3 Wirkung von Temperaturstreß

Hitze und Kälte beeinträchtigen die Lebensfunktionen und begrenzen das Vorkommen einer Art je nach ihrer Strenge und je nach ihrer Andauer und Wechselhaftigkeit, vor allem aber je nach dem Aktivitätszustand und dem Abhärtungsgrad der Pflanzen. *Streß ist stets eine außergewöhnliche Belastung,* die nicht unbedingt lebensgefährlich sein muß, die aber jedenfalls ein Alarmverhalten (z. B. Abwehr- und Anpassungsreaktionen) des Organismus auslöst, sofern er sich nicht in einem Starrezustand befindet. Ruhestadien wie trockene Sporen sowie poikilohydre Pflanzen in Trockenstarre sind unempfindlich, so daß sie jede auf der Erde gemessene Temperatur ungeschädigt überleben können (Tab. 4).
Das *Protoplasma beantwortet Streß* zunächst mit einem fieberhaft überdrehten Stoffwechsel. Der Atmungsanstieg, den man als Streßreaktion beobachtet (vgl. Seite 153), ist ein Ausdruck der Anstrengung, bereits eingetretene Defekte zu reparieren und die feinstrukturellen Voraussetzungen für eine Anpassung an die neue Situation zu schaffen. Die *Streßreaktion* ist ein Wettlauf der Anpassungsmechanismen mit destruktiven, zum Tod führenden Vorgängen im Protoplasma.

Zelltod bei Hitze und Kälte

Beim Unter- oder Überschreiten kritischer Temperaturschwellen können Zellstrukturen und Zellfunktionen so plötzlich geschädigt werden, daß das Protoplasma sofort abstirbt. In der Natur findet eine *abrupte Zerstörung* nicht selten bei episodischen Frösten, z. B. bei Spätfrösten im Frühling statt. Eine Schädigung kann aber auch *allmählich* entstehen, indem der Ablauf einzelner Lebensfunktionen aus dem Gleichgewicht gebracht und behindert wird, bis schließlich durch das *Erlöschen vital wichtiger Funktionen* die Zelle abstirbt.

Schädigungsbild. Verschiedene Lebensvorgänge sind ungleich temperaturempfindlich (Abb. 22). Zuerst erstarrt die *Protoplasmaströmung,* deren Lebhaftigkeit unmittelbar von der Energieversorgung durch Atmungsprozesse und von der Verfügbarkeit energiereicher Phosphate abhängt. Dann wird die Aktivität der Photosynthese herabgesetzt. Eine Schädigung der Chloroplasten hat eine nachhaltige oder bleibende Photosynthesehemmung zur Folge. Im Endstadium bricht die Semi-

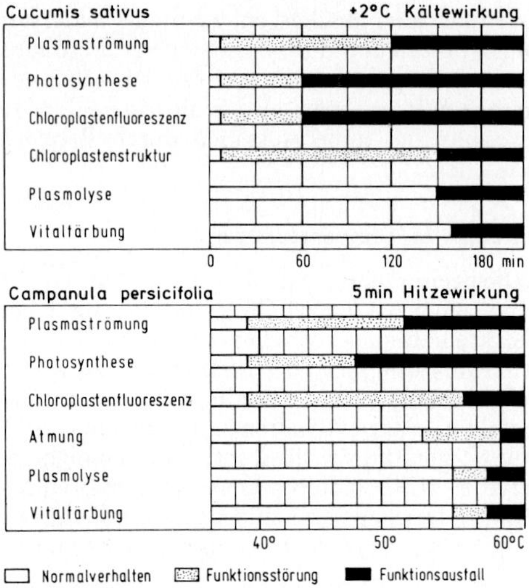

Abb. 22. Beeinträchtigung verschiedener Zellfunktionen durch Einwirkung von Kälte und Hitze. „Funktionsausfall" bedeutet endgültigen Schaden. Nach ALEXANDROV (1964) und KISLYUK (1964).

permeabilität der Biomembranen zusammen, Zellkompartimente, insbesondere die Thylakoide der Plastiden kollabieren und der Zellsaft tritt in die Interzellularen aus.

Ursachen des Hitzetodes. Hitze führt durch *Membranschädigung* und durch die *Denaturierung von Proteinen* rasch zum Tode. Aber auch wenn einzelne, besonders thermolabile Enzyme außer Funktion gesetzt werden und dadurch der Nucleinsäure- und Eiweißstoffwechsel in Unordnung gerät, gehen die Zellen schließlich zugrunde. Lösliche Stickstoffverbindungen reichern sich dann in so großer Konzentration an, daß sie aus den Zellen absickern, außerdem entstehen giftige Abbauprodukte, die vom Stoffwechsel nicht mehr unschädlich gemacht werden können.

Erkältungstod und Frosttod. Bei der Kälteschädigung ist zu unterscheiden, ob das Protoplasma durch die Temperaturerniedrigung an sich oder aber durch Gefrieren geschädigt wird. Es gibt Pflanzen tropischer Herkunft, die schon einige Grad über dem Gefrierpunkt **Erkältungsschäden** erleiden. Ähnlich wie der Hitzetod ist auch der Erkältungstod die Folge von *Biomembranschädigungen* und des Zusammenbruchs vor allem des Nucleinsäure- und Eiweißstoffwechsels und der Energieversorgung der Zelle. Pflanzen, denen Kälte oberhalb des Gefrierpunktes nichts anhaben kann, werden erst bei Frosttemperaturen geschä-

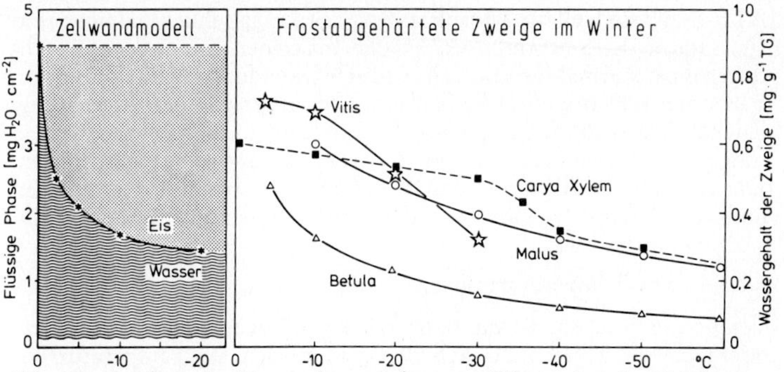

Abb. 23. Abnahme der Menge des ungefrorenen Wassers bei der Eisbildung. *Links:* Wassergesättigte Filterpapierscheibe als Modellsystem für gefrierende Zellwände. Schon bei −2 °C ist die Hälfte des Wassers erstarrt. Nach OLIEN (1974). *Rechts:* Zweige von Holzpflanzen im frostharten Zustand. Der Wasserentzug durch das Ausfrieren bei fortschreitender Abkühlung wirkt auf das Protoplasma wie Austrocknung. Nach KRASAVCEV (1972) und GEORGE und BURKE (1977).

digt, also durch **Eisbildung in den Geweben.** Wasserreiche, unabgehärtete, oder auf tiefe Temperatur unterkühlte Protoplasten gefrieren *intrazellulär.* Dabei bilden sich blitzschnell Eiskristalle im Zellinnern, was zur Folge hat, daß die Zelle zugrunde geht. Häufig entsteht jedoch Eis nicht im Protoplasten, sondern zunächst in den Interzellularen und dann zwischen Zellwand und Protoplast. Diese Art von Eisbildung wird *extrazellulär* genannt. Auskristallisierendes Eis wirkt wie trockene Luft, weil der Dampfdruck über Eis niedriger ist als über einer unterkühlten Lösung. Dadurch wird den Protoplasten Wasser entzogen (Abb. 23), diese schrumpfen stark (auf $^2/_3$ ihres Volumens), und die Konzentration der gelösten Stoffe steigt an. Die Wasserverschiebung und das Ausfrieren schreiten so lange fort, bis Saugspannungsgleichgewicht zwischen der Eisschicht und dem Wasser im Protoplasma herrscht. Die Gleichgewichtslage ist temperturabhängig, bei –5 °C liegt das Gleichgewicht bei etwa 60 bar, bei –10 °C schon bei 120 bar. *Tiefe Temperaturen wirken auf das Protoplasma also wie Austrocknung.* Darauf hat schon H. MÜLLER-THURGAU (1886) hingewiesen. Die Widerstandsfähigkeit bei extrazellulärer Eisbildung ist größer, wenn ein großer Teil des in der Zelle verbleibenden Wassers osmotisch gebunden oder in Form von Molekülschwärmen *(„strukturiertes Wasser")* an Protoplasmakomponenten angelagert ist und das nichtgebundene Wasser leicht durch die Biomembranen permeieren und aus der Zelle austreten kann. Bei Entwässerung des Protoplasmas (gleichgültig ob durch Dürre oder Gefrieren herbeigeführt) werden membrangebundene Enzymsysteme inaktiviert, die an der

ATP-Synthese und an Phosphorylierungen maßgeblich beteiligt sind (U. Heber, K. Santarius 1973). Die Inaktivierung wird verursacht durch eine übermäßige und daher giftig wirkende Konzentrierung von Salzionen und organischen Säuren in der ungefrorenen Restlösung. Zucker, Zuckerderivate, gewisse Aminosäuren und Proteine schirmen hingegen die Biomembranen und die Enzyme vor den Schadstoffen ab. Daneben gibt es Hinweise, daß beim Gefrieren Proteine denaturieren und auch dadurch Membranschäden verursacht werden (Levitt 1972).

3.2.3.4 Die Temperaturresistenz

Temperaturresistenz ist die Fähigkeit eines Organismus, große Hitze oder Kälte ohne bleibenden Schaden zu überleben. Die Temperaturresistenz einer Pflanze ergibt sich aus der Fähigkeit des Protoplasmas, extreme Temperaturen zu ertragen (tolerance nach J. Levitt 1958) und der Wirksamkeit von Vorkehrungen, die eine Einstellung des thermodynamischen Gleichgewichts zwischen Zelle und Umgebung verzögern oder verhindern (stress avoidance nach J. Levitt; „Scheinresistenz" nach W. H. Fuchs und K. Rosenstiel 1958). Die Abb. 24 bringt einen schematischen Überblick über die Komponenten der Temperaturresistenz.

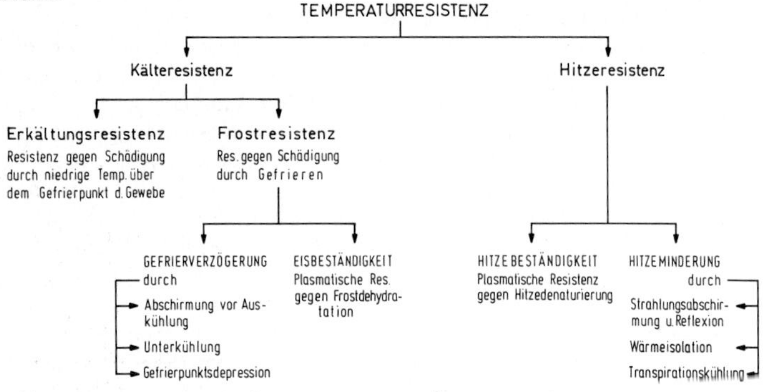

Abb. 24 Komponenten der Temperaturresistenz. Nach Levitt (1958).

Streßabschirmung und Streßminderung

Es gibt nur wenige und nicht sehr wirksame Möglichkeiten, das Protoplasma vor Temperaturstreß abzuschirmen:

Isolation gegen Überhitzung und Auskühlung kann nur kurzzeitige Belastungen abhalten. So sind etwa in dichten Baumkronen oder in Polsterpflanzen die innen und tiefer liegenden Knospen, Blätter und Blüten durch Ausstrahlungsfröste weniger gefährdet als die äußeren

Partien der Pflanze. Coniferenarten mit besonders dicker Borke überstehen Brände im Waldunterwuchs besser.

Verzögerte Eisbildung. Durch gelöste Stoffe und durch andere wasserbindende (matrikale) Kräfte wird der *Gefrierpunkt erniedrigt.* Das Gefäßwasser und das Wasser in Zellzwischenräumen ist wenige Zehntelgrade unter 0 °C gefroren. Zellsäfte gefrieren je nach Konzentration gelöster Inhaltsstoffe zwischen −1 und −5 °C. Die Gefrierpunktsdepression stellt einen zwar mäßigen, aber sicheren Frostschutz dar. Ferner ist die Flüssigkeit in den Zellen *unterkühlbar,* d. h. sie kann unter den Gefrierpunkt abgekühlt werden ohne sofort zu gefrieren. In wasserreichen, großzelligen Parenchymen und v. a. in den Gefäßen des Xylems ist der unterkühlte Zustand sehr *labil,* er wird selten mehr als einige Stunden aufrecht erhalten und kann höchstens über die Intensität und Dauer eines Ausstrahlungsfrostes hinweghelfen. In sehr kleinen Zellen mit zerteilter Vakuole (z. B. in Samen, in Knospenmeristemen oder im Holzparenchym) ist dagegen bei entsprechender Abhärtung eine *persistente* Unterkühlung bis zu tieferen Temperaturen beobachtet worden. Persistente Unterkühlung auf tiefe Temperaturen („deep supercooling") vermag sogar Knospen und Holz verschiedener Bäume und Sträucher der gemäßigten Zone (z. B.

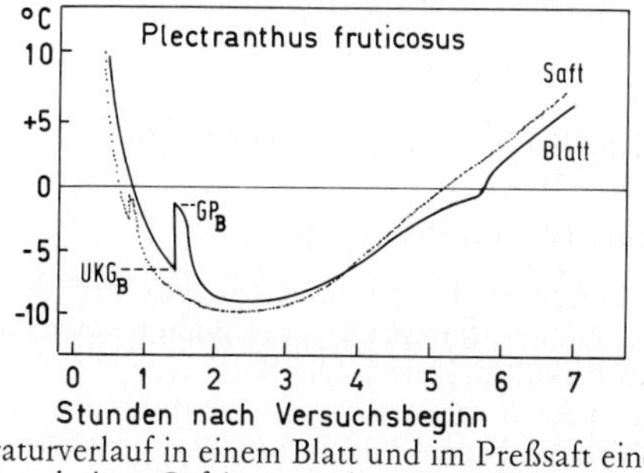

Abb. 25. Temperaturverlauf in einem Blatt und im Preßsaft eines Blattes von *Plectranthus* während eines Gefrierversuches. Zum Zeitpunkt 0 wurden die Proben in einen vorgekühlten Raum gebracht. Dort sank ihre Temperatur rasch bis zur Unterkühlungsgrenze UKG ab. Das Blatt war tiefer unterkühlbar (etwa bis auf −6 °C) als der auf ein Filterpapier aufgetragene Preßsaft (Unterkühlungsgrenze bei etwa −2 °C). Mit Beginn des Gefriervorganges stieg die Temperatur im Blatt und im Preßsaft durch freiwerdende Kristallisationswärme plötzlich an und sank anschließend nur langsam wieder ab. Die höchste, bei diesem exothermen Prozeß erreichte Temperatur kann als Gefrierpunkt (Gewebegefrierpunkt des Blattes GP_B bzw. Gefrierpunkt des Systems Preßsaft-Filtrierpapier) aufgefaßt werden. Beim Auftauen verzögert sich im Blatt der Temperaturanstieg im Bereich des Gefrierpunktes durch den Verbrauch von Schmelzwärme. Nach ULLRICH und MÄDE (1940). Ähnliche Ausfrierkurven haben schon MÜLLER-THURGAU (1886) und MAXIMOV (1914) aufgenommen.

Rosensträucher, Apfelbäume, zahlreiche sommergrüne Waldbäume) in Gebieten mit nicht allzu strengen Wintern bis −30 °C, äußerstenfalls bis −50 °C, vor Frost zu schützen.
Unterkühlung und Gefrieren lassen sich nachweisen, wenn der Temperaturabfall in den Pflanzen genau verfolgt wird. Die Gewebetemperatur sinkt zunächst mit nur geringer Verzögerung gegenüber der Abkühlung in der Luft, dann kommt es plötzlich zu einem Temperaturanstieg („Exotherme") durch freiwerdende Kristallisationswärme, der den Beginn des Ausfrierens anzeigt (Abb. 25). Sobald die Gleichgewichtseinstellung zwischen flüssiger und fester Phase erreicht ist, sinkt die Temperatur wieder ab.

Hitzeminderung durch Strahlungsreflexion und Transpirationskühlung. Gefährlich hohe Pflanzentemperaturen treten (außer bei Bränden) nur bei starker Einstrahlung auf. Erhöhte *Reflexion* wirkt der Ausbildung extremer Übertemperaturen entgegen, desgleichen *Profilstellung der Blätter.* Es gibt Caesalpiniaceen und Mimosaceen, die bei Lufttemperaturen über 35 °C trotz guter Wasserversorgung ihre Blattfiedern steil zusammenklappen und dadurch die Strahlungsabsorption auf die Hälfte verringern.
Ein Schutz vor Überhitzung ist auch die *Transpirationskühlung.* Solange schnelle Zufuhr großer Wassermengen zu den Blättern möglich ist, bleiben bei Wüsten- und Steppenpflanzen die Blätter um 4–6 °C, äußerstenfalls sogar 10–15 °C kühler als die Luft; ohne diese Hitzeminderung würden sie zu Schaden kommen (vgl. Abb. 16).

Temperaturtoleranz des Protoplasmas

Bei lang anhaltender und regelmäßig wiederkehrender stärkerer Beanspruchung kann eine Pflanze nur durchhalten, wenn das Protoplasma hitze- und frostbeständig wird. Die Befähigung hierzu ist *genetisch bedingt* und art-, sorten- und ökotypenspezifisch unterschiedlich ausgeprägt. Sie ist aber *nicht eine Eigenschaft,* die einer Pflanze dauernd und in stets gleichem Maße zukommt: Der Frühjahresaustrieb von Holzpflanzen zur Zeit seiner intensivsten Streckung und Kulturen von Mikroorganismen in ihrer exponentiellen Vermehrungsphase sind kaum abhärtungsfähig und daher überaus temperaturempfindlich.

Gefrierbeständigkeit und Frostabhärtung. In Gebieten mit einem Jahreszeitenklima erwerben Landpflanzen im Herbst eine **Frosthärte,** d. h. die *Fähigkeit, erhebliche extracelluläre Eisbildung im Gewebe zu überleben.* Der Jahresgang der Kälteresistenz von ausdauernden Pflanzen außerhalb der Tropen schwankt regelmäßig zwischen einem Minimalwert während der Vegetationsperiode und einem Höchstwert im Winter (Abb. 26). Die Gefrierbeständigkeit wird im Herbst allmählich ausgebildet.

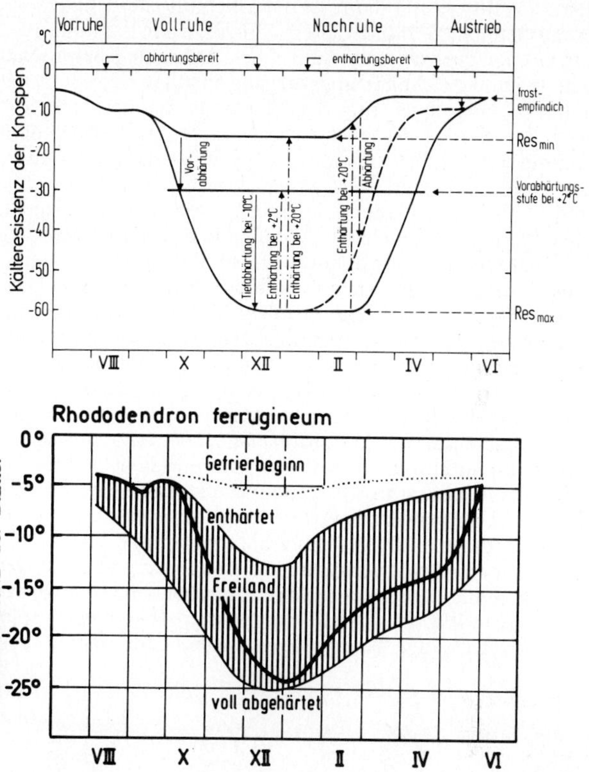

Abb. 26. Jahreszeitliche Dynamik der Kälteresistenz von Holzpflanzen. *Oben:* Frostabhärtung von vegetativen Knospen der Apfelsorte Antonovka als Phasenprozeß. Obere ausgezogene Kurve: Minimalresistenz bei dauernd frostfreier Aufstellung der Bäume im Gewächshaus. Untere ausgezogene Kurve: Maximal erreichbare Kälteresistenz nach stufenweiser Abhärtung bei fortbestehendem Dauerfrost von -10 °C. Strichlierte Kurve: Verminderte Kälteresistenz im Spätwinter und Frühjahr nach Enthärtung und Wiederabhärtung. Die verschiedenen Stadien der Winterruhe sind im Abschnitt 3.3.2.2 beschrieben. Nach Tjurina und Gogoleva (1975). *Unten:* Jahresgang der Kälteresistenz und des Gefrierbeginns von Blättern der Alpenrose. Das schraffierte Feld kennzeichnet die Spanne zwischen *minimaler Resistenz* nach Enthärtung durch mehrtägigen Aufenthalt in einem warmen Raum und *maximaler Resistenz* durch stufenweise Kälteabhärtung. Zwischen diesen äußersten Grenzen der thermischen Beeinflußbarkeit der Kälteresistenz liegt je nach vorangegangener Witterung die *aktuelle Kälteresistenz* der Pflanzen im Freiland. Nach Pisek und Schiessl (1947).

Die erste Voraussetzung dafür ist der Übergang der Pflanze in einen abhärtungsbereiten Zustand, der erst eintritt, wenn das intensive *Streckungswachstum abgeschlossen* ist. Ist die **Abhärtungsbereitschaft** erlangt, dann kann der **Abhärtungsvorgang** ablaufen. Dieser ist ein *Phasenprozeß*, bei dem jede Stufe den Übergang zur nächsten vorbereitet. Nach der von I. I. Tumanov und Mitarbeitern (1967) entwickelten Theorie wird die Frostabhärtung bei Wintergetreiden und Obstbäumen (diese Pflanzen sind am gründlichsten untersucht) durch mehrtätige bis wochenlange Einwirkung von Temperaturen knapp über dem Nullpunkt eingeleitet (Abb. 26). In dieser *Vorabhärtungsstufe* werden Zucker und andere Schutzstoffe im Protoplasma angereichert, die Zellen werden wasserärmer und die Zentralvakuole zerklüftet sich in eine Vielzahl von Kleinvakuolen. Dadurch ist das Protoplasma auf die nächste Phase vorbereitet, die bei diesen Pflanzen bei regelmäßigen *schwachen Frösten* zwischen −3 und −5 °C abläuft. Nun werden Biomembranstrukturen und Enzyme so umgebaut, daß die Zellen den Wasserentzug durch Eisbildung vertragen. Erst dann können die Pflanzen ungefährdet in die *Endstufe des Abhärtungsvorganges* eintreten, die bei ununterbrochenem Frost von wenigstens −5 bis −15 °C das Protoplasma höchst frostbeständig macht. Die wirksamen Temperaturbereiche sind von Art zu Art verschieden. Abhärtungsbereite Birkensämlinge, die vor Beginn des Abhärtungsprozesses bei −15 bis −20 °C erfroren wären, vertragen nach Ende der ersten Abhärtungsphase schon −35 °C, bei voller Abhärtung überleben sie sogar Temperaturen bis −195 °C. *Die Kälte treibt den Abhärtungsvorgang also vor sich her.* Läßt der scharfe Frost nach, dann fällt das Proto-

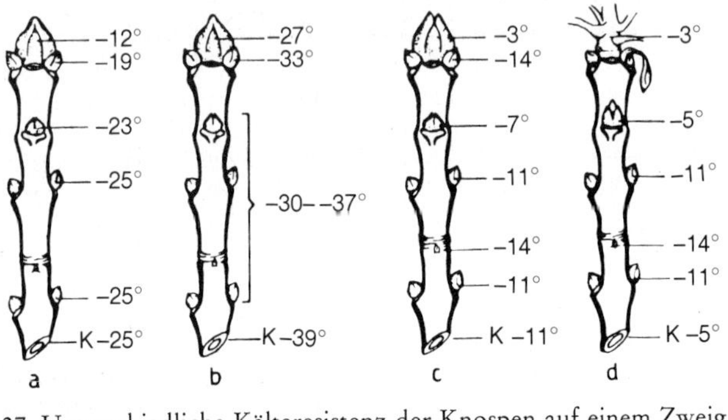

Abb. 27. Unterschiedliche Kälteresistenz der Knospen auf einem Zweig von *Fraxinus ornus* in Abhängigkeit vom Entwicklungsgrad. a Ende November, b im Winter, c zu Beginn der Knospenschwellung, d beim Frühjahrsaustrieb. K = Sproßkambium. Nach Mair (1968).

plasma wieder in die erste Abhärtungsstufe zurück, die Resistenz kann aber durch Kälteperioden immer wieder auf ihr höchstes Niveau gehoben werden, solange die Pflanzen in Entwicklungsruhe verharren.

Während des Winters überlagern sich dem jahreszeitlichen Gang der Frosthärte kurzfristige **induzierte Adaptationen,** durch die das Resistenzniveau an den Witterungsablauf prompt angepaßt wird. *Kälte* fördert die Abhärtung besonders im Vorwinter. Um diese Zeit kann die Resistenz schon innerhalb von wenigen Tagen auf ihren Höchststand gebracht werden. *Tauwetter* läßt die Pflanzen vor allem im Spätwinter rasch ihre Widerstandsfähigkeit aufgeben, aber auch mitten im Winter kann man die Pflanzen durch Aufenthalt bei +10 bis +20 °C innerhalb einiger Tage weitgehend enthärten. Die Beeinflußbarkeit der Frosthärte durch Kälte und Wärme, also der *Spielraum der induzierten Resistenzanpassung,* ist ein Konstitutionsmerkmal der einzelnen Pflanzentypen (Abb. 26).

Sobald die *Winterruhe aufgegeben* wird, geht das Abhärtungsvermögen und damit der hohe *Abhärtungsgrad rasch verloren.* Im Frühjahr besteht ein enger Zusammenhang zwischen Austriebsaktivierung und Resistenzabfall (Abb. 27).

Hitzebeständigkeit. Auch die Hitzeresistenz macht bei vielen Pflanzen einen Jahrgang mit, der allerdings viel flacher verläuft als jener der Frosthärte. Er ist primär durch Entwicklungsprozesse gesteuert und außerdem auf den Temperaturverlauf im Freien abgestimmt (Abb. 28). Während ihrer *Hauptwachstumsperiode* sind alle Pflanzen sehr hitzeempfindlich. Zahlreiche Landpflanzen der gemäßigten Zone erwerben während ihrer *Winterruhe* die größte **Hitzebeständigkeit**. Neben diesem entwicklungsdominierten, ökologisch paradoxen Verlaufstyp gibt es Landpflanzen mit zusätzlichem oder ausschließlich sommerlichem Resistenzanstieg und solche ohne jahreszeitliche Resistenzschwankung. Ökologisch sinnvoll verhalten sich die *Algen.* Sowohl Süßwasser- wie Meeresalgen passen ihre Hitzeresistenz der Wassertemperatur an; im Spätsommer ist ihre Resistenz am höchsten, im Winter am niedrigsten. Die Jahresamplitude ist um so breiter, je größer der Temperaturunterschied im Wasser zwischen Sommer und Winter ist.

Auf Hitzestreß reagieren die Pflanzen durch rasche **Anpassung.** Die Hitzeabhärtung kann innerhalb von Stunden erfolgen, so daß die Resistenz an heißen Tagen nachmittags höher ist als am Morgen. Die Enthärtung bei kühler Witterung geschieht innerhalb weniger Tage. Der molekulare Mechanismus der Hitzeadaptation dürfte vor allem auf Konformationsänderung von Eiweißverbindungen und der Strukturstabilisierung von Makromolekülen und Biomembranen beruhen (V. Ya. ALEXANDROV 1977).

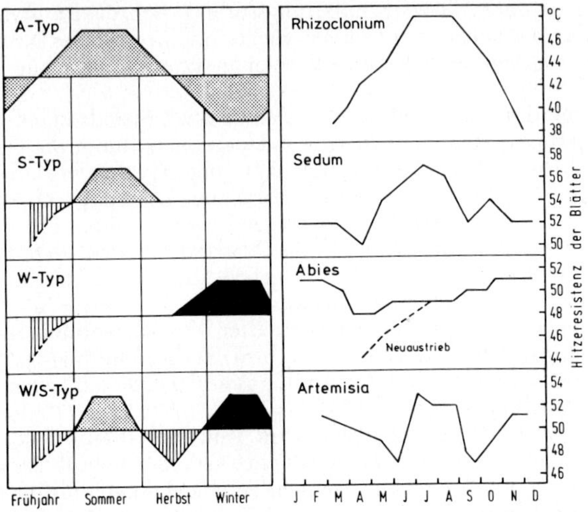

Abb. 28. Schema des jahreszeitlichen Verlaufs der Hitzeresistenz verschiedener Pflanzentypen *(links)* und gemessene Jahresgänge der Hitzeresistenz von Blättern verschiedener Pflanzenarten *(rechts)*. Resistenzänderungen als Anpassung an den Temperaturverlauf am Standort sind im Schema durch *Punktraster* gekennzeichnet, der Resistenzabfall während der Zeit intensiven Wachstums ist *schraffiert*, der Resistenzanstieg während der Winterruhe ist *schwarz* dargestellt. **A-Typ:** Arten mit fortlaufender Anpassung der Hitzeresistenz an den Temperaturgang am Standort (Beispiel: die Alge *Rhizoclonium* sp.). **S-Typ:** Arten mit Hitzeresistenzanstieg während der warmen Jahreszeit (Beispiel: *Sedum montanum*). **W-Typ:** Arten mit Resistenzerhöhung im Zusammenhang mit protoplasmatischen Veränderungen während der Winterruhe (Beispiel: *Abies alba*). **S/W-Typ:** Arten mit Resistenzanstieg im Sommer und Winter und mit zwei Resistenzminima im Zusammenhang mit erhöhter Wachstumsaktivität im Frühjahr und Herbst (Beispiel: *Artemisia campestris*). Außer diesen Typen gibt es noch Pflanzen ohne erkennbare Jahresschwankung der Hitzeresistenz (z. B. *Asplenium ruta muraria*). Nach Schölm (1968), Biebl und Maier (1969), Bauer (1970), Gamper (1975), Schema aus Larcher (1973) nach Lange (1967, erweitert).

Konstitutionstypen der Temperaturresistenz

Nicht alle Pflanzen sind fähig, niedrige Temperaturen oder gar Eisbildung zu überleben, und auch nicht alle gefrierbeständigen Arten sind imstande, sämtliche Phasen des Abhärtungsvorganges zu durchlaufen. Auch gegen Hitze sind die einzelnen Pflanzenarten sehr unterschiedlich empfindlich und ungleich abhärtbar. Nach der erreichbaren Maximalresistenz und dem Ausmaß von Abschirmmechanismen und plasmatischer Temperaturbeständigkeit ergeben sich Gruppierungen, die ökologisch bedeutsam sind, weil das spezifische Resistenzverhalten den Rahmen für die Verbreitungsmöglichkeit setzt (Tab. 4 und 5). Als *Maß für die Widerstandsfähigkeit* wird üblicherweise die Temperatur angegeben, bei der die Hälfte der Pflanzenproben zugrunde geht (*Letaltemperatur* TL_{50}).

Kälteresistenz

Nach den Grenzen und dem spezifischen Verhalten der Kälteresistenz lassen sich unterscheiden:

1. **Erkältungsempfindliche Pflanzen.** Zu dieser Gruppe gehören alle jene Pflanzen, die schon bei Temperaturen über dem Gefrierpunkt ernstlich geschädigt werden: Algen warmer Meere, einige Pilze und manche, jedoch nicht alle Sproßpflanzen der Tropen.
2. **Gefrierempfindliche Pflanzen.** Diese vertragen zwar niedrige Temperaturen, aber sie erfrieren, sobald sich in den Geweben Eis zu bilden beginnt. Gefrierempfindliche Pflanzen sind nur durch gefrierverzögernde Vorkehrungen vor Schaden geschützt. In der kühleren Jahreszeit erhöht sich die Konzentration osmotisch wirksamer Substanzen im Zellsaft und im Protoplasma und außerdem die Unterkühlbarkeit, wodurch bis einige °C unter Null eine Eisbildung in den Zellen verhindert wird. Ganzjährig empfindlich sind die Tiefenalgen kalter Meere und manche Süßwasseralgen, tropische und subtropische Sproßpflanzen und verschiedene Arten warmgemäßigter Gebiete.
3. **Gefrierbeständige Pflanzen.** In der kalten Jahreszeit überleben die gefrierbeständigen Pflanzen extrazelluläres Ausfrieren und die damit verbundene Entwässerung. Gefrierbeständig werden gewisse Süßwasseralgen und die Gezeitenalgen, Luftalgen, Moose aller Klimazonen (auch tropische) und ausdauernde Landpflanzen winterkalter Gebiete. Einige Algen, viele Flechten und verschiedene Holzpflanzen sind extrem tiefabhärtbar, sie bleiben auch nach Einwirkung langdauernden, strengen Frostes schadenfrei und können sogar auf die Temperatur flüssigen Stickstoffs abgekühlt werden.

Hitzeresistenz

Die Hitzeresistenz ist abhängig von der Einwirkungsdauer, d.h. sie folgt dem *Dosisgesetz:* geringere Hitze ist bei langer Andauer so schädlich wie kurz einwirkende große Hitze. Man bezieht daher die Resistenzangaben übereinkunftgemäß auf eine halbstündige Heißhaltedauer. Würde die hohe Temperatur statt dessen eine Stunde lang aufrechterhalten, so kämen die Resistenzgrenzen um etwa 1–2 °C tiefer zu liegen. Hinsichtlich der Hitzeresistenz sind zu unterscheiden:

Tab. 4. Maximale Temperaturresistenz poikilohydrer Pflanzen in gut wasserversorgtem Zustand und in Trockenstarre (nach Angaben zahlreicher Autoren; Quellennachweis bei LARCHER 1973, LARCHER und BAUER 1981)

Pflanzengruppe	Kälteschädigung* bei °C		Hitzeschädigung** bei °C	
	feucht	trocken	feucht	trocken
Rickettsien			50– 70	
Bakterien				
pflanzenpathogene Bakt.			45– 56 (60)	
tierpathogene Bakt.	–15 bis		50– 70	
saprophytische Bakt.	–196		bis 70	
thermophile Bakterien			bis 95	
Bakteriensporen		bis –253	80–120	bis 160
Pilze				
Hefen	bis um –20			
pflanzenpathogene Pilze			45– 65 (70)	
saprophytische Pilze	0 bis unter –10		40– 60 (80)	75–100
thermophile Pilze	um +5			
Pilzsporen			50– 60 (100)	über 100
Algen				
Meeresalgen				
Tropen	+16 bis +5		32– 35	
kalte Meere	um –2		22– 26	
Algen der Gezeitenzone	–10 bis –70		36– 42	
Süßwasseralgen	– 5 bis –20		40– 45 (50)	
Luftalgen	–10 bis –30	–196		
Thermalalgen				
eukaryotische Algen			45– 50	
Cyanophyceen			70– 75	
Flechten	–80 bis –196	–196	35– 45	70–100
Moose				
Waldbodenmoose	–15 bis –25		40– 50	80– 95
Felsmoose	–30	–196		100–110
Farne	–20	–196	47 – 50	60 – 100
Samenpflanzen				
Ramonda myconi	– 9	–196	48	56
Myrothamnus flabellifolia		–196		80

* nach wenigstens 2 Stunden Kälteeinwirkung;
** nach halbstündiger Hitzeeinwirkung.

Tab. 5. Temperaturresistenz der Blätter von Sproßpflanzen verschiedener Klimagebiete. Grenztemperatur bei 50% Schädigung (TL_{50}) nach 2stündiger oder längerer Kälteeinwirkung und halbstündiger Hitzebehandlung (nach Angaben zahlreicher Autoren und eigenen unveröffentlichten Messungen; Quellennachweis bei LARCHER 1973, LARCHER und BAUER 1981; KAPPEN 1981).

Pflanzen	Kälteschaden im abgehärteten Zustand	Hitzeschaden während der Vegetationszeit
Tropen		
Bäume	+5 bis −2 °C	45–55 °C
Waldunterwuchs	+5 bis −2	45–48
Hochgebirgspflanzen	−5 bis −10	um 45
Subtropen		
Derblaubige Holzpflanzen	−8 bis −12	50–60
Subtropische Palmen	−5 bis −14	55–60
Sukkulenten	−5 bis −10	58–65
C_4-Gräser	−1 bis −3 (−8)	60–64
Gemäßigte Zone		
Immergrüne Holzpflanzen wintermilder Küstengebiete	−6 bis −15(25)	48–55
Reliktarten der tertiären Baumflora	−10 bis −25 (−15 bis −30)*	
Zwergsträucher atlantischer Heiden	−20 bis −30	45–50
Sommergrüne Bäume und Sträucher mit weiter Verbreitung	(−25 bis −40)*	um 50
Krautige Pflanzen sonniger Standorte	−10 bis −20 (30)	48–52
Krautige Pflanzen schattiger Standorte	−10 bis −20 (30)	40–45
Sukkulenten	−10 bis −25	55–62
Wasserpflanzen	− 5 bis −12	38–42
Winterkalte Gebiete		
Immergrüne Coniferen	−40 bis −90	44–50
Boreale Laubbäume	(−196)*	42–45
Arktisch-alpine Zwergsträucher	−30 bis −70	48–54
Krautige Pflanzen des Hochgebirges und der Arktis	(−30 bis −196)*	44–54

* Vegetative Knospen.

1. **Hitzeempfindliche Arten.** In dieser Gruppe kann man alle Arten zusammenfassen, die schon bei 30–40 °C, äußerstenfalls bei 45 °C geschädigt werden: Eukaryotische Algen und unter Wasser lebende Sproßpflanzen, Flechten in gequollenem Zustand (die aber bei starker Besonnung alsbald austrocknen und dann völlig hitzebeständig sind), ferner die meisten weichlaubigen Landpflanzen. Auch verschiedene pflanzenpathogene Bakterien und Viren werden schon bei verhältnismäßig niedrigen Temperaturen zerstört (z.B. das Tomatenwelkevirus bei 40–45 °C). Alle diese Arten können nur Standorte besiedeln, auf denen sie nicht zu großer Überhitzung ausgesetzt sind, es sei denn, sie wären imstande, die Eigentemperatur durch wirksame Transpirationskühlung niedrig zu halten („*Untertemperaturarten*“ nach O. L. Lange 1959).
2. **Hitzeertragende Eukaryonten.** Pflanzen sonniger und trockener Standorte sind in der Regel sehr hitzeabhärtungsfähig; sie überleben halbstündiges Erhitzen auf 50–60 °C. Zwischen 60–70 °C scheint für hochdifferenzierte Pflanzenzellen (mit Zellkern und anderen Organellen) eine unüberschreitbare Grenze zu liegen.
3. **Hitzebeständige Prokaryonten.** Manche thermophile Prokaryonten vertragen äußerst hohe Temperaturen: Bakterien bis zu 90 °C, Blaualgen bis 75 °C. Sie sind, ebenso wie hitzestabile Viren, mit besonders widerstandsfähigen Nuclein- und Eiweißkörpern ausgestattet.

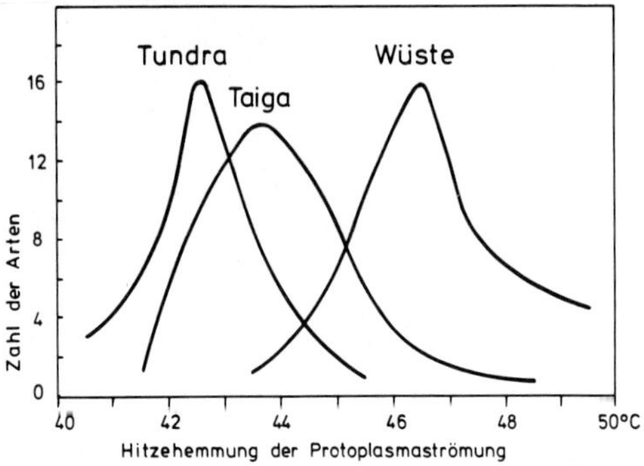

Abb. 29. *Beziehung zwischen Pflanzenverbreitung und Hitzeresistenz.* Als Resistenzmaß dient die Thermostabilität der Protoplasmaströmung bei 5 min Hitzeeinwirkung. Pflanzen aus kühleren Gebieten sind meist hitzeempfindlicher als Pflanzen hitzebelasteter Trockenstandorte. Einzelne Arten können in ihrer Hitzeresistenz jedoch deutlich vom statistischen Häufigkeitsmaximum abweichen. So tritt bei den hitzebeständigsten Tundrapflanzen eine Sistierung der Protoplasmaströmung erst bei Temperaturen auf, die auch beim empfindlicheren Drittel der untersuchten Arten aus heißen Halbwüsten eine Hitzestarre bewirken. Nach Kislyuk et al. (1977).

Hitzeresistenz ist eine sehr *spezifische Eigenschaft;* sogar nahe verwandte Arten derselben Gattung können sich darin deutlich unterscheiden. Bezeichnende Resistenzunterschiede, die sich mit den *Lebensbedingungen* im Verbreitungs- oder Herkunftsgebiet der Pflanzen in Zusammenhang bringen lassen, haben sich im Zuge der Evolution

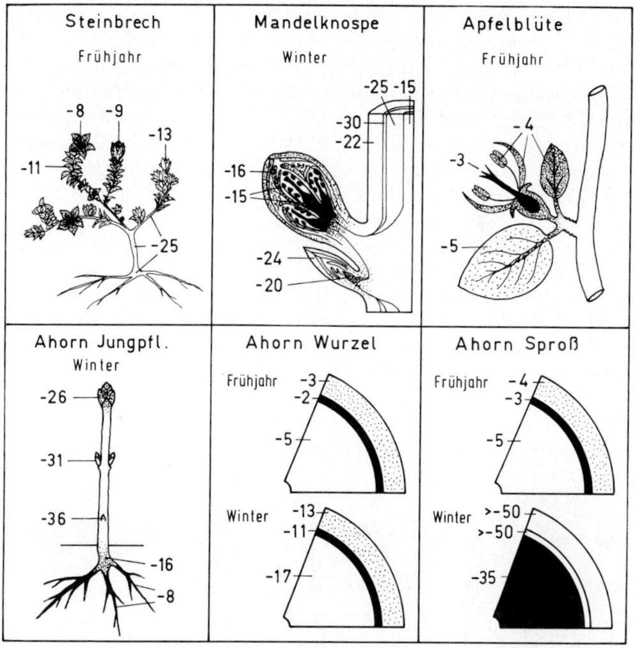

Abb. 30. Kälteresistenz der einzelnen Organe und Gewebe verschiedener Pflanzen. Resistenzangaben in °C. Bei Ahornjungpflanzen (*Acer pseudoplatanus)* ist als Resistenzgrenze die Temperatur angegeben, bei der gerade noch kein Schaden auftritt (TL_O), bei allen übrigen Beispielen die Temperatur bei 50 %igem Schaden (TL_{50}). Das empfindlichste Gewebe (Organ) ist schwarz, das widerstandsfähigste ist weiß dargestellt. Nach dem Erfrieren reproduktiver Teile bleiben i. d. R. die vegetativen Organe funktionsfähig und nach ausgedehnten Schäden im Vegetationskörper sind meist noch besonders resistente Gewebe am Leben, von denen eine Regeneration ausgehen kann. Für das Überleben auf ganzjährig frostgefährdeten Standorten (z. B. *Saxifraga oppositifolia* im Hochgebirge) ist es vorteilhaft, wenn ausgeprägte Resistenzunterschiede auch im entwicklungsaktiven Zustand bestehen. Nach Messungen von G. Rehner aus Pisek (1958), nach Harrasser (1969), Larcher (1970) und Kainmüller (1974).

herausgebildet. So liegt die Widerstandsfähigkeit gegen Hitzestarre der Protoplasmaströmung bei der Mehrzahl der Tundrapflanzen bei 42 °C, der Taigapflanzen bei 44 °C und der Wüstenpflanzen bei 47 °C (Abb. 29).

Temperaturresistenz und Organfunktion

Verschiedene Organe und sogar Gewebe im selben Organ unterscheiden sich mitunter sehr in ihrer Temperaturresistenz (Abb. 30 und 31). **Reproduktive Organe** sind häufig besonders *kälte*empfindlich, so z. B. die Blütenanlagen in den Winterknospen oder der Fruchtknoten in den Blüten. Hingegen sind Blüten nicht unbedingt *hitze*empfindlicher als Blätter. Relativ kälte- und hitzeempfindlich bleiben ferner **Wurzeln und unterirdische Sproßorgane.** *Geophyten* überwintern unterirdisch, die Kälteresistenz der Zwiebeln, Knollen und Rhizome ist also entscheidend für das Überleben dieser Pflanzen. Bei *Holzpflanzen* begrenzt die Resistenz der verholzenden Abschnitte des Wurzelsystems, vor allem des Wurzelhalses, nicht selten die Widerstandsfähigkeit der Gesamtpflanze gegen strenge Winter; sterben diese Teile ab, dann geht schließlich auch der Sproß zugrunde. Der **oberirdische Sproß** ist am wenigsten empfindlich gegen Kälte und Hitze. Das *Kambium* der Sproßachsen erreicht im abgehärteten Zustand unter allen Geweben

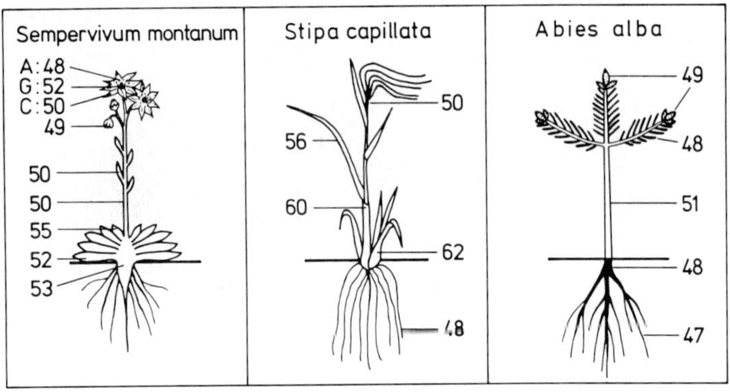

Abb. 31. Durchschnittliche sommerliche Hitzeresistenz einer alpinen Rosettenpflanze in Blüte *(Sempervivum montanum)*, eines Steppengrases von einem xerothermen Standort *(Stipa capillata)* und einer Tannenjungpflanze *(Abies alba)*. Alle Angaben gelten für 50%ige Schädigung. Während einer mehrtägigen Hitzeperiode nimmt die Resistenz der vegetativen Teile von *Sempervivum* und *Stipa* um 3–6 °C zu, ruhende Rosetten und Horste sind stets um einige °C resistenter als die blühenden und schossenden Pflanzen. Nach BAUER (1972), PICHLER (1975), LARCHER und WAGNER (1983).

die höchste Widerstandsfähigkeit. Die Temperaturresistenz der *Erneuerungsknospen* steht in gewissem Zusammenhang mit der Ausgesetztheit (Abb. 32). Knospen, die ohne sicheren Schutz überwintern, werden meist ebenso frosthart wie die Tragachsen, jedenfalls resistenter als Blätter. In Bodennähe oder unter Streu und Schnee überwinternde Knospen entwickeln demgegenüber nur mäßige Resistenz. Gegen Hitze sind hingegen gerade die basalen Knospen sehr widerstandsfähig. Den Knospen kommt *resistenzökologisch* große Bedeu-

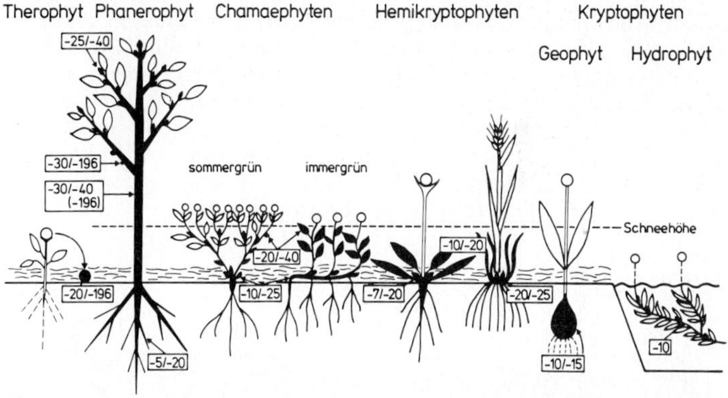

Abb. 32. Kälteresistenz von Überwinterungsformen in Gebieten mit Winterschneedecke. Als Kälteresistenz ist der Temperaturbereich angegeben, dessen Unterschreitung eine Schädigung verursacht; die niedrigere Zahl gilt für empfindliche Arten, die höhere Zahl für resistentere Arten. Je nach spezifischer physiologischer Konstitution können einzelne Arten von den angegebenen Grenzen stark abweichen. Die Benennung der Überwinterungsformen entspricht dem System der „Lebensformen" von Raunkiaer (1910). Überwinternde Pflanzenteile sind schwarz angelegt, mit Ende der Vegetationsperiode absterbende Teile sind hell belassen. Phanerophyten = Bäume und Sträucher mit Erneuerungsknospen über der Schneedecke; Chamaephyten = Kleinsträucher mit regelmäßigem Schutz durch eine Winterschneedecke; Hemikryptophyten = Ausdauernde krautige Pflanzen mit Erneuerungsknospen knapp über der Bodenoberfläche, unter Streu oder in umhüllenden Resten anhaftender toter Blätter und Blattscheiden; Kryptophyten = Ausdauernde krautige Pflanzen mit Überdauerungsorganen im Boden (Geophyten) oder unter Wasser (Hydrophyten); Therophyten = Einjährige Pflanzen, die ihren Lebenszyklus während der Vegetationsperiode vollenden und den Winter im Samenstadium überdauern. Die Überwinterungsformen sind nicht nur als evolutive Anpassung an die Winterkälte sondern auch an die Frosttrocknis (siehe Kap. 7.3.6.2) und andere winterliche Belastungen zu verstehen. Resistenzangaben nach Messungen zahlreicher Autoren, Datenlisten bei Larcher und Bauer (1981).

tung zu: Laubverlust ist für die Pflanze nicht allzu schlimm, wenn die Knospen dabei gesund geblieben sind, er ist definitiv, wenn zusammen mit den Blättern auch die Knospen schwere Ausfälle erlitten haben. Allerdings können viele Pflanzen auch dann noch aus widerstandsfähigeren Reserveknospen austreiben. Bäume die häufig auf derartige Regeneration angewiesen sind, verstrauchen und bilden Krüppelformen aus.

Resistenzunterschiede in Populationen

Innerhalb einer Population sind die einzelnen **Altersstadien** ungleich widerstandsfähig und auch ungleich gefährdet. Im Zusammenhang mit Fragen der Pflanzenverbreitung ist besonders auf Blüten und Jungwuchs zu achten – sind es doch die jeweils *empfindlichsten Lebensstadien,* die grundsätzlich die Erhaltung und Ausbreitung einer Art begrenzen (Thienemannsche Regel). Dies zeigt Abb. 33 am Beispiel eines Steineichenbestandes. Bereits ein Frost von $-4\,°C$ kann die Nachkommenschaft eines Jahres ausrotten; in aufeinanderfolgenden Wintern regelmäßig auftretende Fröste zwischen -8 und $10\,°C$

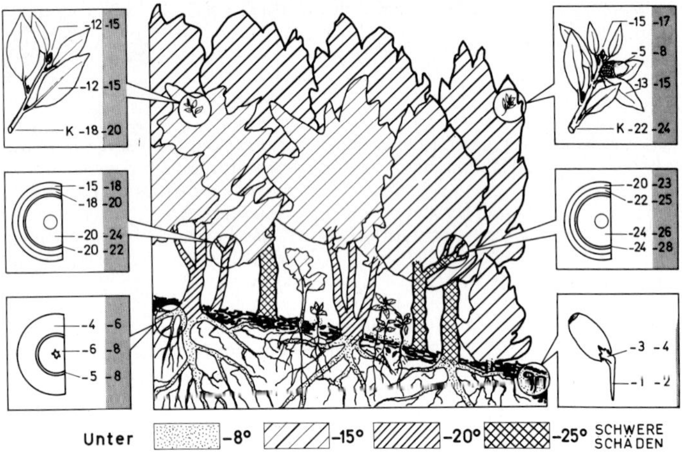

Abb. 33. Zonierung der Kälteresistenz im Winter in einem *Quercus ilex*-Niederwald und Frostgefährdung der einzelnen Altersstadien des Bestandes. In den Randskizzen ist jeweils links die Temperatur angegeben, bei der gerade noch kein Schaden auftritt, im Rasterfeld ist die Temperatur bei 50 %igem Frostschaden eingetragen. Ein- bis dreijährige Jungpflanzen gehen bei Frösten zwischen -10 und $-15\,°C$ zugrunde. Nach Larcher und Mair (1969).

schließen eine natürliche Verjüngung aus, obwohl bei dieser Temperatur die erwachsenen Sträucher und Bäume nicht den geringsten Schaden erleiden. Erst ein Frost von −20 bis −25 °C ist für einen Steineichenbestand katastrophal, wenn er lang genug dauert, um in dickere Stämme einzudringen. Vorteilhafterweise entwickeln die äußeren Kronenteile der Bäume, die den Bestand abgrenzen und Ausstrahlungsfrösten am stärksten ausgesetzt sind, eine größere Kälteresistenz als die in Bestandesschatten aufkommenden Jugendstadien. Die einzelnen Komponenten eines Waldes sind also an die standörtliche Kältebelastung angepaßt.

Nicht nur verschiedene Altersstadien, auch die einzelnen **Individuen** einer Population unterscheiden sich in ihrer Abhärtungsfähigkeit und in ihrem Resistenzverhalten.

Die Auffächerung der Resistenzeigenschaften ist die Grundlage für die Ausbildung überdurchschnittlich widerstandsfähiger *Klimaöko-*

Tab. 6. Herkunftabhängige Ökotypendifferenzierung bei frostempfindlichen und frosttoleranten Pflanzen.

A. Sämlinge von *Eucalyptus regnans* aus verschiedenen Höhenlagen südaustralischer und tasmanischer Gebirge im Winterzustand. Frosteinwirkung im Versuch: 12 Stunden −5,5 °C. Nach Ashton (1958).

Herkunft (Meereshöhe)	Ausmaß der Schädigung (% tote Blattfläche)
240 m	60
300–500 m	50
600–800 m	35
1100 m	30

B. Maximal frostabgehärtete Zweige von Coniferen aus wintermilden (Oregon) und winterkalten Gebieten Nordamerikas. Als Kälteresistenz ist die niedrigste Temperatur (in °C) angegeben, bei der gerade noch keine Schädigung auftrat. Nach Sakai und Weiser (1973).

Pflanze, Herkunft	Nadeln	Knospen	Zweige
Tsuga heterophylla			
Oregon	−20	−20	−20
Alaska	−40	−35	−35
Rocky Mts. (Idaho 1200 m)	−40	−40	−35
Pseudotsuga menziesii			
Oregon	−20	−20	−20
Rocky Mts. (Idaho)	−20	−30	−40
Rocky Mts. (Colorado)	−70	−50	−80

typen, die in rauhere Lagen vordringen können und die auch dann überleben, wenn nach großem Zeitabstand eine Klimaverschlechterung eintritt (z.B. eiszeitliche und nacheiszeitliche Klimaschwankungen) und den Verbleib der Art in einem bestimmten Gebiet in Frage stellt (Tab. 6).

Evolution der Frosthärte von Sproßpflanzen

Das Auftreten von Kälteresistenzökotypen (Tab. 6) und die feine Abstufung in der Resistenz von Pflanzen aus verschiedenen Klimazonen (Tab. 5) weisen darauf hin, daß die Fähigkeit zum Erwerb von Frosthärte offenbar entlang einer resistenzökologischen Reihe *schrittweise* entwickelt worden ist (LARCHER 1971, 1981). Der erste Schritt der evolutiven Kälteadaptation mußte darin bestanden haben, daß die erkältungsempfindlichen Pflanzen zunächst ihre *Enzymausstattung* und *Biomembranen* an niedrige Temperaturen anpassen konnten. Der nächste Schritt könnte eine verbesserte *Unterkühlbarkeit* und eine Absenkung des *Gewebegefrierpunkts* gewesen sein, wodurch milde episodische Fröste ungeschädigt und ohne erhebliche Störung der Photosynthesetätigkeit überstanden werden. Die Fähigkeit des Protoplasmas, im Zuge eines stufenweise ablaufenden Abhärtungsprozesses gefriertolerant zu werden, konnten am ehesten Pflanzensippen ausbilden, deren Lebenszyklus einen genetisch verankerten Wechsel zwischen Aktivitäts- und Ruheperioden aufwies (*endonome Aktivitätsrhythmik*) oder zumindest eine Ruhigstellung der Wachstumsaktivität vorsah.

Die Frostresistenz der Blütenpflanzen könnte auf zwei zunächst getrennten *Evolutionswegen* verlaufen sein: Es ist auffallend, daß sich der Trend zu verbessertem *Gefrierschutz mit zunehmender Meereshöhe,* der Trend zu großer *Frosttoleranz hingegen mit zunehmender geographischer* Breite verstärkt.
In den tropischen Hochländern, die als Reservoir der frühen Angiospermenevolution angesehen werden, mögen unter der Einwirkung der in Tropengebirgen großen tageszeitlichen Temperaturschwankungen jene *Stoffwechseladaptationen und Gefrierschutzmechanismen* trainiert und selektioniert worden sein, die heute noch bei Gebirgspflanzen ganzjährig wirksam sind und bei der Phasenabhärtung den ersten Schritt darstellen. Frostschutzmechanismen scheinen grundsätzlich unabhängig vom Übergang in einen Ruhezustand realisierbar zu sein.
Die *Aktivitätsrhythmik* als Voraussetzung für die Tiefabhärtbarkeit könnte in Gebieten mit subäquatorialem Monsunklima (Wechsel von Trockenzeiten und Regenzeiten) den ins Innere der Kontinente ausstrahlenden Angiospermen aufgezwungen worden sein, wobei mit dem Eintritt der Vegetationsruhe gleichzeitig eine Zunahme der *Dür-*

reresistenz verknüpft war. Wenn Gefrierbeständigkeit des Protoplasmas als Fähigkeit verstanden wird, Wasserentzug durch extrazelluläre Eisbildung im Gewebe zu überleben, so kann angenommen werden, daß Pflanzen, die im Zustand der Wachstumsruhe starke Austrocknung ertragen, auch *gegen frostbedingte Entquellung resistent* werden.
Unter den Phylogenetikern herrscht die Meinung, daß die Entwicklung der Gefäßpflanzen unter feucht-tropischen Klimabedingungen ihren Ausgang genommen, später entlang von Gebirgsketten in subtropische Gebiete mit Regen- und Trockenzeiten und schließlich in die gemäßigte Zone geführt habe. Auf dem Weg über die wechselfeuchten Subtropen mit episodischen Frösten mag auch die Evolution der in tropischen Gebirgen und Hochländern präadaptierten Pflanzen zu jener Perfektion der Frostresistenz geführt haben, die den ausdauernden Pflanzen die Eroberung winterkalter Gebiete ermöglicht hat.

3.3 Klimarhythmik und Vegetationsrhythmik

Den einzelnen Orten auf der Erdoberfläche fließt Energie je nach ihrer Stellung zur Sonne zu. Die richtungsabhängige Energiezufuhr ist im Zusammenhang mit Erdumdrehung und Erdumlauf ein *periodisch* sich ändernder Umweltfaktor, der allen Sphären des Erdballs und auch den Organismen eine tages- und jahreszeitliche Periodik aufzwingt.

3.3.1 Klimarhythmik

Tageszeitenwechsel. Die Erdrotation bedingt den Wechsel von Tag und Nacht, von hellen und dunklen Stunden (*tageszeitlicher Photoperiodismus*). Die Einstrahlungsphase ist eine Erwärmungsperiode, die Nacht eine Auskühlungsperiode, der Photoperiodismus wird daher von einem *tageszeitlichen Thermoperiodismus* begleitet, der in der Regel etwas nachhinkt: Die Lufttemperatur erreicht nicht zur Zeit des höchsten Sonnenstandes, sondern etwas später ihren Höchstwert, das Tagesminimum der Temperatur trifft erst am Ende der Nacht ein.
Im Bereich niederer geographischer Breiten ändert sich die Photoperiode im Laufe des Jahres nur wenig. Es gibt daher in den Tropen keine ausgeprägten Jahreszeiten, der Tageszeitenwechsel ist der wesentliche Klimarhythmus (**Tageszeitenklima**; Abb. 34: Quito). Dieser kann bei starker Ausstrahlung auf Hochlandflächen und im Gebirge sehr beachtliche Temperaturschwankungen aufweisen. In tropischen Gebirgen sind die Pflanzen in größeren Höhen ganzjährig Nachtfrösten ausgesetzt, die −5 bis −10 °C erreichen können, untertags steigt die Temperatur in Bodennähe auf 30 °C und höher an (*Frostwechselklima*).

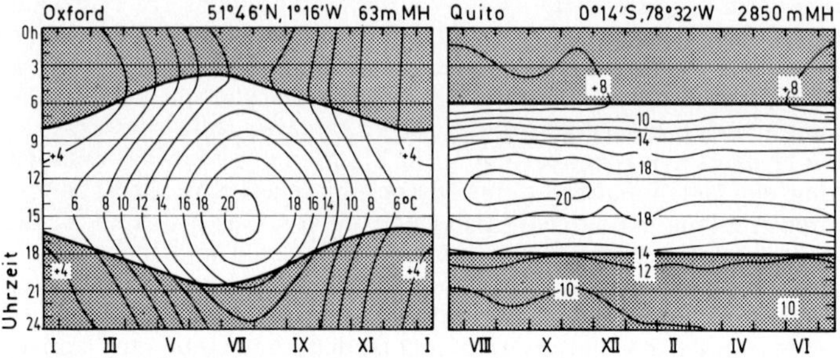

Abb. 34. Tages- und Jahresschwankung der Lufttemperatur und Dauer der Tages- und Nachtlänge (Raster) in *Oxford* als Beispiel für einen Ort mittlerer Breite mit ozeanischem Klima (geringe Tagesschwankung der Temperatur) und in *Quito* als Beispiel für einen Ort mit äquatorialem Hochlandklima (starke Tagesschwankung der Temperatur bei fast fehlender Jahresschwankung). Nach TROLL (1955).

Jahreszeitenwechsel. Mit zunehmender Breitenlage verschiebt sich das Verhältnis zwischen Tages- und Nachtdauer im Laufe des Jahres immer stärker, jenseits der Polarkreise unterbleibt zur Zeit der Sonnenwende der Tag- und Nachtwechsel völlig (*jahreszeitlicher Photoperiodismus*). In mittleren Breiten dauert der Tag im Sommer bis zu 16 Stunden, im Winter dagegen nur halb so lang. Dem jahreszeitlichen Wechsel der Photoperiode folgt der Jahresgang der Temperatur (*jahreszeitlicher Thermoperiodismus*). Die Strahlungsbilanz wird gegen den Winter vor allem wegen der immer längeren Dauer der nächtlichen Ausstrahlungsphase (außerdem wegen der abnehmenden Einstrahlungsintensität) negativ, die lichtarme Jahreszeit wird so zur kalten Jahreszeit (**„Jahreszeitenklima"**, Abb. 34: Oxford). In der Äquatorialzone wird das Vegetationsgeschehen nicht durch eine lichtarme und zugleich kalte Jahreszeit, sondern durch periodische Trockenzeiten (*jahreszeitlicher Hydroperiodismus*) unterdrückt. Diese werden durch jahreszeitlich bedingte Verschiebungen in der großräumigen atmosphärischen Zirkulation bewirkt, die ihrerseits wieder durch Unterschiede zwischen dem Energiehaushalt der strahlungsreichen niederen Breiten und der strahlungsärmeren höheren Breiten verursacht sind.

3.3.2 Vegetationsrhythmik

3.3.2.1 Der Einfluß der Tageszeitenrhythmik auf Lebensprozesse

Der tageszeitliche *Hell-Dunkel-Wechsel* ist in vielfacher Weise dem Verhalten der Pflanzen aufgeprägt: Das Photosynthesevermögen er-

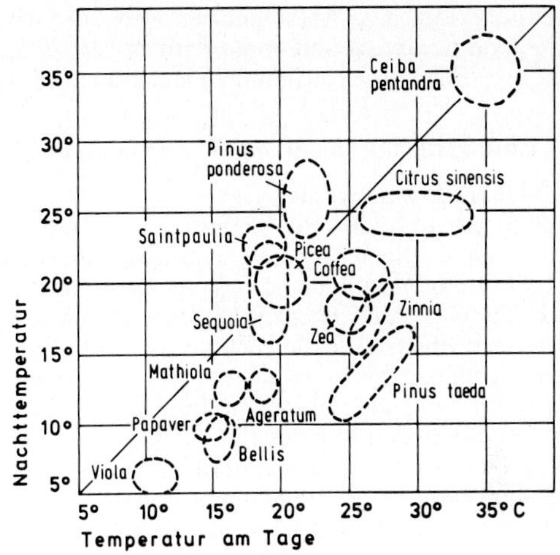

Abb. 35. Optimaler Temperaturbereich für das Sproßwachstum verschiedener Pflanzen. Nach WENT (1957) unter Einbeziehung von Versuchsergebnissen von DORMLING et al. 1968 *(Picea abies)*, FRANCO 1958 *(Coffea arabica;* weitere Angaben bei MAESTRI und BORROS 1977), HELLMERS 1966 *(Sequoia sempervirens)*, KHAIRI und HALL 1976, LENZ 1969 *(Citrus sinensis)*, KWAKWA 1964 *(Ceiba pentandra)*, KRAMER 1958 *(Pinus taeda)*, LAURIE und KIPLINGER 1944 *(Viola odorata)* und TINUS 1973 *(Pinus ponderosa)*.

lahmt bei manchen Arten im Dauerlicht, die Atmungsaktivität, Permeabilitätseigenschaften des Protoplasmas, der zelluläre und der organismische Stofftransport lassen eine diurnale Rhythmik erkennen, Wachstumsvorgänge werden durch den tageszeitlichen Photoperiodismus induziert oder gesteuert (z. B. photo- und nyctinastische Blatt- und Blütenbewegungen). Ein *Wechsel der Tages- und Nachttemperatur* ist für die Keimung, die Stoffproduktion und das Sproßwachstum fast immer förderlich, wobei eine Anpassung an die diurnale Temperaturamplitude am Standort deutlich erkennbar ist (Abb. 35). Pflanzen kontinentaler Gebiete, für die ein ausladender Tagesgang der Temperatur bezeichnend ist, entwickeln sich am besten, wenn die Nacht um 10–15 °C kühler ist als der Tag, Kakteen und andere Wüstenpflanzen sogar bei einer Amplitude von 20 °C. Für die meisten Pflanzen der gemäßigten Zone ist eine diurnale Thermoperiode von 5–10° C optimal; es gibt aber auch Ausnahmen: Jungfichten wachsen besser ohne Temperaturwechsel. Tropenpflanzen sind, entsprechend dem ausgeglichenen Temperaturregime in den Äquatorialgebieten, auf eine flache Amplitude (etwa 3 °) eingestellt. Schließlich gibt es noch Arten mit inversem Thermoperiodismus wie manche Sorten des Usambaraveilchens (*Saintpaulia ionantha*) und Jungpflanzen von *Pinus ponderosa;* diese Pflanzen werden durch eine höhere Nachttemperatur gefördert.

3.3.2.2 Der jahreszeitliche Ablauf von Wachstum und Entwicklung

Die Phasenfolge im Lebenszyklus

Das Leben eines jeden Organismus beginnt mit einem Fortpflanzungsprozeß, auf diesen folgen vegetative Entwicklungsvorgänge wie Wachstum und Organbildung und auf diese wieder die reproduktiven Vorgänge, die zur nächsten Generation führen. Damit schließt sich der Kreislauf des Geschehens. Alle diese Entwicklungsphasen laufen nach genetisch vorgegebenen Normen ab, sie sind hormonell koordiniert und werden durch Umwelteinflüsse modifiziert.

Auf die ökologische Bedeutung des Phasenablaufs im Leben der Einzelpflanze und der Pflanzengesellschaften hat besonders T. Rabotnov (1950, 1978) hingewiesen. Die einzelnen Entwicklungsstadien einer Pflanze reagieren auf Umwelteinflüsse unterschiedlich. Die *Keimlingsphase* ist in der Regel der für das Überleben und die Verbreitung der Population entscheidende Lebensabschnitt. In der *juvenilen Phase* ist die Pflanze am anpassungsfähigsten; in dieser Phase werden modifikative Adaptationen an das Strahlungsangebot, die mineralische Ernährung und die Wasserversorgung am stärksten geprägt. In der *adulten Phase* wirken sich Umwelteinflüsse über den Assimilathaushalt vor allem auf Blühhäufigkeit, Blütenansatz, Fruchtausbildung und Keimkraft der Samen, also auf die Nachwuchssicherung aus.

Lebenszyklus kontinuierlich wachsender Pflanzen. In Gebieten mit *ausgeprägtem Jahreszeitenklima* (Sommer-Winter, Regenzeit-Trokkenzeit) müssen *kontinuierlich* wachsende Pflanzen *kurzlebig* sein: sommerannuell in der gemäßigten Zone, winterannuell in Winterregengebieten und besonders kurzlebig in Wüsten (regenzeitephemere Kräuter). Bei allen diesen einjährigen Pflanzen fügen sich die einzelnen Lebensabschnitte in ununterbrochener Folge gleitend aneinander. Sogleich nach der Keimung entsteht der Primärsproß mit einigen Blättern und es können bereits erste Blüten erscheinen. Das Wachstum des Sprosses wird dann fortgesetzt, wobei abwechselnd vegetative und reproduktive Organe ausgestaltet werden. Die Blütenbildung kann auch erst nach Abschluß des intensiven Sproßwachstums erfolgen. Während der Fruchtreifung machen sich im Vegetationskörper bereits Alterungserscheinungen wie Proteinabbau und Vergilben der Blätter bemerkbar. Schließlich geht die ganze Pflanze zugrunde, nur die Samen bleiben übrig und verweilen in einem Ruhezustand, bis sie durch günstige Keimungsbedingungen aus diesem geweckt werden.

In Gebieten mit *ganzjährig günstigen Wachstumsbedingungen* wie in den immerfeuchten Tropen und in wintermilden Bereichen der warmgemäßigten Zone gibt es auch *ausdauernde* Pflanzen mit kontinuierlichem Wachstum, die baumhoch werden können, bis sich der Vegetationsscheitel in Blütenbildung erschöpft. Bis dahin wächst der Sproß ohne deutliche Unterbrechung, nach der Fruchtreife geht die ganze Pflanze zugrunde (z. B. bei monokarpischen Palmen). Allerdings können Reste des Vegetationskörpers erhalten bleiben, aus denen sich Nachkommen entwickeln (z. B. bei der Bananenpflanze und bei Ananas). Kontinuierliches Wachstum zeigen in den Tropen Baumfarne, Gymnospermen und Palmen sowie manche Großstauden und Bäume (z. B. *Carica papaya).*

Pflanzen mit schubweisem (intermittierendem) Wachstum. Auch in den *Tropen* wachsen die meisten Holzpflanzen nicht das ganze Jahr hindurch gleichmäßig. Obgleich Tropenwälder ganzjährig grün sind, weisen die einzelnen Bäume des Waldes Laubwechselperioden oder sogar Kahlzeiten auf. Meist bilden die Bäume im Laufe einiger Wochen neues Laub aus, dann erfolgt auch der Neuzuwachs der Sprosse, in der übrigen Zeit ruht das Längenwachstum des Sprosses. Die Wachstumsschübe erfolgen in den immerfeuchten Tropen bei den verschiedenen Baumarten und selbst bei verschiedenen Individuen derselben Art nicht selten *ungleichzeitig* und mehr als einmal im Jahr. D. H. JANZEN (1975) weist auf die ökologische Bedeutung dieser Erscheinung hin: Durch den ungleichzeitigen und mehrfachen Austrieb wird die Gefahr des Kahlfraßes und der kalamitären Vermehrung von Herbivoren und Parasiten in dem ganzjährig fortpflanzungsgünstigen Klima herabgesetzt.
In Gebieten mit *Jahreszeitenklima* werden die Entwicklungsschübe und die Ruheperioden durch die Umweltbedingungen zeitlich geregelt, so daß sie bei den verschiedenen Pflanzenarten desselben Gebietes ziemlich *gleichzeitig* ablaufen. Jeder vegetative Entwicklungsschub beginnt mit dem Sproßaustrieb und der Laubentfaltung und endet mit dem Ausreifen des Neuzuwachses, der Anlage neuer Triebe und dem Laubabwurf (bei Immergrünen: Abwurf älterer Laubjahrgänge).

Reproduktive Vorgänge. Wenn die Pflanze ihre Blühreife erlangt hat, dann gesellt sich zu den Wachstumsschüben des Vegetationskörpers der reproduktive Zyklus. Je nach Pflanzenart laufen vegetatives Wachstum und reproduktive Entwicklung gemeinsam oder alternierend ab. *Nebeneinander* verlaufen diese Vorgänge bei Annuellen und vielen Tropenpflanzen mit kontinuierlicher Entwicklung. *Abwechselndes Umschalten* von hauptsächlich vegetativem Wachstum auf hauptsächlich Blühen und Fruchten ist für die ausdauernden Pflanzen der mittleren und höheren Breiten und der Trockengebiete bezeichnend, aber auch in den feuchten Tropen anzutreffen. Sehr ausgeprägt ist der Wechsel von vegetativer und reproduktiver Phase bei den zweijährigen *Rosettenstauden* und bei *Geophyten* (besonders auffällig bei der Herbstzeitlose).

Bei vielen Pflanzen entfalten sich die Blüten erst nach Abschluß der Hauptwachstumsperiode. In tropischen und subtropischen Trockengebieten gibt es Bäume und Sträucher, die erst *nach dem Laubabwurf*, also auf schon kahlen Zweigen ihre Blüten tragen. Beispiele sind *Erythrina indica, Bombax-* und *Tabebuia*-Arten sowie viele Caesalpiniaceen. Bleiben die bereits ausdifferenzierten Blütenanlagen auch über die nun folgende Ruhezeit hinweg in ihrer Entfaltung gehemmt, dann ergibt sich der Typus des *Frühblühers*, der vor dem Laubaustrieb, also auf noch kahlen Zweigen blüht. Diesem Typus gehören die Coniferen, viele laubabwerfende Waldbäume, Heckensträucher, Obstbäume und Beerensträucher der gemäßigten Zone an, desgleichen zahlreiche krautige Pflanzen und Zwergsträucher der Arktis und des Hochgebirges. So wie die *Frühjahrsephemeroiden* (verschiedene Ranunculaceen und Liliales) öffnen auch die Polar- und Hochgebirgspflanzen in der Regel bald nach der Schneeschmelze ihre im Vorjahr präformierten Blüten (siehe Phänogramme Abb. 41). Die Frühjahrsgeophyten nützen so die kurze Zeit relativ hohen Lichtgenusses vor der Belaubung der Baumschicht aus, die Pflanzen kalter Gebiete den kurzen Sommer mit einigermaßen günstigen Temperaturen für Stoffproduktion, Wachstum und Fruchtreifung.

3.3.2.3 Der Wechsel von Vegetationstätigkeit und Vegetationsruhe

Durch den jahreszeitlichen Periodismus der Einstrahlung, der Tageslänge, der Temperatur und der Niederschläge (nach Art und Ergiebigkeit) wechseln vegetationsgünstige mit ungünstigen Zeiträumen regelmäßig ab. An die Klimarhythmik passen sich die Pflanzen durch rhythmische Veränderungen im Protoplasmazustand (Permeabilität, Viscosität), der Stoffwechselaktivität, der Entwicklungsvorgänge und des Resistenzverhaltens an.

Der regelmäßige Wechsel zwischen Entwicklungsaktivität und Ruheperioden, in denen das Wachstum vorübergehend abgebremst oder stillgelegt ist, kann den Pflanzen durch ungünstige Umweltbedingungen aufgezwungen werden, er kann aber auch erblich vorprogrammiert sein und spontan ablaufen. Nach W. Pfeffer ist zwischen einer von außen aufgezwungenen *aitionomen* Entwicklungsunterbrechung und einer *autonomen,* genotypisch verankerten Rhythmik zu unterscheiden.

Aitionom verursachter Wechsel von Aktivität und Wachstumsstillstand. Pflanzen mit kontinuierlicher Phasenabfolge haben in ihrer Entwicklung keine Ruheperioden eingeplant. Sie durchlaufen ihren Lebenszyklus ohne Unterbrechung, wenn sie nicht durch ungünstige Außenfaktoren dazu gezwungen werden. Viele winterannuelle Kräuter

(z.B. *Senecio, Cerastium, Capsella*) bleiben in ihrer Entwicklung erst stecken, wenn die Temperatur unter den Gefrierpunkt sinkt, sie nehmen das Wachstum wieder auf, wenn Tauwetter eintritt. Auch die Thallophyten stellen nur vorübergehend unter dem Zwang äußerer Verhältnisse ihr Wachstum ein und setzen es bei Besserung der Lebensbedingungen sofort wieder fort.
Desgleichen wird der Wachstumsablauf der Wurzeln weitgehend aitionom geregelt. Entscheidend ist in erster Linie die Bodentemperatur, Wassermangel wirkt sich erst aus, wenn er ein gefährliches Ausmaß erreicht. Dafür können bei anhaltender Dürre Überdauerungsorgane sehr lange Zeit, Ginsengrhizome z.B. jahrelang ruhend verharren.

Autonome Rhythmik. Vielen Blütenpflanzen, vor allem Holzpflanzen, ist der Wechsel zwischen Aktivität und Ruhe eingeboren (daher auch *„endogene“* oder *„endonome“* Rhythmik). Dieser äußert sich im

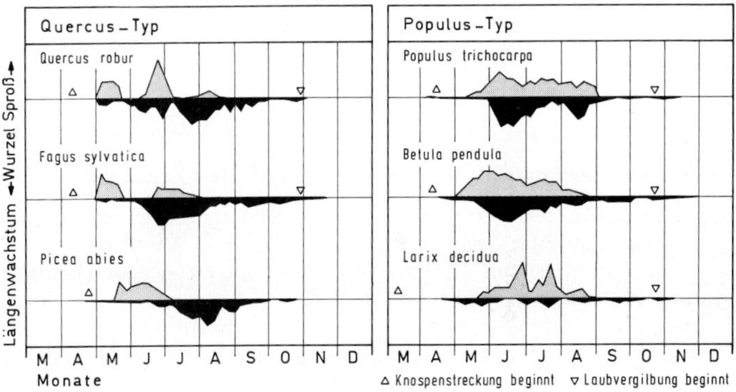

Abb. 36. Längenzuwachs des Sprosses (nach oben aufgetragen und gerastert) und der Wurzeln (schwarz nach unten aufgetragen) verschiedener Baumarten im Jahresverlauf. Beim *Eichentyp* wird das Sproßwachstum frühzeitig im Jahr abgeschlossen; es verläuft in aufeinanderfolgenden Schüben, die durch endogen bedingte Wachstumspausen unterbrochen sind. Meist treten zwei Schübe auf, der zweite Schub kann aber auch ausbleiben; manchmal tritt im Spätsommer ein zusätzlicher Johannistrieb auf. Diesem Typ gehören außer den in der Abbildung angeführten Arten noch Kiefer und Tanne an. Beim *Pappeltyp* ist das Sproßwachstum durch die Tageslänge und durch das Temperaturklima zeitlich einreguliert. Diesem Typ gehören auch noch Linde und Robinie an. Das *Wurzelwachstum* ist bei beiden Typen vor allem durch Außenfaktoren geregelt, es beginnt häufig vor dem Sproßaustrieb und setzt sich bis spät in den Herbst fort. Nach HOFFMANN (1972).

schubweisen Längen- und Dickenwachstum des Sprosses, im schubweisen (und nicht gleitenden) Laubwechsel und im rhythmischen Auffüllen und Entleeren von Reserveorganen. Das bezeichnende Merkmal autonomer Rhythmik ist ihr Bestehen und Weiterbestehen *ohne äußeren Anlaß.* Selbst unter den ganzjährig vegetationsgünstigen Umweltbedingungen in dauerfeuchten Tropengebieten wachsen nur 20 % aller immergrünen Bäume kontinuierlich, die übrigen legen Entwicklungspausen ein. Gräser und Geophyten behalten ihren eingeprägten und auf die Niederschlags- und Temperaturverhältnisse der Steppen und Savannen abgestimmten Entwicklungsrhythmus bei, wenn sie in Gebiete vordringen, in denen dieser unnötig ist.
In Gebieten mit Klimarhythmik stellt sich die genetisch vorgegebene „*physiologische Uhr*" auf den Witterungsablauf ein (Abb. 36, Pappeltyp). Bei genauerer Analyse des Sproßwachstums zeigt sich bei *manchen* Arten immer noch eine starke Autonomie. Ein Musterbeispiel dafür sind die Eichen, die früh im Sommer ihr Längenwachstum abschließen, also zu einer Zeit, in der die Tage noch nicht kürzer geworden sind und auch andere Außenfaktoren das Wachstum nicht behindern würden. Einige Wochen später erwacht wieder die Entwicklungsbereitschaft, es kann zu einem neuerlichen Austrieb kommen, dem *Johannistrieb*. Erst die herbstliche Witterung bringt das Wachstum endgültig zum Abschluß (Abb. 36, Eichentyp).

Die Winterruhe von Holzpflanzen der gemäßigten Klimazone

Gegen *Ende des Sommers* werden in den Achsen der Blätter Seitenknospen angelegt und der Sproßscheitel bildet sich zur Winterknospe um oder er verkümmert und stirbt ab. Bevor das Laub zu vergilben beginnt, befinden sich die Knospen schon in Ruhe. Auch andere Pflanzenteile *gehen in Winterruhe über,* so das Kambium und die übrigen Sproßgewebe, die dabei die Fähigkeit zur Abhärtung gegen Frost und Dehydratation erwerben.
Der Gibberellinspiegel sinkt ab, *Wachstumsinhibitoren* wie Abscisinsäure beginnen zu dominieren, die *Genaktivität* wird selektiv unterdrückt, Translationsvorgänge sind gehemmt und die Teilungstätigkeit der Meristeme wird stark herabgesetzt oder völlig eingestellt. Die Zellkerne verweilen in der G1-Phase des Zellzyklus, d. h. es wird die Reduplikation der DNS vorbereitet, die gegen Ende der Winterruhe stattfindet. Der Übergang zur Ruhe gibt sich auch im *mikroskopischen und submikroskopischen Bild* der Zellen zu erkennen, z. B. durch Einziehung endoplasmatischer Membransysteme und der Plasmodesmen (Protoplastenisolierung), durch Verkleinerung der Mitochondrien, durch eine Reduktion des Thylakoidsystems in den Chloroplasten mancher Pflanzen und Gewebe (v. a. Rindenchlorenchym) und durch die Zertei-

lung von Vakuolen. Die *Aktivität* des Betriebsstoffwechsels nimmt ab, Reservestoffe wie Stärke, Fette und gelegentlich auch Eiweiß werden angehäuft, verschiedene Assimilate und Mineralstoffe werden umgelagert und die Enzymausstattung wird verändert: In verschiedenen Sproßgeweben nehmen Hydrolasen, Katalase und Peroxidasen im Herbst *zu*, in der Kambialzone nimmt die Aktivität von Phenol-

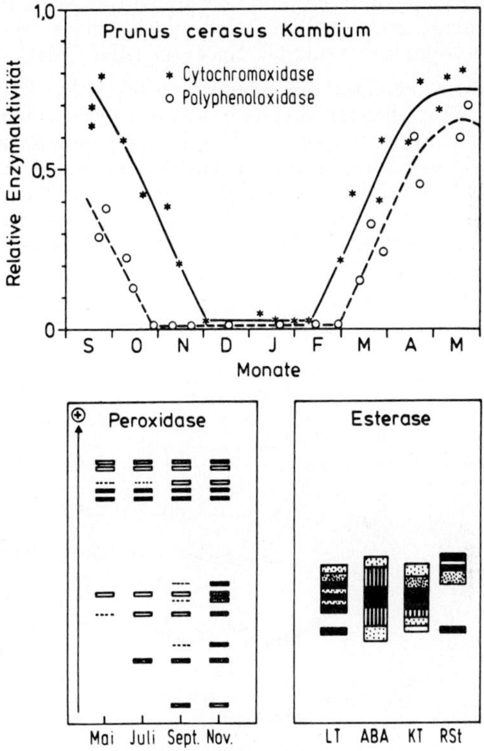

Abb. 37. *Oben:* Relative Aktivität von Cytochromoxidase und Polyphenoloxidasen im Kambium von Kirschenzweigen im Herbst, Winter und Frühjahr. Nach histochemischen Befunden von Meyer (1968). *Links:* Multiple Formen der Peroxidase aus Fichtennadeln beim Übergang zur Winterruhe. Nach Esterbauer et al. (1978). *Rechts:* Isoenzymmuster von Esterasen aus Wasserlinsen. LT = vegetativer Zustand unter Langtagbedingungen, ABA = nach Behandlung mit Abszisinsäure bei Langtagbedingungen, KT = aus Pflanzen unter Kurztagbedingungen, RSt = aus Ruhestadien. Nach Perry (1971).

oxidasen, der Cytochromoxidase und der Dehydrogenasen *ab;* an die Stelle bestimmter Enzyme treten *Isoenzyme* mit gleicher Wirkung aber anderer Temperatureinstellung ihrer Aktivität (Abb. 37). Diese Umstellungen zum Winterzustand erfolgen nicht abrupt, sondern allmählich fortschreitend, manche etwas früher, andere später, und nicht überall im Pflanzenkörper zu gleicher Zeit.

Wo die Winterruhe autonom verankert ist, läuft sie phasisch ab. Drei ineinander übergehende Abschnitte sind unterscheidbar: Die Vorruhe, die Vollruhe (Mittelruhe) und die Nachruhe (Abb. 38).

(1) Vorruhe. Sie beginnt in den Knospen noch vor dem Laubabwurf. Bei manchen Holzpflanzen induzieren *kürzer werdende Tage* den Abschluß der Wachstumsperiode und den Übergang zum Ruhezustand, so bei Pappeln und Weiden, Birken, Hasel, Buchen, Eichen, Ahorn, Fichten und Lärchen, also hauptsächlich Arten, die weit nach Norden vordringen. Sehr lange Tage verhindern bei allen diesen Arten und bei gewissen Wacholderarten und vielen atlantischen Pflanzen den Ein-

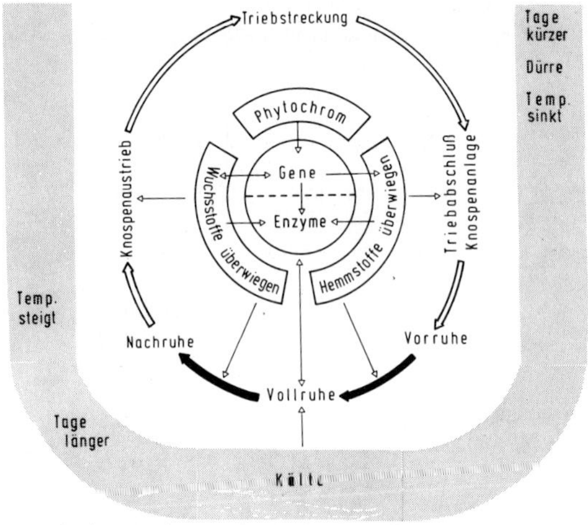

Abb. 38. Vereinfachtes Schema der Umwelteinflüsse (graugerastertes U), der zellulären Steuerung und der hormonellen Koordination der Entwicklungsrhythmik von Holzpflanzen. Den Phytohormonen fällt die Aufgabe zu, zwischen erblich fixierten Funktionsanweisungen und Umwelteinflüssen zu vermitteln und über die Koordination der verschiedensten Lebensfunktionen – nicht nur Wachstum und Entwicklung, sondern ebenso Kohlenstofferwerb und Assimilathaushalt, Wasserhaushalt und Klimaresistenz – den Lebensablauf möglichst harmonisch an die Lebensbedingungen anzupassen (Original).

tritt der Winterruhe. Langtage können übrigens – zwar nicht bei Holzpflanzen, sondern bei Geophyten wie Maiglöckchen und verschiedenen Zwiebelpflanzen – auch Anlaß für den Übergang zum Ruhezustand sein; Arten, die so ansprechen, sind offensichtlich auf *zwei* Ruheperioden eingerichtet, von denen eine zur Zeit der größten Winterkälte und die andere während der Sommerdürre eingehalten wird.
Der zweite wichtige Regelfaktor sind *niedrige Nachttemperaturen* (je nach Art meist um wenig unter 10 °C). Bei allen Arten, die nicht endonom oder durch kürzer werdende Tage zur Ruhe gebracht werden, ist sinkende Temperatur der entscheidende Anstoß. Vor allem handelt es sich dabei um Gattungen, die im Süden der gemäßigten Zone beheimatet sind, wie Esche, Roßkastanie, Flieder, Kirschen und viele andere. Sinkende Temperaturen können bei manchen photoperiodisch gesteuerten Pflanzen im Experiment den Kurztag ersetzen. In der Natur sind jahreszeitlicher Photoperiodismus und jahreszeitlicher Thermoperiodismus zwangsläufig miteinander verknüpft, es ist also nicht verwunderlich, daß die Vegetationsrhythmik und viele andere Lebensvorgänge durch das Zusammenwirken dieser beiden Variablen gelenkt werden. Nicht selten leitet der Helligkeitswechsel als Schrittmacher die Umstellung im Pflanzenverhalten ein, die durch den Temperaturwechsel dann zu Ende geführt wird.

(2) Vollruhe. Während der Vorruhe nimmt die *Knospenhemmung* ständig zu, bis schließlich im November und Dezember in mittleren Breiten die Vollruhe erreicht ist. Nun können die Pflanzen durch Erwärmen oder durch Verlängerung der Photoperiode *nicht mehr zum Austreiben* veranlaßt werden. Die Unfähigkeit der Pflanzen, in ihrer Vollruhe den Ruhezustand vorzeitig aufzugeben, ist resistenzökologisch bedeutungsvoll. Die Pflanzen winterkalter Gebiete dürfen auf *milde* Tage im Mittwinter nicht ansprechen, sie kämen sonst in der nächstfolgenden Kältewelle unweigerlich zu Schaden. Bei Arten ohne tiefe Winterruhe (*Citrus*-Arten) geschieht das immer wieder. Niedrige Temperaturen beschleunigen den Übergang zur Nachruhe. Viele Holzpflanzen, wie Pappel, Ahorn, Linden, Kiefern, die Kernobst- und Steinobstarten und auch die Weinrebe haben ein ausgeprägtes *Kältebedürfnis,* sie können nur normal austreiben, wenn dieses erfüllt ist. Meist müssen dazu Temperaturen um 0 °C 3–4 Wochen lang einwirken.

(3) Nachruhe. Gegen Ende der Vollruhe, ganz besonders aber während der Nachruhe, nimmt die Konzentration der entwicklungsfördernden *Phytohormone* (zunächst Gibberelline und Cytokinine, dann Indolessigsäure) zu, durch *Genaktivierung und Enzymaktivierung* werden der Betriebsstoffwechsel, die Reservestoffmobilisierung und die Biosynthesen angekurbelt und die Teilungstätigkeit langsam in Gang gebracht. Sobald die Entwicklungsbereitschaft herbeigeführt ist, lösen Wärme und länger werdende Tage rasche Weiterentwicklung aus. In mittleren Breiten geht die Nachruhe im Laufe des Februar zu Ende, von dann an entscheidet der Witterungscharakter allein über den Austriebstermin.

3.3.3 Die Synchronisation der Vegetationsrhythmik mit der Klimarhythmik

Der zeitliche Ablauf des Lebenszyklus und der Vegetationsaktivität der Pflanzen ist auf die örtliche Dauer der vegetationsgünstigen Zeit abgestimmt. Die **Vegetationszeit** wird in den Tropen und Subtropen durch zunehmenden *Wassermangel* bei Beginn der Trockenperioden begrenzt, bei Pflanzen der gemäßigten und kalten Klimazonen erfolgt die Synchronisation mit dem Jahreszeitenwechsel durch den *jahreszeitlichen Photo- und Thermoperiodismus.* Ab dem 40. Breitengrad sind die Tage während der ganzen Vegetationszeit länger als die Nächte, ab dem 50. Breitengrad sogar erheblich länger (Abb. 39). Pflanzensippen mit Genzentrum in hohen und mittleren Breiten sind darauf eingestellt und in ihrem Austriebs- und Blühverhalten zumeist Langtagpflanzen, hinsichtlich der Regulation der Vegetationsdauer Kurztagpflanzen. In einigen Fällen sind auch *Ökotypenunterschiede* nachge-

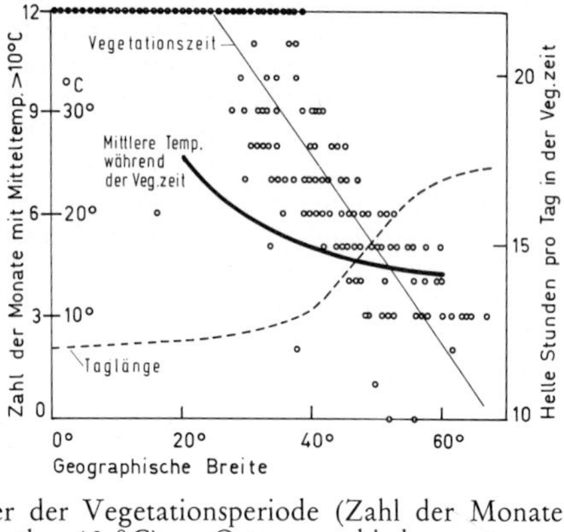

Abb. 39. Dauer der Vegetationsperiode (Zahl der Monate mit mittlerer Lufttemperatur über 10 °C) an Orten verschiedener geographischer Breite (Kreise) und Abhängigkeit der Tageslänge und der Mitteltemperatur während der Vegetationszeit von der Breitenlage. In niederen Breiten herrschen ganzjährig oder fast das ganze Jahr vegetationsgünstige Temperaturen und Kurztagsbedingungen. In hohen Breiten wird die Vegetationszeit auf einen kurzen Zeitraum im Sommer eingeengt, dann herrschen dort Langtagbedingungen und die Lufttemperatur ist im Durchschnitt nicht viel niedriger als in mittleren Breiten während der Vegetationszeit. Nach TOTSUKA (1963).

wiesen worden: Bei subarktischen Fichtenherkünften wird die Bildung der Terminalknospe und damit der Abschluß des Längenwachstums bereits bei Unterschreiten einer kritischen Taglänge von 20 Stunden (gegenüber 14 Stunden bei mitteleuropäischen Herkünften) induziert, nördliche Phänoökotypen von *Liquidambar styraciflua* in Nordamerika sind photoperiodisch auf eine kürzere Vegetationsperiode einreguliert als südliche. Bei Ananaserdbeeren ist die Umschaltung der vegetativen Vermehrungsphase (Ausläuferbildung) auf die reproduktive

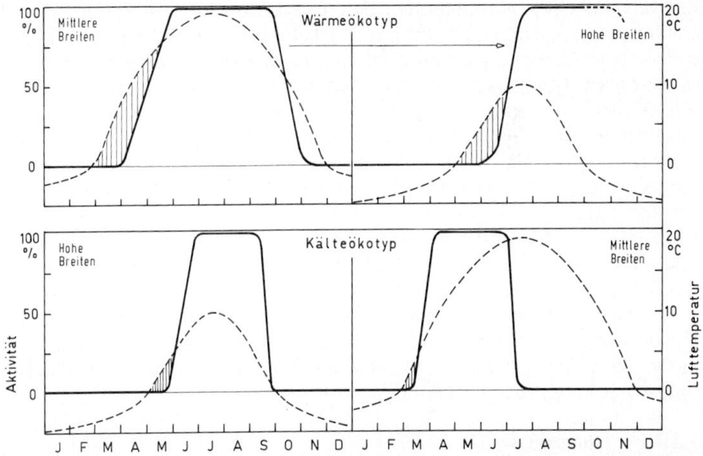

Abb. 40. Schema zur Erläuterung der zeitlichen Koordination von Klimarhythmik und Vegetationsrhythmik bei Bäumen. In der *linken Abbildungshälfte* ist gute Übereinstimmung zwischen dem Jahresgang der Temperatur (gestrichelte Kurve) und der physiologischen Aktivität (ausgezogene Kurve) dargestellt, in der *rechten Abbildungshälfte* sind Folgen fehlender Anpassung angedeutet. Wärmeangepaßte Ökotypen treiben erst aus, wenn die Temperatur erheblich angestiegen ist (breites schraffiertes Feld), kälteadaptierte Ökotypen höherer Breiten beenden ihre Winterruhe schon bei einem geringen Temperaturanstieg (schmales schraffiertes Feld). Bringt man Wärmeökotypen in hohe Breiten, so behalten sie ihre Neigung zum verzögerten Entwicklungsbeginn bei; sie treiben zu spät aus und ihr Jahreszuwachs reift nicht voll aus. Dadurch können sie noch vor Eintritt in die Winterruhe von Frösten überrascht und geschädigt werden. Kälteökotypen, die in ein wärmeres Gebiet versetzt werden, treiben verfrüht aus und sind daher durch Frühjahrsfröste gefährdet, außerdem schließen sie ihr Wachstum, das auf eine kurze Vegetationszeit eingestellt ist, viel zu früh ab und nützen einen großen Teil der günstigen Jahreszeit nicht aus. Nach Verpflanzversuchen von LANGLET aus BÜNNING (1953).

(Blütenbildung) durch die *Temperatur und die Tageslänge* gesteuert; südliche Sorten vermehren sich in nördlichen Anbaugebieten lange Zeit durch Ausläufer und setzen erst spät spärlich Blüten an, nördliche Sorten kommen dagegen in niederen Breiten zu früh zum Blühen und bilden nur wenige Ausläufer aus.

Eine Pflanzenart, eine Sorte oder auch ein Ökotyp ist dann gut akklimatisiert, wenn die Vegetationsperiode in ihrer vollen Länge ausgenützt wird, ohne daß die Pflanze Schäden durch die hereinbrechende ungünstige Jahreszeit riskiert. Dies wird im allgemeinen dadurch sichergestellt, daß der Resistenzerwerb mit Entwicklungsvorgängen gekoppelt ist. Schlecht angepaßte Pflanzen würden entweder zu spät austreiben, zu langsam sich weiter entwickeln und durch die ersten Winterfröste geschädigt werden oder umgekehrt bei voreiligem Wachstumsbeginn durch Spätfröste gefährdet sein und bei zu raschem Abschluß der Entwicklungsvorgänge die günstige Zeit nur unvollständig ausnützen (Abb. 40). Fehlende Synchronisation von Vegetationsrhythmik und Klimarhythmik stellt daher eine Verbreitungssperre dar, die allerdings evolutiv durch Ökotypendifferenzierung überwunden werden kann.

Photoperiodische und thermoperiodische Phänomene aufzudecken und zu analysieren ist eine wichtige Aufgabe der Forschung in klimatisierbaren Gewächshäusern (*Phytotrone*). Durch entsprechende Testprogramme werden Hinweise auf entwicklungsökologische Ansprüche bestimmter Pflanzen und verbreitungsökologische Schranken für diese gewonnen, gleichzeitig lassen sich Klimaökotypen für die Züchtungsforschung gezielt auffinden.

3.3.3.1 Phänologie

Der Eintritt und die Dauer bestimmter Entwicklungsphasen sind je nach dem *Witterungscharakter* von Jahr zu Jahr verschieden. Die Phänologie beobachtet den Zyklus von Sprossen, Blühen, Fruchten und Vergehen im Jahreslauf und stellt die Zeit des Eintreffens dieser Ereignisse fest. Phänologische Beobachtungen wurden von naturverbundenen Menschen schon früh aufgezeichnet und ausgenützt: Vor über 2000 Jahren gab es in China schon einen phänologischen Kalender, seit Jahrhunderten wird in Japan der Eintritt der Kirschblüte festgehalten, und viele Bauernregeln zeugen von scharfem Beobachtungsvermögen und tiefem Einblick in den Zusammenhang zwischen Witterungsablauf und Vegetationsablauf.

Phänologische Termine. Die Phänologie stützt sich auch heute noch auf die Beobachtung äußerlich sichtbarer Veränderungen im Lebenslauf der Pflanzen (*Phänophasen*). Phänologische Aufzeichnungen geben ökologisch wertvolle Auskunft über die durchschnittliche Vegetationsdauer und den Belaubungszeitraum der einzelnen Pflanzenarten in einem Gebiet (Abb. 41) und über örtliche und witterungsbedingte Unterschiede im Eintrefftermin der phänologischen Jahreszeiten (Abb. 42), wobei großräumige Ereignisse wie Schneeschmelze, Belaubung, Getreidereife oder Laubverfärbung in ganzen Landschaftsbereichen über Luftbildauswertung und spektrale Reflexionsanalyse durch Flug-

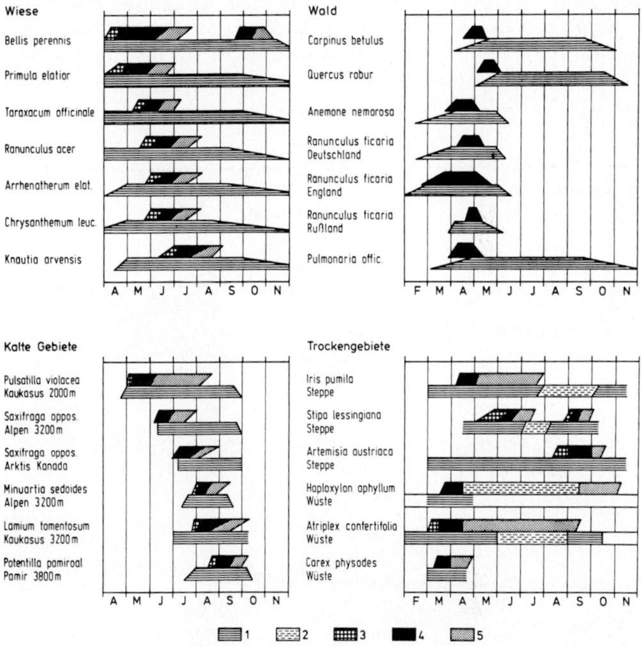

Abb. 41. Phänophasendiagramme für *Wiesenpflanzen* (Glatthaferwiese in Polen), für Bäume und Kräuter eines *Eichenmischwaldes* Nordwestdeutschland, zum Vergleich *Ranunculus ficaria* in England und Rußland und für Pflanzen aus Gebieten mit kältebedingt *(Hochgebirge, Arktis)* und trockenheitbedingt *(Steppe, Wüste)* eingeengter Vegetationszeit. *Streifendarstellung* nach SCHENNIKOW (1932): Im unteren Teil ist die vegetative, im oberen Teil die reproduktive Entwicklung eingetragen; 1 = Vegetationszeit, bei Bäumen Belaubungszeitraum, 2 = Trockenstarre, 3 = Blütenknospen sichtbar, 4 = Blütezeit, 5 = Fruchtreife und Samenabwurf. Nach Angaben und Vorlagen bei ACKERMANN und BAMBERG (aus LIETH 1975), BORISSOVAJA (aus WALTER 1968), ELLENBERG (1939), GAMZEMLIDZE (pers. Mitt.), JANKOWSKA (aus LIETH 1970), MICHELSON und TOGYZAEV (aus VOZNESENSKY 1977), MOSER et al. (1977), NACHUZRIŠVILI (1971), SALISBURY (1916), ŠALYT (aus BEIDEMAN 1974), STEŠENKO (1969) und SVOBODA (1977).

objekte (*remote sensing*) erfaßbar sind. Als Wissenschaft begnügt sich die Phänologie nicht mit dem rein beschreibenden Festhalten von Terminen, sie versucht auch deren Abhängigkeit von klimatischen Einflüssen aufzuklären. Die *kausalanalytische Phänologie* stützt sich dabei auf die Erkenntnisse der Entwicklungsphysiologie und wendet Methoden der Varianzanalyse und der Computersimulation an. Trotzdem ist die Aufdeckung von Auslösern phänologischer Ereignisse immer noch schwierig, weil der wirksame Impuls, etwa die Überschreitung einer Temperaturschwelle, längst schon vorüber ist, wenn eine bestimmte Phänophase zum Ausdruck kommt.

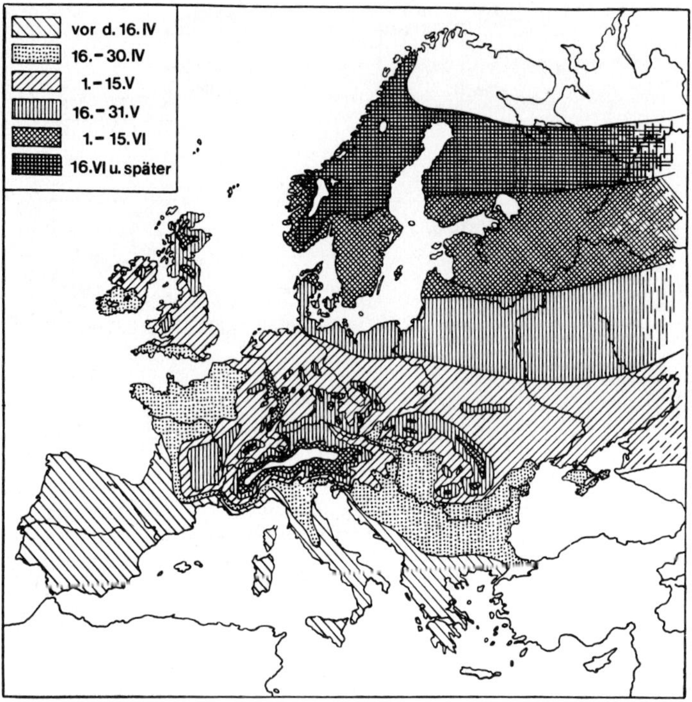

Abb. 42. Beginn der Fliederblüte in Europa als phänologisches Signal für den Frühlingseinzug. Im Norden schreitet der Frühlingseinzug zonal fort, in Gebirgslagen vertikal von den Tälern hangaufwärts. Nach Ihne aus Walter (1973).

Phänophasenablauf in der gemäßigten Klimazone

Der Zeitpunkt des Eintritts von **Phänophasen des ersten Halbjahres** hängt hauptsächlich vom Überschreiten spezifischer *Temperaturschwellen* ab. Das läßt sich durch den Vergleich der Temperaturverteilung im Gelände mit phänologischen Terminen aufzeigen (Abb. 43). Das Aufbrechen der Knospen, der Laubaustrieb, der Blühbeginn von Bäumen und Sträuchern und das Auflaufen der Saaten sind erst möglich, wenn die Luft- und auch die Bodentemperatur regelmäßig einen jeweils spezifischen Grenzwert überschritten hat. Im allgemeinen liegt die Temperaturschwelle für das Öffnen der Knospen und das Aufblühen bei 6-10 °C, bei Frühjahrsblühern und Gebirgspflanzen tiefer (um 0-6 °C), bei spätblühenden Pflanzen höher (z. B. bei vielen ringporigen Bäumen zwischen 10 und 15 °C, bei den Getreiden um 15 °C). Pappeln, Birken und einige Coniferenarten treiben schon knapp über 0 °C aus. Austrieb und Blühen können durch Wärme jedoch nur ausgelöst werden, wenn vorher schon die Entwicklungsbereitschaft vorhanden war, d.h. die Pflanzen aus ihrer Winterruhe erwacht sind.

Phänologische Termine, die in das **zweite Halbjahr** fallen, wie Fruchtreife, Laubverfärbung, Blattfall und Erntezeitpunkte von Feldfrüchten, sind von allen jenen Umweltbedingungen beeinflußbar, die den Reifungs- und Alterungsprozeß verzögern oder beschleunigen. Wiederum fällt dem Wärmeangebot größte Bedeutung zu, diesmal aber vor allem im Hinblick auf die Förderung der Stoffproduktion. Daher wird nicht so sehr auf Grenztemperaturen geachtet als auf *Wärme-*

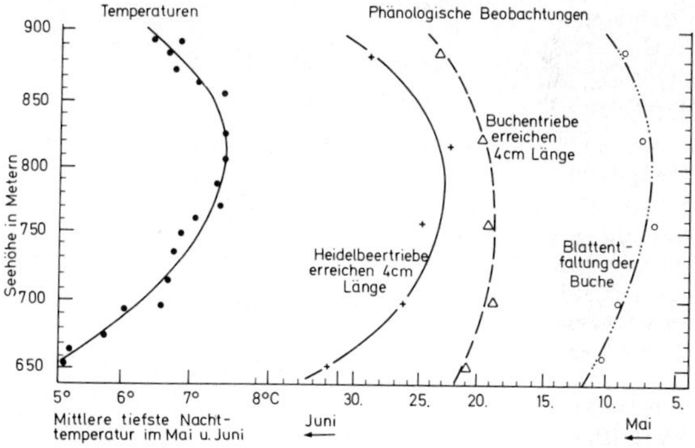

Abb. 43. Zusammenhang zwischen Nachttemperatur (links) und der phänologischen Entwicklung von Waldpflanzen (rechts) am Hang des Großen Arbers im Bayerischen Wald. Nach GEIGER, WOELFLE und SEIP (1934).

summen, d.h. das Zeitintegral (Grad-Tage), in dem eine günstige Temperatur geherrscht hat. Ausschlaggebend sind außerdem das Nährstoff- und Wasserangebot und vor allem der Einfluß der *Photoperiode* auf Blühzeitpunkt, Laubabwurf und Eintritt der Winterruhe. (Tab. 7) Bei verschiedenen Arten werden die Laubverfärbung und der Laubabwurf durch Kurztage vorbereitet. Sobald dann die *Temperaturen* unter Schwellenwerte zwischen 10 und 5 °C sinken, treten diese Abschlußphasen des phänologischen Kalenders in Erscheinung. Im Gebirge beginnt die Entlaubung in der Höhe und schreitet rasch talwärts fort.

Tab. 7. Einfluß von Umweltfaktoren auf den Laubabwurf bei Bäumen. Nach Addicott (1968)

Faktor	Beschleunigung	Verzögerung
Strahlung		
Mangel, Überschuß		x
Photoperiode länger		x
Photoperiode kürzer	x	
Temperatur		
Wärme	x	
leichter Frost	x	
Hitze, strenger Frost		x
Wasser		
Dürre	x	
Überschuß	x	
Mineralstoffe		
Stickstoffdüngung		x
Mineralstoffmangel	x	
Überschuß an Zn, Fe, Cl	x	
Bodenversalzung	x	x
Gase		
Sauerstoffmangel		x
Aethylen	x	
Schadgase	x	

Phänologische Vorgänge in den Tropen

Wo in den Tropen und Subtropen **Regen- und Trockenzeiten** vorkommen, steht der Phänophasenablauf mit diesem Jahreszeitenwechsel im Zusammenhang. Die *Regenzeit ist die Hauptvegetationszeit.* In der *Trockenzeit* verdorren die Gräser und krautigen Pflanzen, die regengrünen Bäume werfen ihr Laub ab, die immergrünen Gehölze verlieren in der ersten Hälfte der Trockenzeit einen großen Teil der älteren Blätter. Immergrüne Bäume blühen meist zu Beginn der feuchten

Jahreszeit, nach Einsetzen der Niederschläge entfalten sich die Blüten, die schon früher gebildet worden sind. Laubabwerfende Bäume der Tropen und Subtropen hingegen blühen häufig mitten in der Trockenzeit.

Auch in den ganzjährig **regenreichen Tropen** treten phänologische Aspekte auf, nur sind diese nicht so augenscheinlich wie in Gebieten mit starker jahreszeitlicher Klimarhythmik. Selbst in der Äquatorialzone ändern sich verschiedene *Klimafaktoren* im Laufe des Jahres (Abb. 44). In manchen Tropenländern geschieht dies zeitlich unregelmäßig und in geringem Maße, in anderen sehr beachtlich und voraussagbar. So können in der sonst niederschlagsreichen Äquatorialzone Trockenzeiten mit großer Regelmäßigkeit eintreffen (vgl. Klimadiagramme Abb. 162). Aus den ganzjährig ziemlich konstanten Monatsmitteltemperaturen darf man nicht schließen, daß die Lufttemperatur stets gleich bliebe. Hinter den wenig variablen Monatsmitteln sind erhebliche kurzperiodische und tageszeitliche Temperaturschwankungen verborgen. Sogar die sehr geringe Änderung der Tageslänge im Laufe des Jahres wirkt sich auf Entwicklungsvorgänge aus, weil Tropenpflanzen schon auf äußerst schwache photoperiodische Reize reagieren.
Phänologische Vorgänge in immergrünen Wäldern der feuchten Tropen sind nur statistisch erfaßbar, d.h. wenn sie bei einer überdurch-

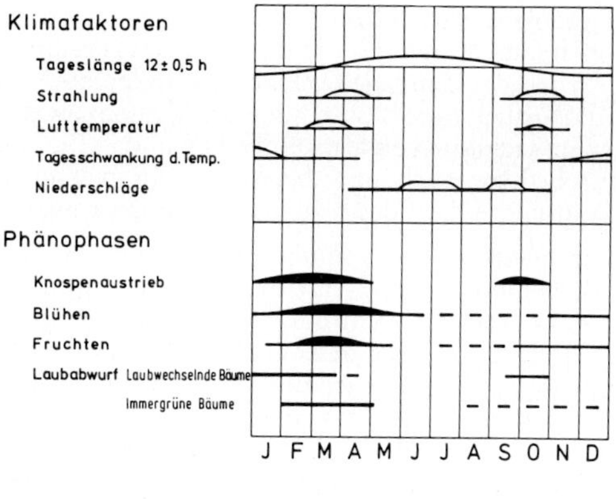

Abb. 44. *Jahreszeitlicher Ablauf von Entwicklungsvorgängen in Bäumen immergrüner Tropenwälder in Ghana* (6 °N) und Veränderlichkeit von Klimafaktoren. Zur Zeit der Äquinoktien kommt es zu einer auffälligen Häufung von Neuaustrieb, Laubwechsel, Blühen und Fruchten. Nach Longman und Jenik (1974).

schnittlich großen Zahl von Arten und Individuen eintreten. Der Neuaustrieb, die Blattentfaltung und das Längenwachstum der Sprosse kulminieren häufig zur Zeit der Äquinoktien, viele Tropenbäume treiben also zweimal im Jahr aus. Laubfall wird in Tropenwäldern während des ganzen Jahres beobachtet, jedoch ist er bei zunehmender Bodentrokkenheit und abnehmender Taglänge größer. Nach dem Periodismus des Blühens können Tropenpflanzen in immerblühende Arten (z. B. *Hibiscus, Heliconia, Cocos, Carica papaya*), zu verschiedenen Zeiten im Jahr (z. B. *Cassia fistula, Spathodea, Lagerstroemia*), episodisch (z. B. *Dendrobium*-Arten) und in mehrjährigem Zeitabstand blühende Arten (z. B. Bambusarten) eingeteilt werden. Bezeichnend für Wälder der feuchten Tropen ist das Fehlen einer Hauptblütezeit; es gibt zu jeder Zeit blühende Bäume, wobei innerhalb derselben Art und sogar zwischen verschiedenen Ästen desselben Baumes Unterschiede im Blühzeitpunkt vorkommen können. Jahreszeitlich gehäuftes Blühen wird am ehesten in Gebieten mit regelmäßigen Trockenperioden gefunden. Früchte sind in Tropenwäldern während des ganzen Jahres im wachsenden und reifenden Zustand zu finden, doch sind fruchtende Bäume in Trockenzeiten eher anzutreffen als in niederschlagsreichen Zeiträumen.

3.3.3.2 Phänometrie

Für eine genaue Analyse des Einflusses von Außenfaktoren auf den Entwicklungsablauf sind phänometrische Messungen erforderlich, durch die gleitende Vorgänge wie das Längenwachstum der Sprosse und Wurzeln und der kambiale Dickenzuwachs quantitativ erfaßt werden. Auch die fortlaufende Bestimmung des Massenzuwachses und der Blattflächenentwicklung von Einzelpflanzen und in Beständen ist eine phänometrische Untersuchung (Abb. 45). Als Beispiel sei im folgenden der phänologische Ablauf des Kambialwachstums ausgeführt.

Jahrringphänometrie. Die Teilungstätigkeit des Kambiummantels zeigt enge Beziehungen zum Längenwachstum der Sprosse. Bei einjährigen Pflanzen setzt es ein, wenn die Streckung weitgehend abgeschlossen ist, bei Holzpflanzen der gemäßigten Zone wird es alljährlich im Zusammenhang mit Neuaustrieb und Blattentfaltung aktiviert. Als erstes Anzeichen erkennt man ein Anschwellen der Kambiuminitialen, die Radialwände werden dadurch stark gedehnt und reißen leicht ein. Ein phänologisches Merkmal für den Beginn der Kambiumaktivität ist die Schälbarkeit der Zweige. Bald danach setzen die ersten Teilungen ein. Bei vielen Bäumen der Tropen und Subtropen, aber auch beim Feigenbaum, beim Ölbaum und bei manchen Holzpflanzensämlingen wird das Dickenwachstum ganz unvermittelt und formlos aufgenommen und auch abgeschlossen, wenn die Außenbedingungen

dies gerade veranlassen. Bei den Holzpflanzen der gemäßigten Zone wird im Jahr normalerweise nur 1 Zuwachsring ausgebildet (*Jahresring*), der sich aus dem histologisch unterscheidbaren Frühjahrszuwachs und dem Sommerzuwachs aufbaut.
Die Dauer der Kambialtätigkeit und der Differenzierungsmodus, also die Ausbildung von Frühholz oder Spätholz, werden durch Umweltfaktoren beeinflußt. Präzise Messungen des Dickenwachstums der Stämme im Jahresablauf mit Dendrometern und histologische Untersuchungen des Holzzuwachses sind daher aufschlußreiche phänometrische Grundlagen für die Untersuchung des Einflusses von Außenfaktoren auf das Erstarkungswachstum. Im allgemeinen fördern alle jene Faktoren die Frühholzbildung, die auch den Knospenaustrieb und das Längenwachstum des Neuaustriebes begünstigen, alles was das Sproßwachstum bremst und die Laubalterung beschleunigt, führt zur Differenzierung von Spätholzelementen (Abb. 46). Die Wanddicke der Zellen des Holzzuwachses hängt von der Zufuhr von Kohlenhy-

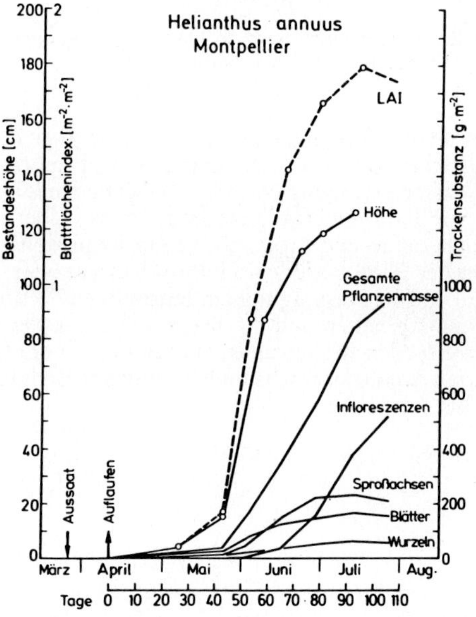

Abb. 45 *Phänometrische Zuwachsanalyse an Sonnenblumen in Südfrankreich.* Die Entfaltung und das Einziehen von Blättern ist quantitativ durch den Blattflächenindex (LAI) erfaßt, das Wachstum von Sprossen und Wurzeln durch die Trockensubstanzproduktion. Nach ECKARDT et al. (1971).

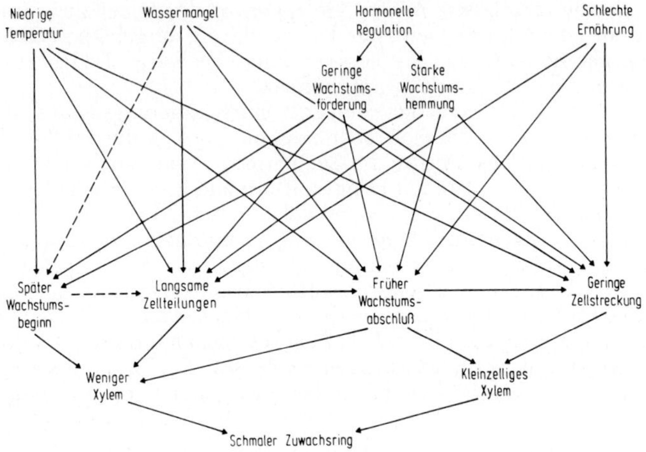

Abb. 46. Kausalzusammenhang zwischen Umweltbedingungen, endogenen Faktoren und Jahrringzuwachs. Nach FRITTS (1976).

draten ab, sie läßt also Rückschlüsse auf die Ergiebigkeit der Stoffproduktion im gleichen Jahr zu. Strahlungsgenuß, Temperatur, Nährstoffzufuhr, Wasserversorgung und alle möglichen schädigenden Umwelteinflüsse wie Parasitenbefall, Tierfraß, Dürre, Überflutung, Bodenverdichtung, Hitze und Frost, aber auch Immissionsbelastungen und die Dauer der Photoperiode beeinflussen direkt oder indirekt die Zuwachsbreite und die Ausprägung des Jahresringes. Wenn das spezifische Wachstumsverhalten und die Beeinflußbarkeit der Kambialtätigkeit der betreffenden Art genau bekannt sind, stellt der Jahrringaufbau geradezu ein Archiv für wachstumbestimmende Ereignisse vergangener Jahre dar.

4 Der Kohlenstoffhaushalt

4.1 Der Kohlenstoffwechsel der Zelle

4.1.1 Die Photosynthese

Bei der Photosynthese wird Strahlungsenergie absorbiert und in Energie chemischer Bindung umgeformt; pro Grammatom aufgenommenen Kohlenstoffs werden 477 kJ (114 kcal) festgelegt. An der Kohlenstoffaufnahme beteiligen sich lichtbetriebene *photochemische* Vorgänge, nicht lichtbedürftige rein *enzymatische* Vorgänge (sog. Dunkelreaktionen) und *Diffusionsvorgänge* durch die der Austausch von Kohlendioxid und Sauerstoff zwischen den Chloroplasten und der Außenluft erfolgt. Jeder dieser Teilvorgänge wird durch Innen- und Außenfaktoren beeinflußt und kann den Gesamtprozeß in seiner Ergiebigkeit begrenzen. Im folgenden werden bioenergetische und biochemische Vorgänge bei der Photosynthese nur in ihren Grundlagen dargestellt, soweit sie ökologisch wichtig sind. Einzelheiten sind Lehrbüchern der Pflanzenphysiologie, der Mikrobiologie und der Biochemie zu entnehmen.

4.1.1.1 Der photochemische Prozeß (Energieumwandlung)

Die erste Voraussetzung für den Ablauf der Photosynthese ist die Strahlungsaufnahme durch die Chloroplasten. Die Strahlungsnützung hängt weitgehend von der **Chlorophyllkonzentration** (genauer: von der Konzentration der photosynthetisch aktiven Pigmente) ab, die besonders bei Starklicht zum leistungsbegrenzenden Faktor für den photochemischen Prozeß werden kann (Abb. 47). Chlorophyllmangel, der schon äußerlich sichtbar ist („Chlorose"), hat stets eine erhebliche Herabsetzung der Photosyntheseintensität zur Folge. Solcher Chlorophyllmangel tritt vielfach zu Beginn der Laubentfaltung auf, dann wieder im Herbst, wenn die Blätter vergilben, außerdem in bleichen Blättern bei zu schwacher Strahlung, Kälte, bei gestörtem Mineralstoffhaushalt, bei Dürre, nach Infektionen und nach Einwirkung schädigender Gase. Schließlich kann Chlorophyllmangel auch genetisch bedingt sein, wie bei den Defektmutanten mit panaschierten oder gelben Blättern.

Der **photochemische Prozeß** setzt ein, sobald die Chloroplasten photosynthetisch ausnützbare Strahlung auffangen. An den lichtbetriebenen Reaktionen sind zwei in Serie geschaltete Pigmentsysteme beteiligt:

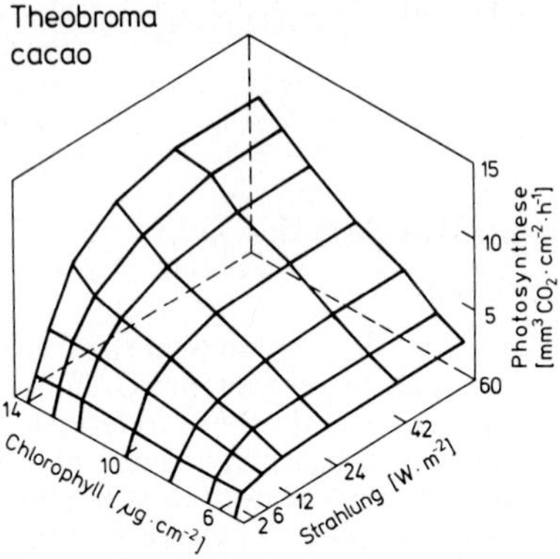

Abb. 47. Abhängigkeit der potentiellen Photosynthese bei verschieden starker Beleuchtung vom Chlorophyllgehalt heranreifender Kakaoblätter. Das Mengenverhältnis von Chlorophyll a : b blieb über den gesamten Variationsbereich konstant. Die Messungen wurden bei CO_2-Sättigung (2400 $\mu l \cdot l^{-1} CO_2$ in der Luft) ausgeführt, um eine Begrenzung der Photosyntheseintensität durch die Secundärprozesse auszuschließen. Nach Baker und Hardwick (1976).

Das *Photosystem I* besteht aus strukturiert angeordneten Pigmentkollektiven, die überwiegend Chlorophyll a enthalten. (Verhältnis Chlorophyll a/b etwa 6:1 bis > 10:1). Reaktionszentrum ist jeweils ein Chlorophyll-a-Proteinkomplex, der einen Absorptionsgipfel bei 700 nm aufweist; der Chlorophyll-a-Proteinkomplex des Photosystems I wird daher auch Pigment 700 genannt. Das Verhältnis Gesamtchlorophyll/Pigment 700 beträgt bei krautigen Pflanzen etwa 300:1, bei Laubbäumen etwa 450:1 und bei immergrünen Coniferen 600–1500:1. Das *Photosystem II* enthält einen größeren Anteil von Chlorophyll b (Verhältnis a/b = 1,2:1 bis 2:1) und einen Chlorophyll-a-Proteinkomplex mit maximaler Absorption bei 680 nm. Beide Photosysteme sind außerdem mit akzessorischen Pigmenten (Carotinoide, bei Algen Phycobiline) ausgestattet.

Die Chloroplastenfeinstruktur und die Pigmentausstattung passen sich dem *Lichtklima des Standortes* an. Im Starklicht ausdifferenzierte Blätter enthalten mehr Chloroplasten pro Mesophyllzelle, die Thylakoide in den Chloroplasten sind aber weniger dicht gepackt als in Schattenblättern. Außerdem ist bei Sonnenblättern das Chlorophyllverhältnis a/b stark zugunsten des Chlorophyll a verschoben und der Anteil der Photosystem-I-Einheiten ist hoch (siehe Tab. 1).

Das Pigment 700 gibt nach Absorption von Lichtquanten Elektronen ab, die für die Reduktion von $NADP^+$ verbraucht werden. Die für die Rückreduktion des Chlorophylls erforderlichen Elektronen werden durch die Photolyse von Wasser oder einem anderen geeigneten Elektronendonator (z.B. H_2S bei photoautotrophen Bakterien) bereitgestellt. Bei der Photolyse von Wasser wird Sauerstoff frei, der im photosynthetischen Gaswechsel aufscheint. Das Photosystem II pumpt die aus der Wasserspaltung gewonnenen Elektronen auf höheres Energieniveau und führt sie dem Pigment 700 zu. Dieser Elektronentransport läßt sich durch geeignete Akzeptoren, die dabei reduziert werden, nachweisen (Hill-Reaktion). Bei dem **nichtzyklischen Elektronentransport** werden Redoxäquivalente, ATP und O_2 gebildet:

$$2\,H_2O + 2\,NADP^+ + 2\,ADP + 2\,P_i \xrightarrow[P_{700}+P_{680}]{8\,h\nu} 2\,NADPH_2 + 2\,ATP + O_2 \qquad (8)$$

Das vom Pigment 700 nach Strahlenabsorption abgegebene Elektron kann auch über mehrere Redoxsysteme zu dem oxidierten Chlorophyllmolekül zurückkehren. Dieser **zyklische Elektronentransport** ist ebenfalls mit einer ATP-Bildung gekoppelt (zyklische Photosphorylierung):

$$ADP + P_i \xrightarrow[P_{700}]{2\,h\nu} 1\,ATP \qquad (9)$$

Quantenertrag der Photosynthese. Die Ergiebigkeit der photochemischen Reaktionen hängt von der Energie der Lichtquanten ab, diese wiederum von der Wellenlänge der absorbierten Strahlung. Der *Quantenertrag* Φ der Photosynthese ist die durch Lichtquantenabsorption vollbrachte photochemische Arbeit. Sie wird in Mol freigesetztes O_2 (gelegentlich auch Mol umgesetztes CO_2 oder gebildetes Kohlenhydrat) pro Mol absorbierte Photonen angegeben:

$$\Phi = \frac{\text{Photochemische Arbeit (Mol } O_2)}{\text{Absorbierte Photonen (Mol Quanten)}} \qquad (10)$$

Der Quantenertrag der Photosynthese ist primär von der *spektralen Zusammensetzung des Lichtes* und der *Photonenstromdichte* abhängig. Solange die Strahlung der allein geschwindigkeitsbegrenzende Faktor ist, nimmt die Photosyntheseintensität proportional mit der Photonenstromdichte zu. Ein großer Anstiegswinkel der Lichtabhängigkeitskurve ist daher Ausdruck einer guten Quantenausnützung. Der Quantenertrag ergibt sich aus der zugeführten Energiemenge, d.h. der *Strahlungsdosis.* Diese ist das Produkt aus der Intensität der absorbierten Strahlung und der Einstrahlungsdauer. Es genügt also nicht, nur die jeweils herrschende Strahlungsstärke zu kennen, es muß auch immer erfaßt werden, wie lange diese einwirkt. Unter günstigsten Bedingungen erzielen Pflanzen Quantenausbeuten von 0,05-0,1 Mol O_2 pro Einstein. Dies würde einen Nutzeffekt von 33 % ergeben. Im Durchschnitt bleibt aber der Quantenertrag und damit der Wirkungsgrad der Strahlungsausnützung (vgl. Kap. 4.4.4) niedriger, weil vor allem bei starker Strahlung die Secundärprozesse der Photosynthese geschwindigkeitsbeschränkend werden.

4.1.1.2 Fixierung und Reduktion des Kohlendioxids (Substanzumwandlung)

Die in den Primärreaktionen gewonnene Energie und Reduktionskraft wird für die Reduktion des Kohlendioxids in energetisch höherwertiges Kohlenhydrat verwendet. Diese Reaktion läuft im Stroma der Chloroplasten ab. Sie wird eingeleitet durch die Anlagerung des aufgenommenen CO_2 an einen *Akzeptor*, der nach erfolgter Carboxylierung in kleinere Moleküle zerfällt, die schließlich zu Triosen reduziert werden.
Für die Reduktion des Kohlendioxids gilt die Summenformel:

$$nCO_2 + nAkz + 2nNADPH_2 + 2nATP \xrightarrow{Enzyme} (CH_2O)_n + 2nNADP^+ + 2nADP + 2nP_i + nAkz + nH_2O \quad (11)$$

Die *Carboxylierungsrate*, das ist die Geschwindigkeit, mit der das aufgenommene CO_2 verarbeitet wird, ist hauptsächlich begrenzt durch den CO_2-Zustrom, die Akzeptorkonzentration und die Enzymaktivität, die von der Temperatur, dem Quellungszustand des Protoplasmas, dem mineralischen Ernährungszustand und dem Entwicklungs- und Aktivitätszustand der Pflanze abhängig ist.

Der Pentosephosphatweg des CO_2-Einbaus (Calvin-Benson-Zyklus)

Bei den meisten Pflanzen ist das Pentosephosphat Ribulose-1,5-bisphosphat (RuBP) der primäre CO_2-Akzeptor. Die Carboxylierung wird durch das Enzym RuBP-Carboxylase katalysiert. Das aus 6 Kohlenstoffatomen bestehende Reaktionsprodukt zerfällt sofort und es entstehen 2 Moleküle 3-Phosphoglycerinsäure (PGS). Diese Verbindung enthält 3 Kohlenstoffatome, man spricht daher auch vom C_3-Weg des CO_2-Einbaus. PGS wird in mehreren Reaktionsschritten unter Verbrauch von ATP und $NADPH_2$ zu Glycerinaldehyd-3-phosphat (GAP) reduziert (Abb. 48). Damit ist das aufgenommene CO_2 auf das Energieniveau eines Kohlenhydrates angehoben worden. Das GAP fließt einem Pool von Kohlenhydraten unterschiedlicher Molekülllänge ($C_3 - C_7$) zu, aus dem die Bildung von Assimilaten (Zucker, Stärke, Carbonsäuren, Aminosäuren) gespeist und der Akzeptor regeneriert wird.

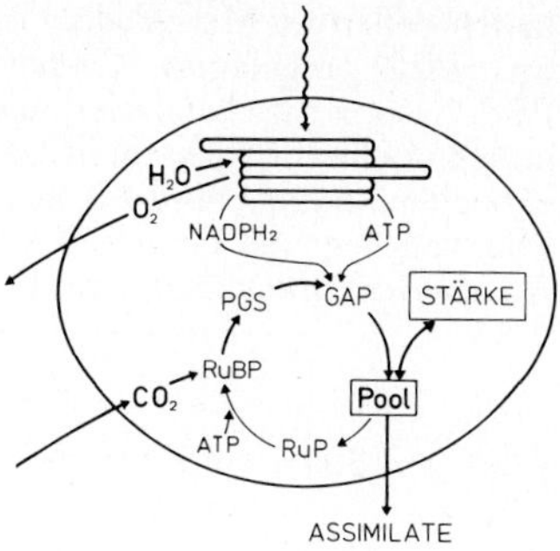

Abb. 48. Vereinfachtes Schema der CO_2-Fixierung und Assimilatbildung über den CALVIN-BENSON-Zyklus bei C_3-Pflanzen. RuBP Ribulose-1,5-bisphosphat, PGS 3-Phosphoglycerinsäure, GAP 3-Phosphoglycerinaldehyd, Pool: intermediäre C_3 bis C_7-Verbindungen, RuP Ribulose-5-Phosphat, Assimilate: Kohlenhydrate, Carbonsäuren, Aminosäuren.

Der Dicarbonsäureweg des CO_2-Einbaus (Hatch-Slack-Kortschak-Weg)

Bei vergleichenden Untersuchungen war aufgefallen, daß in gewissen Pflanzen als erstes CO_2-Fixierungsprodukt nicht ein C_3-Körper sondern Oxalessigsäure, eine Dicarbonsäure mit 4 C-Atomen, auftritt. Diese Art der *CO_2-Aufnahme* wird daher C_4-Weg genannt. Die *Reduktion zum Kohlenhydrat* erfolgt auch bei den C_4-Pflanzen über den C_3-Weg. Die Aufnahme und die Weiterverarbeitung des CO_2 geschieht räumlich getrennt in zwei verschiedenen, auch anatomisch unterscheidbaren Geweben:

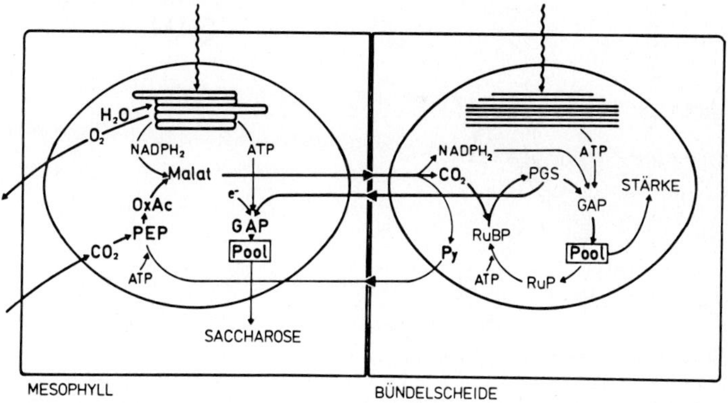

Abb. 49. Stark vereinfachtes Schema der CO_2-Fixierung nach dem HATCH-SLACK-KORTSCHAK-Weg bei C_4-Pflanzen. PEP Phosphoenolpyruvat, OxAc Oxalacetat, PGS 3-Phosphoglycerinsäure, GAP 3-Phosphoglycerinaldehyd, RuP Ribulose-5-Phosphat, RuBP Ribulosebisphosphat, Py Pyruvat. PGS entsteht auch durch Anlagerung von CO_2 an C_2-Verbindungen, die im Pool auftreten; die Regeneration von PEP aus PGS unter Wasserabgabe ist nicht eingetragen.

In den Zellen des **Mesophylls** wird CO_2 zunächst an Phosphoenolpyruvat (PEP) angelagert. Dieser Vorgang wird durch das Enzym PEP-Carboxylase katalysiert, das auch bei niedrigen CO_2-Konzentrationen noch sehr wirksam ist, so daß C_4-Pflanzen der Außenluft CO_2 entziehen können, bis die Konzentration unter 10 µl · l^{-1} sinkt. Bei C_3-Pflanzen liegt die Grenze des CO_2-Aufnahmevermögens, *die CO_2-Kompensationskonzentration* Γ bei 30 – 50 µl · l^{-1} (Tab. 8, Abb.

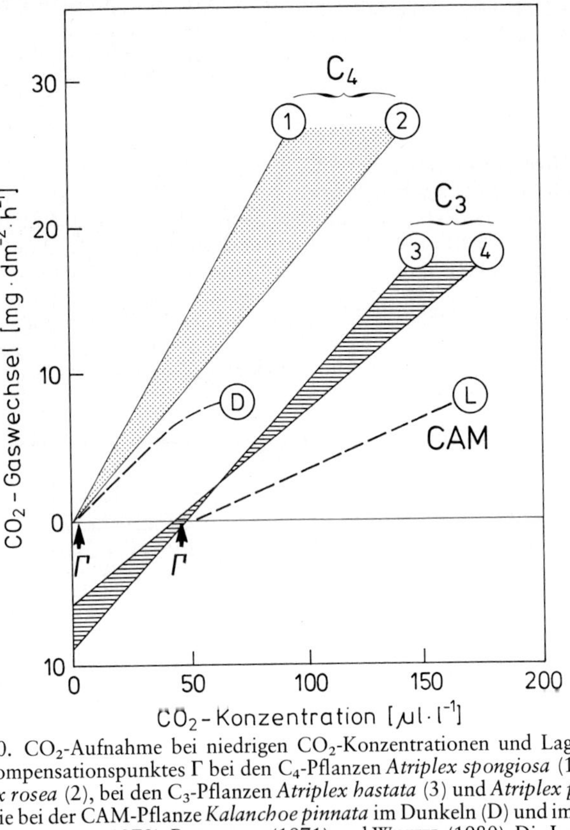

Abb. 50. CO_2-Aufnahme bei niedrigen CO_2-Konzentrationen und Lage des CO_2-Kompensationspunktes Γ bei den C_4-Pflanzen *Atriplex spongiosa* (1) und *Atriplex rosea* (2), bei den C_3-Pflanzen *Atriplex hastata* (3) und *Atriplex patula* (4) sowie bei der CAM-Pflanze *Kalanchoe pinnata* im Dunkeln (D) und im Licht (L). Nach SLATYER (1970), BJÖRKMAN (1971) und WINTER (1980). Die Lage des CO_2-Kompensationspunktes hängt innerhalb der drei verschiedenen CO_2-Fixierungstypen von der Beleuchtungsstärke (höhere Werte bei Lichtmangel), der Temperatur (höher mit zunehmender Wärme), dem Ernährungs-, Wasser- und Gesundheitszustand (höher bei Abweichung vom Optimum) und von tages- und jahreszeitlichen Umstellungen im Betriebsstoffwechsel ab.

50). Die C_4-Pflanzen erzielen daher i. d. R. höhere Photosyntheseraten als C_3-Pflanzen. Durch die Carboxylierung von PEP entsteht Oxalessigsäure (OxAc), die bei manchen Arten in Asparaginsäure (Aspartat) übergeht, bei anderen durch eine $NADPH_2$-abhängige Malatdehydrogenase zu Äpfelsäure (Malat) reduziert wird. Alle diese Dicarbonsäuren können nicht in den Mesophyllzellen weiterverarbeitet werden, sondern müssen in Zellen der **Leitbündelscheide** transportiert werden (Abb. 49). In den Chloroplasten der Bündelscheidenzellen wird zugeführtes Malat und Aspartat durch spezifische Enzyme in CO_2 und Pyruvat (Py) zerlegt. Das entlassene CO_2 wird von RuBP abgefangen und über den Calvin-Zyklus verarbeitet, das Pyruvat wird als Leergut an die Mesophyllzellen zurückgegeben und kann zur Regeneration von PEP dienen.

Die kompliziert erscheinende Kombination von Dicarbonsäuresynthese und C_3-Zyklus bietet den C_4-Pflanzen den Vorteil *optimaler CO_2-Ausnützung*. Die außerordentlich hohe CO_2-Affinität der PEP-Carboxylase und die spezielle Blattanatomie machen die sofortige Wiederverwertung des durch die Lichtatmung (s. Kap. 4.1.2) freigesetzten CO_2 möglich. C_4-Pflanzen sind daher fähig, auch größte Strahlungsintensitäten auszunützen und hohe Photosyntheseerträge zu erzielen.

Bisher ist bei fast 1000 Angiospermenarten aus wenigstens 18 Pflanzenfamilien und bei der Cyanophycee *Anacystis nidulans* ein CO_2-Einbau über den C_4-Weg nachgewiesen worden. Artenlisten findet man bei Downton (1975) und Raghavendra und Das (1978). Vor allem unter den Poaceen (z.B. Zuckerrohr, Mais, Hirse, viele Savannengräser), den Portulacaceen, Amaranthaceen, Chenopodiaceen und Euphorbiaceen gibt es viele C_4-Pflanzen, wobei in manchen Gattungen (z.B. *Atriplex, Euphorbia, Cyperus, Panicum*) nur gewisse Arten diesem Typ angehören. Es gibt auch Arten mit C_3- und C_4-Ökotypen, z.B. die Poacee *Alloteropsis semialata*. Sogar am selben Individuum kann je nach Alter und Insertion des Blattes die Kohlenstoffassimilation vorwiegend nach dem C_3- oder C_4-Weg erfolgen, z.B. bei Mais.

Die CO_2-Fixierung in sukkulenten Pflanzen (Crassulacean Acid Metabolism CAM)

Die Fähigkeit, CO_2 an Phosphoenolpyruvat zu binden, ist kein Privileg der C_4-Pflanzen; man findet diese Reaktion im Pflanzenreich weit verbreitet, nur ist sie bei den meisten C_3-Pflanzen gegenüber dem Pentosephosphatweg für den Kohlenstoffgewinn bedeutungslos. Verschiedene – zumeist sukkulente – Pflanzenarten vor allem aus den Familien Agavaceen, Liliaceen, Bromeliaceen, Orchidaceen, Cactaceen, Crassulaceen, Aizoaceen, Euphorbiaceen, Geraniaceen, Portulacaceen, Asclepiadaceen und Asteraceen, aber auch Vertreter der Cucurbitaceen, der Vitaceen, der Lamiaceen, manche *Isoëtes*-Arten und zwei epiphytische

Tab. 8. Merkmale zur Charakterisierung von Pflanzen mit verschiedener CO_2-Fixierung. (Nach BLACK 1973, LAETSCH 1974, OSMOND 1978, KLUGE und TING 1978).

Merkmal	C3	C4	CAM
Blattbau	geschichtetes Mesophyll, parenchymatische Leitbündelscheiden	Mesophyll radiär um chlorenchymatische Leitbündelscheiden angeordnet (Kranztyp-Anatomie)	geschichtetes Mesophyll, großer Zellsaftraum
Chloroplasten	granal[1]	Mesophyll: granal Bündelscheidenzellen: granal oder agranal[2]	granal
Chlorophyll a/b	um 3	um 4	$\leqq 3$
CO_2-Kompensationskonzentration bei optimaler Temperatur	$30 - 50\ \mu l \cdot l^{-1}$	$< 10\ \mu l \cdot l^{-1}$	im Licht: $0 - 200\ \mu l \cdot l^{-1}$ im Dunkeln: $< 5\ \mu l \cdot l^{-1}$
Primärer CO_2-Akzeptor	RuBP	PEP	im Licht: RuBP im Dunkeln: PEP
Erste Photosyntheseprodukte	C 3-Säure (PGS)	C 4-Säuren (Malat, Aspartat)	im Licht: PGS im Dunkeln: Malat
Kohlenstoffisotopenverhältnis im Assimilat[3]	-20 bis -40‰	-10 bis -20‰	-10 bis -35‰

Merkmal	C3	C4	CAM
Photosynthesedepression durch O_2	ja	nein	ja
CO_2-Abgabe im Licht (apparente Photorespiration)	ja	nein	nein
Nettophotosynthesevermögen	gering bis hoch	hoch bis sehr hoch	im Licht: gering im Dunkeln: mittel
Lichtsättigung der Photosynthese	bei mittleren Beleuchtungsstärken	auch bei stärkster Beleuchtung nicht erreichbar	bei mittleren bis hohen Beleuchtungsstärken
Verlagerung der Assimilate	langsam	schnell	variabel
Stoffproduktion	mittel	hoch	gering

[1] Thylakoide gestapelt
[2] Thylakoide lamellar

[3] $\delta^{13}\ [‰] = \left(\frac{^{13}C/^{12}C \text{ der Probe}}{^{13}C/^{12}C \text{ im Standard}} - 1\right) \cdot 1000$

PEP-Carboxylase diskriminiert zwischen den in der Luft vorhandenen Kohlenstoffisotopen ^{12}C und ^{13}C anders als RuBP-Carboxylase.

Farnpflanzen (Pflanzenlisten bei SZAREK und TING 1977, KLUGE und TING 1978) nehmen *im Dunkeln bei weit offenen Spaltapparaten* reichlich CO_2 auf, das im Cytoplasma unter Beteiligung der PEP-Carboxylase von PEP abgefangen wird (**CO_2-Dunkelfixierung**). Dabei entsteht Oxalacetat, das anschließend durch die $NADH_2$-abhängige Malatdehydrogenase in Malat übergeführt wird (Abb. 51). Das PEP stammt aus der Glykolyse, der Stärkegehalt der Chloroplasten nimmt entsprechend der Malatbildung ab (Abb. 52). Das Malat tritt in die Vakuole über und wird im Zellsaft gespeichert, der infolgedessen während der Nacht zunehmend sauer wird. Am folgenden Morgen wird im Licht das Malat wieder aus der Vakuole in das Cytosol und die Chloroplasten transportiert und dort wie bei C_4-Pflanzen decarboxyliert. Das freiwerdende CO_2 wird von RuBP übernommen und zu Kohlenhydrat reduziert. Untertags läuft in den Chloroplasten ein normaler C_3-Zyklus ab. Mit fortschreitendem Malatabbau steigt der pH-Wert des Zellsaftes wieder an (**diurnaler Säurerhythmus**), die interne CO_2-Konzentration sinkt, die Spaltapparate beginnen sich zu öffnen, neues CO_2 kann von außen einströmen und durch PEP fixiert werden.

Dieser tagesperiodische Ablauf von CO_2-Aufnahme, Säurerhythmik und Assimilatbildung ist im Prinzip bei allen CAM-Pflanzen nach-

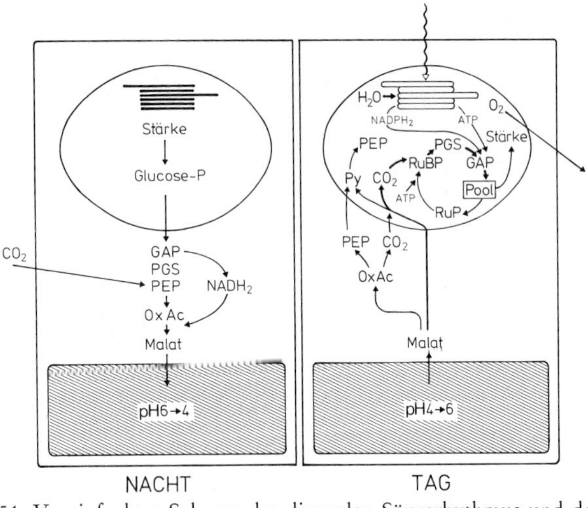

Abb. 51. Vereinfachtes Schema des diurnalen Säurerhythmus und der photosynthetischen Verwertung des aus Malat freigesetzten CO_2 bei CAM-Pflanzen. Die Verwertung von CO_2, das bei der Atmung entsteht, ist nicht eingetragen. Bezeichnungen wie in Abb. 48 und 49. In Anlehnung an KLUGE (1971) und OSMOND (1978).

weisbar, in Ausmaß und Dauer der CO_2-Aufnahme im Dunkeln und im Licht bestehen aber je nach Art, Entwicklungszustand und Umweltbedingungen (v.a. Wasserversorgung, Temperatur und Tageslän-

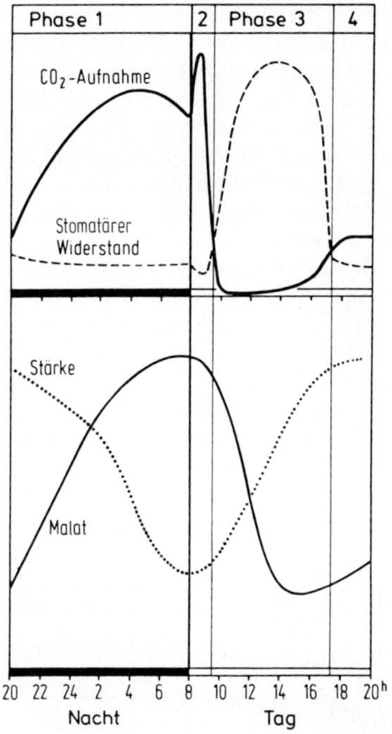

Abb. 52. Typischer Verlauf von CO_2-Aufnahme, diurnaler Säurerhythmik, Stärkespeicherungsdynamik und Spaltöffnungsverhalten bei einer ausreichend wasserversorgten CAM-Pflanze. *Phase 1:* Primäre CO_2-Fixierung und Malatanreicherung im Dunkeln bei offenen Spalten (Diffusionswiderstand klein), Stärkeabbau; *Phase 2:* Beginn der Lichtperiode mit anfänglicher Aufnahme von externem CO_2 durch die weit offenen Spalten; *Phase 3:* Verlagerung von Malat aus der Vakuole in das Cytoplasma und die Chloroplasten, Malatabbau und Freisetzung des vorfixierten CO_2, Spaltenschließen, feed-back-Hemmung der PEP-Carboxylase, photosynthetische Assimilation des internen CO_2, Stärkebildung; *Phase 4:* Nach Absinken des hohen Malatspiegels Reaktivierung der PEP-Carboxylase, Öffnung der Spalten und Einstrom von externem CO_2, Beginn neuerlicher Malatbildung am Ende der Lichtperiode. Nach Meßergebnissen verschiedener Autoren, aus Kluge (1977) und Osmond (1978). Einzelheiten und Varianten des CAM-Verhaltens sind bei Kluge und Ting (1978) dargestellt. Über die Modulation durch Dürre siehe Abb. 84.

ge) große Unterschiede. Neben „*obligaten*" CAM-Pflanzen, die stets die Möglichkeiten der Malatspeicherung voll ausschöpfen, gibt es *induzierbare Arten* wie *Mesembryanthemum crystallinum* und *Sedum acre*, die erst bei Belastung durch Dürrestreß (*Mesembryanthemum* außerdem auch durch Salzstreß) ein CAM-Verhalten zeigen; ohne Belastung reagieren sie wie normale C_3-Pflanzen. Ferner kann sich die Fähigkeit zu CAM auf *bestimmte Organe* einer Pflanze beschränken: Die laubabwerfende Asclepiadacee *Frerea indica* bindet in den Blättern CO_2 nach dem C_3-Weg, in den sukkulenten Sproßachsen über CAM. Dadurch erzielt diese Pflanze im belaubten Zustand während der feuchten Jahreszeit hohe Kohlenstoffausbeuten und ist in der Lage, im unbelaubten Zustand während der Trockenzeit besonders wassersparend Kohlenstoff aufzunehmen.

Für die Funktion des CAM ist es notwendig, daß die chloroplastenführenden Zellen ausreichend *große Vakuolen* für die nächtliche Malatakkumulation besitzen. Der Zellsaftraum dient bei den CAM-Pflanzen nicht nur der Wasserspeicherung, er ist zugleich ein Vorratsraum für die Kohlenstoffverbindungen, die die Photosynthesetätigkeit der Pflanze vom CO_2-Gaswechsel zeitlich unabhängig machen. Für die Sukkulenten, stets Bewohner trockener Standorte, ist die zeitliche Trennung von nächtlicher CO_2-Fixierung und CO_2-Verarbeitung am folgenden Tag ökologisch vorteilhaft. Sie stellen dadurch ihre Kohlenstoffversorgung sicher, ohne gleichzeitig den Wasserhaushalt zu gefährden.

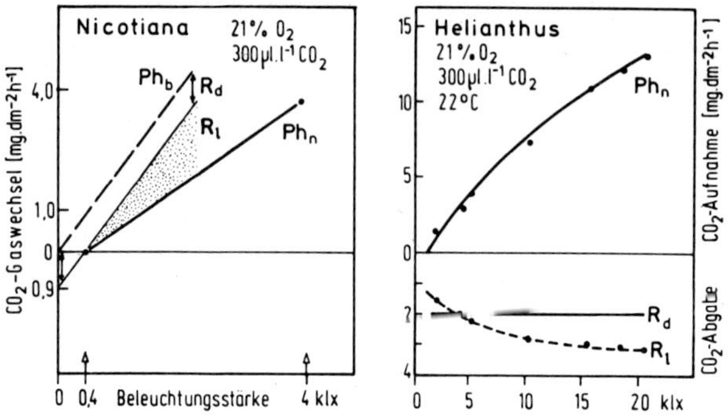

Abb. 53. *Einfluß der Lichtintensität auf die Photorespiration. Links:* Schematische Darstellung der Beziehung zwischen reeller Photosynthese (Ph_b), apparenter Photosynthese (Ph_n), Lichtatmung (R_l) und Dunkelatmung (R_d) auf Grund von Meßdaten an Tabakblättern. Nach DECKER (1957). *Rechts:* Nettophotosynthese, Dunkelatmung und Lichtatmung von Sonnenblumenblättern bei zunehmender Beleuchtungsstärke. Nach HEW, KROTKOV und CANVIN (1969).

4.1.2 Photorespiration

Neben der Photosynthese läuft in chloroplastenführenden Pflanzenteilen im Licht auch noch ein Stoffwechselprozeß ab, der ähnlich wie die Atmung O_2 verbraucht und CO_2 entläßt, der aber im Gegensatz zur Atmung im Dunkeln ruht. Diesen O_2/CO_2-Gaswechsel hat man Lichtatmung oder *Photorespiration* genannt. Ausgangspunkt des photorespiratorischen Stoffwechsels ist wieder Ribulosebisphosphat, das nicht nur ein Akzeptor für CO_2, sondern auch für O_2 sein kann: Durch Aufnahme von Sauerstoff wird RuBP in PGS und Phosphoglykolat gespalten. Das Angebot an O_2 und CO_2 regelt über das Enzym RuBP-Carboxylase/Oxygenase das Verhältnis von Akzeptorcarboxylierung (Photosynthese) und Akzeptoroxidation (Photorespiration). Hoher O_2-Partialdruck begünstigt die Photorespiration, großes CO_2-Angebot die Photosynthese. Da die Bildung von Phosphoglykolat von der Anlieferung der RuBP über den Calvin-Zyklus der Photosynthese abhängt, nimmt die photorespiratorische O_2-Aufnahme und CO_2-Abgabe mit steigender Beleuchtungsstärke zu (Abb. 53).

Der Ablauf des *Glykolatstoffwechsels* ist im einzelnen noch nicht vollständig aufgeklärt, eine schematische Übersicht gibt die Abb. 54: In den Chloroplasten wird Phosphoglykolat in Glykolat und Phosphat zer-

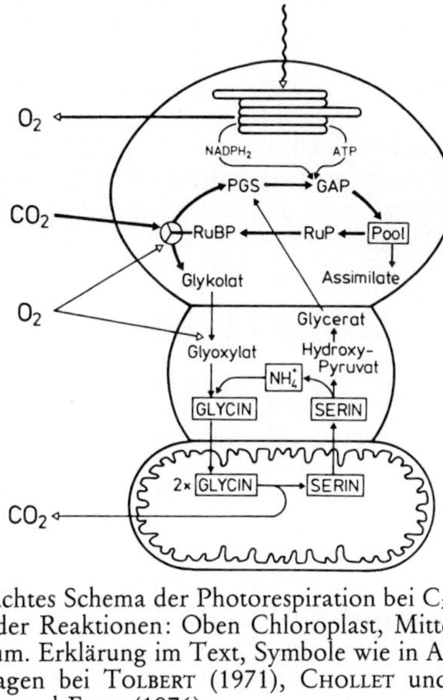

Abb. 54. Vereinfachtes Schema der Photorespiration bei C_3-Pflanzen. Kompartimentierung der Reaktionen: Oben Chloroplast, Mitte Peroxisom, unten Mitochondrium. Erklärung im Text, Symbole wie in Abb. 48. Nach Angaben und Vorlagen bei TOLBERT (1971), CHOLLET und OGREN (1975), SCHNARRENBERGER und FOCK (1976).

legt. Das Glykolat wird dann in benachbarte Peroxisomen transportiert. Peroxisomen sind Zellkompartimente in der Größe von Mitochondrien, die u. a. Glykolatoxidase, Katalase und Transaminasen enthalten. In den Peroxisomen wird Glykolat unter O_2-Aufnahme zu Glyoxylat oxidiert, das dabei entstehende Wasserstoffperoxid wird durch Katalase entgiftet. Das Glyoxylat kann entweder über Oxalat unter weiterer O_2-Aufnahme vollständig zu CO_2 abgebaut oder durch Transaminierung in Glycin umgewandelt werden. Das Glycin wird aus den Peroxisomen in Mitochondrien (oder auch Chloroplasten) transportiert, wo zwei Moleküle Glycin unter Abgabe von CO_2 zu einem Molekül Serin gekoppelt werden. Serin wird vom Aminosäurenstoffwechsel übernommen oder nach Desaminierung über Hydroxypyruvat in Glycerat umgesetzt. Dieses kann in den Chloroplasten phosphoryliert und wieder dem Calvin-Zyklus zugeführt oder aber anderweitig verwertet werden.

Unter natürlichen Bedingungen (21 % O_2 und 0,03 % CO_2 in der Luft, starke Einstrahlung, Temperaturen zwischen 20 und 30 °C) gehen bei *C_3-Pflanzen* rund 20 %, extrem 50 % des photosynthetisch aufgenommenen CO_2 sogleich als photorespiratorisches CO_2 wieder verloren. Bei der Berechnung der Energieausnützung (s. Kap. 4.4.4) und der Ökonomie der Photosynthese (s. Kap. 4.2.2.3) kann davon ausgegangen werden, daß die Photorespiration bei großer Beleuchtungsstärke bei C_3-Pflanzen 1,5- bis 3,5 mal so groß ist wie die Dunkelatmung. *C_4-Pflanzen* zeigen keine CO_2-Abgabe im Licht. Bei ihnen findet Lichtatmung nur in den Zellen der Leitbündelscheiden statt. Das CO_2 aus der Lichtatmung dieser Zellen wird in den Mesophyllzellen refixiert, bevor es das Blatt verlassen kann. Durch diese CO_2-Falle wird ein Substanzverlust durch Photorespiration vermieden und eine höhere Stoffproduktion erzielt.

4.1.3 Energiefreisetzung durch dissimilatorischen Stoffabbau

Dem assimilatorischen Stoffaufbau steht ein dissimilatorischer Stoffabbau gegenüber, der die Energie für die mannigfachen Stoffwechselprozesse der Zelle liefert. Das Substrat dafür sind Kohlenhydrate oder Fette, bei deren exergonen Abbau in der *Glykolyse,* im Tricarbonsäurezyklus (*Krebs-Martius-Zyklus*) und bei der β-Oxidation der Fettsäuren stufenweise Wasserstoff abgespalten und Energie freigesetzt wird. Der Wasserstoff wird von Pyridinnucleotiden oder Flavinnucleotiden übernommen. Der hauptsächliche Energiegewinn erfolgt bei der Übertragung des Wasserstoffes auf den endgültigen Wasserstoffakzeptor. Bei der **Atmung** ist es der Luftsauerstoff, der über die Atmungskette in den Mitochondrien von einer Elektronentransportkette den Wasserstoff übernimmt. Dabei wird durch Atmungskettenphosphorylierung ATP gebildet; außerdem entstehen energiereiche Phosphate auch noch durch Substratkettenphosphorylierung bei der Glykolyse im Cytosol. Der Gesamtprozeß erbringt 36 ATP, 2 GTP und eine freie Enthalpie $\Delta G°$ von $-2{,}87$ MJ ($= -686$ kcal) pro Mol Glucose. Bei der **Gärung** übernehmen reduktionsfähige organische Verbindungen den Wasserstoff, bei der **anaeroben Atmung** anorganische Wasserstoffakzeptoren wie Nitrat und Sulfat. Da zwischen Wasserstoff und Sauerstoff eine größere Potentialdifferenz herrscht als zwischen Wasserstoff und anderen Oxidationsmitteln, erbringt die Atmung viel bessere Energieausbeuten als die anderen Dissimilationsprozesse, sie arbeitet mit einem Wirkungsgrad von 30 – 40 %.

Neben dem Kohlenhydratabbau über Glykolyse und Tricarbonsäurezyklus ist insbesondere in ausdifferenzierten Pflanzenzellen ein Glucoseabbau auch durch direkte Oxidation von Glucose-6-Phosphat möglich, wobei nicht NAD, sondern NADP reduziert wird. Nach einer Decarboxylierung entsteht Ribulose-5-phosphat, das über den **oxidativen Pentosephosphatzyklus** wieder zu Glucose-6-Phosphat regeneriert wird. Die Bedeutung dieses Stoffwechselweges liegt weniger im Energiegewinn als in der Bereitstellung von Metaboliten. Der oxidative Pentosephosphatzyklus läuft im Cytosol und in den Chloroplasten ab. Zu dem reduktiven Pentosephosphatzyklus (Calvin-Zyklus) steht er über viele gemeinsame Reaktionen und Enzyme sowie durch den $NADP^+$-Pool in enger Beziehung.

4.2 Der CO_2-Gaswechsel der Pflanze

4.2.1 Der Austausch von Kohlendioxid und Sauerstoff als Diffusionsprozeß

Der Kohlenstoffwechsel der Zelle ist mit der Außenwelt durch den Gaswechsel verbunden. Bei der Photosynthese verbrauchen die Chloroplasten CO_2, das nachgeschafft werden muß, und sie setzen Sauerstoff frei. Daneben nehmen Tag und Nacht die Zellen für die Atmung Sauerstoff auf und geben Kohlendioxid ab. In der Umgebung assimilierender Blätter macht sich von den beiden konkurrierenden Stoffwechselprozessen derjenige bemerkbar, der gerade mit größerem Umsatz arbeitet. Untertags ist der CO_2-Bedarf für die Photosynthese (Ph) in der Regel größer als die CO_2-Freisetzung durch die Atmung. Die Atmung im Licht (R_l) summiert sich aus der Lichtatmung und der Mitochondrienatmung. Resultiert ein Nettozustrom von CO_2 zum Blatt, dann spricht man von *apparenter Photosynthese* oder *Nettophotosynthese* (Ph_n).

$$Ph_n = Ph - R_l \qquad (12)$$

Sinkt die Photosyntheserate, so kann der Zustand eintreten, daß sie die gleichzeitige Atmung gerade kompensiert. Bei weiterem Rückgang der Photosyntheseintensität entsteht schließlich ein Atmungsüberschuß, und im Dunkeln herrscht nur noch respiratorische CO_2-Abgabe. An der Dunkelatmung beteiligen sich die Mitochondrienatmung und der oxidative Pentosephosphatzyklus.

4.2.1.1 Die Diffusionsrate

Der Gasaustausch zwischen den Zellen und der Umwelt der Pflanze (Außenluft, Wasser) geschieht durch Diffusion. Der Umsatz dabei ist enorm: Zur Bildung von 1 g Glucose werden 1,47 g CO_2 benötigt, die einem Luftvolumen von rund 2500 l entzogen werden müssen.

Für den CO_2/O_2-Transport gilt das Ficksche Diffusionsgesetz

$$\frac{dm}{dt} = -D \cdot A \frac{dC}{dx} \qquad (13)$$

Die Diffusionsrate (Mengenverschiebung dm im Zeitintervall dt) hängt ab von der Diffusionskonstanten D, sie ist um so größer, je steiler das Konzentrationsgefälle dC/dx in der Diffusionsrichtung x und je größer die Austauschfläche A ist. Die Diffusionskonstante ist substanzspezifisch, außerdem ändert sie sich mit dem Medium, in dem die Diffusion erfolgt: In Luft können CO_2 und O_2 etwa 10^4mal so schnell diffundieren wie in Wasser. Auf den Gaswechsel der Pflanzen kann das Ficksche Gesetz in der von P. Gaastra (1959) abgeleiteten Form angewendet werden:

$$J = \frac{\Delta C}{\Sigma r} \qquad (14)$$

Die Diffusionsrate (Flux J) entspricht der Gaswechselintensität, im Licht also der CO_2-Aufnahme entsprechend der Nettophotosyntheserate, im Dunkeln der O_2-Aufnahme durch die Atmung. Der Gasaustausch wird gefördert durch ein steiles *Konzentrationsgefälle* (Δ C) zwischen Außenluft und Reaktionsort in der Zelle, er wird herabgesetzt durch eine Reihe von *Diffusionswiderstanden* (Σ r). In den Begriff des Diffusionswiderstandes gehen die Diffusionskonstante, Übergangswiderstände an Phasengrenzflächen, die Diffusionsstrecke und der Querschnitt der Diffusionsfläche ein.

4.2.1.2 Der Konzentrationsgradient

Wenn man annimmt, daß bei reger Photosynthese das CO_2 in den Chloroplasten völlig verbraucht wird und bei der Atmung in den Mitochondrien die O_2-Konzentration auf Null absinkt, dann hängt

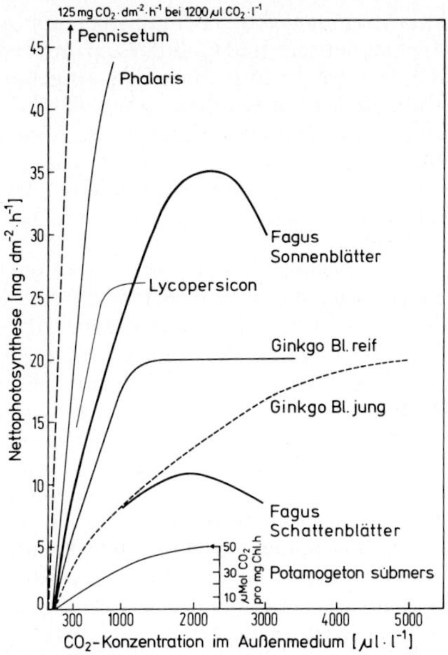

Abb. 55. Leistungsfähigkeit der Nettophotosynthese von C_3- und C_4-Pflanzen bei erhöhtem CO_2-Angebot. C_3-Pflanzen: *Fagus sylvatica* (Koch 1969), *Ginkgo biloba* (Ponomareva 1960), *Lycopersicon esculentum* (Gaastra 1959), *Phalaris arundinacea* (Gloser 1976) und submerse Blätter der Wasserpflanze *Potamogeton amplifolius* (Lloyd et al. 1977); emerse *Potamogeton*blätter verhalten sich ähnlich wie *Lycopersicon* und sind bei 1100 µl · 1^{-1} CO_2-gesättigt. Das tropische C_4-Gras *Pennisetum purpureum* erreicht CO_2-Sättigung bei 1200 bis 1500 µl · 1^{-1} (Ludlow und Wilson 1971).

die Steilheit des Konzentrationsgefälles dieser beiden Gase von ihrer Konzentration in der Umgebung der Pflanze ab.

Kohlendioxid ist in der Luft zu etwa 0,03 Vol % enthalten. Im Wasser ist Kohlendioxid gut löslich (Sättigungspartialdruck bei 10 °C ca. 0,7 %, bei 20 °C ca. 0,5 %, bei 30 °C ca. 0,4 %), wobei Kohlensäure entsteht. Der Anteil an freiem CO_2 hängt vom pH-Wert des Wassers ab; er ist hoch im sauren Bereich; über pH 9 liegen nur noch Hydrogenkarbonat- und Karbonationen vor, die jedoch für die Pflanze eine CO_2-Reserve darstellen.

Der CO_2-Nachschub erfolgt unter natürlichen Bedingungen bei einem flachen Konzentrationsgradienten. Mangelhafte CO_2-Versorgung ist sowohl bei Landpflanzen wie bei Wasserpflanzen häufig ein ertragsbegrenzender Minimumfaktor. Bei künstlich auf 0,1 – 0,3 Vol % erhöhtem CO_2-Gehalt der Luft sind C_3-Pflanzen imstande, 2- bis 3mal soviel CO_2 zu binden wie bei natürlichem CO_2-Angebot, C_4-Pflanzen 1,5mal soviel („**Potentielle Photosynthese**"; Abb. 55). Die Möglichkeit, den Ertrag der Photosynthese durch CO_2-Anreicherung (*CO_2-Düngung*) zu steigern, wird gelegentlich im Pflanzenbau, v. a. in Gewächshäusern angewendet. Durch Anzucht bei 0,1 Vol % CO_2 konnte der Zuwachs von Tomaten, Gurken, Blattgemüsen und Tabak bis auf das Doppelte erhöht werden.

Sauerstoff ist in der *Atmosphäre* sehr viel reichlicher vorhanden als Kohlendioxid. Bei Landpflanzen sind Sproßorgane stets gut mit Sauerstoff versorgt. *Gewässer* sind stets sauerstoffärmer als die Atmosphäre. Je nach Temperatur lösen sich im Wasser höchstens 14,7 mg O_2 pro Liter (bei 0 °C), das enspricht einer Volumenkonzentration von 1 %; bei 25 °C ist es nur noch die Hälfte. Im *Boden* ist der Sauerstoffgehalt infolge des O_2-Verbrauchs durch die Atmung der Pflanzenwurzeln, der Bodentiere und aerober Mikroorganismen herabgesetzt. In *verdichteten, vernäßten und überfluteten Böden* diffundiert O_2 so langsam nach, daß der Sauerstoff im Wurzelraum bis auf wenige Volumprozente oder vollständig schwindet. Sobald der Boden sauerstofffrei ist, nehmen anaerobe Mikroorganismen überhand, wodurch ein stark reduzierendes Milieu aufgebaut wird, in dem sich Fe^{2+}, Mn^{2+}, H_2S, Sulfide, Milchsäure, Buttersäure u. a. in toxischer Konzentration anreichern. Außerdem ist der Stickstoffumsatz im Boden empfindlich gestört.
Für den normalen Ablauf der *mitochondrialen Atmung* genügen 1 bis 3 % O_2, ein weiteres Absinken des Sauerstoffgehalts führt zunächst zur Abnahme der Atmungsintensität, der Wasser- und Nährionenaufnahme und des Wurzelwachstums. Abscisinsäure und vor allem Aethylen werden vermehrt gebildet, wodurch das Sproßwachstum gestört und vorzeitiger Laubabwurf eingeleitet wird. Bei vollständigem Sauerstoffschwund (*Anoxie*) wird die Atmung auf **anaerobe Dissimilation** umgeschaltet. Durch den Ausfall der terminalen Oxidation reichert sich Acetaldehyd an, wodurch die Alkoholdehydrogenase induziert und aktiviert wird. Ein *überhöhter Aethanolgehalt* ist das bezeichnende Symptom für den Erstickungstod der Zelle (Abb. 56). Pflanzen können in sauerstoffarmen Böden keimen, wurzeln und überleben, wenn sie besondere metabolische oder morphologische Anpassungen entwickeln. Eine **Anpassung des Stoffwechsels** an Sauerstoffmangel besteht darin, daß bei Anaerobiose die Alkoholdehydrogenase durch den vermehrt anfallenden Acetaldehyd nicht induziert wird. Als Endprodukt reichert sich dann nicht das giftige Aethanol, sondern Milchsäure, Shikimisäure oder Äpfelsäure an. Über die Aktivität der Alkoholdehydrogenase bei Anoxie läßt sich die spezifische Empfindlichkeit einer Pflanzenart gegen Sauerstoffmangel quantitativ charakterisieren. Die

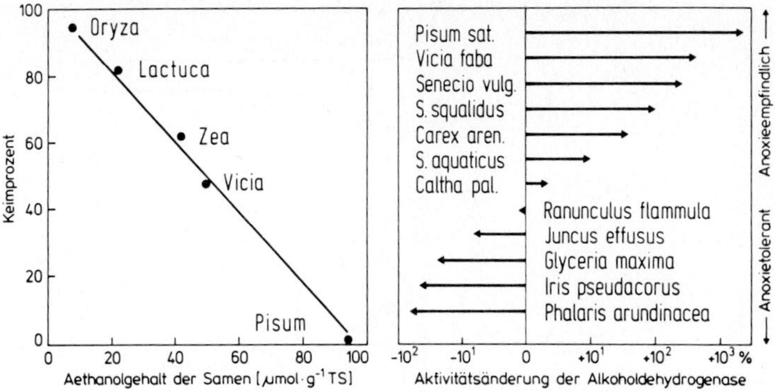

Abb. 56. *Links:* Aethanolgehalt und Keimprozent (als Vitalitätsmaß) von Samen mit unterschiedlicher Empfindlichkeit gegen Sauerstoffmangel. Die Samen lagen drei Tage untergetaucht im Wasser und wurden dann untersucht. Nach Crawford (1977). *Rechts:* Zunahme *(positive Werte)* bzw. Abnahme *(negative Werte)* der Alkoholdehydrogenase-Aktivität in Wurzeln unterschiedlich sauerstoffbedürftiger Pflanzenarten nach einmonatiger Anzucht bei Staunässe und Sauerstoffmangel im Boden. Bei empfindlichen Arten wird die Aktivität der Alkoholdehydrogenase stark gesteigert, was zu Aethanolanreicherung und Zellschädigung führt. Anoxietolerante Arten schalten auf andere Stoffwechselwege um, und die Aktivität der Alkoholdehydrogenase nimmt sogar ab. Nach McManmon und Crawford (1971).

morphologische Anpassung an sauerstoffarmes Milieu besteht in der Ausbildung von Durchlüftungsgeweben *(Aerenchymen)* mit einem weitlumigen Intercellularensystem, durch das Sauerstoff von den Blättern leicht in Sproßachsen und Wurzeln diffundiert. Das Wurzelparenchym von Sumpfpflanzen besitzt ein Porenvolumen bis zu 60% (Pflanzen auf gut durchlüfteten Böden: unter 10%). Auf besonders dichten und stickigen Böden bilden die Pflanzen ein oberflächlich streichendes Wurzelsystem (Tellerwurzeln), sproßbürtige Wurzeln und als extreme Spezialisierung *Atemwurzeln* (bei Mangrovepflanzen, Sumpfzypressen) aus. Gut durchlüftete Wurzeln sind sogar imstande, Sauerstoff nach außen abzugeben und reduzierend wirkende Substrate unschädlich zu machen, z.B. Fe^{2+} als Fe-III-Oxide auszufällen.

4.2.1.3 Diffusionsweg und Diffusionswiderstände im Blatt

Auf dem Weg von der Luft zu den Chloroplasten hat das Kohlendioxid eine Reihe von Diffusionswiderständen zu überwinden. Die CO_2-Moleküle gelangen durch die Spaltöffnungen in das Interzellula-

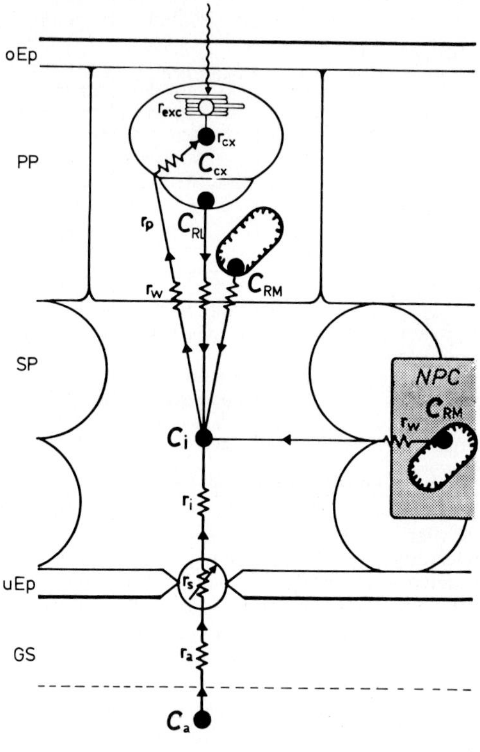

Abb. 57. CO_2-Konzentrationsgefälle und Transportwiderstände in einem Blatt bei Photosynthese. oEp obere Epidermis, PP Palisadenparenchym, SP Schwammparenchym, uEP untere Epidermis, nPhZ chloroplastenfreie nicht photosynthetisch tätige Zellen, GS Grenzschicht (blattnahe Lufthaut). Bei Photosynthese stellt sich ein *Gefälle in der CO_2-Konzentration* von der Außenluft (C_A) über die Interzellularenluft (C_I) zum Konzentrationsminimum am Ort der Carboxylierung (C_{Cx}) ein. In das Interzellularensystem des Blattes wird CO_2 nicht nur von außen, sondern auch durch die Atmungstätigkeit der Mitochondrien (C_{RM}) und durch die Lichtatmung (C_{RL}) zugeführt. Als *Transportwiderstände* schalten sich ein: der Grenzschichtwiderstand r_a, der physiologisch regulierbare stomatäre Widerstand r_s, Diffusionswiderstände im Interzellularensystem r_i, Widerstände beim Lösungsvorgang und Transport des CO_2 in der flüssigen Phase der Zellwand (r_w) und im Protoplasma (r_p). Mit r_{cx} ist der „Carboxylierungswiderstand" angedeutet, mit r_{exc} der „Excitationswiderstand". Eingehendere Darstellungen bei ŠESTAK, ČATSKÝ und JARVIS (1971), CHARTIER und BETHENOD (1977).

rensystem. In den Zellwänden wechselt das CO_2 aus der Gasphase, in der es sich verhältnismäßig schnell verteilen konnte, in die Flüssigkeitsphase über. Der Lösungsvorgang verzögert den CO_2-Fluß erheblich. Innerhalb der Zelle wandert das gelöste CO_2 langsam bis zu den Chloroplasten.

Abb. 57 bringt eine Übersicht über die Transportwege und die Transportwiderstände am und im Blatt. Bei Photosynthese herrscht der höchste CO_2-Partialdruck C_A außerhalb der blattnahen Luftschicht, deren Dicke von der Größe und Stellung der Blätter, vom Vorhandensein einer Behaarung, vor allem aber von der Stärke der Luftbewegung abhängt. Bei ruhender Luft kann sie einige Millimeter dick werden, kräftiger Wind trägt sie vollständig ab. Je dicker die Grenzschicht ist, um so größer wird der *Grenzschichtwiderstand* r_a. Das Kohlendioxid wird dann rascher in das Blatt aufgenommen, als es zuströmt, so daß die blattnahe Lufthaut an CO_2 verarmt.

In das Blatt gelangt das CO_2 über die Spaltöffnungen. Ein Eintritt durch die *Cuticula* ist allenfalls unter abnorm hohen Außenkonzentrationen möglich, unter natürlichen Verhältnissen ist bei Landpflanzen eine kutikuläre CO_2-Aufnahme bedeutungslos. Im Dunkeln bei der Atmung entstehendes CO_2 erreicht hingegen einen so hohen Partialdruck, daß es in erheblichem Ausmaß durch die Cuticula und durch peridermale Abschlußgewebe entweichen kann.
Das entscheidende Hindernis bei der CO_2-Aufnahme in das Blatt ist der *stomatäre Diffusionswiderstand* r_s; bei geschlossenen Spalten steigt er gegen Unendlich an. Die CO_2-Konzentration in der Atemhöhle und in der Interzellularenluft C_I ist niedriger als in der Außenluft, aber noch nicht Null. Der Interzellularenluft wird ja CO_2 nicht nur entzogen, es wird ihr auch durch Atmungsvorgänge in grünen und nichtgrünen Zellen CO_2 zugeführt. Der **Kompensationspunkt** im Gaswechselgleichgewicht kann daher definiert werden als jener Zustand, bei dem C_I gleich groß ist wie C_A. Dann kommt auch bei weit offenen Spalten ein Gasaustausch nicht in Bewegung. Der *Diffusionswiderstand im Interzellularensystem* r_i hängt vom Blattbau u. zw. vom spezifischen Interzellularenvolumen und von der Gaswegigkeit ab. Das Interzellularenvolumen beträgt bei den meisten Arten 40–50 % des Blattvolumens, in Schwimmblättern ist es größer, in sukkulenten Assimilationsorganen und Blättern submerser Wasserpflanzen ist es kleiner. Schattenblätter besitzen in der Regel ein größeres Interzellularenvolumen als Sonnenblätter. Die Gaswegigkeit ist gut in homobaren Blättern mit durchgängigem Interzellularensystem, schlecht in septierten heterobaren Blättern. Der *Grenzflächenwiderstand* r_w beim Übertritt in die flüssige Phase an den Zellwänden und beim Durchtritt durch das Plasmalemma steht in Beziehung zur spezifischen Interzellularenoberfläche. Einer größeren inneren Diffusionsfläche entspricht ein geringerer

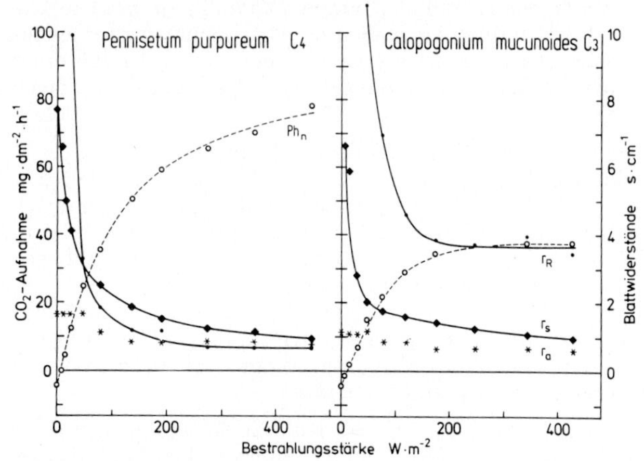

Abb. 58. Diffusions- und Assimilationswiderstände für CO_2 an und in Blättern einer C_3-Pflanze *(Calopogonium mucunoides)* und einer C_4-Pflanze *(Pennisetum purpureum)* und Intensiät der Nettophotosynthese (Ph_n; strichlierte Kurven) in Abhängigkeit von der Einstrahlung. Bei großer Bestrahlungsstärke sind die Stomata weit geöffnet, der stomatäre Diffusionswiderstand r_s ist dann nur wenig höher oder sogar niedriger als der Grenzschichtwiderstand r_a. Bei Lichtmangel verengen sich die Spalten, und der stomatäre Diffusionswiderstand nimmt zu. Vorher schon werden die lichtbetriebenen Primärprozesse (r_{exc}) geschwindigkeitsbegrenzend für die CO_2-Aufnahme, d. h., der Restwiderstand ($r_R = r_{exc} + r_{cx} + r_p + r_w$) steigt stark an. In C_3-Pflanzen ist bei intensiver Bestrahlung r_R wesentlich größer als r_s, bei C_4-Pflanzen etwas kleiner. Nach LUDLOW und WILSON (1971).

Grenzflächenwiderstand. Starklichtadaptierte Blätter weisen ein Verhältnis Chlorenchymoberfläche: Blattoberfläche von 15–30 auf, mesomorphe Blätter von 10–15, Schattenblätter von 5–10 und Moose von 2.

Der Diffusionsweg des CO_2 endet in den Chloroplasten mit der Anlagerung an den Akzeptor. Die Geschwindigkeit, mit der das CO_2 verarbeitet wird, bestimmt letztlich die Steilheit des CO_2-Gradienten und dadurch den CO_2-Einstrom. Die Carboxylierungsrate kann, verglichen mit den Lichtreaktionen der Photosynthese, träge sein und im Gesamtprozeß zu einem geschwindigkeitsbegrenzenden Engpaß werden. Um dies auszudrücken, wird in der Literatur ein *„Carboxylierungswiderstand"* r_{cx} angegeben, der eigentlich kein Diffusionswiderstand ist. Da PEP- Carboxylase die CO_2-Bindung sehr viel wirksamer katalysiert als RuBP-Carboxylase, ist der „Carboxylierungswiderstand“ bei C_4-Pflanzen viel kleiner als bei C_3-Pflanzen. Schließlich kann die Begrenzung der Photosyntheseleistung und damit des CO_2-Einstroms infolge unzureichender Bereitstellung von Energie und Redoxäquivalenten durch die Primärreaktionen ebenfalls als ein Widerstand aufgefaßt werden, der „*Excitationswiderstand*“ r_{exc} genannt wird. Die Diffusionswiderstände $r_a + r_s + r_i$ sind über die Wasserdampfdiffusion (s. Seite 304) bestimmbar, die übrigen Widerstände werden üblicherweise als „*Mesophyllwiderstände*“ r_M oder besser als „*Restwiderstand*“ r_R zusammengefaßt und über die Nettophotosyntheseintensität berechnet. Eine Übersicht über die Größenordnung dieser Widerstände gibt Abb. 58.

4.2.1.4 Die Regulation des Gaswechsels durch die Spaltapparate

Die Spaltapparate sind der wichtigste Regulator im Diffusionsprozeß. Durch das Spiel der Spaltweiteneinstellung überwacht die Pflanze sowohl den CO_2-Einstrom in das Blatt als gleichzeitig auch den Wasserdampfaustritt.

Das Öffnungsvermögen der Stomata

Menge, Verteilung, Größe, Gestalt und Beweglichkeit der Spaltapparate sind Artmerkmale, die je nach Standortanpassung und auch individuell wechseln (Tab. 9). Die für den stomatären Widerstand entscheidende anatomische Dimension ist die *Spaltweite*. Der stomatäre Diffusionswiderstand nimmt mit abnehmender Spaltöffnungsweite entsprechend einer Hyperbelfunktion exponentiell zu. Der Reziprokwert $1/r_s$ – die *stomatäre Leitfähigkeit* – ist daher linear proportional der Spaltweite. Das maximale Öffnungsvermögen der Stomata, das von Gestalt- und Wandmerkmalen der Schließzellen abhängt, setzt dem Gasdurchfluß eine Grenze, die durch den minimalen r_s zahlenmäßig ausgedrückt wird (Tab. 9). Das Öffnungsvermögen ist am größten bei Blättern von krautigen Dikotyledonen, sommergrünen Laubbäumen mit lichter Krone und tropischen Waldbäumen, es ist besonders gering bei derblaubigen Holzpflanzen.
Der Flächenanteil der Sproßoberfläche, auf dem eine stomatäre Diffusion möglich ist, wird *Porenareal* genannt. Das Porenareal ist das Produkt aus der Porendichte (Zahl der Stomata pro mm Blattfläche) und der maximalen Porenweite (Ostiolenfläche). Bei den meisten Pflanzen nimmt das Porenareal 0,5 – 1,2 %, bei tropischen Waldbäumen bis zu 3 % der Blattfläche ein. Ein besonders kleines Porenareal besitzen Sukkulenten und skleromorphe Blätter; auf den Assimilationsorganen der Sukkulenten ist die Porendichte gering, die Blätter von Hartlaubgewächsen und immergrünen Zwergsträuchern besitzen Spaltapparate mit geringem Öffnungsvermögen.

Tab. 9. Stomatadichte, Spaltweite und Porenareal auf der Unterseite von Blättern und minimaler stomatärer Diffusionswiderstand für CO_2 (bezogen auf die einfache Blattfläche). Nach Bestimmungen zahlreicher Autoren. Quellenangaben bei Napp-Zinn (1973), Körner et al. (1979) und Larcher (1980).

Pflanzen	Stomatadichte (Anzahl pro mm² Blattfläche)	Spaltöffnungslänge (μ)	Maximale Spaltöffnungsweite (μm)	Porenareal (% der Blattfläche)	Minimaler stomatärer Diffusionswiderstand für CO_2 ($s \cdot cm^{-1}$)
Kräuter sonniger Standorte	100 – 200 (300)	10 – 20	4 – 5	*0,8 – 1*	**0,6 – 2,6**
Kräuter schattiger Standorte	40 – 100 (150)	15 – 20	5 – 6	*0,8 – 1,2*	**2,2 – 6,5**
Gräser	(30) 50 – 100	20 – 30	um 3	*0,5 – 0,7*	**0,9 – 5,2**
Palmen	150 – 180	15 – 24	2 – 5	*0,3*	**um 6**
Tropische Waldbäume	200 – 600 (900)	12 – 24	3 – 8	*1,5 – 3*	
Sommergrüne Laubbäume	100 – 500	7 – 15	1 – 6	*0,5 – 1,2*	**1,7 – 6,5**
Hartlaubpflanzen	100 – 500 (1000)	10 – 15	1 – 2	*0,2 – 0,5*	**1,7 – 5,2**
Nadelbäume	40 – 120	15 – 20		*0,3 – 1*	**2,0 – 6,5**
Wüstensträucher	150 – 300	10 – 15		*0,3 – 0,5*	**1,6 – 7,8**
Sukkulenten	15 – 50 (100)	um 10	um 10	*0,1 – 0,4*	**3,1 – 6,5**

Der physiologische Mechanismus der Stomatabewegung

Öffnen und Schließen der Spalten wird durch *Turgordifferenz* (s. Kap. 7.2.2) zwischen den Schließzellen und den benachbarten Epidermiszellen (Nebenzellen) verursacht. Nimmt der Turgor der Schließzellen relativ zu jenem der Epidermiszellen zu, so öffnen sich die Spalten, im entspannten Zustand sind sie geschlossen. Die Turgorzunahme ist ein *osmoregulatorischer* Vorgang, der im Zusammenhang mit aktivem Transport von K^+ aus den Nebenzellen in die Schließzellen steht. Der Ladungsausgleich erfolgt durch mitwandernde anorganische Anionen (z. B. Cl^- bei Gräsern), Bildung organischer Anionen (z. B. Malat) oder Abgabe von Protonen. Die Transportleistung der Ionenpumpen ist von der Energieversorgung (ATP) abhängig und durch endogene Effektoren (Phytohormone, photokybernetische Sensibilisatoren) beeinflußbar. Dadurch wird die Öffnungs- und Schließbereitschaft der Stomata tageszeitlich und je nach Aktivitäts-, Entwicklungs-, Belastungs- und Anpassungszustand verändert. Ein Musterbeispiel für die *Modulation der Reaktionsbereitschaft* der Spaltapparate ist die Wirkung von Phytohormonen. (+)Abscisinsäure blockiert die Ionenpumpen, so daß das Öffnungsvermögen herabgesetzt wird; Cytokinine fördern die Öffnungsbereitschaft. Die Spaltenfunktion kann auch durch *externe Einflüsse* beeinträchtigt werden, etwa durch toxische Ausscheidungsprodukte von Pflanzenparasiten (Öffnungsstarre durch das Welketoxin von *Fusicoccum amygdali*, Spaltenlähmung durch ein Phytotoxin von *Helminthosporium mayalis*) oder durch die Einwirkung von Umweltgiften wie SO_2, Photosmog und das Fungicid Phenylquecksilberacetat.

Die Steuerung der Spaltenbewegung

Sowohl der physiologische Mechanismus wie vor allem auch die Steuerung der Spaltenbewegung sind noch unzureichend aufgeklärt. Obwohl die Stomata auf eine Vielzahl von Einflüssen reagieren, scheint die Spaltenbewegung hauptsächlich durch zwei Regelkreise gesteuert zu sein, durch den CO_2-Regelkreis und durch den H_2O-Regelkreis.

Der CO_2-Regelkreis spricht auf den CO_2-Partialdruck in den Interzellularen an. Sein Einfluß zeigt sich deutlich im Dunkeln, wenn die Epidermis mit Luft verschiedener *CO_2-Konzentration* in Berührung kommt: Bei einem CO_2-Gehalt der Luft über 150–250 $\mu l \cdot l^{-1}$ sind die Spalten geschlossen, sie öffnen sich, wenn die CO_2-Konzentration verringert wird. Im *Licht* sinkt bei C_3- und C_4-Pflanzen durch den CO_2-Verbrauch bei der Photosynthese der CO_2-Druck in den Interzellularen ab. Die Öffnungsbewegung der Spalten im Licht ist im wesentlichen indirekt durch den CO_2-Mangel verursacht (außerdem gibt es auch noch eine direkte Lichtwirkung). Den Einfluß der CO_2-Konzentration auf den Öffnungszustand der Spalten zeigen besonders deutlich die *CAM-Pflanzen:* Diese öffnen ihre Spalten in der Nacht, wenn der CO_2-Partialdruck in den Interzellularen durch die intensive Malatbildung abfällt, sie schließen die Spalten im Licht, wenn der Malatabbau CO_2 freisetzt, das sich vor der Weiterverwendung in den Interzellularen anreichert (Abb. 52).

Der H_2O-Regelkreis wird bei Wassermangel in Funktion gesetzt, indem in den Blättern Abscisinsäure gebildet wird, die die Osmoregulation der Schließzellen behindert. Dadurch geht das Öffnungsvermögen zunehmend verloren, so daß bei stärkerer Belastung des Wasserhaushalts die Spalten, unbeeinflußbar durch Außenfaktoren, geschlossen bleiben.

Faktoreneinfluß auf die Spaltöffnungsweite

Der Öffnungszustand der Spalten und damit der stomatäre Diffusionswiderstand stellt sich auf Veränderungen in der Umwelt und im Inneren der Pflanzen ein:

Das **Wasserpotential der Pflanze** (s. Seite 285) ist die Ausgangsbasis für alle Spaltweitenregulationen: Große Öffnungsweiten sind nur bei hohem Wasserpotential möglich, ein Absinken des Wasserpotentials bei

Tab. 10. Grenzwerte des Wasserpotentials von Blättern bei beginnender Spaltweitenreduktion und vollständigem Spaltenschluß. Nach Meßergebnissen zahlreicher Autoren. Datensammlungen bei Ritchie und Hinckley (1975), Boyer (1976), Ludlow (1976), Richter (1976), Turner und Begg (1978), Poole und Miller (1978)

Pflanzengruppe	Beginnende Spaltenverengung	Vollständiger Spaltenschluß
Krautige Nutzpflanzen		
Dicotyledonen	− 6 bis − 10 bar	− 10 bis − 30 bar
Getreide und Futtergräser	− 6 bis − 10 (− 20)	− 20 bis − 30 (− 50)
Sommergrüne Bäume der gemäßigten Zone	(− 2) − 6 bis − 10 (− 20)	− 10 bis − 20 (− 30)
Immergrüne Nadelbäume	− 5 bis − 10	− 10 bis − 20
Ericaceenzwergsträucher	− 10 bis − 20	− 20 bis − 30
Hartlaubgewächse	− 10 bis − 30 (− 57*)	− 30 bis − 50 (− 75*)
Sträucher und Halbsträucher der Trockengebiete	ab − 20	− 35 bis − 80
Sukkulenten	um − 5	

* Acacia harpophylla (Van den Driessche et al. 1971)

Wassermangel macht nach Unterschreiten spezifischer Schwellen alle öffnungsfördernden Einflüsse unwirksam. Je nach Pflanzenart, nach Baueigentümlichkeiten, Alter, Insertion und Standortsanpassung der Blätter können Grenzwerte für den Beginn der Spaltenverengung und für vollständigen Spaltenschluß angegeben werden (Tab. 10).

Geringe **Luftfeuchtigkeit** führt bei manchen Arten zur Spaltenverengung, besonders bei beginnender Verschlechterung des Wasserpotentials. Luftbewegung bewirkt einen steileren Dampfdruckgradienten nahe der Blattoberfläche, der unmittelbare Einfluß der Luftfeuchtigkeit auf den Spaltöffnungsgrad kommt also besonders bei *Wind* zur Geltung.

Im **Licht** öffnen sich die Spalten bei guter Wasserversorgung um so weiter, je größer die Beleuchtungsstärke ist. Im Dunkeln sind die Spalten – außer bei CAM-Pflanzen – verengt, jedoch nicht unbedingt geschlossen.

Die **Temperatur** beeinflußt vor allem die *Öffnungsgeschwindigkeit*, die von der Energie abhängt, die für den Bewegungsmechanismus (Ionentransport) bereitgestellt werden kann. Auf den *Öffnungszustand* wirkt sich die Temperatur indirekt über ihren Einfluß auf die Photosynthese (CO_2-Regelkreis) und die Transpiration (H_2O-Regelung) aus. Bei niedrigen Temperaturen (etwa + 5 bis 0 °C) öffnen sich die Spalten langsam und nicht auf volle Weite, zwischen 0 und etwa − 5 °C kommt der stomatäre Gastransport zum Stehen. Bei großer Hitze sind bei manchen Arten (z. B. *Phoenix dactylifera* bei 50 °C) offensichtlich die Regelvorgänge gestört und die Spalten öffnen sich weiter als zuvor. Dies führt bei ausreichender Wassernachleitung zu starker Transpiration mit entsprechendem Kühleffekt.

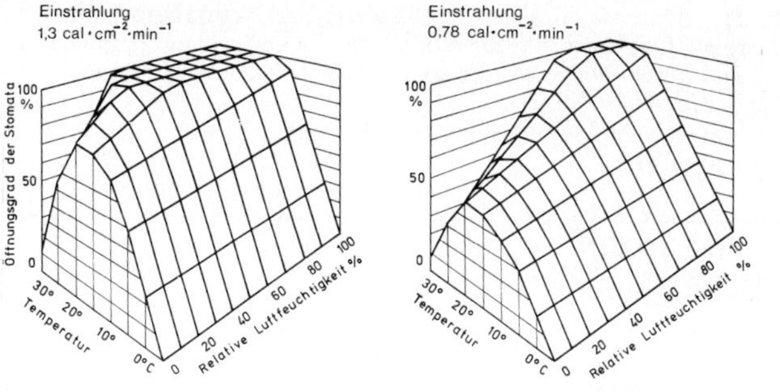

Abb. 59. Der Einfluß von Strahlung, Temperatur und Luftfeuchtigkeit auf den Öffnungsgrad der Spaltapparate der Blätter von *Ligustrum japonicum*. Der Spaltöffnungsgrad wurde porometrisch bestimmt. Nach Wilson (1948). Darstellungen mit Berücksichtigung des Einflusses der Wasserversorgung bei Lösch (1979).

Im **Zusammenspiel der Außenfaktoren** regelt sich die Spaltweite meist auf mittlere Öffnungsgrade ein. Ganz offen sind die Spalten nur selten und kurzfristig, weil schwerlich alle öffnungsfördernden Bedingungen zusammentreffen (Abb. 59). Wohl aber sind Extremsituationen, die längerdauerndes vollständiges Spaltenschließen erzwingen in Trokkengebieten, in der Arktis und im Hochgebirge ein regelmäßig wiederkehrendes Ereignis.
Unter den **inneren Faktoren** kommt den *Phytohormonen* die größte Bedeutung zu. Vor allem über Abscisinsäure, Phaseinsäure, Cytokinine und Gibberelline ist das stomatäre Regelsystem auf *Wachstums- und Entwicklungsvorgänge* und durch die jahreszeitliche *Aktivitätsrhythmik* abstimmbar. So ändert sich das Spaltöffnungsverhalten mit dem Alter und dem Entwicklungszustand der Pflanze (z. B. beim Übergang zur reproduktiven Phase). Bei manchen grün überwinternden Pflanzen sinkt die Öffnungsbereitschaft der Stomata während der Winterruhe (hoher Abszisinsäurespiegel) auf ein Minimum.

4.2.2. Photosynthesevermögen und spezifische Atmungsaktivität

4.2.2.1 Das Photosynthesevermögen

Das *Leistungsvermögen der Nettophotosynthese* einer Pflanze in ihrem momentanen Entwicklungs- und Aktivitätszustand bei natürlichem CO_2-Gehalt der Luft und bei sonst optimaler Dosierung aller Außenfaktoren nennen wir **Photosynthesevermögen**.

Tab. 11. Durchschnittliche Höchstwerte der Nettophotosynthese bei natürlichem CO_2-Angebot (0,03 Vol %), bei Lichtsättigung, optimaler Temperatur und guter Wasserversorgung. Übersicht nach Angaben in Originalarbeiten zahlreicher Autoren

Pflanzengruppe	CO_2-Aufnahme	
	$mg \cdot dm_1^{-2} \cdot h^{-1}$*	$mg \cdot g^{-1}TG \cdot h^{-1}$**
LANDPFLANZEN		
Phanerogamen		
Krautige Pflanzen		
C_4-Pflanzen	30–90 (108)	60–140
C_3-Pflanzen		
Winterannuelle Wüstenpflanzen	30–60 (100)	
Nutzpflanzen	20–60 (70)	30–60
Wildpflanzen sonniger Standorte	20–40	30–60
Schattenpflanzen	4–20	10–30
Pflanzen trockener Standorte	20–45	15–33
Futtergräser	15–35	
Wildgräser und Seggen	8–20 (25)	8–35

Fortsetzung Tab. 11

Pflanzengruppe	CO_2-Aufnahme $mg \cdot dm_1^{-2} \cdot h^{-1}$*	$mg \cdot g^{-1} TG \cdot h^{-1}$**
CAM-Pflanzen		
im Licht	3–20	0,3–2
im Dunkeln	10–15	1–1,5
Holzpflanzen		
Tropische Nutzpflanzen		
Lichtblätter	12–24	
Schattenblätter	5–10	
Tropische Pionierhölzer	18–26 (30)	
Bäume des tropischen Regenwaldes	6–24	
Breitlaubige Immergrüne der Subtropen und der warmgemäßigten Gebiete		
Lichtblätter	10–18 (30)	
Schattenblätter	3–6	
Saisongrüne Laubbäume		
Lichtblätter	15–25 (40)	
Schattenblätter	5–10	
Nadelbäume sommergrün		10–20
immergrün	5–18	4–18
Mangrovebäume	6–12 (20)	
Sklerophylle Bäume und Sträucher periodisch trockener Gebiete	5–15 (20)	3–10
Palmen	6–10 (20)	
Bambus	5–10	
Wüstensträucher	4–20 (50)	(2) 5–15 (35)
Zwergsträucher der Heiden und Tundren sommergrün	10–25	15–30
immergrün	5–10 (15)	2–10
Kryptogamen		
Farne	3–5	
Moose	bis 3	0,6–3,5
Flechten	0,5–2 (6)	0,3–2,5 (4)
WASSERPFLANZEN		
Sumpfpflanzen, Schwimmpflanzen	20–40 (50)	
Submerse Sproßpflanzen	2–6	5–25
Tange der Gezeitenzone	3–10	1–20 (30)
Planktonalgen		2–3

* Für den Vergleich des Leistungsvermögens verschiedener Pflanzentypen wird die Photosyntheseintensität auf die *Blattfläche* bezogen (auf die einfache Blattfläche als Strahlungsempfänger, nicht auf die Gesamtoberfläche, d.h. oberseitige plus unterseitige Fläche).

** Betrachtet man den CO_2-Gaswechsel im Zusammenhang mit dem Kohlenstoffhaushalt der Pflanze, so wird auf die *Masse* (Trockengewicht der Assimilationsorgane) bezogen. Dann läßt sich ableiten, in welcher Zeit ein Blatt den Kohlenstoff für die Ausbildung eines Blattes von gleichem Kohlenstoffgehalt erwirbt.

Das Photosynthesevermögen ist eine Größe, die unter Standardbedingungen gewonnen wird und zur Charakterisierung bestimmter Konstitutionstypen, aber auch von Pflanzenarten, Ökotypen und sogar von einzelnen Sorten herangezogen werden kann. Innerhalb des Pflanzenreiches bestehen beträchtliche Unterschiede im Photosynthesevermögen. Eine Übersicht gibt. Tab. 11.

Der höchste Wert (108 mg $CO_2 \cdot dm_1^{-2} \cdot h^{-1}$) wurde beim Büffelgras *Cenchrus ciliaris*, einem tropischen C_4-Futtergras, gemessen (LUDLOW und WILSON 1971); Beträge um 80 mg $\cdot dm_1^{-2} \cdot h^{-1}$ sind bei tropischen C_4-Pflanzen mehrfach festgestellt worden Unter den C_3-Pflanzen erreichen winterannuelle Wüstenpflanzen die höchsten Photosyntheseintensitäten; diese Pflanzen weisen außergewöhnlich hohe Konzentrationen an RuBP-Carboxylase und besonders niedrige Werte des stomatären Diffusionswiderstandes bei geöffneten Spalten auf. Der Großteil der C_3-Pflanzen erzielt nur halb so große Photosyntheseausbeuten. An der Spitze stehen *landwirtschaftliche Nutzpflanzen*, deren hohe Photosyntheseraten nicht zuletzt auch als Züchtungserfolg anzusehen sind. Unter diesen Kulturpflanzen sind Reis, Weizen, Kartoffel, aber auch die Sonnenblume besonders leistungsfähig. Das untere Ende der Liste besetzen *Thallophyten*. Die C_4-Hochleistungspflanzen vermögen 30mal so viel CO_2 aufzunehmen wie Moose, Flechten und Algen, und sie assimilieren fast doppelt so ergiebig wie die meisten landwirtschaftlichen Nutzpflanzen. Innerhalb der Sproßpflanzen übertreffen krautige Pflanzen die Holzpflanzen und innerhalb jeder der beiden Gruppen erbringen schattenadaptierte Formen nur $^1/_2$–$^1/_3$ der Kohlenstoffausbeute von Pflanzen sonniger Standorte. Arten, deren Assimilationsorgane eine geringe Oberflächenentwicklung aufweisen, wie Gräser mit Rollblättern, Ericaceenzwergsträucher mit Rinnenblättern, Coniferennadeln, Rutensträucher und Sukkulenten nützen das Licht schlecht aus und erzielen daher nur bescheidene Photosyntheseintensitäten. Laublose verkorkte *Sproßachsen* vermögen im Chlorenchym der Rinde und sogar in chloroplastenführendem Holzparenchym CO_2 zu binden. Der Ertrag ist aber sehr gering und spielt höchstens insofern eine Rolle, als dadurch ein Teil der Atmungsverluste der Zweige ausgeglichen wird. Bei Pflanzen, die längere Zeit laublos sind, wie z.B. die winterkahlen Bäume und Sträucher der gemäßigten Zone und saisonkahle Bäume und Sträucher semiarider Gebiete, mag dies von ökologischer Bedeutung sein.

Eine Gruppe für sich sind die *Wasserpflanzen*, die überraschend wenig CO_2 binden können. Die Werte für Planktonalgen sind schwer vergleichbar, doch zeigt sich auch bei submersen Sproßpflanzen eine schwache Photosyntheseleistung. Als wesentlicher Grund dafür wird angenommen, daß festsitzende Wasserpflanzen schlecher mit CO_2 versorgt sind als Landpflanzen. Zwar enthält Süßwasser rund 160mal soviel CO_2 wie die Luft, aber das CO_2 wird im Wasser um 10^4mal langsamer an die Blätter herangeschafft als das CO_2 der Luft an die Sprosse der Landpflanzen.

Die Art- und Sortenunterschiede im Photosynthesevermögen sind ökologisch bedeutungsvoll, vor allem aber eine wichtige Grundlage für Züchtung und Anbau landwirtschaftlicher, gärtnerischer und forstlicher Nutzpflanzen. Die Ursachen der spezifischen Unterschiede im Leistungsvermögen der Nettophotosynthese liegen in der Wirksamkeit der Enzyme, der Größe der Lichtatmung, aber auch in anatomischen Besonderheiten des Blattbaues, der Luftwegigkeit des Interzellularensystems und der Gestalt und Verteilung der Spaltapparate.

4.2.2.2 Die Aktivität der mitochondrialen Atmung

Die Atmungsintensität einer Pflanzenart ist je nach Organ verschieden, sie ändert sich mit dem Angebot an veratembarem Substrat, dem Entwicklungs- und Aktivitätszustand und mit der Temperatur. Um vergleichen zu können, gibt man als *spezifische Atmungsaktivität* die Respirationsrate an, die bei einer *Standardtemperatur*, meist 20 oder 25 °C, im Dunkeln gemessen worden ist (Tab. 12).

Tab. 12. Dunkelatmung reifer Blätter im Sommer bei 20 °C (nach Messungen zahlreicher Autoren)

Pflanzengruppe	CO_2-Abgabe $mg \cdot g^{-1} TG \cdot h^{-1}$
Krautige Kulturpflanzen	3–8
Krautige Wildpflanzen	
Sonnenkräuter	5–8
Schattenkräuter	2–5
Sommergrüne Laubbäume	
Lichtblätter	3–4
Schattenblätter	1–2
Immergrüne Laubbäume	
Lichtblätter	um 0,7
Schattenblätter	um 0,3
Immergrüne Nadelbäume	
Lichtangepaßte Nadeln	um 1
Schattennadeln	um 0,2
Ericaceenzwergsträucher	
sommergrün	2–3
immergrün	0,5–1,5
Wüstensträucher	1–3
CAM-Pflanzen*	0,5–2

* Nur vereinzelte Bestimmungen

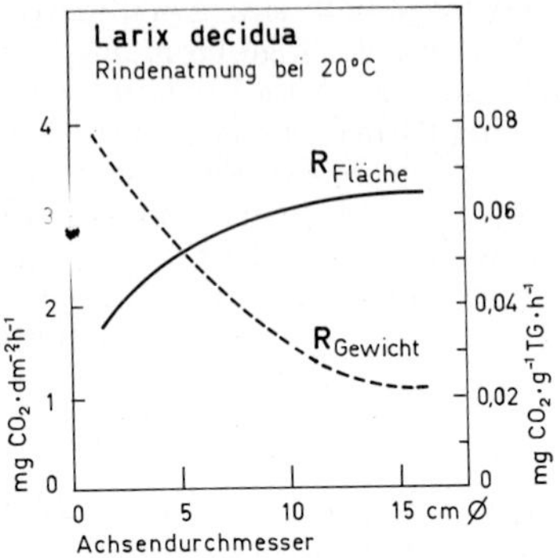

Abb. 60. Atmung verschieden dicker Äste und Stämme der Lärche. Mit zunehmendem Achsendurchmesser erhöht sich der Anteil an toter Holzmasse; bei Bezug auf die Trokkengewichtseinheit ($R_{Gewicht}$) fällt daher der Atmungswert ab, bei Bezug auf die Sproßoberfläche ($R_{Fläche}$) nimmt die CO_2-Abgabe von einer mittleren Dicke an kaum noch zu. Nach TRANQUILLINI und SCHÜTZ (1970).

Krautige, insbesondere raschwüchsige Arten atmen unter gleichartigen Bedingungen doppelt so stark wie das Laub sommergrüner Bäume, und dieses wieder atmet durchschnittlich fünfmal so lebhaft wie immergrüne Assimilationsorgane. Innerhalb der gleichen Gruppe atmen (bei 20 °C) Sonnenpflanzen deutlich kräftiger als Schattenpflanzen, Pflanzen der Arktis und der Hochgebirge stärker als solche aus wärmeren Ländern und Tallagen. Submerse Sproßpflanzen weisen Atmungsaktivitäten von 1,5–3mg · g^{-1} · h^{-1}, Tange von 0,5–5 mg · g^{-1} · h^{-1} auf. Unter verschiedenen Pflanzenarten treten spezifische Unterschiede in der Atmungsaktivität in einer Größenordnung von 1 : 10 bis 1 : 20 auf. Innerhalb derselben Pflanze atmen *Blüten* und unreife *Früchte* stärker als Blätter, und *Wurzeln* stärker als Sproßachsen. In *Ästen und Baumstämmen* sind vor allem die Rinde, das Kambium und die äußersten Zellschichten des Holzkörpers der atmende Bereich. Bezieht man die bei einer bestimmten Temperatur gemessene Atmungsintensität verschieden dicker Zweige, Äste und Baumstämme auf die Peridermoberfläche (Gasaustausch pro Oberflächeneinheit), so steigt der Wert mit dem Durchmesser (Abb. 60); bei Bezug auf gleiches Gewicht (Umsatz pro Masseneinheit) fällt er, weil verholzte Sproßachsen viel Totsubstanz enthalten, deren Anteil mit der Dickenzunahme immer größer wird. Bei Pflanzenorganen mit hohem und stark variablem Gehalt an toter Gerüstsubstanz empfiehlt es sich daher, die Atmungsaktivität auf den Proteingehalt oder den Gehalt an Protein-N zu beziehen.

4.2.2.3 Die Ökonomie des Photosynthesevermögens

Der Reinertrag der Nettophotosynthese ist am größten, wenn ergiebiges Photosynthesevermögen mit mäßiger Atmung gepaart ist. Diese

Eigenschaft läßt sich durch den ökonomischen Koeffizienten ausdrükken

$$ÖK_{PH} = \frac{Ph}{R} \approx \frac{Ph_n + R}{R} \qquad (15)$$

Der *ökonomische Koeffizient des Photosynthesevermögens* $ÖK_{Ph}$ gibt an, wieviel die Blattorgane von der photosynthetischen Gesamteinnahme für die eigene Atmung unter günstigsten Bedingungen abzweigen müssen. Da die reelle Photosynthese nicht direkt meßbar ist, hilft man sich, indem man die Summe aus Nettophotosynthesevermögen und Atmung (bei entsprechender Temperatur) als Annäherungswert benützt.

Der ökonomische Koeffizient des Photosynthesevermögens ist eine Aussage über die bestmögliche Rentabilität des Gasaustausches. Blätter von Sproßpflanzen vermögen höchstens 10–20mal soviel CO_2 zu binden, wie sie durch die *gleichzeitige Dunkelatmung* freisetzen, Algen bis 25mal soviel. Berücksichtigt man jedoch die *Lichtatmung*, so ergibt sich, daß C_3-Pflanzen in Wirklichkeit viel unökonomischer arbeiten – der $ÖK_{Ph}$ sinkt dann auf 3–5. Die C_4-Pflanzen, bei denen eine Lichtatmung nicht in Erscheinung tritt, schneiden daher wiederum am günstigsten ab. Über die Ökonomie der Photosynthese entscheidet neben der Ergiebigkeit des Photosyntheseprozesses ebenso der Assimilatverbrauch bei der Atmung. Besonders ungünstig liegen die Verhältnisse bei Coniferennadeln und Flechten; beide besitzen in ihren Assimilationsorganen einen großen Anteil von nur atmenden, photosynthetisch unproduktiven Geweben.

4.2.2.4 Einfluß von Entwicklung und Aktivitätszustand auf die Atmung und das Photosynthesevermögen

Das Photosynthesevermögen und die Atmungsaktivität sind für eine Pflanzenart zwar bezeichnende, aber nicht konstante Größen. Innerhalb derselben Pflanze ändert sich das Gaswechselverhalten im Laufe der Individualentwicklung und im Zusammenhang mit jahreszeitlichen und sogar tageszeitlichen Aktivitätsschwankungen.

Atmung. Jüngere Pflanzen atmen stärker als ältere. Wachsende Pflanzenteile atmen besonders stark: für die umfangreichen Syntheseleistungen verbraucht das Protoplasma Mengen von ATP, die weit über den normalen Betriebsaufwand hinausgehen. Über einen Rückkopplungsmechanismus vermag die Zelle die respiratorische ATP-Bildung den Bedürfnissen entsprechend zu regeln. In Keimpflanzen, Wurzelspitzen, beim Laubaustrieb und in heranwachsenden Früchten beträgt die *Aufbauatmung* das Drei- bis Zehnfache der normalen Betriebsatmung. Die Intensität der Aufbauatmung ist der Wachstumsgeschwindigkeit proportional. Mit zunehmender Ausdifferenzie-

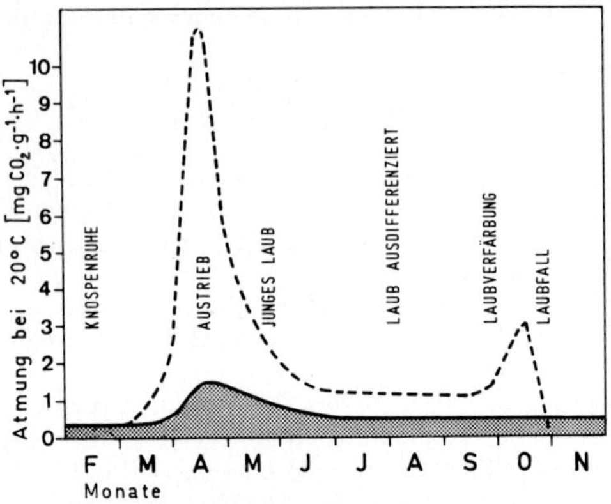

Abb. 61. Dunkelatmung von Blättern sommergrüner Bäume (durchbrochene Linie) und immergrüner Holzpflanzen (gerasterte Fläche) in Abhängigkeit vom Vegetationsablauf. Nach Meßergebnissen von Eberhardt (1955), Pisek und Winkler (1958), Neuwirth (1959), Larcher (1961), Negisi (1966) und E. D. Schulze (1970).

rung und Ausreifung der Gewebe geht die Atmungsintensität wieder stark zurück (Abb. 61). Kurz bevor die Abbauvorgänge des Alterns einsetzen, kann es in Blättern und besonders Früchten mancher Pflanzenarten zu einem vorübergehenden *klimakterischen Atmungsanstieg* kommen. Er ist bereits ein Zeichen eines veränderten Stoffwechsels, der sich auch durch die Verfärbung des Laubes und durch die Abgabe gasförmiger Stoffwechselprodukte bei Früchten (z. B. Äthylen) zu erkennen gibt.

Das **Photosynthesevermögen** ändert sich im Zuge der Entwicklung fortlaufend. In der *Austriebsphase* ist das Photosynthesevermögen anfänglich so gering, daß die gleichzeitige, sehr intensive Aufbauatmung sie übertrifft. In der Streckungsphase des Neuaustriebes von Holzpflanzen mißt man daher tagelang CO_2-Ausscheidung bei Licht, die Jungtriebe können sich noch nicht selbst erhalten und müssen aus älteren Teilen der Pflanze mit Kohlenhydraten versorgt werden (Abb. 62 A). Mit der Entfaltung der Blätter entwickelt sich rasch die Fähigkeit zu intensiver CO_2-Bindung. Das junge, voll ausgewachsene Laub steht auf dem Höhepunkt des Leistungsvermögens, schon nach Tagen bis Wochen läßt dieses wieder nach und fällt mit zunehmendem Alter ständig weiter ab. Der *Leistungsrückgang* erfolgt rascher bei Assimilationsorganen, die nur eine Vegetationsperiode funktionstüchtig bleiben, bei mehrjährigem Laub langsamer und schubweise. Bei krautigen Pflanzen mit raschem Entwicklungsablauf unterscheiden sich die einzel-

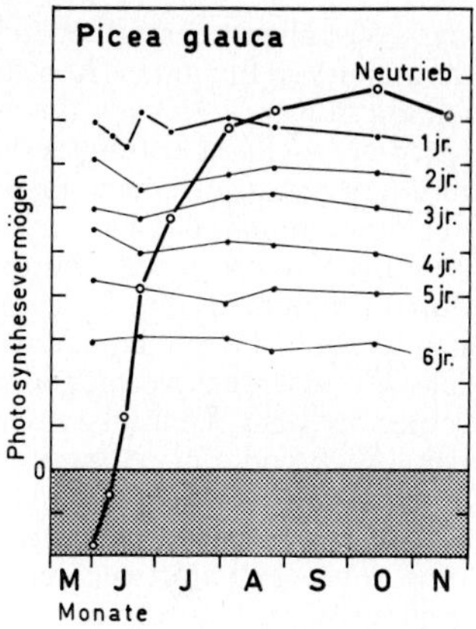

Abb. 62A. Abhängigkeit des Photosynthesevermögens der Blaufichte vom Nadelalter. Die neuaustreibenden Nadeln erwerben erst allmählich das volle Photosynthesevermögen; während der Streckungsphase sind sie wenig leistungsfähig, so daß sie infolge der gleichzeitig stark überhöhten Atmung auch bei Licht CO_2 ausscheiden (gerasterter Bereich = CO_2-Abgabe). In den folgenden Jahren sinkt das Photosynthesevermögen der Nadeln nach jedem überstandenen Winter um ein Stück tiefer. Nach CLARK (1961).

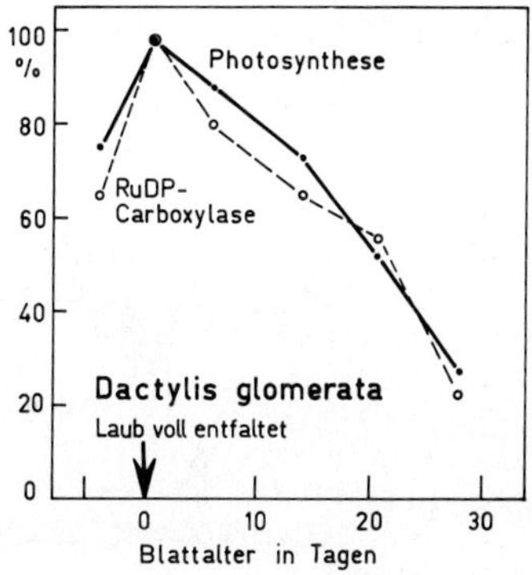

Abb. 62B. Rückgang des Photosynthesevermögens und der Aktivität der RuBP-Carboxylase mit zunehmendem Blattalter beim Knäuelgras. Nach TREHARNE und EAGLES (1970).

nen Blätter am Sproß je nach Entfaltungszeitpunkt und Differenzierungszustand mitunter erheblich, desgleichen Blätter, die zu verschiedenen Jahreszeiten angelegt werden. Bei immergrünen Pflanzen aus Gebieten mit einer kalten Jahreszeit sackt das Photosynthesevermögen nach jedem Winter und mit jedem neuen Laubaustrieb auf ein tieferes Niveau ab (Abb. 62 A). Unterbleibt ein Laubaustrieb oder entfernt man den Neuzuwachs, so verlängert sich damit nicht nur die Lebensdauer der älteren Blätter, es wird auch der Alterungsprozeß der Photosynthese abgebremst.

Die Entwicklungsabhängigkeit des Photosynthesevermögens hat mehrere Ursachen. Sehr junge Blätter haben ihr Flächenwachstum noch nicht abgeschlossen und können daher nicht genügend Licht auffangen, außerdem sind sie meist noch chlorophyllarm und atmen sehr stark. Vor allem aber wirken sich entwicklungsabhängige Aktivitätsänderungen von Enzymen (Abb. 62 B) und die Trends in der Assimilatverteilung (s. Kap. 4.3.2) aus, die ihrerseits durch Phytohormone kontrolliert werden. Das Leistungsvermögen der Photosynthese ist daher häufig im generativen Lebensabschnitt, also während der *Blühphase* und der *Fruchtausbildung*, besonders hoch. Kurz vor dem Einziehen oder dem Blattfall bricht das Photosynthesevermögen schließlich auch dadurch zusammen, daß Chlorophyll abgebaut wird oder daß z.B. bei den Gräsern die Spaltapparate erstarren.

Das Photosynthesevermögen und die Atmungsaktivität ändern sich ferner mit dem Wechsel zwischen Vegetationszeiten und Ruheperioden. Während der *Winterruhe* kann das Photosynthesevermögen wochenlang auf den Nullpunkt absinken, wobei gleichzeitig auch die Atmungsaktivität herabgesetzt ist – ein Hinweis auf die Ruhigstellung des Gesamtstoffwechsels der Pflanze (Abb. 63). In Gebieten mit mildem Winter kommt es nicht zum völligen Erliegen der Photosynthese, aber immerhin zu einer deutlichen Depression des Leistungsvermögens.

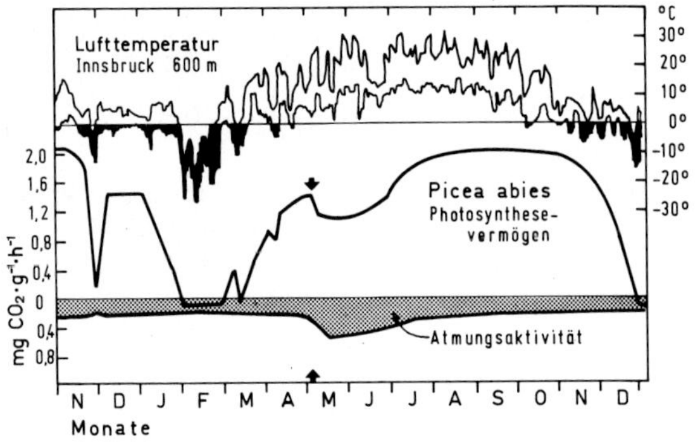

Abb. 63. Photosynthesevermögen und Atmungsaktivität benadelter Zweigspitzen einer erwachsenen Fichte. Die Atmung ist als gerastertes Band nach unten eingetragen. Die Zweige wurden im Freien entnommen und unter standardisierten Bedingungen (Photosynthese bei 12 °C und 10 kLx, Dunkelatmung bei 20 °C) im Laboratorium untersucht. Das Photosynthesevermögen wird nachwirkend herabgesetzt, sobald die Minima der Lufttemperatur regelmäßig 0 °C unterschreiten; bleibt auch das Temperaturmaximum unter dem Eispunkt, dann wird die Nettophotosynthese völlig stillgelegt. Zur Zeit des Neuaustriebes (Pfeile) kommt es infolge der erhöhten Atmung der wachsenden Zweigspitzen zu einem vorübergehenden Rückgang des Nettophotosynthesevermögens. Nach Pisek und Winkler (1958).

4.2.3 Die Wirkung von Außenfaktoren auf den CO_2-Gaswechsel

Der CO_2-Gaswechsel wird durch eine Reihe von Außenfaktoren beeinflußt. Der photochemische Prozeß ist unmittelbar abhängig vom Strahlungsangebot. Die biochemischen Vorgänge der Photosynthese werden durch die Temperatur, die Mineralstoffversorgung und durch jene Außenfaktoren bestimmt, die den Eintritt des CO_2 begrenzen (z.B. Lichtmangel, trockene Luft und Bodentrockenheit). Für die Intensität des respiratorischen Gaswechsels ist unter den Umweltfaktoren in erster Linie die Temperatur ausschlaggebend. Toxische Umwelteinflüsse beeinträchtigen den CO_2-Gaswechsel im Bereich aller Teilprozesse.

4.2.3.1 Die Lichtabhängigkeit der Nettophotosynthese

Die Lichtabhängigkeitskurve

Werden Blätter oder Algensuspensionen zunehmender Beleuchtung ausgesetzt, so steigt die CO_2-Aufnahme zunächst proportional, später langsamer bis zu einem Höchstwert an. Die Beziehung zwischen Strahlungsaufnahme und Nettophotosynthese folgt einer **Sättigungskurve**. Die Lichtabhängigkeitskurve beginnt im Schwachlicht mit CO_2-Ausscheidung, weil die CO_2-Abgabe durch die Atmung größer ist als die photosynthetische CO_2-Bindung (Abb. 64). Dann wird der Lichtkompensationspunkt durchschritten. Bei der *Kompensationsbeleuchtungsstärke* I_K verarbeitet die Photosynthese gerade soviel CO_2, wie die Atmung freisetzt. Pflanzen, die stark atmen, benötigen daher mehr Licht

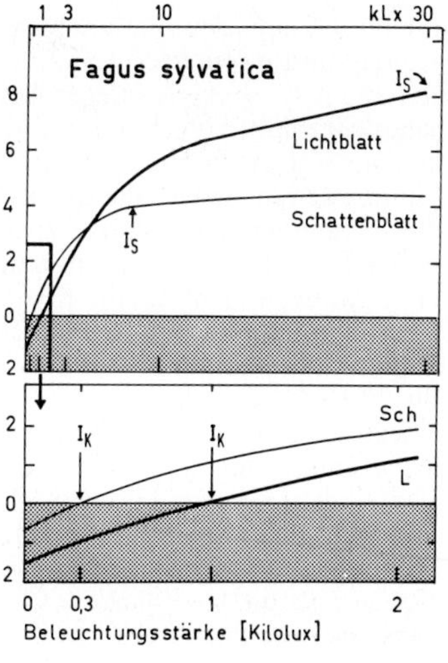

Abb. 64. Abhängigkeit des CO_2-Gaswechsels von Lichtblättern und Schattenblättern der Buche von der Beleuchtungsstärke. Messungen bei 30 °C. Der Schwachlichtbereich (stark umrandeter Ausschnitt in der oberen Abb.) ist in der unteren Abb. mit verlängerter Abszisse dargestellt. Schattenadaptierte Blätter atmen schwächer als Lichtblätter, sie erreichen bei einer geringeren Beleuchtungsstärke die Lichtkompensation (I_K) und nützen auch nachher geringe Helligkeit besser aus, sind aber früher lichtgesättigt (I_S). Nach RETTER (1965). Klassische Arbeit: BOYSEN-JENSEN und MÜLLER (1929).

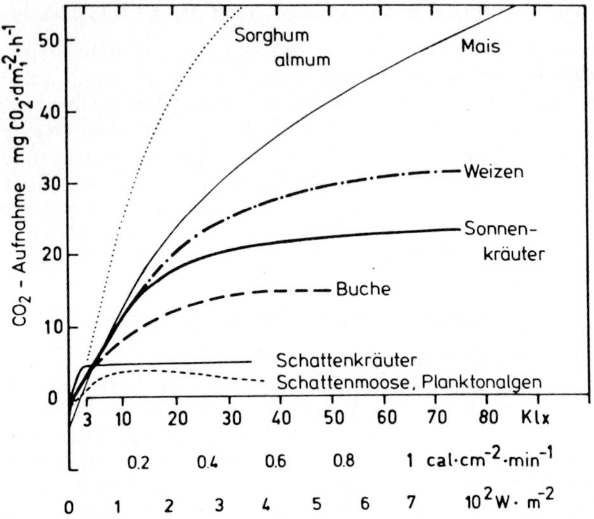

Abb. 65. Lichtabhängigkeit der Nettophotosynthese verschiedener Pflanzen bei optimaler Temperatur und natürlichem CO_2-Angebot. Nach STÅLFELT (1937), BÖHNING und BURNSIDE (1956), GESSNER (1959), RETTER (1965), STOY (1965), HESKETH und BAKER (1967), LUDLOW und WILSON (1971) und Ergebnissen zahlreicher weiterer Autoren.

für die Kompensation als schwache Atmer. Nach Überschreiten des Kompensationspunktes steigt die CO_2-Aufnahme rasch an. Im unteren Bereich dieses Anstieges herrscht strenge *Proportionalität* zwischen Strahlungsangebot und Photosyntheseertrag. Die Geschwindigkeit der Lichtreaktionen ist in diesem Bereich entscheidend für den Gesamtprozeß, je größer die Quantenausbeute Φ ist, um so steiler steigt die Lichtabhängigkeitskurve im Proportionalitätsbereich an. Bei sehr hohen Bestrahlungsstärken nimmt der Ertrag der Photosynthese wenig oder gar nicht mehr zu, die Reaktion ist also *lichtgesättigt* (I_S) und die Geschwindigkeit der CO_2-Aufnahme wird nicht mehr durch die photochemischen, sondern durch die enzymatischen Vorgänge und durch die CO_2-Zufuhr begrenzt.

Vergleicht man die Lichtabhängigkeitskurven verschiedener Pflanzenarten miteinander (Abb. 65), so fallen zunächst die Arten mit CO_2-Fixierung über den Dicarbonsäureweg auf. *C_4-Pflanzen* wie Hirse und Mais erreichen selbst bei höchsten Beleuchtungsstärken die volle Lichtsättigung nicht, auch bei mittleren Helligkeiten arbeiten sie ergiebiger als die C_3-Pflanzen. Offensichtlich ist die PEP-Carboxylase stets, also auch bei Starklicht imstande, mit den auf Hochtouren laufenden Lichtreaktionen Schritt zu halten. Der Calvin-Zyklus der *C_3-Pflanzen* arbeitet bei weitem nicht so perfekt, die Lichtabhängigkeitskurve biegt daher schon früher zum Sättigungswert um. Es gibt auch Pflanzen, deren Photosyntheseleistung bei überreichlicher Beleuchtung wieder abfällt und deren Lichtabhängigkeit ein Strahlungsoptimum aufweist. Dazu gehören hauptsächlich Kryptogamen und Wasserpflanzen, aber auch Baumsämlinge und starklichtempfindliche Pflanzen des Unterwuchses dichter Wälder.

Anpassungen an das Strahlungsangebot

Die Lage der Kardinalbereiche I_K und I_S ist auf die Lichtverhältnisse am natürlichen Standort der Pflanzen abgestimmt und bezeichnend für die einzelnen Pflanzen (Tab. 13 und Abb. 65).
Schattenadaptierte Blätter atmen weniger als Lichtblätter, sie kompensieren daher auch bei wesentlich geringerer Helligkeit. Im allgemeinen liegt die I_K von Schattenpflanzen bei 0,5–1 % des vollen Tages-

Tab. 13. Lichtabhängigkeit der Nettophotosynthese von Einzelblättern bei natürlichem CO_2-Angebot und optimaler Temperatur (nach Messungen zahlreicher Autoren)

Pflanzengruppe	Kompensationsbeleuchtungsstärke I_K in kLx	Lichtsättigung I_S in kLx
A. Landpflanzen		
1. Krautige Blütenpflanzen		
C_4-Pflanzen	1–3	über 80
Landwirtschaftliche Nutzpflanzen (C_3)	1–2	30–80
Sonnenkräuter	1–2	50–80
Schattenkräuter	0,2–0,5	5–10
2. Holzpflanzen		
Sommergrüne Laubbäume und Sträucher		
Lichtblätter	1–1,5	25–50
Schattenblätter	0,3–0,6	10–15
Immergrüne Laub- und Nadelbäume		
Lichtblätter	0,5–1,5	20–50
Schattenblätter	0,1–0,3	5–10
3. Schattenfarne	0,1–0,4	2–8
4. Moose und Flechten	0,4–2	10–20
B. Wasserpflanzen		
Planktonalgen		(7) 15–20
Gezeitentange	1–2	10–20
Tiefenalgen		1–2
Phanerogamen	< 1–2	(5) 10–30

lichtes. Schattenblätter nützen außerdem schwaches Licht besser aus als die Lichtblätter und erreichen sehr früh, nämlich bei rund 10 kLx (etwa 100 W · m^{-2}), ihre Lichtsättigung. Die Sonnenpflanzen, die im Dämmerlicht den Schattenpflanzen unterlegen sind, verwerten dagegen dank größerer Leistungsfähigkeit des Elektronentransportsystems und höherer Carboxylaseaktivität hohe Beleuchtungsstärken besser und erbringen dadurch bedeutend höhere Photosyntheseausbeuten. Landwirtschaftliche Nutzpflanzen, bei denen es auf hohen Ertrag ankommt, müssen daher Sonnenpflanzen sein.

Eine kurzfristige Anpassung an geänderte Standortshelligkeit, etwa nach Freistellen vorher beschatteter Waldunterwuchspflanzen durch Öffnung des Kronenschlusses (z.B. bei Durchforstung, Windwurf) kann innerhalb einer bis mehrerer Wochen durch *modulative* Adaptation der Photosynthese und der Atmung zustandekommen (Abb. 66). Vor allem aber erfolgt die Anpassung *modifikativ* entsprechend dem Strahlungsangebot während der Anlage und Ausdifferenzierung der Assimilationsorgane. Dabei entstehen jene morphologischen, histologischen, feinstrukturellen und biochemischen Merkmale (s. Tab. 1), die das bezeichnende CO_2-Gaswechselverhalten der Starklicht- und Schwachlichtausprägungsformen bedingen. Ausmaß und Geschwindigkeit aller dieser Adaptationsvorgänge sind vom *Entwicklungsstadium* abhängig (Jungpflanzen sind besonders schattenanpassungsfähig) und *genetisch* programmiert. Arten und Ökotypen, die evolutiv an voll besonnte Standorte angepaßt sind, entwickeln das für Starklichtpflanzen typische Photosynthesevermögen und Photosyntheseverhalten nur bei hohem Lichtgenuß. Schattenpflanzen sind fähig, Anpassungsformen an extremen Lichtmangel auszubilden, hingegen nützen sie Starklicht auch dann schlecht aus, wenn sie im hellen Licht heran-

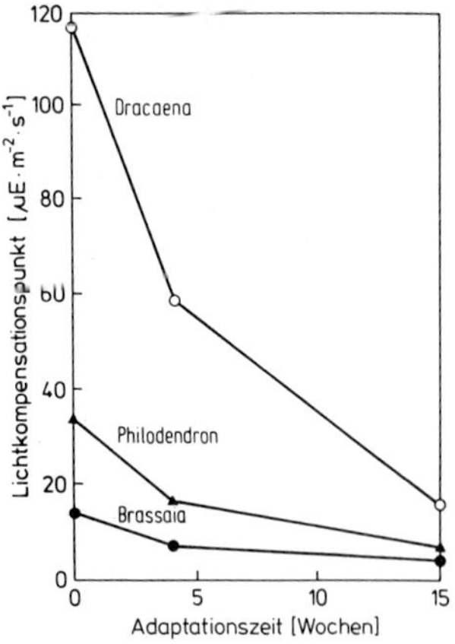

Abb. 66. Verschiebung des Lichtkompensationspunktes von Zimmerpflanzen tropischer Herkunft während der Schattenanpassung bei 27 µE · m^{-2} · s^{-1} (1600 Lux). Nach 15tägiger Adaptation hat die Dunkelatmung um 50–70 % abgenommen und die Photosynthese nützt Schwachlicht etwas besser aus. Nach FONTENO und MCWILLIAMS (1978).

wachsen. Jedoch können Schattenpflanzen, die bei jäher Starklichteinwirkung eine Photosynthesedepression erleiden würden, durch Adaptation an allmählich gesteigerte Helligkeit erreichen, daß ihnen größere Strahlungsintensitäten wenigstens nicht schaden.

Lichtabhängigkeit unter Standortbedingungen
Die unterschiedliche Lichtabhängigkeit der Photosynthese verschiedener Pflanzentypen ist auch unter Freilandbedingungen zu erkennen. Wenn nicht andere Standortfaktoren wie Wasserversorgung und Temperatur den Gaswechsel einschränken, folgt die Nettophotosynthese bis in den Lichtsättigungsbereich dem Strahlungsangebot. Für C_4-Pflanzen bedeutet das, daß sie an Klartagen auch die Mittagshelligkeit voll ausnützen (Abb. 67 und 68). Bei C_3-Pflanzen bleibt der Anstieg der Photosyntheseintensität stehen, wenn die Einstrahlung in ihrem Tagesgang I_S überschreitet. Vorüberziehende helle Wolken wirken sich bei Sonnenpflanzen auf die Photosyntheserate wenig aus, wohl aber stärkere Helligkeitsschwankungen bei wechselnder Bewölkung. Die

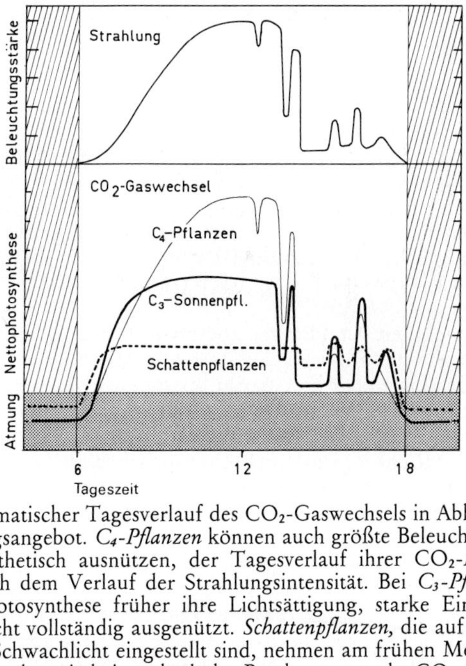

Abb. 67. Schematischer Tagesverlauf des CO_2-Gaswechsels in Abhängigkeit vom Strahlungsangebot. *C_4-Pflanzen* können auch größte Beleuchtungsstärken photosynthetisch ausnützen, der Tagesverlauf ihrer CO_2-Aufnahme folgt getreulich dem Verlauf der Strahlungsintensität. Bei *C_3-Pflanzen* erreicht die Photosynthese früher ihre Lichtsättigung, starke Einstrahlung wird daher nicht vollständig ausgenützt. *Schattenpflanzen,* die auf gute Ausnützung von Schwachlicht eingestellt sind, nehmen am frühen Morgen und am späten Abend sowie bei wechselnder Beschattung mehr CO_2 auf als die Sonnenpflanzen, große Helligkeit können sie nicht so gut ausnützen.

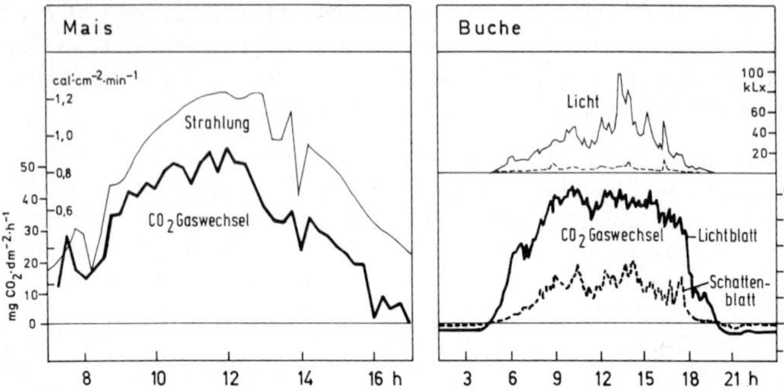

Abb. 68. Gemessene Tagesgänge der Nettophotosynthese in Abhängigkeit vom Strahlungsangebot. Bei Mais (C_4-Pflanze) begleitet die Photosynthese den Tagesverlauf der Strahlung. In Lichtblättern der Buche folgt die Ph_n der wechselnden Beleuchtung nur bis etwa 50 kLx, bei Schattenblättern flackert sie kurzfristig im Zusammenhang mit ebenso kurzfristigen Helligkeitsschwankungen. Nach HESKETH und BAKER (1967) und E. D. SCHULZE (1970).

Schattenpflanzen am Waldboden und die Schattenblätter im Inneren der Baumkronen machen das Spiel der Sonnenstrahlen, die durch das Blattwerk dringen, nur soweit mit, als eine mäßige Helligkeit von 10 kLx nicht überschritten wird. Den Pflanzen, die im Waldesschatten aufwachsen, entgeht dabei allerdings nicht viel, denn unter einem mäßig dichten Kronenschirm (mittlerer Lichtgenuß in der Krautschicht 6–16 %) herrschen Beleuchtungsstärken über dem Sättigungsbereich nur an etwa $\frac{1}{10}$ aller hellen Stunden (Abb. 69).

Lichtabhängigkeit der Photosynthese von Pflanzen im Bestand

Die Beobachtungen an Einzelblättern könnten zu der Annahme verleiten, daß das Licht eher im Überfluß vorhanden sei. Dies trifft aber für die Pflanze als Ganzes und für Pflanzenbestände nicht zu. Die einzelnen Blätter der Pflanze sind zwar oft so angeordnet, daß sich ihre Spreiten der Richtung des durchschnittlich größten Lichtangebotes zuwenden, doch ist das selten eine Einstellung senkrecht zur Einfallsrichtung der direkten Sonnenstrahlung. So werden im Laufe des Tages die Blätter einer Pflanze unter verschiedensten Einfallswinkeln und höchst selten von der vollen Einstrahlung getroffen (Abb. 183). Außerdem beschatten sich die Blätter gegenseitig.

Im Bestand beteiligen sich die einzelnen Laubschichten je nach Anordnung und Überdeckungsgrad der Assimilationsflächen und dem damit verbundenen Lichtabfall in sehr unterschiedlichem Maße am gesamten Photosyntheseertrag. In einem Luzernenfeld von 30 cm Höhe wird in der untersten Blattschicht die Lichtkompensation am Morgen um 2 Stunden später überschritten als an der Bestandesoberfläche, und auch bei starker Einstrahlung erbringt diese Blattschicht nur 3 % der Photo-

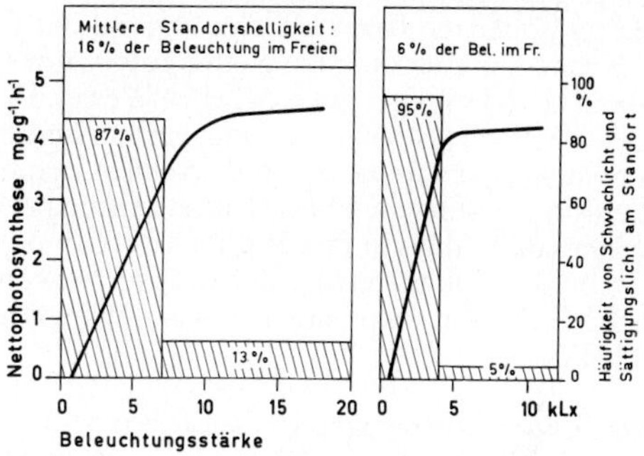

Abb. 69. Lichtabhängigkeit der Nettophotosynthese von Eichenjungpflanzen im Waldunterwuchs. *Links:* Pflanzen bei einem mittleren relativen Lichtgenuß von 16 % aufgewachsen. *Rechts:* Stärker schattenadaptierte Pflanzen, bei einem mittleren relativen Lichtgenuß von 6 % aufgewachsen. Unter dem Kronenschirm des Waldes bieten nur 5 % bzw. 13 % aller hellen Stunden dem Unterwuchs Sättigungslicht. Während der übrigen Tagesstunden liegt die Beleuchtungsstärke im Proportionalitätsbereich der Lichtabhängigkeitskurve. Nach Malkina, Celniker, Jakšina (1970).

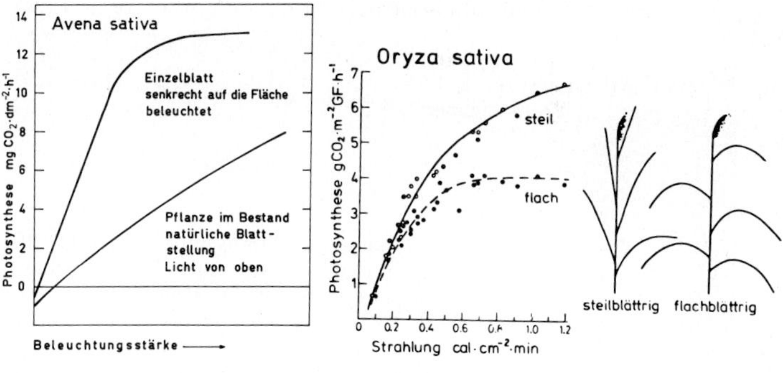

Abb. 70. *Nettophotosynthese von Getreidepflanzen im Bestand. Links:* Vergleich der Photosyntheserate senkrecht auf die Fläche bestrahlter Haferblätter mit jener von Haferpflanzen mit natürlicher Steilstellung der Blätter bei zunehmender Beleuchtungsstärke. Nach Boysen-Jensen (1932). *Rechts:* Vergleich der Photosyntheserate (bezogen auf die Bestandes-Grundfläche) von Reispflanzen mit steilstehenden und abspreizenden Blättern. Nach Tanaka aus Monsi et al. (1973).

syntheseintensität vollbeleuchteter Blätter. Sogar die Blattschicht auf halber Höhe (10–20 cm über dem Boden) erreicht nur wenig mehr als 10 % der vollen Leistung. Ähnliche Verhältnisse herrschen in dichten Baumkronen und unter dem Kronendach des Waldes. Auch dort ist nur im äußersten und obersten Bereich Lichtsättigung der Photosynthese möglich, im Kroneninneren sinkt die Nettophotosynthese bei Mittagshelligkeit auf 15 % und weniger des möglichen Wertes. Der Kompensationspunkt wird erst am späten Vormittag erreicht und mehrere Stunden vor Sonnenuntergang unterschritten. In einem Bestand wächst mit zunehmender Einstrahlung die Photosyntheseleistung der Pflanzen als Gesamtheit langsam und bis in den Starklichtbereich proportional an. Durch die mehrfache Überdeckung des Laubwerks werden selbst die höchsten in der Natur vorkommenden Beleuchtungsstärken noch ausgenützt (Abb. 70).

Photosynthese von Planktonalgen in Gewässern

In Gewässern bildet sich in der von Phytoplankton besiedelten euphotischen Schicht entlang dem Beleuchtungsgradienten eine bezeichnende Abstufung der Photosyntheseintensität aus (Abb. 71). Die Tiefenkurve ergibt sich aus der Lichtabhängigkeitskurve, die bei Algen anstelle der Lichtsättigung ein Optimum und einen *Übersättigungsbereich* aufweist (vgl. Abb. 65). Die größten Photosyntheseraten werden bei hohem Sonnenstand daher nicht unmittelbar unter der Wasseroberfläche gemessen, sondern etwas tiefer, je nach Außenhelligkeit und Trübung des Wassers in 2–15 m (Seen 2–5 m, offenes Meer 10–15 m). An bedeckten Tagen und in der strahlungsarmen Jahreszeit gibt es keine Licht-

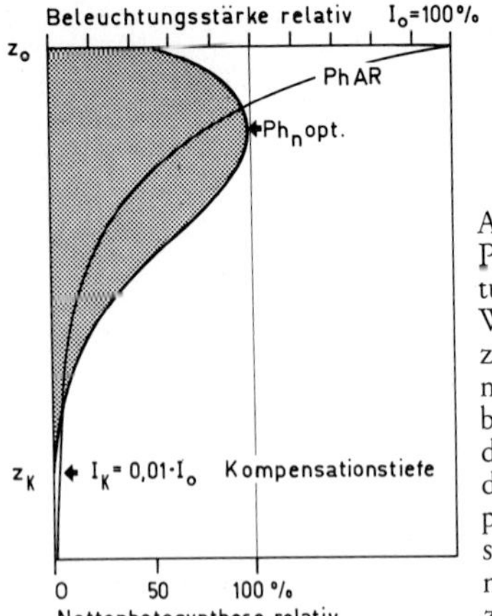

Abb. 71. Photosyntheseintensität des Phytoplanktons und relative Beleuchtungsstärke in Abhängigkeit von der Wassertiefe. An der Wasseroberfläche z_O ist die Photosynthese bei hohem Sonnenstand mit Licht übersättigt und dabei etwas herabgesetzt, einige cm bis dm unter der Wasseroberfläche wird die Beleuchtung optimal, in der Kompensationstiefe z_K fällt die Nettophotosynthese auf Null; dort herrscht nur noch 1 % der Beleuchtungsstärke von z_O. Nach TALLING (1970).

hemmung, der Optimalbereich rückt bis ganz an die Wasseroberfläche herauf. In tieferen Wasserschichten fällt die Photosyntheseleistung ab, bis sie schließlich nur noch die Atmung zu kompensieren vermag. Kompensation wird in der Regel in der Tiefe gefunden, zu der nicht mehr als 1 % des Oberflächenlichtes dringt (*Kompensationstiefe*).

4.2.3.2 Die Temperaturabhängigkeit von Photosynthese und Atmung

Der Temperatureinfluß auf die Reaktionsgeschwindigkeit

Die Temperatur beeinflußt Stoffwechselprozesse über ihren Einfluß auf die Reaktionskinetik chemischer Prozesse und über die Temperaturabhängigkeit der Wirksamkeit der verschiedenen beteiligten Enzyme. Ganz allgemein gilt die **Reaktionsgeschwindigkeits-Temperatur-Regel** (RGT-Regel) von VAN'T HOFF: Die Reaktionsgeschwindigkeit k steigt mit der Temperatur exponentiell an. Die Reaktionsbeschleunigung, die sich bei einer Temperaturzunahme um 10 °C ergibt, wird durch den Temperaturkoeffizienten Q_{10} ausgedrückt.

$$\ln Q_{10} = \frac{10}{T_2 - T_1} \ln \frac{k_2}{k_1} \qquad (16)$$

In dieser Formel bedeuten $T_2 - T_1$ das Temperaturintervall, k_2 und k_1 die zugehörigen Reaktionsgeschwindigkeiten. Über einen kleinen Temperaturbereich bleibt der Temperaturkoeffizient ziemlich konstant; für die meisten Enzymreaktionen beträgt er 1,4–2,0, für physikalische Vorgänge 1,03–1,3. Soll der Einfluß der Temperatur über einen größeren Bereich erfaßt werden, so ist zu berücksichtigen, daß sich der Q_{10} von Stoffwechselprozessen temperaturabhängig ändert: Bei niedrigen Temperaturen ist er groß, weil dann i. d. R. die Enzymreaktionen geschwindigkeitsbegrenzend sind, bei hohen wird der Q_{10} kleiner, weil nun physikalische Vorgänge, z. B. die Diffusionsgeschwindigkeit limitierend wirken.

Temperaturabhängigkeit der Kohlenstoffbindung

Auf die Photosynthese wirkt sich der Temperatureinfluß über die Lichtfolgereaktionen und die Secundärprozesse aus (Abb. 72); der photochemische Primärprozeß ist nahezu temperaturunabhängig. Die Fixierung und Reduktion des Kohlendioxids erfolgt mit ansteigender Temperatur zunehmend schneller, bis sie einen Optimumwert erreicht. Wenn membrangebundene Lichtreaktionen durch Hitze beeinträchtigt werden und das Zusammenspiel der verschiedenen Reaktionen gestört ist, bricht die Photosynthese rasch zusammen. Die nächtliche CO_2-Fixierung und Malatbildung bei den CAM-Pflanzen folgt ebenfalls einer Optimumkurve (Abb. 73).

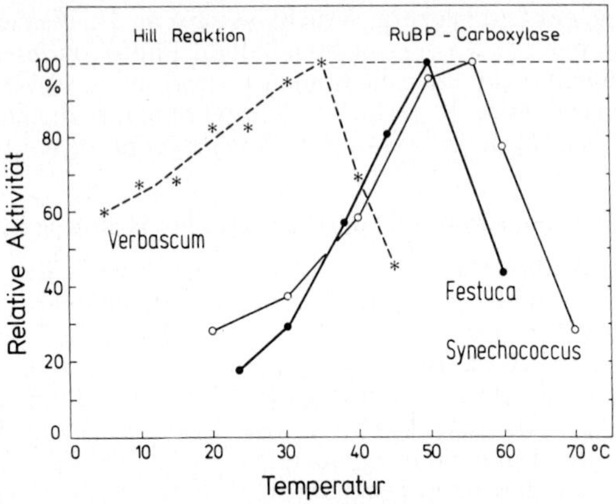

Abb. 72. Temperatureinfluß auf den nichtzyklischen Elektronentransport (Hill-Reaktion) in Chloroplasten von *Verbascum thapsus* (William III et al. 1975) und auf die Aktivität der RuBP-Carboxylase von *Festuca arundinacea* (Treharne und Nelson 1975) sowie eines Hitzeklons der thermophilen Blaualge *Synechococcus lividus* (Sheridan und Ulik 1976). Die Lichtfolgereaktionen (Photolyse, Elektronentransport, Photophosphorylierung) erreichen ihre Höchstleistung bei niedrigerer Temperatur als die Aktivität der RuBP-Carboxylase, und sie werden früher hitzegeschädigt als diese.

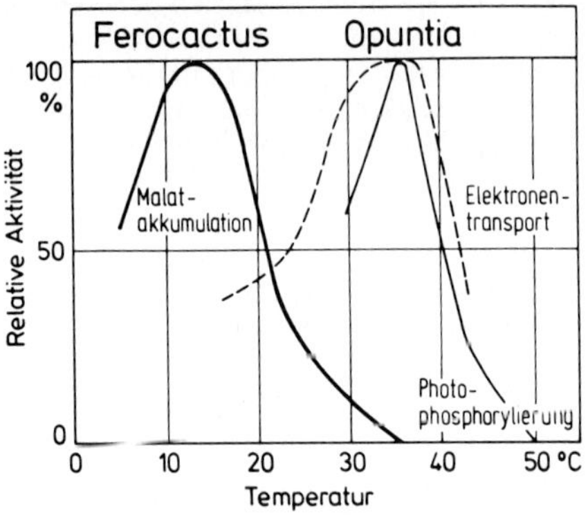

Abb. 73. Temperaturabhängigkeit der nächtlichen Malatakkumulation von *Ferocactus acanthodes* und von Primärprozessen der Photosynthese isolierter Chloroplasten von *Opuntia polyacantha.* Die Optimaltemperatur für die Dunkelfixierung von CO_2 ist bei Kakteen um rund 20 °C niedriger als die Optimaltemperatur für die photosynthetische Verarbeitung des tagsüber freigesetzten CO_2. Nach Nobel (1977) und Gerwick et al. (1977).

Temperaturabhängigkeit der Atmung

Mit steigender Temperatur nimmt die *Dunkelatmung* exponentiell zu (Abb. 74). Unter 5 °C ist die Aktivierungsenergie für die verschiedenen an der Atmung beteiligten Prozesse groß, der Q_{10} also hoch. Bei Tropenpflanzen erreicht der Q_{10} unter 10 °C Werte um und über 3. Über 25 ° bis 30 °C sinkt der Temperaturkoeffizient der Atmung bei den meisten Pflanzen auf 1,5 und weniger. Bei noch höheren Temperaturen verlaufen die biochemischen Vorgänge so schnell, daß die Versorgung mit Substrat und Metaboliten (z. B. ADP) mit dem Stoff- und Energieumsatz nicht schritthalten kann. Die Atmungsintensität fällt daher in kurzer Zeit ab. Bei Temperaturen zwischen 50 und 60 °C werden Enzyme und funktionell wichtige Membranstrukturen hitzegeschädigt und die Atmung erlischt.

Über die Temperaturabhängigkeit der *Lichtatmung* gibt es nur wenige Messungen. Prinzipiell ist zu erwarten, daß die Lichtatmung, die ja über die Substratzufuhr unmittelbar an die Photosynthese angeschlossen ist, in ähnlicher Weise temperaturabhängig ist wie diese.

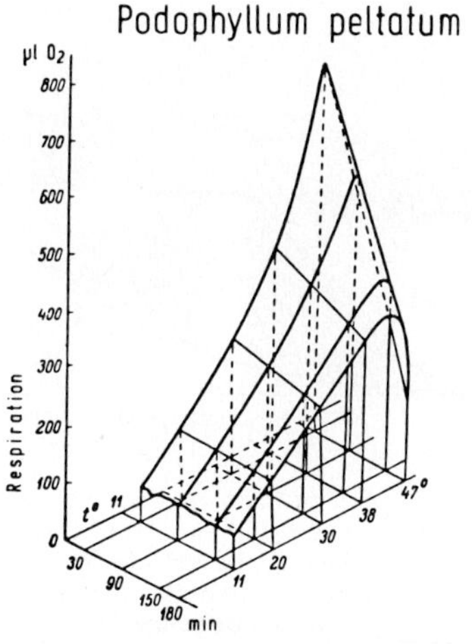

Abb. 74. Temperaturabhängigkeit der Dunkelatmung der Blätter von *Podophyllum peltatum.* Nach SEMICHATOVA (1974).

Grenztemperaturen und Temperaturoptimum der Nettophotosynthese

Die Temperaturabhängigkeit des Nettogasumsatzes ergibt sich aus der Differenz zwischen der Geschwindigkeit des photosynthetischen CO_2-Einbaus und der bei gleicher Temperatur herrschenden Atmung (Abb. 75). Überdies wirkt sich der Temperatureinfluß auf die Spaltweite aus (vgl. Seite 129). Die Nettophotosynthese weist einen Bereich auf, in dem zunehmende Temperatur fördert und einen Bereich, in dem steigende Temperatur hemmt. Diese Bereiche sind durch drei *Kardinalpunkte* definiert: durch die *Kältegrenze* oder das Temperaturminimum der Nettophotosynthese, durch das *Temperaturoptimum* und durch die *Hitzegrenze* oder das Temperaturmaximum der Nettophotosynthese.

Optimaler Temperaturbereich. Als Optimum kann jener Temperaturbereich angesehen werden, bei dem die Nettophotosynthese mehr als 90 % ihrer Höchstleistung liefert. Das Temperaturoptimum der Nettophotosynthese ist schmaler als die optimale Temperaturspanne für

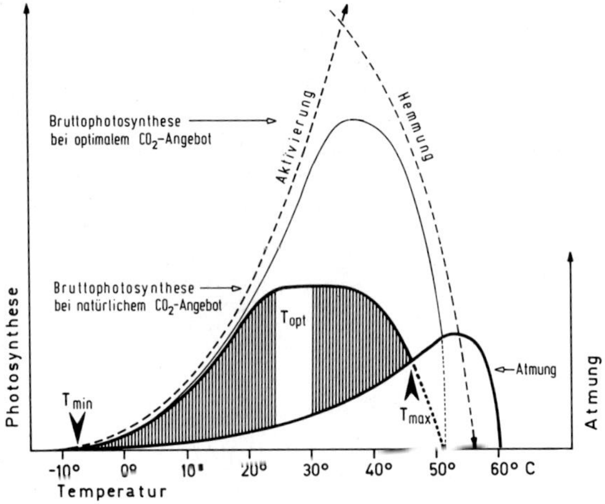

Abb. 75. Schema der Temperaturabhängigkeit von Photosynthese und Atmung. Die Bruttophotosynthese nimmt durch Temperaturaktivierung der beteiligten Enzyme zu, bis hemmende Effekte (z.B. unkoordinierte Enzymwirkung) zu einem Rückgang der Photosyntheseintensität führen. Aus der Differenz zwischen Bruttophotosynthese und Atmung ergibt sich die Höhe der Nettophotosynthese (schraffiertes Feld) und die Lage der Kältegrenze (Temperaturminimum T_{min}), des Temperaturoptimums (T_{opt}) und der Hitzegrenze (Temperaturmaximum T_{max}) der Nettophotosynthese. Klassische Untersuchungen hat LUNDEGÅRDH (1924) ausgeführt.

die CO_2-Fixierung; während die Bruttophotosynthese noch auf vollen Touren läuft, nimmt die Atmung fortgesetzt zu und mindert den Reingewinn.

Bei vielen *C_4-Pflanzen* liegt das Leistungsoptimum bei Temperaturen zwischen 30 und 40 °C, in Einzelfällen sogar bei 50 °C (Tab. 14). Der C_4-Weg der Kohlenstoffassimilation stellt damit die genotypische Voraussetzung und einen ökologischen Vorteil für die Besiedlung heißer Standorte dar. Es gibt aber auch C_4-Pflanzen mit niedrigem Temperaturoptimum der Nettophotosynthese, wie z. B. Maissorten für den Anbau in der gemäßigten Zone oder gewisse kühl adaptierte *Spartina-* und *Atriplex*-Arten.

Unter den *C_3-Pflanzen* stellt sich das Optimum (ebenso wie die übrigen Kardinalpunkte) je nach ökologischer Konstitution innerhalb weiter Grenzen ein. Schattenpflanzen, die nur gelegentlich von direkter Strahlung getroffen werden und sich weniger erhitzen als Pflanzen sonniger Plätze, arbeiten zwischen 10 und 20 °C optimal, desgleichen Frühjahrsblüher und Hochgebirgspflanzen, die zu einer Jahreszeit oder auf Standorten wachsen, für die durchschnittlich niedrige Lufttemperaturen bezeichnend sind. Krautige Sonnenpflanzen und Bäume wärmerer Länder erzielen dagegen höchsten Photosynthesegewinn bei 25° bis 30 °C, Wüstensträucher bei 40 °C und etwas darüber. Bei *CAM-Pflanzen* scheint die Temperatur während der Lichtphase von untergeordneter Bedeutung für die Photosyntheseintensität zu sein. Dagegen zeigt die Dunkelfixierung von CO_2 eine Temperaturabhängigkeit, die deutlich auf die niedrigere Temperatur in der Nacht abgestimmt ist: Der Optimumbereich für die Dunkelfixierung von CO_2 liegt meist zwischen 5° und 15 °C, über 25° bis 30 °C kommt sie zum Erliegen. Daß *Flechten,* die sowohl in den Hochgebirgen wie auch in Polargebieten die äußersten Vorposten des Pflanzenlebens sind, an das durchschnittlich kühle Klima solcher Wuchsplätze angepaßt sind, ist weiter nicht erstaunlich. Optima bei niedrigen Temperaturen zeigen aber auch Blatt- und Krustenflechten aus wärmeren Ländern und sogar aus heißen Wüsten. Auch bei ihnen ist die Anpassung ökologisch sinnvoll, denn die Flechten vermögen nur bei guter Wasserversorgung, also nach Benetzung durch Regen, Tau oder Nebel und bei hoher Luftfeuchtigkeit ausgiebig zu assimilieren. Diese Bedingungen treten normalerweise nur bei kühler Witterung oder am frühen Morgen auf.

Die Kältegrenze der Nettophotosynthese. Tropenpflanzen arbeiten mit Gewinn erst ab +5 bis +7 °C, Pflanzen der gemäßigten Zone und kalter Gebiete assimilieren CO_2 dagegen auch bei Temperaturen unter 0 °C. Bei den höheren Pflanzen wird die CO_2-Aufnahme blockiert, sobald die Assimilationsorgane auszufrieren beginnen, was während der Vegetationsperiode bei den meisten Sproßpflanzen um −1° bis −3 °C, bei Winterannuellen, Frühjahrsgeophyten und Hoch-

Tab. 14. Temperaturabhängigkeit der Nettophotosynthese bei natürlichem CO_2-Angebot und Lichtsättigung. Datensammlung nach Angaben in Originalarbeiten zahlreicher Autoren

Pflanzengruppe	Kältegrenze der CO_2-Aufnahme (Temperaturminimum der Ph_n)	Temperaturoptimum der Ph_n	Hitzegrenze der CO_2-Aufnahme (Temperaturmaximum der Ph_n)
Krautige Blütenpflanzen			
C4-Pflanzen heißer Standorte	+5 bis 7 °C	35–45 (50) °C	50–60 °C
C3-Nutzpflanzen	−2 bis ~0	20–30 (40)	40–50
Sonnenpflanzen	−2 bis 0	20–30	40–50
Schattenpflanzen	−2 bis 0	10–20	um 40
Wüstenpflanzen	−5 bis 5	20–35 (45)	45–50 (56)
CAM-Pflanzen (nächtliche CO_2-Fixierung)	−2 bis 0	5–15	25–30
Winterannuelle, Frühjahrsblüher, Hochgebirgspflanzen	−7 bis −2	10–20	30–40
Holzpflanzen			
Immergrüne Laubbäume der Tropen und Subtropen	0 bis 5	25–30	45–50
Derblaubige Bäume und Sträucher aus Trockengebieten	−5 bis −1	15–35	42–45
Sommergrüne Laubbäume der gemäßigten Zone	−3 bis −1	15–25	40–45
Immergrüne Nadelbäume	−5 bis −3	10–25	35–42
Zwergsträucher der Heiden und Tundren	um −3	15–25	40–45
Mangrovesträucher		25–30	um 40
Moose			
Arktis und Subarktis	um −8	um 5	um 30
Flechten			
Kalte Gebiete	−25 bis −10	5–15	20–30
Wüsten	um −10	18–20	38–40
Tropen	−2 bis 0	um 20	
Algen			
Schneealgen	um −5	0–10	30
Thermophile Algen	20 bis 30	45–55	65

gebirgspflanzen jedoch erst bei −5 ° bis −7 °C eintritt; in diesem Temperaturbereich gefrieren auch immergrüne Blätter und Nadeln im Winter. Anders verhalten sich viele Flechten: Sie vermögen auch dann noch CO_2 aufzunehmen, wenn ihre Thalli teilweise gefroren sind; bei manchen Flechtenarten ist eine CO_2-Assimilation bis −25 °C nachgewiesen worden.

Die Hitzegrenze der Nettophotosynthese. Bei starker Erwärmung fällt die Photosyntheseleistung steil ab, gleichzeitig setzt die gesteigerte Atmung größere CO_2-Mengen frei. An der Hitzegrenze der Nettophotosynthese wird gerade noch das durch die Atmung anfallende CO_2 reassimiliert, bei weiterem Temperaturanstieg wird CO_2 ausgeschieden. Man kann das Temperaturmaximum der Nettophotosynthese daher als einen Kompensationspunkt (Hitzekompensationspunkt) auffassen, der um so früher erreicht wird, je hitzeempfindlicher die Photosynthese und je steiler der Atmungsanstieg ist. Schwache Atmer und Hochleistungspflanzen sind somit im Vorteil; bei C_4-Pflanzen extrem heißer Standorte sind Hitzekompensationspunkte bei 58 und 60 °C gemessen worden, also knapp vor dem Hitzetod der Blätter.

Nachwirkung von Frost und Hitze

Während der Einwirkung extremer Temperaturen ruht die CO_2-Aufnahme völlig. Wenn anschließend wieder günstigere Bedingungen eintreten, erholen sich die Pflanzen nur in den seltensten Fällen sogleich.

Nach **Frost** assimilieren manche (aber keineswegs alle) Flechten unverzüglich, höhere Pflanzen können das nicht (Abb. 76). Bei diesen steigt die Dunkelatmung nach einem Kälteschock vorübergehend fieberhaft an. Erst nach mehreren Stunden normalisiert sie sich wieder. Die Photosynthese kommt nach dem Auftauen nur langsam in Gang. Die Behinderung ist um so stärker und nachhaltiger, je strenger und je länger der Frost eingewirkt hatte. Mehrmaliges Frieren hat dieselbe Wirkung wie große Kälte. Der Tagesgang der *Nettophotosynthese nach Frostnächten* zeichnet sich dadurch aus, daß die CO_2-Aufnahme um so langsamer anläuft und der Scheitelwert um so niedriger ist, je kälter die Nacht war (Abb. 77). Eine Serie von Nachtfrösten engt die für eine CO_2-Aufnahme ausnützbare Tageszeit zunehmend ein und mindert das Leistungsvermögen der Pflanzen beträchtlich.

Auch **Hitze** legt nicht nur während ihrer Einwirkung die Photosynthese lahm. Wenn die besonders hitzeempfindlichen Thylakoidstrukturen geschädigt wurden, sind die nichtzyklische Photophosphorylierung und die Funktion des Photosystems II beeinträchtigt, bis die Struk-

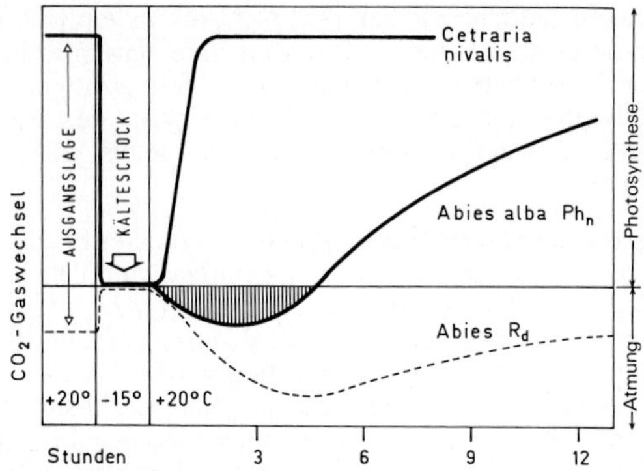

Abb. 76. Nettophotosynthese und Dunkelatmung nach vorausgegegangener Frosteinwirkung. Die Nettophotosynthese der Flechte *Cetraria nivalis* erholt sich nach einem Kälteschock innerhalb einer Stunde Aufenthalt bei 20 °C vollständig. Bei *Tanne* ist die Photosynthese nach dem Auftauen so sehr gehemmt, daß im Licht (10 kLx) einige Stunden lang CO_2 ausgeschieden wird (schraffiertes Feld). Auch nachher erfolgt die Erholung nur sehr langsam und nicht immer vollständig. Die Dunkelatmung der Tanne (nach unten aufgetragene durchbrochene Kurve) ist nach einem Kälteschock stundenlang fieberhaft überhöht; bis zur Normalisierung kann es einen bis mehrere Tage dauern. Nach LANGE (1962), KALLIO und HEINONEN (1971), PISEK und KEMNITZER (1968), BAUER, HUTER und LARCHER (1969) und M. HUTER (unveröff. Ergebnisse).

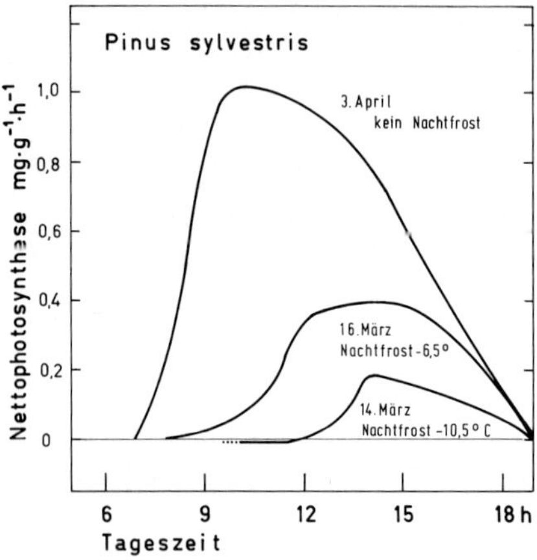

Abb. 77. Nachwirkung von Nachtfrost auf den Verlauf und die Ergiebigkeit der Nettophotosynthese von Kiefernzweigen am darauffolgenden Tag. Nach POLSTER und FUCHS (1963).

turen und das ursprüngliche Leistungsvermögen wiederhergestellt sind. Je nach Pflanzenart und Ausmaß der Hitzebelastung kann die Erholung einige Tage bis mehrere Wochen benötigen.

Temperaturanpassungen

Photosynthese und Atmung passen sich in ihrer Aktivitätseinstellung an das jeweils herrschende Wärmeangebot an.

Modulative Temperaturadaptation erfolgt innerhalb weniger Tage, zuweilen sogar innerhalb einiger Stunden. Mögliche Mechanismen sind Veränderungen im Substratangebot (Zuckeranreicherung bei Kälte), der Ersatz vorhandener Enzyme durch Isoenzyme, die bei gleicher Wirkungsart eine andere Temperaturabhängigkeit ihrer Aktivität aufweisen, sowie chemische und strukturelle Veränderungen der Proteine und Lipide in den Biomembranen. Dadurch wird eine Verschiebung der Temperatureinstellung v. a. des Optimumbereichs und der Hitzegrenze der Photosynthese um mehrere °C erreicht. Die Atmungs*aktivität* wird bei Anpassung an Kälte gesteigert, bei Anpassung an Hitze vermindert. Dies bewirkt einerseits eine bessere Energieversorgung bei niedrigen Temperaturen, andererseits einen flacheren Anstieg der Atmungsintensität (somit sparsameren Assimilationsverbrauch) bei erhöhter Temperatur. Im Idealfall erfolgt die Stoffwechseladaptation so perfekt, daß über einen verhältnismäßig breiten Temperaturbereich die Atmungsintensität auf annähernd gleiche Höhe einreguliert wird (**Homoeostase**). Die Abb. 78 veranschaulicht den Vorgang. Besonders bei Pflanzen auf Standorten mit stark wechselhaftem Temperaturklima kommt schnellen modulativen Anpassungen große Bedeutung zu.

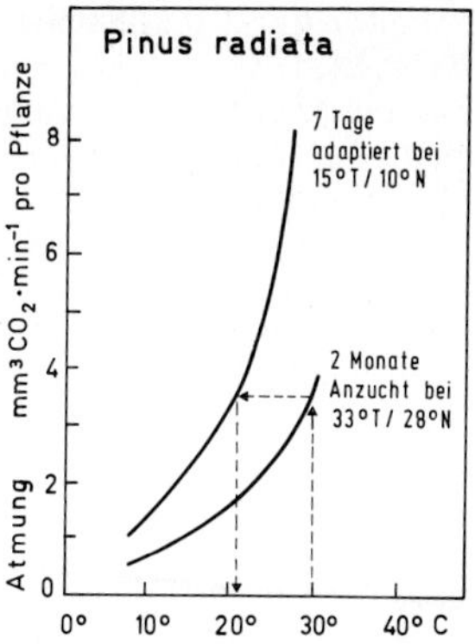

Abb. 78. Abstimmung der Atmungsaktivität von Kiefersämlingen auf die Anzuchttemperatur. Bringt man wärmeadaptierte Sämlinge, die bei 33 °C Tagtemperatur und 28 °C Nachttemperatur herangezogen worden sind, in einen kühlen Raum (15 °C Tagtemperatur und 10 °C Nachttemperatur), so erhöht sich die Atmungsleistung innerhalb einer Woche auf den doppelten Betrag. Die Temperaturkurve der Atmung steigt außerdem steiler an. Infolgedessen atmen die Pflanzen nun bei 21 °C ebensoviel wie früher bei 30 °C. Stellt man anschließend die Sämlinge wieder in den warmen Anzuchtraum zurück, dann fällt die Atmung allmählich auf ihr ursprüngliches Niveau zurück (in der Abb. nicht dargestellt). Nach Rook (1969).

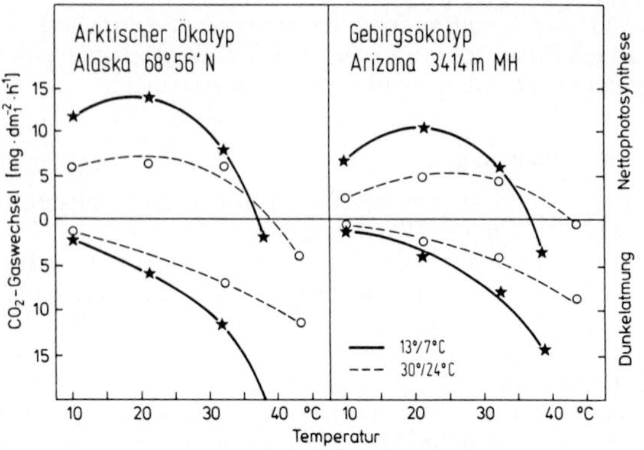

Abb. 79. Temperaturabhängigkeit der Nettophotosynthese und der Dunkelatmung arktischer und Gebirgsökotypen von *Oxyria digyna* nach Anzucht bei niedriger (Tag 13 °C/Nacht 7 °C) und hoher Temperatur (Tag 30 °C/Nacht 24 °C). Nach Billings et al. (1971).

Durch **evolutive Temperaturadaptation** passen sich Photosynthese und Atmung an das *durchschnittliche* Temperaturklima im Lebensraum der Pflanze an. Beim Vergleich von *Ökotypen* aus verschiedenen Klimazonen, besonders auch entlang von Höhengradienten im Gebirge, zeigt sich eine standortgerechte Einstellung sowohl des Temperaturoptimums der Nettophotosynthese als auch der Atmungsaktivität. Die Preferenztemperatur der Photosynthese, d. h. der genetisch verankerte ökotypenspezifische Optimumbereich der CO_2-Aufnahme steht bei evolutiv angepaßten Pflanzen in deutlicher Beziehung zur durchschnittlichen Tagestemperatur während der Vegetationsperiode (R. O. Slatyer, 1978). Evolutive Adaptation äußert sich ferner in einer größeren modulativen Anpassungs*bereitschaft.* So reagieren Gebirgsökotypen von *Oxyria digyna* auf Wärmebehandlung mit einer geringeren Herabsetzung des Photosynthesevermögens und einer weiteren Verschiebung des Temperaturoptimums und der Hitzegrenze der CO_2-Aufnahme als arktische Ökotypen, umgekehrt erfolgt bei Kältebehandlung die kompensatorische Atmungssteigerung bei den arktischen Ökotypen schneller und wirksamer als bei den Gebirgsökotypen (Abb. 79).

4.2.3.3 CO_2-Gaswechsel und Wasserversorgung

Das Wasser wird ebenso wie das Kohlendioxid als Baustoff im Photosyntheseprozeß verwendet, doch nicht diese minimale Menge ist als begrenzender Faktor von Bedeutung, sondern das Wasser, das für die

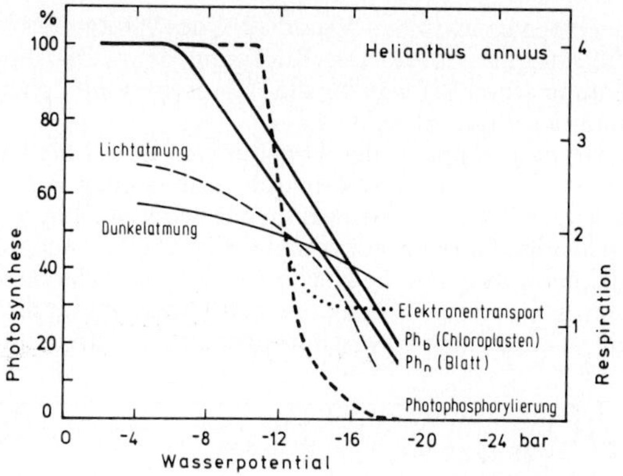

Abb. 80. *Beeinträchtigung von Photosyntheseprozessen und Respiration durch Wassermangel.* Die Intensität von Photosyntheseprozessen in unterschiedlich ausgetrockneten Sonnenblumenblättern ist in % der Aktivität gut wasserversorgter Blätter angegeben. Nach BOYER und BOWEN (1970), BOYER (1971), KECK und BOYER (1974).

Aufrechterhaltung eines hohen Quellungszustandes des Protoplasmas notwendig ist. Von diesem hängt der Ablauf der Stoffwechselvorgänge in der Zelle in entscheidendem Maße ab. Entquellung wirkt *direkt* auf den Photosyntheseprozeß hemmend und zwar sowohl auf den Elektronentransport der Primärreaktionen als auch auf die biochemischen Vorgänge und die Aktivität der Enzyme der Sekundärreaktionen. Vor allem aber führt Turgorverlust zum Spaltenschluß und zur Unterbindung des CO_2-Einstroms. Auch die Atmungsaktivität, insbesondere die Lichtatmung, ist bei Wassermangel herabgesetzt (Abb. 80).

CO_2-Gaswechsel und Quellungsgrad von Thallophyten

Bei Thallophyten gleicht sich der Quellungsgrad des Protoplasmas der Umgebungsfeuchtigkeit an (vgl. Kap. 7.1.1). Diese niederen Pflanzen saugen sich schnell mit Wasser voll, wenn sie benetzt werden, aber sie verlieren es auch wieder schnell durch Verdunstung; der Wassergehalt schwankt also kurzfristig mit den Witterungsbedingungen, er steht im Gleichgewicht mit dem Wasserdampfgehalt der Luft.
Ökologisch wichtig ist der **Feuchtekompensationspunkt.** Die Lufttrokkenheitsgrenze der Nettophotosynthese liegt bei Luftalgen im Bereich von 70–90 % RLF, bei Flechten von 80–96 % RLF und bei jenen Moosen, die der Luft Wasser entnehmen können, meist bei Feuchtegraden über 90 %. Mit zunehmender Wasseraufnahme steigt die Photosyntheseintensität rasch bis zu einem Höchstwert im Quellungsoptimum

an, das bei Flechten zwischen 50 und 80 % des Sättigungswassergehalts liegt. Übersättigung führt zum Rückgang der CO_2-Aufnahme. Bei Austrocknung erlischt allmählich die Photosynthesetätigkeit, und auch die Atmung wird unterdrückt.

Der Photosyntheseapparat der Thallophyten ist auf die häufigen und starken Schwankungen im Wassergehalt der Zellen gut eingerichtet. Völlig trockene Thalli reaktivieren innerhalb von Minuten nach dem Wiederbefeuchten ihre Photosynthese selbst dann, wenn sie lange Zeit ausgetrocknet waren. Für die Flechten in Trockengebieten ist diese Fähigkeit existenzwichtig. Wüstenflechten nützen dadurch den kurzen Zeitraum aus, der ihnen zwischen nächtlicher Aufquellung und er-

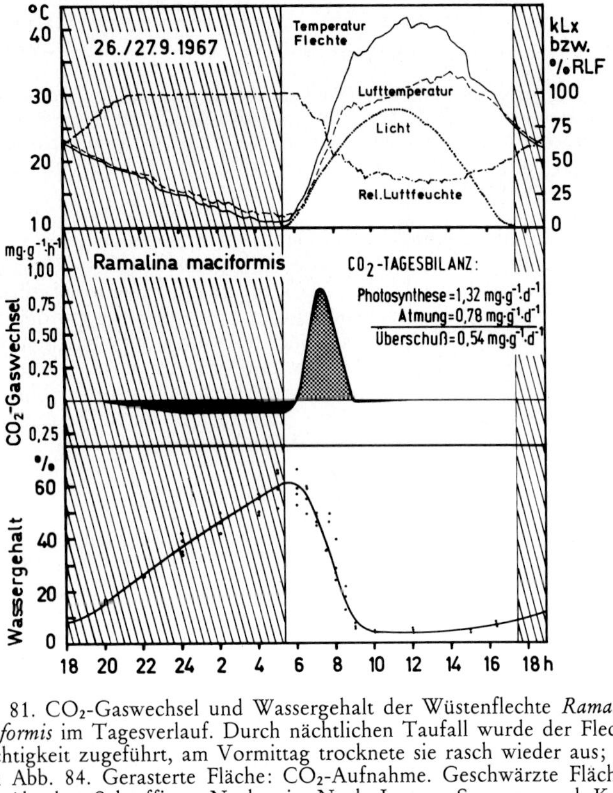

Abb. 81. CO_2-Gaswechsel und Wassergehalt der Wüstenflechte *Ramalina maciformis* im Tagesverlauf. Durch nächtlichen Taufall wurde der Flechte Feuchtigkeit zugeführt, am Vormittag trocknete sie rasch wieder aus; vgl. auch Abb. 84. Gerasterte Fläche: CO_2-Aufnahme. Geschwärzte Flächen: CO_2-Abgabe. Schraffiert: Nachtzeit. Nach LANGE, SCHULZE und KOCH (1970).

neuter Austrocknung am Vormittag verbleibt. Der Tagesgang des CO_2-Gaswechsels einer Wüstenflechte im Abb. 81 zeigt dieses Verhalten unter Standortbedingungen. Die ganze Nacht über saugen die Thalli Feuchtigkeit aus der Luft auf, in den frühen Morgenstunden kommt Tau dazu. Nach Sonnenaufgang verbleiben der Flechte nur noch drei Stunden für einen Kohlenstoffgewinn, dann verfällt sie wieder bis in die Nacht in Trockenstarre.

Gaswechsel und Wassermangel bei Sproßpflanzen

Bei den Sproßpflanzen wirkt sich ein Wassermangel zunächst auf die Spaltapparate aus (siehe Tab. 10), durch deren Verengung der CO_2-Gaswechsel gedrosselt wird. Bei stärkerer Austrocknung verschlechtert sich der Quellungszustand des Protoplasmas und damit auch das Leistungsvermögen der Photosynthese. Normalerweise bleibt die CO_2-Aufnahme nur über einen schmalen Bereich guter Wasserversorgung hoch, sie beginnt bei weiterer Entwässerung alsbald abzufallen und wird schließlich völlig unterbunden. Der Kurvenverlauf des Gaswechsels bei zunehmender Austrocknung weist also zwei charakteristische Knickstellen auf: den Übergang von voller Leistung zum *Einschränkungsbereich* und den *Gaswechselnullpunkt* (Abb. 82).
Der *erste Knickpunkt* liegt bei jenem Wasserzustand, bei dem sich die Spaltöffnungen verengen und der stomatäre Diffusionswiderstand dadurch größer als der Restwiderstand (Mesophyllwiderstand) wird. Wassernachschub nach Überschreiten des ersten Knickpunktes führt zu rascher Erholung.

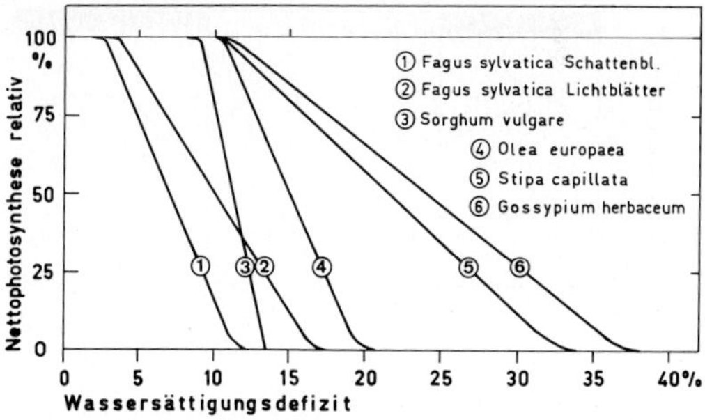

Abb. 82. Einschränkung der Nettophotosynthese bei zunehmendem Wassermangel. Als Maß für den Wassermangel ist das Wassersättigungsdefizit der Blätter angegeben. Nach Pisek und Winkler (1956), Larcher (1963a), El Sharkawy und Hesketh (1964), Gloser (1967).

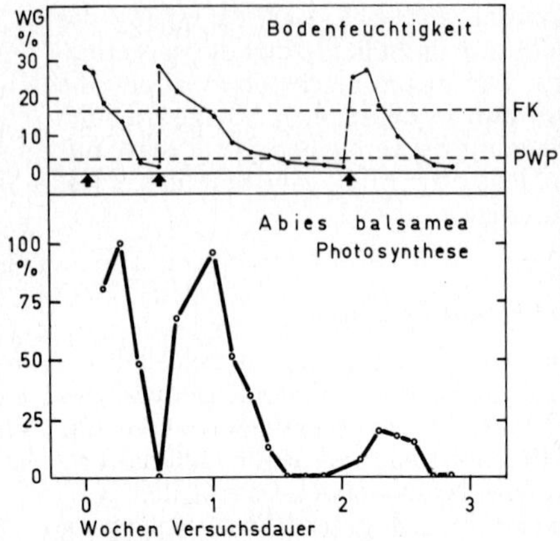

Abb. 83. Auswirkung der Bodenaustrocknung auf die Nettophotosynthese von einjährigen Sämlingen der Balsamtanne. Durch Bewässerung (Pfeile) wurde die Bodenfeuchtigkeit über Feldkapazität (FK, Näheres s. Seite 291) aufgefüllt. Anschließend trocknete der Boden bis unter den permanenten Welkungsbereich (PWP, s. Seite 294) aus. Nach kurzdauernder Austrocknung erholte sich die Nettophotosynthese rasch und vollständig, nach mehrtägiger Bodenaustrocknung nur mehr unvollständig. Nach CLARK (1961).

Der *zweite Knickpunkt* ist durch starken oder vollständigen Verschluß der Stomata und auch durch die unmittelbare Wirkung des Wassermangels auf das Protoplasma bedingt. Eine nennenswerte CO_2-Aufnahme ist nicht mehr möglich, wohl aber kann das bei der Atmung freigesetzte CO_2 wieder gebunden werden. Ist dieser Zustand erreicht, so erholt sich die Photosynthese nach Zufuhr von Wasser nicht mehr sofort, sondern nur zögernd. Nach strenger Dürre wird die ursprüngliche Leistungshöhe unter Umständen überhaupt nicht mehr wiederhergestellt (Abb. 83).

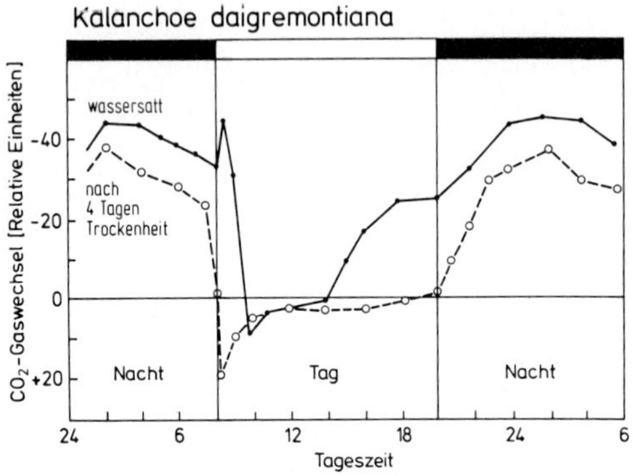

Abb. 84. CO_2-Gaswechsel der CAM-Pflanze *Kalanchoe daigremontiana* im Austrocknungsversuch. Negative Werte bedeuten CO_2-Aufnahme. Nach KLUGE (1976), verändert.

Die Empfindlichkeit des CO_2-Gaswechsels gegenüber Wassermangel, die Lage der Grenzwerte für beginnende Einschränkung und für die völlige Unterbindung des CO_2-Flusses sind weitgehend spezifisch, aber auch stark adaptierbar. Für eine Reihe von Arten, die verschiedene ökophysiologische Konstitutionstypen repräsentieren, sind diese Grenzwerte in der Abb. 82 eingetragen.
Schattenpflanzen und Bäume reagieren schon auf geringe Wasserverluste überaus sensibel. Pflanzen sonniger Standorte und krautige Nutzpflanzen tolerieren dagegen je nach Art und Aufwuchsbedingungen auch größeren Wassermangel; C_4-Pflanzen unterscheiden sich nicht grundsätzlich von C_3-Pflanzen. Besonders hohe Grenzwerte weisen erwartungsgemäß Pflanzen der Trockengebiete, vor allem Wüstenpflanzen auf; viele von ihnen sperren den Gaswechsel erst bei Saug-

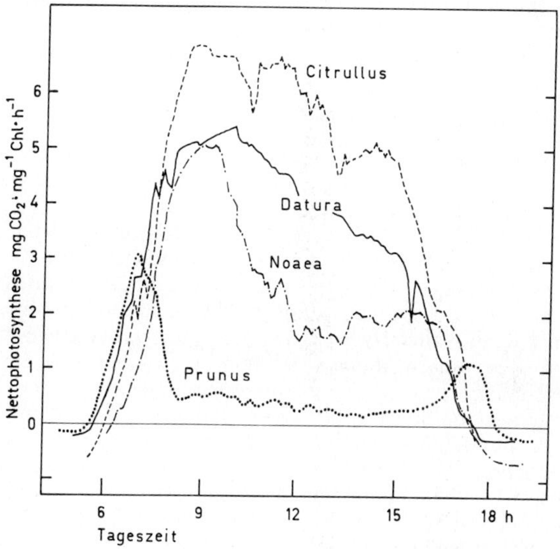

Abb. 85. Tagesgang der Nettophotosynthese verschieden dürreempfindlicher und ungleich stark dürrebelasteter Pflanzen zu Ende der Trockenzeit in der Negev-Wüste. *Citrullus colocynthis* und *Datura metel* waren bewässert, ihre Ph_n ist nur während der heißesten Tagesstunden und am Nachmittag etwas herabgesetzt. Die Wüstenpflanze *Noaea mucronata* schränkt nach ausgiebiger CO_2-Aufnahme am Vormittag die Photosynthese gegen Mittag energisch ein. *Prunus armeniaca* leidet gegen Ende der Trockenheit erheblich unter Wassermangel, nur am frühen Morgen und am späten Abend sind nennenswerte CO_2-Einnahmen möglich. Nach SCHULZE, LANGE und KOCH (1972).

spannungen über -40 bar. CAM-Pflanzen halten bereits bei beginnendem Wassermangel ihre Spalten den ganzen Tag geschlossen (Abb. 84). Die Photosynthese verwertet dann das interne CO_2, das durch den Abbau des in der Nacht gespeicherten Malats frei wird. Die nächtliche CO_2-Aufnahme kann durch Trockenheit anfänglich sogar gefördert sein. Wenn das Wasserpotential aber unter -10 bis -15 bar sinkt, wird auch die Dunkelfixierung des CO_2 stark verringert.
Der Spaltenschluß bei erschwerter Wasserversorgung ist primär eine Maßnahme des Wasserhaushaltes. Die verschiedenen Verhaltenstypen sind also besser vom Wasserhaushalt her zu verstehen. Das gilt auch für den Tagesverlauf der Nettophotosynthese auf dem Standort. In Abb. 85 sind typische *Tagesgänge der Nettophotosynthese bei erschwerter Wasserversorgung* zusammengefaßt. Es gilt das Prinzip: je empfindlicher eine Art gegen Wassermangel ist und je strengere Trockenheit herrscht, um so früher am Tage wird die Assimilationstätigkeit eingeschränkt.

4.2.3.4 Gaswechsel und Bodenfaktoren

Photosynthese und Atmung werden durch die Bodentemperatur, durch die Wasserführung und den Luftgehalt des Bodens sowie durch mineralische Nährstoffe beeinflußt.
Die Bodentemperatur, die Sauerstoffkonzentration im Boden und die Wasserfüllung im Porenraum wirken sich zunächst auf die Intensität der Wurzelatmung, das Wurzelwachstum und die Absorptionsleistung aus. Mittelbar wird aber die gesamte Pflanze davon betroffen.
Der Einfluß der **Nährsalzversorgung** der Pflanze auf die Photosynthese und die Atmung ist überaus vielfältig. Auf Böden ohne einseitigen Nährstoffmangel ist die Mineralstoffversorgung ein weniger entscheidender Umwelteinfluß als klimatische Faktoren. Trotzdem läßt sich fast immer durch künstliche Nährstoffzufuhr der Ertrag der Photosynthese anheben. Mineralische Nährstoffe können die Intensität des Kohlenstoffwechsels unmittelbar und auf dem Umweg über den Baustoffwechsel und die Wuchsleistung beeinflussen. Direkte Wirkungen auf Photosynthese und Atmung ergeben sich daraus, daß die Mineralstoffe Bausteine von Enzymen und Pigmenten sind oder als Aktivatoren unmittelbar in den Photosyntheseprozeß eingreifen (vgl. Tab. 27 und 28). Mangan z.B. ist ein Aktivator der Photolyse, Kalium ist am Energietransfer durch die Thylakoidmembranen beteiligt. Stickstoff und Magnesium sind Baustoffe für das Chlorophyll, Eisen, Kobalt und Kupfer sind es für verschiedene Enzyme und Redoxkörper, Phosphat für Nucleotide. Mineralstoffmangel oder Störungen im Verhältnis der aufgenommenen Elemente können sich auf den Chlorophyllgehalt und auf die Zahl, Größe und Feinstruktur der Chloroplasten auch

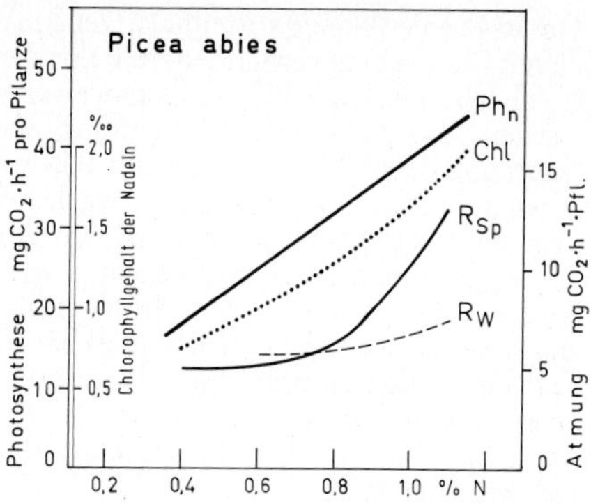

Abb. 86. Einfluß der Stickstoffversorgung auf Nettophotosynthese (Ph_n), Sproßatmung (R_{Sp}) und Wurzelatmung (R_W) von Fichtenjungpflanzen. Der Verlauf des photosynthetischen Leistungsvermögens ist dem Chlorophyllgehalt (Chl) der Nadeln proportional. Nach TH. KELLER (1971a).

dann auswirken, wenn diese Elemente nicht im Chlorophyllmolekül eingebaut sind, wie z. B. Eisen. Bei Stickstoff- und Eisenmangel werden Chlorosen beobachtet, die dazu führen, daß die CO_2-Aufnahme auf weniger als ⅓ absinkt (Abb. 86). Auch Magnesiummangel kann ähnliche Folgen haben. Durch die Chlorophyllarmut vermögen die Pflanzen vor allem starkes Licht nicht mehr auszunützen, sie verhalten sich wie Schattenpflanzen.
Mineralische Nährstoffe beeinflussen den Gaswechsel außerdem über ihre Wirkung auf das Spaltöffnungsverhalten, auf den anatomischen Bau, die Größe, die Lebensdauer und vor allem die Menge der Blätter. Unter Stickstoffmangel entwickeln sich kleine Blätter mit weniger beweglichen Spaltapparaten, zu hohes Stickstoffangebot übersteigert die Atmung und verringert dadurch den Nettogewinn der Photosynthese.

4.2.3.5 Der CO_2-Umsatz im Wechselspiel der Außenfaktoren

Unter Freilandbedingungen wirken die Umweltfaktoren nicht isoliert, sondern als Komplex. Der Gaswechsel der Pflanzen ist dann Ausdruck des schwer überschaubaren Zusammenspiels aller inneren und äußeren Einflüsse. Unter diesen wird sich immer ein **Faktor im Minimum** befinden, der dadurch für einige Zeit assimilationsbegrenzend ist, *die übrigen beeinflussen jedoch das Geschehen unterschwellig mit.* So rücken z. B. mit zunehmender Beleuchtungsstärke die Optimumtemperatur und die Hitzegrenze der Nettophotosynthese gegen höhere

Wärmegrade. Das ist für die Pflanze vorteilhaft, weil kräftige Einstrahlung immer auch mit Erwärmung verbunden ist. Führt die starke Strahlung schließlich zur Überhitzung (oder zu erschwerter Wasserversorgung), dann verliert das Licht seine Bedeutung als leistungsbestimmender Faktor, und die CO_2-Aufnahme fällt ab. Infolgedessen ergeben sich aus Freilandwerten nicht Lichtsättigungskurven wie im Laboratoriumsversuch, sondern eher Optimumverläufe (Abb. 87). Im Bereich des Beleuchtungsoptimums ist die volle Lichtanregung der Photosynthese bereits gegeben, die nachteilhaften Begleiterscheinungen starker Strahlung machen sich aber noch nicht bemerkbar. Im natürlichen Wechselspiel sind die Außenfaktoren nur selten und für kurze Zeit so günstig bemessen und so harmonisch aufeinander abgestimmt, daß die Photosynthese Spitzenwerte erzielt. Im *Durchschnitt* erreichen die Tageshöchstwerte der CO_2-Aufnahme 70–80 % des Photosynthesevermögens. Das gilt für krautige Pflanzen ebenso wie für Bäume.

Unter klimatischen Verhältnissen, wie sie in mittleren Breiten herrschen, begrenzt in erster Linie *Lichtmangel* bei niedrigem Sonnenstand und Bewölkung die Ergiebigkeit der CO_2-Assimilation freistehender Pflanzen (Tab. 15) und erst recht der Pflanzen in dichten Beständen. Zu *niedrige Temperaturen* verringern in der gemäßigten Zone den

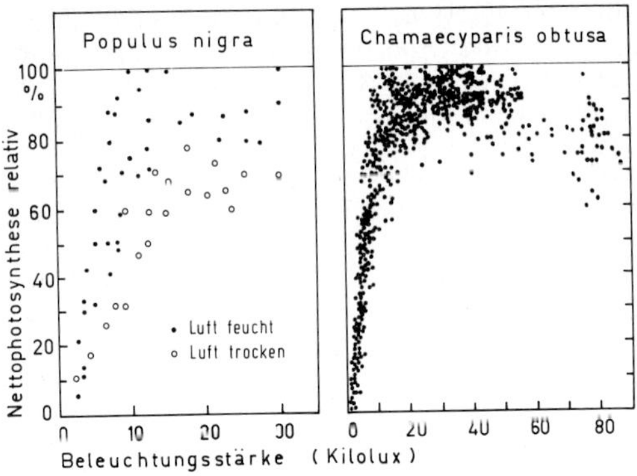

Abb. 87. Lichtabhängigkeit der Nettophotosynthese unter wechselnden Witterungsbedingungen im Freiland.
Linke Abbildung: Die Kreise sind Meßwerte von erwachsenen Pappeln an Klartagen mit geringer Luftfeuchtigkeit, die Punkte sind Meßwerte an wolkigen bis schwach bedeckten Tagen mit hoher Luftfeuchtigkeit. Nach POLSTER und NEUWIRTH (1958).
Rechte Abbildung: Meßwerte von eingetopften Sämlingen während eines Sommers (umgerechnet auf einheitlich 20 °C, um den Temperatureinfluß zu eliminieren). Nach NEGISI (1966).

Tab. 15. Minderung der CO_2-Aufnahme (durchschnittlich gemessene Ph_n in % der maximal möglichen) auf dem Standort durch leistungseinschränkende Faktoren

A. Einjährige Sämlinge von Pinus densiflora und Cryptomeria japonica in Japan (nach NEGISI 1966)

Faktor	Minderung im Jahresdurchschnitt		Minderung während der Hauptvegetationszeit April bis September		Größte Wirksamkeit des einschränkenden Faktors
	Pinus	*Cryptomeria*	*Pinus*	*Cryptomeria*	
Jahreszeitlich herabgesetztes Photosynthesevermögen	−36 %	−25 %	− 8 %	−10 %	Winter
Lichtmangel in der Dämmerung und bei niedrigem Sonnenstand	−16 %	−14 %	− 5 %	− 5 %	Winter
Lichtmangel durch Bewölkung	−11 %	− 9 %	−17 %	−10 %	Frühsommer
Temperatur zu niedrig oder zu hoch	− 7 %	−10 %	−15 %	−25 %	Frühjahr (Kälte) Hochsommer (Hitze)
Gesamtminderung	−70 %	−58 %	−45 %	−50 %	
Verbleibende Leistung	*+30 %*	*+42 %*	*+55 %*	*+50 %*	

B. Erwachsene Buche in Nordwestdeutschland (nach E. D. SCHULZE 1970)

Faktor	Durchschnittliche Minderung während der Vegetationsperiode	Maximale Minderung während ungünstiger Witterungsperioden
Lichtmangel in der Dämmerung	−22 %	
Lichtmangel durch Bewölkung und Nebel	−16 %	−56 %
Temperatur ungünstig	− 3 %	−15 %
Lufttrockenheit	− 2 %	−13 %
Gesamtminderung	−43 %	
Verbleibende Leistung	*+57 %*	

Kohlenstofferwerb der immergrünen Vegetation im Spätherbst, Winter und Frühjahr erheblich; die sommergrünen Holzpflanzen sind davon wenig betroffen. Ganzjährig photosynthesebegrenzend ist Wärmemangel im Hochgebirge. Zu *hohe Temperaturen* sind in der gemäßigten Zone selbst auf hitzebelasteten offenen Standorten von untergeordneter Bedeutung. In den Subtropen und Tropen hingegen dürfte der hitzebedingten Einschränkung der CO_2-Aufnahme eine selektionierende Rolle zukommen: Bei hohen Temperaturen und starker Strahlung sind C_4-Pflanzen den C_3-Pflanzen assimilationsökologisch überlegen, solange eine einigermaßen auskömmliche Wasserversorgung einen Kohlenstoffgewinn noch zuläßt.

Global gesehen ist *Wassermangel* der bedeutendste assimilationsmindernde Umweltfaktor. Aus Tagesgängen des CO_2-Gaswechsels läßt

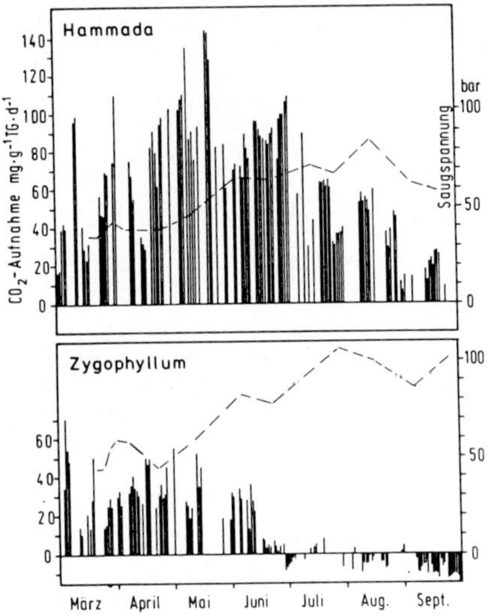

Abb. 88. Tagessummen (vertikale Striche) der CO_2-Aufnahme bzw. CO_2-Abgabe von Wüstenpflanzen auf unterschiedlich dürrebelasteten Standorten. *Hammada scoparia* ist ein C_4-Rutenstrauch, der lößbedeckte Senken besiedelt, *Zygophyllum dumosum* ist ein C_3-Kleinstrauch, der auf südgeneigten Hängen und steinigen Einebnungen wächst. In der Trockenzeit wirft *Zygophyllum* die Blätter ab, die Saugspannung der Sprosse (strichlierte Kurve) nimmt stark zu und der CO_2-Gaswechsel schlägt in CO_2-Abgabe um. *Hammada* ist imstande, auch in der Trockenzeit dem Boden Wasser zu entziehen, die Saugspannung bleibt mäßig hoch und die grünen Sprosse binden weiterhin CO_2, wenn auch in herabgesetztem Ausmaß. Nach LANGE et al. (1975).

sich entnehmen, daß immergrüne Sträucher und Halbsträucher der Macchie und des Buschlandes während der Dürrezeit um $\frac{1}{5}$ – $\frac{2}{3}$ niedrigere Tagesmaxima der Nettophotosynthese erreichen als in der Regenzeit. Im einzelnen wechselt das Ausmaß der Verringerung der CO_2-Ausbeute je nach Wuchsform und Empfindlichkeit der Pflanzenart, nach standörtlichen Gegebenheiten (insbesondere Vorrat und Zugänglichkeit von Bodenwasser) und nach dem zeitlichen Verlauf der Dürre. Ein Beispiel für das bezeichnende und unterschiedliche Verhalten von zwei Wüstensträuchern gibt Abb. 88.

4.2.4 Die Gaswechselbilanz

Für die Stoffproduktion der Pflanzen auf ihrem Standort sind nicht so sehr kurzdauernde Gipfelwerte der Photosynthese maßgeblich, sondern die durchschnittlichen Tagessummen der CO_2-Aufnahme. Die Durchschnittswerte der Nettophotosynthese liegen selbst unter günstigen klimatischen Verhältnissen, wie sie in der gemäßigten Zone vorherrschen, bei *50–60% der Tageshöchstwerte* (d. s. 30–50% des maximalen Photosynthesevermögens), weil optimale Bedingungen nur selten und kurzfristig herrschen.

4.2.4.1 Der Zeitfaktor

Entscheidend für den Kohlenstoffgewinn ist die Dauer des Zeitraumes, in dem ein ausgiebiger CO_2-Erwerb möglich ist. Das sind die hellen Tagesstunden während des Belaubungszeitraumes, soweit nicht Frost, Hitze oder Dürre die Assimilationstätigkeit blockieren. Von der Summe der Kohlenstoffeinnahmen ist zunächst die nächtliche CO_2-Abgabe der Blätter abzuziehen. Der Reingewinn der Photosynthese im Laufe der 24 Stunden ist die Tagesbilanz, die Summe der Tagesbilanzen ergibt die Jahresbilanz des CO_2-Gaswechsels.

Die **Tagesbilanz** ist positiv, wenn die Tageseinnahmen größer sind als die nächtlichen Ausgaben; sie ist um so ergiebiger, je günstiger die Faktorenkonstellation untertags für die Photosynthese und je kürzer und kühler die Nacht ist. War eine CO_2-Aufnahme nur kurzzeitig möglich oder wenig ertragreich, dann ist der Assimilationsüberschuß dürftig. Dies kommt in Dürreperioden und auf trockenen Standorten immer wieder vor (vgl. Abb. 81 und 85), desgleichen nach Frost. Im tiefen Schatten ist eine schwach positive und, besonders bei warmen Nächten, zeitweise negative Tagesbilanz eine chronische Erscheinung, die im Extrem zum Verhungern der Pflanzen führt. Die Verbreitungsgrenze am Lichtgenußminimum findet so ihre ökophysiologische Erklärung.

Die **Jahresbilanz** ist um so ertragreicher, je länger die Pflanzen ergiebige oder wenigstens positive Tagesbilanzen erzielen. Ein beachtlicher Stoffgewinn kommt trotz bescheidener Tagesbilanzen zustande, wenn der für die Assimilation günstige Zeitraum genügend lang dauert, wie zum Beispiel in warmgemäßigten, subtropischen und tropischen regenreichen Gebieten. Ist eine Assimilationstätigkeit wie im Hochgebirge, in der Arktis und in Trockengebieten nur während eines relativ kurzen Zeitraumes möglich, so bleiben die Erträge gering, auch wenn die Pflanzen ein großes Photosynthesevermögen besitzen oder ihre Assimilate besonders ökonomisch verwerten.

Auf dem Festland nimmt der für ausgiebige Stofferzeugung verfügbare Zeitraum je nach Wuchsform der Pflanzen und klimatischen Bedingungen in folgender Reihe ab:

(1) Immergrüne Pflanzen warmfeuchter Gebiete mit ganzjähriger Photosyntheseaktivität (z. B. Tropischer Regenwald)
(2) Immergrüne Pflanzen mit jahreszeitlich wechselnder Photosyntheseleistung und Unterbrechung der Assimilationsperiode
    (a) durch eine kalte Jahreszeit (z. B. boreale Nadelbäume)
    (b) durch eine trockene Jahreszeit (z. B. mediterrane Macchiensträucher)
(3) Saisongrüne Pflanzen (laubabwerfende Holzpflanzen und krautige Pflanzen)
    (a) mit voller Ausnützung des Belaubungszeitraumes in niederschlagsreichen Gebieten (z. B. Laubbäume der gemäßigten Zone)
    (b) mit nur teilweiser Ausnützung des Belaubungszeitraumes wegen Lichtmangels (z. B. Unterwuchs in Laubwäldern)
    (c) mit nur teilweiser Ausnützung des Belaubungszeitraumes wegen Trockenheit (z. B. Bäume der Waldsteppe)
(4) Pflanzen mit kurzdauernder Kohlenstoffaufnahme zwischen längeren, ungünstigen Zeiträumen
    (a) Sproßpflanzen in Wüsten mit unregelmäßigen Niederschlägen (100–120 günstige Tage)
    (b) Sproßpflanzen der Arktis und des Hochgebirges (60–90 günstige Tage)
    (c) Moose, Flechten und Luftalgen mit gelegentlicher Kohlenstoffaufnahme nach Benetzung oder bei hoher Luftfeuchtigkeit.

In den kalten Meeren hoher Breiten beschränkt sich die Produktionsperiode auf den Polarsommer, der eine wochenlange Assimilationstätigkeit ohne nächtliche Unterbrechung zuläßt.

4.2.4.2 Grüne und nichtgrüne Anteile an der Pflanzenmasse

Die Pflanzen bestehen nicht nur aus grünen, also photosynthetisch produktiven Teilen, sondern auch aus anderen, die nur atmen und die durch das Laub ernährt werden müssen. In der Gesamtbilanz des CO_2-Umsatzes ist daher auch die Atmung aller nichtgrünen Gewebe zu berücksichtigen. Diese wird sich als Absatzposten vor allem dann

Tab. 16 Anteil von Assimilationsorganen, Sproßachsen und Wurzeln an der Gesamtmasse (Trockensubstanz) der Pflanzen. Nach Bestimmungen zahlreicher Autoren aus Originaldaten zusammengestellt.

Pflanze	Grünmasse (photosynthetisch aktive Organe)	Nur atmende Organe	
		Oberirdische Sproß-Achsen	Wurzeln und unterirdische Sprosse
Immergrüne Bäume tropischer und warmtemperater Wälder	2–3%	*80–90%	*10–20%
Laubbäume der gemäßigten Zone	1–2%	*um 80%	*um 20%
Immergrüne Nadelbäume der Taiga und in Bergwäldern	4–5%	*um 75%	*um 20%
Krummholz an der Waldgrenze	um 25%	*um 30%	*um 45%
Coniferenjungpflanzen	50–60%	*40–50%	*um 10%
Ericaceenzwergsträucher	10–20%	*um 20%	*60–70%
Wiesengräser	um 50%		um 50%
Getreide (reif)	10–15%	40–70%	um 30%
Steppenpflanzen			
feuchte Jahre	um 30%		um 70%
trockene Jahre	um 10%		um 90%
Wüstenpflanzen	10–20%		80–90%
Arktische Tundra			
Sproßpflanzen	15–20%		
Kryptogamen	> 95%		
Hochgebirgspflanzen	10–20%		80–90%

* Großteil der Masse ist tote Gerüstsubstanz

auswirken, wenn Sproßachsen, Wurzeln, Blüten und Früchte gegenüber der Laubmasse stark ins Gewicht fallen (Tab. 16).

4.2.4.3 Die Gesamtbilanz

Die CO_2-Bilanz für die ganze Pflanze ergibt sich aus dem Jahresertrag der Bruttophotosynthese Ph der Laubmasse G_L (G = Gewicht) während der hellen Stunden (h) abzüglich der Laubatmung R_L bei Tag und Nacht und der Atmung der Sproßachsen (samt Blüten und Früchten) R_S und der Wurzeln R_W während des gesamten Jahres.

$$CO_2\text{-Bilanz} = G_L \cdot \Sigma_h Ph - G_L \Sigma R_L - G_S \cdot \Sigma R_S - G_W \cdot \Sigma R_W \qquad (17)$$

Eine vollständige Gaswechselbilanz für eine Pflanze zu erstellen, ist ein mühsames Unternehmen. Hierzu werden der CO_2-Gaswechsel des

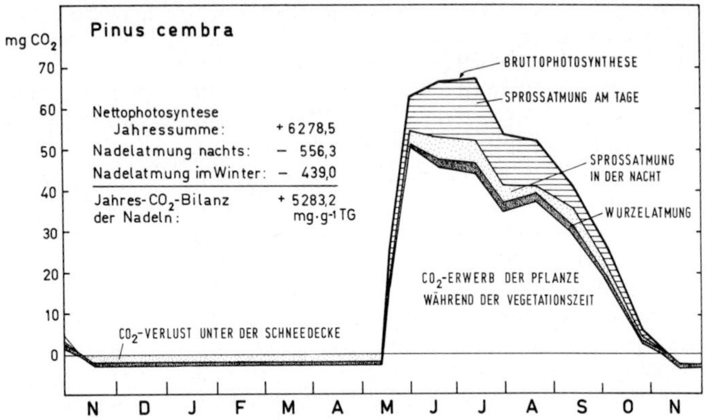

Abb. 89. Jahresgang der CO_2-Tagesbilanzen von Jungzirben an der Waldgrenze in den Alpen. Ein Teil des photosynthetischen CO_2-Gewinns geht noch am selben Tag durch die Atmung der Sprosse und Wurzeln verloren. Im Winter ist die Tagesbilanz meist negativ oder bestenfalls ausgeglichen; der CO_2-Verlust während der 6 Wintermonate wird in der Jahresbilanz vom CO_2-Erwerb während der Vegetationsperiode abgezogen. Nach TRANQUILLINI (1959).

Sprosses, nach Sproßabschnitten (bei Bäumen: Wipfel, Kronenbasis, Stämme) getrennt, und die Atmung der unterirdischen Teile Tag und Nacht das ganze Jahr über gemessen, außerdem wird der Massenanteil der einzelnen Organe festgestellt. Selbstverständlich müssen die Außenfaktoren am Wirkungsort (z. B. Lichtverteilung, Blattemperaturen, Luftfeuchtigkeit in Blattnähe, Temperaturverlauf im Stamm- und Wurzelraum, Wasserverfügbarkeit usw.) mit erfaßt werden, um ihren Einfluß auf den Kohlenstoffhaushalt erkennen zu können. Die Abb. 89 zeigt als Beispiel für eine Jahresbilanz den CO_2-Jahresumsatz von Baumjungpflanzen.

Die Dimension der Gaswechselbilanz ist g oder kg CO_2 pro Pflanze und Tag oder Jahr. Dieser Wert kann über Konversionsfaktoren (s. Seite 16) in organische Trockensubstanz oder Kohlenstoffgehalte umgerechnet werden. Man gelangt dadurch *vom Gasumsatz zur Stoffproduktion* der Pflanze, deren Voraussetzung eine positive Gaswechselbilanz ist. Zwischen dem Überschuß der CO_2-Bilanz und der Trockensubstanzzunahme besteht eine enge Korrelation. Die Zuwachsrate nimmt weitgehend proportional mit dem Nettophotosynthesevermögen zu. C_4-Pflanzen wie Zuckerrohr, Mais und Hirse erzielen doppelt bis dreimal so hohe Zuwachsraten wie die C_3-Nutzpflanzen Zuckerrübe, Luzerne oder Tabak.

4.3 Der Kohlenstoffhaushalt der Pflanze

4.3.1 Die Stoffproduktion

Assimilierter Kohlenstoff, der nicht veratmet wird (also der Überschuß der CO_2-Bilanz), vermehrt die Trockensubstanz und kann für Zuwachs und für Vorratsbildung verwendet werden. Die Kohlenstoffansammlung macht sich als Gewichtszunahme bemerkbar, die durch Wägung der abgeernteten und getrockneten Pflanzen unmittelbar feststellbar ist. Die *Massenzunahme der Pflanze durch Assimilatanreicherung* nennt man Stoffproduktion.

Die **Produktionsrate** (PR) oder Produktivität ist ein Maß für die Leistungsfähigkeit des Produktionsvorgangs. Die Produktionsrate wird als *Trockensubstanzzuwachs* in einem bestimmten Zeitintervall (Tag, Woche) der Produktionsperiode erfaßt. Die Produktionsrate von Einzelpflanzen kann als „Nettoassimilationsrate" (NAR) oder als „Relative Zuwachsrate" (Relative growth rate, RGR) angegeben werden.

Die *Nettoassimilationsrate* ist nach F. G. Gregory (1926) der Trockensubstanzzuwachs dG während eines bestimmten Zeitintervalles dt bezogen auf die Assimilationsfläche A, auf deren Photosynthesetätigkeit der Stoffgewinn zurückzuführen ist.

$$\text{PR als NAR} = \frac{dG}{dt} \cdot \frac{1}{A} \qquad (18)$$

Die NAR wird in g oder mg Trockensubstanz oder Kohlenstoff pro dm^2 Laubfläche der Pflanze und pro Tag oder Woche angegeben. In der Formel 18 wird vorausgesetzt, daß die Blattfläche während des Substanzzuwachses konstant bleibt. Das ist meistens nicht der Fall, auch die Gesamtheit der Blattflächen wächst weiter. Für die Bestimmung der Zuwachsrate wird daher besser nach einer Formel von D. J. Watson (1947) vorgegangen:

$$\text{NAR} = \frac{G_2 - G_1}{A_2 - A_1} \cdot \frac{\ln A_2 - \ln A_1}{t_2 - t_1} \qquad (19)$$

Es bedeuten:

G_1 = Trockengewicht der ganzen Pflanze zum Zeitpunkt t_1

G_2 = Trockengewicht zum späteren Zeitpunkt t_2

$G_2 - G_1$ = dG = Gewichtszunahme während des Zeitintervalls $t_2 - t_1$ zwischen den Untersuchungen. Bei krautigen Pflanzen wird meist ein Zeitintervall von 1–2 Wochen gewählt.

$A_2 - A_1$ = Blattflächenzunahme in derselben Zeit

$\ln A_2 - \ln A_1$ = drückt die exponentielle Vergrößerung der Blattflächen im Zusammenhang mit dem Wachstum während des Zeitintervalles $t_2 - t_1$ aus.

Die *Relative Zuwachsrate* bezieht den Trockensubstanzzuwachs pro Zeiteinheit auf das jeweilige Ausgangstrockengewicht G der Pflanze:

$$\text{PR als RGR} = \frac{dG}{dt} \cdot \frac{1}{G} \tag{20}$$

Als Trockenmasse kann nicht einfach das durch Wägung ermittelte Trockengewicht eingesetzt werden; dieses enthält ja nicht nur Kohlenstoffverbindungen, sondern auch Mineralstoffe (durchschnittlich 3–10 % des Trockengewichts). Vom Trockengewicht muß daher das Aschengewicht abgezogen werden, dadurch erhält man den Wert für aschenfreie, *organische* Trockensubstanz.

Die Höhe der maximal möglichen und der durchschnittlichen **Nettoassimilationsrate** hängt in erster Linie von der morphologischen und physiologischen Konstitution der Pflanze ab: Krautige Pflanzen erbringen die größten Zuwachsraten, Holzpflanzen leisten um etwa

Tab. 17. Maximale und durchschnittliche Nettoassimilationsraten (mg Trockensubstanz pro dm^2 Blattfläche und Tag) von Sproßpflanzen. Nach Angaben und Datenübersichten bei Blackmann und Black (1959), Jarvis und Jarvis (1964), Evans (1972), Bannister (1976), Alvim und Kozlowski (1977), Vong und Murata (1978), Murata (1978).

Pflanze	Durchschnitt über die Vegetationsperiode	Während der Hauptwachstumsphase
C_4-Gräser	> 200	100–800
Krautige C_3-Pflanzen		
Gräser	50–150 (180[a])	70–200 (270[a])
Dicotyledonen	50–100	(60[b])100–600
Holzpflanzen		
Tropische und subtropische Kulturpflanzen	(5[c])10– 20	30– 50
Sommergrüne Bäume der gemäßigten Zone (Jungpflanzen)	10– 15	30–100
Coniferen (Jungpflanzen)	3– 10	10– 50
Ericaceenzwergsträucher	5– 10	um 15
CAM-Pflanzen	2– 4	15–18[d]

a Reis
b Hochgebirgspflanzen
c Kakao (Schattenkultur)
d Ananas

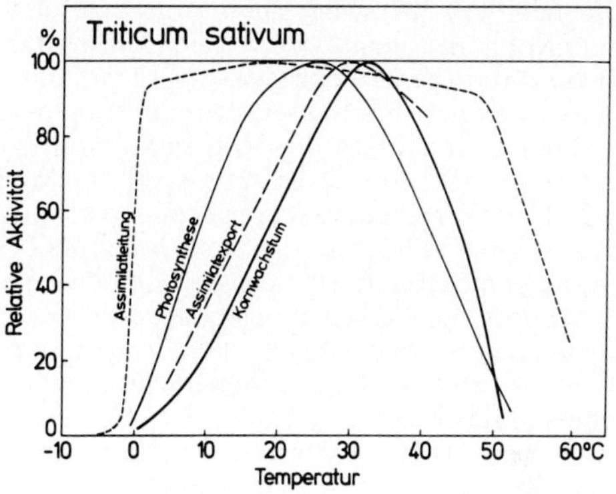

Abb. 90. *Temperatureinfluß auf verschiedene am Assimilathaushalt und Zuwachs beteiligte Vorgänge bei Weizenpflanzen während der Samenentwicklung.* Die Nettophotosynthese des Fahnenblattes, der aktive Assimilatexport in die Leitelemente und die Auffüllung der heranwachsenden Körner mit Kohlenhydraten laufen optimal innerhalb einer schmalen Temperaturspanne unterschiedlicher Lage ab. Der Assimilattransport in den Phloembahnen ist über einen weiten Bereich wenig temperaturabhängig, erst bei Frost und schädigender Hitze kommt er schlagartig zum Stehen. Nach WARDLAW (1974 und 1976).

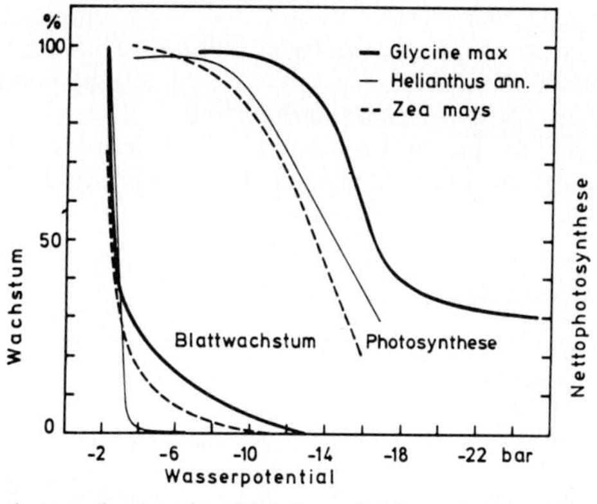

Abb. 91. Flächenwachstum der Blätter und Nettophotosynthese von Sojabohne, Sonnenblume und Mais bei zunehmendem Wassermangel. Das Blattwachstum wird bei viel geringerer Trockenheitsbelastung eingeschränkt als die Photosynthese. Dabei mag auch das Nachlassen des Turgors bei beginnendem Wassermangel mitwirken. Nach BOYER (1970).

eine Zehnerpotenz weniger, am geringsten ist die Stoffproduktion bei den CAM-Pflanzen (Tab. 17). Über ihren Einfluß auf den CO_2-Gaswechsel und die Kohlenstoffbilanz wirken sich **Umweltfaktoren** auch auf die Trockensubstanzproduktion aus. So wächst mit steigendem Strahlungsangebot (größere Strahlungsintensität, längere Andauer der Einstrahlungsperiode) der Ertrag der Stoffproduktion, die Trockensubstanzzunahme weist ebenso wie die Photosynthese ein Temperaturoptimum auf, Wassermangel und unzureichende sowie unausgewogene Nährstoffversorgung verringern die Stoffproduktion. Für den Zuwachs sind allerdings nicht nur die Kohlenstoff*aufnahme*, sondern auch der Assimilattransport und die hormonell gesteuerte Wachstumsintensität der einzelnen Organe maßgebend. Diese Vorgänge werden zwar in gleicher Richtung, aber häufig in anderem Ausmaß durch die Umweltfaktoren beeinflußt als der CO_2-Gaswechsel (Abb. 90 und 91). Daher ist nicht immer eine völlige Übereinstimmung zwischen Gaswechselverhalten und Produktionsverhalten zu erwarten.

4.3.2 Assimilathaushalt und Wuchsleistung

Pflanzen sind Kohlenhydratwesen; die Kohlenhydrate stellen das Material für den Aufbau der Zellwände. An der Zusammensetzung der Trockensubstanz der höheren Pflanzen sind Kohlenhydrate zu 60% oder mehr beteiligt. Betriebsstoffwechsel, Baustoffwechsel und Depotstoffwechsel bestimmen die Verwertung und Verteilung der Assimilate, und (teilweise auch hormonell koordinierte) Regelmechanismen sorgen für eine ausgeglichene Versorgung des Gesamtorganismus, um eine harmonische und adaptierbare Organbildung sicherzustellen. Je nach Organisationshöhe und Lebensform kann eine Reihe von bezeichnenden *Verhaltenstypen des Assimilathaushaltes* unterschieden werden, die sich auf die Stoffproduktion und die Wuchsleistung auswirken, die Konkurrenzkraft bestimmen und auf standortspezifischen Streß abgestimmt sind.

4.3.2.1 Planktonalgen

Planktonalgen sind Einzeller oder sie bilden Kolonien oder einfache Zellverbände. Die typische Algenzelle ist in ihrem Kohlenstoffhaushalt Selbstversorger und hat an andere Zellen keine Abgaben zu leisten. Innerhalb der Zelle besteht ein günstiges Verhältnis zwischen Produktionsstätten und assimilatverbrauchenden Zellbestandteilen: bei *Chlorella* nehmen die Chromatophoren etwa die Hälfte des Protoplasmavolumens ein. Unter diesen Umständen ist es nicht verwunderlich, daß Algenzellen bei guter Ernährung und Belichtung beträchtliche Assimilatüberschüsse ansammeln und rasch wachsen. Sie erreichen bald ihre Endgröße und schreiten dann zur Teilung. Der autotrophe

Einzeller verwendet den Ertrag der Stoffproduktion alsbald für eine Vermehrung der Individuenzahl, also für reproduktive Vorgänge. Stark positive Stoffbilanz erhöht rasch die Populationsdichte. Zwischen Photosyntheseleistung und Zahl der Teilungen pro Tag besteht eine direkte Beziehung, die sich auch formelmäßig erfassen läßt. Die Zuwachsrate im Phytoplankton wird daher zweckmäßigerweise als Zunahme der Populationsdichte oder Zahl der Teilungen in der Zeiteinheit angegeben.

4.3.2.2 Einjährige Sproßpflanzen

Annuelle Sproßpflanzen sind häufig eher klein bleibende, krautige Pflanzen, die einen kurzen produktionsgünstigen Zeitraum für Wachsen, Blühen und Fruchten ausnützen müssen. Man findet sie vor allem in Trockengebieten, wo sie ihren Lebenszyklus in einigen Wochen bis Monaten durchlaufen. Diese Pflanzen sind gezwungen, ihre Assimilate so einzusetzen, daß sie möglichst rasch zu ausgiebigem Stoffgewinn kommen. Einjährige Pflanzen verhalten sich auch dann so, wenn ihnen eine längere Vegetationszeit zur Verfügung steht. Sommergetreide, Sonnenblumen und andere einjährige Nutzpflanzen erbringen dadurch besonders große Erträge.
Das Arbeitsprinzip aller einjährigen Pflanzen besteht darin, daß zunächst der Großteil der Assimilate für die Ausgestaltung von Blättern verwendet wird, die alsbald am Produktionsprozeß teilnehmen und die Einnahmen der Pflanze vergrößern. Gleichzeitig bleibt durch die Bevorzugung photosynthetisch aktiver Organe die Masse der nur at-

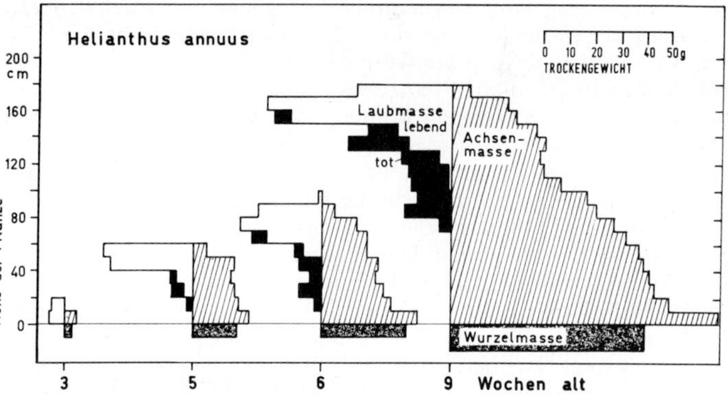

Abb. 92. Verteilung der Trockenmasse in heranwachsenden Sonnenblumen auf photosynthetisch aktive Laubmasse (jeweils links aufgetragen), Achsenmasse (schraffiert) und Wurzelmasse (gerastert). Schwarz: Vertrocknete Blätter. Nach HIROI und MONSI (1966).

menden Pflanzenteile gering, was wiederum die Gesamtbilanz verbessert. In der *Blühphase* wird das Assimilatverteilungssystem zugunsten der reproduktiven Organe umgeschaltet, die nun in der Substanzanlieferung so bevorzugt werden, daß allen anderen Pflanzenteilen kaum mehr als der Betriebsaufwand zufließt und ältere Blätter sogar eingezogen werden. Dementsprechend verschiebt sich im Laufe des Lebenszyklus der prozentuale Anteil von Blättern, Achsen, Wurzeln und reproduktiven Organen. Vor allem der Anteil der Blattmasse an der Gesamtmasse der Pflanze sinkt von 30–60 % während der Streckungsphase auf 10–20 % zur Zeit der Fruchtreife. Um diese Zeit wandern bei der Sonnenblume von der täglich gebildeten Assimilatmenge 90 % in die Fruchtstände.
Unter *förderlichen* Umweltbedingungen garantiert dieses Investitionsverhalten ein üppiges Wachstum und reichliches Fruchten. Bei *ungünstigen Standortverhältnissen* hingegen, vor allem bei Wassermangel und auf nährstoffarmen Böden, ist die Pflanze gezwungen, ein ausgedehntes Wurzelwerk aufzubauen, das auf Kosten der Blattflächenentwicklung geht und zur Ertragsminderung und Schwächung der Konkurrenzkraft führt (Tab. 16). Die einjährigen Pflanzen sind eben in erster Linie auf eine sofortige Ausnützung vorteilhafter, wenn auch kurz dauernder Situationen eingestellt und weniger auf ein Durchhalten unter ungünstigen Umständen.

4.3.2.3 Ausdauernde krautige Pflanzen

Die mehrjährigen krautigen Pflanzen machen im allgemeinen in ihrer Jugend eine Entwicklung durch, die jener der Annuellen ähnlich ist. Nach Ausbildung ihres Vegetationskörpers legen sie aber *Stoffdepots* an, bevor sie mit der Blütenbildung beginnen. Gegen Ende der ersten Vegetationsperiode wird der Assimilatüberschuß in Sproßachsen und vor allem in unterirdische Pflanzenteile abgeleitet, die sich zu massiven Speicherorganen entwickeln können. Zur Blütenbildung kommt es erst, wenn die Pflanze dafür auf ein ausreichend großes Rücklagenkapital zurückgreifen kann. Die im Vorjahr gespeicherten Assimilate werden im nächsten Jahr zunächst herangezogen, um das Sproßsystem aufzubauen (Tab. 18, Abb. 93). Die Stofferzeugung läuft rasch an und ist dank dem Einsatz vorhandener Mittel weitgehend unabhängig von den Produktionsbedingungen des Frühjahrs. Hat die Pflanze den Zustand der Blühreife erlangt und ist die Ernährungslage zufriedenstellend, so gewinnen Blühen und Fruchten Vorrang gegenüber den Speichervorgängen. Nachher, gegen Ende der Vegetationsperiode, werden die Assimilate bevorzugt in die unterirdischen Teile der Pflanze abgeleitet, die dann entsprechend an Gewicht zunehmen.

Mehrjährige Pflanzen sind überall dort in Vorteil, wo der produktionsgünstige Zeitraum nicht lang genug ist, um eine ausreichende Stoff-

Tab. 18 Assimilathaushalt einer Pflanze von *Scilla sibirica* (Jahresbilanz der Trockensubstanz in mg). Nach Goryšina (1969)

	Einnahmen	Verbrauch										
Bilanzposten	Ertrag der Photosynthese in der Vegetationszeit	Atmung der oberirdischen Teile		Atmung der Zwiebeln		insgesamt für Atmung	Zuwachs an Biomasse				Gesamtverbrauch für Zuwachs und Atmung	Vorratspeicherung in der Zwiebel
		Austrieb unter Schnee	während der Vegetationszeit	während der Vegetationsruhe	während der Vegetationszeit		Wurzeln	Austrieb unter Schnee	Blätter und repr. Triebe in der Vegetationszeit	Insgesamt für Zuwachs		
Photosynthese des laufenden Jahres	1610	– –	178	–	201	379	–	– –	118	118	497	740
Zu Lasten der Vorräte in der Zwiebel	– –	45	20	117	21	203	40	135	106	281	484	– –
Summe	1610	45	198	117	222	582	40	135	224	399	981	740

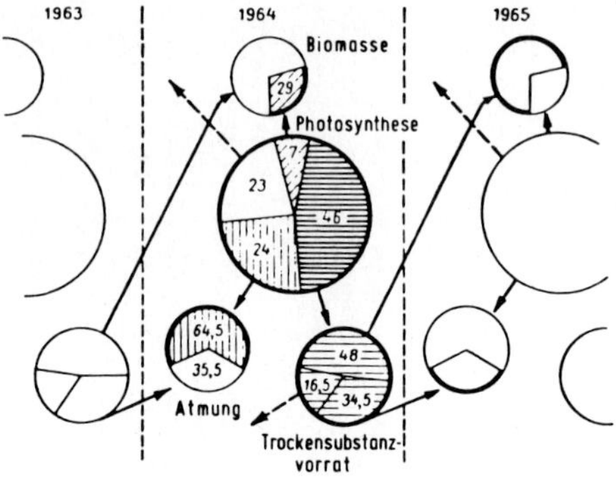

Abb. 93. Schema des Assimilathaushaltes des Zwiebelgeophyten *Scilla sibirica.* Nach Goryšina (1969).

erzeugung für die Ausbildung der Blüten und Früchte zuzulassen oder wenn die Pflanzen so früh blühen, daß die dafür erforderlichen Betriebsmittel von der vorhandenen Blattmasse nicht zur Verfügung gestellt werden können. Das trifft zu bei den *Frühjahrsgeophyten*, die vielfach ihre Blüten vor der Laubentfaltung öffnen, ferner bei *Hochgebirgspflanzen*, die ihr Blühen und die Samenreifung auf den kurzen Bergsommer ausrichten müssen und deren Stofferwerb durch mannigfaltige Unsicherheiten belastet ist, schließlich bei *Steppenpflanzen*, die die Zeiten zwischen Winterkälte und Sommerdürre für ihren Lebenszyklus ausnützen müssen. Allen diesen Pflanzen gemeinsam sind Stoffspeicher wie Rhizome, Knollen, Rüben und Zwiebeln. Außerdem entwikkeln diese Arten häufig ein ausgedehntes Wurzelwerk, so daß die unterirdische Trockenmasse nicht selten das Doppelte und sogar ein Vielfaches der oberirdischen Masse ausmacht.

4.3.2.4 Bäume

Der Baum als höchstdifferenzierte Großform der Sproßpflanzen ist in seinem Kohlenstoffhaushalt auf eine lange Lebensdauer eingerichtet. Schon in der Jugend wird viel Assimilat für den Ausbau der *Sproßachse* verwendet. In den ersten Lebensjahren kann die Blattmasse noch die Hälfte der gesamten Trockensubstanz der Pflanze ausmachen, mit zunehmender Größe verschiebt sich das Verhältnis zwischen Blattmasse und Achsen, weil die Blattmasse nur wenig anwächst, während die Stämme und Äste immer dicker und schwerer werden. An der Gesamtmasse ausgewachsener Bäume ist das Laub zu 1–5% beteiligt (Tab. 16), es muß also ein Vielfaches seines eigenen Gewichtes mit Betriebs- und Baustoffen versorgen. Die Folge ist ein, verglichen mit Krautpflanzen, bescheidener Kohlenstoffgewinn und Massenzuwachs, was aber im Hinblick auf die lange Lebensdauer kein Nachteil ist. Auch späterhin vermehrt der Baum von Jahr zu Jahr seine Holzmasse – vom Standpunkt des Assimilathaushaltes totes Kapital, das dem Stoffwechsel des Baumes endgültig entzogen ist. Die als Holz abgelagerte organische Substanz kann nur durch andere Komponenten des Ökosystems verwertet werden, der Baum stapelt sie also nicht für sich, sondern als Glied einer Nahrungskette. Der große Aufwand für Stützgewebe ist bei den Holzpflanzen durch die Wuchsform bedingt. Sie schafft den Bäumen entscheidende Konkurrenzvorteile in Gebieten mit langer Produktionsperiode gegenüber krautigen Pflanzen, die langsam aber sicher von den heranwachsenden und immer höher werdenden Holzpflanzen überschattet werden.

Entsprechend ihrer Größe und differenzierten Infrastruktur erfolgt bei Bäumen die *Assimilatverteilung* nach einem komplizierten Schlüssel:
Bei **sommergrünen Bäumen** werden kurz vor Beginn des Laubaustriebs die Kohlenhydratdepots entleert und die Assimilate den Knospen und später dem Neuaustrieb zugeführt (Abb. 94). Rund ein Drittel der Reservestoffe dient dem Aufbau der Assimilationsflächen, die sehr bald mit positiver Bilanz arbeiten und ihrerseits zur weiteren Ausgestaltung der Blätter und Sprosse des Neuzuwachses beitragen. Nach Ausgestaltung des Laubes versorgt dieses den Baum mit Assimilaten. In der Regel werden Blüten und heranwachsende Früchte bevorzugt beliefert, dann das Kambium, zuletzt die Knospenanlagen und die Stärkedepots in Wurzeln und Rinde. Blütenknospen werden nach Maßgabe verbleibender Mittel angelegt. Am Ende der Vegetationsperiode wird der Assimilatüberschuß in den Holzkörper und die Rinde von Ästen, Stamm und Wurzeln verlagert und über den Winter gespeichert. In den Tropen und in Trockengebieten machen die Bäume mehrere jahreszeitliche Speicherperioden mit, Feigenbäume beispielsweise vier.

Immergrüne Holzpflanzen der gemäßigten Zone treiben nicht sogleich aus, wenn die Winterruhe vorüber ist, sie haben ja noch die Assimilationsorgane des Vorjahrs, die bei günstiger Witterung bis spät in den Herbst und schon im frühen Frühjahr CO_2 aufnehmen. Wenn es dann zum Knospenaustrieb kommt, deckt die frühjahrszeitliche Kohlenstoffeinnahme einen großen Teil des Bedarfes, der Rest stammt aus Reserven in Achsen und Wurzeln. Die Blätter, die bei den Immergrünen in der Regel bei gleicher Fläche dreimal soviel Trockensubstanz einbauen wie das zarte Laub der Sommergrünen, reifen dank dieser Zubußen zeitgerecht aus, so daß noch genug Assimilate für den Kambialzuwachs übrigbleiben. Der Vorteil immergrüner Belaubung kommt in humiden Gebieten ohne Winterfrost voll zum Tragen.

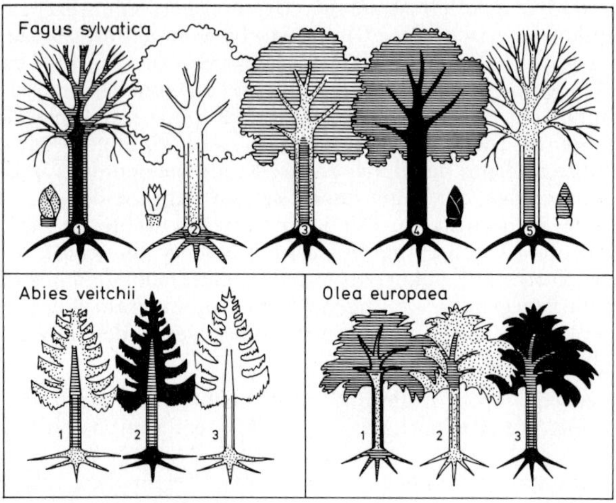

Abb. 94. Jahreszeitlicher Verlauf der Stärkespeicherung in Bäumen. Maximale Stärkespeicherung ist schwarz, reichliche Speicherung schraffiert und spärliche Speicherung punktiert eingetragen; weiß: Stärke nicht oder nur in Spuren nachweisbar. *Fagus sylvatica* (Mitteleuropa): 1 Frühjahr unmittelbar vor dem Laubaustrieb, 2 während des Laubaustriebes, 3 Hochsommer, 4 Herbst unmittelbar vor dem Laubabwurf, 5 Winter bei kältebedingter reversibler Umwandlung von Stärke in lösliche Kohlenhydrate. Nach Fischer (1891), Gäumann (1935) und K. Kober (unveröff.). *Abies veitchii* (Japan): 1 Frühjahr während des Neuaustriebs, 2 Spätsommer, 3 Winter bei Frost. Nach Kimura (1969). *Olea europaea* (Gardaseegebiet): 1 Frühjahr während des Neuaustriebs und der Blüte, 2 Hochsommer während einer Trockenperiode, 3 Winter (frostfrei) nach Abschluß der Regenzeit. Nach Thomaser (1975).

Dank der Ausdehnung des Assimilationszeitraums erlangen immergrüne Holzpflanzen gegenüber laubabwerfenden häufig auch dort die Vorherrschaft, wo ein langer Winter oder sommerliche Trockenheit die Vegetationsperiode einengt: Im Gebirge, im borealen Waldgürtel und nahe der Trockengrenze des Baumwuchses. Erst wo die ungünstige Jahreszeit extrem lang und streng wird (Subarktis, Ostsibirien, Halbwüsten) dominieren wieder saisongrüne Bäume und Sträucher.

Das Assimilatverteilungsprinzip bei Holzpflanzen hat zur Folge, daß reichlicher *Fruchtansatz* mit dem Erstarkungswachstum konkurriert und bei dürftiger Assimilatproduktion wohl vegetative, aber keine reproduktiven Knospen für das nächste Jahr ausgebildet werden. Die Ernährung und der Fruchtbehang regeln so den Holzzuwachs und die Blühhäufigkeit des Baumes. Der Assimilataufwand für die Reproduktion ist erheblich, bei Kiefern beansprucht er 5–15 %, bei Buchen 20 % und mehr, bei Apfelbäumen sogar 35 % des Jahresreingewinns der Photosynthese. Viele Bäume der gemäßigten Zone können deshalb nur in mehrjährigen Abständen (*Alternanz*) reichlich fruchten: Laubbäume in der Regel alle 2–3 (5) Jahre, Nadelbäume jeweils nach 2–6 (10) Jahren. Nahe der polaren Verbreitungsgrenze und in Gebirgslagen werden die Fruktifikationsintervalle sehr viel länger. In den Tropen gibt es alle Übergänge von fortlaufendem Fruchtansatz (z. B. Kokospalme) zu einer, zwei oder mehreren Fruktifikationen im Jahr (z. B. Kaffee, Kakao, Brotfruchtbaum) und zwei- oder mehrjähriger Alternanz.

4.3.3. Translokation der Assimilate

In der Pflanze werden Assimilate ständig *verlagert*: Von den Blättern und anderen photosynthetisch aktiven Geweben (grüne Rinden, Blütenteile wie z. B. Spelzen) zu Orten des Verbrauchs und in Speicher, aus diesen wieder in Wachstumszonen und in Samen und Früchte. Die Assimilate werden in englumigen Siebröhren *geleitet*, die überdies hohe Filtrationswiderstände aufweisen. Trotzdem ist die Transportleistung des Assimilatstromes groß, weil der Siebröhrensaft meist stark konzentriert ist.

Die Translokation folgt dem Konzentrationsgradienten, der sich zwischen den Stellen großen Bedarfs (*Attraktionszentren*) und jenen der *Assimilatsynthese* oder *Assimilatmobilisierung* einstellt (A. L. KURSANOV). Ausgewachsene Blätter beliefern bevorzugt den Verbraucher mit der jeweils größten Attraktion: Die untersten Blätter versorgen das Wurzelsystem, höher ansitzende die Wachstumszonen des Sprosses und vor allem Blüten und reifende Früchte (Abb. 95). Bei krautigen Dicotyledonen verteilen sich die Assimilate, die aus *einem* Blatt ausströmen, auf *mehrere* Verbraucher (Blüten, Früchte); andererseits ist jeder Verbraucher an den Assimilatstrom aus mehreren Blättern angeschlossen (Abb. 96). Dies bewirkt einen Versorgungsausgleich in der Pflanze und sichert eine gleichmäßige Auffüllung von Speichern.

Eine genaue Kenntnis der physiologischen Mechanismen, die die Assimilatverteilung in der Pflanze, insbesondere die Assimilatzufuhr zu Samen, Früchten und Speicherorganen regeln, ist für die ökologische Analyse des *Reproduktionsvermögens* der Pflanze und besonders für eine gezielte Steigerung der Ernteerträge von Getreiden und Hackfrüchten wichtig. Unter den Getreiden variiert der Anteil der Körnertrockensubstanz an der Gesamttrockensubstanz der Sprosse (der *Ernteindex*) zum Erntezeitpunkt zwischen etwa 25 % (ältere Maissorten, Roggen) und 50 % (Reis, Gerste), unter den Fabaceen zwischen rund 30 % (Sojabohne) und 60 % (*Phaseolus*-Bohne). Durch Züchtung auf eine Assimilatverteilung, die die Belieferung der Samen begünstigt, ist es gelungen, bei Mais den Gewichtsanteil der Körner von 24 % der gesamten Sproßmasse auf 47 %, bei Reis von 43 % auf 57 % zu erhöhen.

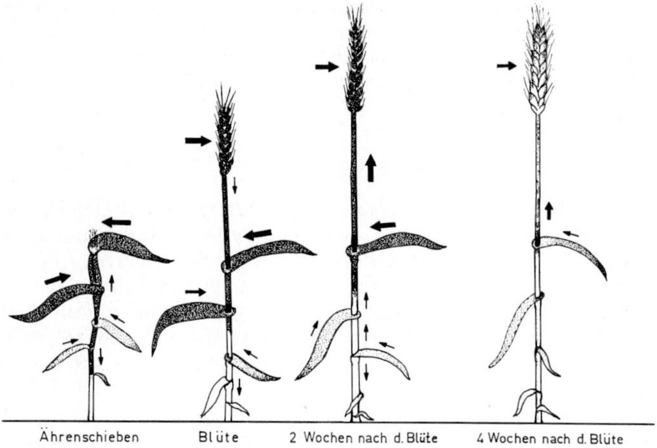

Abb. 95. Bildung und Verteilung von Assimilaten in Weizenpflanzen. Durch dichtere Punktierung sind die Stellen besonders ergiebiger Assimilatbildung gekennzeichnet, die Dicke der Pfeile deutet die Stärke der Assimilatableitung an. Nach Stoy (1966).

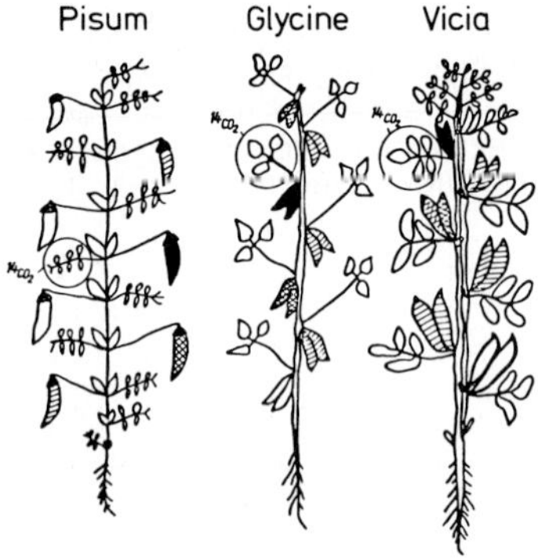

Abb. 96. Assimilatverteilung von den Blättern auf reifende Früchte in Erbsen-, Soja- und Feldbohnenpflanzen. Die schwarz gezeichneten Hülsen erhalten 35 bis 60 % von den Assimilaten, die in dem mit $^{14}CO_2$ gefütterten Blatt gebildet worden sind, die Hülsen mit Kreuzraster 10 bis 35 %, die Hülsen mit Schraffur 5 bis 10 % und die übrigen Hülsen weniger als 5 %. Nach Bartkov und Zvereva (1974).

4.4 Der Kohlenstoffhaushalt der Pflanzendecke

4.4.1 Die Stoffproduktion von Pflanzenbeständen

Die Stofferzeugung durch die Pflanzendecke wird **Bestandesstoffproduktion** oder **Primärproduktion** (PP) genannt. Sie wird auf die vegetationsbedeckte *Bodenfläche* bezogen und in Tonnen organischer Trockensubstanz pro Hektar ($t \cdot ha^{-1}$) oder $g \cdot m^{-2}$ angegeben. Der Ertrag der Stoffproduktion der Pflanzendecke ist um so größer, je höher die *Assimilationsraten* (NAR) der Pflanzenarten sind, die den Bestand zusammensetzen, je vollständiger das Licht durch ein ausgedehntes System von *Assimilationsflächen* (Blattflächenindex LAI) aufgefangen wird und je länger die Pflanzen eine positive Gaswechselbilanz aufrecht erhalten können (Dauer der *Assimilationsperiode*).

So wie für Einzelpflanzen kann auch für Pflanzenbestände die **Produktionsleistung** als Zuwachs pro Zeiteinheit angegeben werden. Hierfür hat sich in der englischsprachigen Literatur der Ausdruck *crop growth rate* (CGR) eingebürgert. C_4-Grasbestände erreichen in den Tropen und Subtropen Produktionsleistungen (CGR) von maximal 50–60 g $TS \cdot m^{-2} \cdot d^{-1}$, in der strahlungsärmeren gemäßigten Zone etwa 20–30 g $TS \cdot m^{-2} \cdot d^{-1}$; C_3-Nutzpflanzenkulturen produzieren je nach Pflanzenart maximal 15–30 g $TS \cdot m^{-2} \cdot d^{-1}$, im Durchschnitt über die Vegetationsperiode ein Drittel bis die Hälfte davon; die maximale CGR von Ananasplantagen (CAM-Pflanze) liegt im Bereich von 10–15 g $TS \cdot m^{-2} \cdot d^{-1}$ (Datenübersichten bei Bartholomew und Kadzimin 1977, Cooper 1977, Sale 1977, Monteith 1978).

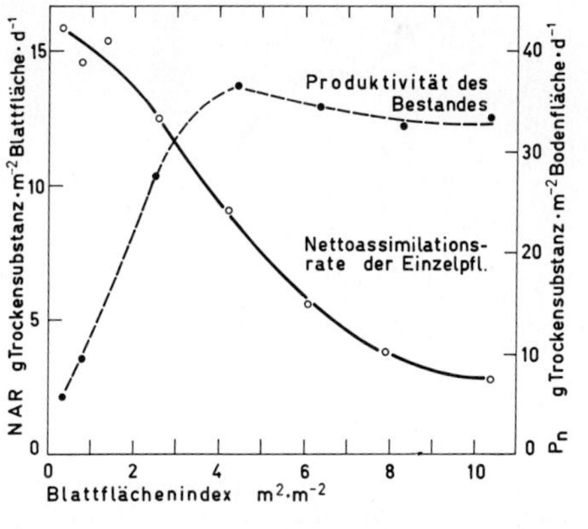

Abb. 97. Beziehung zwischen der Nettoassimilationsrate von Maispflanzen und der von Maisbeständen in Abhängigkeit vom Blattflächenindex. Nach Williams et al. aus Baeumer (1971).

Die Bestandesproduktionsrate (PPR) läßt sich aus der Zuwachsleistung der Einzelpflanzen (NAR, RGR) berechnen, wenn man diese mit Parametern für die Bestandesdichte multipliziert, so z.B.:

$$\text{PPR als CGR} = \text{NAR} \cdot \text{LAI} \qquad (21)$$

Der **Blattflächenindex** ist optimal für die Stofferzeugung, wenn die PhAR bei ihrem Durchgang durch das Blätterdach möglichst vollständig absorbiert wird. Das ist in Nutzpflanzenbeständen häufig bei einem LAI von 4–8 der Fall (Abb. 97). Bei geringerer Laubdichte wäre der Lichtgenuß der Einzelpflanzen und damit die NAR größer, auf die Grundfläche bezogen erwirbt der lückige Bestand aber weniger Trokkensubstanz als eine geschlossene Pflanzenschicht. Wenn die Pflanzen zu nahe zusammenrücken und die Assimilationsflächen einander mehrfach durchdringen, reicht an den schattigsten Stellen das Licht nicht mehr aus, um die CO_2-Bilanz während der ganzen Zeit positiv zu halten. Dann beginnt der Flächenertrag allmählich abzufallen.

Die Belaubungsdichte der Einzelpflanzen und der Pflanzenabstand in der Vegetationsschicht (Deckungsgrad) sind nicht nur wichtige Produktionsfaktoren, beide sind selbst wieder *abhängig von den Produk-*

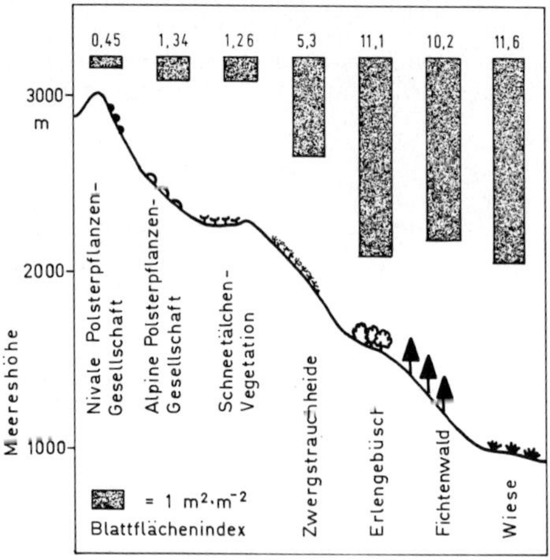

Abb. 98. Blattflächenindex verschiedener Vegetationstypen entlang einer Höhenstufenfolge in den Alpen. An der Waldgrenze und beim Übergang zu offenen Gesellschaften mit geringer Bodendeckung nimmt der Blattflächenindex sprunghaft ab. Nach Vareschi (1951), ergänzt aus Larcher, Cernusca und Schmidt (1973).

tionsbedingungen. Bei ungünstiger Ernährung und bei schlechter Wasserversorgung fehlt den Pflanzen die Substanz für den Aufbau eines ausgedehnten Blattwerks, der Blattflächenindex bleibt unzureichend klein. In Trockengebieten, auf mageren, steinigen Böden und in Gegenden mit sehr kurzer Vegetationszeit entstehen offene Pflanzengesellschaften, deren Blattflächenindex mit abnehmendem Deckungsgrad auf minimale Werte fällt (s. Tab. 20). Das läßt sich an einer Höhenstufenfolge besonders deutlich zeigen (Abb. 98). Mit der Auflösung der geschlossenen Pflanzendecke fällt der LAI rasch und örtlich ungleichmäßig ab, er hängt dann hauptsächlich vom Deckungsgrad ab und ist weniger der Ausdruck der Laubüberdeckung. In sehr dichten Pflanzenbeständen (z. B. gewisse Nadelwälder) ist eine Zunahme des LAI über 12–14 $m^2 \cdot m^{-2}$ durch Lichtmangel begrenzt.
Eine ähnliche Beziehung wie zwischen LAI und Bestandesproduktion besteht zwischen dieser und der Chlorophyllmenge pro m^2 Bodenfläche (s. Tab. 20). Vor allem zur Charakterisierung des Überdeckungsgrades photosynthetisch aktiver Schichten in Gewässern wird der Chlorophyllgehalt in der vom Plankton erfüllten Wassersäule unter 1 m^2 Wasserfläche herangezogen.

4.4.2 Die Kohlenstoffbilanz der Pflanzendecke

4.4.2.1. Die Produktionsgleichung

Die *Kohlenstoffbilanz* der Pflanzendecke ergibt sich aus der Differenz zwischen Einnahmen und Ausgaben. Als **Einnahme** ist die gesamte Kohlenstoffmenge zu rechnen, die durch die Photosynthese im Laufe des Jahres gebunden werden konnte. Diese Bruttoprimärproduktion PP_b kann bei Landpflanzen im Freiland nicht gemessen werden, sie wird (ebenso wie die Bruttophotosynthese) aus der Nettobestandesproduktion und der Bestandesatmung überschlagsweise berechnet.

$$PP_b = PP_n + R \tag{22}$$

Der Stoffgewinn der Nettoprimärproduktion wird für den Aufbau von organischer Substanz verwendet, von der ein Teil im Laufe des Jahres als Abfall V_A verloren geht oder von Konsumenten V_K verbraucht wird. **Verlustgrößen** sind der Abwurf von Blättern, Blüten, Früchten und abgestorbenen Ästen, das Abfaulen toter Wurzeln, ferner Tierfraß und Parasitismus sowie die Abgabe von Assimilaten in flüssiger Form durch Wurzelausscheidungen und an Symbionten (Mykorrhiza). Der verbleibende **Reingewinn** vermehrt die Pflanzenmasse pro Grundflächeneinheit (Biomasse B); er stellt die jährliche Änderung des Bestandesvorrates an Trockensubstanz (ΔB) dar.

$$PP_n = \Delta B + V_A + V_K \tag{23}$$

Diese Produktionsgleichung geht auf P. Boysen-Jensen zurück, der schon 1932 die Zusammenhänge klar erkannt und damit die kausalanalytische Produktionsökologie begründet hat.
Alle Größen der Produktionsgleichung sind unmittelbar bestimmbar, durch ihre Summierung wird üblicherweise die Nettoprimärproduktion ermittelt (Abb. 99 Berechnungsbeispiel: Tab. 19). Die Bestimmungen sind in natürlichen Pflanzenbeständen nicht einfach; Produktionsangaben für Wälder und andere vielschichtige, ausdauernde Pflanzengesellschaften sollten als Richtzahlen aufgefaßt werden, sofern sie nicht durch verschiedene, parallel angewandte Verfahren abgesichert sind.

Tab. 19. Stoffproduktion und Stoffverluste in Wäldern (Jahresbilanz); alle Angaben in t Trockensubstanz $\cdot ha^{-1}$

Bestand	**Buchenwald,** Dänemark 60 Jahre alt		**Tropischer Regenwald,** Thailand	
Autoren	Mar-Möller, Müller und Nielsen (1954)		Kira, Ogawa, Yoda und Ogino (1964), Yoda (1967)	
LAI	*5,6*		*11,4*	
Jährlicher Bestandszuwachs	ΔB	in % P_b		in % P_b
Laub	0		0,03	
Achsen	5,3		2,9	
Wurzeln	1,6		0,2	
Summe:	6,9	*35 %*	3,13	*2 %*
Jährlicher Abfall V_A				
Laub	2,7		12,0	
Achsen	1,0		13,3	
Wurzeln	0,2		0,2	
Summe:	3,9	*20 %*	25,5	*20 %*
$PP_n = \Delta B + V_A$	10,8	55 %	28,6	22 %
Jährlicher Verbrauch für die Atmung				
Laub	4,6		60,1	
Achsen	3,5		32,9	
Wurzeln	0,7		5,9	
Summe:	8,8	*45 %*	98,9	*78 %*
$PP_b = PP_n + R$	19,6	100 %	127,5	100 %
$ÖK_{pp}$	2,23		1,29	

4.4.2.2 Der Anteil der Atmungsverluste

Ein erheblicher Teil der photosynthetisch erworbenen Kohlenstoffmenge wird veratmet und steht nicht für den Aufbau von Phytomasse zur Verfügung. Der respiratorische Betriebskostenaufwand an der Bruttoprimärproduktion kann durch den **ökonomischen Koeffizienten der Primärproduktion $ÖK_{pp}$** ausgedrückt werden. Anders als der ökonomische Koeffizient des Photosynthesevermögens ($ÖK_{Ph}$; vgl. Formel 15) gilt der $ÖK_{PP}$ nicht nur für Blätter und für günstige Produktionsbedingungen, sondern gibt das Verhältnis zwischen der Bruttoproduktion des Pflanzenbestandes und der Atmung aller Pflanzenteile unter natürlichen Bedingungen und über einen längeren Zeitraum (Vegetationsperiode, Jahr) an. Der $ÖK_{PP}$ ist also ein Durchschnittswert über Tag- und Nachtstunden, über Produktions- und Ruheperioden, vor allem aber über die CO_2-Bilanz der Gesamtpflanze mit allen grünen und nichtgrünen Teilen.

$$ÖK_{PP} = \frac{PP_b}{R} \approx \frac{PP_n + R}{R} \tag{24}$$

Der $ÖK_{PP}$ beträgt 2, wenn ebensoviel Assimilat durch die Atmung umgesetzt wie als Trockensubstanz festgelegt wird. Häufig wird der Atmungsverbrauch nicht als Verhältnis, sondern prozentual oder als Dezimalzahl angegeben (so auch in der Tab. 19). Einem $ÖK_{PP}$ von 2 entspricht ein Prozentanteil der Atmung von 50 % (Dezimalbetrag 0,5). In Planktonpopulationen liegt der $ÖK_{PP}$ bei 10, in krautigen Pflanzenbeständen beträgt er 2–5; Wälder und Zwergstrauchheiden mit verhältnismäßig viel photosynthetisch unproduktiver Masse veratmen in der gemäßigten Zone 40–60 % der Bruttoprimärproduktion ($ÖK_{PP}$ 1,5–2,5), in den feucht-warmen Tropen rund 75 % ($ÖK_{PP}$ 1,3).

Man kann auch für das **Gesamtökosystem** einen ökonomischen Koeffizienten **$ÖK_S$** berechnen. Dieser erfaßt zusätzlich die Atmungsverluste durch die heterotrophen Lebewesen. Der $ÖK_S$ kennzeichnet den Entwicklungszustand des Ökosystems: Reife Klimaxökosysteme haben einen $ÖK_S$ nahe 1, d. h. die Bruttoprimärproduktion wird zur Gänze zur Deckung des Betriebsstoffwechsels aller Partner im Ökosystem aufgebraucht. In expandierenden Ökosystemen, deren Biomasse sich ständig vergrößert, liegt der $ÖK_S$ dagegen um 1,3 bis 1,5. Nimmt die Produktionsleistung z. B. infolge von Schädlingskalamitäten ab, so sinkt der ökonomische Koeffizient des Ökosystems unter 1.

4.4.2.3 Stoffverluste und Massenzunahme

Der Anteil der Stoffverluste V_A und V_K an der Jahresnettoprimärproduktion ist ein entscheidender Posten im Kohlenstoffhaushalt eines Ökosystems. Je nach Ergiebigkeit der Nettoprimärproduktion und

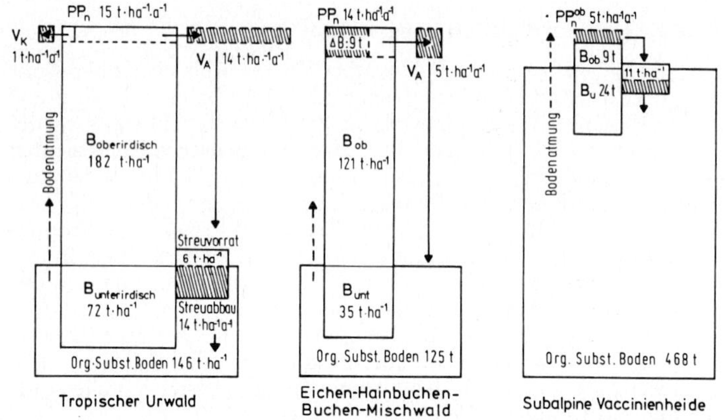

Abb. 99. *Bestandesvorrat und Umsatz an organischer Trockensubstanz in Holzpflanzenbeständen.* Tropischer Regenurwald in Puerto Rico (Odum und Pigeon 1970), sommergrüner Laubmischwald in Belgien (Duvigneaud und Denaeyer-De Smet 1970), subalpine Zwergstrauchheide in den Alpen (nach Schmidt 1977 aus Larcher 1977). *Stark umrandete Flächen:* Vorrat an organischer Trockensubstanz in t $\cdot ha^{-1}$. *Schraffierte Flächen:* Jährlicher Umsatz an Trockensubstanz in t $\cdot ha^{-1} \cdot a^{-1}$. B_{ob} = oberirdische Biomasse, B_u = unterirdische Biomasse, PP_n = Nettoprimärproduktion, $PP_n{}^{ob}$ = oberirdische Nettoprimärproduktion, ΔB = jährlicher Biomassezuwachs, V_A = jährlicher Abfall, V_K = jährlicher Verlust an Trockensubstanz durch Fraß. Literaturhinweise auf Produktionsbilanzen anderer Pflanzenbestände bei Larcher 1980.

dem Ausmaß der Verluste kann der Bestandesvorrat an organischer Masse heranwachsen (Biomassenzunahme $+ \Delta B$), gleichbleiben ($\Delta B = 0$) oder abnehmen ($- \Delta B$). Welche von diesen Möglichkeiten in einem Ökosystem verwirklicht wird, hängt hauptsächlich von seiner Artenzusammensetzung, seiner Dynamik (Bestandesalter und Sukzessionslage) und dem Grad der Belastung durch natürliche und zivilisatorische Einflüsse ab.

1. Wälder, Gehölze und Zwergstrauchheiden. Holzpflanzenbestände machen zu Beginn ihrer Entwicklung eine Aufbauphase durch, in der die meisten Pflanzen jung sind. Die Laubmasse hat relativ wenig Achsen- und Wurzelmasse zu ernähren, der $ÖK_{PP}$ ist günstig und die Nettoprimärproduktion ist daher groß. Es bleibt ein erheblicher Überschuß an organischer Substanz übrig, der den Bestandesvorrat von Jahr zu Jahr zusehends vermehrt (Abb. 100).

Die produktive Wachstumsphase geht mit zunehmendem Bestandesalter in die Reifephase über, in der ΔB zunächst noch positiv ist, später um Null pendelt. Der Zuwachsrückgang wird nicht etwa durch ansteigende Verluste, sondern durch die mit fortschreitender Bestandesentwicklung abfallende Produktionsleistung verursacht. Je größer die Bäume werden, um so ungünstiger wird das Verhältnis zwischen grünen und nichtgrünen Geweben. Das führt dazu, daß der Ertrag der Photosynthese nur noch für die Lauberneuerung und für Atmung der enorm angewachsenen Sproß- und Wurzelmasse ausreicht. In Laubwäldern kommt der Holzzuwachs zum Stehen, wenn der Laubanteil unter 1 % der Gesamtmasse abnimmt. Diese Abfolge gilt für Bestände, die aus gleichaltrigen Individuen aufgebaut sind, wie z. B. Aufforstungen oder Neuaufwuchs nach Brand. In natürlich sich verjüngenden unbewirtschafteten Holzpflanzenbeständen wie z. B. Urwäldern, Macchien, Buschland oder Zwergstrauchtundren sind stets alle Altersstadien vertreten; es regelt sich daher ein Gleichgewicht zwischen Zuwachs und Verlusten ein, wodurch ΔB im langjährigen Durchschnitt Null ergibt.

2. Grasland und krautige Pflanzenbestände. Im Laufe der Produktionsperiode wächst die Phytomasse rasch an, gleichzeitig gehen Sproßteile und Wurzeln zugrunde oder werden abgefressen. In naturbelassenen krautigen Pflanzengesellschaften vergilben und vertrocknen mit Ende der Vegetationsperiode die Blätter, ein Teil des Sproßsystems und auch Wurzeln werden eingezogen. In Steppen beträgt der Abfall mehr als die Hälfte der im Laufe des Jahres gebildeten Phytomasse, in ephemerenreichen Pflanzengesellschaften der Wüsten 60–100 %. In Mähwiesen und auf Weideland wird Biomasse während der Vegetationsperiode fortlaufend entnommen, V_K ist also größer als V_A. Der Unterschied zwischen Fraßverlusten und Laubabwurf besteht vor allem darin, daß durch Fraß die photosynthetisch vollaktiven Assimilationsorgane angegriffen werden, eine übermäßige Fraßnutzung (V_K mehr als

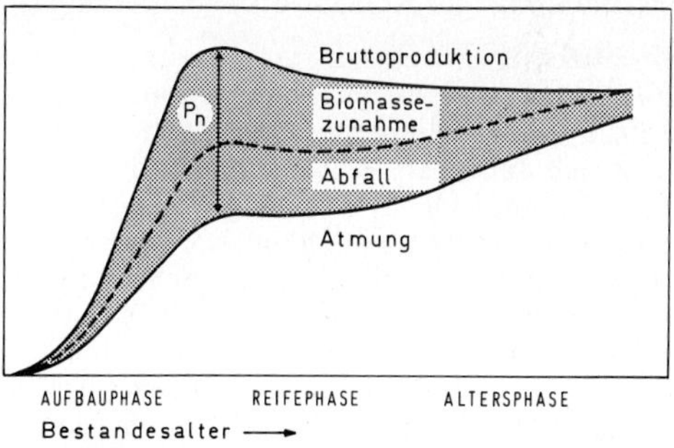

Abb. 100. Schematischer Verlauf von Bruttoprimärproduktion, Nettoprimärproduktion (gerastertes Feld), Biomassezunahme (gerastertes Feld oberhalb der unterbrochenen Linie), Abfall (gerastertes Feld unter der unterbrochenen Linie) und Atmung eines einheitlichen Baumbestandes mit zunehmendem Bestandesalter. Nach KIRA und SHIDEI (1967).

die Hälfte von PP_n) gefährdet die Produktionsleistung. Hingegen kann ohne Schaden für das Ökosystem nach Abschluß des Vegetationsablaufs auch die ganze oberirdische Biomasse absterben.
In ungestörten und in landwirtschaftlich genutzten krautigen Pflanzenbeständen pendelt sich ΔB auf Null ein. In Trockengebieten mit wechselhaften Niederschlägen schwankt ΔB in aufeinanderfolgenden Jahren zwischen stark positiven und negativen Werten, die aber im langjährigen Mittel wieder $\Delta B \approx 0$ ergeben.
3. Gewässerökosysteme. In Planktonpopulationen wirkt sich die Nettoprimärproduktion zunächst in einer zahlenmäßigen Zunahme meist kurzlebiger Schwebealgen in der euphotischen Zone aus. Von diesem Bestandesvorrat ernährt sich eine Schar von Konsumenten. Die Aufzehrungsquote V_K ist hoch, sie ist auf durchschnittlich ⅔ der Nettoprimärproduktion anzusetzen. Der Biomasseverlust durch Abfall ist geringer, zahlenmäßig aber nur unsicher abschätzbar. Als Abfall werden im Phytoplankton jene Zellen gewertet, die der Schwerkraft folgend oder durch Wasserströmungen bewegt unter die Kompensationstiefe absinken. Die Sinkgeschwindigkeit hängt von Größe, Gestalt und spezifischem Gewicht der Organismen, außerdem von Wasserbewegungen und der Temperatur ab. In 6 °C kühlen Gewässern sinken die meisten Algen durchschnittlich 3 m pro Tag, bei 20 °C doppelt so schnell. Bezeichnend für Gewässerökosysteme ist die Abfolge von produktiver Wachstumsphase und protektiver Gleichgewichtsphase (ähnlich wie in Wäldern) und ein hoher Anteil von Fraßverlusten (ähnlich wie auf Mähwiesen und Viehweiden). In einem Gewässerökosystem ist daher $V_K \geqq V_A$ und beides zusammen größer als ΔB.

4.4.2.4 Massenumsatz und Kohlenstoffmobilisierung

Die Primärproduzenten erzeugen fortgesetzt organische Masse, die ihre Vegetationskörper aufbaut und später unmittelbar oder auf dem Umweg über die Verbraucherkette dem Boden zugeführt wird. Der Abfall sammelt sich zunächst als Streulage auf dem Boden.
Der **Streuvorrat** in einem Ökosystem hängt von der jährlich zugeführten Streumenge und der Geschwindigkeit des Streuabbaus ab. Die jährliche *Streuzufuhr* ist am größten in tropischem Grasland (10–15 $t \cdot ha^{-1}$), es folgen Wiesen und Wälder (5–10 $t \cdot ha^{-1}$), saisongrüne Baumbestände zeitweise trockener subtropischer und tropischer Gebiete (3–6 $t \cdot ha^{-1}$), Steppen (1–5 $t \cdot ha^{-1}$), Tundra (bis 0,5 $t \cdot ha^{-1}$) und Wüsten (bis 0,05 $t \cdot ha^{-1}$). Die *Abbaugeschwindigkeit* hängt von der Zersetzbarkeit der Streu und den edaphischen und klimatischen Bedingungen ab. Die Abbaufähigkeit der Streu ist im wesentlichen durch die spezifische Zusammensetzung des Pflanzenmaterials gegeben (Abb. 101). Zellulosisches Material wird dreimal so schnell zersetzt wie stark verholzte, gerbstoffreiche Abfälle (z. B. immergrüne Blätter und

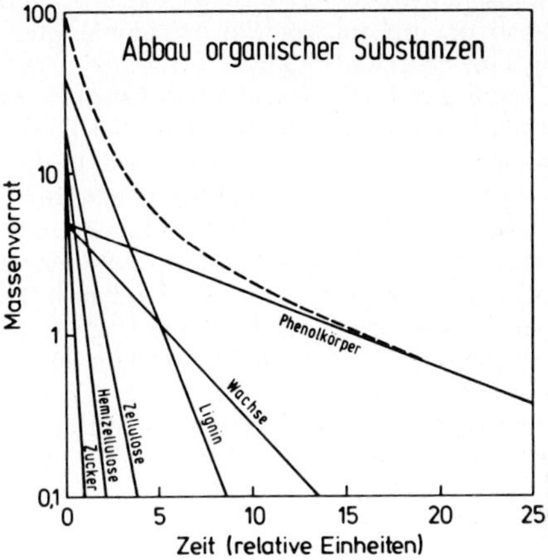

Abb. 101. Geschwindigkeit des Abbaus der stofflichen Komponenten pflanzlicher Abfälle. Nach MINDERMAN aus CHAPMAN (1976).

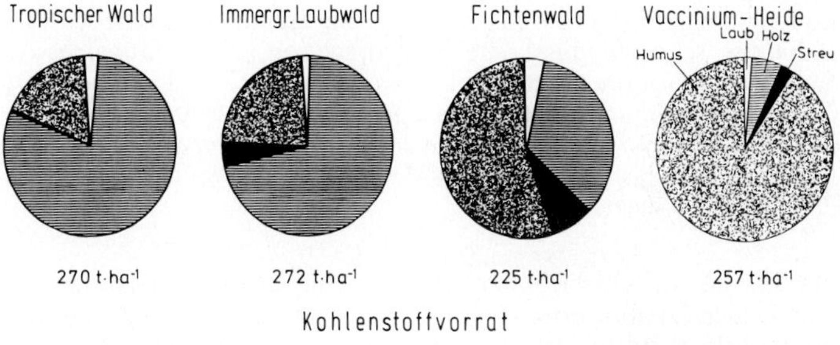

Abb. 102. *Vorrat an organisch gebundenem Kohlenstoff* in der Grünmasse (Laub), im Holz, in der Streuauflage und im Humus von Wäldern aus Gebieten mit unterschiedlichem Klima und in einer subalpinen Zwergstrauchheide. Im tropischen Regenwald und in immergrünen Wäldern der warmgemäßigten Zone ist der Kohlenstoff hauptsächlich in der Pflanzenmasse festgelegt, die Streuauflage wird rasch umgesetzt, im Boden befindet sich nur wenig organische Substanz. In der subalpinen Heide hingegen ist mehr organische Substanz in der Streu und im Humus festgelegt als in der Pflanzendecke, vor allem, weil unter den dort herrschenden kühlfeuchten Bedingungen der Abbau im Boden viel langsamer erfolgt als auf wärmeren Standorten. Nach YODA und KIRA (1969) und LARCHER (1977).

Nadeln). In tropischen Regenwäldern werden organische Abfälle in 1–2 Jahren abgebaut, in Laubwäldern der gemäßigten Zone dauert die Zersetzung eines Streujahrganges 2–4 Jahre (Halbwertszeit für Fallaub von *Carpinus* etwa 9 Monate, von *Quercus* etwa 15 Monate, von *Fagus* etwa 2 Jahre), in Nadelwäldern 2–5 Jahre, in mediterranen Hartlaubgehölzen rund 10 Jahre, in Bergwäldern, Zwergstrauchheiden und Tundren Jahrzehnte (Halbwertszeit für Assimilationssprosse von *Calluna* im atlantischen Klima 5 Jahre). In Steppen erfolgt der Abbau periodisch, im Frühjahr und im Sommer vor Beginn der Dürrezeit rasch, später langsam, so daß die Streuauflage im Winter am mächtigsten, im Sommer dünn ist. In einem ungestörten Ökosystem stellt sich ein ausgewogenes Verhältnis zwischen der Pflanzenmasse, dem Streuvorrat und der Menge an organischer Substanz im Boden ein, das für die floristische und altersmäßige Zusammensetzung der Pflanzendecke bezeichnend und durch Klima und Bodenfaktoren geregelt ist (Abb. 102 und 106).

Durch die Zersetzer wird die Streuauflage allmählich über mehrere Zwischenstufen zu schwer aufschließbaren Stoffen wie Lignin, Cutin, Huminstoffen u. ä. und schließlich auf die anorganische Endstufe abgebaut (vgl. Kap. 5.3.1 und 6.4.2). Dabei wird auch das von den Pflanzen gebundene CO_2 wieder freigesetzt.
Die Zersetzung organischer Substanz und damit die CO_2-Bildung im Boden wird gefördert durch ein reiches Substratangebot, eine schwach saure bis schwach alkalische Bodenreaktion, durch angemessene Sauerstoffversorgung, Feuchtigkeit und Wärme. Dann kann der CO_2-Gehalt im Boden auf Werte von 0,5–2 Vol. %, also das 50fache der Konzentration in der Atmosphäre ansteigen. In dicht durchwurzelten Böden stammt bis 10 % der CO_2-Menge in der Bodenluft von atmenden Pflanzenwurzeln.

Der CO_2-Austritt in die bodennahe Luftschicht wird **Bodenatmung** genannt. Der Gastransport vom Boden zur Atmosphäre und innerhalb des Bodens ist um so besser, je größer das Porenvolumen und je geringer die Wasserfüllung der Bodenporen sind. Innerhalb des Bodens ist Diffusion der wichtigste Mechanismus für einen Konzentrationsausgleich, an der Bodenoberfläche erfolgt der Ausgleich zusätzlich durch Luftbewegung. Die Bodenatmung ist ein wertvoller Indikator für die Intensität der Abbauvorgänge im Boden. Sie nimmt mit der Temperatur zu, bei gegebener Temperatur ist sie am größten bei hoher Bodenfeuchte, jedoch nicht bei Nässe. In der gemäßigten Klimazone geben Wald- und Rasenböden stündlich durchschnittlich 0,1–1 g $CO_2 \cdot m^{-2}$ Bodenoberfläche ab, an organischer Substanz arme Böden weniger.

4.4.3 Die Nettoprimärproduktion der Pflanzendecke auf der Erde

Trotz eingehender Studien v. a. im Rahmen des Internationalen Biologischen Programmes und der Möglichkeit, Satellitenaufnahmen und Luftbilder produktionsanalytisch auszuwerten, sind Abschätzungen der Nettoprimärproduktion der Pflanzendecke immer noch schwierig und unsicher. Die Angaben verschiedener Autoren differieren daher beträchtlich. Nach einer Hochrechnung von WHITTAKER und LIKENS (1975) werden auf der Erde jährlich rund $170 \cdot 10^9$ t Trockensubstanz festgelegt, davon etwa zwei Drittel auf dem Festland, das restliche Drittel in den Ozeanen.
Hohe Nettoprimärproduktion ist auf jene Bereiche des Festlands und der Meere beschränkt, die der Vegetation eine optimale Kombination von Wasser, Wärme und Nährsalzen bieten. Auf dem Lande sind das die Tropen, im Wasser die Zone zwischen 40 und 60° nördlicher und südlicher Breite (Abb. 103). Die ergiebigste Stoffproduktion finden wir an den Grenzen zwischen Land und Wasser: im küstennahen Flachwasser und auf Korallenriffen, in Regenwäldern, Feuchtgrasfluren und Sumpfgebieten warmer Länder (Tab. 20 und Abb. 104). Der Großteil der Land- und Wasserfläche der Erde läßt nur eine bescheidene Stoffproduktion zu. Auf dem *Festland* ist meist das Wasser der entscheidend ertragsbegrenzende Umweltfaktor, ferner Nährstoffmangel und in geographischen Breiten über 50° und auf Gebirgen die kältebedingte Verkürzung der Vegetationszeit. In tropischen *Meeren* verhindert Nährstoffmangel, in polnahen Meeren Lichtmangel eine bessere Produktionsleistung. Zwischen optimaler und pessimaler Produktionsleistung gibt es je nach örtlich wechselnden Ernährungsbedingungen, nach Art und Aufbau der jeweiligen Pflanzengesellschaft und nach dem Ausmaß menschlicher Einflußnahme alle Übergänge und über kleine Distanz häufig beträchtliche Unterschiede. Durch *intensive Landnutzung* können Flächenerträge erzielt werden, die weit über der Primärproduktion liegen, die in diesem Gebiet natürliche Pflanzengesellschaften erbringen würden. (Tab. 21). Höchste Flächenerträge erbringen Bestände des tropischen C_4-Futtergrases *Pennisetum purpureum* und Intensivkulturen des Zuckerrohrs mit einer Jahresproduktion von 80–85 t Trockensubstanz pro Hektar unter günstigen Bedingungen. Die überhaupt höchste Trockensubstanzproduktion wurde experimentell durch Algen in Kulturtanks erzielt (umgerechnet rund 100 $t \cdot ha^{-1} \cdot a^{-1}$). Auch bei Landpflanzen läßt sich durch Anzucht in Nährlösungstanks (*Hydroponik*) kleinräumig die Produktion beträchtlich (in manchen Fällen auf das Doppelte) steigern. Im weltweiten Durchschnitt bleiben die landwirtschaftlichen Erträge hingegen weit unter dem Möglichen, hauptsächlich infolge unzulänglicher Landbautechnik, extensiver Bewirtschaftung, unvollständiger Ausnützung der gegebenen Produktionszeit und Verwendung minderwertiger Sorten.

Tab. 20. Jährliche Nettoprimärproduktion, Blattflächenindex und Chlorophyllmenge der Pflanzendecke der Erde. Nach WHITTAKER und LIKENS (1975)

Vegetationseinheit	Fläche (10^6 km²)	Nettoprimärproduktion: Spanne ($t \cdot ha^{-1} \cdot a^{-1}$)	Nettoprimärproduktion: Mittelwert ($t \cdot ha^{-1} \cdot a^{-1}$)	Nettoprimärproduktion: Flächensumme (10^9 $t \cdot a^{-1}$)	Blattflächenindex: Spanne ($m^2 \cdot m^{-2}$)	Blattflächenindex: Häufigster Wert ($m^2 \cdot m^{-2}$)	Chlorophyll Mittelwert ($g \cdot m^{-2}$)
Kontinente	**149,0**		**7,8**	**117,5**		**4,3**	**1,5**
Tropische Regenwälder	17,0	10–35	22,0	37,4	6–16	8	3,0
Regengrüne Wälder	7,5	10–25	16,0	12,0		5	2,5
Sommergrüne Wälder	7,0	6–25	12,0	8,4	3–12	5	2,0
Immergr. temperate Wälder	5,0	6–25	13,0	6,5	5–14	12	3,5
Boreale Wälder	12,0	4–20	8,0	9,6	7–15	12	3,0
Trockenbusch und Hartlaubgehölze	8,5	2–12	7,0	6,0	4–12	4	1,6
Savannen	15,0	2–20	9,0	13,5	1–5	4	1,5
Wiesen und Steppen	9,0	2–15	6,0	5,4		3,6	1,3
Tundra und Gebirge	8,0	0,1–4	1,4	1,1	0,5–2,5	2	0,5
Strauchwüsten	18,0	0,1–2,5	0,9	1,6		1	0,5
Trockenwüsten, Eis	24,0	0–0,1	0,03	0,07		0,05	0,02
Landwirtschaftliche Pflanzungen	14,0	1–40	6,5	9,1	4–12	4	1,5
Sümpfe, Marschen	2,0	8–60	30	6,0		7	3,0
Binnengewässer	2,0	1–15	4	0,8			0,2

Vegetationseinheit	Fläche	Nettoprimärproduktion			Blattflächenindex		Chlorophyll
	(10^6 km^2)	Spanne ($t \cdot ha^{-1} \cdot a^{-1}$)	Mittelwert ($t \cdot ha^{-1} \cdot a^{-1}$)	Flächensumme (10^9 $t \cdot a^{-1}$)	Spanne ($m^2 \cdot m^{-2}$)	Häufigster Wert ($m^2 \cdot m^{-2}$)	Mittelwert ($g \cdot m^{-2}$)
Ozeane	**361,0**		**1,55**	**55,0**			**0,05**
Offenes Meer	332,0	0,02–4	1,25	41,5			0,03
Auftriebzonen	0,4	4–10	5	0,2			0,3
Küstenzonen	26,6	2–6	3,6	9,6			0,2
Riffe und Gezeitenzone	0,6	5–40	25	1,6			2,0
Brackwässer	1,4	2–40	15	2,1			1,0
Globalsumme Erde	**510**		**3,36**	**172,5**			**0,48**

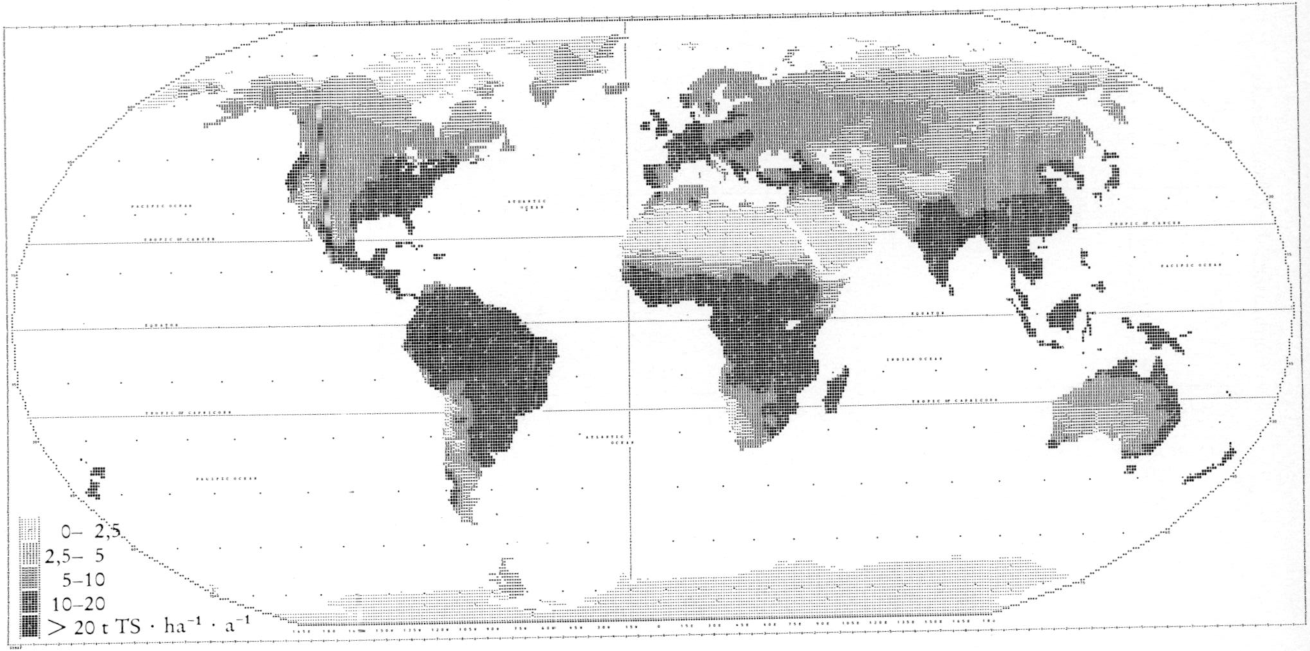

Abb. 103 A. Jährliche Nettoprimärproduktion auf dem Festland. Nach LIETH (1972).

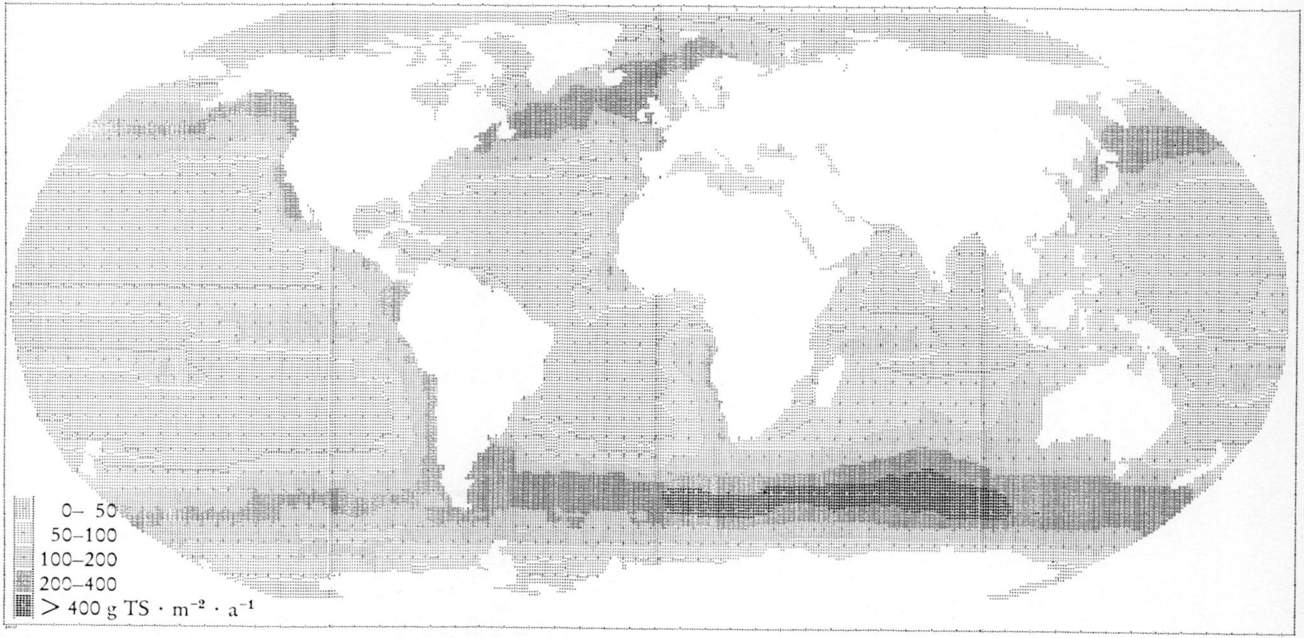

Abb. 103 B. Jährliche Nettoprimärproduktion des Meeres. Computergesetzte Karte aus Dateneingaben von HSIAO, VAN WYK und LIETH. Der Vorteil von Computerkarten besteht in der raschen und fortlaufenden Eingabemöglichkeit neu gewonnener Daten.

Tab. 21. Trockensubstanzproduktion und Ernteindex von nutzbaren Pflanzenbeständen. Die jährliche Bestandesproduktion ist in Tonnen Gesamttrockenmasse pro Hektar angegeben, der Ernteindex drückt den wirtschaftlich nutzbaren Anteil (S = Samen und Körner, M = oberirdische Masse, R = Speicherorgane, H = Holz) am gesamten jährlichen Trockenmassezuwachs aus. Nach Datenzusammenstellungen bei LIETH (1962), LOOMIS und GERAKIS (1975), ZELICH (1975), BASSHAM (1977), COOPER (1977), JARVIS (1981), OSMOND et al. (1982), SCHULZE (1982) und Angaben bei SIRÉN und SIVERTSSON (1976), WOLVERTON und MCDONALD (1979), EAGLES und WILSON (1982).

Pflanzenart	Maximale Erträge ($t \cdot ha^{-1} \cdot a^{-1}$)	Ernteindex
C_4-Gräser		
Zuckerrohr	65–80	0,85 (M)
Mais (Subtropen und Tropen)	ca. 30	
Mais (Temperate Zone)	ca. 20	0,38–0,49 (S)
Tropische Hirsen	40–50	0,40 (S); 0,88 (M)
Tropische Futtergräser	20–100	0,85 (M)
C_3-Gräser		
Reis	22–30	0,39–0,56 (S)
Weizen	18–30	0,25–0,45 (S)
Gerste	um 15	0,32–0,52 (S)
Wiesengräser	10–25	0,85 (M)
Sumpfgräser	30–40	
Leguminosen		
Luzerne	30	
Sojabohne	10	0,30–0,36 (S)
Hackfrüchte		
Maniok	40	
Zuckerrübe	20–40	0,45–0,67 (R)
Kartoffel	um 20	0,82–0,86 (R)
Topinambur	20	
Forstpflanzen		
Cryptomeria japonica	53	0,65 (H)
Pinus radiata	46	0,66 (H)
Douglasien	28	0,71 (H)
Schwarzföhren	25	0,16 (H)
Fichten	22	0,61 (H)
Buchenwald (60jährig)	13	0,70 (H)
Holzplantagen (energy farming)		
Eucalypten	55	
Weiden	52	0,61 (H)
Pappeln	35–40	0,51 (H)
Wasserpflanzen		
Eichhornia crassipes	154	
Abwasseralgen	35–70	
Tange	30–55	

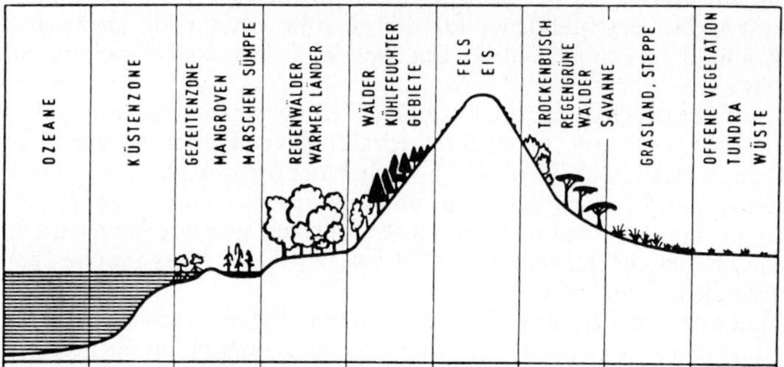

PP_n	0-4	2-6	10-60	10-35	5-25	0-0.01	2-20	2-15	0-4	$t \cdot ha^{-1} a^{-1}$
B	0-0.05	0.01-1	100-500	400-800	100-500	0-3	20-100	20-50	0-20	$t \cdot ha^{-1}$

Abb. 104. Unterschiede in der jährlichen Nettoprimärproduktion (PP_n) und im Bestandsvorrat an Pflanzenmasse (B) auf der Erde. Alle Angaben in t Trockensubstanz. In Anlehnung an E. P. ODUM (1959) unter Verwendung von Daten aus Hochrechnungen von BAZILEVICH und RODIN (1971), WHITTAKER und LIKENS (1975).

4.4.4 Die Energieausbeute durch die Vegetation

Der Nutzeffekt ε, mit dem die Pflanze Strahlungsenergie in chemische Energie umwandelt, ist

$$\varepsilon = \frac{\text{gespeicherte chemische Energie} \cdot 100}{\text{absorbierte Strahlungsenergie}} \tag{25}$$

Der **Nutzeffekt der Photosynthese** gibt an, wieviel Prozent von der absorbierten Strahlungsenergie bei der Umwandlung des Kohlendioxids zum Kohlenhydrat in Form chemischer Bindungsenergie festgelegt worden sind. Der Photosyntheseprozeß verwertet *pro Gramm assimiliertes Kohlenhydrat 15,9 kJ* (= 3,8 kcal). Das Produkt aus diesem Umrechnungsfaktor und der Bruttophotosyntheserate ergibt den Betrag der gebundenen Energie. Die Strahlungsausnützung der Photosynthese erreicht an Einzelblättern unter besonders günstigen Umständen Wirkungsgrade bis zu 15 % (C_4-Gräser bis 24 %), meist arbeiten die Blätter aber mit einem Wirkungsgrad von 5–10 % und auch weniger. In Algenkulturen werden Wirkungsgrade von 12–15 % erzielt.

Der **Nutzeffekt der Stoffproduktion von Pflanzenbeständen** ergibt sich aus dem Energiegewinn der Bruttoprimärproduktion und der im selben Zeitraum pro Grundflächeneinheit absorbierten PhAR. Wenn die absorbierte PhAR nicht gemessen worden ist, kann sie annäherungsweise aus Meßdaten für die gesamte einfallende kurzwellige Strahlung zwischen 0,3 und 3 µm über den Faktor 0,47 berechnet werden.

Der **Energiegehalt** der produzierten Pflanzenmasse wird über kalorimetrisch bestimmte *Brennwerte* repräsentativer Proben ermittelt. Der Brennwert ist hoch bei hohem C-Gehalt der organischen Trockensubstanz, er ist je nach Pflanzenart und Organ verschieden (Tab. 22) und ändert sich auch während des Jahres. Überschlagsweise kann man mit einem Energiegehalt von 18,5 kJ (4,5 kcal) je Gramm organische Trokkensubstanz rechnen.

Unter den zeitlich und standörtlich wechselnden Assimilationsbedingungen arbeiten Pflanzengesellschaften im Durchschnitt über die Produktionsperiode mit **Wirkungsgraden** unter 2–3 %, landwirtschaftliche Intensivkulturen allenfalls bis 9 % (Mais in subtropischen Gebieten). Wenig produktive Pflanzengesellschaften erreichen nur noch Wirkungsgrade im Promillebereich, dasselbe gilt für einen großen Teil der Meere. Verglichen mit den möglichen Spitzenwerten des Nutzeffektes der Photosynthese ist die Strahlungsausbeute unter ökologischen Bedingungen überaus spärlich. Die Pflanzendecke vermag nicht alle Lichtstunden voll auszunützen – gerade die strahlungsreichen Gebiete im Bereich der Wendekreise sind besonders niederschlagsarm und daher wenig produktiv. Eine Weltkarte der Strahlungsausnützung durch die Stoffproduktion der Pflanzendecke würde einen schmalen Streifen um den Äquator sowie die gemäßigten Breiten als jene Zonen ausweisen, deren Vegetation am besten imstande ist, die eingestrahlte Energie zu verwerten.

Tab. 22. Energiegehalt der Trockensubstanz von Pflanzen. Datensammlung nach Angaben in Originalarbeiten zahlreicher Autoren und unveröffentlichten Meßergebnissen.

Pflanzenmaterial	$kcal \cdot g^{-1}$	$kJ \cdot g^{-1}$
Planktonalgen	4,6–4,9	19,3–20,5
Tange	4,4–4,5	18,4–18,9
Flechten, Moose	3,4–4,6	14,2–19,3
Meiste krautige Sproßpflanzen		
Sprosse	3,8–4,3	15,9–18,0
Wurzeln	3,2–4,7	13,4–19,7
Samen	4,4–5,0	18,4–21,0
Fabales	4,4–4,9	18,4–20,5
Halophyten	3,7–4,4	15,5–18,4
Epiphytische Sproßpflanzen	3,8–4,0	15,9–16,8

Fortsetzung Tab. 22

Pflanzenmaterial	kcal · g^{-1}	kJ · g^{-1}
Laubabwerfende Bäume saisongrüner Wälder		
Blätter	3,9–4,8	16,3–20,1
Stammholz	4,2–4,6	17,6–19,3
Wurzeln	4,0–4,7	16,8–19,7
Laubbäume immergrüner tropischer Wälder		
Blätter	3,6–4,1	15,9–17,2
Stammholz	3,9–4,2	16,3–17,6
Wurzeln	3,9–4,2	16,3–17,6
Mangrovebäume		
Blätter	4,2–4,3	17,6–18,0
Stammholz	4,2–4,3	17,6–18,0
Wurzeln	3,9–4,1	16,3–17,2
Mediterrane Hartlaubgewächse		
Blätter	4,8–5,2	20,1–21,8
Stammholz	4,5–4,7	18,9–19,7
Wurzeln	4,2–4,7	17,6–19,7
Immergrüne Nadelbäume		
Nadeln	4,9–5,0	20,5–21,0
Stammholz	4,7–4,8	19,7–20,1
Ericaceenzwergsträucher		
Blätter	5,0–5,6	21,0–23,5
Sproßachsen	5,1–5,8	21,4–24,3
Garrigue-Halbsträucher	4,5–5,4	18,9–22,6
Wüstensträucher		
Blätter	4,9–5,4	20,5–22,6
Sproßachsen	4,5–5,0	18,9–21,0
Kakteen		
Rinde	3,7–4,0	15,5–16,8
Xylem	4,2–4,7	17,6–19,7
Pflanzenstoffe		
Oxalsäure	0,7	2,9
Glucose	3,7	15,5
Stärke, Cellulose	4,2	17,6
Proteine	5,5	23,0
Lipide	9,3	38,9
Lignin	6,3	26,4
Terpene	11,2	46,9

4.5 Die Rolle der Pflanzen im Kohlenstoffhaushalt der Erde

4.5.1 Der Kohlenstoffvorrat auf der Erde

Der Gesamtvorrat an Kohlenstoffverbindungen auf der Erde wird auf $26 \cdot 10^{15}$ Tonnen C geschätzt. Die überwiegende Menge davon ist anorganisch gebunden, etwa 0,05 % organisch (Tab. 23).

Organisch gebundener Kohlenstoff findet sich in der Biosphäre, im Boden und in organischen Ablagerungen des Meeres. Innerhalb der Phytomasse fallen besonders die Wälder mit ihrem Holzreichtum ins Gewicht, die mehr als ¾ des von Landpflanzen festgelegten Kohlenstoffs speichern. Die Waldgürtel der Erde sind daher die Gebiete mit den größten organischen Kohlenstoffreserven (Abb. 105). Die mächtigsten Kohlenstoffvorräte auf dem und im Boden bilden sich dagegen in der Tundrenzone und in Wäldern des Nordens, wo die Abfälle sehr viel langsamer abgebaut werden als in wärmeren Gebieten (Abb. 106).

Der **anorganische Kohlenstoffvorrat** ist größtenteils in Sedimenten der Erdkruste abgelagert. Diesen sind auch die fossilen Kohlenstofflager (Torf, Kohle, Erdöl, Ölschiefer) zuzurechnen. Das Wasser der Meere und Seen speichert 0,14 % des gesamten C-Vorrats der Erde in Form von Bicarbonat- und Carbonat-Ionen oder als gelöstes CO_2. Die Hauptmenge befindet sich im Tiefenwasser der Ozeane. Die

Tab. 23. Abschätzung des Kohlenstoffvorrats auf der Erde (alle Angaben in 10^9 t Kohlenstoff). Nach Müller (1960), Buch (1960), Bolin (1970), Hampicke (1977).

Anorganische Vorratsmengen	
Atmosphäre	700
Hydrosphäre	
Binnengewässer	etwa 250
Meer, Oberflächenwasser	600–900
Meer, Tiefenwasser	etwa 38 000
Lithosphäre	
Kohle, Erdöl	7500 ?
Gesteine	25 000 000
Organisch gebundener Kohlenstoff	
Biomasse Landorganismen	700–800
Biomasse Meeresorganismen	2–10
Organische Abfälle und Boden (Festland)	1000–3000
Detritus und organische Sedimente (Meer)	1000–3000

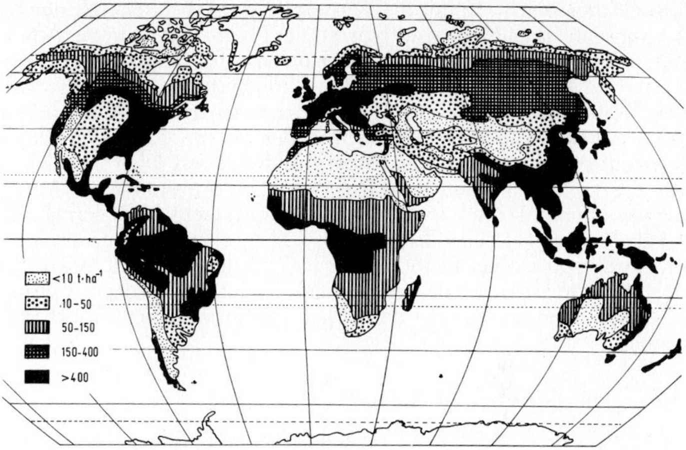

Abb. 105. Verteilung der Phytomasse (oberirdische und unterirdische Pflanzenmasse in t Trockensubstanz pro ha) auf der Erde. Vgl. diese Abbildung mit der Produktivitätskarte (Abb. 103) und mit der Weltkarte der Wasserverfügbarkeit (Abb. 160). Nach Bazilevich und Rodin (1971).

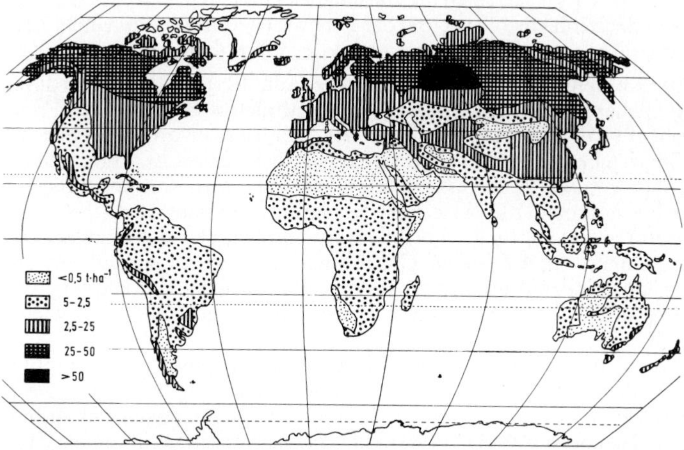

Abb. 106. Vorrat an organischer Trockensubstanz in Streuauflagen und toten Pflanzenteilen auf der Erde. Vgl. dazu auch Abb. 102. Nach Bazilevich und Rodin (1971).

Oberflächenschicht, in der die Wasserpflanzen leben, enthält nur ¹⁄₆₀ des anorganischen Kohlenstoffvorrats der Hydrosphäre. In der Atmosphäre befindet sich etwa gleichviel Kohlenstoff wie im Oberflächenwasser der Ozeane, mit dem die Luft in intensivem Austausch steht. Das Kohlendioxid ist in der Atmosphäre in einer durchschnittlichen Konzentration von 0,03 Vol % vorhanden (1978: 335μl $\cdot l^{-1}$). Dieser Konzentration entspricht bei einem Luftdruck von 1 bar ein Gehalt von 0,6 mg CO_2 im Liter Luft. Die CO_2-Konzentration in der Atmosphäre nimmt seit etwa 1860 ständig zu, im Durchschnitt derzeit um 1,3μl $\cdot l^{-1}$ pro Jahr. Der Zuwachs ist zum großen Teil auf die Verbrennung von Kohle, Erdöl und Erdgas zurückzuführen, außerdem dürfte die fortschreitende großflächige Rodung tropischer Waldgebiete zum globalen Anstieg der CO_2-Konzentration maßgeblich beitragen.

4.5.2 Der Kreislauf des Kohlenstoffs

Der Kohlenstoff kommt in ungleich gut verlagerbarer Form vor: Als *Feststoff* in Organismen, im Boden und in der Lithosphäre, *gelöst* im Zellsaft, im Wasser, das die Organismen durchtränkt, im Boden- und Grundwasser und in Gewässern, als *Gas* in den Interzellularen, in den Bodenporen und in der Atmosphäre. Zwischen den verschiedenen Vorratsräumen und den verschiedenen Phasen finden Austauschvorgänge statt. Kohlenstoffverbindungen der Lithosphäre gehen in Lösung, das CO_2 im Wasser setzt sich ins Gleichgewicht mit dem CO_2 der Luft und über den Kohlenstoffwechsel der Lebewesen kommt es zu einem ständigen Kreislauf des Kohlenstoffs in der Ökosphäre.

Der Kohlenstoffkreislauf auf der Erde (Abb. 108) wird vor allem durch die **Lebensprozesse** in Gang gehalten. Jährlich werden von den Pflanzen etwa 6–7 % des CO_2, das in der Atmosphäre vorhanden oder im Oberflächenwasser der Ozeane und der Seen gelöst ist, organisch gebunden. Etwa ⅓ der assimilierten Substanz wird von den Pflanzen selbst veratmet, ¹⁄₁₀₀₀ wird dem Kohlenstoffkreislauf durch Sedimentation (Verschüttung, Torfbildung) vorübergehend entzogen, der Rest dient heterotrophen Organismen als Nahrungsgrundlage und stellt damit den Ausgangspunkt der Energiekaskade dar. Atmung, Gärung und Verwesung liefern CO_2 und füllen den CO_2-Vorrat wieder auf.

Durch den intensiven Kohlendioxidaustausch zwischen Atmosphäre und Biosphäre treten *Tages- und Jahresschwankungen im CO_2-Gehalt der Luft* auf. Bei Tage senkt die Photosynthesetätigkeit der grünen Pflanzen den CO_2-Gehalt der Luft, nachts wird dieser durch die CO_2-Freisetzung bei dissimilatorischen Vorgängen erhöht. In dichten Pflanzenbeständen können die Tagesschwankungen des CO_2-Gehalts 25 % vom Mittelwert betragen; sie sind bis in hohe Luftschichten nach-

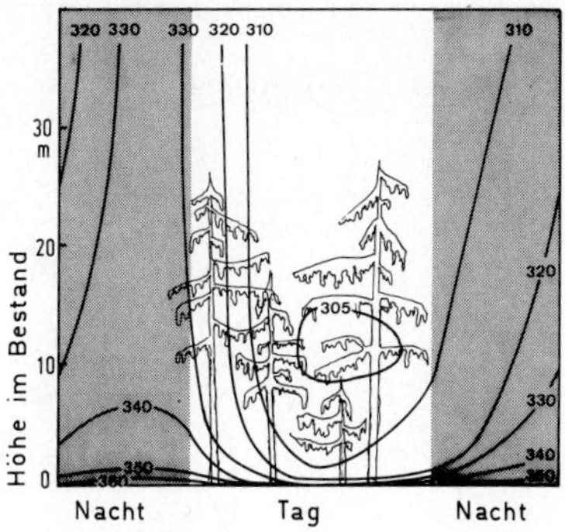

Abb. 107. Tageszeitliche Änderungen im Vertikalprofil der CO_2-Konzentration in der Luft in einem Wald. Am Tage wird der Luft im Kronenraum durch die Photosynthese CO_2 entzogen; dort bildet sich bei Windstille eine Verarmungszone (305 ppm) aus, der aus der Atmosphäre und durch die Bodenatmung CO_2 zugeführt wird. In der Nacht kommt es zu einer stabilen Luftschichtung in Bodennähe. Nach MILLER und RÜSCH (1960); vgl. auch CO_2-Profil in einem Getreidefeld Abb. 180.

weisbar. In der Vegetationsschicht bildet sich bei Windstille eine bezeichnende Konzentrationsverteilung aus. Während der Nacht staut sich CO_2 zwischen den Pflanzen und vor allem in Bodennähe, schon am Vormittag wird die Luft im Grünbereich des Bestandes CO_2-ärmer, gegen Mittag prägt sich der Abfall der CO_2-Konzentration von der freien Atmosphäre zur Bestandesobergrenze und vom Boden (Bodenatmung!) zur Laubschicht kräftiger aus (Abb. 107). Aus dem CO_2-Zustrom zur Vegetationsschicht kann die Photosyntheseintensität großflächiger Pflanzenbestände berechnet werden (*aerodynamische Methode der Gaswechselanalyse*). Dabei zeigt sich, daß die Pflanzen das CO_2, das sie assimilieren, hauptsächlich aus der Atmosphäre beziehen. Der Anteil der Bodenatmung an der CO_2-Belieferung macht je nach Dichte und Höhe der Pflanzendecke $\frac{1}{10}$ (Wälder) bis $\frac{1}{5}$ (landwirtschaftliche Kulturen und niederwüchsige Pflanzenbestände) aus. Die jahreszeitlichen Konzentrationsschwankungen sind flacher als die tageszeitlichen; auf der Nordhemisphäre ist der CO_2-Gehalt der Luft während der Vegetationsperiode um $15 \mu l \cdot l^{-1}$ niedriger als im Winter, auf der Südhemisphäre um $5 \mu l \cdot l^{-1}$.

Gegenüber dem biologischen Kohlenstoffzyklus sind die **geochemischen Umsätze** verschwindend klein. Dazu gehören CO_2-Abgaben durch vulkanische Erscheinungen, ferner die CO_2-Entwicklung bei Bränden und bei industriellen Prozessen, die insgesamt weniger als 10 % zur jährlich freigesetzten CO_2-Menge beitragen.
Durch die *großräumige Zirkulation* der Luftmassen werden die Landökosysteme an das CO_2-Reservoir der Atmosphäre angeschlossen. Meeresströmungen sorgen für eine Durchmischung des Oberflächenwassers der Ozeane und für einen (allerdings sehr langsamen) Ausgleich zwischen Oberflächen- und Tiefenwasser. Die beiden zunächst ziemlich selbständigen Kreisläufe in der Atmosphäre und im Meer

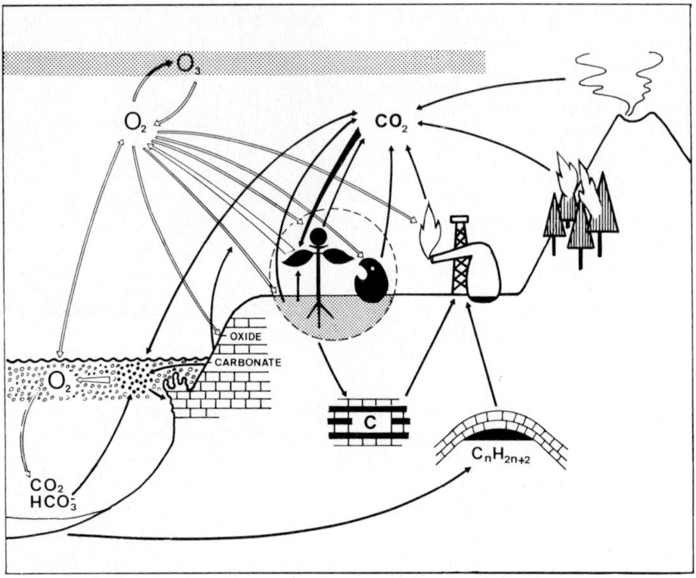

Abb. 108. Schema des Kohlenstoff- und Sauerstoffkreislaufs auf der Erde. Über die Vorratsmengen in der Atmosphäre und in den Weltmeeren sind die biologischen Kreisläufe (Ökosystemsymbol) mit den geochemischen Austauschvorgängen verknüpft. Durch Verbrennung und industrielle Verwertung von Kohle (C), Erdöl und Erdgas (C_nH_{2n+2}) wird Kohlenstoff freigesetzt, der vor Jahrmillionen organisch gebunden worden ist.

sind über den sehr intensiven CO_2-Austausch zwischen der Luft und den Gewässern verknüpft. Kohlendioxid löst sich gut im Wasser, die Weltmeere werden dadurch für den erdweiten Kohlenstoffkreislauf ein CO_2-Puffer von gewaltigem Fassungsvermögen.

4.5.3 Der Sauerstoffkreislauf

In der Photosynthese und der Atmung sind der Kohlendioxid- und der Sauerstoffaustausch miteinander gekoppelt. Durch die *Freisetzung von Sauerstoff bei der Photosynthese* wird jene Sauerstoffkonzentration in der Umwelt der Lebewesen aufrechterhalten, die für die Atmung notwendig ist. Der in Luft und Wasser vorhandene Sauerstoff dürfte größtenteils durch autotrophe Organismen gebildet und in geologischen Zeiträumen angesammelt worden sein. Die Entstehung einer sauerstoffreichen Organismenumwelt auf der Erde war die Voraussetzung für die Evolution höher organisierter Lebewesen, die ihre vielfältigen physiologischen Leistungen nur dank dem ergiebigeren Energiegewinn bei der aeroben Dissimilation erbringen können. Ein Leben auf dem Festland schließlich war erst möglich, nachdem sich ein Ozonschirm gebildet hatte, der die letale kurzwellige UV-Strahlung unter 280 nm abfing.

Der **Sauerstoffkreislauf** auf der Erde (Abb. 108) ist dem Kohlenstoffkreislauf gegenläufig. Wie dieser besteht er aus den zwei weitgehend selbständigen Kreisläufen in der Atmosphäre und der Hydrosphäre, die untereinander wiederum in Austausch stehen. Die Löslichkeit des Sauerstoffs in Wasser ist aber viel schlechter als die des CO_2, der O_2-Umsatz zwischen den beiden Großräumen ist daher von geringerer Bedeutung. Das eigentliche Sauerstoffdepot der Erde ist somit die Atmosphäre.
Die Atmosphäre enthält rund $1{,}2 \cdot 10^{15}$ t Sauerstoff. Durch die Photosynthese der Landpflanzen und des Meeresplanktons wird dieser *Vorrat* jährlich mit $70 \cdot 10^9$ t ergänzt. Unter den Landpflanzen liefern Wälder rund $55 \cdot 10^9$ t O_2, der Beitrag von Grasland und landwirtschaftlich genutzten Flächen wird in den meisten Bilanzberechnungen nicht berücksichtigt, er ist aber gleichfalls erheblich. Der von der *Landvegetation* abgegebene Sauerstoff stellt jedoch langfristig keinen Nettogewinn für die globale Sauerstoffbilanz der Atmosphäre dar, weil photosynthetisch freigesetzter Sauerstoff in ungefähr gleicher Menge wieder beim mikrobiellen Abbau der organischen Substanz (Abfälle) verbraucht wird. Ein Ersatz des Sauerstoffs, der durch Verbrennungsprozesse der Atmosphäre laufend entzogen wird, kann nur durch die Tätigkeit des Phytoplanktons erfolgen: In *Gewässern* sinkt der organische Abfall in die Tiefe, wo er größtenteils anaerob zersetzt wird. Überdies kann gelöstes HCO_3 durch Kationen, v. a. Ca^{2+} und Mg^{2+} gebunden werden, so daß es dem geochemischen Kreislauf entzogen ist, wodurch das Verhältnis O_2/CO_2 zugunsten des Sauerstoffs verschoben wird. Die Ozeane sind also die entscheidenden Regulatoren sowohl des O_2- wie des CO_2-Haushalts der Atmosphäre, was auch dadurch begünstigt wird, daß der Sauerstoffgehalt in der obersten, austauschaktiven Wasserschicht stellenweise und zeitweise zwei- bis dreimal so hoch ist wie in der Luft.
Obwohl weltweit gesehen der Sauerstoff im Überschuß vorhanden ist, kann in bestimmten Lebensräumen **Sauerstoffmangel** entstehen. Im Boden ist die Nachlieferung von Sauerstoff bei Vernässung oder Verdichtung so langsam, daß das Wurzelwachstum gehemmt und die Pflanze in ihrem Gedeihen beeinträchtigt wird. Auch dauernd warme Böden (Tropen) sind wegen des hohen Sauerstoffverbrauchs durch Bakterien, Pilze, Bodentiere und Pflanzenwurzeln sauerstoffarm. In

stehenden, schlecht durchmischten Gewässern sinkt unter der euphotischen Zone mit zunehmender Tiefe die Sauerstoffkonzentration infolge Sauerstoffzehrung durch Tiere, Mikroorganismen und reduzierenden Substanzen im Detritus (besonders H_2S) fortschreitend ab. So kann es in abgeschlossenen Meeresteilen (Ostsee, Schwarzes Meer) und in schlecht zirkulierten Seebecken zu völligem Sauerstoffschwund in der Tiefe kommen. Sauerstoffmangel wird auch im Zusammenhang mit dem erhöhten Sauerstoffverbrauch in Ballungsgebieten immer wieder befürchtet. Tatsächlich konnte in manchen Städten bei Wetterlagen mit geringem Luftaustausch vorübergehend eine Verminderung des Sauerstoffgehalts der Atmosphäre festgestellt werden. Trotz Verschlechterung der *Sauerstoffbilanz in den Industrieländern* ist in der Atmosphäre ein Absinken des Sauerstoffgehalts nicht nachweisbar. Baumpflanzungen im Siedlungsbereich verbessern die Lebensqualität, ihre Bedeutung als Sauerstoffspender sollte aber nicht überschätzt werden. Zwar läßt sich berechnen, daß in der gemäßigten Zone ein Hektar Wald im Frühjahr und Sommer durchschnittlich 25 kg O_2 pro Tag freisetzt oder daß eine tropische Schnellwuchsplantage 60 t O_2 pro Hektar und Jahr liefert, doch darf nicht übersehen werden, daß alle diese Zahlen, gemessen am Sauerstoffvorrat der Atmosphäre, verschwindend klein sind – der jährliche Gesamtausstoß der Wälder der Erde macht nur $^1/_{22\,000}$ des vorhandenen Sauerstoffvorrats aus.

5 Der Stickstoffhaushalt

Die Pflanzenmasse wird nicht ausschließlich durch Produkte der Kohlenstoffassimilation aufgebaut, sie enthält außer C, O und H bis zu 5 % N; Eiweißverbindungen bestehen zu 15–19 % aus N. Der Stickstoffgehalt der Phytomasse ist je nach Art, Alter, Entwicklungs- und Ernährungszustand der Pflanze und je nach Organ verschieden (vgl. Abb. 121 und 122). Krautige Pflanzen enthalten durchschnittlich 2–4 % N, Blätter von Laubbäumen 1–4 %, immergrüne Nadeln und Hartlaub 1–2 %, Sprosse und Wurzeln 0,5–1 % N. Unter den Bioelementen steht Stickstoff mengenmäßig an vierter Stelle (Abb. 1).
Der Stickstoffhaushalt ist eng mit dem Kohlenstoffhaushalt verknüpft. Zwischen Stickstoffversorgung und Stoffproduktion besteht daher eine deutliche Korrelation – dies gilt sowohl für die Einzelpflanze wie auch für die Pflanzendecke. Die Energie und die Molekülgerüste für den Stickstoffeinbau stammen aus dem Kohlenstoffwechsel, andererseits wird die Syntheseleistung der Pflanze und damit die Stoffproduktion von der Stickstoffaufnahme geregelt. Der Massenzuwachs der Pflanzen ist daher nicht selten durch das Stickstoffangebot begrenzt. Bei unzureichender Stickstoffversorgung kann ein Überschuß an Kohlenhydraten zunächst dem Depotstoffwechsel (Stärkespeicherung, Fettanreicherung) und dem Sekundärstoffwechsel (z. B. verstärkte Ligninsynthese) zugeführt werden. Bei erheblichem Stickstoffmangel bleiben die Pflanzen kümmerlich, ihre Gewebe sind kleinzellig und die Zellwände derb (Stickstoffmangelsklerose oder Peinomorphose), außerdem setzen i. d. R. verfrüht reproduktive Vorgänge und Altersabbau (Seneszenz) ein.

5.1 Der Stickstoffhaushalt der höheren Pflanzen

5.1.1 Stickstoffaufnahme

Die grünen Pflanzen verwerten anorganisch gebundenen Stickstoff, sie sind nicht nur C-autotroph, sondern auch N-autotroph. Der Stickstoff wird als Nitration oder Ammoniumion wie ein mineralischer Nährstoff aus dem Boden aufgenommen. Die meisten Pflanzen können ihren Stickstoffbedarf sowohl mit NO_3^- als auch mit NH_4^+ decken, solange das pH im Wurzelraum für sie günstig ist. Wie jede Ionenabsorption (s. Kap. 6.2.1.3) ist auch die Stickstoffaufnahme ein energiebedürftiger (somit atmungsabhängiger) Vorgang, auf kalten und schlecht belüfteten Böden leiden die Pflanzen daher oft unter Stickstoffmangel.

5.1.2 Stickstoffassimilation

Der aufgenommene Stickstoff wird als Aminogruppe in Kohlenstoffverbindungen eingebaut, wobei **Aminosäuren** entstehen (Abb. 109). Die Aminosäuren sind das Ausgangsmaterial für die Biosynthese der Eiweißkörper, der Nucleinsäuren und anderer Stickstoffverbindungen.

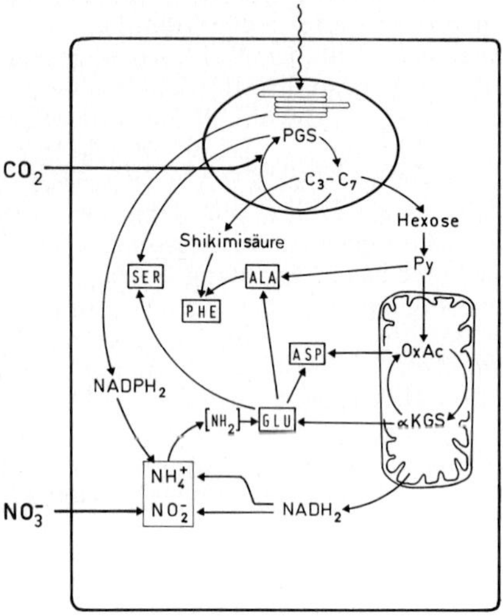

Abb. 109. Vereinfachtes Schema der Stickstoffassimilation und ihrer Verknüpfung mit dem Betriebsstoffwechsel der Zelle. Die Reduktionskraft für die Überführung von Nitrat in die Aminogruppe wird durch die Atmung ($NADH_2$) oder die Lichtreaktion der Photosynthese ($NADPH_2$) geliefert. Die verschiedenen Aminosäuren entstehen durch Aminierung von Zwischenstufen und Folgeprodukten des Citratzyklus der Atmung und der Dunkelreaktionen der Photosynthese. PGS = 3-Phosphoglycerinsäure, Py = Pyruvat, OxAc = Oxalacetat, αKGS = α-Ketoglutarsäure, GLU = Glutaminsäure und verwandte Aminosäuren, ASP = Asparaginsäure und Verwandte, ALA = Alanin und Verwandte, PHE = Phenylalanin und Verwandte, SER = Serin und Verwandte; die Shikimisäure leitet sich von Erythrose-4-Phosphat (C_4-Zwischenstufe im Calvin-Zyklus) ab.

Der erste Schritt besteht in der Reduktion von Nitrat zu Nitrit, die durch eine Kette von Enzymen und Cofaktoren katalysiert wird. Unter ihnen spielt die *Nitratreduktase* die entscheidende Rolle. Die Aktivität der Nitratreduktase ist organspezifisch (bei Bäumen größte Aktivität in den Wurzeln, bei vielen krautigen Pflanzen, besonders Ruderalpflanzen und Nitrophyten, in den Blättern; siehe Abb. 111) und altersabhängig (maximale Aktivität während der Jugendphase und in wachsenden Organen), sie wird durch höheres Nitratangebot gefördert (Substratinduktion) und im Zusammenhang mit dem tageszeitlichen Hell-Dunkel-Wechsel reguliert (Aktivitätsgipfel um die Mitte der hellen Tageszeit).

Das Nitrit wird unter Beteiligung der *Nitritreduktase* zu NH_4^+ reduziert. Die Energie und die Reduktionskraft für die assimilatorische Nitritreduktion liefert die Atmung ($NADH_2$), in chloroplastenführenden Zellen auch die Lichtreaktion der Photosynthese ($NADPH_2$).

Der eigentliche Assimilationsvorgang ist die *reduktive Aminierung von α-Ketosäuren*, bei höheren Pflanzen zunächst von α-Ketoglutarsäure, einem Zwischenprodukt im Citratzyklus der Atmung. Es entsteht Glutaminsäure, die ihre NH_2-Gruppe auf andere α-Ketosäuren, die bei der Glykolyse und im Citratzyklus auftreten, übertragen kann

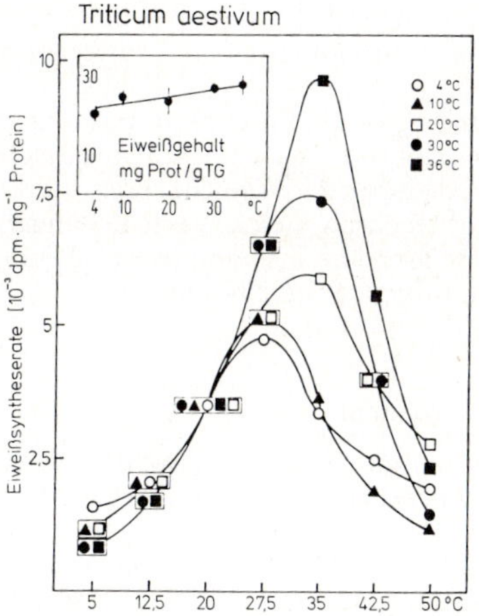

Abb. 110. Temperaturabhängigkeit der Eiweißsynthese in Weizenpflanzen in Abhängigkeit von der Versuchstemperatur und der Anzuchttemperatur. Durch Wärmeanpassung wird das Temperaturoptimum der Eiweißsynthese gegen höhere Temperatur verschoben, außerdem nimmt der Eiweißgehalt im Sproß zu. Nach Weidner und Ziemens (1975).

(Transaminierung). Von diesen *primären Aminosäuren* leiten sich die übrigen Aminosäuren ab, deren Kohlenstoffgerüst aus Intermediärprodukten des Kohlenhydratstoffwechsels stammt, darunter auch solchen des Calvin-Zyklus und des oxidativen Pentosephosphatzyklus. Aminosäuren werden auch bei der Photosynthese (bei C_3-Pflanzen Glycin, Serin und Alanin, bei C_4-Pflanzen Asparaginsäure) und bei der Photorespiration (Glycin, Serin) gebildet.

Auch der **Proteinstoffwechsel** ist organspezifisch und altersabhängig: Wachsende und speichernde Organe und Gewebe sind durch besonders lebhafte Eiweißsynthese ausgezeichnet, in alternden Blättern und Blütenteilen nimmt der Eiweißabbau überhand. Unter den Umwelteinflüssen wirken sich vor allem die Temperatur und belastende Faktoren wie Dürre und Salzstreß auf den Eiweißstoffwechsel aus.

Das *Temperaturoptimum der Proteinsynthese* ist i. d. R. auf einen schmalen Bereich beschränkt, weil alle Stoffwechselvorgänge, die am Eiweißaufbau beteiligt sind oder ihm vorauslaufen (aktive Stickstoffaufnahme und -translokation, metabolitenliefernde Prozesse des Betriebsstoffwechsels, Aminosäurensynthese, Transkription und Translation) selbst temperaturabhängig sind und mit unterschiedlichem Temperaturkoeffizienten arbeiten, dabei aber doch in ihrer Umsatzrate aufeinander abgestimmt sein müssen. Dafür zeichnet sich die Proteinsynthese durch ein besonders flexibles und promptes *Anpassungsvermögen* aus (Abb. 110). Dieses ist eine wesentliche Voraussetzung für alle molekularen, funktionellen und morphologischen Temperaturadaptationen der Pflanze.

Unter *Streßeinwirkung* ist die Proteinsynthese gehemmt und der Proteinabbau beschleunigt, was zu einer starken Anreicherung freier Aminosäuren und Amide führt. Als bezeichnendes Merkmal eines streßgestörten Eiweißstoffwechsels treten Verschiebungen im Mengenverhältnis der Aminosäuren auf, insbesondere eine enorme Zunahme der Prolinkonzentration (vgl. Seite 254 und 336).

5.1.3 Stickstoffverteilung

Die aufgenommenen anorganischen Stickstoffverbindungen werden zum Teil in der Wurzel assimiliert, der Rest wird mit dem Transpirationsstrom in den Sproß befördert und dort in organische Verbindungen umgesetzt. Außerdem wird Nitrat in der Wurzel und im Sproß im Zellsaft gespeichert. Die Aminosäuren können gleich am Ort ihrer Entstehung für die Biosynthese von Makromolekülen (Eiweiß, Nucleinsäuren) herangezogen werden oder über den Ferntransport anderen Organen zugeführt werden. *Transportformen* sind bei den meisten Pflanzen die Aminosäuren Glutaminsäure und Asparaginsäure sowie deren Amide Glutamin und Asparagin; daneben kommen bei gewissen Arten und Familien auch noch Citrullin und Allantoinsäure vor. Bei reichlichem Kohlenhydratangebot oder Stickstoffmangel überwiegen Aminosäuren, bei guter Stickstoffversorgung hingegen Amide.

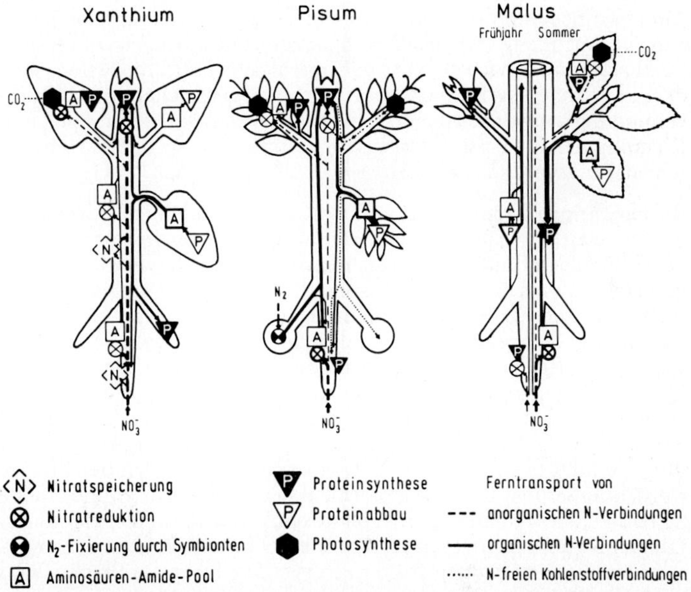

Abb. 111. Schema der Stickstoffverteilung in einer einjährigen Ruderalpflanze *(Xanthium pennsylvanicum)*, einer Leguminose mit N_2-Fixierung in Wurzelknöllchen (z. B. *Pisum sativum* und *Lupinus albus)* und einem Laubbaum der gemäßigten Zone mit schubweisem Austrieb im Frühjahr (z. B. *Malus domestica* und *Fagus sylvatica*). Bei den krautigen Pflanzen ist die Situation während der Hauptwachstumsphase dargestellt; zur Zeit der Blüte und Fruchtreife übernehmen die reproduktiven Organe den Großteil der mobilen Stickstoffverbindungen. Beim Apfelbaum *(Malus domestica)* ist links die Verlagerung von Aminosäuren, Amiden und löslichen Proteinen aus Speichergeweben des Stammes und der Äste in die austreibenden Sproßspitzen eingetragen, rechts die Auffüllung der Speichergewebe im Sommer und Herbst. Die Strichdicke soll die relative Intensität von Nitratreduktion und Transportvorgängen andeuten. Der Ferntransport von Photosyntheseprodukten, durch den die stickstoffassimilierenden Gewebe mit Kohlenstoffskeletten versorgt werden, ist nur bei *Pisum* eingezeichnet. Vereinfachte Darstellung nach Angaben bei THOMAS (1927), GÄUMANN (1935), WALLACE und PATE (1972), PATE (1976) und BEEVERS (1976).

Translozierbare organische Stickstoffverbindungen entstehen in großer Menge auch beim Proteinabbau in alternden oder streßgeschädigten Pflanzenteilen, außerdem bei Holzpflanzen im Zuge der Mobilisierung von Speicherproteinen. Der Ferntransport dieser Substanzen erfolgt im Phloem. In Blättern, wachsenden Sproßabschnitten und heranreifenden Früchten stellen die organischen Stickstofftransportformen Aminogruppen für die Aminosäurensynthese und für Transaminierungen zur Verfügung und dienen als Baumaterial für Proteinsynthese und Zellwachstum. Je nach dem Ort der ergiebigsten Nitratreduktion, nach der Art der hauptsächlich transportierten und gespeicherten Stickstoffverbindungen und nach der örtlich-zeitlich wechselnden Intensität und Richtung des Eiweißstoffwechsels sind unter den Sproßpflanzen verschiedene *Stickstoffverteilungstypen* zu erkennen (Abb. 111).

Bei **einjährigen Kräutern** auf stickstoffreichen Böden (z.B. *Xanthium pennsylvanicum*, *Chenopodium*-Arten, verschiedene *Apiaceen*) wird in den Wurzeln und älteren Sproßachsen zwar reichlich Nitrat im Zellsaft gespeichert, aber nur wenig assimiliert. Zur Zeit der aktivsten Stickstoffaufnahme vor Beginn der Blüte kann der Gehalt an Nitratstickstoff in den Stengeln 20–40 % und in den Wurzeln 15–20 % des Gesamtstickstoffgehalts des jeweiligen Organs ausmachen. Der durch die Wurzel aufgenommene Stickstoff wird zum größten Teil als Nitrat, also *in anorganischer Form* über die Xylembahnen in die Blattspreiten und Sproßspitzen geleitet, wo bei diesem Pflanzentypus die Aktivität der Nitratreduktase am größten ist. Den wachsenden Teilen der Pflanze werden außerdem über die Phloembahnen Aminosäuren und Amide zugeführt, die im Überschuß in photosynthetisch besonders leistungsfähigen Blättern gebildet werden oder beim Eiweißabbau in den untersten, bereits vergilbenden Blättern freiwerden. Über das Phloem wird auch die Wurzel mit organischen Stickstoffverbindungen versorgt, wenn diese im Sproß im Überschuß anfallen.

Bei **Fabaceen** mit stickstoffbindenden symbiontischen Bakterien in Wurzelknöllchen (vgl. Seite 217) wird der anorganische Stickstoff hauptsächlich in der Wurzel assimiliert und als *organische N-Transportform* weitergeleitet. Die Wurzelknöllchen geben überwiegend Amine ab, die ebenfalls über das Xylem in den Sproß aufsteigen. Als dritte Stickstoffquelle dienen den wachsenden Sproßspitzen und später den Blüten und Früchten auch hier wieder Aminosäuren, die proteolytisch entstanden sind.

Bei den **Bäumen** erfolgt die Nitratreduktion und die Aminosäurensynthese ebenfalls vorwiegend in der Wurzel. Nur wenig Nitrat gelangt in die oberirdischen Teile, wo es in den Blättern reduziert und assimiliert wird. Im Hochsommer und Herbst werden die in der Wurzel gebildeten Aminosäuren und Amide zunehmend in den Stamm und in die

Äste verlagert und dort v. a. in der Rinde akkumuliert. Vor dem Laubfall wandern Eiweißabbauprodukte aus den Blättern ab und werden in den Sproßachsen *gespeichert.* Dieses ergiebige Aminosäuren- und Proteindepot speist im folgenden Jahr den Frühjahrsaustrieb, dessen Bedarf an stickstoffhaltigen Baustoffen durch die Auflösung der Reserven gedeckt wird.

5.1.4 Stickstoffausscheidung

Im Gegensatz zum Kohlenstoffwechsel der grünen Pflanze, dessen anorganische Kohlenstoffquelle CO_2 der Luft entnommen wird und dessen Endprodukt CO_2 wieder zur Atmosphäre zurückkehrt, entnimmt die höhere Pflanze wohl anorganische Stickstoffverbindungen ihrer Umgebung, sie baut ihre Stickstoffassimilate aber nur ausnahmsweise und in verschwindend geringer Menge selbst bis zur anorganischen Stufe (NH_3) ab. Der Stickstoff wird vielmehr überwiegend in organisch gebundener Form ausgeschieden: Wurzeln geben Aminosäuren und andere organische Stickstoffverbindungen ab, in größerem Umfang geht Stickstoff durch den Abwurf von Blättern und Früchten verloren.
Die Rückführung der organischen Stickstoffverbindungen in die anorganische Ausgangsform wird durch N-heterotrophe Lebewesen (Tiere, viele Pilze und Bakterien) besorgt. Sie erst vollenden den Stickstoffzyklus der höheren Pflanze, die auf diese Weise vom Stickstoffhaushalt der Mikroorganismen abhängig wird.

5.2 Der Stickstoffhaushalt der Mikroorganismen

5.2.1 Stickstoffaufnahme und Stickstoffeinbau

Zahlreiche Bakterien und Pilze sind imstande, ebenso wie die grünen Pflanzen anorganische Stickstoffverbindungen aufzunehmen und sich einzuverleiben. Allerdings wird meist NH_4 gegenüber NO_3^- bevorzugt. Es gibt Mikroorganismen, die sogar den überaus reaktionsträgen Luftstickstoff verwerten können. Diese N_2-Fixierer erreichen die ökologisch bedeutungsvollste Stufe der N-Autotrophie. Es handelt sich dabei stets um Prokaryonten, nämlich Cyanophyceen und Bakterien, die teils frei im Boden, teils symbiontisch leben.

Freilebende N_2-fixierende Mikroorganismen
Unter den freilebenden Mikroorganismen ist N_2-Fixierung erstmals von S. Winogradsky an den Bodenbakterien *Clostridium pasteurianum* und *Azotobacter chroococcum* nachgewiesen worden. Es gibt aber viele andere Bakterienarten, die molekularen Stickstoff einbauen, darunter vor allem photoautotrophe Bakterien und gewisse H_2-oxidierende

Bakterien in Gewässern, außerdem manche Cyanophyceen z.B. *Synechococcus, Pleurocapsa, Oscillatoria, Nostoc, Anabaena, Calothrix* und *Mastigocladus*. Diese Blaualgen sind in ihrer Versorgung mit organogenen Elementen vollständig autark, sie sind sowohl kohlenstoff- als auch stickstoffautotroph. Man findet N_2-fixierende Blaualgen in Gewässern und als Pioniere bei der Besiedlung von Rohböden, insbesondere im Gebirge und in der Arktis, in Thermalquellen und auf anderen Exremstandorten, selbst auf Blättern von Bäumen.
Die Luftstickstoffbindung wird durch die reduktive Spaltung des N_2-Moleküls eingeleitet. Diese stark endergonische Reaktion (Tab. 24) ist durch das *Nitrogenasesystem* katalysiert. Das Nitrogenasesystem ist ein Zweiproteinkomplex mit einem Fe- und einem Mo-Fe-Protein. Die Energie und die Reduktionselektronen werden durch die Atmung bereitgestellt. Der Verbrauch an leicht aufschließbarer organischer Nahrung ist entsprechend hoch. Unter Laboratoriumsbedingungen benötigt *Azotobacter* pro g fixierten Luftstickstoff 50–100 g Glukose, *Clostridium* 100–200 g und *Klebsiella* 200 g. Unter *natürlichen Bedingungen* ist also damit zu rechnen, daß die N_2-Fixierung durch freilebende Mikroorganismen vor allem durch unzureichendes Angebot an geeignetem Nahrungssubstrat begrenzt ist. Auf Rohhumusböden mit schwer zersetzlicher organischer Substanz gedeihen stickstoffbindende Bakterien schlecht. Da die Nitrogenaseaktivität erst bei 20–30 °C optimal arbeitet und schon nahe 0 °C ruht, ist in kalten Gebieten die N_2-

Tab. 24. Stickstoffumsetzende Reaktionen von Mikroorganismen (aus Delwiche 1970)

Reaktion	pro Mol Substrat kcal	kJ
1. Fixierung von Luftstickstoff		
$N_2 \rightarrow 2\,N$	+160	+ 700
$2\,N + 3\,H_2 \rightarrow 2\,NH_3$	− 12,8	− 54
2. Denitrifikation		
$C_6H_{12}O_6 + 6\,KNO_3 \rightarrow$ $6\,CO_2 + 3\,H_2O + 6\,KOH + 3\,N_2O$	−545	−2282
$5\,C_6H_{12}O_6 + 24\,KNO_3 \rightarrow$ $30\,CO_2 + 18\,H_2O + 24\,KOH + 12\,N_2$	−570	−2386
3. Ammonifikation		
$2\,CH_2NH_2COOH + 3\,O_2 \rightarrow$ $4\,CO_2 + 2\,H_2O + 2\,NH_3$	−176	− 737
4. Nitrifikation		
$2\,NH_3 + 3\,O_2 \rightarrow 2\,HNO_2 + 2\,H_2O$	− 66	− 276
$2\,KNO_2 + O_2 \rightarrow 2\,KNO_3$	− 17,5	− 73

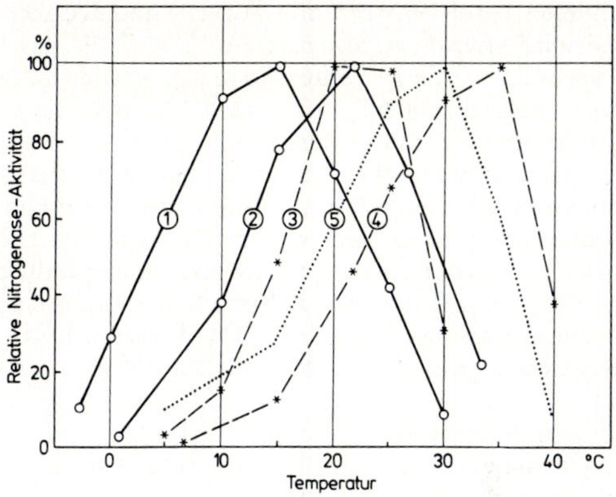

Abb. 112. Temperaturabhängigkeit der Nitrogenase-Aktivität in Wurzelknöllchen mit N_2-fixierenden Symbionten und in Blaualgen. 1 = *Astragalus alpinus*, Norwegen; 2 = *Medicago sativa*, Gewächshauskultur bei 16 °C; 3 = *Alnus glutinosa*, England; 4 = *Casuarina equisetifolia*, Malaysia; 5 = *Anabaena cylindrica*, Cambridge-Sammlung. Nach GRANHALL und LID-TORSVIK 1975 (1) und WAUGHMAN 1977 (2–5). Die Temperaturabhängigkeitskurve der Nitrogenase-Aktivität von subarktischen Flechten mit Blaualgen verläuft ähnlich wie die Kurve 2 (KALLIO 1975).

Fixierungsrate gering, in der Subarktis und Arktis erreicht sie je nach Standort 0,1–2 kg $N_2 \cdot ha^{-1} \cdot a^{-1}$.
Freilebende N_2-Fixierer sind *besonders leistungsfähig* auf warmen, dauernd feuchten Standorten: Blaualgen in Reisfeldern binden 50–70 kg $N_2 \cdot ha^{-1} \cdot a^{-1}$, Riffalgen vor der australischen Küste bis 30 kg $N_2 \cdot ha^{-1} \cdot a^{-1}$. In Ackerböden der gemäßigten Zone ist nach Gründüngung mit einer Luftstickstoffbindung von einigen kg $N_2 \cdot ha^{-1} \cdot a^{-1}$ zu rechnen, in den Subtropen mit Erträgen bis 50 kg $N_2 \cdot ha^{-1} \cdot a^{-1}$. Stickstoffixierende Mikroorganismen leben auch epiphytisch; auf Blättern tropischer Bäume sind sie imstande, 1,5–8 kg $N_2 \cdot ha^{-1} \cdot a^{-1}$ zu binden.

Symbiontische N_2-Fixierer

Die symbiontischen N_2-Fixierer lösen das Problem der Kohlenhydratversorgung dadurch, daß sie sich in Zellen autotropher Pflanzen ansiedeln. Sie erzielen dadurch eine viel bessere Stickstoffausbeute, die auch der Trägerpflanze zugute kommt. J. S. PATE und Mitarbeiter haben Kohlenstoff- und Stickstoffbilanzen für einige annuelle Fabaceen (Erbse, Lupine, Vignabohne) ermittelt und festgestellt, daß während der vegetativen Entwicklungsphase und bei Blühbeginn ⅓ bis ⅔ der im

Sproß gebildeten Kohlenhydrate in Wurzeln und Knöllchen abwandern; davon wird etwa ⅓ veratmet, rund ⅕ wird für das Knöllchenwachstum verbraucht, die restlichen 45–50 % werden zusammen mit dem fixierten Stickstoff dem Sproß zurückerstattet. Pro g N in Form von Aminosäuren und Amiden werden 4 g C in Form von Kohlenhydraten zur Zeit größter Syntheseaktivität der Wirtspflanze und der Knöllchenbakterien benötigt. Das Ausmaß der N_2-Fixierung durch die Symbionten hängt daher sehr von der C-Assimilatanlieferung ab. Bei geringem Ertrag der Photosynthese der Wirtspflanze läßt auch die Stickstoffbindung durch die Bakterien nach, durch Steigerung der Photosyntheseleistung (z. B. bei CO_2-Begasung) kann die Ausbeute an organisch gebundenem Stickstoff auf das Dreifache erhöht werden.

Wirt und Symbiont bilden eine ökologische Einheit, die ebenso autark in der Beschaffung der für den Aufbau des Protoplasmas notwendigen Kohlenstoff- und Stickstoffverbindungen ist wie es die Blaualgen sind. Die gegenseitige Abstimmung wirkt sich auch auf die Temperatureinstellung der Nitrogenaseaktivität der Symbionten aus, die eine deutliche Beziehung zum Wärmeangebot im Verbreitungsgebiet der Wirtspflanze erkennen läßt (Abb. 112).

Die symbiontischen N_2-Fixierer vermögen bedeutend ergiebiger Luftstickstoff zu binden als die freilebenden Mikroorganismen: Im Durchschnitt rechnet man mit einer Festlegung von 100–200 kg N_2 pro ha und Vegetationsperiode, optimal mit dem doppelten Betrag. Die wichtigsten symbiontischen N_2-Fixierer sind Bakterien der Gattung *Rhizobium*, die mit Hülsenfrüchtern in Wurzelknöllchen zusammenleben. Von *Rhizobium* gibt es einige Arten mit vielen Rassen; alle sind auf bestimmte Fabaceenarten spezialisiert.

In lockerer Symbiose (**Assoziationssymbiose**) stehen zuweilen auch freilebende stickstoffbindende Bakterien, die sich im Wurzelgeflecht verschiedener Pflanzen und in der Mykorrhiza von Bäumen ansiedeln. Assoziationssymbiosen zwischen nitrifizierenden Bakterien und tropischen Gräsern binden 5–30 kg $N_2 \cdot ha^{-1} \cdot a^{-1}$, zwischen *Anabaena azollae* und dem Wasserfarn *Azolla* 60–120 kg $N_2 \cdot ha^{-1} \cdot a^{-1}$. In Ostasien, wo Gründüngung mit *Azolla* seit altersher geübt wird, ist diese von größter Bedeutung für die Stickstoffversorgung tropischer Reisfelder. Blaualgen wie *Nostoc* und *Anabaena* gehen trophische Wechselbeziehungen auch zu Moosen *(Blasia)*, Flechten, Cycadeen und *Gunnera* ein. Eine weitere Gruppe von N_2-bindenden Symbionten sind **Actinomyceten**, vor allem aus der Gattung *Frankia*, die mit *Dryas, Alnus, Myrica, Hippophae, Elaeagnus, Casuarina, Ceanothus* und einigen anderen Holzpflanzen Wurzelknollen bilden. Alle diese Sträucher und Bäume sind Pionierpflanzen auf stickstoffarmen Böden, die durch die Symbiose mit Actinomyceten einen jährlichen Stickstoffzuschuß in der Größenordnung von 50–150 kg $\cdot ha^{-1}$ gewinnen.

Die Symbiose in der Leguminosenwurzel. Die Rhizobien sind obligat aerob und leben saprophytisch im Boden jener Gebiete, wo ihre Wirtspflanze verbreitet ist. Außerhalb ihres Verbreitungsgebietes angepflanzte Arten (z.B. Sojabohnen, Akazien und Mimosen in Europa) bleiben knöllchenfrei, wenn der Boden nicht vorher mit dem Symbionten geimpft worden ist. Die Infektion erfolgt an Jungpflanzen, indem Rhizobiumbakterien des Bodens in Wurzelhaare eindringen und sich als Infektionsschlauch bis in das Rindenparenchym vorschieben. Dort regen sie das Wirtsgewebe durch Abgabe von Wuchsstoff zu lebhaften Teilungen an, wodurch Wurzelknöllchen entstehen. Gleichzeitig vermehren sich auch die Bakterien, die in diesem Infektionsstadium ausschließlich von der Wirtspflanze ernährt werden. Später wandeln sich die ursprünglich stäbchenförmigen Bakterien in Bakteroide um, die größer sind und verzweigte Formen annehmen können. Auch die Wirtszellen verändern sich, sie erzeugen das aktive Proteid Leghämoglobin (Legoglobin) und färben sich rot. Nun setzt die N_2-Bindung ein, die so wie bei den freilebenden N_2-Fixierern durch das Nitrogenasesystem katalysiert wird. Nach dem Verblühen der Wirtspflanze altern die Knöllchen, das Leghämoglobin wird abgebaut und der Stickstoffgehalt der Knöllchen sinkt. Zuletzt wandeln sich die Bakteroide in infektionsfähige Bakterien um. In zerfallenden Knöllchen verbliebene Bakterien werden verdaut.

5.2.2 Der mikrobielle Abbau organischer Stickstoffverbindungen und die Stickstoffmobilisierung

In den Abfällen der Primär- und Sekundärproduzenten liegen organische Stickstoffverbindungen vorwiegend in hochmolekularer Form, vor allem als Eiweiß vor. Dieses wird von den Pilzen und Bakterien durch proteolytische, aus den Zellen abgeschiedene Enzyme (Exoenzyme) zu Peptiden und Aminosäuren gespalten, dann wie andere niedermolekulare Stickstoffverbindungen (z.B. Harnstoff) in den Zelleib aufgenommen und dort endgültig zerlegt oder direkt für Neusynthesen verwendet. Die Destruenten verwerten in erster Linie das Kohlenstoffskelett, der Stickstoff wird durch oxidative Desaminierung als Ammoniak freigesetzt. In aromatischen Verbindungen vorliegender Stickstoff ist schwerer angreifbar, er findet sich schließlich in den Humusstoffen, die durchschnittlich 1–9 % N enthalten. Die Stickstoffmobilisierung im Boden hängt von der mikrobiellen Angreifbarkeit und der Zusammensetzung der anfallenden Streu (besonders vom N-Gehalt) ab. Zur Kennzeichnung kann das Verhältnis C/N herangezogen werden, das um so größer ist, je stickstoffärmer eine organische Substanz ist (Tab. 25). Stoffe mit sehr hohem C/N-Verhältnis sind für Mikroorganismen schlecht verwertbar, wenn nicht zusätzliche Stickstoffquellen zur Verfügung stehen. Dagegen sind in stickstoffreichen Sub-

Tab. 25. C/N-Verhältnis (berechnet aus Angaben über die stoffliche Zusammensetzung)

Autotrophe Pflanzen	
Landpflanzen (Durchschnitt)	50:1 bis 30:1
Fabales	25:1
Planktonalgen	5:1 bis 12:1
Tange	6:1 bis 16:1
Heterotrophe Organismen	
Bakterien	4:1
Tiere	6:1 bis 4:1
Hochmolekulare organische Substanzen	
Pflanzenrückstände*	
Stroh	100:1 bis 80:1
Laubstreu	50:1 bis 30:1
Humus*	40:1 bis 10:1
Eiweißstoffe	3:1

* Nach SCHEFFER 1958

straten, also solchen mit einem sehr niedrigen C/N-Verhältnis, die NH_3-Verluste größer. Das günstigste Verhältnis für den mikrobiellen Abbau liegt zwischen 10 und 20:1.

5.3 Der Stickstoffumsatz im Ökosystem

Solange der Mensch nicht eingreift, regelt die Abbautätigkeit der Mikroorganismen die Geschwindigkeit des Stickstoffumsatzes im Ökosystem. Naturbelassene Ökosysteme erhalten von außen durch Anflug oder Verwitterung nur unbedeutende Stickstoffmengen zugeführt; die Verluste durch Auswaschung und Verblasen sind gering, solange die Pflanzendecke geschlossen und der Boden ungestört bleibt. Der Stickstoff, den die autotrophen Pflanzen als NO_3^- oder NH_4^+ dem Boden entnommen haben, wird zunächst in der Phytomasse festgelegt und dann dem Boden wieder zurückgegeben. Dort staut sich die stickstoffhaltige organische Substanz auf, bis sie durch Ammoniakbildner (Ammonifikanten) und andere Zersetzer wieder mineralisiert wird. Bis dahin ist der Stickstoff weitgehend vor Auswaschung geschützt.

5.3.1 Die Stickstoffmineralisierung

Die Stickstoffmineralisierung verläuft langsam und in mehreren Stufen. Streng genommen ist die Mineralisierung, d.i. der Übergang von der organischen in die anorganische Bindungsform, bereits durch die *Ammonifikation* (Tab. 24) vollzogen. Der bei der mikrobiellen Dissimilation entstehende Ammoniak wird aber in der Regel weiter umgesetzt. Viele Mikroorganismen sind in der Lage, die verschiedenen Valenz- und Oxidationsstufen des Stickstoffs zwischen N(−3) und N (+5) für einen Energiegewinn auszunützen: *Nitrifikanten* (chemoautotrophe Bakterien) oxidieren NH_3 und NH_4^+ über Nitrit zu Nitrat, *Denitrifikanten* setzen molekularen Stickstoff als Endprodukt frei. Die Denitrifizierung ist besonders stark in sauerstoffarmen vernäßten oder überfluteten Böden (Reisfelder). Die Ammonifikanten, Nitrifikanten und Denitrifikanten erfüllen im Stickstoffhaushalt der Natur die wichtige Aufgabe der Rücklaufregelung. Durch ihre Tätigkeit werden wieder jene Produkte in Umlauf gebracht, die den Primär- und Sekundärproduzenten als Nährstoffe dienen: NO_3^-, NH_4^+ und N_2.

5.3.2 Die Nitratbildung

Die Nitrifikanten wirken einer Anreicherung von NH_3 oder NH_4^+ entgegen, indem sie diese beiden Verbindungen oxidieren. *Nitrosomonas* oxidiert NH_4^+ zu Nitrit und *Nitrobacter* führt die Oxidation zum Nitrat weiter. In jeder Oxidationsstufe wird Energie gewonnen (Tab. 24), die diese chemoautotrophen Bakterien für die Synthese organischer Substanz verwenden. Nitrit- und Nitratbakterien sind stets im Boden vergesellschaftet, weil *Nitrobacter* das Endprodukt von *Nitrosomonas* gleich übernimmt. Dadurch sammelt sich NO_2^- normalerweise nicht an. So enge Verkettung von Partnern in einer geschlossenen Nahrungskette kann man als *Parabiose* bezeichnen.
Nitrifizierende Bakterien sind sauerstoffbedürftig und säureempfindlich (*Nitrosomonas:* Aktivitätsminimum bei pH 4). Gut durchlüftete Wald- und Wiesenböden, Ackerböden und Ruderalstandorte sind nitratreich, auf dichten, nassen und sauren Böden ist die bakterielle Nitrifikation unterdrückt, so daß sich NH_4^+ ansammelt. Typische NH_4^+-Böden entstehen in der Zwergstrauchtundra, unter subarktischen und subalpinen Nadelwäldern, bodensauren Eichenwäldern, in atlantischen Heiden, in Sümpfen und Mooren. Manche tropische Regenwaldböden sind ausgesprochen nitratreich, obwohl sie deutlich sauer (pH 4) reagieren; dort erfolgt die Nitratbildung durch Pilze.

5.3.3 Die Umsatzrate der Stickstoffmineralisation

Der Vorrat an NH_4^+ und NO_3^- im Boden hängt von der Mineralisierungsrate und dem Verbrauch bzw. anderen Verlusten von Mineralstickstoff ab. Unter *Mineralisierungsrate* ist die Nachlieferung von Mineralstickstoff in einem bestimmten Zeitabschnitt zu verstehen. Zur gleichen Zeit entnehmen höhere Pflanzen, aber auch die Mikroorganismen für ihren eigenen Proteinstoffwechsel dem Boden anorganische Stickstoffverbindungen. Außerdem entweichen NH_3 und N_2 (bei der Denitrifikation). Die tatsächliche Mineralisierungsrate läßt sich daher nicht leicht erfassen, wohl aber die *Nettomineralisationsrate,* d. i.

der Überschuß an Mineralstickstoff, der nach Abzug des Eigenbedarfs der Mikroorganismen verbleibt. Die Nettomineralisationsrate drückt aus, mit welcher Geschwindigkeit der Rückfluß im biologischen Stickstoffkreislauf des Ökosystems erfolgen kann. Sie ist ferner ein Maß für die Stickstoffversorgung der höheren Pflanzen.

Tab. 26. Stickstoffmineralisationsraten im Oberboden und Freisetzung von Mineralstickstoff aus Laubstreu während der Vegetationsperiode (kg N · ha^{-1}). Nach Datenübersichten bei RODIN und BAZILEVICH (1967), ELLENBERG (1971, 1977) und Angaben bei LOSSAINT und RAPP (1971), JANIESCH (1978), REHDER und SCHÄFER (1978)

Pflanzendecke	Netto-mineralisations-rate	Mineralstickstoff-freisetzung (potentiell)
Tropen		
Regenwälder	125 – 214	260
Saisongrüne Wälder	140 – 190	226
Galeriewälder	72	
Savanne	3 – 5	
Agrarland (Shifting cultivation)	70 – 100	
Gemäßigte Zone		
Mediterrane Hartlaubgehölze		20 – 26
Immergrüne Nadelwälder	30 – 80 (125)	50 – 180
Sommergrüne Laubwälder	(40) 100 – 200 (240)	
Schluchtwald (Fraxino-Aceretum)	150 – 380	
Auengehölze	(25) 100 – 200 (500)	
Atlantische Ericaceenheiden	(5) 10 – 30 (50)	
Gedüngte Mähwiesen	135 – 260	
Wiesen		130 – 230
Naßwiesen, Seggenrieder	(0) 2–10 (40)	
Trockenrasen, Trockensteppe	10 – 30	20 – 65
Ruderalstandorte	40 – 310	
Dünenvegetation	12 – 25	
Halophytenvegetation	2 – 10	9 – 14
Kalte Gebiete		
Bergwälder und Taiga	30	15 – 25 (80)
Krummholz	10 – 20	
Grünerlengebüsche	150	
Alpine Zwergstrauchheiden	1 – 10	
Alpine Grasheiden	(5) 20 – 95	
Lägerfluren	180 – 200	
Tundra		20 – 50
Moore	0 – 5	

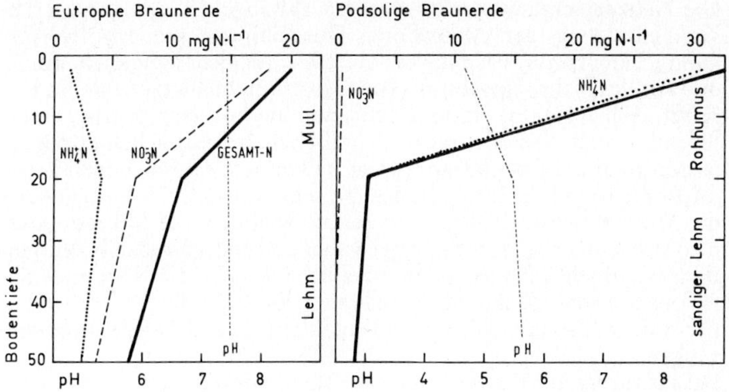

Abb. 113. Anreicherung mineralisierter Stickstoffverbindungen und pH in Waldböden im August (Tiefenprofil). Im sauren Rohhumus unter einem Luzulo-Fagetum wird fast ausschließlich NH_4^+ akkumuliert, im neutralen Mull unter einem Aceri-Fraxinetum vorwiegend NO_3^-. Nach ELLENBERG (1964).

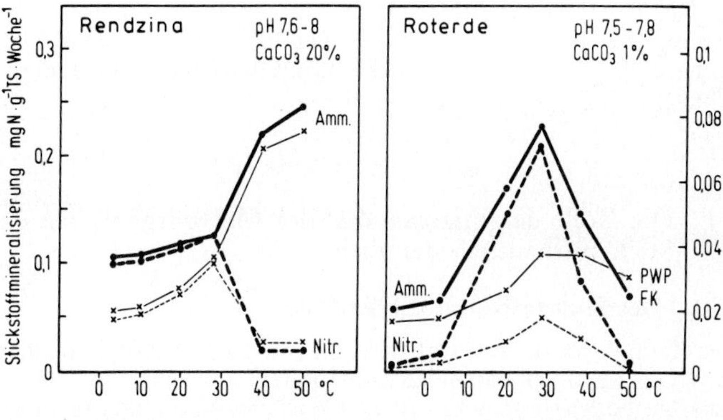

Abb. 114. Einfluß von Temperatur und Bodenfeuchtigkeit auf die Stickstoffmineralisierung in einem mikrobenreichen Waldboden (Rendzina unter *Quercus ilex*) und in mediterraner Roterde mit geringem Anteil von Ammonifizierern in der Mikroflora. Die Mineralisierungsrate im Waldboden ist etwa dreimal so hoch wie in der Roterde. TS = Trockensubstanz des Bodens. *Durchgezogene Linien:* Gesamte Stickstoffmineralisierung (Amm = Ammonifikationsrate $NH_4^+ + NO_3^-$), *strichliert:* Nitratstickstoff-Anlieferung (Nitr = Nitrifikationsrate). *Dicke Linien:* Boden bei Feldkapazität (FK = 0,5 bar Bodensaugspannung), *dünne Linien:* Boden am permanenten Welkungspunkt (PWP = 15 bar). Nach BILLES, CORTEZ und LOSSAINT (1971).

Die **Nettomineralisationsrate** wechselt auf engem Raum je nach Zusammensetzung der Mikroflora, Durchlüftung (Sauerstoffversorgung), Temperatur, Feuchtigkeit und pH im Boden sowie nach Menge und Art des Nahrungssubstrats (vgl. Horizontabhängigkeit im Bodenprofil, Abb. 113). Sie ist im allgemeinen am höchsten in frischen bis feuchten, neutralen oder schwach basischen, humusreichen Böden; in nassen oder aber trockenen und in kalkarmen, sauren Böden ist sie i. d. R. niedrig (Tab. 26). In Böden mit sehr hohem C/N-Verhältnis ist die Mineralstickstoffanlieferung gering, weil dort die Mikroorganismen selbst unter Stickstoffmangel leiden und anorganische N-Verbindungen aufnehmen müssen. Auch zeitlich schwankt die Nettomineralisationsrate sehr. Während des Jahres steigt und fällt die Mineralisationsrate im Zusammenhang mit Feuchtigkeits- und Temperaturänderungen.
Bei ausreichender Wärme hemmt vor allem *Bodentrockenheit* die Stickstoffmineralisation, besonders die Nitrifikation, etwas weniger die Ammonifikation (Abb. 114). In der kalten Jahreszeit begrenzt *Wärmemangel* (Temperaturen unter 4 – 5 °C) die Mineralisationsleistung der Mikroorganismen. So kann im Frühjahr die Stickstoffanlieferung bei niedrigen Temperaturen der Stickstoffaufnahme durch die höheren Pflanzen nachhinken, wodurch sich vorübergehend eine negative Bilanz des Stickstoffhaushalts im Boden ergibt. Die *obere Temperaturgrenze* der Nitrifikation liegt bei 40 °C; die Ammonifikation kann (muß aber nicht) bis 60 und 70 °C mit steigender Temperatur zunehmen.

5.4 Die Rolle der Pflanzen und der Mikroorganismen im Stickstoffhaushalt der Erde

5.4.1 Der Stickstoffvorrat auf der Erde

Der Hauptvorrat an Stickstoff befindet sich in der Atmosphäre, die zu 78 Vol. % aus molekularem Stickstoff besteht. Die Erdrinde (und auch der Unterboden) besteht nur zu 0,03 % aus Stickstoff, im Meerwasser kommt Stickstoff in Konzentrationen von wenigen mg · l^{-1} vor. Im Oberboden ist Stickstoff dagegen reichlicher vorhanden (0,1 – 0,4 % der Trockensubstanz; vgl. Tab. 20). Der Bodenstickstoff ist vorwiegend im Dauerhumus enthalten, 98 % des Stickstoffs im Boden sind organisch gebunden und nur 2 % liegen in mineralischer Form vor. Der Stickstoff, der auf der Erde an Austauschprozessen mit der Biosphäre teilnimmt, ist zu 99,4 % in der Atmosphäre (3,8 · 10^{18} t), zu 0,5 % in der Hydrosphäre, zu 0,05 % im Boden und zu 0,0005 % in der Biomasse enthalten.

5.4.2 Der Stickstoffkreislauf

Trotz des großen Stickstoffvorrates in der Atmosphäre spielt sich der Stickstoffkreislauf hauptsächlich zwischen **Organismen und Boden** ab (Abb. 115). Wie in anderen Kreisläufen organogener Elemente (C,P,S) kommt auch im Stickstoffkreislauf den Mikroorganismen als *Remineralisierern* die geschwindigkeitsbestimmende Rolle in der Rücklaufregulation zu. Ganz allgemein sind die Mikroorganismen in ihrem

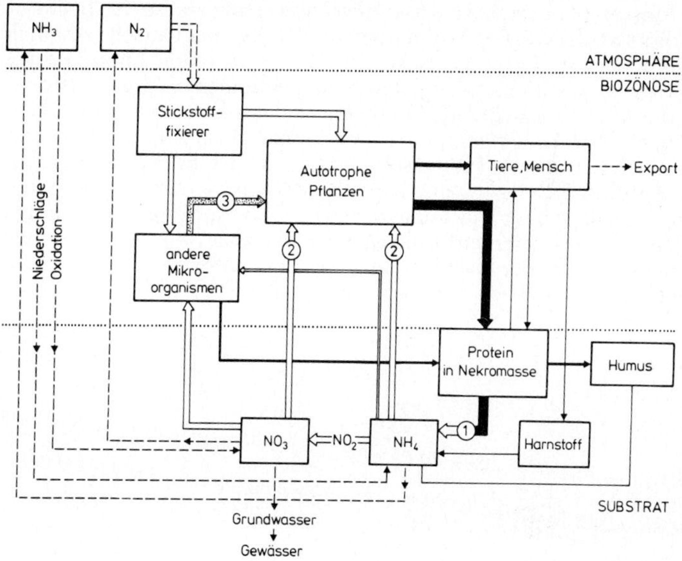

Abb. 115. Schema des Stickstoffkreislaufs in einem terrestrischen Ökosystem. *Schwarze Pfeile:* Transport von organisch gebundenem Stickstoff (Nahrungskette und Humifizierung). *Umrandete Pfeile:* Transport von Mineralstickstoff im Ökosystem (Stickstoffmineralisierung, Bindung von Luftstickstoff, Stickstoffaufnahme durch höhere Pflanzen und Mikroorganismen). *Strichlierte Linien:* Zufuhr und Verluste von Stickstoff (Zufuhr von Stickstoffverbindungen aus Gewitterentladungen, Vulkanausstoß, Photooxidation, Industrieproduktion und industrieller Emission; Abgabe von NH_3 und denitrifiziertem N_2 an die Atmosphäre und von löslichen Stickstoffsalzen an Grundwasser und Gewässer; Export von organisch gebundenem Stickstoff über Konsumenten, durch Wind und Wasser). **1** = Mikrobielle Freisetzung von Mineralstickstoff (Bruttomineralisationsrate), **2** = Nettomineralisationsrate, **3** = Anlieferung von Stickstoffverbindungen über Mykorrhiza. Nach Ellenberg (1971).

N-Stoffwechsel den höheren Pflanzen überlegen: Die *N_2-Fixierer* sind die einzigen Organismen, die das riesige Stickstoffreservoir der Atmosphäre ausnützen können. Sie überführen mehr molekularen Stickstoff in pflanzenaufnehmbare Form, als es durch technische Prozesse geschieht.

Der **geochemische Austausch** von Stickstoffverbindungen ist in natürlichen Ökosystemen bescheiden. Der *Stickstoffverlust* durch Auswaschung ist unter dichter Vegetation und aus Böden mit ausreichendem Humusanteil vernachlässigbar klein, weil remineralisierter Stickstoff sofort wieder von Bodenorganismen und höheren Pflanzen verbraucht wird. Stickstoff in organischer Bindung wird durch Entnahme von Phytomasse (Streunutzung, Beweidung, Abernten) und durch Erosion oder Verwehung von Streu und Humus dem Ökosystemkreislauf entzogen. Zur Aufrechterhaltung der Stickstoffbilanz werden landwirtschaftlich genützten Flächen durchschnittlich 100 kg N pro ha und Jahr zugeführt. *Stickstoffimporte* durch Niederschläge (Ammoniak, Nitrat, Stickoxide) können in Industriegebieten bis zu 50 kg N pro ha und Jahr, in industriefernen Gebieten immerhin noch 10–20 kg ausmachen; dies entspricht der Nachlieferung von Mineralstickstoff durch mikrobiellen Humusabbau in ärmeren Böden (vgl. Tab. 26).

6 Der Mineralstoffhaushalt

Die Pflanzen benötigen für ihre Ernährung eine Vielzahl von Bioelementen, die aus Mineralien stammen oder nach Verwesung organischer Substanz mineralisiert werden. Die mineralischen Nährstoffe werden in Ionenform aufgenommen und in die Pflanzenmasse eingebaut oder im Zellsaft abgelagert. Nach Verglühen der organischen Trockensubstanz bleiben die Mineralstoffe als Asche zurück. In der Pflanzenasche können sich alle in der Lithosphäre vorkommenden chemischen Elemente finden. Lebensnotwendig und unersetzlich sind die in größerer Menge erforderlichen **Hauptnährelemente** N, P, S, K, Ca und Mg sowie die **Spurenelemente** Fe, Mn, Zn, Cu, Mo, B und Cl. Daneben gibt es Elemente, die offenbar nur von manchen Pflanzengruppen unbedingt benötigt werden: Na von Chenopodiaceen, Co von Fabales mit Symbionten, Al von Farnen, Si von Diatomeen und Se von manchen Planktonalgen.

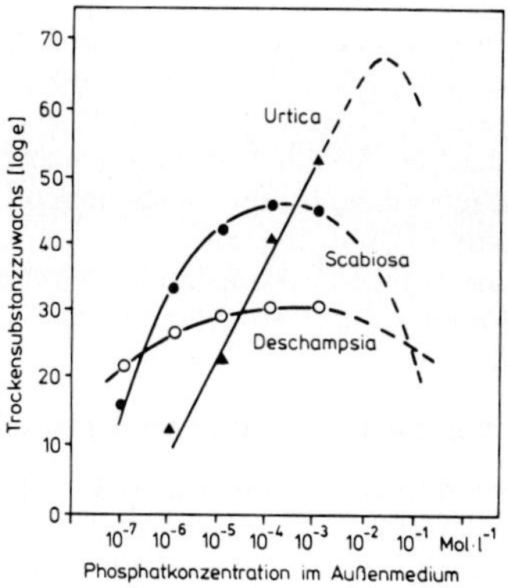

Abb. 116. Einfluß des Phosphatangebots auf die Trockensubstanzproduktion einer Ruderalpflanze *(Urtica dioica)*, einer Wiesenpflanze *(Scabiosa columbaria)* und einer an nährstoffarme, saure Böden angepaßten Pflanze *(Deschampsia flexuosa)*. *Urtica* zeigt besonders hohen Phosphorbedarf für das Wachstum, *Deschampsia* nützt das Phosphatangebot nur mäßig, dafür über einen weiten Konzentrationsbereich ziemlich gleichmäßig aus. Nach RORISON (1969).

Wie wir seit J. LIEBIG wissen, ist der in unzureichender Menge vorhandene Nährstoff ertragbegrenzend (*Gesetz vom Faktor im Minimum*). Allerdings ist der im Minimum befindliche Nährstoff nicht allein ertragbestimmend. Für einen geregelten Stoffwechsel, für eine gute Stoffproduktion und für eine unbehinderte Entwicklung müssen die Nährelemente und die Spurenelemente nicht nur in ausreichender Menge, sondern auch in ausgewogenem Verhältnis von der Pflanze aufgenommen werden (*Wirkungsgesetz der Wachstumsfaktoren* von E. A. MITSCHERLICH und weiterentwickelte Ertragsgesetze der Agrar- und Forstwissenschaften). Verschiedene Pflanzenarten unterscheiden sich erheblich in ihren Nährstoffansprüchen. Der Nährstoffbedarf der Kulturpflanzen ist recht genau erforscht. Über spezifische Bedürfnisse von Wildpflanzen ist dagegen noch wenig bekannt, obwohl gerade derartige Untersuchungen wichtige Einblicke in die Ursachen bezeichnender floristischer Verteilungsmuster innerhalb der Pflanzendecke liefern könnten. Ein Beispiel für unterschiedliches Phosphatbedürfnis von ernährungsökologisch kontrastierenden Arten gibt Abb. 116.

6.1 Der Boden als Nährstoffquelle der Pflanzen

6.1.1 Die mineralischen Nährstoffe im Boden

6.1.1.1 Vorkommen der Nährstoffe im Boden

Die Pflanzennährstoffe kommen im Boden in gelöster und gebundener Form vor. Im Bodenwasser gelöst ist nur ein winziger Bruchteil (weniger als 0,2 %) des Nährstoffvorrats. Nahezu 98 % der Bioelemente im Boden sind in organischen Abfällen, in Humusstoffen und in schwerlöslichen anorganischen Verbindungen festgelegt oder in Minerale eingebaut. Sie stellen eine Nährstoffreserve dar, die durch Verwitterung und Humusmineralisierung sehr langsam aufbereitet wird. Die restlichen 2 % sind an Bodenkolloide sorbiert.

6.1.1.2 Sorptive Ionenbindung und Ionenaustausch im Boden

Kolloidale Tonteilchen und Huminstoffe ziehen aufgrund ihrer elektrischen Oberflächenladung Ionen und Dipolmoleküle an sich und binden diese reversibel. Dadurch wirken Bodenkolloide wie Ionenaustauscher. Ihre *Austauschkapazität* hängt von der aktiven Oberfläche ab, die beim Quellton Montmorillonit 600 – 800 $m^2 \cdot g^{-1}$, bei Huminstoffen 700 $m^2 \cdot g^{-1}$ und mehr beträgt. Sowohl die Tonminerale wie die Huminstoffe besitzen eine negative Überschußladung, sie halten daher vor allem Kationen fest. Daneben gibt es aber auch positiv geladene Stellen, die an die Anionen angelagert werden können, doch werden stets mehr Kationen sorbiert als Anionen. In der Regel werden höherwertige Ionen stärker angezogen, also Ca^{2+} stärker als K^+; unter den Ionen gleicher Wertigkeit haften solche mit einer engen Wasserhülle fester als stark hydratisierte Ionen. Durch sorptive Bindung sammelt sich ein Ionenschwarm an der Oberfläche der stark aufgequollenen Ton- und Huminteilchen.

Der Ionenbelag vermittelt zwischen fester Bodenphase und Bodenlösung. Werden der Bodenlösung Ionen zugeführt oder entzogen, kommt es zu *Austauschvorgängen.* Fester haftende Ionen werden dabei stärker vom Kolloid angezogen und verdrängen von dessen Oberfläche andere Ionen mit geringerer Haftung. Die sorptive Bindungskraft fällt in der Kationenreihe von Al^{3+} über Ca^{2+}, Mg^{2+}, NH^{4+}, K^+ zu Na^+, in der Anionenreihe von PO_4^{3-} über SO_4^{2-}, NO_3^- zu Cl^- ab. Auch Schwermetallionen können sorbiert werden, allerdings nur in Spuren.

Die *sorptive Bindung von Nährionen* bietet eine Reihe von Vorteilen: Die bei der Verwitterung und beim Humusaufschluß freiwerdenden Nährstoffe werden abgefangen und sind vor Auswaschung geschützt; die Konzentration der Bodenlösung bleibt niedrig und ausgeglichen, so daß die Pflanzenwurzeln und Bodenorganismen nicht osmotisch belastet werden; bei Bedarf sind die sorbierten Nährionen der Pflanze aber doch leicht zugänglich.

Zwischen Bodenlösung, Bodenkolloiden und den Mineralstoffvorräten im Boden herrscht ein vielfach vernetztes und anpassungsfähiges Fließgleichgewicht, das den Mineralstoffaustausch steuert und für eine fortgesetzte Nachlieferung von Nährelementen sorgt. Dabei beeinflußt die Konzentration der Wasserstoffionen in der Bodenlösung die Einstellung des Ionenfließgleichgewichts im Boden sehr.

6.1.2 Die Bodenreaktion

6.1.2.1 Bodenreaktion und Nährstoffverfügbarkeit

Die meisten Böden in humiden Gebieten reagieren schwach sauer bis neutral, Moorböden stark sauer (pH um 3), Salz- und Sodaböden arider Gebiete alkalisch. Die Ansäuerung erfolgt auf vielfache Weise: durch Basenverarmung infolge Bodenauswaschung, durch den Entzug austauschbarer Kationen, durch organische Säuren, die von Pflanzenwurzeln und Mikroorganismen abgegeben werden, vor allem aber durch die Dissoziation der Kohlensäure, die sich im Boden als Atmungs- und Gärungsprodukt anreichert. Hinzu kommt Säureeintrag durch Niederschläge, die säurebildende Luftverunreinigungen (v. a. SO_2) mitführen. Je nach Ausgangsgestein und Sättigung der Sorptionskomplexe mit Kationen puffert sich der Boden dann auf einen bestimmten pH-Bereich ein. Kalkböden sind vor allem durch das System $CaCO_3/Ca(HCO_3)_2$ gepuffert, also durch das Salz einer starken Base und einer schwachen Säure; sie reagieren daher schwach alkalisch. Die Bodenreaktion ändert

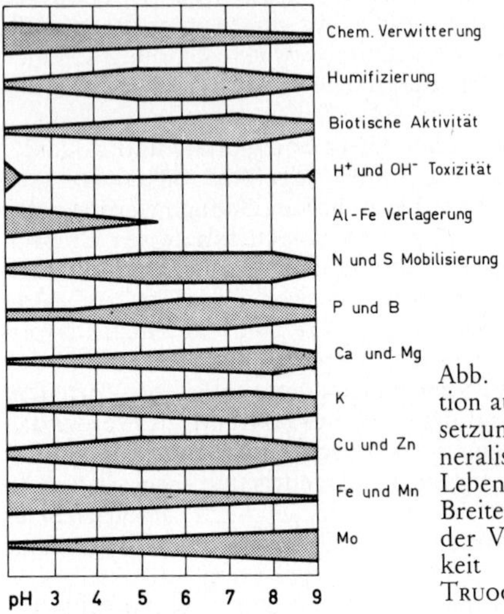

Abb. 117. Einfluß der Bodenreaktion auf die Bodenbildung, die Freisetzung und Verfügbarkeit von mineralischen Nährstoffen und auf die Lebensbedingungen im Boden. Die Breite der Bänder gibt die Intensität der Vorgänge bzw. die Verfügbarkeit der Nährstoffe an. Nach TRUOG aus SCHROEDER (1969).

sich im Laufe des Jahres (vor allem in Abhängigkeit von der Niederschlagsverteilung), überdies bilden sich kleinräumige Unterschiede aus, besonders auch zwischen den einzelnen Bodenhorizonten (Abb. 113). Zur Kennzeichnung eines Standortes muß die Bodenreaktion daher während des ganzen Jahres und möglichst über das ganze Bodenprofil gemessen werden, jedenfalls aber in der dichtest durchwurzelten Zone. Die Bodenreaktion wirkt sich auf die Bodenstruktur, auf Verwitterung und Humifizierung und vor allem auf Nährstoffmobilisierung und Ionenaustausch aus. Die wichtigsten derartigen Zusammenhänge sind in der Abb. 117 zusammengestellt. In sehr sauren Böden werden zuviel Al-Ionen, Fe-Ionen und Mn-Ionen freigesetzt, Ca^{2+}, Mg^{2+}, K^{+}, PO_4^{3-} und MoO^{2-} verarmen oder liegen in schlecht aufnehmbarer Form vor. In stark alkalischen Böden werden Fe-Ionen, Mn-Ionen, PO^{3} nige Spurenelemente in schwerlöslichen Verbindungen festgelegt, wodurch die Pflanzen unzureichend mit diesen Nährstoffen versorgt sind.

6.1.2.2 Bodenreaktion und Pflanze

Die Bodenreaktion beeinflußt das Gedeihen der Pflanzen unmittelbar und über die Nährstoffversorgung. Unter pH 3 und über pH 9 wird das Protoplasma der Wurzelzellen der meisten Sproßpflanzen schwer geschädigt. Ferner wirkt die Anreicherung von Al^{3+} in stark sauren Böden und von Boraten in Alkaliböden auf die Wurzeln giftig.

Die einzelnen Arten lassen in ihrem physiologischen Verhalten gegenüber der Bodenreaktion bezeichnende Toleranzgrenzen und Ansprüche erkennen (Abb. 118). Manche *Sphagnum*-Arten bevorzugen ein stark saures Milieu, sie sind gegen OH-Ionen sehr empfindlich und gehen schon im Neutralbereich zugrunde. Nach einem Einteilungsschema von H. ELLENBERG (1958) sind sie als streng acidophil mit enger Toleranzspanne anzusprechen. Die Drahtschmiele *Deschampsia flexuosa*, eine Zeigerpflanze für saure Böden, weist ein Entwicklungsoptimum zwischen pH 4 und 5 auf, sie gedeiht aber auch im Neutralbereich und toleriert schwach alkalische Böden. Die Art ist acidophil-basitolerant. Ähnlich verhalten sich *Calluna vulgaris* und *Sarothamnus scoparius.* Das Gegenstück ist *Tussilago farfara* mit einem Optimum im neutral-alkalischen Bereich, aber guter Toleranz bis pH 4; der Huflattich ist als basiphil-acidotolerant einzustufen. Die *meisten Sproßpflanzen* sind amphitolerant mit einem breiten Optimum zwischen schwach sauer und schwach alkalisch und mit Existenzgrenzen zwischen pH 3,5 und 8,5. Unter den *Mikroorganismen* bevorzugen viele Bakterien neutrales bis schwach alkalisches, viele Pilze neutrales bis schwach saures Milieu. Es gibt aber auch Arten mit einer breiten Toleranzspanne von pH 2 bis 10 (z. B. unter den Pilzen *Aspergillus-*, *Penicillium-* und *Fusarium*-Arten) und solche, die auf extrem saure oder basische Substrate spezialisiert sind. In sauren Thermalquellen leben bei pH 1–3 Schwefelbakterien der Gattungen *Thiobacillus* und *Sulfolobus* und Pilze der Gattungen *Acontium, Cephalosporium* und *Trichosporon.* Basitolerant bis pH 11 sind nitrifizierende und manche ammonifizierende Bakterien. Auch Algen kommen sowohl in stark sauren (*Cyanidium caldarium* mit Optimum bei pH 2–3) als auch in stark alkalischen Gewässern (*Plectonema nostocorum* bis pH 13) vor.

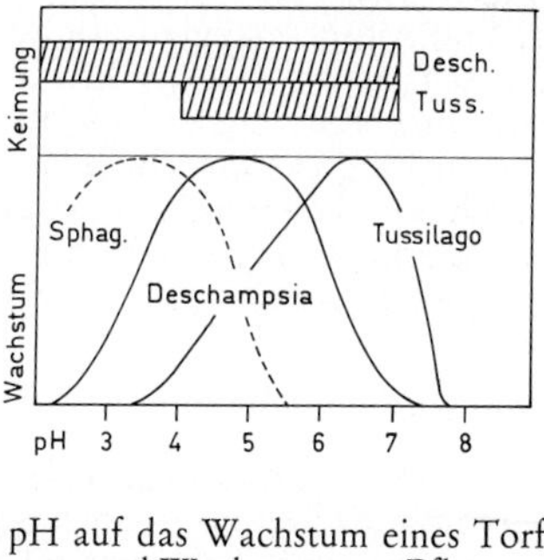

Abb. 118. Einfluß des pH auf das Wachstum eines Torfmooses *(Sphagnum rubellum)* und auf Keimung und Wachstum von Pflanzen der Drahtschmiele *(Deschampsia flexuosa)* und des Huflattichs *(Tussilago farfara)* in Nährlösungskultur. Nach OLSEN aus ELLENBERG (1958).

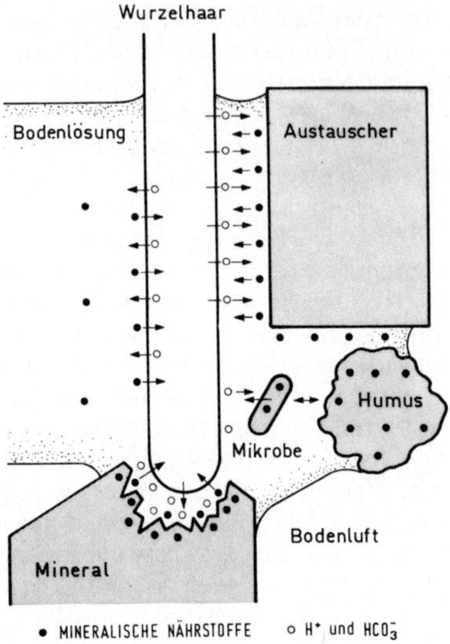

Abb. 119. Mobilisierung mineralischer Nährstoffe im Boden und Mineralstoffaufnahme durch die Wurzel. Nach FINCK (1969).

6.2 Der Mineralstoffhaushalt der Pflanze

6.2.1 Die Nährstoffaufnahme

6.2.1.1 Die Entnahme der Nährionen aus dem Boden

Die Wurzel entnimmt dem Boden ihre Nährstoffe

1. *durch Absorption von Nährionen aus der Bodenlösung.* Diese Ionen sind unmittelbar und sofort verfügbar, die Konzentration der Bodenlösung ist aber sehr gering: NO_3^-, SO_4^{2-}, Ca^{2+} und Mg^{2+} liegen in Konzentrationen unter 1000 mg · l^{-1}, K^+ unter 100 mg · l^{-1} und Phosphationen unter 1 mg · l^{-1} vor. Die Bodenlösung ergänzt ihren Ionenbestand durch Nachlieferung aus der festen Bodenphase;
2. *durch Austauschabsorption von sorbierten Nährstoffionen.* Durch Abgabe von H^+ und HCO_3^- als Dissoziationsprodukte der Atmungskohlensäure fördert die Wurzel den Ionenaustausch an der Oberfläche der Ton- und Huminteilchen und gewinnt im Eintausch dafür Nährsalzionen;
3. *durch Aufschluß gebundener Nährstoffvorräte* über ausgeschiedene H-Ionen und organische Säuren. In chemischer Bindung fixierte Nährstoffelemente, vor allem Schwermetalle, werden freigesetzt und in Chelatbindung übergeführt. Metallchelate sind vor neuerlicher Festlegung geschützt, aber durch die Pflanzenwurzeln leicht

aufnehmbar. Die Ausscheidung von H^+ und Säuren hängt von der Intensität der Atmung und damit von der Versorgung der Wurzel mit Sauerstoff und Kohlenhydraten und von der Temperatur ab. Außerdem ist das Aufschließungsvermögen für die einzelnen Mineralstoffe verschieden und je nach Pflanzenart ungleich gut.

6.2.1.2 Der Ioneneintritt in die Wurzel

Die *Nährstoffanlieferung* hängt ab von der Konzentration diffundierbarer Mineralstoffe im durchwurzelten Raum und von der ionenspezifischen Diffusions- und Massentransportrate. Nitrat erreicht die Wurzeloberfläche in der Regel schnell, Phosphat- und Kaliumionen mit niedrigeren Diffusionskoeffizienten hingegen langsamer. Aus der Bodenlösung gelangen die Nährsalzionen mit dem einströmenden Wasser zunächst in das zusammenhängende System der Zellwände und der Intercellularen des Parenchyms der Wurzelrinde (*apoplasmatischer Transport*), wo sie durch Oberflächenladungen der Zellwände und an der Außengrenze der Protoplasten adsorbiert werden. Dieser Vorgang ist rein passiv, er folgt dem Konzentrationsgefälle und dem Ladungsgradienten zwischen der Bodenlösung und dem Wurzelinneren.

6.2.1.3 Ionenaufnahme in die Zelle

In die lebende Zelle könnten Ionen wegen ihrer Wasserhülle nur schwer eindringen, wenn nicht fast alle Membransysteme der Zellen besondere Einrichtungen enthielten, die dem Transport von Ionen dienen. Meist handelt es sich um große Proteinmoleküle oder Komplexe von solchen (*„Träger- oder Carriersysteme“*), die sich in der Membran bewegen können oder fest in sie eingebaut sind. Infolge der elektrischen Ladung der Ionen ist ein Durchtritt durch die Membran nur möglich, wenn zwei entgegengesetzt geladene Ionen gleichzeitig transportiert werden, wenn gegen das aufgenommene Ion ein gleichsinnig geladenes ausgetauscht wird, oder wenn an der Membran bereits eine elektrische Potentialdifferenz besteht (z. B. an Mitochondrienmembranen). Die Bindungsstellen der Trägersysteme sind in vielen Fällen *spezifisch* für bestimmte Ionen oder für Gruppen nahe verwandter Ionen.

Ein Ionentransport erfolgt nicht nur passiv, d. h. unter Ausgleich eines Konzentrationsgefälles. Sehr oft ist es für die Pflanze notwendig, Ionen anzureichern, also entgegen einem Konzentrationsgefälle zu transportieren. Dazu ist eine Zufuhr von Energie nötig. Solche *aktive Transportvorgänge (Ionenpumpen)* sind daher von den energieliefernden Prozessen Atmung und Photosynthese abhängig, sei es direkt durch die beim Elektronenfluß aufgebauten *Membranpotentiale* oder indirekt durch *Hydrolyse von ATP.* In gewissen Fällen ist bei Ionenauf-

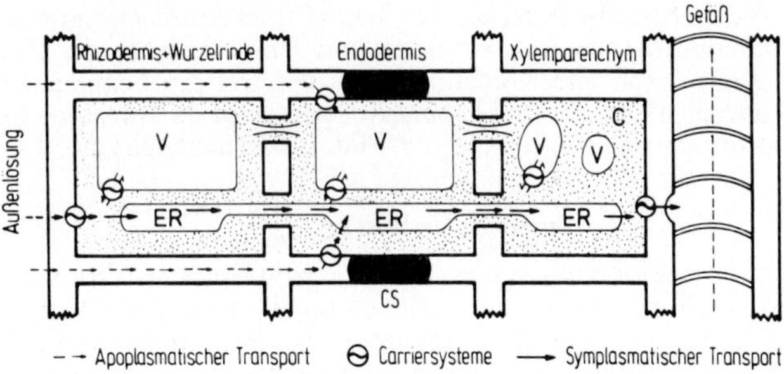

Abb. 120. Schema des Ionentransports von der *Außenlösung* zum Fernleitsystem im Zentralzylinder der Wurzel *(Gefäße)*. Von der Rhizodermis bis zur Endodermis *(Caspary'scher Streifen CS)* werden Ionen zusammen mit Wasser *apoplasmatisch*, d.h., in den Zellwänden und in wassergefüllten Intercellularen transportiert. Nach Aufnahme in die lebenden Protoplasten *(Cytoplasma C)* erfolgt der Ionentransport *symplasmatisch*, d.h., über das Endomembranensystem und durch Plasmodesmen. *Vakuolen (V)* sind Exkretions- und Speicherräume und gehören nicht dem Symplasten an. Die v. a. passiven Rücktransporte sind nicht eingetragen. Nach Lüttge (1973) und Läuchli (1976).

nahme ein Atmungsanstieg meßbar („*Salzatmung*"; H. Lundegardh und H. Burström). Ionenpumpen wirken an der gesamten Außengrenze des Protoplasmas (also im Plasmalemma und im Tonoplast) und innerhalb des Protoplasmas überall, wo Ionentransporte zwischen Kompartimenten erfolgen (Abb. 120).

Folgende bezeichnende Eigenschaften der Nährsalzaufnahme lassen sich aus dem *Zusammenspiel von passiven und aktiven Ionentransporten* erklären:

Anreicherungsvermögen. Die Pflanzenzelle hat die Fähigkeit, Ionen gegen ein Konzentrationsgefälle aufzunehmen und sie im Inneren der Zelle, insbesondere in der Vakuole, gegenüber der Außenlösung stark anzureichern. Diese Fähigkeit ist besonders wichtig für Wasserpflanzen, die ihre Nährelemente nur in außerordentlich starker Verdünnung vorfinden.

Wahlvermögen. Die Pflanzenzelle kann bestimmte Nährionen, die sie in größerer Menge benötigt, besser aufnehmen. So werden Kationen in der Aufnahme gegenüber Anionen bevorzugt, unter den Kationen werden manche stärker angereichert als andere. Nötigenfalls wird die Elektronenneutralität durch Ionenaustausch (H^+, HCO_3^-) aufrechterhalten. Die einseitige Bevorzugung bestimmter Bioelemente ist ein Merkmal der physiologischen Konstitution einer Pflanze, durch die sich verschiedene Arten voneinander unterscheiden.

Mangelhaftes Ausschließungsvermögen. Die Pflanzenzelle muß Ionen, die ihr angeboten werden, aufnehmen. Sie kann entbehrliche und auch schädliche Salze nicht vollständig ausschließen, auch dann nicht, wenn sie dadurch zu Schaden kommt. Die Plasmagrenzschichten sind für Ionen zwar schwer durchlässig, aber nicht ganz undurchlässig. Dies führt dazu, daß bei starkem Konzentrationsunterschied diesseits und jenseits der Biomembranen Ionen durchsickern. Besonders bei hohen Außenkonzentrationen, etwa in Salzböden, werden die Zellen von Ionen überschwemmt, die sie in dieser Menge nicht benötigen würden (z. B. Na^+ und Cl^-).

6.2.2 Der Mineralstofftransport in der Pflanze

Die Nährionen beginnen ihren Weg in der Rhizodermis und in der Wurzelrinde. Dort treten sie in das Protoplasma ein und durch dieses hindurch in den Zellsaft über. Die Vakuolen sind jedoch ausschließlich Speicherräume, sie spielen im Ionentransport keine Rolle. In die Vakuolen eingesickerte oder aktiv eingeschleuste Mineralstoffe bleiben dort deponiert, bis sie wieder aktiv in das Cytoplasma zurückgepumpt werden. Der **Ionentransport** von Zelle zu Zelle verläuft unter Umgehung der Vakuolen entlang einer zusammenhängenden Kette lebender Protoplasten, die über Plasmodesmen miteinander in direktem Kontakt stehen. E. Münch (1930) hat dieses Kontinuum lebender Protoplasten *Symplast* genannt. Im Gegensatz zum apoplasmatischen Zellwandtransport, der durch hydrophobe Wandeinlagerungen in der Wurzelendodermis unterbrochen wird, führt der Symplastweg bis an die Leitelemente des Zentralzylinders heran (Abb. 120). Im Zentralzylinder übernehmen Siebröhren und Geleitzellen die Ionen unmittelbar über den Symplastkontakt. In die wassergefüllten toten Tracheen und Tracheiden fließen die Ionen, dem Konzentrationsgefälle folgend, passiv ein, außerdem werden sie von Parenchymzellen aktiv in Gefäße abgeschieden.

Über die *Xylembahnen* werden die Nährsalze durch den Transpirationsstrom aufsteigend in der Pflanze verteilt. An den Endpunkten des Gefäßnetzes diffundieren sie über die Zellwände an die Oberfläche der Protoplasten des Bündelparenchyms, in das sie aktiv eingeschleust werden. Der zelluläre Nahtransport erfolgt neuerlich auf dem Symplastweg, wobei wieder ein Teil der Nährsalze in Vakuolen abgelagert wird. In der Nährstofftransportkette ist die Weiterleitung der Ionen über den Symplast in der Wurzel geschwindigkeitsbegrenzend, der Transpirationsstrom könnte meist sehr viel größere Nährsalzmengen befördern.

Ebenso wichtig wie der Xylemtransport ist die Nährstoffbewegung im *Phloem.* Über vielfache Anlegestellen, besonders in der Wurzel und in

Tab. 27. Vorkommen, Aufnahme, Verteilung, Einbau und Wirkungsweise von Nährelementen. In Anlehnung an FINCK (1969); weitere Quellenhinweise bei LARCHER (1980).

Bioelement	Gebundener Vorrat im Boden	Verfügbarkeit im Boden	Aufgenommen als	Einbau in die Pflanze	Funktion in der Pflanze	Bevorzugte Anreicherung	Umlagerbarkeit	Mangelsymptome
N	organisch gebunden, Salpetersalze	Nachlieferung durch mikrobiellen Abbau, NH_4^+ sorbiert an Tonminerale und Humus, NO_3^- in Lösung	NO_3^-, NH_4^+, (Harnstoff)	frei als NO_3-Ion (Vakuolen), in organischer Bindung, in Eiweiß, Nucleinsäuren, sek. Pflanzenstoffen	wesentlicher Bestandteil des Protoplasmas und der Enzyme	junge Triebe, Blätter, Knospen, Samen, Speicherorgane	gut, vorwiegend in organisch gebundener Form	Kümmerwuchs bis Zwergwuchs, Starrtracht (sperriger Wuchs) u. Skleromorphie. Sproß-Wurzel-Verhältnis zugunsten der Wurzel verschoben, vorzeitiges Vergilben älterer Blätter, manchmal Rotfärbung
P	organisch gebunden, Ca-, Fe-, Al-Phosphate	als PO_4^{3-}, HPO_4^{2-} schwer löslich, sorbiert und in Chelatbindung. Mikrobielle Nachlieferung gering	HPO_4^{2-}/ $H_2PO_4^-$	frei als Ion, in esterartiger Bindung, Nucleotide, Phosphatide, Phytin	Betriebsstoffwechsel und Synthesen (Phosphorylierungen)	in reproduktiven Organen stärker als in vegetativen (Pollenkörner)	gut, in organisch gebundener Form	Störung reproduktiver Vorgänge (Blühverzögerung) Starrtracht, dunkelgrüne oder bronzeviolette Verfärbung von Blättern und Stengeln, bei Coniferennadeln Spitzendürre

S	organisch gebunden, sulfidische Minerale, Ca-, Mg-, Na-Sulfate	SO_4^{2-}, leicht löslich, wenig sorbiert	SO_4^{2-} aus Boden, (SO_2 aus Luft)	frei als Ion, gebunden als SH- oder SS-Gruppe und als Ester, in Eiweiß, Coenzymen, sek. Pflanzenstoffe	Bestandteil des Protoplasmas und der Enzyme	Blätter, Samen	gut in organischer Form, schlecht als Ion	ähnlich N-Mangel, Interkostalchlorose junger Blätter
K	Feldspäte, Glimmer, Tonminerale	sorbiert > > gelöst	K^+	als Ion gelöst (vorwiegend im Zellsaft) und sorbiert	Quellungsregulation Synergisten: NH_4^-, Na^+; Antagonist: Ca^{2+} Elektrochemische Wirkungen (Membranpotential, Osmoregulation) Enzymaktivierung (Photosynthese, Nitratreduktase)	Teilungszonen, junge Gewebe, Rindenparenchym, Orte reger Stoffwechseltätigkeit	sehr gut	gestörter Wasserhaushalt (Spitzendürre), Blattrandkrümmung (Welketracht) auf den älteren Blättern. Bei Coniferen alte Nadeln vorzeitig abfallend. Wurzelfäule

Bio-element	Gebundener Vorrat im Boden	Verfügbarkeit im Boden	Aufgenommen als	Einbau in die Pflanze	Funktion in der Pflanze	Bevorzugte Anreicherung	Umlagerbarkeit	Mangelsymptome
Mg	Carbonate (Dolomit). Silicate (Augit, Hornblende, Olivin), Sulfate, Chloride	gelöst > > sorbiert Mangel in sauren Böden	Mg^{2+}	als Ion gelöst und sorbiert, in Komplexbindung, organisch gebunden in Chlorophyll und Pektaten, Ribosomen, Enzymbestandteil	Quellungsregulation (Antagonist zu Ca^{2+}) Betriebsstoffwechsel (Photosynthese, Phosphattransfer) Synergisten: Mn, Zn	Blätter	teilweise gut	Kümmerwuchs, Interkostalchlorosen auf älteren Blättern
Ca	Carbonate, Gips, Phosphate, Silicate (Feldspäte, Augit)	sorbiert > > gelöst, Mangel in sehr sauren Böden	Ca^{2+}	als Ion, als Salz gelöst, kristallisiert und inkrustiert, als Chelat, organisch gebunden in Pektaten	Quellungsregulation (Antagonisten: K^+, Mg^{2+}) Enzymaktivator (Amylase, ATPase) Regulation des Streckungswachstums	Blätter, Baumrinden	sehr schlecht	gestörtes Teilungswachstum (Kleinzelligkeit) Spitzendürre, Blattdeformationen, Wurzelwachstum behindert

Tab. 28. Vorkommen, Aufnahme, Verteilung, Einbau und Wirkungsweise von Spurenelementen

Bioelement	Gebundener Vorrat im Boden	Verfügbarkeit im Boden	Aufgenommen als	Einbau in die Pflanze	Funktion in der Pflanze	Bevorzugte Anreicherung	Umlagerbarkeit	Mangelsymptome
Fe	Sulfide, Oxide, Phosphate, Silicate (Augit, Hornblende, Biotit)	sorbiert > mobilisiert, Festlegung in Kalkböden	Fe^{2+} Fe(III)-Chelat	in metallorganischer Bindung, Enzymbestandteil (Häm, Cytochrome, Ferredoxin)	Betriebsstoffwechsel (Oxidoreduktionen), N-Stoffwechsel, Chlorophyllsynthese	Blätter	schlecht	Strohgelbe Interkostalchlorosen bis Weißfärbung junger Blätter (Blattadern grün) Apikalknospen unterdrückt
Mn	amorphe Oxide (Braunstein), Carbonate, in Silicaten	sorbiert > > löslich, besser verfügbar in sauren Böden, Anreicherung unter reduzierenden Bedingungen	Mn^{2+} Mn-Chelat	in metallorganischer Bindung und Komplexbindung, Enzymbestandteil	Betriebsstoffwechsel (Oxidasen, Photosynthese, Phosphattransfer), Chloroplastenstruktur stabilisierend, Nucleinsäuresynthesen Synergisten: Mg, Zn	Blätter	teilweise schlecht	Wachstumshemmung, Chlorosen und Nekrosen auf jungen Blättern Laubabwurf

Bioelement	Gebundener Vorrat im Boden	Verfügbarkeit im Boden	Aufgenommen als	Einbau in die Pflanze	Funktion in der Pflanze	Bevorzugte Anreicherung	Umlagerbarkeit	Mangelsymptome
Zn	Phosphate, Carbonate, Sulfide, Oxide, in Silicaten	sorbiert > > löslich, Mobilisierung sauer > basisch	Zn^{2+} Zn-Chelate	Komplexbindung	Chlorophyllbildung Enzymaktivator, Betriebsstoffwechsel, (Dehydrogenasen), Eiweißabbau, Wuchsstoffbildung (IES)	Wurzel, Sprosse	schlecht	Wachstumshemmung (Strauchwuchs), weißgrüne Verfärbung älterer Blätter Fruktifikationsstörungen
Cu	Sulfide Sulfate, Carbonate	sorbiert, Mobilisierung sauer > basisch, starke Fixierung an Humus	Cu^{2+} und Cu-Chelat	Komplexbindung, Enzymbestandteil (Plastocyanin, Phenoloxidasen)	Betriebsstoffwechsel (Photosynthese, Oxidasen), N-Stoffwechsel sek. Stoffwechsel,	verholzte Sproßachsen	schlecht	Spitzendürre, Welketracht Fleckchlorosen junger Blätter
Mo	Molybdate, in Silicaten	sorbiert, Mobilisierung basisch > sauer	MoO_4^{2-}	in metallorganischer Bindung, Enzymbestandteil	N-Fixierung (Reduktasen), P-Stoffwechsel Fe-Absorption und -Translokation		schlecht	Wachstumsstörung und Sproßdeformation, Blattrandbräunung

B	Turmalin Borate	sorbiert > > löslich, Verfügbarkeit sauer > basisch	HBO_3^{2-} $H_2BO_3^-$	in Komplexbindung an Kohlenhydrate, Esterbindung	Kohlenhydrattransport und -stoffwechsel, Phenolstoffwechsel Wuchsstoffaktivierung (Pollenschlauchwachstum)	Blätter, Sproßspitzen	schlecht	Wachstumsstörung (Meristemnekrosen), geringe Wurzelverzweigung, Phloemnekrosen, Fruktifikationsstörungen Korksucht
Cl	Salze Silicate	löslich > > sorbiert	Cl^-	frei als Ion, meist im Zellsaft gespeichert	kolloidchemische Wirkung (stark quellend), Enzymaktivierung (Photosynthese)	Blätter	gut	Welketracht, Wurzelverdickung

den Stengelknoten, sind die beiden Ferntransportwege zusammengeschaltet. Mit dem Assimilatstrom werden auch Mineralstoffe zu Orten größeren Bedarfs umgelagert. Der Siebröhrentransport besorgt vor allem die Umlagerung von bereits einverleibten Mineralstoffen innerhalb der Pflanze. Die verschiedenen Bioelemente sind ungleich gut verlagerbar (Tab. 27 und 28): Nährstoffe, die wie N, P und S in organische Verbindungen übergeführt werden, sind gut verlagerbar, desgleichen die Alkaliionen und Cl^-. Schlecht umlagerbar sind Schwermetalle und Erdalkaliionen, besonders das Calcium, das sich dadurch in den Blättern (am Ende des Xylemtransportwegs) zunehmend ansammelt.

6.2.3 Einbau und Ablagerung der Mineralstoffe in der Pflanze

Die einzelnen Bioelemente werden in die Körpersubstanz der Pflanze eingebaut, sie sind Bestandteile oder Aktivatoren von Enzymen oder sie regulieren über ihre kolloidchemische Wirkung den Quellungszustand des Protoplasmas und damit der Enzyme. Einen Überblick über die spezifische Art des Einbaues, über die Wirkungsweise und die bevorzugte Anreicherung der Nährelemente in der Pflanze geben die Tab. 27 und 28. Einzelheiten über die Biochemie der Mineralstoffinkorporation sind Lehrbüchern der Pflanzenphysiologie und Mikrobiologie zu entnehmen.

6.2.3.1 Nährstoffinkorporation

In heranwachsenden Pflanzen eilt die Aufnahme und der Einbau von Mineralstoffen dem Massenzuwachs voraus (Abb. 121). Die wichtigsten Nährelemente müssen also schon frühzeitig verfügbar sein; so wird verständlich, daß eine unzureichende Mineralstoffversorgung die organische Stoffproduktion von vornherein niedrig hält. Bei Bäumen reichern die austreibenden Blätter die Hauptnährstoffe N, P, K und andere Elemente vorsorglich an. Später nimmt die organische Substanz rascher zu als die Mineralstoffmenge, das Verhältnis zwischen organischer Trockensubstanz und Mineralstoffen verschiebt sich zugunsten der organischen Substanz. Auf die Trockensubstanz bezogene Mineralstoffgehalte erscheinen nun niedriger („*Verdünnungseffekt*"). Bezieht man aber den Mineralstoffgehalt nicht auf das Trockengewicht, sondern berechnet ihn für das einzelne Blatt, dann macht sich ein Konzentrationsrückgang nur bemerkbar, wenn Nährstoffe aus den Blättern abgeleitet worden sind. Mit fortschreitendem Alter sammeln sich in den Blättern Ca, S, außerdem die ebenfalls in der Pflanze wenig beweglichen Elemente Fe, Mn und B zunehmend an, wogegen die mobileren Elemente N, P und vor allem K in jungen Blättern

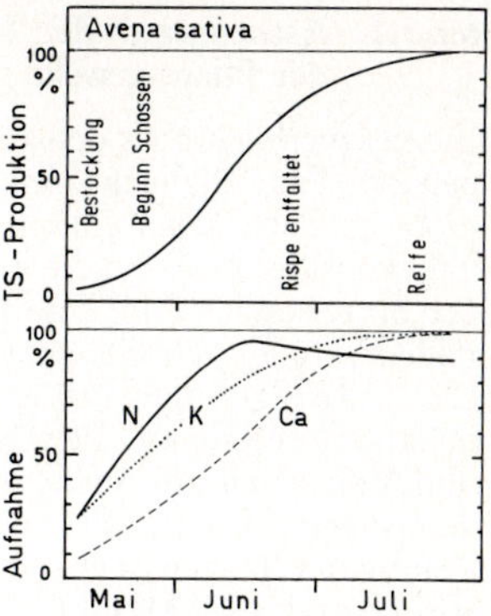

Abb. 121. Aufgenommene Mineralstoffmenge und Trockensubstanzproduktion wachsender und reifender Haferpflanzen. Die Mineralstoffaufnahme ist in % der Gesamtaufnahme, der Trockensubstanzzuwachs in % des Endwertes angegeben. N und K werden von jungen, rasch wachsenden Pflanzen besonders intensiv aufgenommen, die Aufnahme von Ca folgt im wesentlichen dem Verlauf der Trockensubstanzbildung. Nach SCHARRER und MENGEL aus MENGEL (1968).

am stärksten konzentriert sind und mit dem Heranreifen und Altern der Blätter abnehmen. Dadurch verschiebt sich im Laufe des Jahres in bezeichnender Weise das Ca-K-Verhältnis in den Blättern zugunsten des Ca.

Tab. 29. Durchschnittlicher Aschengehalt der Trockensubstanz verschiedener Pflanzengruppen (nach Bestimmung zahlreicher Autoren)

Bakterien	8–10 %
Pilze	7– 8 %
Planktonalgen ohne Skelettsubstanz	um 5 %
Diatomeen	bis 50 %
Tange	10–20 %
Moose	2– 4 %
Farne	6–10 %
Gräser	6–10 %
Krautige Dikotyledonen	6–18 %
Halophyten	10–55 %
Kakteen	10–16 %
Ericaceenzwergsträucher	
Blätter	3– 6 %
Achsen	1– 2 %
Laubbäume	
Blätter	3– 4 %
Holz	um 0,5 %
Rinde und Borke	3– 8 %
Nadelbäume	
Nadeln	um 4 %
Holz	um 0,4 %
Rinde und Borke	3– 4 %

6.2.3.2 Aschengehalt der Trockensubstanz und Zusammensetzung der Pflanzenasche

Einen Überblick über den Aschengehalt verschiedener Pflanzengruppen gibt Tab. 29, die durchschnittliche *Zusammensetzung der Pflanzenasche* ist Tab. 30 zu entnehmen. In größerer Menge (10–50 ‰ der Trockensubstanz) sind die Elemente N, K, Ca und bei manchen Pflanzen Si vorhanden. Mg, P und S finden sich in Anteilen von einigen Promille bis 10 ‰, der Gehalt an Spurenelementen liegt zwischen 0,2 ‰ (Fe) und einigen ppm. Das Mengenverhältnis der einzelnen Bioelemente kann für bestimmte Pflanzenarten und -familien und je nach Organ und Alter sehr bezeichnend sein (Abb. 122). Bäume und Sträucher, aber auch manche Gebirgspflanzen, enthalten in der Regel mehr N als K, bei krautigen Pflanzen ist eher das Gegenteil der Fall. Besonders charakteristisch ist das *Verhältnis Ca:K;* bei Caryophyllaceen, Primulaceen und Solanaceen überwiegt Kalium, bei Crassulaceen und Brassicaceen Calcium. Gräser, Sauergräser, Palmen, Farne und Schachtelhalme reichern Si stärker an als Ca, so daß dieses Element bis zu ⅔ der Gesamtasche ausmachen kann; bei Diatomeen, deren Schale aus Kieselsäure aufgebaut ist, erreicht Si über 90% Aschenanteil. Die meisten

Tab. 30. Durchschnittlicher Gehalt an mineralischen Bioelementen in Pflanzen, im Boden und im Meerwasser, alle Angaben in ‰ (nach Zusammenstellungen bei Kalle 1958, Finck 1968, Fortescue und Marten 1970. Datenlisten für verschiedene Pflanzengruppen bei Baumeister und Ernst 1978).

Element	Landpflanzen ($g \cdot kg^{-1}$ Trockensubstanz) Spanne	Mittel	Vorrat im Boden ($g \cdot kg^{-1}$ TS) Mittel	Meeresorganismen ($g \cdot kg^{-1}$ TS) Mittel	Meerwasser ($g \cdot l^{-1}$)
N	10–50	20	*1*	50	*0,0003*
P	0,5–8	2	*0,7*	6	*0,00003*
S	0,5–8	1	*0,7*	10	*0,9*
K	3–50	10	*14*	10	*0,4*
Ca	3–50	10	*14*	5	*0,4*
Mg	0,5–10	2	*5*	4	*1,3*
Fe	0,05–1	0,1	*38*	0,4	*0,00005*
Mn	0,02–0,3	0,05	*0,9*	0,02	*0,000005*
Zn	0,01–0,1	0,02	*0,05*	0,2	*0,000005*
Cu	0,002–0,02	0,006	*0,02*	0,05	*0,00001*
Mo	0,0001–0,001	0,0002	*0,002*		
B	0,005–0,1	0,02	*0,01*	0,02	*0,005*
Cl	0,2–10	0,1	*0,1*	40	*19,3*

Pflanzen enthalten etwas mehr P als S, das Verhältnis kann sich aber auch umkehren: Bei Brassicaceen ist stets sehr viel mehr S als P vorhanden. Schließlich gibt es noch eine Reihe von Pflanzen, die Na in größerer Menge speichern, das normalerweise am Ende der Reihe, gerade noch vor den Spurenelementen stünde. Es sind das vor allem Salzbodenpflanzen, zu denen viele Chenopodiaceen, aber auch Brassicaceen und Apiaceen gehören.
Innerhalb derselben Pflanze sind Blätter und Rindengewebe am aschenreichsten, holzige Organe am aschenärmsten (Abb. 122, Tab. 29). Im Laub werden bevorzugt N, P, Ca, Mg, S, bei Gräsern und Palmen auch Si abgelagert, Blüten und Früchte speichern bevorzugt K, P und S, die Rinde von Baumstämmen enthält relativ viel Ca und Mn, das Holz speichert bei manchen Arten (besonders tropischen) Si und Al.

Im Aschengehalt und in der Aschenzusammensetzung macht sich – neben den spezifischen Besonderheiten – das *Nährstoffangebot am Standort* bemerkbar. Pflanzen auf besonders nährstoffarmen, vor allem sauren Böden sind aschenarm (1–3 % der Trockensubstanz), desgleichen Epiphyten. Umgekehrt sind Pflanzen auf Salzböden sehr aschenreich (bis 55 % der Trockensubstanz) und ihre Asche enthält Na, Mg, Cl und S in überdurchschnittlich großer Menge. Ruderalpflanzen, die auf nährstoffreichen Böden wachsen, enthalten ebenfalls

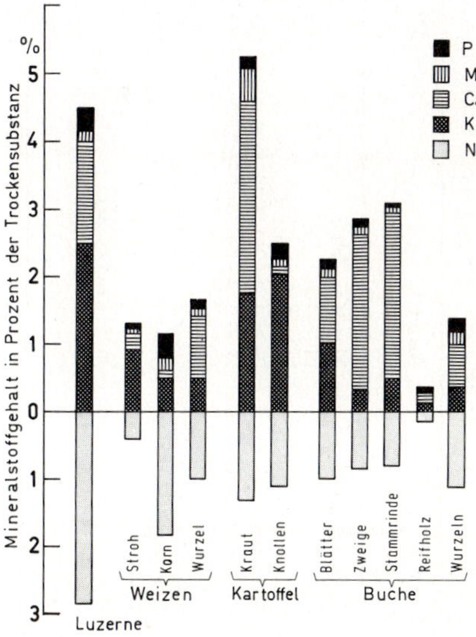

Abb. 122. Konzentration und Verteilung von Mineralstoffen in verschiedenen Pflanzenarten und ihren Organen. Nach EHWALD aus ELLENBERG (1963).

Tab. 31. Mineralstoffhaushaltstypen nach RODIN und BAZILEVICH (1967)

Typ	Aschen-charakteristik	Mineralstoff-gehalt	Streuabbaurate	Vegetation
Nitro-boreal	N (K, Mn)	gering	langsam	Tundra
	N > Ca	gering	langsam	Boreale Nadelwälder
	N > Ca (Si, Mg)	mäßig	langsam	Boreale Birkenwälder
Nitro-arid	N > Ca (Na, Cl)	mäßig	sehr rasch	Strauchwüsten
Nitro-subtropisch	N > Ca (Si, Al, Fe)	mäßig	rasch	Saisongrüne Wälder
Calco-temperat	Ca > N	mäßig	verzögert	Eichen-Buchen-Wälder
Calco-subtropisch	Ca > Si (Al, Fe)	mäßig	sehr rasch	Subtropische Wüstenvegetation
Silico-semiarid	Si > N	mäßig	sehr rasch	Steppen
Silico-arid	Si > N (Na, Cl)	mäßig	sehr rasch	Wüstenannuelle, Halbsträucher
Silico-tropisch	Si > N (Fe, Al)	mäßig	sehr rasch	Savannen
	Si > N (Al, Fe, Mn, S)	mäßig	sehr rasch	Äquatoriale Regenwälder
Halin	Cl > Na	sehr hoch	sehr rasch	Halophytenvegetation

relativ viel Na, aber auch viel im Zellsaft gespeichertes Nitrat. Da die Pflanzen aus dem Mineralsalzangebot im Boden zwar verschiedene Elemente bevorzugt absorbieren, aber keines von der Aufnahme ausschließen können, spiegelt sich in der Aschenzusammensetzung die geochemische Eigenart des Standorts wider (Tab. 31). Hoher Stickstoffgehalt ist besonders bei Pflanzen kalter Gebiete anzutreffen (Tundra, Taiga, winterkalte Wüsten, Hochgebirge), Ca-Anreicherung in Pflanzen auf Karbonatböden und in der Vegetation subtropischer Trockengebiete, überdurchschnittlich viel Al, Fe und Mn in Pflanzen auf sauren Böden, Si-Reichtum in tropischen Regenwäldern und Savannen, hoher Gehalt an Chlorid und S in Halophyten. Hohe Konzentrationen von Schwermetallen sind bezeichnend für Pflanzen, die in der Nähe von Erzlagerstätten wachsen. Die standortabhängige Mineralstoffakkumulation kann ausgewertet werden, um über Aschenanalysen Nährstoffmangel und Düngungsfehler an Kulturpflanzen zu erkennen (Blattanalyse) und um Wildpflanzen als Nährstoffindikatoren und als Zeigerpflanzen für die Erzlagerprospektion zu verwenden.

6.2.3.3 Nährstoffbedarf und Mineralstoffüberschuß

Nach dem Ausmaß der Mineralstoffversorgung sind im wesentlichen drei Ernährungszustände bei Pflanzen unterscheidbar: Mangelernährung, ausreichende Nährstoffzufuhr und schädlicher Überschuß (Abb. 123).

Bei *Mangelernährung* kümmern die Pflanzen, in manchen Fällen blühen, fruchten und altern sie vorzeitig. Wenn der Nährstoffmangel nicht alle lebensnotwendigen Elemente betrifft, sondern ganz bestimmte, oder wenn die Pflanzenart einzelne Elemente in außergewöhnlicher Menge beansprucht, können auch *spezifische* Mangelsymptome auftreten. Diese sind bei Kulturpflanzen genauer bekannt, sie lassen sich aber auch an Wildpflanzen finden. Die wichtigsten Symptome für einseitigen Nährstoffmangel bei Kulturpflanzen sind in den Tab. 27 und 28 angegeben.

Bei *ausreichender Ernährung* machen sich über einen größeren Bereich

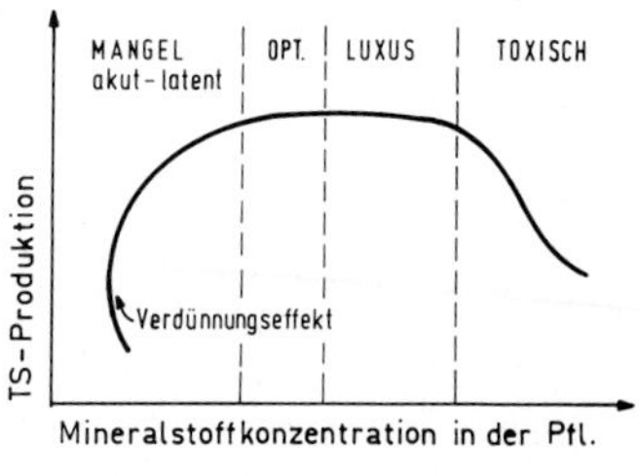

Abb. 123. Schema der Beziehung zwischen der mineralischen Ernährung (Mineralstoffkonzentration in der Pflanze) und der Trockensubstanzproduktion. Nach DROSDOFF und nach PREVOT und OLLAGNIER aus SMITH (1962).

hin Unterschiede im Nährstoffangebot am Zuwachs und in der Entwicklung nicht bemerkbar. Sobald der Bedarf gedeckt ist, scheint reichliche und überreichliche Versorgung keinen Wachstumsvorteil mehr zu bringen. Es ist aber nicht ausgeschlossen, daß andere ökologisch wichtige und die Wettbewerbskraft erhöhende Eigenschaften, etwa die Resistenz gegen Parasiten oder extreme klimatische Situationen, doch noch gefördert werden.

Im *Überschußbereich* können Mineralstoffe giftig wirken, besonders bei einseitigem Überschußangebot. In der Natur kommt es zu solchen Situationen auf Salz- und Sodaböden, Gipspfannen, Ruderalstandorten, auf Serpentinböden, Schwermetallböden und Abraumhalden.

6.2.4 Elimination von Mineralstoffen

Durch den Transpirationsstrom werden Mineralstoffe laufend in den Sproß befördert, wo sie sich zunehmend anreichern. Kleine Mineralstoffmengen werden als Bestandteil von Ausscheidungen der Pflanze abgesondert. Der Großteil der abgelagerten Mineralstoffe wird aber erst mit dem Absterben und dem *Abwurf von Pflanzenteilen* eliminiert. Der Laubwechsel und die Verborkung sind also für ausdauernde Pflanzen ein notwendiger, regelmäßiger Ausscheidungsvorgang.

Nach einer Einteilung von A. FREY-WYSSLING sind folgende *direkte Eliminationsprozesse* zu unterscheiden (Abb. 124):

Rekretion. Ausscheidung von Salzen, die noch nicht in den Stoffwechsel einbezogen worden sind oder in jener Form abgegeben werden, in der sie aufgenommen wurden. Rekretion erfolgt über die gesamte Oberfläche der Pflanze, von der Salze durch den Regen ausgewaschen werden. K^+-, Na^+-, Mg^{2+}- und Mn-Ionen werden verhältnismäßig leicht ausgelaugt. Saure Niederschläge verstärken die Rekretion, v.a. von Mg^{2+}. Viele Pflanzenarten, die auf salzreichen Standorten wachsen, besitzen Absalzdrüsen. Steinbrecharten scheiden Kalk über Wasserspalten (Hydathoden) ab.

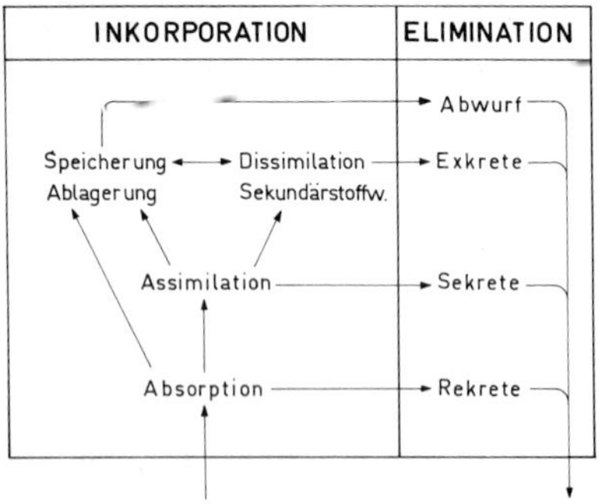

Abb. 124. Modell des Mineralstoffhaushalts der Pflanze. In Anlehnung an FREY-WYSSLING (1949).

Sekretion. Ausscheidung von Assimilationsprodukten wie Zucker im Nektar, Carbonsäuren und Aminosäuren als Wurzelausscheidung.
Exkretion. Ausscheidung von Produkten des Sekundärstoffwechsels und von Endprodukten des dissimilatorischen Betriebsstoffwechsels.
Den Sekreten und Exkreten kommt ökologische Bedeutung weniger vom Stoffhaushalt her als im Zusammenhang mit *biotischer Interferenz* zu, z. B. als Anlockstoffe für Blütenbesucher, als Abwehrstoffe gegen Herbivoren und als Hemmstoffe im intraspezifischen und interspezifischen Wettbewerb (Allelopathie und Antibiose). *Allelopathisch* wirksame Stoffe sind organische Verbindungen, die von Pflanzen abgegeben werden und die andere Pflanzen schädigen oder ihre Ansiedlung verhindern (H. MOLISCH 1937). Hauptsächlich handelt es sich dabei um Aethylen, ätherische Öle, phenolische Verbindungen, Alkaloide, Glycoside und Cumarinderivate, die an die Luft abgegeben, von den Wurzeln abgeschieden oder durch Regen aus dem Sproß ausgewaschen und dem Boden zugeführt werden. Der Nachweis einer chemischen Wettbewerbshemmung ist allerdings, besonders am Standort, nicht leicht zu führen.

6.3 Standörtliche Besonderheiten des Mineralstoffwechsels

6.3.1 Kalkbodenpflanzen und kalkmeidende Pflanzen

Verschiedene Pflanzenarten sind nur auf Kalkboden, andere nur auf kalkarmen Silikat- und Sandböden anzutreffen. Der Versuch, die Ursachen dieser auffälligen Standortabhängigkeit der Pflanzenverbreitung aufzudecken, ist eine der ältesten kausalökologischen Fragestellungen. Schon zu Beginn des letzten Jahrhunderts bemühte sich F. UNGER, ausgehend von Beobachtungen an der Tiroler Bergflora, um die Aufklärung dieser Zusammenhänge. Das Problem ist außerordentlich komplex und bis heute noch nicht als gelöst zu betrachten.

Kalkböden unterscheiden sich von kalkarmen Böden vor allem durch folgende Merkmale: Sie sind meist wasserdurchlässiger, daher trockener und wärmer als Silikatböden, vor allem aber ist der Gehalt an Ca^{2+} und HCO_3^- auf Kalkböden stark erhöht. Kalkböden sind dadurch auf einen höheren pH-Wert eingepuffert, sie reagieren neutral bis schwach alkalisch. Stickstoff wird auf Kalkböden rascher mineralisiert, P, Fe, Mn und die Schwermetalle sind schlechter verfügbar als auf sauren Böden. Silicium scheint in der ganzen Fragestellung keine Rolle zu spielen. Es ist naheliegend, daß sich alle diese Bodeneinflüsse ganz allgemein auf den Mineralstoffwechsel und das Gedeihen der Pflanzen auswirken werden, die je nach Art unterschiedliche und bezeichnende Ansprüche an ihr Substrat stellen und deren Konkurrenzfähigkeit und Widerstandskraft schwächer wird, wenn ihre spezifischen Bedürfnisse nur ungenügend oder nicht erfüllt sind.

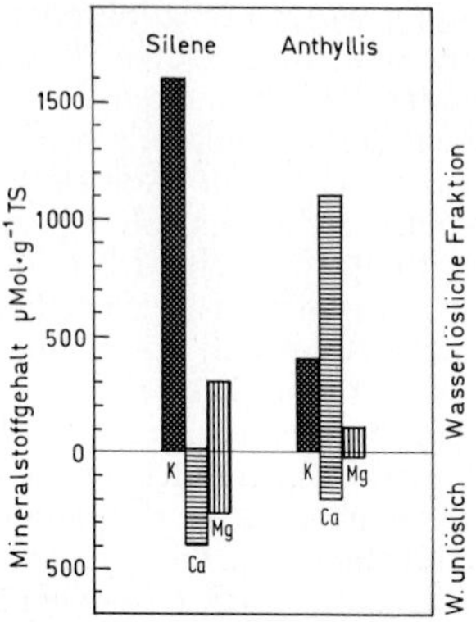

Abb. 125. Mineralstoffgehalt der Blätter von *Silene vulgaris* und *Anthyllis vulneraria* von kalkreichen Standorten. *Silene* bindet das aufgenommene Ca als Oxalat in wasserunlöslicher Form ab, außerdem enthält diese Pflanze viel K. *Anthyllis* verträgt einen hohen Ca-Spiegel, und in der wasserlöslichen Fraktion ist mehr Ca als K enthalten. Nach KINZEL (1969) und HORAK und KINZEL (1971).

Ausgesprochene *Kalkbodenpflanzen* dürften durch die in sauren Böden vermehrt freigesetzten Eisen-, Mangan- und vor allem Aluminiumionen geschädigt werden. *Kalkmeidende* Pflanzen sind befähigt, die Schwermetallionen komplex abzubinden und ein Überangebot an Al^{3+} schadet ihnen nicht. Dafür kommt es zu Phosphormangelerscheinungen und Eisenmangelchlorosen („Kalkchlorose"), wenn man diese Arten auf einen Kalkboden verpflanzt. Streng kalkmeidende Pflanzen sind außerdem gegen HCO_3^- und Ca^{2+} überempfindlich. Torfmoose und kalkmeidende Gräser wie z. B. *Deschampsia flexuosa* erzeugen in ihren Wurzeln bei Anreicherung von HCO_3^- große Mengen von Malat, was wachstumshemmend wirken und zu Wurzelschäden führen kann. Auch im Calciumhaushalt unterscheiden sich die Pflanzen sehr (Abb. 125). Viele Brassicaceen und manche Fabaceen nehmen Ca^{2+} in großer Menge auf und speichern dieses im Zellsaft. Polygonaceen, Chenopodiaceen, die meisten Caryophyllaceen und Vertreter verschiedener anderer Pflanzenfamilien vertragen hingegen größere Konzentrationen von gelöstem Calcium (also eine Verschiebung im Verhältnis $Ca^{2+} : K^+$ zugunsten des Ca^{2+}) nicht. Sie binden das Ca^{2+} in den Vakuolen sogleich über Oxalat ab; je mehr Ca^{2+} sie aufnehmen müssen, desto mehr Oxalat häuft sich an. Vertreter dieser Familien können sich auf Kalkböden nur behaupten, wenn ihr Säurestoffwechsel eine ausreichende Oxalatausschüttung erlaubt.

6.3.2 Pflanzen auf Salzstandorten

Das gemeinsame Merkmal aller Salzstandorte ist ein erhöhter Gehalt von leicht löslichen Salzen. Das Meer, Salzseen und Salztümpel sind *aquatische* Salzstandorte, auf dem festen Land gibt es *Salzböden* unter feuchten (humiden) und trockenen (ariden) Klimabedingungen. In niederschlagsreichen Gebieten ist eine Bodenversalzung im Sprühbereich der Gezeitenzone, auf Dünen und Wattwiesen möglich, außerdem in der Umgebung von Fließwässern, die mit Salzlagerstätten in Be-

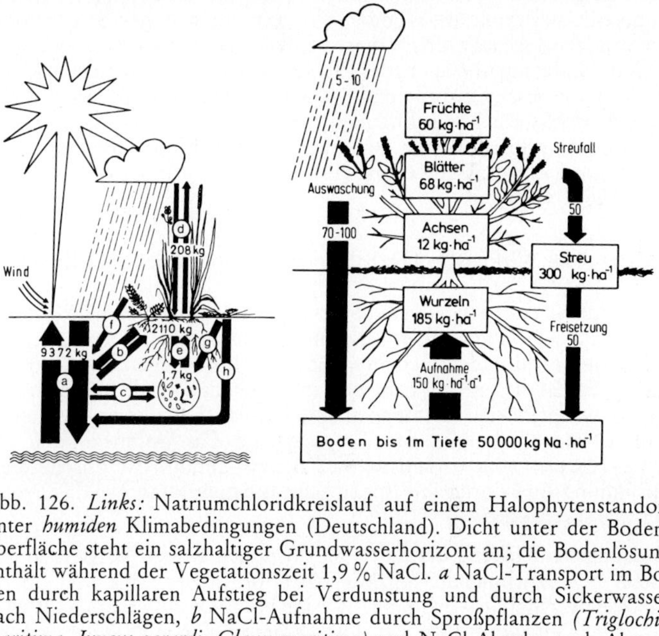

Abb. 126. *Links:* Natriumchloridkreislauf auf einem Halophytenstandort unter *humiden* Klimabedingungen (Deutschland). Dicht unter der Bodenoberfläche steht ein salzhaltiger Grundwasserhorizont an; die Bodenlösung enthält während der Vegetationszeit 1,9 % NaCl. *a* NaCl-Transport im Boden durch kapillaren Aufstieg bei Verdunstung und durch Sickerwasser nach Niederschlägen, *b* NaCl-Aufnahme durch Sproßpflanzen *(Triglochin maritima, Juncus gerardi, Glaux maritima)* und NaCl-Abgabe nach Absterben der Wurzeln im Herbst und Winter, *c* NaCl-Aufnahme durch Bakterien im Boden und Abgabe durch absterbende Bakterien, *d* Verteilung und Akkumulation in den oberirdischen Teilen der Pflanzen im Frühjahr und Sommer, *e* Salzaufnahme und -abgabe durch Bakterien, die mit Halophyten vergesellschaftet sind, *f* Auswaschung aus lebenden Pflanzen, *g* NaCl-Aufnahme durch Bakterien beim Abbau toter Pflanzenteile, *h* Auswaschung aus Pflanzenabfällen und Streu. Mengenangaben in kg NaCl pro ha bei 10 cm Bodentiefe. Nach STEUBING und DAPPER (1964). *Rechts:* Natrium-Umsatz und Vorratsmengen an Na^+ auf einem Halophytenstandort unter *ariden* Klimabedingungen *(Atriplex-confertifolia*-Gesellschaft, Salzwüste in Utah). Der Umsatz ist in kg $Na^+ \cdot ha^{-1} \cdot a^{-1}$ angegeben, der Vorrat in kg $Na^+ \cdot ha^{-1}$. Nach BRECKLE (1976 und pers. Mitt.).

rührung gekommen sind. Auch durch die Verwendung von Auftausalzen entlang der Straßen wird der Salzgehalt im Boden erhöht. Massive Bodenversalzung tritt in Trockengebieten auf, in denen die Bodenverdunstung größer ist als die jährlich einsickernde Niederschlagsmenge (vgl. Abb. 161). Besonders große Salzmengen reichern sich in Meeresnähe (Mangrovegürtel) an, ferner an Stellen, wo das Grundwasser hoch ansteht, in abflußlosen Senken (Salzpfannen) und bei intensiver Bewässerung ohne ausreichende Dränage.
Der Salzgehalt bleibt nur im offenen Meer konstant. Schon im Gezeitenbereich schwankt die Salinität sehr, auf terrestrischen Salzstandorten wandern die leicht verlagerbaren Salze mit der Wasserbewegung im Boden ständig auf und ab. In der Pflanzendecke sammeln sich im Laufe der Vegetationszeit zunehmend Salze als Verdunstungsrückstand, die nach dem Absterben von Pflanzenteilen durch Niederschläge wieder ausgelaugt und dem Boden zugeführt werden. Einen Überblick über Salzumsatz und Salzbewegung auf Halophytenstandorten gibt die Abb. 126.

6.3.2.1 Die Wirkung hoher Salzkonzentrationen auf die Pflanze

Das Gedeihen der Pflanzen auf Salzstandorten hängt von der Konzentration und der chemischen Zusammensetzung der Bodenlösung ab. Salzböden in humiden Gebieten enthalten überwiegend NaCl. Neutralsalzböden dieser Art gibt es auch in Trockengebieten. Häufiger enthalten die Salzböden der Steppen und Wüsten aber alkalisch wirkende Sulfate und Carbonate des Na, Mg und Ca (Solonezböden mit pH 8–10). Die Salze wirken auf die Pflanze über ihre osmotische Wasserbindung und durch ihre spezifische Ionenwirkung auf das Protoplasma.

Osmotische Wirkung der Salze. Salzlösungen binden Wasser, so daß dieses mit zunehmender Salzkonzentration immer schlechter für die Pflanzen verfügbar wird. Eine 0,5%ige NaCl-Lösung hält das Wasser mit einem Sog von 4,2 bar fest, eine 1%ige Lösung mit 8,3 bar und eine 3%ige Lösung (die Konzentration des Meerwassers) mit 20 bar. Pflanzen können einem salzhaltigen Substrat nur dann Wasser entnehmen, wenn sie auf dieses einen größeren osmotischen Sog ausüben als die gelösten Salze. Den Pflanzen, die an das Leben auf Salzstandorten angepaßt sind *(Halophyten)*, gelingt dies durch *Salzakkumulation im Zellsaft*. Auf diese Weise kompensieren sie das niedrige osmotische Wasserpotential, das in Salzböden herrscht (Abb. 127 und 128). Das Ausmaß der Salzakkumulation sowie die *Ionenverhältnisse* Na^+/K^+ und Cl^-/SO_4^{2-} im Zellsaft der Halophyten sind sehr of familien- und artspezifisch. Viele dicotyle Salzpflanzen speichern mehr Na^+ als K^+, die meisten monocotylen Halophyten mehr oder gleichviel K^+ wie Na^+.

Als Anion wird am häufigsten Cl^- angereichert, so z. B. bei *Salicornia*, *Suaeda*-Arten, *Atriplex confertifolia* und vielen Gräsern und Binsen. Überwiegend Sulfat speichern Plumbaginaceen, *Plantago maritima*, *Lepidium crassifolium*, *Tamarix*-Arten und verschiedene andere Dicotyledonen. Arten derselben Gattung können unterschiedlichen Speichertypen angehören: *Salsola kali* speichert $K^+ > Na^+$ und $Cl^- > SO_4^{2-}$, *Salsola turcmanica* $Na^+ > K^+$ und $Cl^- > SO_4^{2-}$, *Salsola rigida* ebenfalls

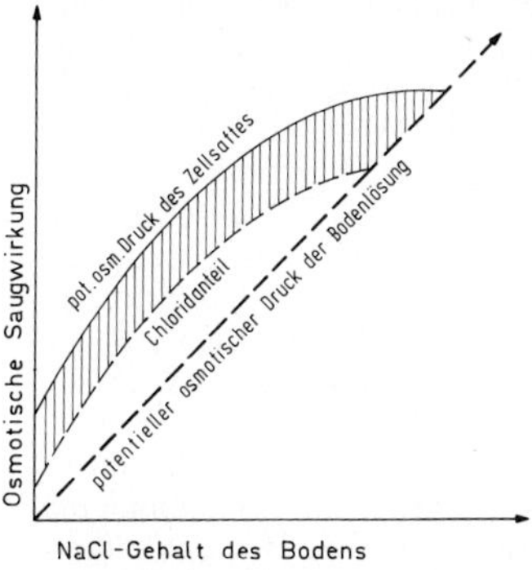

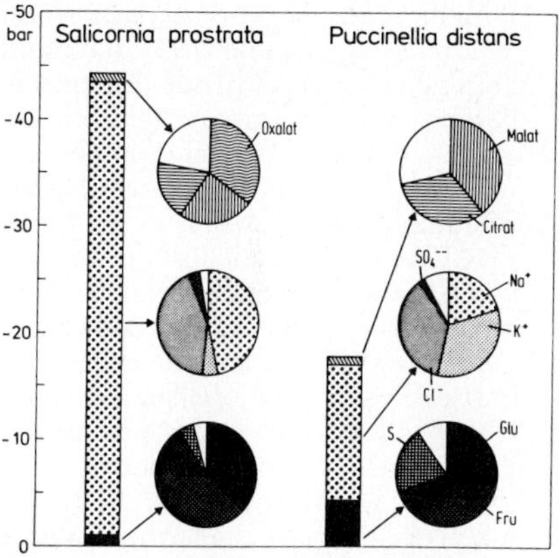

Abb. 127. Schema der Beziehung zwischen der osmotischen Saugwirkung des Bodens (bei zunehmender Versalzung) und dem osmotischen Saugvermögen von Halophyten. Mit steigender NaCl-Konzentration im Boden wächst der potentielle osmotische Druck in der Bodenlösung gleichmäßig an. Halophyten tarieren die osmotische Wasserbindung des Bodens aus, indem sie Salz z. T. im Übermaß aufnehmen und bis zu einer bestimmten Grenze (Schnittpunkt der Kurve „Chloridanteil im Zellsaft" mit der Geraden) im Zellsaft anreichern. Zur osmotischen Wirkung der Salzspeicherung addiert sich die osmotische Wirkung von anderen Zellsaftbestandteilen, vor allem von Zuckern (osmotische Wirksamkeit von Nichtchloriden im Zellsaft: schraffierter Bereich der Kurve). Erst bei sehr hoher Salzkonzentration im Boden gelingt es den Halophyten nicht mehr, die Bodensaugkraft zu kompensieren. Nach Walter (1960).

Abb. 128. Osmotisches Gesamtpotential des Zellsafts von *Salicornia prostrata* (Na-Cl-Halophyt) und von *Puccinellia distans* (K-Cl-Glykohalophyt) sowie Teilpotentiale. *Blöcke:* Teilpotentiale der anorganischen Ionen (Punktraster), der organischen Anionen (schräg schraffiert) und der löslichen Kohlenhydrate (schwarz). *Kreise:* Prozentuale Beteiligung der verschiedenen Ionen und Zucker am Zustandekommen der jeweiligen Teilpotentiale. Glu = Glucose, Fru = Fructose, S = Saccharose. Weiße Sektoren = Restionen und restliche Zucker. Nach Albert (pers. Mitt.) aus Ergebnissen von Albert und Popp (1977, 1978).

$Na^+ > K^+$, aber $SO_4^{2-} > Cl^-$. Einkeimblättrige Halophyten, besonders Gräser, sind salzärmer als dicotyle Salzpflanzen; bei ihnen trägt die Speicherung von löslichen Kohlenhydraten neben den Salzen wesentlich zur Aufrechterhaltung des hohen osmotischen Druckes im Zellsaft bei („*Glykohalophyten*").

Spezifische Ionenwirkung und Salzstreß. Ein Überschuß an Na^+ und vor allem an Cl^- wirkt auf das Protoplasma stark quellend und beeinflußt die *Aktivität von Enzymen*, wodurch quantitative und qualitative Veränderungen im Betriebs- und Baustoffwechsel auftreten. Diese äußern sich in unzureichender Energieausbeute bei der Photophosphorylierung und der Atmungskettenphosphorylierung, in gestörter Stickstoffassimilation, Verschiebungen im Aminosäurenmuster (Anhäufung von Prolin) und in abnormalen Proteinstoffwechselwegen, die zur Bildung giftiger Zwischen- und Endprodukte führen. Bei hohem NaCl-Gehalt im Boden ist die *Aufnahme mineralischer Nährstoffe*, v. a. von K^+ und Ca^{2+} herabgesetzt. *Stoffproduktion* und Wuchsleistung lassen nach, besonders das Wurzelwachstum ist vermindert. Die Knospen *geschädigter* Holzpflanzen treiben verspätet und kümmerlich aus, die Blätter bleiben klein, Zellbezirke sterben ab und verursachen Wurzel-, Knospen-, Blattrand- und Sproßspitzennekrosen. Die Blätter vergilben und verdorren schon während der Vegetationsperiode, schließlich vertrocknen ganze Sproßbereiche (häufig sektorial im Zusammenhang mit dem Absterben zugehöriger Wurzelsektoren). Die Winterfrosthärte kann vermindert sein.

6.3.2.2 Salzresistenz

Salzresistenz ist die Fähigkeit einer Pflanze, ein Überangebot an Salzen (v. a. Na^+, Cl^- und SO_4^{2-}) ohne ernstliche Beeinträchtigung ihrer Lebensfunktionen zu ertragen. Salzresistenz ist letztlich eine *Eigenschaft des Protoplasmas*, das die bei Salzstreß auftretende Verschiebung im Ionenverhältnis und die mit der erhöhten Ionenkonzentration verbundenen toxischen und osmotischen Wirkungen je nach Pflanzenart, Gewebetyp und Vitalitätszustand mehr oder weniger gut toleriert (**Salztoleranz** als plasmatische Komponente der Resistenz; siehe Abb. 129). Salzbeständige Protoplasten überleben 4–8 % NaCl, salzempfindliche gehen schon in Lösungen von 1–1,5 % NaCl zugrunde. Ein wichtiger Faktor der protoplasmatischen Salzresistenz scheint darin zu bestehen, daß die in die Zelle aufgenommenen *Salzionen ungleichmäßig kompartimentiert* werden. Die Hauptmenge wird in der Vakuole abgelagert, das Cytoplasma ist dagegen salzärmer. Dadurch ist der unmittelbar auf die Enzymsysteme im Cytoplasma einwirkende Salzstreß geringer. Die Salzkompartimentierung wird durch Ionenpumpen in den Plasmagrenzschichten erreicht und aufrechterhalten. Das dadurch entstehende osmotische Ungleichgewicht zwischen Cytoplasma und Vakuole wird durch Anreicherung organischer Verbindungen im Cytoplasma ausgeglichen.

Es gibt außerordentlich **salzresistente Organismen.** Der pflanzliche Flagellat *Dunaliella salina* lebt in konzentrierten Salzsolen, das halophile Bakterium *Pseudomonas salinarum* und die Hefe *Debaryomyces hansenii* behalten auch bei Konzentrationen von 20–24 % NaCl funktionsfähige Enzyme. *Halophytische Sproßpflanzen* gedeihen auf Böden mit Salzkonzentrationen von 2–6 % und mehr (extrem bis 20 %) und sind imstande, in ihrem Zellsaft NaCl entsprechend einer Lösung von 10 % zu akkumulieren. Für die Besiedlung von Salzstandorten sind allerdings das *Keimungsverhalten* der Halophyten und die Salzresistenz der Keimlinge mitentscheidend. Nur wenige Salzpflanzen wie z. B. *Tamarix, Suaeda depressa, Halocnemum strobilaceum* keimen bei einem Salzgehalt der Bodenlösung von 3 % oder mehr, meist liegt die Grenze für Keimung und Auflaufen bei 2 % und darunter. Keimlinge und Jungpflanzen von Halophyten sind also salzempfindlicher als erwachsene Pflanzen. Dazu kommt, daß Jungpflanzen besonders gefährdet sind: Die obersten Bodenschichten, die sie bewurzeln, sind in der Regel am stärksten versalzt.

Bei **Nichthalophyten** ist Salzresistenz ein Auslesefaktor bei der *Besiedlung von Meeresküsten* (Vegetationszonierung quer zum Strandsaum). In der landwirtschaftlichen, gärtnerischen und forstlichen Praxis

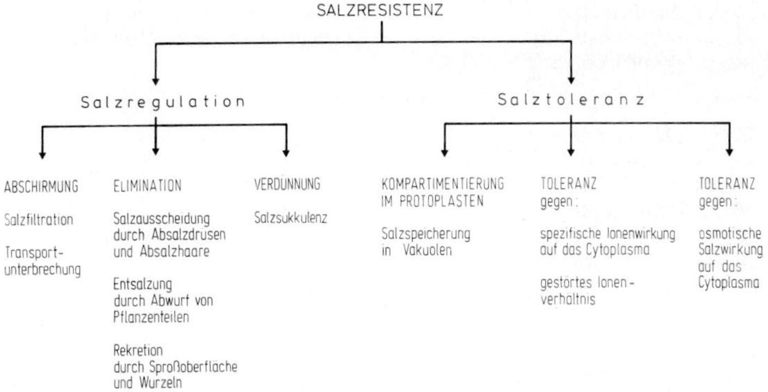

Abb. 129. Komponenten der Salzresistenz von Sproßpflanzen. Nach Steiner (1934), Levitt (1972), Waisel (1972), Kreeb (1974 b) und Flowers et al. (1977).

Tab. 32. Empfindlichkeit von nichthalophytischen Bäumen und Sträuchern gegen NaCl unter Winterbedingungen. ● = empfindlich gegen Bodenversalzung, × = empfindlich gegen direkte Salzaufnahme durch oberirdische Pflanzenteile (Salzversprühung). Toxische Grenzwerte des Chloridgehaltes von Blättern im Frühsommer bei salzempfindlichen Laubbäumen und Sträuchern 0,3–0,5 % Cl in der Trockensubstanz, bei empfindlichen Nadelbäumen 0,2–0,4 %, bei salztoleranten Laubbäumen und Sträuchern 0,8–1,6 %, bei resistenten Coniferen um 0,6 %. Nach Untersuchungen zahlreicher Autoren aus Artenlisten bei Sucoff (1975) und Meyer (1978).

	Sehr salzempfindlich	**Relativ salztolerant**
	Laubbäume und Sträucher	
●	*Acer platanoides*	*Acer negundo*
×	*Berberis vulgaris*	
×	*Cornus mas* und *sanguinea*	*Caragana arborescens*
●	*Evonymus europaeus* und *alatus*	*Elaeagnus angustifolia*
● ×	*Fagus sylvatica*	*Fraxinus excelsior* und *americana*
●	*Juglans nigra*	*Gleditsia triacanthos*
●	*Ligustrum vulgare*	*Hippophae rhamnoides*
×	*Lonicera caerulea*	*Lonicera periclymenum*
×	*Lonicera tatarica*	*Lonicera xylosteum*
●	*Platanus acerifolia*	*Lycium halimifolium*
●	*Populus nigra cv. italica*	*Populus canadensis, alba, tremuloides*
×	*Prunus serotina*	*Potentilla fruticosa*
×	*Rosa canina*	*Ribes aureum* und *nigrum*
×	*Rosa rugosa*, gewisse Sorten	*Rosa rugosa*, gewisse Sorten
×	*Sambucus nigra*	*Robinia pseudacacia*
●	*Salix purpurea*	*Salix alba, fragilis, viminalis*
×	*Syringa vulgaris*	*Symphoricarpus racemosus*
●	*Tilia americana*	*Ulmus americana* und *pumila*
×	*Viburnum lantana* und *opulus*	
	Coniferen	
×	*Abies balsamea*	*Juniperus chinensis* cv. *Pfitzneriana*
×	*Chamaecyparis pisifera*	*Larix decidua* und *leptolepis*
● ×	*Picea abies* und *glauca*	*Pinus mugo*
●	*Pinus strobus*	*Pinus nigra*
×	*Pinus sylvestris*	*Pinus ponderosa*
● ×	*Pseudotsuga menziesii*	
×	*Taxus baccata*	

kommt der *Salzresistenz von Kulturpflanzen* große Bedeutung im Zusammenhang mit der Nutzbarmachung versalzter Anbauflächen in Trockengebieten (besonders der Subtropen) zu. Für Umweltschutz und Umweltpflege ist die Resistenz von Alleebäumen, Sträuchern und

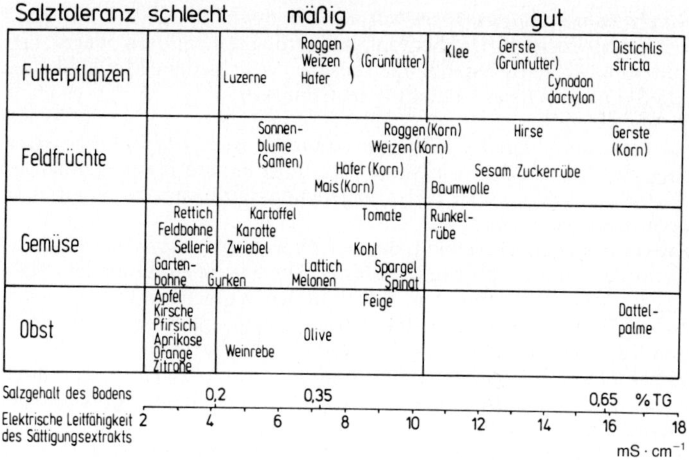

Abb. 130. Salzresistenz verschiedener Kulturpflanzen. Die einzelnen Arten sind bei jenem Salzgehalt des Bodens eingetragen, bei dem mit 50 % Ertragseinbuße zu rechnen ist. Bei Getreiden wird der Grünmassenzuwachs durch Bodenversalzung stärker eingeschränkt als der Körnerertrag. Die Salztoleranz ist übrigens vom Entwicklungszustand abhängig; Gerste wird mit dem Heranwachsen widerstandsfähiger, Mais empfindlicher. Nach Kreeb, Peterson, Strogonov und Thorne aus Kreeb (1965).

Rasengräsern gegen Auftausalze (NaCl, $MgCl_2$, $CaCl_2$) im Sprühbereich der Straßen und im Versickerungsbereich neben den Asphaltbahnen wichtig. Die Salzresistenz einiger Nahrungs- und Futterpflanzen ist in der Abb. 130 angegeben, Tab. 32 enthält eine Übersicht über die Salzverträglichkeit von Bäumen und Sträuchern, die als Straßenrandbepflanzung verwendet werden. Widerstandsfähige Arten sind nicht nur vor unmittelbarer Salzschädigung besser gefeit, auch Wachstum und Ertragsbildung werden bei ihnen weniger beeinträchtigt als bei empfindlichen Arten.

6.3.2.3 Regulation des Salzgehalts bei Halophyten

Halophyten müssen einerseits Salz aufnehmen und akkumulieren, um dem Boden osmotisch gebundenes Wasser entziehen zu können, andererseits käme bei lebenslang fortschreitender Salzanreicherung zunächst die Ertragsfähigkeit zum Erliegen und schließlich würden auch toxische Effekte auftreten. Große Toleranz reicht nicht aus, wenn Streß andauert und sich verstärkt. Unter solchen Bedingungen sind

Abschirm- und Ausgleichsmechanismen lebenswichtig, die die Wirksamkeit des Stressors auf das Protoplasma fernhalten, mildern oder wenigstens hinauszögern. Salzpflanzen besitzen verschiedene Möglichkeiten zur Regulation ihres Salzhaushalts (Abb. 129).

Salzfiltration. Manche Mangrovesträucher (z.B. *Rhizophora*) erreichen durch besonders wirksame Ultrafiltration am Plasmalemma der Wurzelparenchymzellen eine weitgehende Salzarmut des Wassers in den Leitungsbahnen.
Salztransportunterbrechung. Bei der Mimosacee *Prosopis farcta* unterbleibt der Salztransport in die Blätter. Die Salzionen, besonders Na^+, werden wohl aufgenommen, jedoch in den Wurzeln und Stammteilen festgehalten. Ein ähnliches Regulationsprinzip ist auch bei verschiedenen Kulturpflanzen, v.a. bei Fabaceen, zu beobachten.
Salzelimination. Durch Rekretion an der Sproßoberfläche und durch Abwurf von Pflanzenteilen nach starker Salzanreicherung gelingt es der Pflanze, überschüssiges Salz loszuwerden. Salzausscheidung erfolgt über Absalzdrüsen und Absalzhaare. *Absalzdrüsen* scheiden aktiv Salze ab und halten dadurch eine Anreicherung in den Blättern innerhalb bestimmter Grenzen. Sie sind verbreitet bei verschiedenen Mangrovepflanzen (z.B. *Avicennia*), bei *Tamarix*-Arten, *Glaux maritima*, verschiedenen Plumbaginaceen und bei halophilen Gräsern wie *Spartina, Distichlis* u.a. *Blasenhaare* mancher *Atriplex*-Arten aus Trockengebieten und von *Halimione* sammeln in ihrem Zellsaft Chloride an, sterben dann bald ab und werden durch neue ersetzt. Entsalzung ist ferner durch *Abwurf älterer Blätter* möglich, in denen sich beträchtliche Salzmengen angesammelt haben. Inzwischen wachsen junge, aufnahme- und leistungsfähigere Blätter nach. Dies ist ein bezeichnendes Verhalten von halophytischen Rosettenpflanzen wie *Plantago maritima, Triglochin maritimum* und *Aster tripolium*.

Salzsukkulenz. Da bei der Salzwirkung nicht die absolute Salzmenge, sondern die *Konzentration* wesentlich ist, kann eine im Laufe der Vegetationsperiode zunehmende Salzanreicherung dadurch ausgeglichen werden, daß die Zellen zunehmend Wasser ansaugen und sich dabei stark aufblähen. Die Salzkonzentration im Zellsaft bleibt dann ziemlich konstant. Für die Ausbildung der Salzsukkulenz sind die *Chloridionen* verantwortlich. Über die physiologischen Vorgänge, die die Zelldehnung verursachen, herrscht noch nicht Klarheit. Salzsukkulenz ist unter Halophyten weit verbreitet, sowohl unter Bewohnern nasser Salzstandorte (*Salicornia* und andere Meerstrandpflanzen aus der Familie der Chenopodiaceen, *Laguncularia* unter den Mangrovepflanzen) als auch unter Xerohalophyten aus Trockengebieten, deren Salzsukkulenz zusätzlich Merkmale dürreangepaßter Sukkulenten aufweist.

6.3.3 Pflanzen auf schwermetallreichen Böden

Böden über erzführenden Gesteinen und Abraumhalden enthalten Schwermetallionen (v.a. Zn, Pb, Ni, Co, Cr und Cu) und Mn, Mg, Cd und Se in Mengen, die auf die meisten Pflanzen giftig wirken. Schwermetallkontamination erfolgt auch in Industriezonen (Metallstaubemission, Cd-, Hg- und andere Metallsalze in Gewässern), an Straßenrändern (Pb), durch Verwendung von Fungiciden (Cu, Zn, As) und bei der Verwertung von Müll und Klärschlamm (Zn, Cu, Cr). Die meisten Pflanzen sind gegen Schwermetallbelastung empfindlich und reagieren mit gestörter Spaltöffnungsfunktion, Photosynthesedepression, Atmungsstörungen und Zuwachsminderung. Standorte mit hoher Schwermetallkonzentration im Boden können jedoch von Pflanzen besiedelt werden, die das überschüssige Angebot durch Ablagerung der Schwermetallelemente in den Zellwänden, durch Bindung an SH-Gruppen in Plasmagrenzschichten oder durch Kompartimentierung und Komplexbindung an organische Säuren, Phenolderivate, Senföle und andere organische Verbindungen in der Zellvakuole *unschädlich machen* (Tab. 33). Da die **Giftwirkung** der Schwermetallionen hauptsächlich auf der *Inaktivierung lebenswichtiger Enzyme* beruht, bieten diese Abschirmmechanismen einen gewissen, zuweilen sehr wirksamen Schutz. Die Schwermetallempfindlichkeit der Enzyme ist elementspezifisch: Zum Beispiel wird bei *Silene vulgaris* die Nitratreduktase durch Cu in Konzentrationen von rund 0,001 mM zu 50% gehemmt, durch Cd und Zn in Konzentrationen von rund 0,01 mM, Phenoloxidase durch rund 0,1 mM Cu und Pb, dagegen kaum durch Mn, Enolase

Tab. 33. Verteilung von Zink in Organen, Geweben und Zellbestandteilen von Metallophyten auf zinkreichem Boden. Nach ERNST (1975).

Pflanze, Organ	Vakuole, Cytoplasma	Zell-organellen	Zellwand
Cardaminopsis halleri			
Blätter	**82 %**	*6 %*	12 %
Wurzeln	38 %	*5 %*	**57 %**
Silene vulgaris			
Blätter	**64 %**	*10 %*	26 %
Wurzeln	18 %	*10 %*	**72 %**
Agrostis tenuis			
Blätter	**48 %**	*11 %*	41 %
Wurzeln	38 %	*10 %*	**52 %**
Minuartia verna			
Blätter	46 %	*8 %*	46 %
Wurzeln	20 %	*8 %*	**72 %**

Tab. 34. Protoplasmatische Schwermetallresistenz von Toxicophyten und normal schwermetallempfindlichen Pflanzen. Als Resistenzmaß ist die Konzentration von $ZnSO_4$-Lösungen und $CuSO_4$-Lösungen in mM angegeben, bei der Epidermiszellen nach 48 Stunden absterben. Nach Biebl (1947), Url (1955) und Ernst (1972).

Pflanze	Zn-Toleranz	Cu-Toleranz
Blütenpflanzen		
Silene vulgaris		
Zn-Cu-Ökotypen	40	0,04
Zn-Ökotypen	40–200	0,004
Cu-Ökotypen	0,4	0,08
Nicht adaptierte Ökotypen	0,4	0,004
Normal schwermetallempfindliche Blütenpflanzen	0,05–0,5	rund 0,005
Moose		
Bazzania trilobata	180	
Mielichhoferia elongata		100
Normal schwermetallempfindliche Moose	rund 0,5	rund 0,005

durch 0,05–0,1 mM Cd, Zn und Mn. In Spinatchloroplasten stört $PbCl_2$ in Konzentrationen über 20 mM den Porphyrinstoffwechsel und damit die Chlorophyllbiosynthese.

Die Fähigkeit **Schwermetallresistenz** zu entwickeln, ist genotypisch verankert und adaptiv modifizierbar. *Chemo-Ökotypen* weisen charakteristische Isozymmuster auf und steigern elementspezifisch die Widerstandsfähigkeit des Protoplasmas gegen erhöhte Schwermetallkonzentrationen im Gewebe, wenn sie auf schwermetallreichen Böden wachsen; je größer die Belastung durch ein bestimmtes Element ist, um so größere Toleranz gegen dieses Element wird erworben (Tab. 34).

[1] Weitere Cuprophyten: *Haumaniastrum robertii* in Katanga, *Becium homblei* und *Indigofera dyeri* in Rhodesien, *Polycarpea spirostylis* in Australien, *Gypsophila patrini* in Zentralasien, Ökotypen von *Silene vulgaris*, *Gladiolus*-Arten in Afrika und manche Moose (z. B. *Mielichhoferia*-Arten)

[2] Weitere Galmeipflanzen in Europa: *Minuartia verna*, *Viola calaminaria* und Ökotypen von *Silene vulgaris* und *Armeria maritima*

[3] Weitere bleiakkumulierende Arten: *Agrostis tenuis*, *Festuca ovina*, *Erianthus giganteus*, *Cerastium holosteoides*, auch *Calluna vulgaris*

[4] Weitere Cd-akkumulierende Arten: *Thlaspi alpestre ssp. calaminare*

[5] Weitere arsenakkumulierende Arten: *Calluna vulgaris*, *Agrostis tenuis*

[6] Weitere nickelakkumulierende Arten: *Hybanthus austrocaledonicus*, *H. floribundus*, *H. caledonicus*, *Sebertia acuminata* in Australien und Neukaledonien

[7] Weitere chromakkumulierende Arten: *Sutera fondina*, *Dicoma niccolifera*, *Convolvolus ocellatus* in Rhodesien

[8] Weitere Selenophyten: *Aster xylorrhiza*, *Stanleya*-Arten, verschiedene *Astragulas*-Arten in Nordamerika, *Neptunia amplexicaule*, *Acacia cana*

Tab. 35. Beispiele für enorm hohe Mineralstoffgehalte in Metallophyten und Toxicophyten (As, Se). Konzentrationsangaben in mg · kg^{-1} Trockensubstanz. Nach verschiedenen Autoren; Quellenangaben bei DUVIGNEAUD und DENAEYER-DE SMET (1973), ERNST (1976) und BAUMEISTER und ERNST (1978).

Pflanze	Vorkommen	Element	Konzentration	Akkumulationsgrad*
Eichhornia crassipes	Tropische Gewässer	Fe	14 400	10
Minuartia verna	Deutschland	Cu[1]		
Blätter			1 030	147
Wurzeln			1 850	109
Thlaspi alpestre ssp. *calaminare*	England	Zn[2]		
Blätter			25 000	208
Wurzeln			11 300	140
Minuartia verna	Jugoslawien	Pb[3]		
Blätter			11 400	950
Wurzeln			26 300	970
Minuartia verna	Deutschland	Cd[4]		
Blätter			348	3 480
Wurzeln			382	3 820
Jasione montana, Blätter	England	As[5]	31 000	
Mechovia grandiflora, Bl.	Katanga	Mn	7 000	7
Acrocephalus robertii, Bl.	Katanga	Co	1 490	50
Psychotria douarrei	Neukaledonien	Ni[6]		
Blätter			45 000	
Wurzeln			92 000	
Pearsonia metallifera	Rhodesien	Cr[7]		
Blätter			490	98
Wurzeln			1 620	162
Astragalus preussi, Blätter, Wurzeln	Utah (USA)	U	70	116
Astragalus racemosus, Blätter	Colorado (USA)	Se[8]	15 000	

* **Akkumulationsgrad** nach DUVIGNEAUD

$$= \frac{\text{Mineralstoffkonzentration in Pflanzen von kontaminierten Böden}}{\text{Mineralstoffkonzentration in Pflanzen auf Normalböden}}$$

Eine Auswahl von Schwermetallpflanzen (**Metallophyten** nach Duvigneaud und Denaeyer-De Smet 1963), die sich als Zeigerpflanzen für oberflächennahe Erzlager, aber auch zur Bepflanzung von sonst schlecht begrünbaren Böden in Bergbau- und Industriegebieten eignen, ist in der Tab. 35 zusammengestellt. Ferner gibt es Arten, die aufgrund ihrer großen genetischen Variabilität eine Reihe von weniger spezialisierten Ökotypen entwickelt haben, die gegen mehrere Schwermetalle und andere Elemente resistent sein können, so z.B. *Agrostis tenuis, A. canina, Festuca ovina, Plantago lanceolata* und *Silene vulgaris* gegen Zn, Cu, Cd, Ni und z.T. auch gegen As, Al, F und NaCl. Metallophyten nehmen Schwermetallionen in großer Menge auf und speichern sie in Konzentrationen von 0,5–8 g $\cdot$ kg^{-1} (extrem bis 25 g $\cdot$ kg^{-1}). Das ist das Hundert- bis Tausendfache der Normalkonzentration von Spurenelementen in der Pflanze und liegt in der Größenordnung der Konzentration der Hauptnährelemente Phosphor und Schwefel. Bei der tropischen Schwimmpflanze *Eichhornia crassipes* wird das gute Akkumulationsvermögen für Metallionen zur Gewässerentgiftung ausgenützt.

6.3.4 Anthropogene Giftbelastung von Pflanzen

Emission von Schadstoffen

Durch Industrie, Verkehr, durch den Einsatz von Chemikalien in Landwirtschaft und Haushalten und vor allem durch den großen Aufwand an fossilen Brennstoffen werden phytotoxische Substanzen durch den Menschen in die Umwelt gebracht, die von den Pflanzen aus der Luft, dem Wasser oder über den Boden aufgenommen werden. Die an einem bestimmten Ort zu einer bestimmten Zeit in der Umwelt auftretenden Verunreinigungen nennt man **Immissionen**; die Konzentration des verunreinigenden Stoffes in der Umwelt ist die Immissionskonzentration. Von den *Luftverunreinigungen* sind SO_2, Halogenwasserstoffe (HF, HCl), Ozon und PAN (Peroxi Acetyl-Nitrat, das aus Auto- und Industrieabgasen bei gleichzeitig starker Strahlung entsteht) für Pflanzen besonders gefährlich. Weitere Schadstoffe, die über die Atmosphäre an die Pflanzen gelangen, sind Stickstoffoxide, Ammoniak, Kohlenwasserstoffe, Teerdunst, Ruß und Staub. In *Gewässern* werden Pflanzen durch giftige Chemikalien in Abwässern (Cyanid, Chlor und Hypochlorite, Phenol und Benzolderivate, schwermetallhältige Verbindungen u. a.), durch Waschmittelzusätze (Komplexbildner, Sulfonate, Phosphate) und durch eutrophierende oder giftige Sickerwässer aus Kanalisationen, Mülldeponien und von landwirtschaftlich genutzten Flächen (Düngemittel, Pflanzenschutzmittel) belastet.

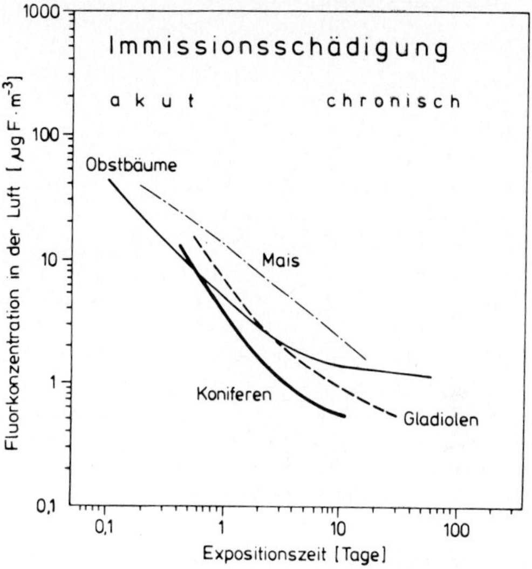

Abb. 131. Zusammenhang zwischen Konzentration und Einwirkungsdauer von Fluor-Schadgasen bei der Entstehung akuter und chronischer Schädigung verschiedener Pflanzen. Nach McCune aus Keller (1975).

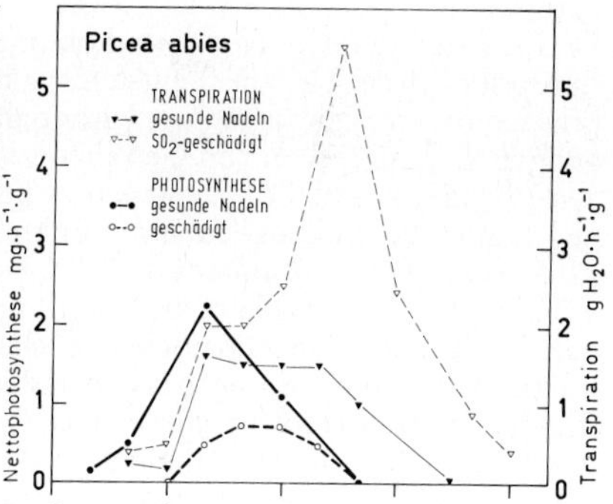

Abb. 132. Tagesgang der Nettophotosynthese (dicke Linien) und der Transpiration einer SO_2-geschädigten (offene Symbole, durchbrochene Linien) und einer gesunden Fichte. Die SO_2-Vergiftung bewirkt in diesem Fall eine Öffnungsstarre der Stomata (erhöhte Transpiration) bei gleichzeitiger Schädigung des Assimilationsparenchyms (herabgesetzte Photosynthese); es gibt aber auch andere Reaktionsweisen (vgl. Halbwachs 1971). Nach Koch aus Th. Keller (1971b).

Der Schädigungsverlauf bei Immissionsbelastung

Die Wirkung von Immissionen schädlicher Stoffe kann in manchen Fällen aus dem Produkt von Immissionskonzentration und Einwirkungsdauer bestimmt sein (Abb. 131). Eine lineare Beziehung gilt je-

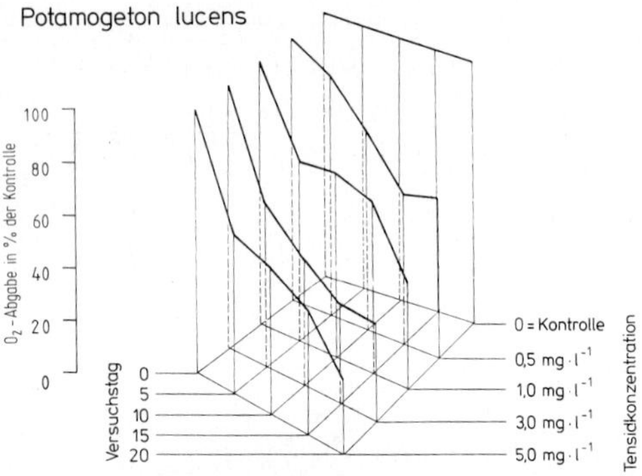

Abb. 133. Absinken der Nettophotosyntheseleistung der Wasserpflanze *Potamogeton lucens* bei gestaffelter Belastung mit einem Alkylbenzolsulfonat (waschaktive Substanz in Haushaltsdetergentien). Durch derartige Tenside werden Biomembranen und der Chlorophyll-Protein-Komplex angegriffen. Nach LABUS et al. (1977) und LABUS (pers. Mitt.).

doch nur für einen bestimmten Bereich. Dieser ist einerseits durch einen unteren Schwellenwert der Konzentration begrenzt, unter dem auch bei sehr langer Einwirkungsdauer keine Veränderungen zu beobachten sind, andererseits genügt bei Überschreiten einer hohen Konzentration eine sehr kurz dauernde Einwirkung, um Schädigungen hervorzurufen.

Bei Einwirkung *hoher Konzentrationen* (z. B. mehr als 1 $cm^3 SO_2 \cdot m^{-3}$ Luft oder 0,1 $cm^3 HF \cdot m^{-3}$) entstehen **akute Schädigungen** mit äußerlich sichtbaren Symptomen wie Chlorophyllausbleichung, Laubverfärbungen und Absterben von Gewebebezirken, Organen oder der ganzen Pflanze. Solche Schädigungen zeigen sich im allgemeinen nur in der unmittelbaren Umgebung des Emittenten. Bei Einwirkung *niedriger Schadstoffkonzentrationen* (z. B. 0,05 – 0,2 $cm^3 SO_2 \cdot m^{-3}$ oder 0,001 – 0,002 $cm^3 HF \cdot m^{-3}$) bleibt die Vergiftung zunächst äußerlich unsichtbar. Wohl aber sind chemische, biochemische, feinstrukturelle und funktionelle Veränderungen nachweisbar (Abb. 132 und 133).

Merkmale zur Früherkennung einer sich anbahnenden oder bereits eingetretenen Immissionsschädigung sind: Schadstoffanreicherung in der Pflanze, pH-Verschiebungen an Sproßoberflächen (z. B. Borken) und in den Geweben, herabgesetzte oder erhöhte Aktivität bestimmter Enzyme (z. B. Blockierung der RuBP-Carboxylase durch Sulfit, Enolasehemmung und Zunahme der Peroxidaseaktivität bei HF-Belastung), Zunahme von Verbindungen mit SH-Gruppen (v. a. von Glutathion) und von Phenolen, Absinken des Ascorbinsäurespiegels in Blättern, Photosynthesedepression, Atmungsstimulierung, geringere

Trockensubstanzproduktion, Permeabilitätsänderungen, Störungen des Wasserhaushalts, Nachlassen der Winterfrosthärte und Fertilitätsdefekte (z. B. Pollensterilität).

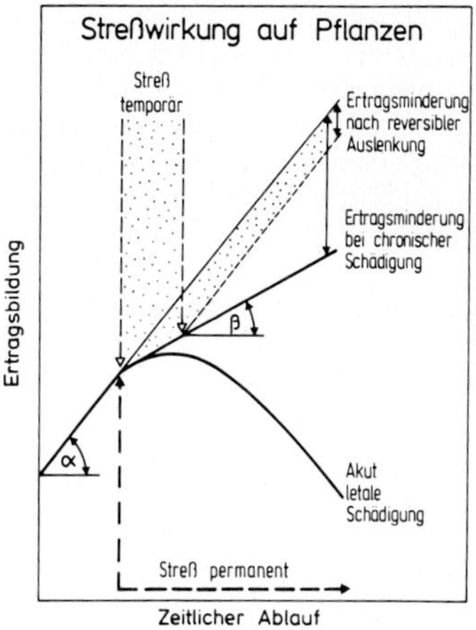

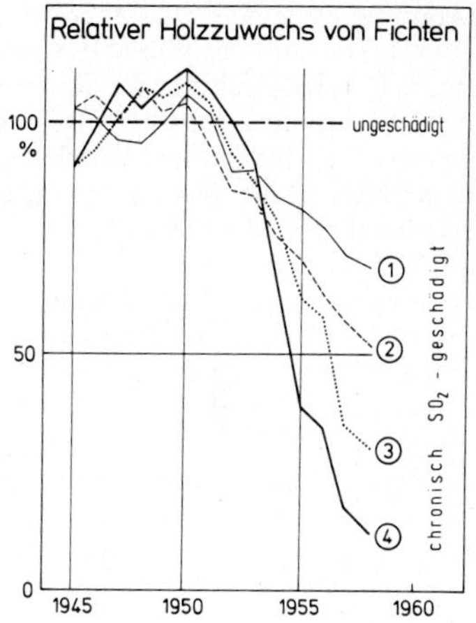

Abb. 134. *Schematische Darstellung der Wirkung von Umweltbelastungen auf die Stoffproduktion von Pflanzen.* Bei kurzdauernder Einwirkung geringer Streßintensitäten (Immissionskonzentrationen), die noch unter der Erträglichkeitsgrenze liegen, werden physiologische Prozesse vorübergehend verändert *(„physiologische Auslenkung“)*, bei längerer Andauer der Streßwirkung werden Lebensfunktionen bleibend gestört *(chronische Schädigung).* Bei reversibler Auslenkung ist nach der Erholung die Trockensubstanzzunahme gleich groß wie vor der Belastung (Anstiegswinkel α), bei chronischer Intoxikation ist die Zuwachsrate andauernd vermindert (Steigungswinkel $ß < \alpha$), was eine entsprechend große Ertragseinbuße zur Folge hat. Bei Überschreitung der Erträglichkeitsgrenze treten sehr bald *letale Schädigungen* auf und Gewebe sterben ab (Zuwachsstillstand und Biomasseverluste). Nach Härtel (1976), verändert.

Abb. 135. *Rückgang des Holzzuwachses in SO_2-belasteten Fichtenbeständen im Erzgebirge.* Der Zuwachsrückgang ist durch den *relativen Zuwachsindex* (durchschnittlicher Jahrringzuwachs immissionsgeschädigter Bestände in Prozent des Zuwachses gesunder Bestände) ausgedrückt. Der relative Zuwachsindex wird aufgrund der Vermessung von Bohrkernen nach jahrringchronologischen Auswerteverfahren berechnet, durch die alters- und witterungsbedingte Einflüsse auf den jährlichen Zuwachs ausgeglichen werden. *Schädigungsstufen:* 1 = Beginnende Entnadelung, 2 = Fortschreitende Entnadelung, erheblich geschädigte Bestände, 3 = Starke Schädigung, absterbende Zweige und Äste, 4 = Absterbende Bestände mit Wipfeldürre. Nach Vinš (1962); zur Auswertemethodik siehe auch Pollanschütz (1971).

Dauert die *Belastung lange Zeit* an, so entwickeln sich **chronische Schädigungen** mit irreversiblen Folgen (Abb. 134). Bei landwirtschaftlichen und gärtnerischen Nutzpflanzen führt die verminderte Stoffproduktion zu Ertragseinbußen, die biochemischen Reaktionen auf die Vergiftung verursachen Qualitätsverschlechterung. Bei Bäumen läßt die Wüchsigkeit und besonders das Kambialwachstum nach; durch Jahrringanalyse läßt sich der Verlauf einer progressiv chronischen Immissionsschädigung genau verfolgen und datieren (Abb. 135). Auch die Holzstruktur ändert sich. Die Belaubung der Bäume wird mit den Jahren schütterer, die Wasserversorgung der Wipfeltriebe wird schwieriger, einzelne Äste vertrocknen und allmählich geht der Baum zugrunde.

Das *Schädigungsbild* ist bei Immissionen vielgestaltig und recht unspezifisch – derselbe Schadstoff verursacht bei verschiedenen Pflanzenarten ganz verschiedene Auswirkungen und dasselbe Symptom kann durch verschiedene Schadstoffe ausgelöst sein. Art und Grad der Schädigung werden durch alle übrigen gleichzeitig einwirkenden Umwelt- und Belastungsfaktoren modifiziert, wobei sich sowohl eine Verstärkung als auch eine Abschwächung der Wirkung des Hauptschadstoffes ergeben kann. Bei der Analyse von Immissionsschädigungen ist daher stets die *Komplexität der Umwelteinflüsse* zu berücksichtigen.

Immissionsresistenz und Bioindikation von Immissionsbelastungen

Die verschiedenen Pflanzenarten und sogar einzelne Sorten sind gegen Schadstoffe ungleich empfindlich (Tab. 36). Die Kenntnis der spezifischen **Immissionsresistenz** und der Fähigkeit zur Adaptation ist von praktischer Bedeutung bei Anpflanzungen in Ballungsräumen und Industriegebieten. Allerdings lassen sich durch Artenwahl, Düngung und andere Maßnahmen die Schäden bestenfalls vermindern. Ganz verhindern kann sie nur eine rigorose Emissionsbeschränkung an der Quelle. Ein weiterer Anwendungsbereich ergibt sich aus der Erfahrung, daß Pflanzen auf Umweltgifte im allgemeinen empfindlicher reagieren als der Mensch. Man kann daher einerseits besonders sensible Pflanzenarten als *Zeigerpflanzen*, andererseits immissionsresistente Arten als *Akkumulatorpflanzen* (die ungeschädigt große Schadstoffmengen anreichern) für die **Bioindikation** von Umweltbelastungen verwenden. Es gibt Zeigerpflanzen mit sehr spezifischer Empfindlichkeit, so z.B. die Gladiolensorte „Snow Princess" für HF, die Tabaksorte „Bel W_3" und die Petuniensorte „White cascade" für Stickoxide und Photosmog (PAN, Ozon). Außerordentlich empfindlich gegen SO_2 und Halogenwasserstoffe sind gewisse Moose, Flechten (Tab. 37) und manche pflanzenpathogene Pilze (z.B. *Rhytisma acerinum, Diplocarpon rosae, Gymnosporangium*-Arten, *Puccinia graminis*). Schon vor mehr als hundert Jahren hat W. NYLANDER die Eignung von Flechten als Luftgütezeiger erkannt. Am empfindlichsten sind i.d.R. Gallert- und Laub-

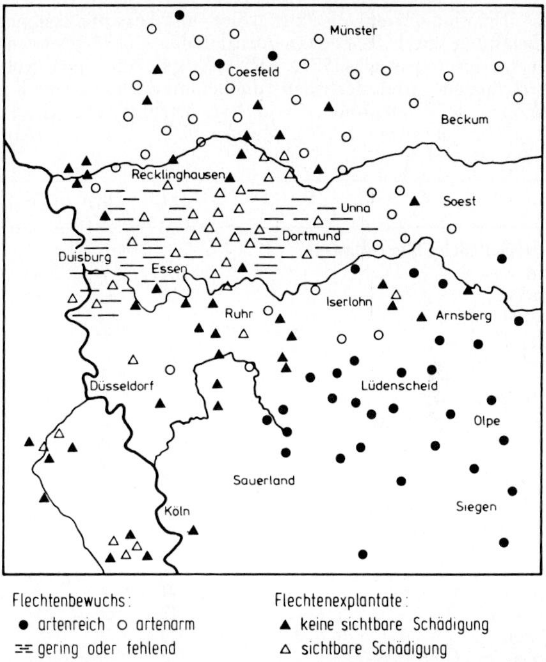

Abb. 136. Natürlicher Flechtenbewuchs auf Baumborken und Immissionsschädigung von Explantaten mit *Hypogymnia physodes* im niederrheinisch-westfälischen Industriegebiet und im Rheinischen Schiefergebirge. Nach SCHÖNBECK aus GUDERIAN (1977).

flechten, etwas weniger die Krusten- und Strauchflechten. Schon $^1/_{100}$ der für höhere Pflanzen schädlichen SO_2-Konzentrationen führt bei Flechten zu Atmungsstörungen, Chlorophyllschwund und Wachstumshemmung. Aus Schädigungen, die an ausgelegten, mit Flechten bewachsenen Rindenproben *(Flechtenexplantaten)* beobachtet werden und aus der Zusammensetzung des *natürlichen Flechtenbewuchses* auf Bäumen und Gestein lassen sich Rückschlüsse auf die langfristige SO_2-Belastung eines Standortes ziehen. Im Bereich maximaler SO_2-Belastung überleben Flechten nicht, es tritt eine Flechtenwüste auf. Mit zunehmender Entfernung von SO_2-Emittenten stellen sich widerstandsfähige Krustenflechten, später artenreiche Flechtenvereine ein, erst in der ungestörten Außenzone findet man wieder den Flechtenbewuchs auf Baumstämmen und Felsflächen in voller Üppigkeit (Abb. 136).

Tab. 36. Empfindlichkeit von Nutz-, Zier- und Forstpflanzen gegen chronische Belastung durch Schadgase. Aus Guderian (1977), erweitert durch Angaben bei Taylor et al. (1975). Die Liste gibt nur einen groben Überblick; verschiedene Arten derselben Familie und auch einzelne Sorten können sehr verschieden empfindlich sein. Vgl. Artenlisten bei Garber (1967), Berge (1970), Krüssmann (1970), Mudd und Kozlowski (1975), Dässler (1976), Steubing (1976).

Pflanze	SO_2	HF	HCl	NO_x
Landwirtschaftliche Nutzpflanzen				
Getreide	×	×	×	■
Brassicaceen	□	□	×	□
Beta-Rüben	□	×	□	
Kartoffel	□	□	×	×
Sonnenblumen	□	□	×	
Futterpflanzen				
Gräser und Futtergetreide	×	■	×	
Klee, Luzerne	×	■	×	■
Futterkohl	□	■	□	
Gemüse				
Brassicaceen	□	×	□	□
Fabaceen	×	■	×	■
Apiaceen	□	□	□	■
Chenopodiaceen	■	×	×	
Cucurbitaceen	□	□		
Solanaceen	□	□	×	
Asteraceen und Cichoriaceen	×	×		■
Allium	□	■	×	
Zierpflanzen				
Liliales	□	■	×	□
Ranunculaceen	×	×	×	
Rosaceen	×	×	×	■
Fabaceen	×	×	×	
Geraniaceen	□	□		■
Araliaceen	□	□		
Caryophyllaceen	×	×		
Ericaceen	□	□	□	×
Solanaceen				■
Asteraceen und Cichoriaceen	□	□	□	■
Obstbäume				
Kernobst	■	■	■	■
Steinobst	×	■	×	
Juglans	■	■	■	
Corylus	×	■	■	
Vitis	×	■	■	
Citrus	□			

Pflanze	SO_2	HF	HCl	NO_x
Waldbäume				
Abies, Picea, Pinus sylvestris	■	■	■	×
Pseudotsuga, Cedrus	■	■	■	
Pinus nigra, Thuja, Juniperus, Taxus	□	□	□	□
Tilia, Fraxinus, Fagus, Sorbus aucuparia	×	×	×	
Carpinus	×	×	■	□
Quercus	□	□	×	□
Betula				■

■ Sehr empfindlich × wenig empfindlich □ relativ resistent

Tab. 37. Empfindlichkeit von Flechten und Moosen gegen SO_2-Belastung. Auswahl von Beispielen nach Angaben bei Dässler und Ranft (1969), Hawksworth und Rose (1970), Türk, Wirth und Lange (1974), Frahm (1976), Winkler (1977)

Empfindlichkeit	Flechten	Moose
Sehr empfindlich	*Evernia prunastri*	*Atrichum undulatum*
	Lobaria pulmonaria	*Brachythecium albicans*
	Parmelia-Arten	*Dicranum rugosum*
	Pseudevernia furfuracea	*Mnium undulatum*
	Ramalina farinacea	*Plagiothecium curvifolium*
	Teloschistes flavicans	*Plagiothecium succulentum*
	Usnea florida	*Rhytidiadelphus squarrosus*
Wenig empfindlich	*Buellia punctata*	*Ctenidium molluscum*
	Lecanora conizaeoides	*Dicranella heteromalla*
	Lecanora varia	*Marchantia polymorpha*
	Lepraria incana	*Pohlia nutans*
	Xanthoria parietina	*Rhytidiadelphus triquetrus*

6.4 Mineralstoffhaushalt der Pflanzendecke und Mineralstoffkreislauf im Ökosystem

6.4.1 Die Mineralstoffbilanz der Pflanzendecke

Der Mineralstoffhaushalt und der Kohlenstoffhaushalt der Pflanzendecke sind fein aufeinander abgestimmt. Die Mineralstoffaufnahme regelt den Zuwachs an Pflanzenmasse, die Kohlenstoffassimilation stellt das Material zur Verfügung, in das die Mineralstoffe eingebaut werden. Ausgehend von der Produktionsgleichung (23) kann daher die jährliche Mineralstoffaufnahme durch die Pflanzendecke festgestellt werden, wenn der Aschengehalt und die Aschenzusammensetzung der Pflanzenmasse bekannt sind. Von der insgesamt durch die Vegetation pro Grundflächeneinheit im Laufe des Jahres *aufgenommenen Mineralstoffmenge* M_a wird ein Teil noch während desselben Jahres in mineralischer Form durch *Rekretion* ausgeschieden und durch die Niederschläge aus den Sprossen ausgewaschen (M_r), in der Pflanzenmasse verbleibt die *inkorporierte Mineralstoffmenge* M_i.

$$M_a = M_i + M_r \qquad (26)$$

Die in der Pflanzenmasse festgelegten Mineralstoffe verteilen sich entsprechend der Produktionsgleichung (23) auf eine allenfalls sich ergebende jährliche *Biomassezunahme* + ΔB und die jährlichen *Verluste* an pflanzlicher Trockenmasse durch *Abfall* (V_A) und *Entzug durch Konsumenten* (V_K).

$$M_i = \Delta M_B + M_{VA} + M_{VK} \qquad (27)$$

Die Berechnung erfolgt über den Gehalt der Trockensubstanz an Mineralstoffen bzw. über den Aschengehalt. Da die verschiedenen Bioelemente in der Pflanze nicht gleichmäßig verteilt, festgelegt, angereichert und ausgeschieden werden und da außerdem die Mineralstoffkonzentration vom Vegetationszustand abhängt, kann die Mineralstoffbilanz für einen Pflanzenbestand nicht einfach durch Multiplikation der Glieder der Produktionsgleichung mit dem durchschnittlichen Aschengehalt der Pflanzenmasse ermittelt werden; so wie bei der Erstellung der Kohlenstoffbilanz muß auch hier von den Einzelposten (getrennt nach Organen) zu den verschiedenen Entnahmeterminen ausgegangen werden.

Der Anteil der Mineralstoffverluste durch Auswaschung und Abwurf von Pflanzenteilen an der aufgenommenen Menge mineralischer Nährstoffe läßt sich durch den von B. ULRICH (1968) eingeführten *Umsatzfaktor* k_M ausdrücken.

$$k_M = \frac{M_{VA} + M_r}{M_a} \qquad (28)$$

In einem Fichtenwald in Westdeutschland wurden 93 % des aufgenommenen K, über 80 % des Ca und Mg und über 70 % des N und P im gleichen Jahr dem Boden zurückgegeben. In einem tropischen Regenwald in Panama betrug der Umsatzfaktor für Mg 100 % (⅓ davon durch Kronenauswaschung), für Ca 97 % und für K 86 % (die Hälfte davon durch Auswaschung). Werte für einen immergrünen und einen sommergrünen Laubwald sind Tab. 38 zu entnehmen; wieder steht Kalium an der Spitze, gefolgt von Stickstoff und Phosphor.

Dadurch, daß der größere Teil der aufgenommenen Mineralstoffe alljährlich wieder durch den Laubfall zum Boden zurückkehrt, erfüllt die Pflanzendecke eine wichtige Aufgabe im Kreislauf der Mineralstoffe. Diese werden durch die Wurzeln tiefen Bodenschichten entzogen, in der Pflanze über Bodenniveau gehoben, aber bald wieder zurückbefördert. Die durch die Schwerkraft erzwungene Abwärtsbewegung wird

Tab. 38. Mineralstoffvorrat und Mineralstoffumsatz in Wäldern. Alle Mineralstoffgehalte in $kg \cdot ha^{-1}$. Vgl. dazu die Formeln 26 bis 28 im Text. Literaturhinweise auf weitere Mineralstoffbilanzen bei LARCHER (1980).

Bestand:	Sommergrüner Eichen-Buchen-Hainbuchen-Mischwald mit Unterwuchs, Belgien (Virelles), 30–75 Jahre alt					Immergrüner Steineichenwald, Südfrankreich (Rouquet), ca. 150 Jahre alt				
Autoren:	DUVIGNEAUD, DENAEYER DE SMET et al. (1969)					RAPP (1969, 1971)				
Bestandesvorrat an Phytomasse	156 t Trockensubstanz $\cdot ha^{-1}$					304 t Trockensubstanz $\cdot ha^{-1}$				
Jährliche Nettoprimärproduktion	14,4 t Trockensubstanz $\cdot ha^{-1}$					7 t Trockensubstanz $\cdot ha^{-1}$				
	N	P	K	Ca	Gesamt*	N	P	K	Ca	Gesamt*
Mineralstoffvorrat in der oberirdischen Phytomasse	406	32	245	868	1632	763	224	626	3853	5505
Jährliche Festlegung im Zuwachs ($+ \Delta M_B$)	30	2,2	16	74	127,8	13,2	2,6	8,9	42,7	68,3
Mineralstoffgehalt des jährlichen Abfalls (M_{VA})	61	4,1	36	120	228,0	32,8	2,8	16,2	63,9	120,3
Mineralstoffinkorporation $M_i = \Delta M_B + M_{VA}$	91	6,3	52,0	194,0	355,7	46,0	5,4	25,1	106,6	188,6
Auswaschung M_r	0,9	0,6	17,0	7,1	31,8	0,5	0,8	25,7	19,4	48,7
Jährliche Mineralstoffabsorption $M_a = M_i + M_r$	91,9	6,9	69,0	201,1	387,5	46,5	5,4	50,8	126,0	237,3
Umsatzfaktor $k_M = \frac{M_{VA} + M_r}{M_a}$	*0,68*	*0,68*	*0,77*	*0,63*	*0,67*	0,72	*0,67*	*0,83*	*0,66*	*0,71*

* Gesamtmenge der Mineralstoffe in der Trockensubstanz; dieser Wert ist größer als die Summe von N, P, K und Ca, weil auch die übrigen Aschenelemente erfaßt sind.

somit immer wieder unterbrochen. Besonders die Bäume vermögen durch ihr weit ausgreifendes Wurzelwerk in größere Bodentiefe abgesunkene Nährsalze zu heben, die nach dem Streuabbau auch den flacher wurzelnden Pflanzen der Krautschicht zugute kommen (Abb. 137).

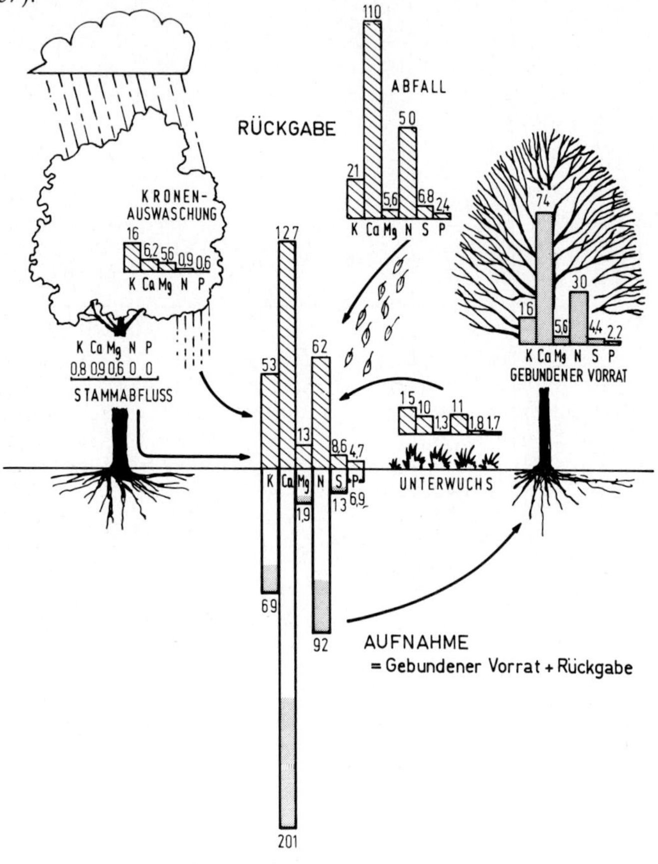

Abb. 137. Mineralstoffkreislauf in einem Eichen-Hainbuchen-Buchenmischwald in Belgien. Alle Mengenangaben in kg $\cdot$ ha^{-1} $\cdot$ a^{-1}. Die jährliche Mineralstoffaufnahme des Bestandes wurde berechnet durch Summierung der in der Phytomasse gebundenen Vorräte (Punktraster) und der Mineralstoffrückgabe an den Boden über Kronenauswaschung, Stammabfluß und Abfälle an organischer Substanz. Vgl. dazu den Kohlenstoffumsatz desselben Bestandes in Abb. 99. Nach Duvigneaud und Denaeyer-De Smet (1970).

6.4.2 Der Mineralstoffumsatz in Landökosystemen

6.4.2.1 Der Umsatz zwischen Organismen und Boden

Zwischen den Lebewesen im Ökosystem und dem Boden besteht ein **Mineralstoffkreislauf**, der unter natürlichen Bedingungen weitgehend geschlossen ist. Die von den Pflanzen aufgenommenen mineralischen Nährstoffe kehren direkt oder über die Nahrungskette, in organische Substanz verpackt, zum Boden zurück, wo sie durch die Zersetzer mineralisiert und von den Bodenkolloiden übernommen werden (Abb. 126). Der entscheidende Abschnitt im Ökosystemkreislauf der Mineralstoffe ist der *Rücklaufmechanismus.* Es ist wichtig, daß die organischen Abfälle (deren Menge mit der Produktivität der Pflanzendecke zunimmt) im Ökosystem belassen werden. Die inkorporierten Mineralstoffe stellen ein Nährstoffdepot dar, das bei Entfernung der Abfälle aus dem Ökosystem verloren geht. Die *Düngelehre* baut auf dieser Erkenntnis auf; der Nährstoffentzug durch Abernten von Pflanzen oder Streuentnahme muß durch Düngergaben ersetzt werden, die in der Größenordnung des jährlichen Nährstoffabganges liegen sollten.

Mineralisierung und organische Stofferzeugung müssen miteinander Schritt halten. Wo der *Streu- und Humusabbau* zu langsam erfolgt, spielt sich die Zuwachsrate der Pflanzen gewöhnlich auf einen niedrigen Wert ein, der mit der Mineralisierungsrate im Gleichgewicht steht. Bei hoher Mineralisierungsrate werden die in der organischen Substanz festgelegten Mineralstoffe schnell und reichlich freigesetzt und neuerlich in Umlauf gebracht; die Primärproduzenten sind besser mit Nährionen versorgt und können mehr Masse aufbauen. Die beachtliche Produktionsleistung der tropischen Regenwälder ist auch durch den raschen Mineralstoffumsatz bedingt. Die gleichbleibend günstige Temperatur und die große Feuchtigkeit fördern die Abbauaktivität der Mikroorganismen außerordentlich, so daß die Nährelemente im Boden nur kurzfristig organisch gebunden bleiben und alsbald in anorganischer Form den Pflanzen wieder zur Verfügung stehen. Allzu ausgiebige Freisetzung der anorganischen Bioelemente oder verringerte Entnahme durch die Pflanzendecke (z. B. nach störenden Eingriffen oder Brand) sind für den Mineralstoffhaushalt des Ökosystems nachteilhaft. Im mineralisierten Zustand sind die Nährelemente nicht nur besser verfügbar, sie sind auch im Boden mobiler und daher leichter *auswaschbar.* Der organisch gebundenen Mineralstoffmenge in der Biomasse und im Boden kommt daher die wichtige Aufgabe der Vorratsbildung und Vorratshaltung zu, wodurch alle Mitglieder des Ökosystems gegen Umweltbelastungen abgesichert werden.

6.4.2.2 Direkte Koppelung der höheren Pflanzen an den mikrobiellen Abbau durch Mykorrhiza

In *Böden mit unzureichender Mineralisierung*, in denen ungünstige Lebensbedingungen für Bakterien herrschen, erschließen die Sproßpflanzen schwer zugängliche Mineralstoffquellen mit Hilfe der größeren biochemischen Leistungsfähigkeit von Pilzen, mit denen sie in Symbiose leben. Fast alle Pflanzenarten beherbergen symbiontische Wurzelpilze. Es gibt zwei Formen von Mykorrhiza, die Ektomykorrhiza und die Endomykorrhiza, sowie Übergänge. Bei der *Endomykorrhiza* dringt das Pilzmyzel in das Innere der Parenchymzellen der Wurzel ein und scheidet dort Wuchsstoffe und Wirkstoffe ab. Für die Mineralstoffversorgung v.a. von Holzpflanzen ist die *Ektomykorrhiza* von größerer Bedeutung. Bei dieser Form umspinnt ein dichtes Myzelgewebe die jungen, unverkorkten Wurzelenden, die daraufhin keulig anschwellen. Die Hyphen dringen auch in die äußersten Zellen und in die Interzellularen der Wurzelrinde ein und übernehmen die Funktion der fehlenden Wurzelhaare. Das Pilzwachstum ist durch die reichliche Kohlenhydratzufuhr aus der Wirtspflanze begünstigt.
Die in den Boden ausstrahlenden Hyphen des Mykorrhizapilzes vergrößern die resorbierende Oberfläche gegenüber einer unverpilzten Wurzel auf das Hundert- bis Tausendfache. Über das ausgedehnte Myzelnetz im Boden schafft der Pilz Nährstoffe und Wasser herbei und leitet beides an die Wirtspflanze weiter; Waldbäume können die Hauptmenge des benötigten Stickstoffs und Phosphors über verpilzte Wurzeln zugeführt bekommen. Zirbenjungpflanzen mit reichlichem Mykorrhizabesatz enthielten in den Nadeln 86 % mehr N, 234 % mehr P und 75 % mehr K als unverpilzte Pflanzen. Die verbesserte Nährstoffaufnahme ermöglicht den ektomykotrophen Pflanzen höhere Zuwachsleistungen und die Besiedlung ungünstiger Standorte.

6.4.2.3 Mineralstofftransporte zum und vom Ökosystem

Dem Funktionsgefüge Pflanzen-Mikroorganismen-Boden werden regelmäßig von außen Mineralstoffe zugeführt und ständig gehen solche verloren. Dadurch ist der örtlich begrenzte biologische Elementekreislauf mit den offenen geochemischen Mineralstoffkreisläufen verbunden. Die Pflanzen sind somit nicht ausschließlich von der mikrobiellen Mineralisierungsrate im Boden abhängig. Verglichen mit dem kurzgeschlossenen Mineralstoffumsatz im Ökosystem sind die geochemischen Austauschprozesse unbedeutend, doch nicht ganz vernachlässigbar (Tab. 39).

Mineralstoffeinnahmen des Ökosystems stammen aus dem Gesteinsuntergrund, dem Wasser und der Luft; auf bewirtschafteten Flächen kommt dazu die Düngung. Durch Verwitterung werden schwer abschätzbare, aber zweifellos bedeutende Mengen von mineralischen Nährstoffen ständig dem Boden und den Pflanzen zugeführt. In Rohböden deckt hauptsächlich die Verwitterung den Nährstoffbedarf der Pflanzen. Durch Grundwasser und kapillar aufsteigendes Wasser können Mineralstoffe in die Wurzelzone verlagert werden. Niederschlagswasser bringt anorganische Stoffe auf die Pflanzen und in den Boden, die in der Atmosphäre als Gase (SO_2, nitrose Gase, NH_3), Staub, Nebel oder Aerosol enthalten waren. Diese Atmosphärilien werden von der Pflanzendecke auch unmittelbar abgefangen.

Mineralstoffexporte aus dem Ökosystem erfolgen durch Ausschwemmung und Verblasen von Phytomasse und Streu, durch Wasser- und Winderosion des Bodens und durch Auswaschung und Versickerung gelöster Mineralstoffe. Die ausgelaugten Ionen können an anderer Stelle wieder in ein Landökosystem aufgenommen werden, schließlich gelangt aber doch die Hauptmenge der in gelöster Form exportierten Mineralstoffe in Binnengewässer und in das geräumige Auffangbecken des Meeres.

Tab. 39. Mineralstoffzufuhr durch Niederschläge, Mineralstoffverluste durch Auswaschung und Versickerung und Mineralstofftransportbilanz in einem Waldökosystem der gemäßigten Zone und der Tropen. Ionen, die in der Bodenlösung in größerer Konzentration vorhanden sind wie Ca^{2+}, Mg^{2+}, SO_4^{2-}, in sauren tropischen Waldböden außerdem Fe, werden stark ausgelaugt. Die Transportbilanz für diese Bioelemente ist daher negativ, sie wird durch Verwitterung in tieferen Bodenschichten ausgeglichen. Alle Angaben in kg $\cdot ha^{-1} \cdot a^{-1}$. Nach LIKENS et al. (1977) und GOLLEY et al. (1975).

Element	Import	Export	Bilanz
Sommergrüner Laubwald in Nordamerika			
N	20,7	4,0	+ 16,7
S	18,8	17,6	+ 1,2
P	0,04	0,02	+ 0,02
K^+	0,9	2,4	− 1,5
Na^+	1,6	7,5	− 5,9
Ca^{2+}	2,2	13,9	− 11,7
Mg^{2+}	0,6	3,3	− 2,7
Tropischer Regenwald in Panama			
K^+	9,5	9,3	+ 0,2
Na^+	30,7	92,5	− 61,8
Ca^{2+}	29,3	163,2	− 133,9
Mg^{2+}	4,9	43,6	− 38,7
P	1,0	0,7	+ 0,3
Fe	3,0	10,1	− 7,1

6.4.3 Mineralstoffhaushalt in Gewässerökosystemen

6.4.3.1 Dichteschichtung in Gewässern und Stoffkreislauf

In *Seen* der mittleren und höheren geographischen Breiten kommt es mit Beginn der strahlungsreichen Jahreszeit zu einer temperaturbedingten, sehr stabilen **Dichteschichtung.** Die obersten Wasserschichten erwärmen sich, und da warmes Wasser eine geringere Dichte besitzt als kaltes, entstehen gegeneinander abgegrenzte Wasserkörper: Eine stärker durchstrahlte, daher wärmere und *leichtere Oberflächenschicht überlagert das tiefere, kältere und dichtere Wasser.* Der Übergang ist sprunghaft („*Sprungschicht*“ zwischen Oberflächenwasser und Tiefenwasser). Im Herbst und Winter kühlt sich das Oberflächenwasser ab, die Temperaturschichtung löst sich auf und die Wasserkörper durchmischen sich. Im *Meer* gibt es tief unter der euphotischen Schicht eine *permanente Sprungschicht*; eine zusätzliche, jahreszeitlich bedingte Sprungschicht bildet sich in mittleren Breiten aus. Im Meer spielen Dichtegradienten nur lokal eine Rolle, der Massenaustausch wird vor allem durch die *großräumige Strömungszirkulation* bestimmt.
Die Dichteschichtung und die damit verbundene unvollständige Durchmischung des Wassers während eines großen Zeitraumes im Jahr führt in Seen und im Meer zur Ausbildung von *Teilräumen mit weitgehend selbständigen Stoffkreisläufen.* Der Einbau von Mineralstoffen in organische Substanz erfolgt vornehmlich in oberflächennahen Wasserschichten, die Remineralisierung im Tiefenwasser und am Gewässerboden. Die Rückkehr der anorganischen Zersetzungsprodukte in das Oberflächenwasser ist behindert, die Mineralstoffe sammeln sich in der Tiefe an und bauen dort teilweise feste Sedimente (Karbonate, Silikate und Phosphate vor allem des Calciums) auf. Diese Mineralstoffe sind für geologische Zeiträume dem Stoffumlauf entzogen, man spricht in diesen Fällen von einem **Ablagerungstypus** des biogeochemischen Stoffkreislaufs. Beispiele dafür sind der Phosphor- und der Schwefelkreislauf (Abb. 138).

Phosphorkreislauf. In der euphotischen Zone wird Phosphat in organische Substanz eingebaut. Über die Nahrungskette und durch absinkendes Plankton (Detritusregen) gelangt der in organische Substanz aufgenommene Phosphor in tiefere Wasserschichten, die sich mit dem Oberflächenwasser nur unvollständig durchmischen. Ein Teil der Sedimente wird am Gewässergrund verschüttet und für geologische Zeiträume abgelagert. Das übrige freigesetzte Phosphat wird teilweise adsorptiv gebunden oder durch Calcium-, Eisen- und andere Kationen ausgefällt, zum Teil verweilt es in gelöster Form im Tiefenwasser, mit dem es durch Zirkulation hochgespült wird.

Schwefelkreislauf. Die Vielfalt an Valenz- und Oxidationsstufen des Schwefels macht, ähnlich wie beim Stickstoff, eine Beteiligung tro-

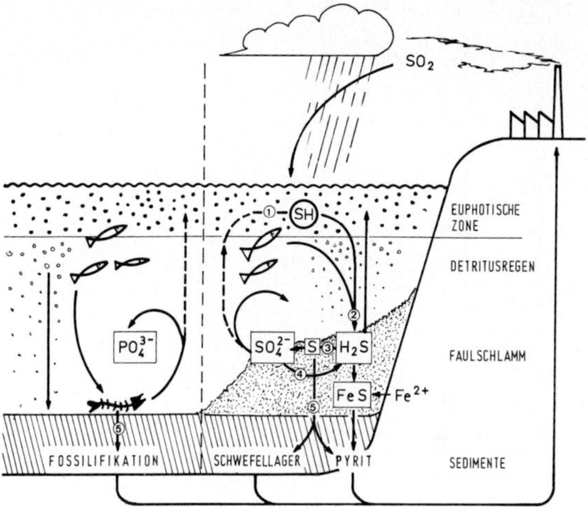

Abb. 138. Kreislauf des Phosphors und des Schwefels in einem Gewässerökosystem. In Anlehnung an ODUM (1971) und DUVIGNEAUD (1974). Erklärung im Text.

phisch eng spezialisierter Bakterien möglich. Dadurch werden organische Abfälle auch unter anaeroben Bedingungen mineralisiert. Der Schwefel wird vom Plankton als Sulfat aufgenommen und als SH inkorporiert (Abb. 138, *Ziffer 1:* assimilatorische Sulfatreduktion). Beim Eiweißabbau entsteht durch Fäulnis Schwefelwasserstoff *(Ziffer 2)*, der den Purpurbakterien als Wasserstoffdonator für ihre Photosynthese dient. Die chemoautotrophen Bakterien (z. B. *Beggiatoa)* oxidieren H_2S über elementaren Schwefel zu SO_4^{2-}, das in Lösung geht *(Ziffer 3)*. Das Sulfat wird wieder von grünen Pflanzen aufgenommen oder aber von Desulfurifikanten als Sauerstoffquelle für ihre Atmung verwertet *(Ziffer 4):* anaerobe dissimilatorische Sulfatreduktion). Desulfurifikanten leben im sauerstoffarmen Faulschlamm am Gewässerboden und wirken dort als Mineralisierer in einer Umwelt, in der nur die wenigsten Organismen existieren können (ökologische Einnischung). Unter den reduzierenden Bedingungen im Faulschlamm wird Schwefel an Eisen gebunden, in elementarer Form ausgeschieden oder langfristig in unabgebauten organischen Abfällen abgelagert *(Ziffer 5)*. Durch technische Erschließung und Verwertung schwefelhaltiger Sedimente (fossile Brennstoffe) und Erze gelangt Schwefel in Form von SO_2 in die Luft, von wo er über Niederschläge in den Boden und in die Gewässer zurückkehrt.

Tab. 40. Mineralstoffversorgung und Primärproduktion in Seen. Nach verschiedenen Autoren aus LIKENS (1975)

Trophiegrad	Mineralstoffgehalt im Wasser mg · l^{-1}			Strahlungsdurchlässigkeit (Extinktionskoeffizient)	Phytoplankton	
	Feststoffe	Phosphor	Stickstoff		Biomasse gC · m^{-3}	Produktivität gC · m^{-2} · d^{-1}
Eutroph	400–60 000	0,03–> 5	0,5–> 15	0,5–4	> 0,3	0,6–8
Oligotroph	100–200	0,005–0,01	0,25–0,6	0,1–2	0,02–0,1	0,05–0,3
Ultraoligotroph	2–15	< 0,001–0,05	< 0,001–0,25	0,03–0,8	< 0,05	< 0,05
Dystroph (huminstoffreich)	5–200	< 0,001–0,01	< 0,001–0,5	1–4	< 0,05–0,2	< 0,05–0,5

6.4.3.2 Mineralstoffversorgung und Produktionsdynamik in Gewässern

Die Versorgung freischwebender Wasserpflanzen mit mineralischen Nährstoffen ist neben dem Strahlungsangebot der wichtigste produktionsbegrenzende Faktor in Gewässern (Tab. 40). Eine Primärproduktion durch Planktonorganismen ist nur in der schmalen, ausreichend durchleuchteten euphotischen Schicht möglich, die bei rascher Vermehrung des Phytoplanktons zusehends an Mineralstoffen, insbesondere an *Phosphor, gelegentlich auch an Stickstoff und Silicium verarmt,* falls nicht laufend Nährionen durch Wasserströmungen aus den mineralstoffreicheren tieferen Schichten hochgespült oder durch Zuflüsse vom Land nachgeliefert werden. Normalerweise sind Phosphor und Stickstoff im Süßwasser und Meerwasser nur in Spuren vorhanden (Tab. 30).

In Zonen mit Jahreszeitenklima ist das Phytoplankton im *Frühjahr* am produktivsten, wenn der höhere Sonnenstand und die zunehmende Tageslänge eine ergiebigere Photosynthese zulassen und wenn die Nährstoffkonzentration dank der vorausgegangenen Wasserumwälzung maximal ist (Abb. 139). Die anwachsende Population verbraucht alsbald den Nährstoffvorrat, der nicht mehr ausreichend ergänzt wird. Dadurch geht die Vermehrungsrate zurück. Inzwischen hat sich das Zooplankton stark vermehrt. Durch Fraßentzug und Absinken der Schwebealgen verringert sich im *Sommer* die Biomasse der Primärproduzenten. Im *Herbst und Winter* verbessert sich durch die wieder einsetzende Zirkulation zwar die Mineralstoffversorgung, für eine ausgiebige Stoffproduktion des Phytoplanktons ist es aber zu kalt und zu dunkel.

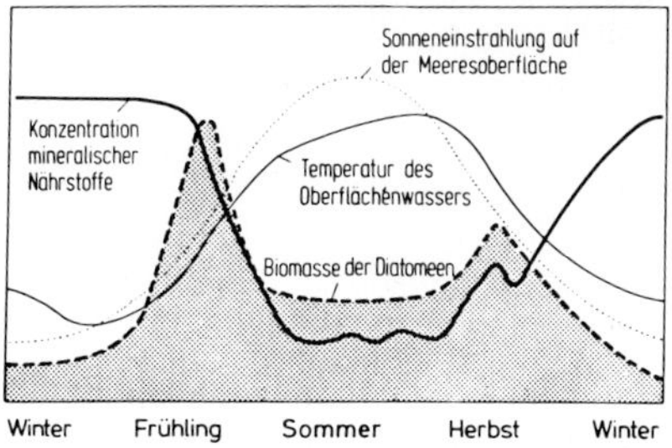

Abb. 139. Schema der jahreszeitlichen Massenentwicklung von Diatomeen (gerastertes Feld) in ihrer Abhängigkeit von Strahlung, Temperatur und der Konzentration mineralischer Nährstoffe im Oberflächenwasser des Meeres. Aus Tait (1971).

6.4.3.3 Eutrophierung und ihre Folgen

Wo durch Zuflüsse vom Festland Mineralsalze in das Oberflächenwasser gelangen und wo in den Ozeanen nährstoffreiches Tiefenwasser aufwallt, entstehen eutrophierte, d. s. *gedüngte Gewässerbezirke* mit kräftig geförderter Stoffproduktion. In Flüssen und Seen kann durch starke Zufuhr nitrat- und phosphatreicher Abwässer sogar eine *Überdüngung* stattfinden, durch die der Gesamtstoffwechsel im Ökosystem gefährlich gestört wird. Die Massenentwicklung der Planktonorganismen hat ein *Übergebot an organischen Abfällen* und eine entsprechende Vermehrung der sauerstoffzehrenden Saprophyten zur Folge, die dem Tiefenwasser so viel Sauerstoff entziehen, daß dieser Gewässerbereich für Fische und andere Organismen mit hohem Sauerstoffbedarf unbewohnbar wird. Die Zusammensetzung der Lebewelt solcher Seebereiche ändert sich dann grundlegend zugunsten von Formen, welche bei geringsten Sauerstoffspannungen leben können oder zur Anaerobiose fähig sind. Aber auch in der euphotischen Zone bewirkt das vermehrte Nährstoffangebot direkt (vor allem bei Primärproduzenten) und indirekt (Konsumenten) Verschiebungen in der qualitativen und quantitativen Zusammensetzung der Lebewelt und ihrer Bioaktivität.

7 Der Wasserhaushalt

Das Leben ist im Wasser entstanden, und alles Leben ist an Wasser gebunden. Wasser ist das Milieu, in dem die biochemischen Prozesse ablaufen. Nur im *wasserdurchtränkten Zustand* weist das Protoplasma Lebenserscheinungen auf, trocknet es aus, so braucht es nicht unbedingt abzusterben, es geht aber auf jeden Fall in einen latenten Lebenszustand über.
Die Pflanze besteht größtenteils aus Wasser. Das Protoplasma enthält im Durchschnitt 85–90 % Wasser, lipoidreiche Zellorganellen wie Chloroplasten und Mitochondrien immerhin noch 50 %. Besonders wasserreich sind Früchte (85–95 % des Frischgewichts), weiches Laub (80–90 %) und Wurzeln (70–95 %). Saftfrisches Holz enthält etwa 50 % Wasser. Am wasserärmsten sind reife Samen (meist 10–15 %), manche fettspeichernde Samen enthalten nur 5–7 % Wasser.

7.1 Grundtypen des Wasserhaushalts im Pflanzenreich

Bei den Landpflanzen, deren Vegetationskörper in den Luftraum ragt und ständig Wasser verdunstet, ist ein *ausgeglichener* Wasserhaushalt die Voraussetzung für einen geregelten Ablauf der Lebensvorgänge. Nach der Fähigkeit, kurzfristige Schwankungen in der Wasserversorgung und der Verdunstungsbeanspruchung abzupuffern, unterscheidet H. Walter *wechselfeuchte* (poikilohydre) von *eigenfeuchten* (homoiohydren) Landpflanzen.

7.1.1 Poikilohydre Pflanzen

Poikilohydre Pflanzen gleichen ihren Wassergehalt wie leblose Eiweißgele weitgehend dem Feuchtigkeitszustand ihrer Umgebung an *(Quellkörperorganisation).* Bakterien, Blaualgen, niedrige Grünalgen aus der Ordnung der Protococcalen, Pilze und Flechten besitzen kleine Zellen ohne Zentralvakuole, die beim Austrocknen sehr gleichmäßig und ohne nachhaltige Störung der Feinstruktur des Protoplasmas, also ohne Verlust der Lebensfähigkeit schrumpfen. Mit abnehmendem Wassergehalt erlahmen die verschiedenen Lebensfunktionen, wie z. B. Photosynthese und Atmung (vgl. Kap. 4.2.3.3). Nach dem Wiederaufquellen nehmen diese Pflanzen ihre Stoffwechseltätigkeit und ihr

Wachstum normal auf. Poikilohydre Pflanzen sind überall dort im Vorteil, wo kurze Anfeuchtungsperioden mit Trockenheit häufig wechseln. Die Feuchtegrenze, von der ab die einzelnen Arten aktiv werden, ist spezifisch und für die bevorzugte Verbreitung ausschlaggebend. Bodenbakterien und -pilze sind zumeist nur über 80–95 % RLF aktiv, viele Schimmelpilze keimen und wachsen ab 75–85 % RLF, Hefen ab 88 %; es gibt aber auch Pilze, z. B. *Xeromyces*-Arten, die schon ab 60 % RLF ihr Wachstum aufnehmen.
Außer bei Thallophyten kommt poikilohydre Lebensweise auch bei Moosen trockener Standorte, bei einigen Gefäßkryptogamen und bei sehr wenigen Angiospermen vor. Pollenkörner und die Keimlinge in den Samen sind poikilohydre Stadien homoiohydrer Pflanzen.

7.1.2 Homoiohydre Pflanzen

Die homoiohydren Pflanzen leiten sich von Grünalgen mit vakuolisierten Zellen her. Eine *große Zentralvakuole* ist das gemeinsame Merk-

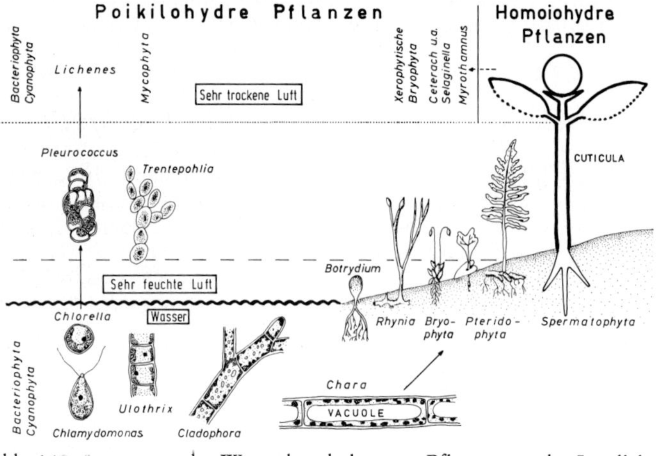

Abb. 140. Anpassung des Wasserhaushaltes von Pflanzen an das Landleben. Von links nach rechts: Übergang von wasserlebenden niederen Algen mit nicht vakuolisierten Zellen zu primär poikilohydren Luftalgen, Ausbildung der Vakuole bei wasserlebenden Grünalgen und Characeen, Übergang von vakuolenführenden Thallophyten zu homoiohydren Kormophyten (hygrophytische Moose sind noch an Standorte mit hoher Luftfeuchtigkeit gebunden, auf Trockenstandorten werden sie sekundär poikilohyder; auch bei Farnen und bei Angiospermen, nicht hingegen bei Gymnospermen, gibt es sekundär poikilohydre Formen). Die meisten Sproßpflanzen sind dank ihrer Ausstattung mit einem kutikulären Transpirationsschutz und starker Vakuolisierung ihrer Zellen homoiohyder. Nach WALTER (1967).

mal aller homoiohydren Pflanzen. Durch das innere wäßrige Milieu wird das Protoplasma von den wechselhaften Außenbedingungen weniger abhängig, sein Wasserzustand ist durch den Wasservorrat in der Vakuole stabilisiert. Die große Vakuole hat aber den Verlust der Austrocknungsfähigkeit der Zelle zur Folge, und so findet man die Vorläufer der homoiohydren Landpflanzen eng dem nassen Boden angepreßt oder auf dauernd feuchten Standorten (Abb. 140). Erst durch die Abdichtung der Sproßoberfläche mit einer verdunstungsbehindernden *Cuticula* und die Regulierbarkeit der Transpiration durch Spaltapparate brachten die Pflanzen im Zusammenwirken mit einem ausgreifenden Wurzelsystem ihren Wasserhaushalt so gut unter Kontrolle, daß das Protoplasma ungestört durch jähe Feuchteänderungen anhaltend aktiv bleiben konnte. Dadurch war die ergiebige Produktionsleistung gewährleistet, die zur Ausbildung einer über weite Flächen geschlossenen Pflanzendecke und zur beachtlichen Massenentwicklung des Pflanzenkleides auf dem Festland führte.

7.2 Der Wasserhaushalt der Zelle

7.2.1 Das Wasser in der Zelle

In der Zelle kommt Wasser als *Konstitutionswasser* in chemischer Bindung vor, als *Quellungswasser* (Hydratationswasser) ist es an Ionen, gelöste organische Substanzen und Makromoleküle angelagert und dringt in die Zwischenräume zwischen Feinstrukturen des Protoplasmas und der Zellwand ein, als *Depotwasser* füllt es Stauräume in Zellkompartimenten und die Vakuole(n) und als *interstitielles Wasser* übernimmt es Transportfunktionen in den Zellzwischenräumen und in Leitbahnen des Gefäß- und Siebröhrensystems.

Quellungswasser. Bedingt durch ihren *Dipolcharakter* heften sich Wassermoleküle in flexiblen Molekülschwärmen *(strukturiertes Wasser)* aneinander und an geladene Oberflächen. Stark geladene Ionen in der Größenordnung von Wassermolekülen binden diese um so fester, je größer die Ladung und je kleiner der Radius des Ions ist. Das Natriumion mit gleicher Ladung, aber halb so großer Oberfläche wie das Kaliumion besitzt eine doppelt so große Ladungsdichte und dementsprechend eine fast viermal so dicke Hydratationshülle. Unmittelbar an der Ionenoberfläche sind die Wassermoleküle durch das elektrostatische Feld des Ions stark gebunden und nahezu unbeweglich. Ganz ähnliche Verhältnisse herrschen an der Oberfläche von Eiweißmolekülen und Polysacchariden. Die Wassermoleküle lagern sich an *polare Gruppen* (Hydroxyl-, Carboxyl-, Aminogruppen) an und bauen mehrere übereinander liegende, nach außen hin immer leichter verschiebliche Schichten strukturierten Wassers auf.

Das **kolloidal gebundene** Hydratationswasser macht nur 5–10 % des gesamten Wassers der Zelle aus, doch diese Menge ist unbedingt lebensnotwendig. Schon bei geringer Abnahme des Hydratationswassergehaltes kommt es zu schwerwiegenden Strukturstörungen des Protoplasmas und zum Zelltod.
Der größere Teil des Quellungswassers im Protoplasma und in der Zellwand ist **kapillar gebunden**; auch dieses ist nicht frei beweglich. Pflanzenzellwände ziehen je nach der Dichte der Fibrillenlagerung Wasser mit einem Sog von 15–150 bar an sich. Der Druck, mit dem das Wasser an der Oberfläche der Strukturelemente einer Matrix (Zellwand, Plasmakolloide) haftet, wird *Quellungsdruck (matrikaler Druck* τ) genannt.

Depotwasser. Am leichtesten beweglich ist das Wasser in den Kompartimenten der Zelle, die als Lösungsreservoire dienen. Aber auch dieses Wasser ist nicht vollkommen frei verfügbar, es ist osmotisch an gelöste Stoffe wie Zucker, organische Säuren, sekundäre Pflanzenstoffe und Ionen gebunden. Der **potentielle osmotische Druck** π^* einer Lösung ist durch das Van't Hoffsche Gesetz definiert:

$$\pi^* = n \cdot R \cdot T = n \cdot \frac{22{,}7}{273} \cdot T \qquad (29)$$

Der potentielle osmotische Druck nimmt mit der absoluten Temperatur T und mit der Zahl der gelösten Teilchen n zu. Die Teilchenzahl wird für nicht dissoziierende Substanzen als Molarität angegeben, eine ideale *einmolare Lösung entwickelt unter Normalbedingungen einen osmotischen Druck von 22,7 bar.* Lösungen von dissoziierenden Substanzen enthalten mehr Teilchen als ihrer Molarität entspricht, für Elektrolyte wird die Gleichung um ein Glied erweitert, in das der *Dissoziationsgrad* eingeht. Umgekehrt können makromolekulare Stoffe gewichtsmäßig stark angereichert werden, ohne daß sie den osmotischen Druck nennenswert erhöhen. Durch *Polymerisation* osmotisch stark wirksamer kleinerer Moleküle zu Makromolekülen, z. B. von Zucker zu Stärke, und durch die Umkehrung dieses Vorganges durch Hydrolyse kann die Zelle rasch die osmotische Bindung von Wasserreserven steuern.

7.2.2 Der Wasserzustand der Zelle

Die Hydratur

Durch die Bindung des Wassers an makromolekulare Strukturen und an gelöste Stoffe wird seine Verfügbarkeit für chemische Reaktionen und als Lösungsmittel (das chemische Potential) herabgesetzt. Für die biochemische Aktivität des Protoplasmas ist nicht die vorhandene Wassermenge, sondern der *thermodynamische Zustand des Wassers* wichtig.

Tab. 41. Gleichgewichtseinstellung zwischen der relativen Wasserdampfkonzentration in der Luft (% rel. Feuchte) und dem potentiellen osmotischen Druck (bar) einer Lösung bei 20 °C im geschlossenen System (umgerechnet nach WALTER 1931)

% rel. Luftfeuchte	bar	% rel. Luftfeuchte	bar
100	0	93,0	97,9
99,5	6,7	92,0	112
99,0	13,5	91,0	126
98,5	20,3	90,0	141
98,0	27,2	80,0	301
97,5	34,1	70,0	481
97,0	41,0	60,0	687
96,0	55,0	50,0	933
95,0	69,1	0	∞
94,0	83,2		

Für diesen Wasserzustand hat H. WALTER den Ausdruck Hydratur geprägt. Die Hydratur ist am höchsten, wenn Wasser völlig frei verfügbar ist, z. B. als destilliertes Wasser oder in wasserdampfgesättigter Luft. In einer Lösung sinkt die Hydratur mit zunehmender Konzentration osmotisch wirksamer Stoffe, in der Luft sinkt sie mit abnehmendem Sättigungsgrad. Der Wasserzustand eines Systems wird in bar oder in % relativer Feuchte angegeben (Tab. 41). In Protoplasten mit Zentralvakuole besteht ein enger Zusammenhang zwischen der osmotischen Wasserbindung im Zellsaftraum und der Wasserverfügbarkeit im Protoplasma, der potentielle osmotische Druck des Zellsaftes kann daher als Indiz für den Wasserzustand im Zellinneren und damit des Protoplasmas angesehen werden.

Das Wasserpotential

Der thermodynamische Zustand des Wassers in der Zelle kann mit dem des reinen Wassers verglichen und als Arbeitsvermögen ausgedrückt werden. Das *Wasserpotential* Ψ ist nach der Definition von R. O. SLATYER und S. A. TAYLOR (1960) *die Arbeit, die nötig ist, um gebundenes Wasser auf das Potentialniveau reinen Wassers zu heben.* Wasserpotentiale werden daher jeweils in Energieeinheiten (erg. $\cdot$ cm^{-3}, erg. $\cdot$ g^{-1} oder J $\cdot$ kg^{-1}) angegeben, die über die Beziehung 100 J $\cdot$ kg^{-1} = 1 bar in Druckgrößen übertragbar sind.

Das Potential reinen Wassers dient als *Bezugsbasis* und wird gleich null gesetzt. In Lösungen ist Wasser osmotisch gebunden, es muß Energie zugeführt werden, um dieses Wasser verfügbar zu machen. Das *osmotische Wasserpotential* Ψ_π ist niedriger als das von reinem Wasser, es ist daher stets negativ. Das an Kolloide und hydrophile Oberflächen gebundene Wasser besitzt ebenfalls ein negatives Potential *(matrikales*

Wasserpotential Ψ_τ). Setzt man Wasser unter Druck, so wird seine freie Energie erhöht, das *Druckpotential* Ψ_p ist gegenüber druckfreiem Wasser positiv. Zur Kennzeichnung der Wasserverfügbarkeit (d.h. des Arbeits- und Diffusionsvermögens) wird also das Wasserpotential des wäßrigen Systems (Zelle, Zellkompartimentinhalt, Außenlösung) bezogen auf das Potential reinen Wassers Ψ_{H_2O} angegeben; die Wasserverfügbarkeit ist um so schlechter, je negativer das Potential des in Betracht gezogenen Systems ist.

Der Wasserzustand der Zelle als Fließgleichgewicht

Zwischen Orten ungleichen Wasserpotentials besteht eine *Potentialdifferenz* $\Delta\Psi$. In Analogie zur elektrischen Spannung, die zwischen Orten verschiedenen elektrischen Potentials auftritt, kann man auch hier von einer Spannung sprechen, der **Saugspannung**. Diese geht vom System mit dem relativ negativeren (niedrigeren) Wasserpotential aus. Jede Potentialdifferenz schafft die Voraussetzung für einen Potentialausgleich. Im Wasserhaushalt der Zelle wird dieser durch Wasser- oder Stofftransport bewerkstelligt; Wassertransport erfolgt immer in Richtung auf das System mit dem niedrigeren Wasserpotential. Wenn kein Diffusionshindernis vorliegt, stellt sich innerhalb der Zelle und zwischen den Zellen und ihrer Umgebung rasch ein *Hydraturgleichgewicht* ein. Ein hohes Dampfdruckdefizit der Luft entzieht den Zellen Wasser und verschlechtert deren Hydratur, das Wasserpotential verschiebt sich gegen stark negative Werte. Umgekehrt saugen Lösungen in Zellkompartimenten (vor allem der Zellsaft) aufgrund ihres osmotischen Potentials leichter verfügbares Wasser aus ihrer Umgebung an und sind imstande, Wasser gegenüber anderen Saugwirkungen festzuhalten.

Die Gesetzmäßigkeiten des osmotischen Wassertransports in Pflanzenzellen sind schon vor fast hundert Jahren im grundsätzlichen von W. PFEFFER und D. A. DE VRIES aufgeklärt und zu Beginn dieses Jahrhunderts vor allem von A. URSPRUNG, G. BLUM, O. RENNER und K. HÖFLER analysiert worden.

Die Vorgänge beim osmotischen Wassertransport lassen sich am einfachsten an dem aus pflanzenphysiologischen *Experimenten* bekannten Modell der Einzelzelle im hypotonischen und im hypertonischen Medium darstellen (Abb. 141). Dabei ist aber zu beachten, daß diese Situation *in der Natur* nur bei Meerespflanzen in aussüßenden und austrocknenden Gezeitentümpeln vorkommt.

Einzelzelle im hypotonischen Medium. Legt man eine Zelle in ein hypotonisches Medium, so saugt diese Wasser an, das durch das Protoplasma in den Zellsaft einströmt, wodurch das Vakuolenvolumen beträchtlich zunimmt. Die Vakuole bläht sich auf und preßt das Plasma gegen

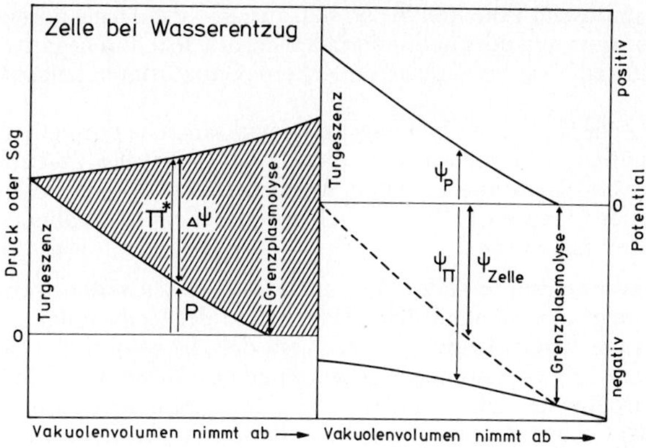

Abb. 141. Schematisches Diagramm der osmotischen Saugwirkung (links) und des Wasserpotentials (rechts) einer vakuolisierten Pflanzenzelle in einem hypertonischen Medium.
Osmotisches Zustandsdiagramm: Bei Wasserentzug nimmt das Vakuolenvolumen ab, die Zellsaftkonzentration und damit der potentielle osmotische Druck erhöht sich und der Gegendruck der Zellwand läßt nach. Die aktuelle Saugspannung der Zelle $\Delta\Psi$ (schraffiertes Feld) bei einem bestimmten Vakuolumen ergibt sich aus der Distanz zwischen der Kurve für den potentiellen osmotischen Druck π^* und der Wanddruckkurve *P*. Nach Höfler (1920).
Wasserpotentialdiagramm: Mit zunehmendem Wasserentzug wird das osmotische Potential Ψ_π stärker negativ, das Druckpotential Ψ_P fällt von positiven Werten auf Null; das Wasserpotential der Zelle ergibt sich aus der Summation für Ψ_π und Ψ_P. Nach Barrs (1968).

die Zellwand, die elastisch gedehnt wird und einen Gegendruck (Wandspannung *P*) ausübt. Die Saugspannung der Zelle ($\Delta\Psi$) bei einer bestimmten Gleichgewichtslage ergibt sich aus der *osmotischen Zustandsgleichung:*

$$\Delta\Psi = \pi^* - P \qquad (30)$$

Der Sog, den die Zelle entwickelt, kann nicht größer sein als das osmotische Saugvermögen der Vakuole (*potentieller osmotischer Druck* π^*), außerdem ist er begrenzt durch den *Gegendruck der Zellwand P.* Zunehmender osmotischer Druck verstärkt den Sog, größerer Wanddruck vermindert ihn.

Die osmotische Zustandsgleichung kann auch als *Wasserpotentialgleichung* ausgedrückt werden:

$$\Psi_{Zelle} = \Psi_\pi + \Psi_P \qquad (31)$$

Das osmotische Potential Ψ_π ist stets negativ, das Druckpotential Ψ_P kann positiv, null oder in Sonderfällen negativ sein. Ein negatives Wasserpotential Ψ_{Zelle} besagt, daß die Zelle als Ganzes unter Saugspannung steht.
In der Zelle sind auch Quellungskräfte wirksam. Die Formeln (30) und (31) müßten also noch um den Betrag des *matrikalen Potentials* von Plasma und Zellwand erweitert werden. Das matrikale Potential ist aber in den meisten Fällen vernachlässigbar klein (Ausnahme: Zellen ohne Zentralvakuole).

Die wassergesättigte Zelle. Mit zunehmendem Wassereinstrom in die Zelle steigt der Binnendruck *(Turgor)* und der Zellwandgegendruck an, bis die Wandspannung so groß ist, daß die osmotische Saugwirkung des Zellsaftes kompensiert wird und der Wassernachschub in die nun turgeszente Zelle zum Stehen kommt. Bei hohem Wassergehalt wird die Gesamtsaugspannung der Zellen durch den Turgordruck also rasch vermindert. Bei Wassersättigung gilt

$$\pi^* = P, \qquad \text{daher } \Delta\Psi_{Zelle} = 0 \qquad (32)$$

Einzelzelle in hypertonischem Medium; Grenzplasmolyse. Bringt man eine Zelle in eine stärker konzentrierte Lösung als die Vakuole sie besitzt, so wird der Zelle Wasser entzogen. Dadurch verkleinert sich das Vakuolenvolumen und die elastisch gedehnte Zellwand übt immer weniger Druck auf den Protoplasten aus. Schließlich schrumpft das Zellvolumen auf einen Grenzwert, von dem ab die Zellwand sich nicht mehr zusammenziehen kann; der Protoplast beginnt sich nun von der Zellwand abzulösen *(Grenzplasmolyse).* Der Zustand der Grenzplasmolyse ist dadurch gekennzeichnet, daß der potentielle osmotische Druck unbehindert zur Wirkung kommt:

$$P = 0, \qquad \text{daher } \Delta\Psi_{Zelle} = \pi^* \qquad (33)$$

Gewebe in wäßrigem Medium. Im *Gewebeverband* wird der Wanddruck durch Nachbarzellen unterstützt oder behindert, es muß daher die Gewebespannung mitberücksichtigt werden.

$$\Delta\Psi = \pi^* - (P_{Zellwand} \pm P_{Gewebe}) \qquad (34)$$

Wenn die Nachbarzellen *gleichsinnig* mit dem Wanddruck wirken, wird der Zustand der Turgeszenz schon bei niedrigen Wassergehalten (bei einem kleineren Vakuolenvolumen) erreicht. Das ist wichtig für zartwandige Gewebe, die auf diese Weise ihre Turgorfestigkeit ohne allzugroße Wasserfüllung erlangen. Bei flächig verwachsenen und *starren Zellwänden* wird andererseits zu erwarten sein, daß diese den schrumpfenden Protoplasten nicht gut folgen können, so daß eine Zugspannung ($-P$) auftritt und die für den Wassernachschub wesentliche Größe $\Delta\Psi$ hohe Werte erreicht, ohne daß der potentielle osmotische Druck stark anwachsen müßte. Die volle Saugleistung kommt unter diesen Umständen schon bei einem mäßigen Entwässerungsgrad zur Wirkung.

Zellen von Landpflanzen in ihrer natürlichen Umgebung. Die Zellen der Landpflanzen verlieren Wasser durch die *Verdunstung* von der Oberfläche der Zellwände. In die austrocknenden Zellwände fließt Wasser aus dem Protoplasma und bei homoiohydren Pflanzen aus der Vakuole nach, die Zellen beginnen zu *welken.* Eine Plasmolyse tritt bei Landpflanzen nicht ein, weil die Zellwände für Luft undurchlässig sind. Die Wände folgen daher den Protoplasten, werden nach innen gezogen und können sich dabei sogar fälteln. Die Wasserpotentialgleichung gilt selbstverständlich auch für die Zellen und Gewebe der Landpflanzen. Bei Wasserverlust wächst die Saugspannung bis zum Welkepunkt *(Turgornullpunkt)* rasch, dann proportional mit der Zunahme der Zellsaftkonzentration an (Abb. 142). Kommt es bei extremer Austrocknung zur Schädigung von Biomembranen, so bricht das osmotische System und damit das Saugvermögen der Zellen jäh zusammen.

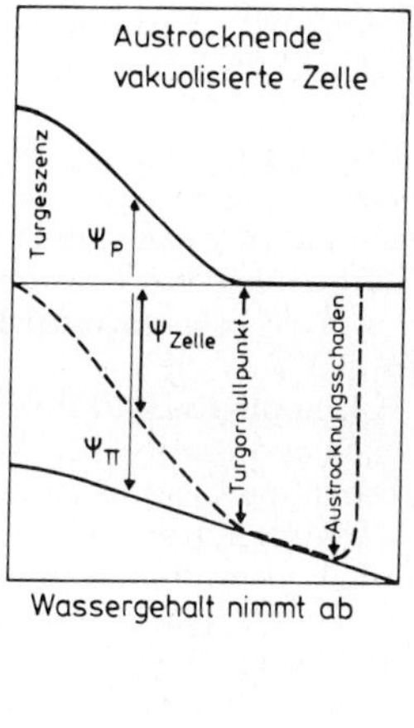

Abb. 142. Wasserpotentialdiagramm für austrocknende vakuolisierte Pflanzenzellen in Luft. Vereinfachte schematische Darstellungen nach Meßergebnissen von KYRIAKOPOULOS und LARCHER (1975) und POSPIŠILOVA (1975).

7.3 Der Wasserhaushalt der Pflanze

Das Sproßsystem der Landpflanzen ragt in den Luftraum, an den es durch Verdunstung ständig Wasser verliert, das aus dem Boden nachgeschafft werden muß. Transpiration, Wasseraufnahme und Wasserleitung von den Wurzeln zu den transpirierenden Flächen sind die untrennbar miteinander gekoppelten **Grundvorgänge des Wasserhaushaltes**. Das Wasserdampfdruckdefizit der Luft ist dabei die antreibende Kraft für die Verdunstung, das Wasser im Boden die entscheidende Versorgungsgröße. Der Wasserhaushalt wird aufrechterhalten durch einen ständigen Nachstrom von Wasser, seine Gleichgewichtslage ist ein *Fließgleichgewicht* im wörtlichen Sinn.

7.3.1 Die Wasseraufnahme

Die Pflanzen können Wasser über ihre ganze Oberfläche aufnehmen, in bevorzugtem Maß erfolgt die Wasserversorgung der Pflanze jedoch aus dem Boden. Bei den Höheren Pflanzen übernimmt diese Aufgabe die Wurzel als spezialisiertes Absorptionsorgan. Niedere Pflanzen sind wurzellos und daher auf direkte Wasseraufnahme durch ihre oberirdischen Teile angewiesen.

7.3.1.1 Direkte Wasseraufnahme durch Thalli und Sprosse

Thallophyten saugen Wasser aus feuchten Unterlagen und nach *Benetzung* mit Regen, Tau und Nebel kapillar an und quellen dabei. Vollgesogen enthalten Pilzfruchtkörper, Gallertflechten und Torfmoose bis zu 15mal soviel Wasser wie im trockenen Zustand, die meisten Moose 3–7mal, Flechten 2–3mal soviel. Die Wasseraufnahme erfolgt schnell, nach wenigen Minuten sind die Thalli durchtränkt, nach einer halben Stunde voll aufgequollen. Bakterien, niedere Pilze, Pilzhyphen, manche Algen und manche Flechten sind auch imstande, *feuchter Luft* Wasser zu entziehen und dabei ihren Quellungsgrad zu erhöhen. Die aufgenommene Wassermenge ist aber nie so groß wie bei Benetzung und der Feuchteangleich an die Umgebung dauert i. d. R. mehrere Tage.

Die **Kormophyten** sind durch einen kutikulären Verdunstungsschutz abgedichtet. In demselben Maße, in dem die *Cuticula* den Wasseraustritt durch die Oberfläche des Sprosses behindert, erschwert sie auch einen Wassereintritt nach Benetzung. Eine nennenswerte direkte Wasseraufnahme erfolgt bei Sproßpflanzen daher, wenn überhaupt, dann hauptsächlich an bevorzugten Durchtrittstellen wie *Hydathoden* (wasserdurchlässige Stellen der Epidermis) und nicht kutinisierte Ansatzstellen benetzbarer Haare. Bei epiphytischen Bromeliaceen sind quellbare *Saugschuppen* für die Wasserversorgung von Bedeutung.

7.3.1.2 Die Wasseraufnahme aus dem Boden

Das Wasser im Boden

Das Wasser gelangt durch die Niederschläge in den Boden und sickert allmählich tiefer bis zum Grundwasserspiegel. In gut durchlässigen Böden beträgt die Versickerungsgeschwindigkeit einige Meter pro

Jahr, in Lehmböden 1–2 m, in sehr dichten Böden nur einige dm pro Jahr. Ein Teil des eindringenden Wassers, das *Haftwasser*, wird aber im Hohlraumgefüge des Bodens abgefangen und gespeichert. Wieviel Wasser als Haftwasser in den oberen Bodenschichten bleibt und wieviel als *Senkwasser* absinkt, hängt vor allem von der Bodenart und der Porengrößenverteilung des Bodens ab. Poren bis etwa 10 µm halten das Wasser durch Kapillarkräfte fest, gröbere Poren über 60 µm lassen es rasch versickern.

Das Wasserspeicherungsvermögen des Bodens. Der Sättigungswassergehalt natürlich gelagerter Böden nach Durchsickern des rasch beweglichen Senkwassers wird *Feldkapazität* genannt und in g H_2O pro 100 ml Bodenvolumen angegeben. Nach längeren Regenperioden und nach der Schneeschmelze im Frühjahr bleibt Senkwasser in den oberen Bodenschichten hängen, so daß auch dieses vom Wurzelfilz der Vegetation ausgenützt werden kann *(nutzbares Senkwasser)*. Feinkörnige Böden und solche mit hohem Gehalt an Kolloiden und organischer Substanz speichern mehr Wasser als grobkörnige Böden, die Feldkapazität wächst daher in der Reihenfolge Sand, Lehm, Ton, Moor. Für die Pflanzen ist ein großes Wasserspeicherungsvermögen des Bodens von Vorteil, weil dadurch niederschlagsfreie Perioden besser überbrückt werden.

Die Wasserbindung im Boden. Das Haftwasser ist durch *Oberflächenkräfte* an Bodenkolloide angelagert, es wird *kapillar in Bodenporen* festgehalten und kann (besonders in Salzböden) durch Ionen *osmotisch* gebunden sein. Das Bodenwasser ist also, ebenso wie das Wasser in der Pflanze, nicht völlig frei beweglich. Wenn der Boden nicht wassergesättigt ist, fällt das **Wasserpotential** auf zunehmend negative Werte. Die Wasserbindung im Boden kann durch die Wasserpotentialgleichung beschrieben und in bar oder $J \cdot kg^{-1}$ angegeben werden. In den meisten Böden ist die osmotische Wasserbindung durch Ionen in der Bodenlösung vernachlässigbar klein, desgleichen Ψ_P, das den hydrostatischen Druck auf das Porenwasser erfaßt. Das entscheidende Wasserpotential im Boden ist das *matrikale (auch „kapillare") Wasserpotential* Ψ_τ, der Druck, mit dem das Haftwasser kapillar und adsorptiv gebunden ist. Das matrikale Potential ist besonders groß in feinporigen Böden. Nach W. R. Gardner (1968) gilt für den kapillaren Anteil des matrikalen Potentials die Beziehung

$$\Psi_{cap} = -\frac{4\,\sigma}{q} \approx -\frac{290}{q}\,[J \cdot kg^{-1}] \qquad (35)$$

wobei σ die *Oberflächenspannung* des Wassers und q den *Porendurchmesser* (in µm) bezeichnet. Die Wasserbindung und damit die Bodensaugspannung nimmt stark zu, wenn bei Bodenaustrocknung die weitlumigen Poren entleert sind und nur noch die Feinporen unter

0,2 µm Kapillarwasser enthalten. In sandigen Böden mit grober Kornstruktur erfolgt dieser Umschlag besonders unvermittelt, in Lehm- und Tonböden mit allen Übergängen zwischen mittleren und feinsten Poren verschlechtert sich das Wasserpotential weniger abrupt (Abb. 143).

Die Wasseraufnahme durch die Wurzel

Die Pflanze entnimmt dem Boden nur so lange Wasser, als ihre Feinwurzeln eine Saugspannung aufweisen, die mit der Bodensaugspannung konkurrieren kann. Die Wasseraufnahme ist um so ergiebiger, je größer die absorbierende Oberfläche des Wurzelsystems ist und je leichter die Wurzeln dem Boden Wasser entziehen können.

$$W_a = A \cdot \frac{\Psi_{Boden} - \Psi_{Wurzel}}{\sum r} \qquad (36)$$

Nach dieser Formel von W. R. Gardner (1968) ist die vom Wurzelsystem pro Zeiteinheit absorbierte Wassermenge W_a proportional der *Austauschfläche* A im durchwurzelten Raum (aktive Wurzeloberfläche pro Volumeneinheit des Bodens mal durchwurzeltes Bodenvolumen) und dem *Potentialunterschied* zwischen Wurzel und Boden, sie ist umgekehrt proportional den *Transportwiderständen* r für das Wasser im Boden und beim Übergang vom Boden in die Pflanze. Die aktive Wurzeloberfläche krautiger Kulturpflanzen beträgt rund 1 $cm^2 \cdot cm^{-3}$, jene von Holzpflanzen liegt in der Größenordnung von 0,1 cm^2 pro cm^3 Bodenvolumen.

Die Wurzeln entwickeln meist Saugspannungen von wenigen bar, die aber völlig ausreichen, um aus den meisten Böden den größten Teil des Haftwassers zu entnehmen. Das läßt sich aus Abb. 143 ablesen: Durch einen Sog von nur 2 bar entnehmen die Wurzeln mehr als $^2/_3$ des in einem Sandboden speicherbaren Wassers; ein Lehmboden, der durch seine Feinporigkeit das Wasser stärker festhält, gibt die Hälfte seines Haftwasservorrats bei einer Saugspannung der Wurzeln von nur 6 bar her. In begrenztem Ausmaß können manche Pflanzen ihre **Wurzelsaugspannung** noch erhöhen und dem Boden etwas mehr Wasser entziehen. Unter den krautigen Pflanzen humider Gebiete vermögen an dauernd feuchte Standorte gebundene Arten *(Hygrophyten)* ihre Wurzelsaugspannung höchstens auf Werte bis etwa 10 bar zu steigern, *Kulturpflanzen* auf 10 bis 20 bar, Arten sonniger Standorte *(Mesophyten)* bis 40 bar. Pflanzen der Trockengebiete *(Xerophyten)* erreichen Wurzelsaugspannungen von mehr als 60 bar. Für *Waldbäume* gelten 30 bar als Grenze. Bei größerer Bodensaugspannung ist eine weitere Wasserentnahme nur möglich, wenn aus wurzelfreien Bodenbezirken Wasser nachströmt. In grobporigen Sandböden reißen die Wasserfäden des Kapillarsystems schon bei geringer Spannung, die **Nachleitung** bricht also bald zusammen. In Tonböden mit sehr feinen Kapillaren wird Wasser auch bei hohen Saugspannungen nachgeleitet, die Wasserbewegung erfolgt aber sehr langsam und nur über kurze Strecken (einige mm bis cm). Wenn die Wasservorräte in der unmittelbaren Umgebung der Wurzeln erschöpft sind, bleibt den Pflanzen noch die Möglickeit, durch **Wurzelwachstum** dem Wasser zu folgen und die aktive Wurzeloberfläche zu vergrößern. Das Wurzelsystem einer Pflanze ist auf der Suche nach Wasser ständig in Bewegung. Bei fortschreitender Bodenaustrocknung können stellenweise Wurzelteile absterben und vertrocknen, während die Wurzel an anderen Stellen viele Meter weiterwächst und sich dicht verzweigt. Diese Fähigkeit ist bei den Pflanzen der Trockengebiete besonders ausgeprägt.

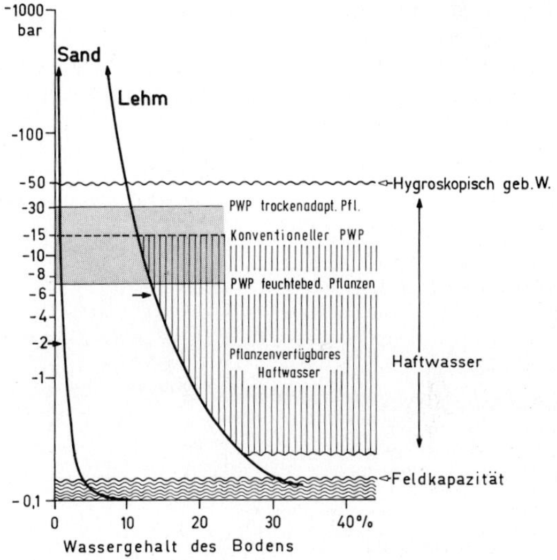

Abb. 143. Schema der Abhängigkeit des Wasserpotentials eines Sandbodens und eines Lehmbodens vom Wassergehalt des Bodens. Je nach Porengröße beträgt das Wasserpotential bei Feldkapazität 0,05 bar (Sandboden) bis 0,15 bar (Lehmboden). *Konventionelle Grenzwerte:* Ausschließlich hygroskopisch gebundenes Wasser ab einer Saugspannung von 50 bar, der Wassergehalt bei Feldkapazität wird bei 0,15 bar bestimmt, der permanente Welkungspunkt (PWP) bei 15 bar. Die von Pflanzen *ausschöpfbare Haftwassermenge* hängt vom spezifischen PWP der auf diesem Boden wachsenden Pflanzen ab. Die schwarzen Pfeile beziehen sich auf Hinweise im Text. Nach KRAMER (1949), LAATSCH (1954), SLATYER (1967) und Angaben bei GRADMANN (1928).

Permanentes Welken und pflanzenverfügbares Wasser im Boden

Wenn eine Pflanze nicht mehr imstande ist, ihr Wasserpotential gegenüber dem Wasserpotential des Bodens zu erniedrigen, welkt sie permanent, d.h. sie erholt sich auch nicht über Nacht, selbst wenn man sie – etwa durch Überstülpen einer Nylonhülle – vor Verdunstung schützt (*Permanenter Welkungspunkt* PWP; L. J. Briggs und H. L. Shantz 1911). In normierten landwirtschaftlich-bodenkundlichen Untersuchungen wird der PWP bei einem Bodenwasserpotential von −15 bar angenommen. Für ökologische Fragestellungen muß der für die untersuchte Pflanzenart gültige permanente Welkebereich bestimmt werden, der zwischen −10 und −40 bar liegen kann.

Die *pflanzenverfügbare Wassermenge* ist daher nicht einfach aus der Differenz zwischen dem Bodenwassergehalt bei Feldkapazität und bei permanentem Welken berechenbar, sie muß von Fall zu Fall über die Wasserpotentialdifferenz zwischen Boden und Wurzel (s. Formel 36) bestimmt werden. Dies auch deshalb, weil die bis zum Welken verfügbare Wassermenge nicht gleichmäßig gut, sondern mit sinkendem Wasserpotential des Bodens zunehmend schwerer entnommen werden kann.

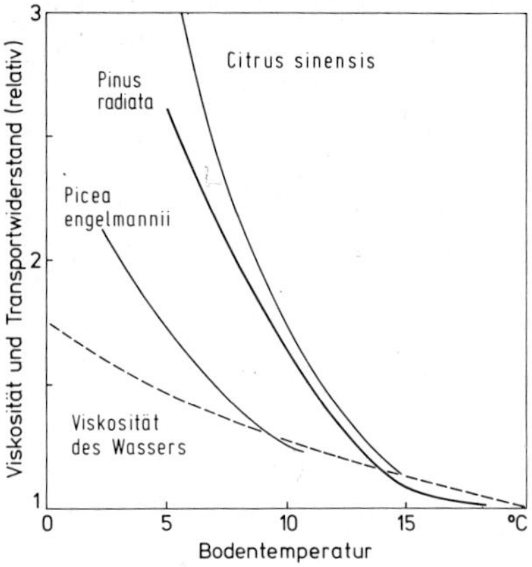

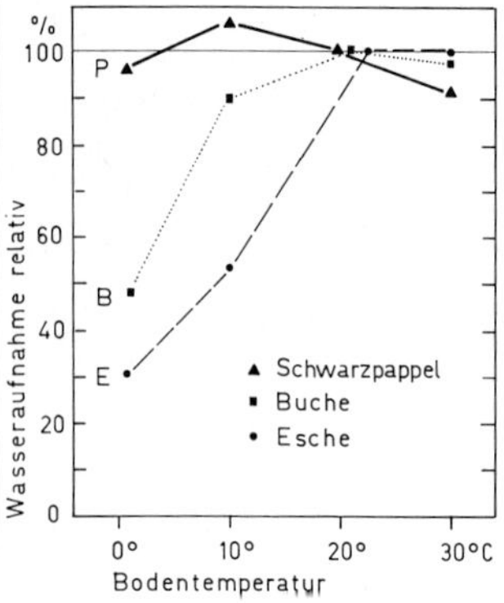

Abb. 144. Relativer *Widerstand für den Wassertransport* in und durch die Pflanze und relative *Viskosität des Wassers* (bezogen auf die Viskosität bei 20 °C) bei abnehmender Bodentemperatur. Bei Orangenbäumchen und subtropischen Montereykiefern wird wenig unter 15 °C die herabgesetzte Wurzelpermeabilität für die Wasseraufnahme begrenzend, bei Engelmannsfichten aus 3000 m MH geschieht dies erst zwischen 5 und 10 °C. Nach Elfving, Kaufmann und Hall (1972) und Kaufmann (1975, 1977).

Abb. 145. Temperaturabhängigkeit der Wasseraufnahme durch die Wurzeln von *Populus nigra, Fagus sylvatica* und *Fraxinus excelsior.* Nach Döring (1935).

Wasseraufnahme und Bodentemperatur

Die Bodentemperatur beeinflußt die Wasseraufnahme der Pflanze über die temperaturabhängige Absorptionsleistung der Wurzel und über den Transportwiderstand für das Wasser im Boden. Aus warmen Böden entnehmen die Pflanzen Wasser leichter als aus kalten. Bei niedrigen Temperaturen sinkt die Wasserpermeabilität des Protoplasmas (Abb. 144), vor allem aber erlahmt das Wurzelwachstum (vgl. Kap. 3.2.2), das für das Aufsuchen ergiebiger Bodenbereiche so außerordentlich wichtig ist. Die Temperaturabhängigkeit der Wasseraufnahme läßt eine Anpassung an die vorherrschende Bodentemperatur auf dem Wuchsplatz der Pflanzen erkennen (Abb. 144 und 145). Arten der gemäßigten Zone mit frühem Entwicklungsbeginn werden in der Regel durch Bodenkälte weniger beeinträchtigt als Arten mit spätem Entwicklungsbeginn. Bei Bohnen, Tomaten, Gurken, Kürbis und anderen Pflanzen aus wärmeren Ländern wird die Wasseraufnahme schon bei 10–15 °C herabgesetzt und kommt unter 5 °C zum Erliegen, wogegen Tundrapflanzen, Hochgebirgspflanzen und auch manche Waldbäume knapp über 0 °C und sogar aus teilweise gefrorenem Boden Wasser aufnehmen können. Unter − 1 °C ist alles Porenwasser im Boden gefroren (r in Formel 36 wird unendlich groß) und die Pflanzen können kein Wasser mehr aufnehmen.

7.3.2 Der Wassertransport

7.3.2.1 Der Weg des Wassers in der Pflanze

Wasser wird in der Pflanze durch *Wasserverschiebung* von Zelle zu Zelle (Nahtransport) und durch *Wasserleitung* in Xylembahnen (Ferntransport) entlang dem Wasserpotentialgefälle befördert.

Die **Wasserverschiebung** im Gewebeverband erfolgt einerseits durch *osmotischen Wassertransport*, vor allem aber nach dem *Dochtprinzip kapillar* in den Zellwänden. Auf diese Weise gelangt das Wasser im Rindenparenchym der Wurzel bis an die Endodermis. Die Wurzelrinde übernimmt die Aufgabe eines Staubeckens, das kurzfristige Zuflußschwankungen aus dem Boden ausgleicht. In der *Endodermis* wird der apoplasmatische Wandtransport durch hydrophobe Einlagerungen oder Verholzung der Zellwände unterbunden. Dadurch wird der gesamte Wassereinstrom auf Durchlaßstellen der Endodermis kanalisiert. Im *Zentralzylinder* der Wurzel fließt das Wasser in das Fernleitsystem der Pflanze ein, hier geht die Wasserverschiebung in **Wasserleitung** über. Die Parenchymzellen des Zentralzylinders sind der Ursprungsort des **Wurzeldruckes**, der entsteht, wenn Wasser (zusammen mit Nährionen) in das Gefäßsystem beschleunigt eingeschleust wird.

Das *Gefäßnetz* ist auf rasche Weiterleitung und Verteilung des Wassers in der gesamten Pflanze eingerichtet. Das Wasser wird hauptsächlich als Massenströmung im Gefäßlumen befördert *(vasculäre Gefäßleitung)*. Ein Wassertransport in den Zellwänden ist auch im Fernleitsystem nachweisbar, er ist aber mengenmäßig unbedeutend. In den *Blättern* teilen sich die Xylembahnen auf feine Verästelungen auf, an deren tracheidalen Enden das Wasser vom Gefäßbündelparenchym übernommen wird; von dort aus verteilt es sich durch Wasserverschiebung auf die Mesophyllzellen.

7.3.2.2 Die Pflanze im Wasserpotentialgefälle zwischen Boden und Luft

Die Pflanze überbrückt das *steile Wasserpotentialgefälle zwischen Boden und Luft* (Abb. 146). Dadurch, daß der Sproß dem Dampfdruckdefizit der Luft (also einem niedrigen Wasserpotential) ausgesetzt ist, wird ein Wasserstrom durch die Pflanze in Gang gesetzt.
Für den **Wassertransport** gelten analoge Gesetzmäßigkeiten, wie sie für den elektrischen Stromfluß durch das Ohm'sche Gesetz beschrieben werden. Es ist daher durchaus sinnvoll, die Verhältnisse im System Boden-Pflanze-Atmosphäre mit Analogschaltbildern schematisch darzustellen. Das *Potentialgefälle* im Kontinuum Boden-Pflanze-Atmosphäre ist der *Motor des Wassertransports* durch die Pflanze. Infolge der verschiedenen Nachleitwiderstände innerhalb der Pflanze kommt ein Saugspannungsgefälle von der Blattoberfläche über das Leitungssystem bis zur Wurzel zustande (Abb. 147). B. HUBER, H. GRADMANN und T. H. VAN DEN HONERT haben die Beziehung zwischen dem *Wasserdurchsatz* (Flux J entsprechend der Stromstärke), dem *Potentialgefälle* $\Delta\Psi$ (entsprechend der Spannung) und den *Nachleit- und Übergangswiderständen* Σr in folgende Form gebracht:

$$J = \frac{\Delta\Psi}{\Sigma r} \qquad (37)$$

Das Wasserpotential Ψ_z an einer bestimmten Stelle in der Pflanze ist umso negativer (die Saugspannung umso höher), je niedriger das Wasserpotential im Boden ist, je mehr die Schwerkraftwirkung (Ψ_g) zur Geltung kommt, je größer die verschiedenen Übergangs- und Nachleitwiderstände r_i zwischen dem Boden und dem Bezugspunkt z im Sproß sind und je mehr Wasser die Pflanze durchströmt (Summe der Teilfluxe Σj_i).

Eine entsprechende Formel hat H. RICHTER (1972) aufgestellt:

$$\Psi_z = \Psi_{Boden} + \Psi_g + \sum_{Boden}^{z} j_i \cdot r_i \qquad (38)$$

Aus den Formeln (37) und (38) ergibt sich, daß ein *steiles Saugspannungsgefälle in der Pflanze* nur bei starkem Wasserdurchfluß, also

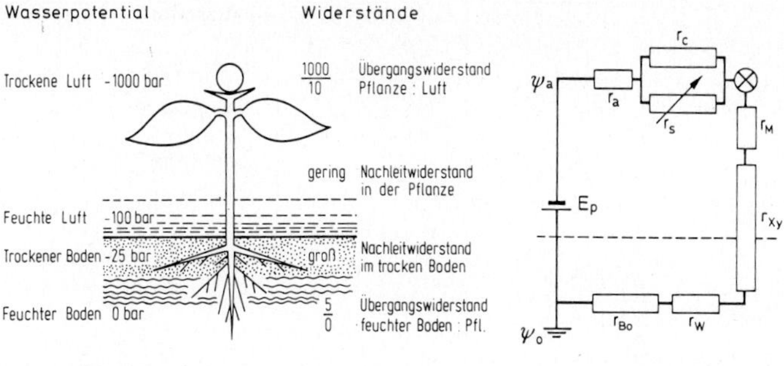

Abb. 146. Wasserpotentialgefälle und Transportwiderstände zwischen Boden, Pflanze und Atmosphäre. *Links:* Größenordnung von Saugspannung und Übergangswiderständen. Das größte Potentialgefälle herrscht zwischen der Sproßoberfläche und trockener Luft, dort befindet sich zugleich der größte Übergangswiderstand bei homoiohydren Pflanzen. Der hohe Übergangswiderstand ergibt sich aus dem großen Energiebedarf für die Wasserverdunstung und dem kutikulären Diffusionswiderstand (bei geschlossenen Spalten) bzw. dem stomatären Diffusionswiderstand. Nach Kausch (1955). *Rechts:* Wassertransportwiderstände in Schaltbilddarstellung. E_p: Potentielle Evaporation, ψ_o: Wasserpotential der flüssigen Phase im Boden, ψ_a: Wasserpotential der Atmosphäre, r_{Bo}: Nachleitwiderstände im Boden, r_W: Transportwiderstand in Saugwurzeln und in der Wurzelrinde, r_{Xy}: Leitungswiderstand in den Gefäßen (Xylem) von Wurzeln, Sproß, Blattstielen und Blattadern, r_M: Transportwiderstand im Mesophyll, r_c: kutikulärer Widerstand, r_s: regulierbarer stomatärer Diffusionswiderstand, r_a: Grenzschichtwiderstand an der Sproßoberfläche, ⊗: Phasenübergang flüssig – dampfförmig. Nach Cowan (1965), Boyer (1974) und Kreeb (1974a).

bei großer Transpirationsbelastung zu erwarten ist. Unter diesen Bedingungen ist auch der Kohäsionszug, der auf das Leitungssystem wirkt, groß. Dies wird ausgenützt, um über die Bestimmung der *Xylemsaugspannung* einen Eindruck vom Saugspannungszustand der Gesamtpflanze zu bekommen. Schneidet man ein Blatt oder einen Zweig ab, so wird das Gefäßwasser plötzlich entlastet und in die Gewebe nachgezogen. Wird der Zweig sogleich nach dem Abschneiden in eine Druckapparatur eingeführt, wie sie von P. F. Scholander und Mitarbeitern (1965) entwickelt worden ist, so kann man durch langsam gesteigerten Außendruck die Saugspannung der Zellen kompensieren und die Wasserfäden in den Gefäßen in ihre ursprüngliche Lage zurückdrängen. Der Überdruck, den man am Manometer abliest, entspricht der Saugspannung der Zellen im Zweig und zugleich dem Kohäsionszug, unter dem das Gefäßwasser im Leitungssystem an dieser Stelle der Pflanze stand.

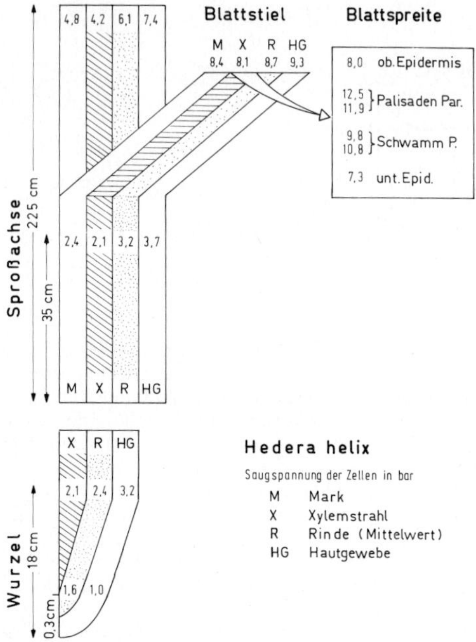

Abb. 147. Saugspannungsgradienten in einer Efeupflanze. Die Saugspannung ist stets am niedrigsten im Bereich der Leitungsbahnen des Transpirationsstromes; in der Wurzel ist sie am höchsten in der Rhizodermis, die das Wasser ansaugt, in den oberirdischen Pflanzenteilen in jenem Gewebe, das am stärksten transpiriert (Epidermis der Sproßachse und Mesophyll der Blätter). Innerhalb der Gesamtpflanze steigt die Saugspannung von unten nach oben und über den Blattstiel zum Blatt an. Nach URSPRUNG und BLUM (1918).

7.3.2.3 Die Durchflußleistung des Transpirationsstromes

Die **Wassermenge**, die in der Zeiteinheit durch das Leitungssystem befördert wird, ist um so größer, je größer die *durchströmte Fläche* (Leitfläche) und je höher die *Strömungsgeschwindigkeit* ist. Die Strömungsgeschwindigkeit wiederum hängt von den Leitungswiderständen und der Potentialdifferenz $\Psi_{Blatt} - \Psi_{Wurzel}$ ab.

Die Leitfläche einer Sproßachse oder eines Blattstiels ist die Summe der *Querschnittsflächen aller Xylemelemente.* Die Leitfläche wird meist auf die Masse der Pflanzenteile bezogen, die durch sie versorgt werden (*relative* Leitfläche), z.B. die Leitfläche eines Blattstiels auf das

Frischgewicht des dazugehörigen Blattes, die Leitfläche eines Stengels auf das Gesamtgewicht des anschließenden Sprosses. Die relative Leitfläche ist ein Maß für die Versorgbarkeit der einzelnen Sproßteile der Pflanze. Sie ist groß bei Pflanzen, die sehr stark transpirieren: manche Wüstenpflanzen besitzen relative Leitflächen von 2–3 $mm^2 \cdot g^{-1}$. Bei Ericaceenzwergsträuchern, mediterranen Sträuchern und Stauden, Steppenpflanzen und krautigen Pflanzen sonniger Standorte kommen Werte zwischen 1 und 2 $mm^2 \cdot g^{-1}$ vor. Die meisten Holzpflanzen und Schattenpflanzen weisen weniger als 0,5 $mm^2 \cdot g^{-1}$ Leitfläche auf. Wasserpflanzen, aber auch Sukkulenten, besitzen besonders kleine Leitflächen. Auch innerhalb der Pflanze ändert sich die relative Leitfläche. Bei Bäumen nimmt sie von unten nach oben zu, wodurch die Wipfeltriebe begünstigt sind. Die Pflanze schafft auf diese Weise einen Ausgleich für die längere Leitstrecke.

Leitungswiderstände. Der Transpirationsstrom hat bei seinem Aufstieg eine Serie von Widerständen zu überwinden: Filtrationswiderstände in Querwänden, die in gewissen Abständen in die Leitungsbahnen eingeschaltet sind, und vor allem Reibungswiderstände in engen Gefäßen. Der spezifische Durchlaßwiderstand oder dessen Kehrwert, die *spezifische Leitfähigkeit* der Sproßachse, ist eine wichtige Größe zur Charakterisierung des Wasserleitsystems einer Pflanze. Die spezifische Wasserleitfähigkeit von Nadelhölzern ist halb so groß wie die von immergrünen Laubhölzern und diese wieder halb so groß wie die sommergrüner Laubhölzer (Tab. 42). Die Wurzeln mit ihren weitlumigen Gefäßen und Lianen leiten Wasser besonders gut.

Die Geschwindigkeit des Transpirationsstromes. Bei gegebener Leitfläche des Gefäßsystems wird um so mehr Wasser den oberirdischen Teilen der Pflanze zugeführt, je rascher der Transpirationsstrom fließt. Die *maximal mögliche Geschwindigkeit* des Transpirationsstromes hängt von Baueigentümlichkeiten des Leitungssystems, insbesondere von dessen Leitfähigkeit ab und ist an verschiedenen Stellen der Pflanze und je nach Pflanzentyp verschieden (Tab. 42). Solange die Wasseraufnahme der Wurzel nicht behindert ist, nimmt die Geschwindigkeit des Transpirationsstroms mit der treibenden Kraft, der Verdunstungsgeschwindigkeit, zu (Abb. 148). Der Transpirationsstrom stellt sich außerordentlich schnell auf die Transpirationsintensität ein, so daß er auch kurzfristige Verdunstungsschwankungen widerspiegelt und man aus Registrierungen der Strömungsgeschwindigkeit in Baumstämmen auf das Transpirationsverhalten der gesamten Baumkrone schließen kann. In größeren Bäumen beginnt die Wasserbewegung am Morgen im Wipfel und an den Zweigspitzen und zieht die Wasserfäden an der Stammbasis nach. Dann beginnt der Transpirationsstrom rasch zu fließen und erreicht bald nach Sonnenaufgang Höchstwerte. Am

Tab. 42. Spezifische Leitfähigkeit verschiedener Gewebe und Höchstgeschwindigkeit des Transpirationsstromes. Nach Angaben bei BERGER (1931), HUBER (1956), ZIMMERMANN und BROWN (1971), BAXTER und WEST (1977) und RAVEN (1977).

A. Spezifische Leitfähigkeit *($cm^2 \cdot s^{-1} \cdot MPa^{-1}$)*	
Parenchyme	10^{-7} bis 10^{-5}
Coniferenholz	5–10
Ericaceenzwergsträucher	2–10
Mikropore Angiospermenhölzer	5–50
Makropore und cyclopore Angiospermenhölzer	50–300
Lianenholz	300–500
Wurzelhölzer	200–1500
Faserwurzeln	1–2
Leitbündel krautiger Pflanzen	30–60 (250)
B. Höchstgeschwindigkeit des Transpirationsstromes *($m \cdot h^{-1}$)*	
Nadelhölzer	1–2
Mediterranes Hartlaub	0,4–1,5
Sommergrüne zerstreutporige Laubhölzer	1–6
Ringporige Laubhölzer	4–44
Krautige Pflanzen	10–60
Lianen	150

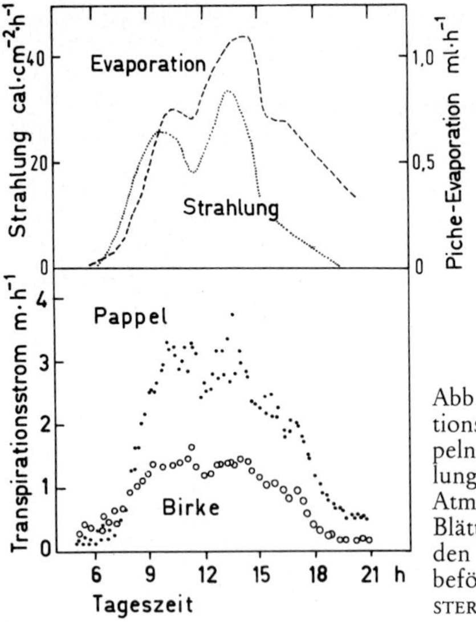

Abb. 148. Tagesgang der Transpirationsstromgeschwindigkeit in Pappeln und Birken. Wenn die Strahlung und die Verdunstungskraft der Atmosphäre die Transpiration der Blätter fördern, wird das Wasser in den Leitungsbahnen schneller hochbefördert. Nach KLEMM aus POLSTER (1967).

Abend wird der Transpirationsstrom langsamer, doch kann bis tief in die Nacht hinein ein schwacher Zustrom in die Stämme erfolgen, durch die sie ihre Wasserreserven wieder auffüllen.

7.3.3 Die Wasserabgabe

Die Pflanze gibt Wasser durch Verdunstung *(Transpiration)* und in sehr geringer Menge gelegentlich auch in flüssiger Form *(Guttation)* ab. Als Haushaltsgröße ist die Guttation mengenmäßig bedeutungslos, im folgenden ist daher unter Wasserabgabe stets die Transpiration gemeint.

7.3.3.1 Die Verdunstung von feuchten Oberflächen

Als *physikalischer Vorgang* folgt die Transpiration der Pflanzen den Gesetzmäßigkeiten der Wasserverdunstung von feuchten Oberflächen (**Evaporation**). Eine freie Wasserfläche gibt in der Zeiteinheit pro Flächeneinheit um so mehr Wasserdampf ab, je steiler das *Dampfdruckgefälle* zur Luft ist. Ein Dampfdruckgefälle entsteht, wenn an der Verdunstungsfläche der Wasserdampfgehalt der Luft ($g \cdot m^{-3}$) höher ist als in einiger Entfernung von dieser Fläche. Er ist hoch, wenn die verdunstende Fläche gut wasserversorgt und wärmer als die Luft ist. Starke Einstrahlung und die damit verbundene *Oberflächenerwärmung* führt also zu einem steileren Dampfdruckgradienten und damit zu rascherer Verdunstung. Auf diese Weise kommt eine Transpiration (und damit ein Wasserdurchsatz durch die Pflanze) auch bei hoher Luftfeuchtigkeit, ja sogar bei Feuchtesättigung der Luft zustande, was besonders in sehr humiden Regionen im Hinblick auf den Mineralstofftransport wichtig ist.

Eine Verdunstung bei unbegrenzter Wassernachführung und unbehinderter Abdiffusion des Wasserdampfes nennt man **potentielle Verdunstung** oder **Evaporationsvermögen** (Ev). Die potentielle Verdunstung wird mit Verdunstungswaagen gemessen oder aus Größen der Energiebilanz und des Luftmassenaustausches berechnet. Für Belange der Pflanzenökologie werden zur Ermittlung von Richtzahlen für das Evaporationsvermögen konventionell genormte Verdunstungskörper (Evaporimeter, richtiger: *Atmometer*) verwendet. Atmometermessungen sind sehr gut brauchbar für Relativvergleiche, jedoch nicht für die physikalische Analyse von Verdunstungsvorgängen. Die potentielle Verdunstung erreicht in den subtropischen Trockengebieten 10–15 $mm \cdot d^{-1}$ (d.s. täglich 10–15 l Wasser pro m^2 Oberfläche), in Gebieten mit mediterranem Klima während der Trockenzeit 5–6 $mm \cdot d^{-1}$, in der Äquatorialzone 3–4 $mm \cdot d^{-1}$. In der gemäßigten Zone beträgt die potentielle Verdunstung an Schönwettertagen im Sommer bis zu 4 mm $\cdot d^{-1}$, im Durchschnitt über die Vegetationsperiode rund 2 mm $\cdot d^{-1}$ und im Winter nur 0,1–0,2 mm $\cdot d^{-1}$.

Die tatsächliche, **aktuelle Verdunstung** von feuchten Oberflächen (Boden, Pflanzenzellwände) ist meist geringer als die potentielle Verdunstung, weil Wasser kaum jemals völlig ungehindert nachströmt.

7.3.3.2 Der Transpirationsort in der Pflanze

Wasser verdunstet von der gesamten äußeren und von allen inneren Oberflächen der Pflanze, die mit Luft in Berührung kommen. Das sind bei Thallophyten die Außenflächen des Vegetationskörpers, bei Sproßpflanzen die kutinisierten Epidermisaußenwände *(kutikuläre Transpiration)* und verkorkte Oberflächen *(peridermale Transpiration).* Im Inneren der Pflanzenorgane verdunstet Wasser von der Oberfläche der Zellen, die an Interzellularen grenzen. Dort geht das Wasser zunächst von der flüssigen Phase in die Dampfphase über, dann entweicht der Wasserdampf durch die Spaltapparate ins Freie *(stomatäre Transpiration).* Von der Körperoberfläche der Pflanzen diffundiert der Wasserdampf in die anliegende Luftschicht (Grenzschicht, vgl. Seite 123) und in den freien Luftraum. Der Transport des Wasserdampfes von den verdunstenden Flächen in Richtung auf den freien Luftraum erfolgt durch Diffusion.

7.3.3.3 Die Transpiration als Diffusionsprozeß

Die Transpiration kann als Diffusionsprozeß (s. Formel 13 und 14, Seite 118) aufgefaßt werden: Die **Transpirationsintensität** ist proportional dem Unterschied zwischen der *Wasserdampfkonzentration* an den verdunstenden Oberflächen und dem Wasserdampfgehalt der Atmosphäre (ΔC in der Dimension g $H_2O \cdot m^{-3}$) und verkehrt proportional der Summe der *Diffusionswiderstände* Σr. Die Transpirationsintensität wird als Wasserabgabe (mg H_2O) pro Zeiteinheit (meist min oder h) und Oberflächeneinheit (meist dm^2) angegeben. Sie kann direkt bestimmt werden, z. B. gravimetrisch durch Feststellung des Wasserverlustes von Pflanzen oder Pflanzenteilen in einem bestimmten Zeitintervall, sie läßt sich aber auch über die Formel (14) berechnen, wenn der Konzentrationsgradient ΔC zwischen transpirierender Oberfläche und umgebender Luft und der Gesamtdiffusionswiderstand bestimmt wurden.

Bei *Blättern* ergibt sich der Diffusionswiderstand für Wasserdampf aus dem Grenzschichtwiderstand, dem kutikulären und dem stomatären Diffusionswiderstand. Bei der Berechnung der Transpirationsintensität wird meist anstelle des Blattdiffusionswiderstandes dessen Reziprokwert, die *Blattleitfähigkeit* für Wasserdampf verwendet; dieser

Wert nimmt linear mit der Spaltweite zu und ist anschaulicher als der Blattdiffusionswiderstand.

An *Pflanzenoberflächen ohne Spaltapparate* wird die Wasserdampfdiffusion durch den Grenzschichtwiderstand und durch kutikuläre oder peridermale Diffusionswiderstände eingeschränkt.

Der Grenzschichtwiderstand r_a für den Wasserdampftransport ist ebenso wie jener für den CO_2-Gaswechsel sehr von Größe, Form und Oberflächenbeschaffenheit der Sprosse sowie von der Windstärke abhängig (Abb. 149). Kleine Blätter (z. B. Coniferennadeln) erreichen auch bei Windstille kaum r_a-Werte über 1 s $\cdot$ cm^{-1}; an großflächigen Blättern, z. B. Bananenblättern, kann der Grenzschichtwiderstand bei Windstille 3 s $\cdot$ cm^{-1} und mehr betragen. Die Unterschiede gleichen sich mit zunehmender Windstärke aus: Ab einer Windgeschwindigkeit von etwa 2 m $\cdot$ s^{-1} ist der Grenzschichtwiderstand allgemein kleiner als 0,5 s $\cdot$ cm^{-1}; er fällt dann gegenüber dem stomatären Diffusionswiderstand nur wenig ins Gewicht.

Der stomatäre Diffusionswiderstand ist abhängig vom Öffnungszustand der Spalten. Der *minimale stomatäre Diffusionswiderstand* ist auf anatomische Besonderheiten wie Größe, Bau, Anordnung und Dichte der Spaltapparate der einzelnen Pflanzenarten rückführbar und daher eine spezifische Kenngröße für das maximale Transpirationsvermögen. Weitaus die meisten krautigen Pflanzen besitzen *minimale Blatt-*

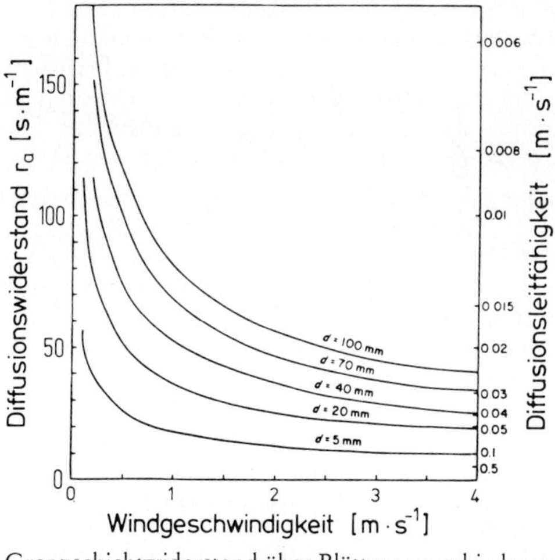

Abb. 149. Grenzschichtwiderstand über Blättern verschiedener Größe in Abhängigkeit von der Windgeschwindigkeit. d = Blattdimension parallel zur Windrichtung. Nach GRACE (1977).

diffusionswiderstände (bezogen auf die Gesamtoberfläche, also Blattoberseite + Unterseite) zwischen 0,7 und 5 s $\cdot$ cm^{-1}; bei krautigen Kulturpflanzen einschließlich Kulturgräsern liegen die Werte zwischen 0,7–4,5 s $\cdot$ cm^{-1}, bei Wildgräsern zwischen 1,2–6,6 s $\cdot$ cm^{-1}, bei Sonnenkräutern zwischen 0,8–3,3 s $\cdot$ cm^{-1} und bei Schattenkräutern zwischen 3–8 s $\cdot$ cm^{-1}. Breitlaubige Holzpflanzen, laubabwerfende wie immergrüne, weisen minimale Blattdiffusionswiderstände im Bereich von 1,6 bis 8 s $\cdot$ cm^{-1} auf, wobei die niedrigen Werte (1,6–3 s $\cdot$ cm^{-1}) auf Obstbäume entfallen. Die höchsten Diffusionswiderstände bei offenen Spalten zeigen Xerophyten (2–10 s $\cdot$ cm^{-1}), Sukkulenten und Coniferen (beide Gruppen bei 3–8 s $\cdot$ cm^{-1}). Bei Coniferennadeln mag sich der lokkermaschige Wachspfropf im Vorhof der Spaltapparate, der die Wasserdampfdiffusion auf ein Drittel der sonst möglichen herabsetzt, entsprechend auswirken. Eine Datenzusammenstellung ist KÖRNER et al. (1979) zu entnehmen.

7.3.3.4 Transpirationsvermögen und maximale Transpiration

Unter *Transpirationsvermögen* versteht man die spezifische Intensität der stomatären und der kutikulären Wasserabgabe durch Blätter oder andere Pflanzenteile unter *definierten Evaporationsbedingungen.* Das Transpirationsvermögen ist vor allem von Gestalts- und Baueigentümlichkeiten abhängig. Es kann rechnerisch aus einem gegebenen, standardisierbaren ΔC_{H_2O} (Differenz der Wasserdampfkonzentration an der Pflanzenoberfläche und in der Atmosphäre) und dem minimalen Blattdiffusionswiderstand ermittelt oder unter standardisierten Bedingungen direkt gemessen werden. Das spezifische Transpirationsvermögen kann auch als *relative Transpiration* (Tr/Ev) angegeben werden. Die *maximale Transpiration* ist der am *natürlichen Standort* der Pflanze gemessene durchschnittliche Höchstwert der Transpiration.

Für die Beurteilung des spezifischen Wasserverbrauchs ist die Kenntnis des Transpirations*vermögens* wichtig, für die Abschätzung des standortstypischen Wasserverbrauchs dienen Angaben über die *maximale* Transpiration, wie sie in der Tab. 43 zusammengestellt sind. Alle diese Angaben betreffen die Wasserabgabe pro Flächeneinheit der transpirierenden Blätter. Daraus läßt sich überschlagsweise der Wasserverbrauch ganzer Pflanzen errechnen, wenn die Gesamtoberfläche

Tab. 43. Maximale Gesamttranspiration und kutikuläre Transpiration von Blättern morphologisch und ökologisch verschiedener Pflanzentypen und von Sproßoberflächen blattloser Sukkulenten unter standörtlichen Evaporationsbedingungen. Richtwerte nach Angaben in Originalarbeiten zahlreicher Autoren. Die Transpirationsintensität ist auf die Gesamtoberfläche (bei Blättern Oberseite + Unterseite) bezogen und in mg $H_2O \cdot dm_2^{-2} \cdot h^{-1}$ angegeben.

Pflanzentyp	Gesamttranspiration bei geöffneten Spalten	Kutikuläre Transpiration nach Spaltenschluß	Kutikuläre Transpiration in % der Gesamttranspiration
Schwimmpflanzen	1800–4000		60–70 %
Krautige Dicotyledonen			
Sonnige Standorte	1700–2500	(100)200–300	(6)10–20 %
Schattenstandorte	500–1000	50–250	10–25(30) %
Gebirgsstandorte	800–1600		
Gräser			
Tundra	70–120		
Röhricht und Wiesen	1000–1500		
Trockenstandorte	(600)1500(3000)	250–300	(5)15–25(40) %
Halophyten	400–800(1500)		
Zwergsträucher			
Tundra	50–150		
Heiden	600–1000	50–60	5–10 %
Immergrüne Coniferen	450–550	12–15	um 3 %
Sommergrüne Waldbäume der gemäßigten Zone			
Lichtholzarten	(500)800–1200	90–110	10–20 %
Schattholzarten	(250)400–700	(30)60–100	12–18 %
Obstbäume			
Kernobst	700–1000	120–160	10–20 %
Steinobst	400–700	80–110	15–20 %
Weinreben	400–500	80–90	17–24 %
Tropische Waldbäume			
Regenwaldarten	bis 600		
Nebelwaldarten	60–120		
Mangrovesträucher	200–600		
Palmen	400–600(900)		
Hartlaubarten	(200)500–1000 (1400)	(10)50–100	(4)7–15 %
Sträucher und Halbsträucher subtropischer Wüsten	900–3400	30–100	3–10 %
Sukkulenten*			
Blattsukkulenten	300–600	5–12	1–2 %
Kakteen	200–600	3–10	1–2 %

* P. S. Nobel, pers. Mitt.

Tab. 44. Wasserverbrauch von Bäumen verschiedener Größe unter Freilandbedingungen in der gemäßigten Zone. Nach (a) Ladefoged 1963; (b) Braun 1974b und 1977; (c) Künstle und Mitscherlich 1977; (d) Fritschen et al. (1977).

Pflanzenart	Höhe (m)	Alter (Jahre)	Blattfläche m^2 doppelseitig	Laubmasse kg Trockensubstanz	Blattzahl	Transpirierte Wassermenge (*Liter pro Baum*) Maximal pro Tag	Transpirierte Wassermenge (*Liter pro Baum*) Durchschnitt pro Jahr oder Vegetationszeit	Gebiet	Autor
Betula pendula	12	28	115	4,6		*140*		Dänemark	(a)
Populus canadensis	13	18	135	5,4		*128*		Dänemark	(a)
Quercus petraea	12	25	90	3,5		*73*		Dänemark	(a)
Fraxinus excelsior	15	27	60	2,4		*47*		Dänemark	(a)
Alnus incana	11	19	116	3,7		*47*		Dänemark	(a)
Fagus sylvatica	12	27	100	2,8		*32*		Dänemark	(a)
Picea abies	13	33		10,9		*27*		Dänemark	(a)
Betula pendula	15	21		3,0			**5307**	Südwestdeutschland	(c)
Fagus sylvatica	14	21		2,3			**3801**	Südwestdeutschland	(c)
Pinus sylvestris	15	21		4,4			**3037**	Südwestdeutschland	(c)
Pseudotsuga menziesii	15	21		6,1			**2368**	Südwestdeutschland	(c)
Pseudotsuga menziesii	28	45	400				**23760**	USA (Washington)	(d)
Salix alba	3,5		10		25000	*9,1*	**800**	Südwestdeutschland	(b)
Alnus glutinosa	2,5		8		2500	*3,7*	**350**	Südwestdeutschland	(b)
Fraxinus excelsior	3		7		500	*3,6*	**340**	Südwestdeutschland	(b)
Acer platanoides	2,5		6		900		**160**	Südwestdeutschland	(b)
Acer pseudoplatanus	2,5		3		300		**130**	Südwestdeutschland	(b)

oder die Laubmasse bekannt ist (Tab. 44). Bei Bäumen ergibt die Extrapolation von der Zweigtranspiration auf die ganze Krone nur grobe Richtwerte, weil die Wasserdampfabfuhr durch starke gegenseitige Abschirmung der einzelnen Kronenteile behindert ist. Daher sind Verfahren zur integralen Messung der Verdunstungsgröße (z. B. Wägung von Topfpflanzen oder die Ermittlung über den Wasserdurchsatz aufgrund von Messungen der Förderleistung des Transpirationsstromes) vorzuziehen.

Stomatäre Transpiration

Die *uneingeschränkte Transpiration* von Blättern ist am höchsten bei Sumpf- und Schwimmpflanzen. Von den Pflanzen des festen Landes vermögen am stärksten krautige Pflanzen sonniger Standorte zu transpirieren, Schattenkräuter nur halb so stark, Bäume und Hartlaubpflanzen noch schwächer. Unter den verschiedenen Organen vermögen Sproßachsen stomatär wesentlich weniger Wasser abzugeben als Laubblätter, desgleichen Blüten, die sehr wenige Spaltapparate besitzen. Die *Maximalwerte* der Transpiration am Standort spiegeln im wesentlichen die Reihung nach dem spezifischen Transpirationsvermögen wider. Auffällig weichen nur die tropischen Waldbäume und die Wüstenpflanzen davon ab. Die Pflanzen tropischer Regen- und Nebelwälder erreichen wegen der dort meist hohen Luftfeuchtigkeit nur mäßige Transpirationsintensitäten, die Wüstenpflanzen verdunsten hingegen auf ihrem strahlungs- und austauschintensiven Standort trotz des geringen Transpirationsvermögens sehr viel Wasser, solange sie die Spalten geöffnet halten.

Kutikuläre Transpiration

Bei der kutikulären Transpiration diffundieren die Wassermoleküle durch die cutinisierten Schichten der Epidermisaußenwand und durch die Cuticula. Man kann die kutikuläre Transpiration daher als eine Diffusion durch hydrophobes Medium auffassen. Der **kutikuläre Diffusionswiderstand** ist meist sehr hoch und je nach Anordnung, Dichte und Anzahl der in die Epidermisaußenwand eingelagerten Cutin- und Wachslamellen, sowie Dicke der Cuticula bei verschiedenen Pflanzenarten unterschiedlich groß. Außerdem wirken sich die Aufwuchsbedingungen (Anzuchtbedingungen) sehr auf die Ausbildung der Oberflächenabdichtung der Blätter aus: Bei Luft- und Bodentrockenheit herangewachsene Pflanzen besitzen Blätter mit dickeren Cuticularschichten und dichteren Wachsauflagen als bei hoher Luftfeuchtigkeit entwickelte Pflanzen.

Bei zarten Blättern beträgt der kutikuläre Diffusionswiderstand 40–100 $s \cdot cm^{-1}$, bei Blättern und Nadeln mit massivem Transpirationsschutz kann er Werte um 400 $s \cdot cm^{-1}$ erreichen. Bei Entquellung und Austrocknung der Epidermisaußenwand rücken die hydropho-

ben Schichten dichter aneinander, dadurch kann sich der kutikuläre Diffusionswiderstand verdoppeln. Auch bei niedrigen Temperaturen nimmt der kutikuläre Diffusionswiderstand zu.
Der kutikuläre Transpirationsschutz ist sehr wirkungsvoll. Die spezifische **Wirksamkeit des Schließvorganges** kann durch die *Modulationsamplitude der Transpiration*, d.i. das Verhältnis zwischen uneingeschränkter Gesamttranspiration und kutikulärer Transpiration ausgedrückt werden (Tab. 43). Selbst bei Pflanzen schattiger und feuchter Standorte macht die kutikuläre Transpiration kaum mehr als ein Drittel der Gesamttranspiration aus, bei Hartlaub, immergrünen Coniferennadeln und Wüstensträuchern 3–10 %, bei Sukkulenten gar nur 1–2 %. Das bedeutet, daß bei den mit dem besten Transpirationsschutz ausgestatteten Pflanzenformen das kutikuläre Transpirationsvermögen auf 0,1–0,05 % der potentiellen Evaporation einer feuchten Oberfläche herabgesetzt ist. Diese Verhältniszahlen ergeben sich aus Bestimmungen unter den standörtlichen Verdunstungsbedingungen. Zur Charakterisierung bestimmter Pflanzenarten, -sorten und Anpassungszustände wird die Wirksamkeit des Spaltenschließens besser durch das *Verhältnis der Diffusionswiderstände* bei maximal offenen und bei vollständig geschlossenen Spalten erfaßt. Dabei zeigt sich, daß der maximale Blattdiffusionswiderstand (Spalten geschlossen) bei Laubbäumen 30–40mal so groß ist wie der minimale Diffusionswiderstand (Spalten ganz offen). Bei krautigen Dicotylen steigt der Blattdiffusionswiderstand durch Spaltenschluß auf das 10–50fache, bei Gräsern auf das 5–15fache an.

Peridermale Transpiration
Mit der kutikulären Transpiration vergleichbar ist die ebenfalls sehr geringfügige Wasserabgabe durch die Oberfläche *verkorkter* Sproßachsen, deren Höhe vom artspezifischen Aufbau des Periderms, der Durchlässigkeit der Lentizellen und von eventuell vorhandenen Rissen in der Borke abhängt. Deshalb geben Äste und Stämme von Pappel, Eiche, Ahorn und Kiefer mehr Wasser ab als jene von Fichte, Buche und Birke mit glatterer und dichterer Borke. Bei Bäumen der gemäßigten Zone liegt die peridermale Transpiration im Sommer in der Größenordnung von 10–100 mg $\cdot dm^{-2} \cdot h^{-1}$, d.i. etwa 1 % der freien Verdunstung. Über die peridermale Transpiration glattrindiger Bäume der feuchten Tropen und dickborkiger Holzpflanzen von Trockengebieten fehlen noch vergleichende Untersuchungen.

7.3.3.5 Variabilität der Transpirationsgröße

Die Abhängigkeit der Transpiration von Außenfaktoren
Außenfaktoren beeinflussen die Transpiration in dem Maße, in dem sie die *Steilheit des Wasserpotentialgefälles* zwischen Pflanzenoberflä-

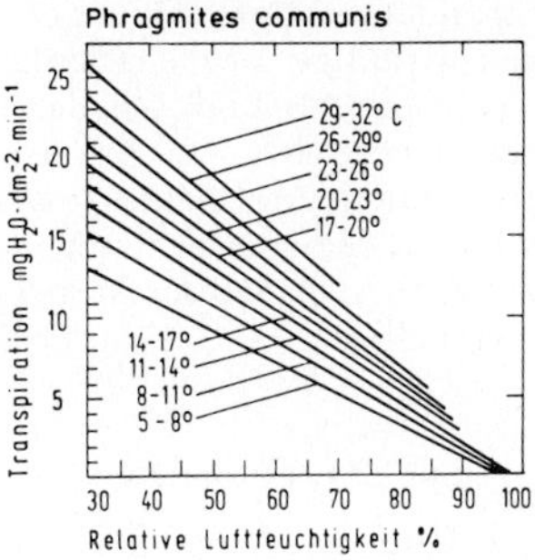

Abb. 150. Uneingeschränkte Transpiration der Blätter von Schilfpflanzen in Abhängigkeit von der relativen Luftfeuchtigkeit und der Lufttemperatur. Nach TUSCHL aus BURIAN (1973).

che und umgebender Luft verändern. So steigt die Transpirationsintensität mit zunehmender *Lufttrockenheit* und *Temperatur* an (Abb. 150), desgleichen bei *Luftbewegung.* Wind trägt die stark überfeuchtete Dampfhaut, die der Epidermis anhaftet, ab und bringt neue, ungesättigte Luft an die verdunstende Oberfläche heran. In geschlossenen Pflanzenbeständen, dichten Baumkronen, Horsten und Polstern ist der Wind weitgehend abgeschwächt und die Transpiration herabgesetzt.

Die Transpiration als physiologisch regelbarer Vorgang

Eine strenge Abhängigkeit der Transpiration von den Evaporationsbedingungen besteht nur, solange die Spaltapparate ihre Öffnungsweite nicht ändern, also bei *konstant* offenen oder bei geschlossen bleibenden Spalten. Nur unter diesen Voraussetzungen ist die abgegebene Wassermenge dem Evaporationsvermögen proportional. Durch Regulation der Spaltöffnungsweite ist die Pflanze imstande, ihre Transpiration entsprechend den Möglichkeiten und Bedürfnissen ihres Wasserhaushaltes modulativ zu adaptieren. Spaltweitenänderungen sind *porometrisch* verfolgbar. Durch die Diffusionsporometrie läßt sich der stomatäre Diffusionswiderstand quantitativ bestimmen, wodurch der Spaltöffnungszustand am genauesten definiert ist. Das Ausmaß stomatärer Regulationsvorgänge wird dann in zweckmäßiger Weise unmittelbar als Veränderung des stomatären Diffusionswiderstandes (oder der stomatären Leitfähigkeit) und nicht als Transpirationsänderung ausgedrückt.

Die *Ansprechschwelle*, die *Geschwindigkeit* und die *Wirksamkeit* der stomatären Regulation ist artabhängig und je nach Standortanpassung verschieden. Bäume und krautige Schattenpflanzen verengen schon bei geringem Wassermangel die Spaltöffnungen und vollziehen den Schließvorgang schnell. Krautige Sonnenpflanzen drosseln erst viel später ihre stomatäre Transpiration und auch dann erfolgt der Schließvorgang zögernd. Im einzelnen gibt es eine ganze Reihe von feinen Unterschieden im Spaltenverhalten der Pflanzen zwischen verschiedenen Arten und auch unter Individuen einer Art. Sogar innerhalb der selben Pflanze verhalten sich Blätter je nach ihrer Ausprägung und ihrer Lage am Sproß recht unterschiedlich.

7.3.3.6 Transpiration und CO_2-Gaswechsel

Über die *Diffusion von Wasserdampf und CO_2* durch die Spaltapparate sind die Transpiration und der Kohlenstofferwerb der Pflanze miteinander verknüpft. Um CO_2 aufzunehmen, muß die Pflanze Wasser abgeben, und mit der Einsparung von Wasserverlusten wird auch der Einstrom von CO_2 herabgesetzt.

Das Hauptproblem des Gaswechsels ist, wie es O. STOCKER formuliert hat, zwischen Verdursten und Verhungern zu lavieren. Für den landwirtschaftlichen und forstlichen Pflanzenbau, wo neben hohen Erträgen auch Ertragssicherheit angestrebt wird, ist es wichtig, das Verhältnis zwischen Wasserverbrauch und Stoffproduktion zu kennen. Hierfür hat F. HELLRIEGEL (1883) den Begriff des **Transpirationskoeffizienten** eingeführt, der angibt, wieviel Liter Wasser von der Pflanze oder dem Pflanzenbestand während der Vegetationsperiode pro kg erzeugter Trockensubstanz verbraucht worden sind (Tab. 45). Man kann auch berechnen, wieviel g Trockensubstanz pro Liter verdunstetes Wasser aufgebaut worden sind („*Produktivität der Transpiration*"; MAXIMOV 1923). Der Wasserbedarf pro Einheit gebildeter Trockenmasse ist bei verschiedenen Arten und Sorten ungleich groß und sehr vom Entwicklungszustand, der Bestandesdichte und den Umweltbedingungen, v. a. der Wasserversorgung und der Verdunstungsgröße abhängig. Die Kenntnis spezifischer Transpirationskoeffizienten macht es möglich, die Bewässerung von Nutzpflanzenbeständen in Trockengebieten genau zu bemessen und geeignete Arten und Sorten für den Anbau auszuwählen.

Im Bestreben, den Einfluß von Struktur- und Funktionsmerkmalen bestimmter Pflanzen sowie der Umweltfaktoren auf die Optimierung von Stoffproduktion und Wasserverbrauch zu analysieren, wird seit H. POLSTER (1950) der *Quotient Photosynthese/Transpiration* herangezogen. P. HOLMGREN, P. G. und M. S. JARVIS (1965) haben vorgeschlagen, zur Charakterisierung des spezifischen Diffusionsverhaltens das Verhältnis der Summe aller *Diffusionswiderstände* für Wasserdampf und für Kohlendioxid $\Sigma r_{H_2O}/\Sigma r'_{CO_2}$ anzugeben. Für alle diese Quotienten wird neuerdings vielfach der Ausdruck *water use efficiency*

Tab. 45. Durchschnittliche Transpirationskoeffizienten der Produktivität (Liter transpiriertes Wasser pro kg erzeugte Trockensubstanz). Nach Angaben bei MAXIMOV (1923), SHANTZ und PIEMEISEL (1927), RINGOET (1952), JOSHI et al. (1965), POLSTER (1950, 1967), BLACK (1971), NOBEL (1977), CALDWELL et al. (1977), KLUGE und TING (1978).

Krautige C_3-Pflanzen	
Getreide	500–650
Leguminosen	700–800
Kartoffeln und Rüben	400–650
Sonnenblumen jung	280
Sonnenblumen blühend	670
Holzpflanzen	
Tropische Laubbäume (Nutzpflanzen)	600–900
Laubbäume der gemäßigten Zone	200–350
Nadelbäume	200–300
Ölpalmen	um 300
C_4-Pflanzen	220–350
CAM-Pflanzen	50–150

(**Wasserausnützungskoeffizient**, Symbol ω) verwendet. Dabei darf nicht übersehen werden, daß es sich um jeweils sehr verschiedene Relationen handelt: Der Transpirationskoeffizient im Sinne HELLRIEGELS und die Produktivität der Transpiration sind integrale Angaben über die Trockensubstanzproduktion und den Wasserverbrauch von Pflanzen oder ganzer Bestände während meist längerer Perioden (Wochen, ganze Vegetationsperiode), der Quotient Tr/Ph oder Ph/Tr beschränkt sich auf den Gasaustausch assimilierender Organe; beim Vergleich der Diffusionswiderstände ist im Gegensatz zu den beiden übrigen Koeffizienten der Einfluß der umweltvariablen Konzentrationsgradienten für H_2O und CO_2 ausgeschaltet. Um Klarheit zu schaffen wird vorgeschlagen, die Begriffe Transpirationskoeffizient und Wasserausnützungskoeffizient *im weitesten Sinne* zu gebrauchen, aber durch die Angabe der Bezugsbasis zu präzisieren. Allgemein gilt, daß sich der Transpirationskoeffizient und der Wasserausnützungskoeffizient zueinander verkehrt proportional verhalten (Transpirationskoeffizient = $1/\omega$).

Der *Wasserausnützungskoeffizient der Produktivität* ω_P ist definiert als

$$\omega_P = \frac{\text{Trockensubstanzproduktion}}{\text{Wasserverbrauch}} \; [\text{gTS} \cdot l^{-1} H_2O] \qquad (39)$$

Trockensubstanzproduktion und Wasserverbrauch können auf die Einzelpflanze oder auf einen Pflanzenbestand bezogen sein; im zweiten Fall wird als Trockensubstanzproduktion die Produktion entspre-

chend der Formel 21, als Wasserverbrauch die Evapotranspiration einzusetzen sein.
Der *Wasserausnützungskoeffizient der Photosynthese* ω_{Ph} wird ausgedrückt als

$$\omega_{Ph} = \frac{Ph}{Tr} [mg\ CO_2 \cdot g^{-1} H_2O] \qquad (40)$$

Das *Verhältnis der Diffusionswiderstände* ω_r lautet:

$$\omega_r = \frac{\Sigma r_{H_2O}}{\Sigma r'_{CO_2}} \qquad (41)$$

Bei maximal geöffneten Spalten beträgt ω_r bei den meisten C_3-Pflanzen 0,1–0,4, bei manchen Bäumen 0,5, bei C_4-Pflanzen bis 0,8 (Datenübersichten bei FISCHER und TURNER 1978, KÖRNER et al. 1979).

Eine Umrechnung von ω_{Ph} in ω_P über Konversionsfaktoren für CO_2 in Trockensubstanz (s. Seite 16) liefert zwar gewisse Anhaltspunkte, ist aber nicht ganz zutreffend, weil die Trockensubstanzproduktion der Pflanze nicht nur von der Intensität des CO_2-Gaswechsels, sondern viel mehr von der CO_2-Gaswechselbilanz (vgl. Kap. 4.2.3) und dem spezifischen Assimilatverteilungsmuster abhängt.
ω_{Ph} und ω_r sind ineinander umrechenbar, wenn die Konzentrationsgradienten für CO_2 und H_2O bekannt sind. Die Diffusionsbedingungen für die beiden verschiedenen Austauschvorgänge sind nicht identisch. Der Konzentrationsgradient für CO_2 zwischen der Außenluft und den Chloroplasten ist viel flacher als das H_2O-Dampfdruckgefälle zwischen dem Blattinneren und der Atmosphäre, vorausgesetzt, daß die Außenluft nicht gerade wassergesättigt ist. Bei einer Temperatur von 20 °C und einer relativen Luftfeuchtigkeit von 50 % ist das Wasserdampfgefälle rund 20mal so groß wie das CO_2-Gefälle. Allein schon dadurch erfolgt die Wasserverdunstung viel intensiver als die CO_2-Aufnahme. Außerdem diffundieren die kleineren H_2O-Moleküle 1,5mal so schnell wie die größeren CO_2-Moleküle. Wesentlich verschieden ist auch der Diffusionsweg. Er ist für das CO_2, das bis in die Chloroplasten gelangen muß, länger und zusätzlich dadurch erschwert, daß der CO_2-Transport in Lösung außerordentlich langsam erfolgt. Das *Verhältnis Transpiration zu Photosynthese* wird sich somit immer verschieben, wenn sich die Diffusionsbedingungen für die beiden Gase ändern.

Bei *offenen Spalten* wird die CO_2-Aufnahme durch die Diffusionswiderstände im Inneren des Blattes (vor allem auch durch den Carboxylierungswiderstand) stärker begrenzt als die Transpiration. Bei *geschlossenen Spalten* ist die CO_2-Aufnahme blockiert, Wasser entweicht dagegen immer noch durch die Cuticula und der Quotient Tr/Ph steigt gegen Unendlich an. Der günstigste Kompromiß zwischen Wasserverbrauch und CO_2-Einnahme wird bei mäßig verengten Spaltöffnungen erreicht. Dies zeigt sich nicht nur in der Lichtabhängigkeitskurve, sondern auch bei beginnender Austrocknung, wo der Tr/Ph-Quotient am niedrigsten ist, wenn beide Gaswechselprozesse bereits

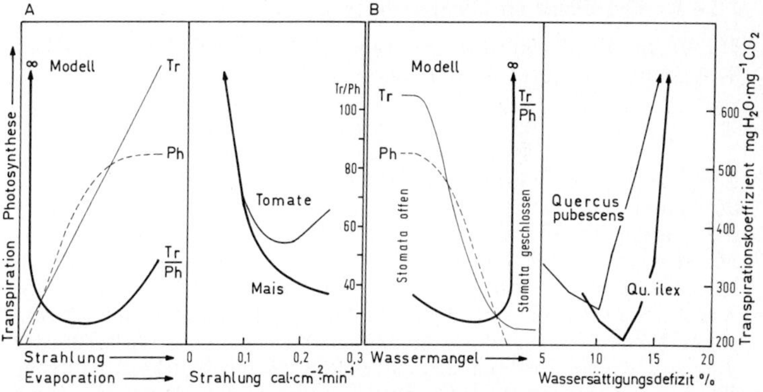

Abb. 151. Transpiration, Photosynthese und Transpirationskoeffizient (Tr/Ph) in Abhängigkeit von der Einstrahlung, dem Evaporationsvermögen der Luft und der Wasserversorgung.
A: Bei zunehmender Strahlung öffnen sich die Stomata, außerdem wird das Evaporationsvermögen größer. Die Transpiration nimmt stetig zu, die Photosynthese hingegen nur bis zur Lichtsättigung, die bei C_3-Pflanzen früher erreicht ist als bei C_4-Pflanzen. Bei Beleuchtungsstärken wenig unter dem Lichtsättigungsbereich der Photosynthese sinkt der Transpirationskoeffizient auf ein Minimum. Modell (gültig für C_3-Pflanzen) nach De Wit (1958), Transpirationskoeffizienten für Tomate und Mais nach Barrs (1969).
B: Einschränkung von Tr und Ph bei zunehmendem Wassermangel und dem damit verbundenen Spaltenverschluß. Der Transpirationskoeffizient ist dann besonders niedrig, wenn die Spaltapparate nicht mehr ganz geöffnet, sondern bereits etwas verengt sind, also bei Beginn des austrocknungsbedingten Schließvorganges. Dabei können zwischen verschiedenen Arten (sommergrüne Flaumeiche *Quercus pubescens* und immergrüne Steineiche *Quercus ilex*) deutliche Unterschiede auftreten. Bei geschlossenen Spalten steigt der Transpirationskoeffizient gegen Unendlich an, weil die Photosynthese dann völlig gedrosselt ist, die Transpiration in ihrer kutikulären Komponente aber noch weiterläuft. Modell Original, Meßwerte nach Larcher (1965).

etwas eingeschränkt sind (Abb. 151). *Am Standort* ist der Transpirationsaufwand für den photosynthetischen Kohlenstoffgewinn in den frühen Morgenstunden am geringsten, weil die Photosynthese schneller anspringt als die Transpiration. Mit fortschreitender Erwärmung und abnehmender Luftfeuchtigkeit steigt der Wasserverlust stärker an als die CO_2-Aufnahme und der Tr/Ph-Quotient wird hoch.

7.3.4 Die Wasserbilanz der Pflanze

7.3.4.1 Die Bilanz als Fließgleichgewicht

Die Wasserbilanz einer Pflanze ergibt sich aus der *Differenz* zwischen Wasseraufnahme und Wasserabgabe

$$\text{Wasserbilanz} = \text{Wasserabsorption} - \text{Transpiration} \qquad (42)$$

Die Transpiration wird hier als Ausgabenposten des Wasserhaushaltes betrachtet und nicht als physikalischer Vorgang. Man bezieht daher die umgesetzten Wassermengen statt auf die Flächeneinheit auf eine Masseneinheit. Meistens wird als solche das Frischgewicht benützt; besser wäre es, die Absorptions- und Transpirationsrate auf den Wassergehalt der Pflanze zu beziehen und als **Wasserumsatz** in mg verdunstetes Wasser pro g Wassergehalt anzugeben. Der Wasserumsatz sagt aus, wieviel Promille des in der Pflanze (im Blatt) vorhandenen Wassers in der Zeiteinheit (Minute, Stunde, Tag) verloren gehen und ersetzt werden müssen, wenn die Wasserbilanz ausgeglichen bleiben soll.

Die **Wasserbilanz** bleibt nur ausgeglichen, wenn Wasseraufnahme, Wasserleitung und Wasserabgabe harmonisch aufeinander abgestimmt sind. Sie wird *negativ*, sobald die Wassernachschaffung den Wasserbedarf der Transpiration nicht mehr deckt. Verengen sich infolge der Unterbilanz die Spaltöffnungen und nimmt die Transpiration bei gleichmäßig weiterbestehender Wasseraufnahme ab, so wird die Wasserbilanz *ausgeglichen*, nachdem sie vorübergehend in positive Werte ausgeschwungen ist. Die Wasserbilanz einer Pflanze pendelt also ständig zwischen einer positiven und einer negativen Abweichung hin und her, wobei zwischen kurzzeitigen Oszillationen und langfristigen Bilanzstörungen zu unterscheiden ist. Durch *kurzfristige Schwankungen* drückt sich das Einschwingen der verschiedenen Regelmechanismen des Wasserhaushalts, vor allem das Spiel der Spalten aus (Abb. 152). Stärkere Abweichungen erfährt die Wasserbilanz im *Tagesablauf*, vor allem aber im Wechsel von Tag und Nacht. Bei Tag kommt es auf dem Standort fast immer zu einer Verschlechterung der Wasserbilanz, die erst abends oder im Laufe der Nacht wieder ausgeglichen wird, vorausgesetzt, daß der Wasservorrat im Boden dies zuläßt.

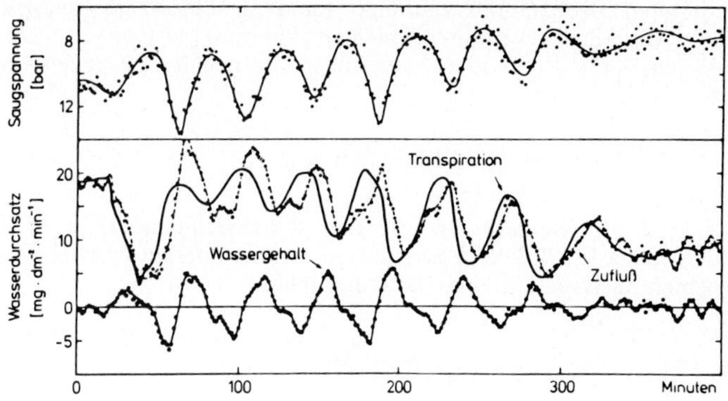

Abb. 152. *Kurzfristige Schwankungen des Wasserumsatzes, des Wassergehalts und der Saugspannung von Baumwollblättern.* Während der Phase stärkerer Transpiration sinkt der Wassergehalt des Blattes ab, und die Saugspannung nimmt zu. Der Wasserdurchsatz durch den Blattstiel („Zufluß") erfolgt exakt gegenläufig zu den Saugspannungsschwankungen. Die kurzfristigen Transpirationsschwankungen werden durch das Oszillieren der Öffnungsweite der Stomata ausgelöst. Nach LANG, KLEPPER und CUMMING (1969).

In Trockenzeiten erholt sich der Wasserhaushalt über Nacht nicht mehr vollständig, die Unterbilanz wächst von Tag zu Tag bis der nächste Regen kommt; so macht die Wasserbilanz auch *jahreszeitliche* Schwankungen mit.

7.3.4.2 Die Feststellung der Wasserbilanz

Die Wasserbilanz läßt sich *berechnen*, wenn Wasseraufnahme und Transpiration zahlenmäßig erfaßt werden. Die Bilanzlage läßt sich auch *indirekt* über ihre Auswirkungen auf den Wassergehalt oder den Wasserzustand *ermitteln*. Eine negative Wasserbilanz macht sich stets als Abnahme der Wasserfüllung und des Wasserpotentials der Gewebe bemerkbar. Diese Veränderungen treten zuerst in den Blättern auf, die der Ort der stärksten Verdunstung und außerdem von der Wurzel am weitesten entfernt sind.

Veränderungen des Wassergehalts als Bilanzindikator. Eine Verschlechterung der Wasserbilanz ist schon durch fortlaufende Wassergehaltsbestimmungen in Blättern und anderen Sproßteilen nachweisbar. Der jeweils aktuelle Wassergehalt W_{akt} muß allerdings auf eine Standardgröße bezogen werden, die einen definierten Wasserzustand kennzeichnet. Eine solche Größe ist beispielsweise der Wassergehalt der Blätter im Zustand der Sättigung W_s. Der Wasser*gehalt* zu einem bestimmten Beobachtungszeitpunkt kann als *Wassersättigungsgrad* (H. Ochi 1952; in der englischsprachigen Literatur „relative water content" genannt) in Prozent des Sättigungswassergehalts angegeben werden:

$$\text{Wassersättigungsgrad (RWC)} = \frac{W_{akt}}{W_{sat}} \cdot 100\ [\%] \qquad (43)$$

Ein Maß für Wasser*mangel* ist das *Wassersättigungsdefizit* WSD (O. Stocker 1929). Das Wassersättigungsdefizit besagt, wieviel Wasser einem Gewebe auf volle Sättigung fehlt

$$\text{WSD} = \frac{W_s - W_{akt}}{W_s} \cdot 100\ [\%] \qquad (44)$$

Das Wassersättigungsdefizit wird bei negativer Bilanz größer, der relative Wassersättigungsgrad kleiner.

Veränderungen des Wasserpotentials. Wassergehaltsschwankungen wirken sich immer auf die Zellsaftkonzentration und auf die Saugspannung der Zellen aus. Der *potentielle osmotische Druck* als Teilgröße des Wasserpotentials der Zelle liefert bereits Hinweise auf Veränderungen der Wasserbilanz. Der potentielle osmotische Druck steigt bei negativer Wasserbilanz an. Die Absolutwerte von π^* sind je nach Pflanzenart, Ausprägung, Entwicklungszustand und Gewebe unterschiedlich hoch. Auch die Schwankungsbreite des potentiellen osmotischen Druckes ist spezifisch.

Es gibt Pflanzen, die eine große osmotische Amplitude ohne Schaden vertragen (*euryhydrische* Arten). Im Gegensatz dazu werden bei *stenohydrischen* Arten die Lebensfunktionen schon durch geringfügige Zunahme des potentiellen osmotischen Druckes gestört. Als Optimum π^*_{opt} wird der potentielle osmotische Druck bei ausgeglichener Wasserbilanz angesehen, als osmotisches Maximum π^*_{max} der Wert, der in der Natur unter stärkster Trockenheitsbelastung gefunden wurde. Um über den Wasserhaushalt der Pflanzen verschiedener Klimagebiete und Lebensräume Aufschluß zu erhalten, können π^*-Werte in ihrer vollen Variationsbreite auf übersichtliche Weise in osmotischen Spektren zusammengefaßt werden. Dabei ergeben sich ökologische Artengruppierungen (Abb. 153).

Empfindlicher als der potentielle osmotische Druck zeigt die *Saugspannung* Veränderungen in der Wasserbilanz an (Tab. 46). Eine Anspannung der Bilanz führt unverzüglich zu Turgorverlust und erhöht die

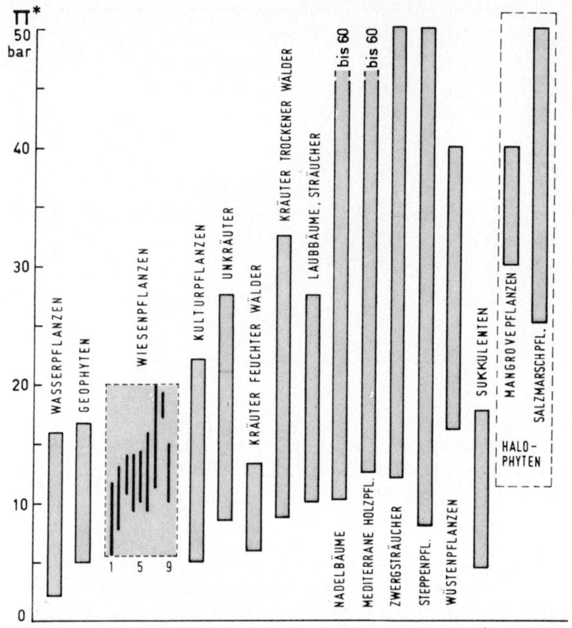

Abb. 153. Amplitude des potentiellen osmotischen Druckes des Preßsaftes von Blättern ökologisch verschiedener Pflanzentypen *(Osmotisches Spektrum).* Am Beispiel der Wiesenpflanzen ist aufgezeigt, wie die osmotische Spanne bei den einzelnen Pflanzengruppen zu verstehen ist; sie ergibt sich aus der Amplitude zwischen den niedrigsten und den höchsten gefundenen osmotischen Werten der einzelnen zu dieser ökologischen Gruppe gehörigen Pflanzenarten. 1 *Polygonum bistorta,* 2 *Taraxacum officinale,* 3 *Galium mollugo* und *Campanula rotundifolia,* 4 *Achillea millefolium,* 5 *Tragopogon pratensis,* 6 *Poa pratensis,* 7 *Melandrium album,* 8 *Cynodon dactylon* und *Lolium perenne,* 9 *Arrhenatherum elatius.* Aus WALTER (1960).

Saugspannung deutlich, der osmotische Druck wächst hingegen zunächst nur langsam an. Vor allem im Bereich geringer Wasserdefizite ändert sich $\Delta\Psi$ stärker als π^*, die Saugspannung, (die meist über die Xylemsaugspannung bestimmt wird) ist dann der sensibelste Bilanzindikator. Infolgedessen ist die *Schwankungsbreite* der Saugspannung als unmittelbare Reaktion des Sprosses auf unzulänglichen Wassernachschub stets größer als jene des osmotischen Druckes (Abb. 154).

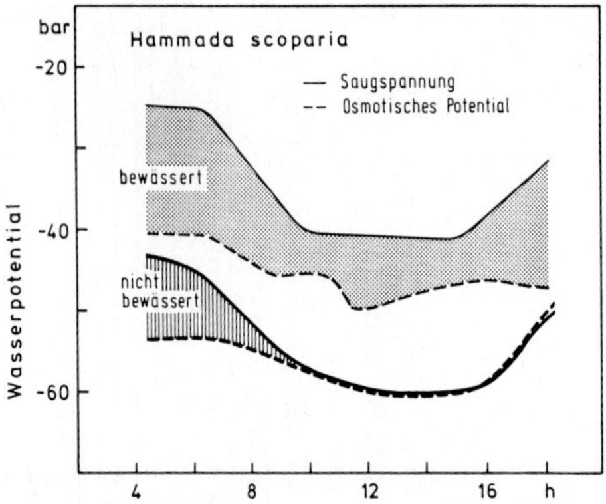

Abb. 154. Tageszeitlicher Verlauf der Saugspannung und des potentiellen osmotischen Druckes in den Blättern von natürlich dürrebelasteten und von bewässerten Individuen des Wüstenstrauchs *Hammada scoparia* zu Ende der Trockenzeit. Nach Kappen et al. (1976).

Tab. 46. Minimalwerte des Wasserpotentials von Assimilationsorganen ökologisch verschiedener Pflanzengruppen. Nach Scholander et al. 1965, Merino et al. 1976, Berger et al. 1978 und Angaben in Datensammlungen bei Richter 1976.

Pflanzengruppe	Ψmin	
Wasserpflanzen	−12	
Sumpfpflanzen	−15	
Krautige Kulturpflanzen	−15 bis −25	
Gräser	−20 bis −22	(−45)
Holzpflanzen der gemäßigten Zone		
Laubbäume und Sträucher	−15 bis −25	
Coniferen	−18 bis −25	(−60)
Pflanzen periodisch trockener Gebiete		
Hartlaubgewächse	−35 bis −70	
Trockenbusch	−35 bis −80	
Garriguepflanzen	−40 bis −80	
Wüstenpflanzen		
Wüstensträucher	−55 bis −90	(−160)
Sukkulenten	−18 bis −20	
Mangrove	−50 bis −60	
Halophyten	−30 bis −55	(−90)

In Klammern Extremwerte

7.3.4.3 Grundtypen der Wasserbilanz

In jeder Klimazone und auf jedem Standort wachsen Pflanzen mit recht ungleicher Haushaltsführung nebeneinander. Man kann sie zwei Grundtypen der Wasserbilanz zuordnen, dem hydrostabilen (isohydrischen) und dem hydrolabilen (anisohydrischen) Typus (Abb. 155).

Hydrostabile Arten halten ihre Bilanz tagsüber weitgehend ausgeglichen, weil ihre Spalten sehr empfindlich auf Wassermangel reagieren und weil sie in der Regel ein weit ausgreifendes und leistungsfähiges Wurzelwerk besitzen. Bilanzstabilisierend wirken auch Wasservorräte in Speicherorganen, in Wurzeln, im Holz und in der Rinde der Stämme und in den Blättern. Hydrostabil sind Bäume, manche Gräser, Schattenpflanzen und Sukkulenten.

Hydrolabile Arten riskieren größere Wasserverluste und eine stärkere Zunahme der Zellsaftkonzentration. Solche Sproßpflanzen sind daher immer auch *euryhyder.* Viele krautige Pflanzen sonniger Standorte sind hydrolabil, desgleichen die poikilohydren Pflanzen.

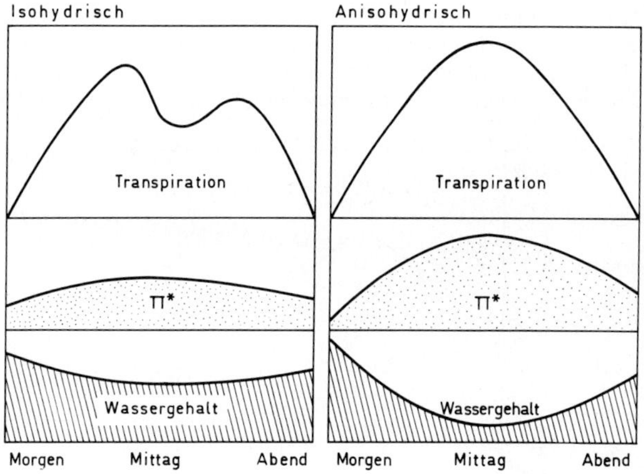

Abb. 155. Schema der Wasserhaushaltstypen nach Berger-Landefeldt (1936). Der *isohydrische Typ* (links) vermeidet starke Tagesschwankungen im Wassergehalt und potentiellen osmotischen Druck durch vorsichtige stomatäre Regulation der Wasserabgabe. Der *anisohydrische Typ* schränkt die Transpiration nur bei extremer Trockenheit ein und riskiert eine starke Anspannung der Wasserbilanz, die sich durch ausladende tageszeitliche Schwankungen des osmotischen Druckes und des Wassergehalts bemerkbar machen. Aus Stocker (1956).

7.3.5 Konstitutionstypen des Wasserhaushalts

Bäume. Erwachsene Bäume mit ihrer ausgedehnten verdunstenden Oberfläche und dem weiten Weg des Wassers von der Wurzel in die Blätter sind geradezu das Musterbeispiel einer Organisationsform, die es sich nicht erlauben kann, größere Wasserverluste abzuwarten, sondern die von Anfang an einer unausgeglichenen Wasserbilanz entgegenwirken muß. Ungehemmt transpirieren kann die ganze Baumkrone nur, wenn die Wasserversorgung gesichert ist. An Schönwettertagen entsteht wenigstens um die Mittagszeit immer Unterbilanz, so daß die Schließzellen, die bei den meisten Bäumen schon auf sehr niedrige Wassersättigungsdefizite ansprechen, vorübergehend die Wasserabgabe drosseln. Später, wenn sich die Bilanz erholt hat, öffnen sich die Stomata wieder und die Transpiration nimmt zu (Abb. 156). Die *Mittagsdelle der Transpiration* ist ein bezeichnendes Merkmal des Klartagverhaltens von Bäumen. Bei stärkerer Belastung des Wasserhaushalts kann der Nachmittagsanstieg der Transpiration schwächer sein oder völlig ausbleiben. Die Sparmaßnahmen setzen in der Baumkrone nicht in allen Kronenbereichen gleichzeitig ein, sondern stufenweise in geordneter Reihenfolge: Zuerst und am stärksten erfolgt die *Transpirationsminderung* in den beschatteten Kronenteilen, wo die Ansprechschwelle für die Spaltenverengung am niedrigsten ist, es folgt die Kronenbasis und zuletzt schränken auch die Wipfelblätter die Verdunstung ein. Dementsprechend ist der Saugspannungsanstieg im besonnten

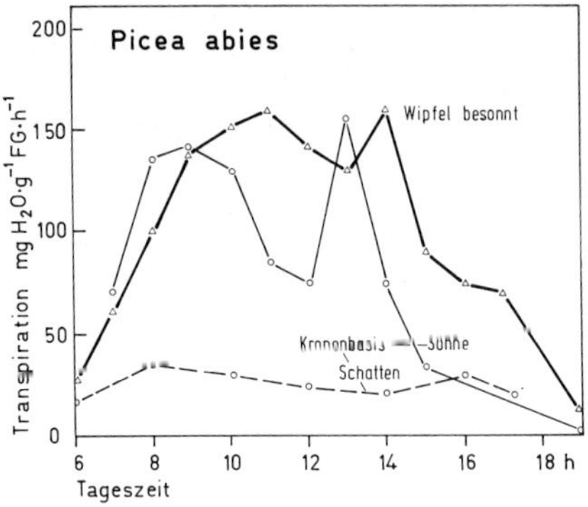

Abb. 156. Tagesgang der Transpiration von Fichtentrieben an einem sonnigen Augusttag nach vorausgegangener Trockenheit. Bei unzureichender Wasserversorgung vermindern zuerst die Schattenzweige an der Kronenbasis die Wasserabgabe, dann die besonnten Zweige am Unterrand der Krone und zuletzt die besonnten Wipfeltriebe. Nach PISEK und TRANQUILLINI (1951).

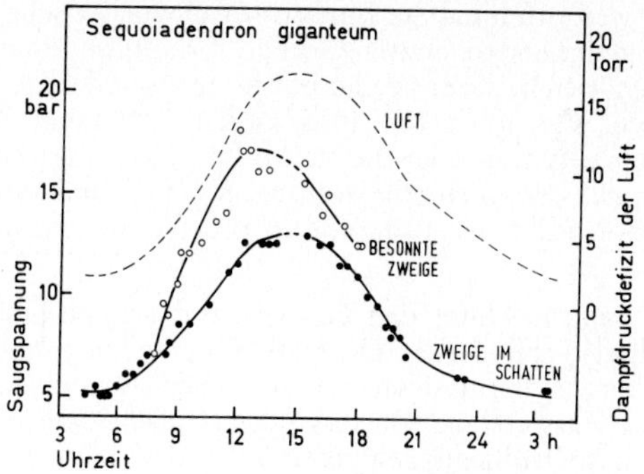

Abb. 157. Tagesgang der Saugspannung von Zweigen des Mammutbaumes aus 7 m Höhe (gemessen mit der Druckapparatur). Mit ansteigendem Dampfdruckdefizit der Luft am Vormittag nimmt die Saugspannung in den Zweigen zu, und zwar in besonnten Zweigen rascher als in Schattenzweigen. Mit abnehmendem Dampfdruckdefizit am Nachmittag und Abend erholt sich der Wasserhaushalt und die Saugspannung sinkt wieder ab; der niedrigste Wert wird aber erst kurz vor Sonnenaufgang erreicht. Nach Richter, Halbwachs und Holzner (1972).

Wipfel steiler als in den beschatteten Kronenteilen (Abb. 157). Die *Tagesschwankung des potentiellen osmotischen Druckes* ist bei Bäumen sehr flach, sie überschreitet normalerweise nicht eine Amplitude von 3 bar; das bedeutet, daß trotz der Zunahme der Saugspannung im Laufe des Tages das Protoplasma selbst keinen allzu großen Hydraturschwankungen unterworfen ist.

Nicht alle Bäume sind in gleichem Maße hydrostabil. Einen sehr ausgeglichenen Wasserhaushalt führen Nadelbäume, Schattholzarten und manche Lichtholzarten wie die Eichen. Es gibt aber auch Bäume wie z. B. Eschenarten, die sich nicht so vorsichtig verhalten, so daß in Trokkenzeiten die Blätter vorzeitig verdorren.

Krautige Dikotyledonen. Unter den krautigen Pflanzen findet man alle Übergänge zwischen hydrostabilen und äußerst hydrolabilen Verhaltensweisen. Die *Vielfalt der Typen* zeigt sich besonders deutlich auf sonnigen und zur Bodentrockenheit neigenden Standorten, wofür die Abb. 158 Beispiele bietet.

Bei einigermaßen ausreichender Wasserversorgung transpiriert eine Reihe von Dikotyledonen, dem Verlauf des Evaporationsvermögens folgend, uneingeschränkt den ganzen Tag hindurch. Daneben gibt es andere, die ähnlich wie die Bäume eine Mittagsdepression einlegen oder die überhaupt nur am frühen Vormittag und am späteren Abend ihre Spalten weit offen halten. Eine so verschwenderische Transpiration, wie sie in der erstgenannten Gruppe vorkommt, können sich nur Pflanzenarten leisten, die entweder durch ein ausgedehntes Wurzelsystem reichlich Wasserreserven ausschöpfen und dieses Wasser den Blättern rasch zuführen oder die starke Entwässerung vertragen. Bei ihnen erhöht sich der potentielle osmotische Druck im Laufe des Tages um 3–6 bar. Solche Arten sind gerade unter den Sonnenkräutern häufig zu finden.

Gräser und Seggen. Unter den Gräsern und Seggen gibt es hydrostabile und hydrolabile Arten. Die Spaltapparate hydrostabiler Gräser reagieren überaus empfindlich auf die ersten Anzeichen einer Anspannung der Wasserbilanz. Durch *gleitende Spaltenverengung* wird die Transpiration so frühzeitig eingeschränkt, daß häufig eine scharfe

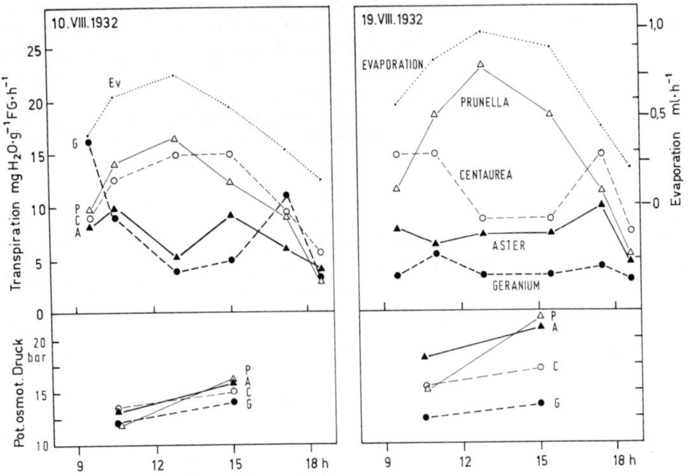

Abb. 158. Tagesgang der Transpiration und Tagesschwankung des potentiellen osmotischen Druckes verschiedener Pflanzen auf einem xerothermen Standort zu Beginn einer Trockenzeit und nach 9 Tagen Dürre. *Prunella grandiflora* ist ein Flachwurzler, der die Transpiration kaum vermindert und dadurch eine starke Anspannung der Wasserbilanz riskiert; *Centaurea scabiosa* wurzelt mäßig tief und setzt die stomatäre Transpiration erst herab, wenn die Wasserversorgung erheblich schwieriger wird; *Aster amellus* wurzelt ebenfalls mäßig tief, reagiert aber sehr empfindlich auf gestörte Wasserbilanz und schränkt die Transpiration frühzeitig ein; *Geranium sanguineum* ist ein ausgesprochener Flachwurzler, der die Spalten schon bei geringster Anspannung der Wasserbilanz drastisch verengt und dadurch auch nach mehrtägiger Trockenheit ein Ansteigen des potentiellen osmotischen Druckes weitgehend vermeidet. Nach MÜLLER-STOLL (1935).

Mittagsdepression nicht mehr notwendig wird (Abb. 159). Mit zunehmendem Alter der Blätter, bei Savannengräsern zu Beginn der Trokkenheit, erstarrt die Beweglichkeit der Stomata und die Gräser verlieren allmählich die Kontrolle über ihre Wasserbilanz. Obwohl der Boden trocken ist, transpirieren sie hemmungslos weiter, bis die Blätter verdorren.

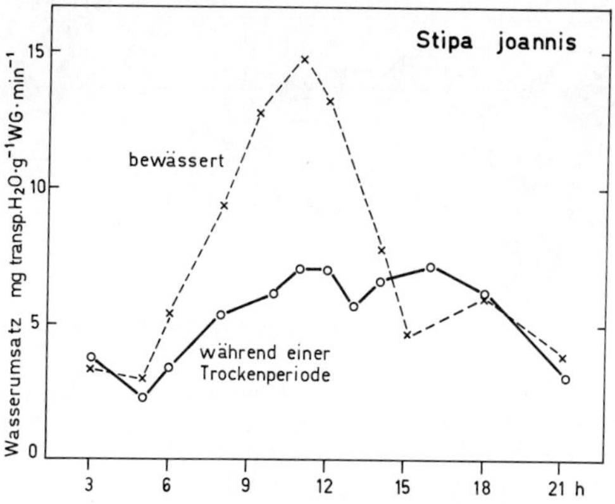

Abb. 159. Tagesgang der Transpiration des Steppengrases *Stipa joannis* während einer Trockenperiode im Juli, verglichen mit der Transpiration künstlich bewässerter Pflanzen. Die Transpiration ist hier als Wasserumsatz (transpiriertes Wasser in Promille des Wassergehaltes der Blätter) angegeben. Nach RYCHNOVSKÁ (1965).

7.3.6 Der Wasserhaushalt bei Dürre

7.3.6.1 Dürre als Belastungsfaktor

Unter Dürre versteht man eine *niederschlagsarme Zeit*, während der der Wassergehalt des Bodens so stark absinkt, daß die Pflanzen unter Wassermangel leiden. Häufig, aber nicht immer, ist die *Bodentrockenheit* mit Lufttrockenheit und starker Einstrahlung, also mit hoher *Verdunstungsbelastung* gekoppelt.

In ausgesprochenen Trockengebieten herrscht Dürre mit solcher Regelmäßigkeit und von solcher Dauer, daß die jährliche Verdunstung die Jahressumme der Niederschläge übersteigt. Man spricht in diesem Fall von *aridem* Klima, im Gegensatz zum *humiden* Klima bei Niederschlagsüberschuß. Rund ⅓ der Festlandsoberfläche der Erde weist ein Regendefizit auf, die Hälfte davon (rund 12 % der Landfläche) ist so trocken, daß die Jahresniederschläge unter 250 mm bleiben und nicht einmal ein Viertel der potentiellen Verdunstung ausmachen.

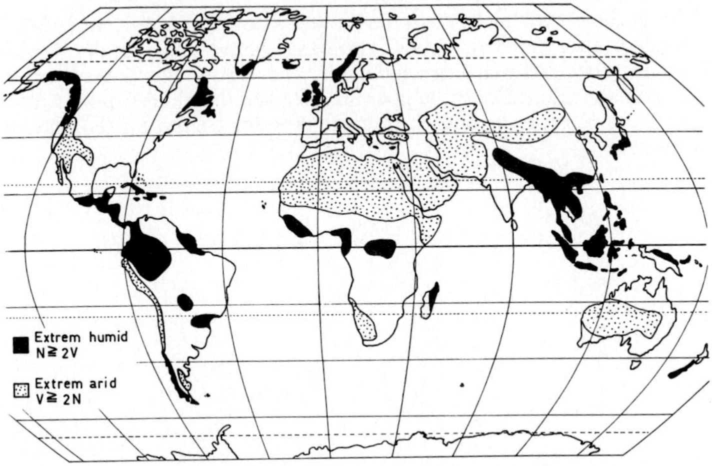

Abb. 160. Verteilung extrem humider und extrem arider Gebiete auf der Erde. *Extrem humid:* Jahresniederschlag wenigstens doppelt so hoch wie die jährlich verdunstete Wassermenge. *Extrem arid:* Jährliche Verdunstung wenigstens doppelt so groß wie der Jahresniederschlag.

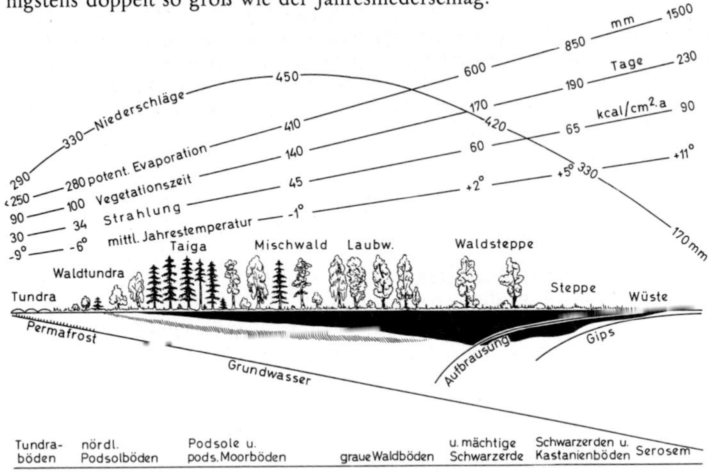

Abb. 161. Schema des Klimaverlaufs, der Vegetationsgliederung und der Bodenausbildung von Nordosteuropa bis zur Kaspischen Niederung. Wo die Niederschlagskurve die ansteigende Linie der potentiellen Evaporation schneidet, liegt die Grenze zwischen humidem (links) und aridem (rechts) Klima. Nach Vysockom und Morozov aus Walter (1979).

Ausgedehnte Trockengebiete liegen vor allem zwischen 15 ° und 30 ° nördlicher und südlicher Breite und im Lee regenbringender Winde hinter hohen Gebirgsketten (Abb. 160). In meeresfernen Ländern erfolgt ein allmählicher Übergang vom humiden Klima über einen semiariden Zwischenbereich mit gelegentlichen oder periodischen Trockenzeiten zum ariden Gebiet, das durch andauernde Dürre, Bodenverbrackung und Bodenversalzung gekennzeichnet ist (Abb. 161).

Das Verhältnis von Jahresniederschlag zu Jahresverdunstung ist nur ein grober Hinweis auf den humiden oder ariden Charakter eines Gebietes. Für die Pflanzen, die dort wachsen, ist wichtig, daß die Wasserversorgung dann sichergestellt ist, wenn der größte Bedarf herrscht, also während der Vegetationszeit. Um einen Überblick über *relativ humide und relativ aride Zeitabschnitte* während des Jahres zu bekommen, können aus Aufzeichnungen meteorologischer Stationen Klimadiagramme zusammengestellt werden, wie sie von H. Gaussen und H. Walter aufgrund empirischer Erfahrung vorgeschlagen worden sind (Abb. 162). Dabei werden die Monatssummen des Niederschlags und die Monatsmittel der Lufttemperatur in ihrem Jahresverlauf so eingetragen, daß *Temperatur und Niederschlag im Verhältnis 1:2* stehen. Die Temperaturkurve dient bei diesem Darstellungsmaßstab als Anhaltspunkt für den Verlauf der *Verdunstungskraft der Atmosphäre* während des Jahres. Der Teil des Jahres, in dem die Niederschlagskurve unter der Temperaturkurve verläuft, ist für die Mehrzahl der Pflanzen, die nicht bewässert werden oder Grundwasser ausnützen, eine Dürrezeit. Das Verfahren hat den Vorteil, daß es auch auf Stationen angewendet werden kann, für die keine Verdunstungs- oder Strahlungsmessungen vorliegen.

Niederschlagsarmut allein bedingt noch nicht Aridität: Die kalten Polargebiete sind ebenfalls niederschlagsarm, aber sie sind nicht arid, weil auch das Evaporationsvermögen niedrig ist. Umgekehrt können Niederschläge, die in fester Form fallen, von den Pflanzen nicht sofort aufgenommen werden. Der Winter ist also für die Pflanzen, die über die *Schneedecke* hinausragen, nicht nur eine kalte, er ist zugleich eine trockene Jahreszeit. Sowohl im hohen Norden als auch im Gebirge sind Schneebedeckungsdauer, Schneehöhe und Bodenfrost die entscheidenden Faktoren für die *Begrenzung des Baumwuchses.* Wo im Winter der Schnee verweht wird, geht der Baumjungwuchs zugrunde, wo die durchwurzelten Bodenhorizonte zu lange gefroren bleiben oder der Permafrost zu hoch aufsteigt, kommt Baumwuchs nicht mehr auf. Der Wald wird aufgelockert und geht im Norden in Tundra, im Gebirge in Krummholz, Zwergstrauchheiden oder alpine Krautgesellschaften über.

Abb. 162. Klimadiagramme für *Stanleyville* (Kongo, immerfeuchtes äquatoriales Tageszeitenklima); *Bombay* (Indien, tropisches Sommerregenklima); *San Francisco* (Californien, Winterregengebiet mit Sommerdürre); *Odessa* (Schwarzmeerküste, semiarides Steppenklima); *Ankara* (Türkei, mediterraner Klimatypus mit Äquinoktialregen), *Cairo* (Ägypten, subtropisches Wüstenklima); *Aberystwyth* (Wales, maritim-gemäßigtes Klima); *Archangelsk* (Taigazone am Weißen Meer, kalt-gemäßigtes Klima); *Barrow* (Alaska, arktisches Tundraklima).

Erläuterung der Klimadiagramme: *Abszisse:* Auf der Nordhemisphäre Monate von Januar bis Dezember, auf der Südhemisphäre von Juli bis Juni (die warme Jahreszeit liegt immer in der Mitte des Diagramms). *Ordinate:* 1 Teilstrich = 10 °C bzw. 20 mm Niederschlag. *Die Bezeichnungen und Zahlen auf den Diagrammen bedeuten:* a = Station, b = Höhe über dem Meer, c = Anzahl der Beobachtungsjahre, d = mittlere Jahrestemperatur, e = mittlere Jahresniederschlagsmenge, f = mittleres tägliches Minimum des kältesten Monats, g = absolutes Temperaturminimum, h = mittleres tägliches Maximum des wärmsten Monats, i = absolutes Temperaturmaximum, j = mittlere tägliche Temperaturschwankung (tropische Stationen mit Tageszeitenklima), k = Kurve der mittleren Monatstemperaturen, l = Kurve der mittleren monatlichen Niederschläge, m = relative Dürrezeit (punktiert), n = relativ humide Jahreszeit (vertikal schraffiert), o = perhumide Jahreszeit, mittlere monatliche Niederschläge > 100 mm (Maßstab auf 1/10 reduziert, schwarze Fläche), p = relative Trockenzeit (tiefer gesetzte Niederschlagskurve, 1 Skalenteil entspricht 30 mm), q = kalte Jahreszeit, Monate mit mittlerem Tagesminimum unter 0 °C (schwarzer Balken), r = Zeitraum mit Frostwechseltagen, Monate mit absolutem Minimum unter 0 °C (schräg schraffierter Balken), s = Zahl der Tage mit Mitteltemperaturen über +10 °C, t = Zahl der Tage mit Mitteltemperaturen über −10 °C. *Diese Angaben stellen zugleich eine Übersicht über pflanzenökologisch wichtige Klimadaten dar.* Nach WALTER und LIETH (1967).

7.3.6.2 Einschränkung des Wasserverbrauchs bei Trockenheit

Pflanzen humider Gebiete verringern, wenn tage- oder gar wochenlang kein Regen fällt, die Wasserreserven im Boden schwinden und die Wasserbilanz sich fortschreitend verschlechtert, zunehmend ihren Wasserverbrauch, indem sie ihre *Spalten weniger weit öffnen und weniger lang geöffnet halten.* In der Abb. 163 ist dieser Trend dargestellt: zunächst wird die Transpiration während der heißesten Stunden herabgesetzt, dann entfällt die Erholungsphase am Nachmittag, schließlich öffnen sich die Stomata nur noch am Morgen. Zuletzt transpirieren die Pflanzen ausschließlich kutikulär. Dank dieser Maßnahmen wird der Wasserhaushalt geschont. Beispiele für die Auswirkung mehrtägiger sommerlicher Trockenperioden auf *Pflanzen xerothermer*

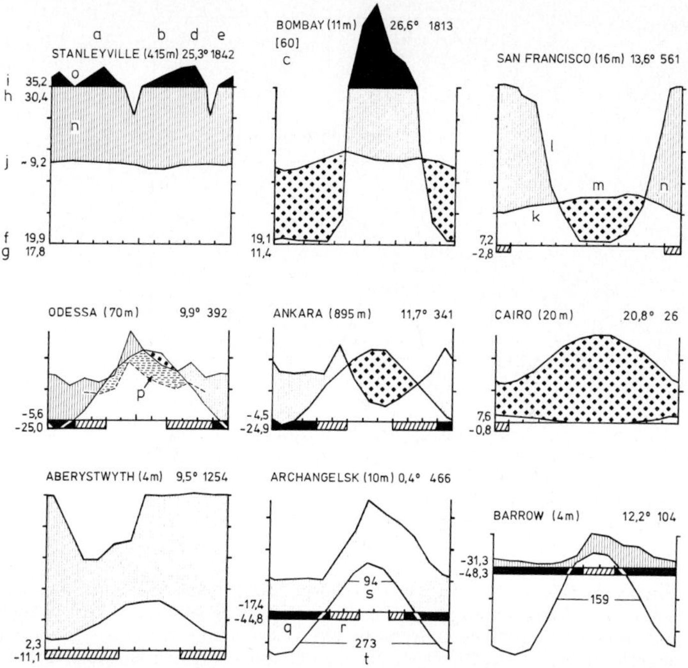

Standorte in Mitteleuropa sind den Abb. 158 und 159 zu entnehmen. Nun beginnen auch jene krautigen Dikotyledonen sparsamer mit dem Wasser umzugehen, die vorher den ganzen Tag über ungehemmt transpirieren konnten. Die von vornherein vorsichtigeren Arten halten ihre Spalten fast durchgehend geschlossen.

Pflanzen der Trockengebiete besitzen in der Regel ein tiefgreifendes Wurzelwerk oder wasserspeichernde Gewebe und sind daher nicht so schnell zu radikaler Drosselung der Transpiration (und damit zugleich der CO_2-Aufnahme) gezwungen. Darin äußert sich ihre Leistungsanpassung an trockene Standorte. *Wüstensträucher* verbrauchen in der Trockenzeit immerhin 20–40 %, *Halbsträucher und krautige Arten* 60–80 % der Wassermenge, die sie in der feuchten Jahreszeit ausgeben

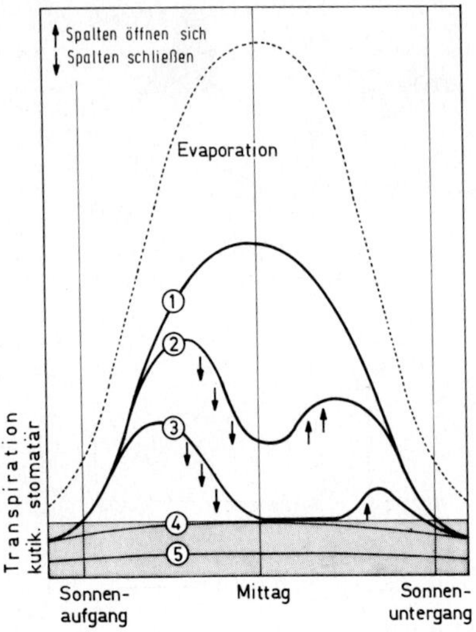

Abb. 163. Schema des Tagesverlaufs der Transpiration bei zunehmend erschwerter Wasserversorgung. Die Pfeile weisen auf Spaltöffnungsbewegungen hin, die durch einen veränderten Wasserzustand ausgelöst werden. Durch die gerasterte Fläche ist der Bereich ausschließlich kutikulärer Transpiration gekennzeichnet. 1 uneingeschränkte Transpiration, 2 Mittagseinschränkungen der Transpiration durch Spaltenregulation, 3 vollständiger Spaltenschluß während der Mittagszeit, 4 vollständige Ausschaltung der stomatären Transpiration durch dauernden Spaltenschluß (nur kutikuläre Transpiration), 5 stark herabgesetzte kutikuläre Transpiration durch Membranentquellung. Nach Stocker (1956).

(Tab. 47). Gewisse Arten unter den Ephemeren reduzieren ihre Verdunstung überhaupt nicht und transpirieren stark bis sie vertrocknen. Sehr erheblich ist dagegen die Einschränkung bei immergrünen *hartlaubigen Bäumen und Sträuchern* in Gebieten mit periodischer Sommerdürre; sie senken ihren Wasserverbrauch auf 10–20 % des Betrages bei guter Wasserversorgung. Die wirksamste Transpirationseinschränkung gelingt den *CAM-Pflanzen*, die in Trockenzeiten ihre Spalten untertags ganz geschlossen halten und sie höchstens in der Nacht öffnen (siehe Abb. 84).

Tab. 47. Tagessumme der Transpiration von Pflanzen periodisch trockener Gebiete bei guter Wasserversorgung und bei länger andauernder Dürre unter den jeweils am Standort herrschenden Evaporationsbedingungen. Nach (a) ROUSCHAL 1938; (b) GRIEVE und HELLMUTH 1968; HELLMUTH 1971; (c) STOCKER 1970; (d) ZOHARY aus STOCKER 1974; (e) ABD el RAHMAN aus STOCKER 1974; (f) NOBEL 1977; (g) CALDWELL pers. Mitt. 1978.

Pflanze	Transpirationstagessumme ($g\ H_2O \cdot dm_2^{-2} \cdot d^{-1}$) Regenzeit	Trockenzeit	Transpirationseinschränkung auf % des Werts bei guter Versorgung	Autor
Mediterrane Macchie				
Olea europaea	10	2,8	28	a
Laurus nobilis	3,3	0,5	15	a
Phillyrea media	10,4	1,5	14	a
Quercus ilex	9,5	1,0	11	a
Australische Hartlaubgehölze				
Acacia acuminata	12,4*	2,9*	23	b
Acacia craspedocarpa	18,6*	3,9*	21	b
Banksia menziesii	7,4	0,6	8	b
Australischer Trockenbusch				
Hakea preisii	19,8	13,4	68	b
Eremophila miniata	33,3	17,9	54	b
Halophytenwüste in Utah				
Atriplex confertifolia (C4)	14,2	2,7	19	g
Ceratoides lanata (C3)	14,0	0,2	1	g
Nordafrikanische Wüstenpflanzen				
Nitraria retusa	19,1	15	78	c
Zilla spinosa	22	14	64	e
Zilla spinosa	38	15	39	d
Zygophyllum coccineum	15	7	47	e
Pennisetum dichotomum	15	6	40	e
Haloxylon persicum	26	10	38	d
Hammada scoparia	4**	1,5**	38	d
Anabasis articulata	3,1**	1,0**	32	d
Retama retam	25	7	28	d
Artemisia herba-alba	6**	1,6**	27	d
Noea mucronata	5,5**	1,0**	18	d
Kakteenwüste in Californien				
Ferocactus acanthodes	1,54	0,32	21	f

* $g\ H_2O \cdot g^{-1}$Trockengewicht $\cdot d^{-1}$ ** $g\ H_2O \cdot g^{-1}$Frischgewicht $\cdot d^{-1}$

Frosttrocknis. Wassermangel kann auch im *Winter* auftreten und sogar zu Schaden führen, wenn die Wassernachleitung durch anhaltenden Frost unterbunden ist. In Gebieten mit langem und kaltem Winter (Gebirge, Subarktis) bleibt der Boden oberflächlich monatelang gefroren und die Leitungsbahnen in Sproß und Wurzeln vereisen (unter – 2 °C ist das Wasser in Tracheen und Tracheiden gefroren). Die über die Schneedecke herausragenden Zweige verlieren aber trotzdem Wasser. Dadurch verschlechtert sich die Wasserbilanz zunehmend. Die Belastung ist am größten im Spätwinter, wenn der Boden noch nicht aufgetaut ist, die Sonne aber schon stärker die Zweige erwärmt und die Transpiration antreibt (Abb. 164).

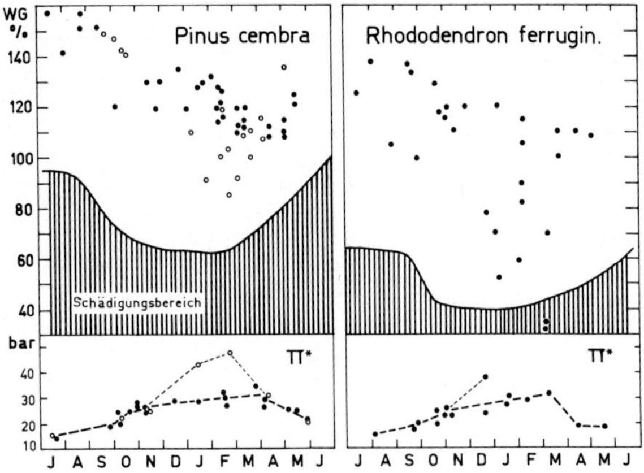

Abb. 164. Wassergehalt (in % des Trockengewichtes), potentieller osmotischer Druck und Austrocknungsresistenz von Zirbennadeln und Alpenrosenblättern an der alpinen Waldgrenze. Kreismarken bei Zirben gelten für kleine (bis 2 m hohe) Bäume, Punkte für erwachsene Bäume. Zirbennadeln und Alpenrosenblätter erwerben mit Beginn der Winterruhe eine größere protoplasmatische Resistenz gegen Austrocknung, die erst im Frühjahr mit Beginn der Vegetationstätigkeit wieder verloren geht. Wenn im Spätwinter der Boden noch gefroren ist, die Sonne aus dem Schnee herausragende Zweige aber schon stärker erwärmt, sinkt der Wassergehalt der Alpenrosenblätter und kleiner Zirbenbäumchen bis in die Nähe der Gefährdungsgrenze, zuweilen auch unter diese Grenze. Größere Bäume sind dank ihrer Wasserreserven im Stamm nicht so gefährdet wie Baumjungwuchs und Sträucher. Nach Messungen von Cartellieri, Pisek und Cartellieri, Pisek, Sohm und Cartelleri, Ulmer, Pisek und Schiessl, Larcher, Tranquillini, aus Larcher (1972). Über Frosttrocknis als Verbreitungsgrenze im Gebirge s. Tranquillini (1979).

7.3.6.3 Die Dürreresistenz

Dürreresistenz ist die *Fähigkeit der Pflanzen, Trockenperioden zu überdauern.* Diese Widerstandsfähigkeit ist eine komplexe Eigenschaft. Die Überlebensaussichten einer Pflanze bei extremer Trockenheitsbelastung sind um so besser, je länger eine gefährliche Hydraturabnahme des Protoplasmas verzögert werden kann *(Austrocknungsverzögerung)* und je stärker das Protoplasma ohne Schaden austrocknen kann *(Austrocknungsvermögen* oder Austrocknungsresistenz).
Im englischsprachigen Schrifttum wird für Austrocknungsverzögerung nach J. LEVITT (1958) die Bezeichnung *drought avoidance*, für Austrocknungsvermögen der Ausdruck *drought tolerance* verwendet. Bei den Sproßpflanzen ist das Austrocknungs*vermögen* eng begrenzt, die spezifischen Unterschiede in der Dürreresistenz sind hauptsächlich auf die ungleiche Wirksamkeit von Mechanismen zur Austrocknungs*verzögerung* zurückzuführen. In Gebieten mit regelmäßigen Trockenperioden und in Wüsten gibt es außerdem Pflanzen, die die *Dürre meiden,* indem sie ihre Vegetationstätigkeit und ihre reproduktive Entwicklung auf die kurze Zeit beschränken, in der ihnen ausreichend Wasser zur Verfügung steht. Eine Übersicht über mögliche Überlebensweisen von Pflanzen in Trockengebieten (Xerophyten) gibt Abb. 165.

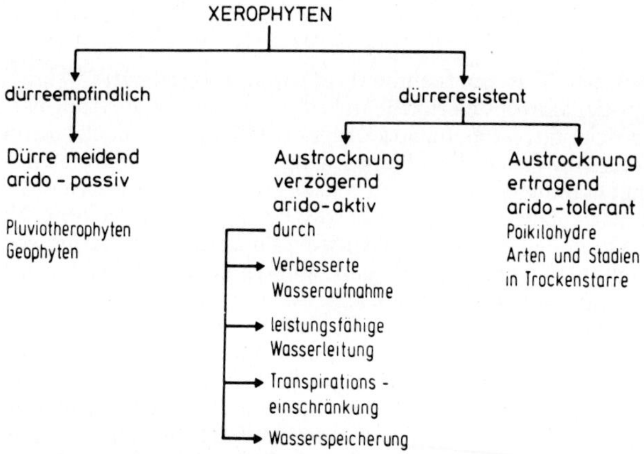

Abb. 165. *Überlebensweisen von Pflanzen in Trockengebieten.* Nach Einteilungsssystemen von SHANTZ (1927), KILLIAN und LEMÉE (1956), LEVITT (1958, 1972), WALTER (1973) und EVENARI et al. (1975).

Dürremeidende Xerophyten

Dürremeidende Pflanzen brauchen nicht dürreresistent zu sein. Für die Überdauerung von Trockenheit ist nur wichtig, daß rechtzeitig austrocknungsresistente Samen oder vor Dürre geschützte Überdauerungsorgane ausgebildet werden. **Pluviotherophyten** sind kurzlebige Sproßpflanzen, die nach stärkeren Regenfällen auskeimen und ihren Entwicklungszyklus rasch abschließen. Die Trockenzeit überdauern sie im austrocknungsfähigen Samenstadium. **Geophyten** besitzen wasserreiche unterirdische Überdauerungsorgane (Rhizome, Knollen, Zwiebeln), die im Boden vor zu starker Entwässerung geschützt sind. In der Regenzeit treiben sie dank Verwertung gespeicherter Kohlenhydrate sofort aus und kommen alsbald zum Blühen und Fruchten.

Austrocknungsverzögerung

Austrocknungsverzögernd sind alle Vorkehrungen, durch die es den Pflanzen gelingt, bei Luft- und Bodentrockenheit möglichst lange Zeit einen guten Wasserzustand in den Geweben zu erhalten. Das wird erreicht durch verbesserte *Wasseraufnahme* aus dem Boden, durch verminderte *Wasserabgabe* (frühzeitige und wirksame Erhöhung des Diffusionswiderstandes, Verkleinerung der transpirierenden Oberfläche), durch gutes *Wasserleitungsvermögen* und durch *Wasserspeicherung*. Viele austrocknungsverzögernden Verhaltensmuster kommen auch morphologisch als *Dürreüberdauerungsformen* zum Ausdruck.

Verbesserte Wasseraufnahme durch weit ausgreifendes Wurzelwerk mit großer aktiver Oberfläche wird durch rasches Wachstum bis in tiefe Bodenschichten erreicht. So gelangen die Wurzeln in noch feuchte Horizonte, von denen die Pflanzen längere Zeit zehren können. Holzpflanzensämlinge bilden in Trockengebieten Pfahlwurzeln aus, die zehnmal so lang sind wie der Sproß, Gräser verdichten ihren Wurzelfilz und stoßen mit ihren Fadenwurzeln ebenfalls metertief vor. Das Verhältnis zwischen Sproß- und Wurzelmasse verschiebt sich um so mehr zugunsten der Wurzeln, je stärker die Pflanzen eines Gebietes der Trockenheit ausgesetzt sind (vgl. Tab. 16). Kritisch wird die Situation dann, wenn für eine Ausdehnung des Wurzelsystems zu wenig Platz vorhanden ist. Auf flachgründigen Böden sind Extensivwurzler (v. a. Holzpflanzen) daher besonders dürregefährdet. Analoge Probleme treten bei der *Bepflanzung von Bauwerken* (Flachdächer, Tunnels und andere Unterflurbauten) auf. Für die Gebäudebegrünung eignen sich auch in humiden Gebieten nur dürrebeständige Pflanzen, die mit dem geringen Wasservorrat des begrenzten Bodenvolumens der Aufschüttung zurechtkommen.

Erhöhter Diffusionswiderstand der Sproßoberflächen wird durch frühzeitigen Spaltenschluß und wirksamen kutikulären Transpirationsschutz erzielt. Als *modulative Adaptation* kommt es zu einem Anstieg des Abscisinsäurespiegels in der Pflanze, wodurch die Schließbereitschaft der Stomata gefördert wird (Abb. 166). *Modifikativ* werden auf Blättern, die bei Wassermangel heranwachsen, kleinere Spaltapparate in größerer Besatzdichte angelegt. Solche Blätter drosseln die Transpiration beim Einsetzen der stomatären Regulation schneller. Außerdem ist die Epidermis derartiger Blätter dichter cutinisiert, mit dickeren Wachsschichten überzogen und vielfach stärker behaart. Die natürliche Transpirationseinschränkung kann künstlich durch *Antitranspirantien* unterstützt werden, die Oberflächenfilme bilden oder Spaltenschluß auslösen. *Spaltenschließend* wirken Abscisinsäure, Inhibitoren des energieliefernden Elektronentransfers (z.B. Phenylquecksilberacetat, Acetylsalizylsäure, Thiocarbamate und andere Harnstoffderivate) und permeabilitätsbeeinflussende Substanzen (partiell oxidierte Fettsäuren, Sulfonate). Die stomatäre und besonders die kutikuläre Wasserabgabe wird durch Besprühen mit *überzugbildenden* Emulsionen von Polyäthylen-, Acryl-, Silicon- und Polyterpenverbindungen herabgesetzt. Die Anwendung von Antitranspirantien ist wegen der nachteilhaften Nebenwirkung auf den CO_2-Gaswechsel und den Wärmehaushalt nur als Notlösung praktikabel.

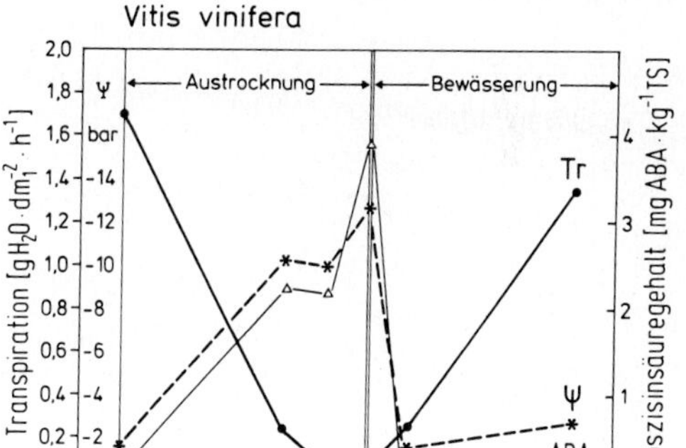

Abb. 166. Transpiration (Tr), Wasserpotential (Ψ) und Abscisinsäuregehalt (*ABA*) der Blätter von Weinreben, die zunächst allmählicher Bodenaustrocknung ausgesetzt waren und nach 6 Tagen Dürre wiederbewässert wurden. Nach LOVEYS und KRIEDEMANN (1973).

Eine **Verkleinerung der transpirierenden Oberfläche** geschieht rasch und reversibel durch Falten und *Einrollen der Blätter* (Abb. 167). Dieser Mechanismus ist bei Gräsern und Seggen verbreitet: Bei *Stipa tenacissima* wird dadurch die Transpiration auf 40 % des Wertes ausgebreiteter Blätter herabgesetzt. Eine besonders wirksame Reduktion der transpirierenden Oberfläche einer Pflanze kommt durch teilweisen oder vollständigen *Blattabwurf* zustande. Verschiedene Holzpflanzen in Trokkengebieten werfen ihr Laub regelmäßig in der Dürrezeit ab. Bei zunehmender Trockenheit wird der Laubabwurf über Hormonwirkungen (Abscisinsäure- und Aethylenanreicherung) eingeleitet. Durch peridermale Transpiration verlieren die Stämme und Zweige großer Bäume nur $1/300$ – $1/3000$ der Wassermenge, die durch das Laub bei guter Wasserversorgung verdunstet wird. Rutensträucher entlauben sich bei Bedarf, wodurch die Sproßoberfläche auf $1/3$–$1/5$ verkleinert wird. Das Verhältnis zwischen transpirierender Oberfläche und Wasservorrat in den Geweben wird über die *Oberflächenentwicklung* der Blätter oder Sprosse erfaßt:

$$\text{Oberflächenentwicklung} = \frac{\text{Oberfläche (dm}^2\text{)}}{\text{Frischgewicht (g)}} \qquad (45)$$

Da das Wasser flächenproportional verdunstet, wird bei einer geringen Oberflächenentwicklung der Wasservorrat im Blatt geschont (siehe Tab. 50). Bei schlechter Wasserversorgung ausdifferenzierte Blätter sind in der Regel kleiner, stärker zerteilt und von geringerer Oberflächenentwicklung (*Xeromorphose*).

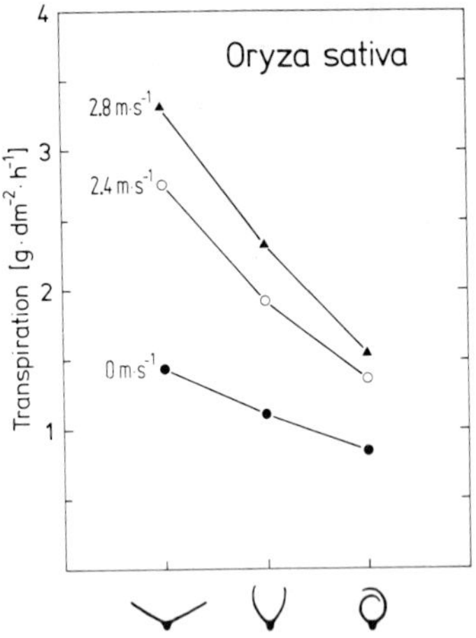

Abb. 167. Auswirkung des Einrollens der Blätter auf die Transpiration in ruhender Luft und bei Wind. Um ausschließlich den Effekt der Oberflächenverkleinerung zu erfassen, wurden gut wasserversorgte Blätter künstlich eingerollt. Nach O'Toole et al. (1979).

Das **Wasserleitungsvermögen** wird durch Vergrößerung der Leitfläche (mehr Xylem, engere Blattaderung) und Verkürzung des Transportweges (kürzere Internodien) leistungsfähiger. Durch eine Verringerung der transpirierenden Oberfläche nimmt die *relative* Leitfläche schon bei unveränderter *absoluter* Leitfläche (leitendem Querschnitt) zu.

Wasserspeicherung ist die höchste Perfektionsform der Austrocknungsverzögerung, besonders wenn sie mit Oberflächenreduktion und hohem Transpirationswiderstand der Epidermis gekoppelt ist. Als Maß für das Speichervermögen kann der Sukkulenzgrad angegeben werden:

$$\text{Sukkulenzgrad} = \frac{\text{Sättigungswassergehalt (g)}}{\text{Oberfläche (dm}^2\text{)}} \quad (46)$$

Sukkulente Pflanzen überdauern Dürre unter Umständen jahrelang, und nach dem letzten Regen reicht der Wasservorrat monatelang aus, bevor die Spalten dauernd geschlossen bleiben (Abb. 168).

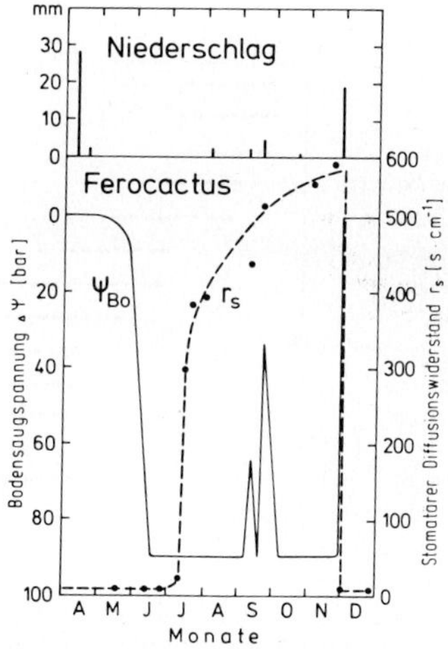

Abb. 168. Bodenaustrocknung ($\Delta\Psi_{Bo}$ in 10 cm Tiefe) und langsam ansteigender stomatärer Diffusionswiderstand (r_s-Tagesminimum) von *Ferocactus acanthodes* in der Coloradowüste während monatelanger Dürre zwischen stärkeren Regenfällen im April und November. Nach Nobel (1977).

Austrocknungsvermögen

Das Austrocknungsvermögen ist die artspezifische und adaptierbare *Fähigkeit des Protoplasmas, strenge Entwässerung zu ertragen.* Wassermangel führt zu fortschreitender Entquellung des Protoplasmas und zur Zunahme der Konzentration gelöster Stoffe. Beides bewirkt zunächst Funktionsstörungen (Abb. 169), dann Funktionsausfälle und zuletzt eine Schädigung von Protoplasmastrukturen, insbesondere der Biomembranen.

Die Austrocknungsresistenz wird bestimmt, indem Pflanzenteile oder Gewebestücke ohne Transpirationsschutz (Schnitte, ausgestanzte Rundeln) mit Luft von bekannter Hydratur ins Gleichgewicht gesetzt werden. Die niedrigste relative Luftfeuchte (oder das entsprechende Wasserpotential, bei der die Zellen gerade noch überleben („kritische Grenze") oder zu einem bestimmten Prozentsatz (z. B. 50 % = **Dürreletalität** DL_{50}) geschädigt sind, gilt als *Resistenzmaß.* In der Literatur findet man auch Resistenzangaben in Wassergehaltsgrößen, so z. B. kritische und subletale (5–10 % Schaden) Wassergehalte oder Wasserdefizite. Solche Daten sind bei vorsichtiger Auslegung aufschlußreich, wenn man adaptive oder jahreszeitliche Veränderungen des Austrock-

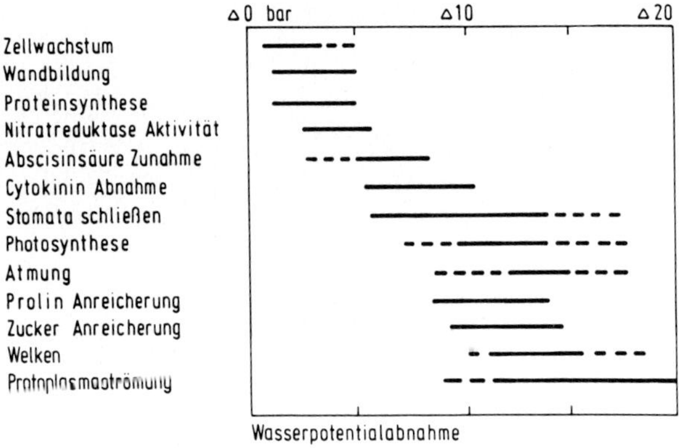

Abb. 169. *Empfindlichkeit von Zellfunktionen gegen Wassermangel* und Veränderungen in der Pflanze bei Austrocknung. Die Linien geben den Bereich an, in dem bei den meisten Pflanzenarten ein deutlicher Effekt einzutreten beginnt. Als Maß für die Austrocknungsbelastung ist die Verschlechterung des Wasserpotentials gegenüber dem Wasserpotential bei guter Wasserversorgung angegeben. Nach HSIAO (1973) unter Einbeziehung von Angaben bei ARVIDSSON (1951) und KAMIYA (1959).

nungsvermögens aufdecken will, man sollte sie aber nicht für Artenvergleiche verwenden, weil ihre Absoluthöhe von der anatomischen Eigenart der Untersuchungsprobe, z. B. dem Gewichtsanteil der Festigungselemente beeinflußt wird. Die Austrocknungsresistenz des Protoplasmas schwankt im Pflanzenreich in weiten Grenzen (Tab. 48).

Austrocknungsfähige Arten. Unter den *Thallophyten* gibt es in allen Ordnungen Arten, die vollständig austrocknungsfähig sind. Bakte-

Tab. 48. Grenzwerte der Austrocknungsresistenz von Pflanzenzellen nach 12–48 Stunden Aufenthalt in Dampfkammern mit verschiedener relativer Luftfeuchtigkeit (nach a ILJIN 1927 und 1930, b BIEBL 1938, c HÖFLER 1942 und 1950, d ABEL 1956, e SULLIVAN und LEVITT 1959, f KAPPEN 1965, g PARKER 1968)

Pflanze		Gerade noch ungeschädigt bei % RLF	Mittlerer Schaden bei % RLF	Autor
Meeresalgen				
Tiefenalgen		99–97		b
Algen der Ebbelinie		95–86		b
Algen der Gezeitenzone		86–83		b
Lebermoose				
Hygrophyten	meist	95–90	92–90	c
Mesophyten	meist	92–50	90–36	c
Xerophyten	meist	(36)–0	0	c
Laubmoose				
Wassermoose und Hygrophyten		95–90		d
Mesophyten	meist	90–50		d
	extrem	10		d
Xerophyten	meist	5–0		d
Farnprothallien				
Pteridium aquilinum			> 90	f
Cystopteris fragilis		> 90	50–70	f
Asplenium ruta-muraria		40–60	20–30	f
Sproßpflanzen (Gewebeschnitte)				
Blattepidermis			96–92	a
Mesophyll		96	95–90	a, e
Wurzelrinde			97–95	g

rien, Cyanophyten und Flechten weisen eine Vielzahl von Vertretern auf, die monatelang und sogar jahrelang im lufttrockenen Zustand ausharren und nach Wiederbefeuchten sogleich ihre Stoffwechselaktivität aufnehmen (Tab. 49). Manche von ihnen überleben einen wochenlangen Aufenthalt in absolut trockener Luft über konzentrierter Schwefelsäure oder Phosphorpentoxid. Vollständig austrocknungsfähig sind auch manche Pilzmyzelien, verschiedene Moose und einige *Selaginella*-Arten und Farne. Unter den *Blütenpflanzen* gibt es verhältnismäßig wenige austrocknungsfähige Arten, z. B. Gesneriaceen (*Ramonda serbica* und *Haberlea*-Arten im Balkangebiet) und gewisse Arten unter den Scrophulariaceen, Myrothamnaceen, Velloziaceen, Cyperaceen und Poaceen in Südafrika (Artenlisten und Merkmale bei GAFF 1977).

Tab. 49. Austrocknungsresistenz verschiedener Flechten aus Südwestdeutschland (nach LANGE 1953).

Art	Herkunft	Bei Aufbewahrung im lufttrockenen Zustand ungeschädigt nach Wochen	tot nach Wochen
Lobaria pulmonaria	Hochwald	8	38
Usnea florida	Hochwald	8	54
Cetraria islandica	Nardetum	38	54
Peltigera canina	Buchenwaldboden	38	54
Peltigera canina	Mesobrometum	38	62
Umbilicaria cylindrica	Fels (1450 m)	54	69
Umbilicaria pustulata	Fels (1390 m)	62	94

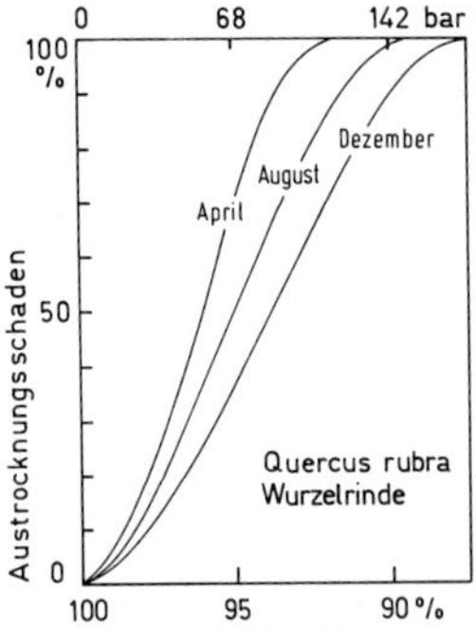

Abb. 170. Austrocknungsresistenz des Rindenparenchyms von Eichenwurzeln zu verschiedenen Jahreszeiten. Zur Feststellung der Austrocknungsresistenz wurden Schnitte in Kammern mit abgestufter relativer Luftfeuchtigkeit bis zur Gleichgewichtseinstellung ausgelegt. Ausmaß des *Austrocknungsschadens:* Prozentanteil abgestorbener Zellen in den einzelnen Proben, bezogen auf die Kontrolle bei 100 % relativer Feuchtigkeit. Die relative Luftfeuchtigkeit (bzw. der entsprechende Hydraturwert in bar), bei der ein 50 %iger Austrocknungsschaden auftritt, ist das Maß für die *Austrocknungsresistenz.* Nach PARKER (1968).

Austrocknungsempfindliche Arten. Das Protoplasma der meisten Pflanzen ist gegen Wasserentzug außerordentlich empfindlich und stirbt schon bei geringer Hydraturabnahme ab. Die Zellen von Blättern homoiohydrer Sproßpflanzen gehen zugrunde, wenn sie einige Stunden einer relativen Luftfeuchtigkeit zwischen 96 und 92 % (das entspricht 55–110 bar) schutzlos ausgesetzt sind; Wurzeln sind empfindlicher, Knospen sind widerstandsfähiger. Durch Abhärtung wird die Resistenzgrenze nur wenig (3–4 % RLF) verschoben. In Wachstumsperioden sind die Zellen besonders austrocknungsempfindlich, während der Ruhezeiten sind sie etwas widerstandsfähiger (Abb. 170). Unter den *Thallophyten* sind besonders austrocknungsempfindlich die Planktonalgen und jene Tange, die so tief unter dem Meeresspiegel ansitzen, daß sie normalerweise stets von Wasser umspült sind, ferner Moose, die nur dort vorkommen, wo dauernd hohe Luftfeuchtigkeit herrscht. Pflanzen, die auf dauernd feuchte Standorte angewiesen sind, nennt man *Hygrophyten,* solche, die auf trockenen Plätzen durchkommen, *Xerophyten.* Alle Arten, die weder auf das eine noch auf das andere Extrem hin spezialisiert sind, *Mesophyten.* Zu ihnen gehören die Algen der Gezeitenzone, die regelmäßig bei Ebbe trockenfallen und dabei erheblich Wasser verlieren, bevor sie wieder überflutet werden. Auch die meisten Moose sind Mesophyten; häufig sind sie auf einen recht schmalen Hydraturbereich eingestellt, so daß die verschiedenen Arten (sogar Arten derselben Gattung) *Zeigerwert für die Standortfeuchtigkeit* erhalten. Die Austrocknungsresistenz kann allerdings bei den Moosen durch Abhärtung erheblich anwachsen.

Das Überdauerungsvermögen

Dürre kann so extrem werden, daß die Pflanzen nicht mehr imstande sind, dem Boden Wasser zu entziehen. Die *Dürreresistenz bei völligem Versiegen des Wassernachschubs* ist das Überdauerungsvermögen. Nach A. Pisek wird das Überdauerungsvermögen berechnet aus der kutikulären Transpiration (Tr_{cut}) und der Menge des nach Spaltenschluß und bis zum Auftreten erster Austrocknungsschäden verfügbaren Wassers (W_v).

$$\text{Überdauerungsvermögen} = \frac{W_v}{Tr_{cut}} \qquad (47)$$

Das Überdauerungsvermögen gibt an, *wie lange* (Stunden, Tage) die Blätter einer Pflanzenart bei einer gegebenen potentiellen Evaporation nach erfolgtem Spaltenschluß ohne Wasserzufuhr schadenfrei bleiben. Die verfügbare Wassermenge ist größer, wenn die Stomata schon bei leichter Unterbilanz schließen, die Gewebe reichlich Wasser speichern können und wenn Dürreschäden erst bei hohen Wassersättigungsdefi-

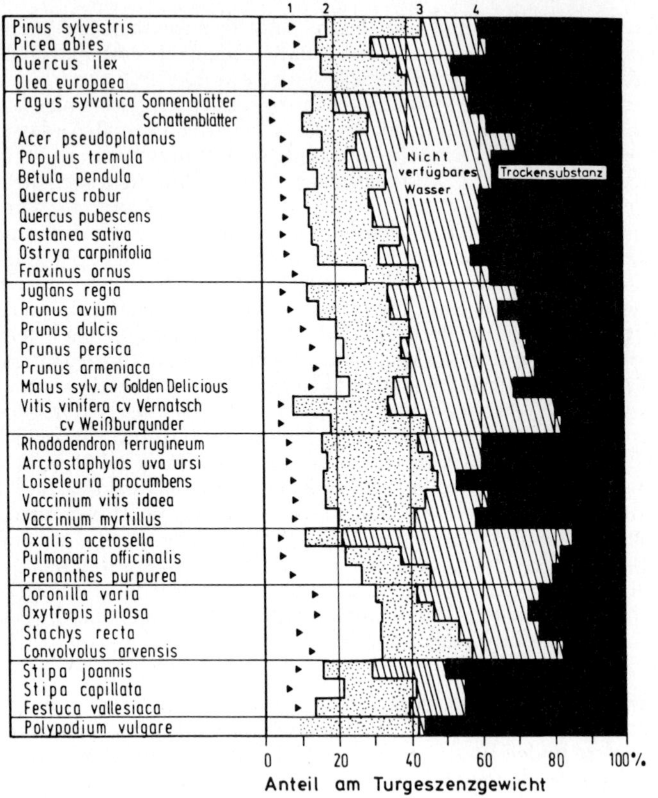

Abb. 171. *Wassergehalt der Blätter verschiedener Pflanzen bei Wassersättigung und Verfügbarkeit des Wasservorrates.* 1 Wasserdefizit vom Sättigungsgewicht bei Beginn des Spaltenschließens, 2 Sättigungsdefizit nach vollzogenem Spaltenschluß, 3 Wassersättigungsdefizit beim Auftreten geringer Austrocknungsschäden (5 bis 10 % der Blattfläche tot); das noch verbleibende Wasser (3→4) ist lebensnotwendig und kann nur unter Gefahr ernster Trockenschäden angegriffen werden („*nicht verfügbares Wasser*“). Das nach Spaltenschluß bis zum Beginn von Schäden „*verfügbare Wasser*“ (punktiertes Feld) stellt eine Notreserve in Dürrezeiten dar.

Artengruppierung: Nadelbäume, mediterrane Hartlaubarten, sommergrüne Waldbäume, Obstbäume und Weinreben, Ericaceen-Zwergsträucher, Schattenkräuter, krautige Dicotyledonen sonniger Standorte, Steppengräser, poikilohydrer Farn. Nach PISEK und WINKLER (1953) unter Einbeziehung von Meßwerten aus Y. BOYER (1968), FLORINETH (1975), KÜNZ (1975), LARCHER (1960), MAHLKNECHT (1976), MÜLLER (1976), RYCHNOVSKÁ und ÚLEHLOVÁ (1975).

ziten auftreten (Abb. 171). Das Überdauerungsvermögen der *Blätter* hängt also sowohl von der Wirksamkeit der *Austrocknungsverzögerung* als auch vom Ausmaß der *Austrocknungsresistenz* ab. Der Tab. 50 ist zu entnehmen, daß unter den lebensverlängernden Faktoren der *kutikuläre Oberflächenschutz* innerhalb der Artenreihe die größte Variabilität aufweist. Nur die Sukkulenten verdanken ihr beachtliches Überdauerungsvermögen vor allem ihrer *Speicherkapazität.*

Bei länger anhaltender Trockenheit kommt dem *Wasservorrat in Massivorganen* (Stämme und dickere Äste der Bäume, unterirdische Speicherorgane krautiger Pflanzen) große Bedeutung zu. Durch Wasserverschiebung aus Holz und Rinde wird das Überdauerungsvermögen der Blätter 10–20jähriger sommergrüner Laubbäume je nach Laubmenge, Dicke der Rinde und anatomischer Eigenart des Holzes auf das 5- bis 10fache verlängert, das Überdauerungsvermögen von 0,5–1 m großem Baumjungwuchs auf das 2- bis 3fache. Bei erwachsenen Bäumen verwischen sich die spezifischen Unterschiede im Austrocknungsverhalten *der Blätter* durch den Wasserzuschuß aus Achsenorganen weitgehend; entscheidend ist bei ihnen vor allem das *Volumenverhältnis Laub : Sproßachsen.* Die Wasserverschiebung aus den Achsen und Wurzeln in die Blätter ist auch deshalb so wertvoll, weil sie *nach* Spaltenschluß, also nach Umstellung der Blätter auf sparsamsten Wasserverbrauch voll zur Geltung kommt.

Die Trockenheitsbeanspruchung

Das Überdauerungsvermögen ist ein spezifisches Merkmal bestimmter Pflanzen; wie sehr die einzelnen *Pflanzen auf ihrem Wuchsplatz unter der Trockenheit zu leiden haben,* hängt nicht nur von ihrer Dürreresistenz, sondern auch von standörtlichen Besonderheiten ab. Alles zusammen erfaßt die Feststellung der Trockenheitsbeanspruchung. Nach K. Höfler, H. Migsch und W. Rottenburg (1941) erfährt man diese durch den Vergleich des auf dem Standort ermittelten aktuellen Wassersättigungsdefizits mit dem kritischen Wassersättigungsdefizit (Tab. 51).

$$\text{Trockenheitsbeanspruchung} = \frac{\text{WSD}_{\text{akt}}}{\text{WSD}_{\text{krit}}} \cdot 100\ [\%] \qquad (48)$$

Überdauerungsvermögen und Trockenheitsbeanspruchung sind aufschlußreiche Kenngrößen zur Charakterisierung der **Überlebensaussichten** einer Pflanzenart bei Wassermangel. Das *Überdauerungsvermögen* ist eine *Zeitangabe* und daher besonders geeignet, um das Ausharren einer Pflanze während einer Dürrezeit zu bemessen, denn die

Tab. 50. Überdauerungsvermögen abgeschnittener Blätter verschiedener Pflanzen bei einem Evaporationsvermögen der Luft von 0,4 ml $H_2O \cdot h^{-1}$ (berechnet aufgrund von Meßdaten von PISEK und BERGER 1938, PISEK und WINKLER 1953, LARCHER 1960 und MÜLLER 1976).

Pflanze	Überdauerungsvermögen		Wasserverbrauch nach Spaltenschluß (kutikuläre Transpiration)		Wasservorrat nach Spaltenschluß bis zum Auftreten von Schäden (vgl. auch Abb. 171)	Oberflächenentwicklung (beiderseitige Blattoberfläche bezogen auf Sättigungsgewicht)	
	Stunden	relativ (*Pinus* = 100)	mg $H_2O \cdot dm_2^{-2} \cdot h^{-1}$	relativ (*Pinus* = 1)	mg $H_2O \cdot dm_2^{-2}$	$dm_2^{-2} \cdot g^{-1}$	relativ (*Pinus* = 1)
Derblaubige Pflanzen							
Pinus sylvestris	50	*100*	13	*1*	660	0,4	*1*
Picea abies	22	*44*	15	*1,2*	340	0,4	*1*
Quercus ilex	17	*35*	7	*0,6*	120	0,6	*1,5*
Olea europaea	11,5	*23*	50	*3,8*	570	0,5	*1,2*
Rhododendron ferrugineum	9,5	*19*	60	*4,6*	560	0,5	*1,2*
Weichlaubige Pflanzen							
Weinrebe	4,7	*9,4*	65	*5*	305	0,8	*2*
Mandel	3,3	*6,6*	65	*5*	215	0,9	*2,3*
Apfel	2,5	*5*	140	*10,7*	350	0,7	*1,8*
Kirsche	1,6	*3,2*	175	*13,5*	280	0,7	*1,8*
Fagus sylvatica							
Schattenblätter	2,1	*4*	55	*4,2*	115	1,6	*4*
Lichtblätter	0,7	*1,4*	90	*7*	60	1,4	*3,5*
Quercus pubescens	2,2	*4,4*	40	*3*	90	1,1	*2,9*
Quercus robur	1,5	*3*	110	*8,5*	160	0,9	*2,3*
Oxalis acetosella	1,2	*2,4*	50	*3,8*	60	1,8	*4,5*
Coronilla varia	0,8	*1,6*	190	*14,5*	155	0,7	*1,8*
Pulmonaria officinalis	0,5	*1*	250	*19*	130	1,2	*3*
Impatiens noli tangere	0,4	*0,8*	240	*18,5*	90	2,2	*5,5*
Sukkulenten							
Sedum maximum	20	*~40*	170	*13*	~3300	0,12	*0,03*
Opuntia camanchica	1000	*~2000*	1,8	*0,14*	~20000	0,026	*0,0065*

Dürrewirkung verstärkt sich, je länger die Trockenheit anhält. Dürre ist in erster Linie ein Zeitproblem! Über die *Trockenheitsbeanspruchung* erhält man zusätzlich Hinweise auf *örtliche Unterschiede der Belastung*, wenn verschiedene Individuen derselben Art miteinander verglichen werden. Dadurch kommt zum Ausdruck, wie sehr die Wasservorräte im Boden und auch die Verdunstungsbedingungen auf einem Raum wechseln, und die Trockenheit wird als ein Standortfaktor erfaßt, der über die Verteilung und Verbreitung der Arten wesentlich entscheidet.

Tab. 51. Trockenheitsbeanspruchung von Pflanzen verschiedener Vegetationsform. Nach mehreren Autoren aus LARCHER (1973b) unter Einbeziehung von Werten bei BOBROVSKAJA (1971) und BANNISTER (1976).

Pflanze	Ort	Durchschnittlich maximales Wassersättigungsdefizit auf dem natürlichen Wuchsort in % des WSD bei 5–10 % Schädigung
Mediterrane Macchiensträucher	Trockengrenze Nordgrenze	80–85 40–70
Halbsträucher der Garrigue	Mediterrangebiet	90–105
Ericaceenzwergsträucher	Atlantische Heiden	15–40 (88)
Sommergrüne Laubbäume und Sträucher	Nordeuropa	10–40 (50)
Krautiger Waldunterwuchs	Nordeuropa	6–25 (50)
Dicotyle Kräuter xerothermer Standorte	Mitteleuropa	40–85
Steppengräser	Mitteleuropa	50–90 (108)
Wüstenpflanzen	Karakum	50–55
Wiesengräser	Mitteleuropa	20–40 (75)
Kulturpflanzen	Mitteleuropa	40–60

In Klammern: Seltene Extremwerte

7.4. Der Wasserhaushalt der Pflanzendecke

7.4.1 Die Wasserbilanz von Pflanzenbeständen

7.4.1.1 Die Wasserbilanzgleichung

Der Wasserhaushalt eines Pflanzenbestandes und des durchwurzelten Bodens läßt sich über die **Wasserbilanzgleichung** erfassen, die in ihrem Aufbau den Bilanzgleichungen für den Kohlenstoffhaushalt (23) und den Mineralstoffhaushalt (27) von Ökosystemen entspricht. Alle Größen des Bestandeshaushaltes werden auf die Grundflächeneinheit bezogen und als Niederschlagsäquivalente in mm H_2O, d. s. Liter pro m^2, angegeben (Abb. 172).

$$N = \Delta W + V_{ET} + V_{AV} \qquad (49)$$

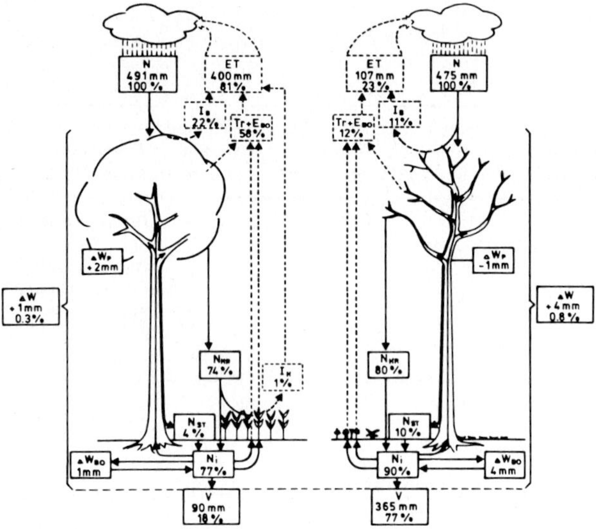

Abb. 172. Wasserbilanz eines Eichenwaldes im belaubten und im winterkahlen Zustand. N = Freilandniederschlag, N_{Kr} = Kronentrauf, N_{St} = Stammablauf, N_i = Infiltration (in den Boden einsickerndes Wasser), V = Versickerung, ET = Evapotranspiration, Tr = Bestandestranspiration, E_{Bo} = Bodenverdunstung, I_B = Interzeption durch die Baumschicht, I_K = Interzeption durch die Krautschicht, ΔW = gesamter Wasservorrat im Ökosystem, ΔW_p = Wasservorrat in der Phytomasse, ΔW_{Bo} = Wasservorrat im Boden. Im Jahresdurchschnitt fallen 966 mm Niederschlag auf diesen Wald, 52,5 % davon gehen durch Interzeptionsverdunstung, Transpiration und Bodenverdunstung an die Atmosphäre zurück, 47 % versickern, 0,5 % wird im Biomassezuwachs gespeichert. Nach Schnock (1971), vereinfacht.

Unter der vereinfachenden Voraussetzung, daß der Wasserhaushalt der Pflanzendecke ausschließlich durch die Niederschläge versorgt sei und keine seitlichen Zuflüsse erfolgen, wird im Mittel über Jahre und Jahrzehnte die Wassereinnahme (mittlere *Niederschlagssumme* N) verbraucht für die Verdunstung aus Pflanzen und Boden (*Evapotranspiration* V_{ET}) und bei Verlusten durch *oberirdischen Abfluß und Versickerung* (V_{AV}). Über kürzere Fristen aber nimmt der *Wasservorrat im Ökosystem* zu ($+ \Delta W$) oder ab ($- \Delta W$), weil zeitweise mehr Regenwasser anfällt als verdunstet und abfließt oder weil die Niederschläge den Bedarf nicht decken. In der hydrologischen Literatur werden als ΔW nur die Wasserreserven im Boden, also die Menge des Haftwassers und des verwertbaren Sickerwassers berücksichtigt. Die *höchsten Wassergehalte im Boden* findet man in der gemäßigten Klimazone im Frühjahr nach der Schneeschmelze, im Laufe des Sommers sinkt der Wassergehalt trotz gelegentlicher Ergänzung durch Niederschläge stetig ab, so daß er im Spätsommer sein Minimum erreicht. In Trockengebieten erfolgt die Auffüllung der Wasserreserven in der Regenzeit, wobei es Wochen dauert, bis auch die tieferen Bodenschichten durchnäßt sind. Bei ökologischer Betrachtungsweise ist das in der Pflanzenmasse und in der Streuschicht gespeicherte Wasser dazuzurechnen. Mehr als ¾ der Grünmasse und die Hälfte der Holzmasse ist Wasser; der Wassergehalt der Vegetationsschicht schwankt tageszeitlich und jahreszeitlich (Maximum in der Belaubungsphase), auch mit dem Biomassezuwachs wird Wasser gebunden.

7.4.1.2 Der Bestandesniederschlag

Der Pflanzendecke steht *die* Niederschlagsmenge für ihren Wasserhaushalt zur Verfügung, die auf dem Boden anlangt und in ihn eindringt. In dichten Pflanzenbeständen kommt nicht die gesamte auf eine freie Fläche auftreffende Niederschlagsmenge (*Freilandniederschlag* N) am Boden an, sondern jene Menge, die durch Lücken der Pflanzendecke fällt und die nach Benetzung der Pflanzen von den Blättern abtropft und am Sproß abrinnt (Abb. 172). Dadurch ergibt sich v.a. in Wäldern eine auf engem Raum ungleichmäßige Niederschlagsverteilung mit stärkerer Benetzung unter Kronenlücken (*Kronendurchlaß*), im äußeren Bereich der Krone (*Kronentrauf*) und vor allem in Stammnähe. Der *Stammablauf* ist um so ergiebiger, je steiler die Äste stehen und je glatter die Borke ist; am Fuß von Buchenstämmen dringt mehr als 1,5mal soviel Wasser in den Boden als im Freien.

Ein Teil des Niederschlagswassers bleibt an den Pflanzen haften und verdunstet. Besonders Bäume fangen sehr viel Wasser ab. Man kann daher in einem Wald nur jene *Nettoniederschlagsmenge* als Einnahme buchen, die als Kronendurchlaß, Kronentrauf und Stammablauf ankommt, der Rest bleibt als Kronenauffang (*Interzeption* I) hängen. Nur ein winziger Teil des Benetzungswassers wird direkt durch die Blätter und Rinden aufgesaugt. Der allergrößte Teil des Interzeptionswassers verdunstet, man behandelt den Regenauffang durch die Vegetation daher als Verlustposten (*Interzeptionsverlust*).

$$N_n = N - I \qquad (50)$$

Bestandesniederschlag = Freilandniederschlag − Interzeption

Diese Formel gilt für Regen und Schnee. In nebelreichen Zonen (Gebirgslagen, Küsten im Bereich kalter Meeresströmungen) kann der Bestandesniederschlag infolge Auskämmung von Hangwolken und ziehenden Nebelschwaden größer als der Freilandniederschlag sein. Genau genommen hat die Wasserbilanzgleichung für einen Bestand also zu lauten:

$$N \mp I = \Delta W + V_{ET} + V_{AV} \qquad (51)$$

Die Höhe des **Interzeptionsverlustes** hängt von der Zusammensetzung und Dichte der Pflanzendecke und von den meteorologischen Bedingungen während des Niederschlags ab. Dichte Baumkronen mit kleinen, gut benetzbaren Blättern oder Nadeln halten mehr Niederschlag zurück als lockerkronige Bäume mit weichen, großen Blättern; selbstverständlich spielt auch der Belaubungszustand eine große Rolle. Im Durchschnitt beträgt der Interzeptionsverlust in Nadelwäldern 20–35 %, in sehr dichten Beständen auch 50 %, in Laubwäldern der gemäßigten Zone 15–30 %, in dichten Tropenwäldern 35–70 % des Freilandniederschlags. Der Waldunterwuchs fängt durchschnittlich 10 % (5–20 %) des Niederschlags auf, Zwergstrauchheiden bis zu 50 %. Auf landwirtschaftlich genutzten Flächen und auf Ödland beträgt die Interzeption weniger als 10 %. Unter den wechselnden Wetterbedingungen schwankt der Interzeptionsanteil je nach Stärke und Art der Niederschläge (Regen, Tau oder Schnee), nach der herrschenden Temperatur und den Windverhältnissen in weitem Rahmen. Im allgemeinen wird um so mehr Niederschlag zurückgehalten, je feiner verteilt die Tropfen sind und je geringer seine Ergiebigkeit ist (Abb. 173). Es braucht ja schon eine gewisse Wassermenge, um die Pflanzendecke durchgehend zu benetzen, erst dann kann das Wasser von Blättern und Zweigen abtropfen. Die *Benetzungskapazität als Durchlaßgrenzwert* ist in Nadelwäldern etwa doppelt so hoch wie in Laubwäldern (belaubt: um 1 mm, kahl: um 0,5 mm), Heide und Grünland halten 1–2 mm zurück und eine Torfmoosdecke etwa 15 mm, ehe die Niederschläge den Boden erreichen.

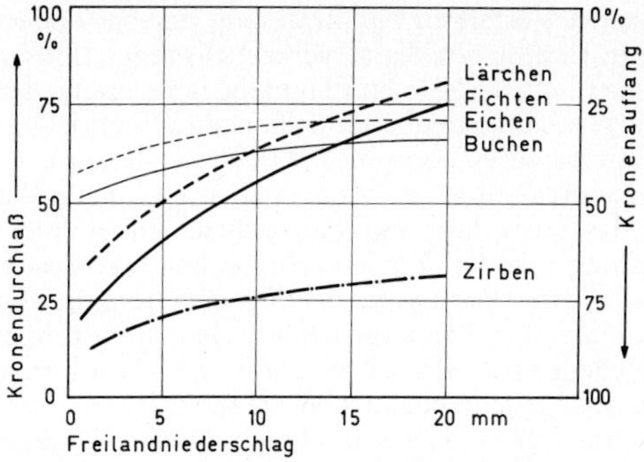

Abb. 173. Kronendurchlaß und Kronenauffang von Laubwald (dünne Linien) und Nadelwald (dicke Linien) bei verschiedenen Niederschlagsintensitäten. Relativwerte in % des Freilandniederschlages. Zirbenkronen sind sehr dicht und halten selbst bei stärkeren Regenfällen einen großen Teil der Niederschlagsmenge zurück. Nach Hoppe aus Walter (1960), Ovington (1954) und nach Turner aus Aulitzky (1968).

7.4.1.3 Die Bestandesverdunstung

Der Wasserverbrauch von Pflanzenbeständen wächst weitgehend *proportional mit der Grünmasse,* obwohl die Transpirationsintensität der Einzelblätter infolge der verdunstungsdämpfenden Wirkung des Bestandesmikroklimas (v. a. Strahlungsabschirmung, Überfeuchtung des Luftraums im Bestand und Abbremsung des Windes; siehe Abb. 180) mit zunehmender Bestandesdichte abnimmt. Erst in sehr dichten Beständen wird die Steigerung der Bestandestranspiration geringer (Abb. 174).

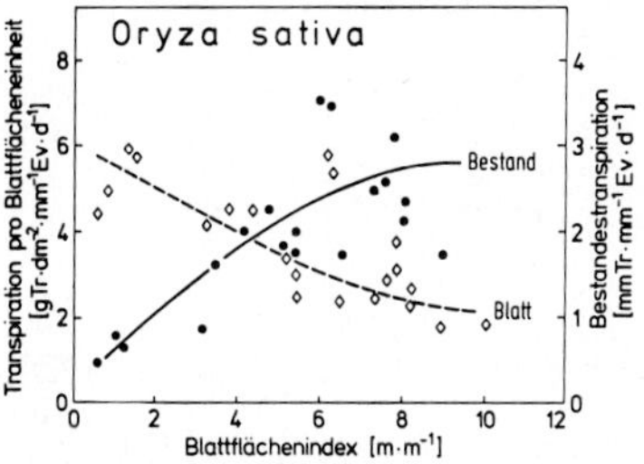

Abb. 174. Relative Transpiration (Tr/Ev) von Reispflanzungen in Abhängigkeit von der Belaubungsdichte (LAI) und Bestandeseffekt auf die relative Transpirationsintensität der Blätter. Nach Sugimoto (1973).

Die wichtigsten Verfahren zur Erfassung der Bestandesverdunstung sind die Registrierung des Wasserverbrauchs vegetationsbedeckter Bodenausschnitte in Wägelysimetern und die Berechnung des Wasserumsatzes homogener Pflanzenbestände über ihre Energiebilanz und ihren Wasserdampfaustausch (geophysikalische Methoden).
Bei der Berechnung von Durchschnittswerten für die Vegetationsperiode oder das ganze Jahr muß die zeitliche Variabilität der Verdunstungsbelastung und der Wasserverfügbarkeit berücksichtigt werden. Ein Beispiel für den *Jahresgang der Bestandestranspiration* eines Röhrichts ist in Abb. 175 wiedergegeben. Diese Pflanzengesellschaft ist stets ausreichend mit Wasser versorgt, die Transpirationssummen schwanken aber entsprechend den veränderlichen Verdunstungsbedingungen von Tag zu Tag beträchtlich. Die Schwankungen werden viel größer, wenn bei *Wassermangel* stomatäre Regulationen dazukommen, mit denen bei Landpflanzen jedenfalls zu rechnen ist. Dann muß zur durchschnittlichen Tagestranspirationssumme auch noch der minimale Wasserumsatz bei schlechter Wasserversorgung ermittelt werden. Diese Grenzwerte sind besonders wichtige Daten, wenn der Jahreswasserverbrauch der Vegetation von Ländern mit Trockenzeiten erfaßt werden soll. In Beständen mit *periodischer Belaubung* (z. B. saisongrüne Wälder, Grasland, landwirtschaftlich genutzte Pflanzungen) wird der Jahresgang der Transpiration auch noch durch die Laubmassenentwicklung, die Blattdifferenzierung und Blattalterung

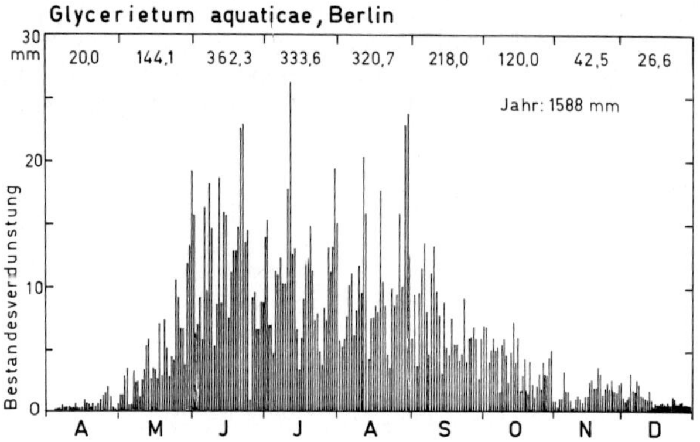

Abb. 175. Tages- und Monatssummen der Bestandestranspiration eines Röhrichts während einer Vegetationsperiode. Der tägliche Wasserverbrauch schwankt je nach Witterungscharakter. Nach Kiendl (1953).

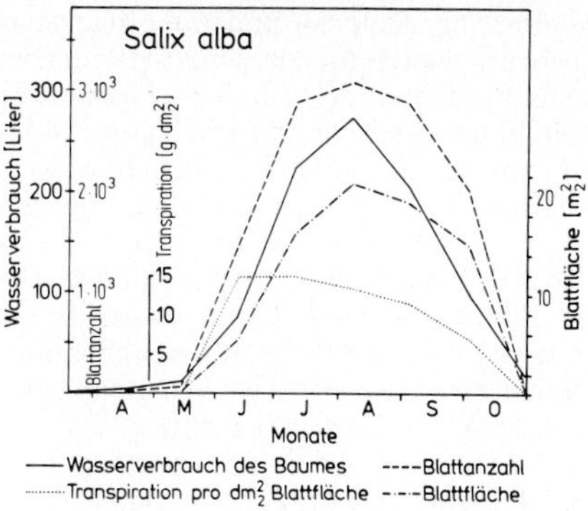

Abb. 176. Jahresgang des Wasserverbrauchs einer dauernd reichlich mit Wasser versorgten 3 m hohen Weide *(Salix alba)* und jahreszeitliche Variabilität der Transpiration pro Blattflächeneinheit (bezogen auf die oberseitige + unterseitige Blattoberfläche), der Gesamtblattfläche und der Anzahl der Blätter. Der Wasserverbrauch des Baumes ist am größten im Hochsommer, wenn die Blattflächenausbildung und die Blattzahl ihren Höchstwert erreichen, die blattflächenbezogene Transpiration ist am höchsten im Frühsommer, wenn die Blätter noch unreif sind. Nach BRAUN (1974a), verändert.

sowie durch Wachstumsvorgänge im Sproß- und Wurzelsystem beeinflußt (Abb. 176). Bei Laubbäumen nimmt der Wasserverbrauch im Frühjahr mit der Laubentfaltung rasch zu, gegen Ende der Hauptwachstumsperiode ist er maximal. Ähnliches gilt auch für immergrüne Pflanzenbestände der gemäßigten Zone, deren neu zuwachsende Triebe stärker transpirieren als die vorjährigen Blätter und Nadeln. Im Herbst und Winter sinkt die Transpiration auf minimale Werte. Hauptsächlich ist das der geringen Verdunstungskraft der Atmosphäre zuzuschreiben; dazu kommt, daß die immergrünen Holzpflanzen während der Winterruhe und vor allem bei Frost ihre Stomata nicht öffnen.

Eine Übersicht über den **Wasserverbrauch von Pflanzenbeständen** in verschiedenen Klimagebieten ist in Tab. 52 zusammengestellt. Unter ähnlichen klimatischen Verhältnissen transpirieren Wälder, wohl wegen ihrer größeren Masse, erkennbar mehr als Grasland und dieses wieder stärker als Heide. An der Spitze im Wasserverbrauch stehen stets Pflanzenbestände, die auf staunassen Standorten oder überhaupt im Wasser wachsen oder die stets Zugang zum Grundwasser haben; sie geben manchmal mehr Wasser ab als der Niederschlag bringt (Tab. 53). Am spärlichsten ist der Wasserverbrauch von Pflanzenbeständen trockener Gebiete. Mit zunehmendem Wassermangel lockern sich die Bestände auf. Der Abstand zwischen den einzelnen Pflanzen

vergrößert sich aber nur oberhalb der Bodenoberfläche, im Boden breitet sich das Wurzelwerk weitläufig aus, so daß der Baumabstand nicht durch den Kronenschluß, sondern durch den Radius des Wurzelsystems der einzelnen Bäume bedingt ist. In Gebieten mit Dürreperioden hat es keinen Sinn mehr, Jahreswerte anzugeben, wohl aber einen Durchschnittswert für die Regenzeit und den Minimalwert für die Trockenzeit.
Zahlenangaben über den durchschnittlichen und den minimalen Wasserverbrauch von Pflanzenbeständen sind wertvolle Unterlagen für forstliche und landschaftsgestalterische Anbaumaßnahmen und für Bewässerungsprojekte, wenn man sie in Zusammenhang mit dem Niederschlagsaufkommen sieht. So läßt sich berechnen, daß schüttere Baumbestände nur bestehen können, wo ihnen wenigstens 110 mm Niederschlag im Jahr (10–12 mm im Monat) geboten ist. Die Wasserhaushaltsgleichung (Formel 49) zeigt auf, wo Waldbau und Aufforstung unrentabel werden. Umgekehrt läßt sich das enorme Transpirationsvermögen grundwasserschöpfender Bäume (z. B. Pappeln, Eucalypten) ausnützen, um Stauwasser abzusenken und die Luftfeuchtigkeit zu erhöhen.

Tab. 52. Transpiration von Pflanzenbeständen. Nach Messungen und Berechnungen zahlreicher Autoren. Quellenhinweise bei LARCHER (1980).

Bestand	Bestandesverdunstung mm pro Jahr	mm pro Tag
Holzpflanzenbestände		
Tropische Baumplantagen	2000–3000	
Tropische Regenwälder	1500–2000	
Laubabwerfende Wälder der gemäßigten Zone	500–800	4–5
Immergrüne Nadelwälder	300–600	2,5–4,5
Hartlaubgehölze	400–500	
Waldsteppe	200–400	
Ericaceenheiden	100–200	2–5
Grasland		
Schilfbestände und Röhricht	1300–1600	6–12 (20)
Naßwiesen		8–15
Getreidefelder	400–500	
Grünland, Mähwiesen und Weiden	300–400	3–6
Trockenrasen und Steppen	um 200	0,5–2,5
Offene Vegetation		
Halophytengesellschaften		2–5
Alpine Schuttfluren	10–20	0,3–0,4
Flechtentundra	80–100	
Trockenwüsten		0,01–0,4

Tab. 53. Wasserhaushalt ausgedehnter Pflanzenbestände. Nach Zusammenstellungen bei Duvigneaud 1967, Stanhill 1970, Mitscherlich 1971, Grin 1972, Pleiss 1977 und Angaben bei Ryden 1977, Likens et al. 1977, Körner et al. 1978, Geyger (1978).

	Bestand	Gebiet	Niederschlag mm pro Jahr	Evapotranspiration V_{ET} in % des Niederschlags	Abfluß V_{AV} (Oberflächen- u. Grundwasser) in % des Niederschlags
Waldgebiete	Tropischer Regenwald	Kongobecken	1900	73	27
	Baumsavanne	Kongobecken	1250	82	18
			1300		
	Laubwälder (Flachland)	Mitteleuropa	600	67	33
		Nordostasien	700	72	28
	Nadelwälder (Flachland)	Mitteleuropa	730	60	40
		Nordosteuropa	800	65	35
	Bergwälder	Südliche Anden	2000	25	75
		Alpen	1640	52	48
		Mitteleuropa	1000	43	57
		Nordamerika	1300	38	62
Grasland	Savannen	Wechselfeuchte Tropen	700	85	15
	Schilfbestände	Mitteleuropa	800	> 150	
	Grünland	Mitteleuropa	700	62	38
	Almweiden Alpen	Jahr:	1000–1700	10–20	80–90
		Veg. Periode:	500–600	25–40	60–75
	Steppen	Osteuropa	500	95	5
Ödland	Halbwüsten	Subtropen	200	95	5
	Trockenwüsten	Subtropen	50	> 100	0
	Tundra	Nordamerika	180	55	45
	Puna	Nordargentinien	370	70–80	20–30

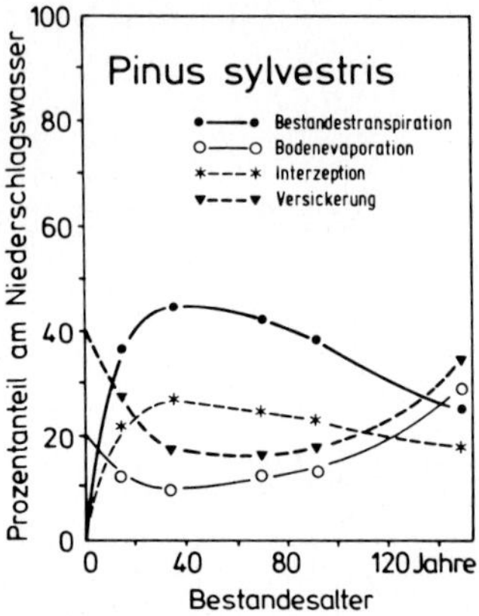

Abb. 177. Wasserbilanz von Kieferbeständen in der osteuropäischen Mischwaldzone. Mit zunehmendem Alter lichten sich die Bestände auf, die Transpirationsrate sinkt, die Bodenverdunstung und die Versickerung gewinnen entsprechend der Auflockerung des Kronenschirms an Bedeutung. Der Oberflächenabfluß ist vernachlässigbar klein. Nach MOLCHANOV (1971).

7.4.1.4 Abfluß und Versickerung

Das Niederschlagswasser steht nicht im vollen Umfang für die Verdunstung zur Verfügung. Ein Teil davon fließt *oberflächlich* ab, ein weiterer Teil *versickert* in tiefere Bodenschichten und mündet in das Grundwasser, das in humiden Gebieten als unterirdischer Abfluß stellenweise an Quellhorizonten zutage tritt, mit den Flüssen in Verbindung steht und sich in breiter Front zum Meeresspiegel absetzt. Der oberirdische Abfluß ist verhältnismäßig gut meßbar, vor allem, wenn geschlossene Einzugsgebiete eines Flusses untersucht werden. Der unterirdische Abfluß muß auf indirektem Wege geschätzt werden.

Die **Abflußmenge** hängt vor allem von der Geländeneigung und der Art und Dichte des Pflanzenbewuchses ab. In Tab. 53 sind Niederschlagsangebot, Verdunstung und Abfluß von Landschaftsausschnitten mit jeweils einheitlicher Vegetation gegenübergestellt. In Trockengebieten wird das Wasser vom Boden aufgesogen und der Abfluß bleibt bescheiden, in niederschlagsreichen Gebieten ist es wichtig, daß die Niederschläge rasch in die Bodenauflage und in den Boden eindringen. In lokkeren Waldböden mit dicker Streuschicht versickert das Wasser am schnellsten. Von Wäldern im Flachland gibt es keinen oberirdischen Abfluß (Abb. 177), das durchsickernde Wasser fließt stetig über den Grundwasserstrom ab. Beträchlich langsamer dringt das Nieder-

schlagswasser in Wiesenböden mit dichtem Wurzelfilz und in trittverdichtete Weideböden ein. Auch Bodenfrost verhindert das Einsickern des Schmelzwassers, das sich in Senken sammelt oder vermehrt abrinnt, wenn das Gelände geneigt ist.
Bei starker *Geländeneigung* fließt mehr als die Hälfte, bei großen Niederschlagsmengen und geringem Waldanteil (Almwiesen) sogar $\frac{2}{3}$–$\frac{3}{4}$ des Niederschlags oberflächlich ab. Durch die Wirksamkeit der Schwerkraft in Gebirgsländern erlangt der Bestandeswasserhaushalt erhebliche kulturtechnische Bedeutung: Wildwässer, Muren, Erosion und Lawinen hängen eng zusammen mit dem Abfluß und dem Wasserspeichervermögen des Bodens und des Pflanzenkleides.

7.4.1.5 Wasserzufuhr zum Bestand

Ein Pflanzenbestand wird nicht ausschließlich durch die Niederschläge mit Wasser versorgt. Die vereinfachte Wasserbilanzgleichung muß daher durch Parameter erweitert werden, die auch die zusätzlichen Wasserzufuhren aus der Umgebung erfassen. Es handelt sich dabei v. a. um die Nutzung des *Grundwasserstromes* durch tiefziehende Wurzeln und durch Zufuhr von *Oberflächenwasser* aus Bächen und über künstliche *Bewässerung.* In Trockengebieten kommt eine ausdauernde Vegetation ohnehin nur durch Grundwasserschöpfung zurecht, aber auch unter humiden Klimabedingungen saugen Bäume sehr ausgiebig Grundwasser auf. Die Abb. 178 zeigt, wie der Grundwasserspiegel unter einem Wald allmählich bis zu seinem Tiefstand im Herbst abgesenkt und über Winter wieder aufgefüllt wird; ohne den Baumbestand (Kahlschlag) würde er das ganze Jahr auf annähernd gleicher Höhe bleiben. Durch die Ausbeutung tiefer liegender Wasservorräte beschleunigen die Pflanzen den Wasserumlauf in der Ökosphäre, denn sie pumpen einen Teil des Wassers gleich wieder in die Atmosphäre, ohne daß dieses zum Meer abfließen und über den großen Wasserkreislauf zurückkehren müßte.

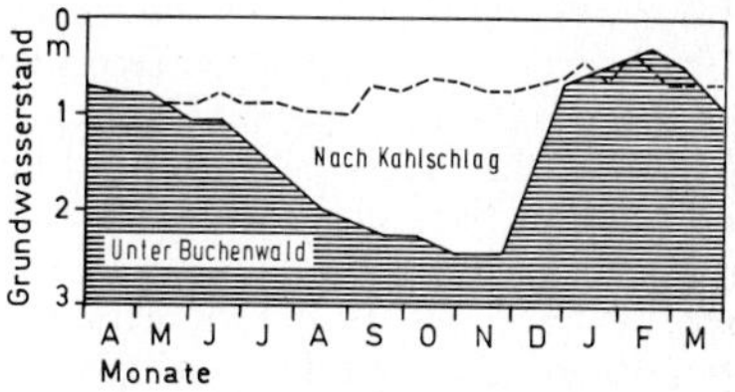

Abb. 178. Höhe des Grundwasserstandes im Jahresverlauf unter einem Buchenwald vor und nach dem Kahlschlag. Der Wasserentzug durch die Bäume senkt den Grundwasserspiegel während der Vegetationsperiode ab, nach Kahlschlag bleibt das Grundwasser ganzjährig auf etwa gleicher Höhe. Nach Holstener-Jørgensen aus Mitscherlich (1971).

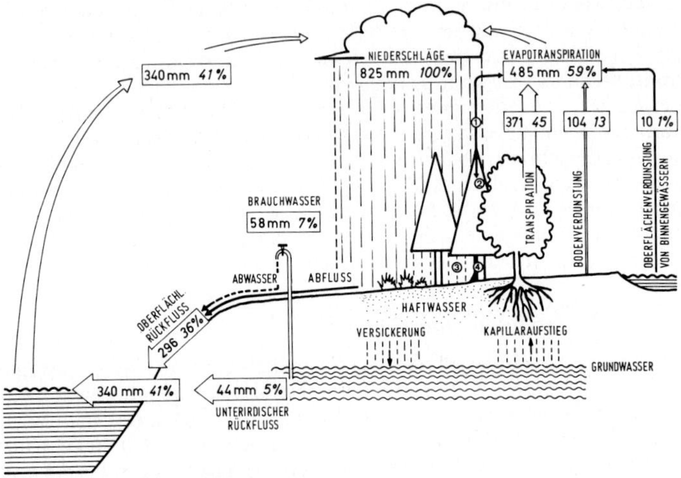

Abb. 179. Schema des Wasserkreislaufs am Beispiel des Gebietswasserhaushaltes der Deutschen Bundesrepublik. Zahlenwerte nach Berechnungen von CLODIUS (1970) und R. KELLER (1971) für den Zeitraum 1931 bis 1960. Das durch die Niederschläge dem Gebiet zugeführte Wasser (825 mm pro Jahr = 100 %) stammt aus der Meeresverdunstung und der Landschaftsverdunstung (Evapotranspiration). 1 Interzeptionsverdunstung (Verdunstung von Niederschlagswasser, das durch den Kronenauffang zurückgehalten wurde), 2 Interzeptionsaufsaugung (direkte Wasseraufnahme durch benetzte Blätter und Sproßachsen), 3 Kronendurchlaß, 4 Stammablauf.

7.4.1.6 Regionale Wasserumsätze

Die Größenordnung der einzelnen Posten der Wasserbilanz kann bei kritischer Auswertung aller verfügbaren Unterlagen auch für größere Gebiete abgeschätzt werden. In der Abb. 179 sind solche Schätzwerte für den Wasserhaushalt der Bundesrepublik Deutschland (Stand 1970) eingetragen. 57 % der Fläche dieses Gebietes sind landwirtschaftlich genutzt. 28 % tragen Wald, 14 % sind verbaut, Industriegelände oder Ödland. Die Niederschläge werden zu 41 % aus Feuchtigkeitszuschüssen vom Meer und zu 59 % aus der Verdunstung von Landflächen gespeist. Die Festlandsverdunstung setzt sich zusammen aus der Verdunstung von Wasserflächen und vom Boden, vom Kronenauffang und – weitaus der größte Posten – der Transpiration der Pflanzendecke (45 % des Gebietswasserumsatzes bzw. 75 % der Evapotranspiration). Die oberirdischen Abflüsse und das zum Grundwasser durchgesickerte Senkwasser geben dem Meer zurück, was als Wasserdampf landeinwärts verfrachtet worden ist. Auf dem Weg zurück wird in den oberirdischen und unterirdischen Abfluß der Brauchwasserkreislauf eingeschaltet, der nach neueren Berechnungen etwa 7 % der jährlichen Niederschlagsmenge verwertet (16 % des Rückflusses). Dieser Anteil erscheint für ein so stark industrialisiertes Gebiet eher bescheiden. Die *eigentliche Belastung* des Wasserkreislaufs durch den Wasserverbrauch in Industrie, Landwirtschaft und Haushalt ist aber weniger der Wasserentzug als die Verunreinigung des Abwassers, das sich mit dem übrigen Ablauf vermischt und biologisch nachteilhafte Wirkungen zeitigt.

7.5 Der Wasserhaushalt der Erde und seine Bedeutung für die Vegetation

7.5.1 Wasservorräte

Der Hauptvorratsraum im Wasserhaushalt der Erde sind die Meere. Über 97 % des gesamten Wasservorrats der Erde (rund 1,4 $\cdot 10^{18}$ t H_2O) sind dort gespeichert. Etwa 2 % des Wasservorrats sind als Eis und Schnee auf den Polkappen und Gletschern festgefroren. Das Wasser auf den Kontinenten (etwas über 0,6 %) ist größtenteils Grundwasser; nur 1 % davon liegt so nahe an der Oberfläche, daß es von den Pflanzenwurzeln erreicht wird, alles übrige versinkt hunderte Meter tief. Das Wasser schließlich, das als Wolken, Nebel und Wasserdampf über dem Festland und den Weltmeeren schwebt, ist eine verschwindend geringe Menge, nicht mehr als 0,001 % des Wasservorrats der Erde.

7.5.2 Wasserkreislauf und globaler Wasserhaushalt

Die Vorratsmengen stehen miteinander im Fließgleichgewicht. Von der sehr viel größeren Meeresoberfläche verdunstet mehr Wasser als dort niederfällt, der Wasserdampfüberschuß wird den Landgebieten zugeführt. Diese verdunsten im globalen Durchschnitt weniger, stellenweise sehr viel weniger Wasser pro Flächeneinheit als sie erhalten, weil ihre Oberflächenfeuchtigkeit hinter der einer freien Wasserfläche zurückbleibt. (Tab. 54). Dazu kommt, daß die Festlandsfläche der Erde nicht einmal halb so ausgedehnt ist wie die Meeresoberfläche. M. I. Budyko hat eine Wasserbilanz der Erde berechnet, aus der hervorgeht, daß das Meer dem Land jährlich fast 40000 km^3 (40 $\cdot 10^{12}$ t) Wasser spendet, das über die Flüsse in gleicher Menge jährlich wieder zurückkehrt. Dieselbe Bilanzberechnung zeigt außerdem, daß global gesehen der Feuchtigkeitszuschuß vom Meer nur rund 40 % der Niederschlagsmenge ausmacht, die auf das Festland fällt. Alles übrige wird durch Verdunstung der Festlandsoberfläche, insbesondere des Pflanzen-

Tab. 54. Wasserbilanz der Erde auf Grundlage langjähriger Jahresmittel. Nach Daten bei ALBRECHT, BUDYKO, DROSDOV und MATHER berechnet von BAUMGARTNER und REICHEL (1970).
N = Niederschlag, V_E = Verdunstung, V_A = Abfluß (−) oder Zufluß (+)

Gebiet	Fläche (km²)	Wasserumsatz (mm · a⁻¹)			Mengenbilanz (10¹²t)		
		N	V_E	V_A	N	V_E	V_A
Erde	**510,0.10⁶**	**973**	**973**	**–**	**+496,1**	**−496,1**	**–**
Festland	*148,9.10⁶*	*748*	*481*	*264*	*+111,1*	*− 71,4*	*−39,7*
Nordhemisphäre	100,3.10⁶	679	435	244	+ 68,0	− 43,6	−24,4
Südhemisphäre	48,6.10⁶	885	570	315	+ 43,1	− 27,8	−15,3
Weltmeer	*361,1.10⁶*	*1067*	*1177*	*110*	*+385,0*	*−424,7*	*+39,7*
Nordhemisphäre	154,7.10⁶	1161	1200	39	+179,3	−185,3	+ 6,0
Südhemisphäre	206,4.10⁶	995	1158	163	+205,7	−239,4	+33,7

kleides der Erde gedeckt; der Anteil der Verdunstung von der Bodenoberfläche beträgt im Mittel 5–20 % der Evapotranspiration. Der Wasserkreislauf ist wegen der *hohen Umsatzgeschwindigkeit* (Verweilzeit des Wasserdampfes in der Atmosphäre durchschnittlich 10 Tage) mengenmäßig der bedeutendste Stoffumsatz auf der Erde. Er ist außerdem der *wichtigste Energieumsatz auf der Erde*, denn der größte Teil der von der Erdoberfläche absorbierten Energie der Sonnenstrahlung wird für die Wasserverdunstung verbraucht. Dabei wird das Wasser nicht nur auf einen thermodynamisch höheren Energiezustand gehoben, es steigt auch so hoch über Meeresniveau, daß der Rückfluß der Schwerkraft folgend ablaufen kann.

8 Synopsis

Ökologie ist eine synoptische Wissenschaft, deren Ziel darin besteht, die zahlreichen Wechselbeziehungen im Organismen- und Faktorengefüge auf dem Standort aufzuzeigen (Abb. 180), zu deuten, in ihrer vollen *Komplexität und Variationsbreite* zu überschauen und darzustellen. Von der Faktorenanalyse ausgehend muß versucht werden, das Spiel der vielfältigen und immer wechselnden Umweltfaktoren, die Reaktionen und Anpassungen der Organismen und die Steuerungsvorgänge im System Lebewesen-Umwelt zu erfassen. Sämtliche Umwelteinflüsse wirken ja ständig und *gemeinsam* auf die Pflanze ein, die sich auf sie einstellen muß, um sich in ihrem Verbreitungsgebiet und im Wettbewerb zu behaupten.

8.1 Faktorenanalyse

Bei jeder pflanzenökologischen Analyse sind einige grundsätzliche Erfahrungen zu berücksichtigen, die G. C. Evans (1972) zusammengestellt hat:

(1) *Die Reaktion einer Pflanze auf einen sich ändernden Umweltfaktor ist selten linear.* Beispiel: Optimumverlauf von Temperaturabhängigkeitskurven, Sättigungsverlauf verschiedener physiologischer Prozesse.

(2) *Auf eine gleichzeitige Änderung von zwei an sich unabhängigen Umweltfaktoren reagieren Pflanzen manchmal in einer Weise, die nicht einer Addition oder Potenzierung der Einzelwirkungen entspricht.* Beispiel: In niedriger Konzentration einzeln dargebotenes SO_2 und NaCl erhöht bei gewissen Pflanzen unter bestimmten Bedingungen die Transpiration, gemeinsam dargeboten wird hingegen die Transpirationsintensität herabgesetzt.

(3) *Die Organe einer Pflanze reagieren auf den selben Umweltreiz zuweilen unterschiedlich, wobei Rückwirkungen auf die Gesamtpflanze verzögert auftreten können.* Beispiel: Wassermangel im Boden stimuliert zunächst das Wurzelwachstum, hemmt aber gleichzeitig den Sproßzuwachs.

(4) *Die Einwirkung eines bestimmten Umweltfaktors führt in verschiedenen Lebensphasen zu verschiedenen Reaktionsweisen.* Beispiel: Unterschiedliche Temperaturansprüche und Beanspruchbarkeit von Keimpflanzen, juvenilen Stadien während der Streckungsphase und reproduktiven Vorgängen.

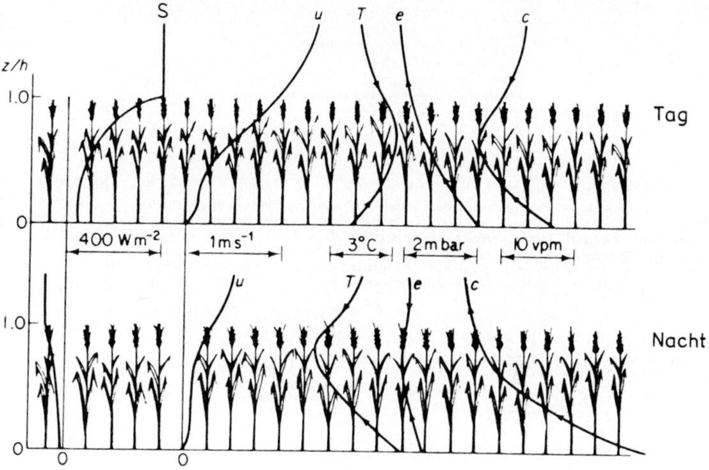

Abb. 180. Beispiel einer umfassenden Untersuchung mikroklimatischer Standortfaktoren in einem Getreidefeld: S = Strahlungsbilanz, u = Windgeschwindigkeit, T = Temperatur, e = Wasserdampfdruck, c = CO_2-Konzentration, in Abhängigkeit von der Höhe h des Bestandes. Nach MONTEITH (1973).

(5) *Pflanzen, die unter bestimmten Umweltbedingungen herangewachsen sind, reagieren auf später einwirkende Umweltfaktoren in modifizierter Weise.* Beispiel: Stoffwechselunterschiede zwischen starklicht- und schwachlichtadaptierten Pflanzen.

Ferner ist zu berücksichtigen, daß in jeder Pflanzenpopulation *individuelle genetische Unterschiede* vorkommen und häufig – besonders entlang von klimatischen und edaphischen Gradienten – auch eine *Ökotypendifferenzierung* entsteht.

8.2 Besonderheiten ökologischer Methodik

Die Komplexität der Umwelteinflüsse und die von vielen äußeren und inneren Variablen abhängigen Reaktionen der Pflanze zwingen dazu, *experimentell-ökologische Meßgrößen möglichst umfassend* zu gewinnen und auszuwerten.

Das Ablaufschema für ein ökologisches **Forschungsprogramm** (Abb. 181) mag den thematischen Umfang und die methodische Vielseitigkeit der Arbeit verdeutlichen.

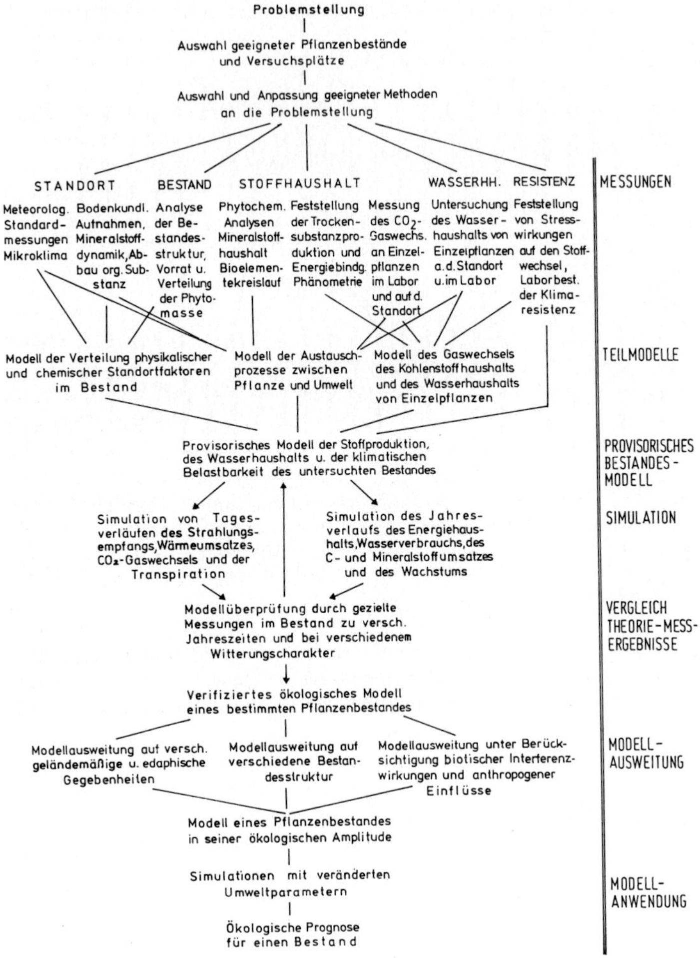

Abb. 181. Flußdiagramm eines experimental-ökologischen Forschungsablaufs von der Problemstellung bis zur ökologischen Prognose. In Anlehnung an LARCHER, CERNUSCA und SCHMIDT (1973) und CERNUSCA (1973).

Zunächst sind die als geeignet erkannten gebräuchlichen *Meßmethoden* dem Untersuchungsobjekt und den Besonderheiten des Versuchsplatzes anzupassen. Nicht selten müssen dabei einzelne Meßeinrichtungen neu entwickelt werden. Im eigentlichen *Meßprogramm* werden die räumliche Verteilung und der zeitliche Ablauf der Standorteinflüsse und das physiologische Verhalten der Pflanzen über einen längeren Zeitraum, wenigstens über eine ganze Vegetationsperiode bestimmt und über automatische Datenerfassungsanlagen registriert. Die ökophysiologischen *Freilandmessungen* sollten durch *Laboratoriumsversuche* ergänzt werden. Laboratoriumsversuche ergeben gut reproduzierbare Daten über das physiologische Verhalten der Pflanzen unter verschiedensten Umweltbedingungen, wobei die interessierenden Außenfaktoren einzeln oder gruppenweise beliebig variierbar sind. Laboratoriumsmessungen erleichtern das Verständnis der Freilanderfahrungen und decken begrenzende Faktoren schnell auf.
Je nach Fragestellung, Struktur und Ausdehnung des untersuchten Systems kann ökologische Forschung verschiedene **Integrationsstufen** einbeziehen:

Erste Integrationsstufe: Umwelteinfluß auf Einzelpflanzen. Wo offene Gesellschaften auftreten, in der Regel also auf Extremstandorten, sind die Einzelpflanzen unmittelbar den abiotischen Umweltbedingungen ausgesetzt. Bioklimatologische, bodenkundliche und ökophysiologische Messungen liefern das Datenmaterial für eine kausale Erklärung der Lebensweise und der Überlebensmöglichkeiten dieser Pflanzen auf ihrem Standort. Die ökologische, d. h. integrierende Betrachtungsweise besteht darin, daß das Verhalten der Pflanzen mit den am Standort häufigsten Kombinationen von Umweltparametern und der Eintreffwahrscheinlichkeit lebensgefährdender Situationen in Verbindung gebracht wird.

Zweite Integrationsstufe: Pflanzenbestand und Umwelt. Geschlossene Pflanzenbestände weisen ein besonderes Bioklima auf und beeinflussen die Bodenbildung. Die Wirksamkeit abiotischer Umweltfaktoren auf die einzelnen Pflanzen im Bestand wird abgeschwächt und abgewandelt, und es treten spezifische Bestandeseffekte wie z. B. Raumkonkurrenz, Ernährungskonkurrenz und morphogenetische Auswirkungen des Bestandesschlusses auf, die das Verhalten der Einzelpflanzen verändern. Die ökologische Untersuchung von Pflanzenbeständen muß also die unterschiedliche Situation von Einzelpflanzen und Pflanzen im Bestand berücksichtigen.

Dritte Integrationsstufe: Biozönose und Umwelt. In eine vollständige Ökosystemuntersuchung werden sämtliche Organismen der Biozönose einbezogen und alle Wechselwirkungen zwischen den einzelnen Organismengruppen und der abiotischen Umwelt in ihrer vollen Komplexität erfaßt. Im Vordergrund der Untersuchung stehen nun die *ganzheitbildenden* Funktionen und Zusammenhänge: Energieflüsse und Nahrungstransfer, Stoffkreisläufe, Informations- und Interferenzvorgänge, Regelmechanismen. Ökosystemforschung muß interdisziplinär und langfristig sein, wobei für den Erfolg der Gesamtuntersuchung eine umsichtig geplante Koordination und Synchronisation der einzelnen Forschungsbereiche wesentlich ist.

8.3 Datensynthese, ökologisches Modell und Computersimulation

Zur Auswertung der Meßergebnisse müssen die Einzelinformationen zu einem Ganzen zusammengefügt werden. Dies wird bei der normalerweise großen Menge freilandökologischer Meßdaten durch Computereinsatz erleichtert. Die ausgerechneten Ergebnisse lassen sich schließlich in herkömmlicher, verbaler Form nicht mehr erschöpfend ausdrücken, man versucht daher, sie durch graphische Modelle wie Flußdiagramme (z. B. Abb. 3) oder Korrelationsdiagramme (z. B. Abb. 46) besser überschaubar *darzustellen.*

Ein **ökologisches Modell** ist die quantitative Beschreibung der Zusammenhänge zwischen biologischen Prozessen und den Umwelteinflüssen auf sie. Modelle sollen helfen, Kausalbeziehungen zu erkennen und Abläufe zu verfolgen und vorherzusagen. Die erste Auswertungsstufe (*Datensynthese*) führt zu Teilmodellen, die das Verhalten von Einzelpflanzen und Teilaspekte des Geschehens am Standort (z. B. Modell des Strahlungshaushalts oder der Austauschvorgänge) beschreiben. Das Teilmodell wird durch *Computerexperimente* (Simulationen) erweitert und durch nachfolgende gezielte neue Messungen überprüft. Das verifizierte Modell kann durch sorgfältig geplante Kurzzeitmessungen bei markanten Wetterlagen räumlich so *ausgeweitet* werden, daß die ökologische Amplitude der gesamten Population oder einer komplexen Pflanzengesellschaft arbeitssparend erfaßt wird. Das *ökologische Gesamtmodell* als Endergebnis erlaubt die rechnerische Behandlung kausaler und kybernetischer Zusammenhänge im System Pflanzendecke – Umwelt und bildet die Grundlage für *ökologische Voraussagen* als sachlich fundierter Rückhalt für planerische Entscheidungen.

Wie bei allen *Verallgemeinerungen und Extrapolationen* hängt auch bei Simulationsmodellen der Wert der Aussage vor allem von der gewissenhaften Auswahl der Primärdaten ab. Diese müssen nicht nur genau genug gemessen worden sein, sie müssen insbesondere auch eine für die beabsichtigte Hochrechnung geeignete Grundlage sein. Konkrete Meßwerte gelten stets für eine bestimmte Pflanze in einer bestimmten Entwicklungsphase und für einen von den Vorbedingungen abhängigen Adaptationszustand. Oft, aber nicht immer, wird eine Verallgemeinerung in gewissen Grenzen möglich sein. Nur wenn diese Grenzen eingehalten werden und wenn immer wieder Zwischenergebnisse des Modells durch gezielte Messungen überprüft werden, können mathematische Ableitungen und logische Verknüpfungen gültige Aussagen ergeben. Hier Hilfe zu bieten, wird eine wichtige Aufgabe der Ökophysiologie der Pflanzen sein.

Literaturverzeichnis

Lehrbücher der Physiologie und Ökophysiologie der Pflanzen

BANNISTER, P.: Introduction to Physiological Plant Ecology. Blackwell, Oxford 1976.

BAUMEISTER, W., ERNST, W.: Mineralstoffe und Pflanzenwachstum. 3. Auflage. Fischer, Stuttgart 1978.

DÖRFFLING, K.: Das Hormonsystem der Pflanzen. Thieme, Stuttgart 1982.

ETHERINGTON, J. R.: Environment and Plant Ecology. Wiley, London 1975.

FELLENBERG, G.: Pflanzenwachstum. Fischer, Stuttgart 1981.

FITTER, A. H., HAY, R. K. M.: Environmental Physiology of plants. Academic Press, London 1981.

HAUPT, W.: Bewegungsphysiologie der Pflanzen. Thieme, Stuttgart 1977.

HESS, D.: Pflanzenphysiologie. 7. Auflage. Ulmer, Stuttgart 1983.

KINZEL, H.: Grundlagen der Stoffwechselphysiologie. Ulmer, Stuttgart 1977.

KINZEL, H.: Pflanzenökologie und Mineralstoffwechsel. Ulmer, Stuttgart 1982.

KRAMER, P. J., KOZLOWSKI, T. T.: Physiology of Trees. 2. Aufl. McGraw-Hill, New York 1979.

KREEB, K.: Ökophysiologie der Pflanzen. VEB Fischer, Jena 1974.

LEOPOLD, A. C., KRIEDEMANN, P. E.: Plant Growth and Development. 2. Auflage. McGraw-Hill, New York 1975.

LERCH, G.: Pflanzenökologie, 2. Auflage. Akademie-Verlag, Berlin 1979.

LIBBERT, E.: Lehrbuch der Pflanzenphysiologie. 3. Auflage. VEB Fischer, Jena 1979.

LORENZEN, H.: Physiologische Morphologie der Höheren Pflanzen, Ulmer, Stuttgart 1972.

LYR, H., POLSTER, H., FIEDLER, H. J.: Gehölzphysiologie. VEB Fischer, Jena 1967.

MENGEL, K.: Ernährung und Stoffwechsel der Pflanze. 6. Auflage. VEB Fischer, Jena 1983.

MILTHORPE, F. L., MOORBY, J.: An Introduction to Crop Physiology. 2. Auflage. Cambridge Univ. Press, London 1979.

MOHR, H., SCHOPFER, P.: Lehrbuch der Pflanzenphysiologie. 3. Auflage. Springer, Berlin, 1978.

NOBEL, P. S.: Introduction to biophysical plant physiology. Freeman, San Francisco 1974.

RICHTER, G.: Stoffwechselphysiologie der Pflanzen. 4. Auflage. Thieme, Stuttgart 1982.

RUGE, U.: Angewandte Pflanzenphysiologie. Ulmer, Stuttgart 1966.

STEUBING, L., SCHWANTES, H. O.: Ökologische Botanik. Quelle und Meyer, Heidelberg 1981.

WALTER, H.: Einführung in die Phytologie, III. Grundlagen der Pflanzenverbreitung, Standortslehre. 2. Auflage. Ulmer, Stuttgart 1960.

WAREING, P. F., PHILLIPS, I. D. J.: The Control of Growth and Differentiation in Plants. 2. Auflage. Pergamon Press, Oxford 1978.

ZIEGLER, H.: Physiologie. In: E. STRASSBURGER (Begr.): Lehrbuch der Botanik. 32. Auflage. Fischer, Stuttgart 1983.

Handbücher der Ökophysiologie der Pflanzen

LANGE, O. L., NOBEL, P. S., OSMOND, C. B., ZIEGLER, H.: Physiological plant ecology. Encyclopedia of plant physiology, Bd. 12 A–D. Springer, Berlin – Heidelberg – New York 1981–1983. Teil I: Responses to the physical environment. Teil II: Water relations and carbon assimilation. Teil III: Responses to the chemical and biological environment. Teil IV: Ecosystem processes: Mineral cycling, productivity and Man's influence.

Lehrbücher der allgemeinen Ökologie und weiterführende Literatur

DUVIGNEAUD. P.: La synthèse écologique. Doin, Paris 1974.
EHRENDORFER, F.: Geobotanik. In: E. STRASBURGER (Begr.): Lehrbuch der Botanik. 32. Auflage. Fischer, Stuttgart 1983.
FRANZ, H.: Ökologie der Hochgebirge. Ulmer, Stuttgart 1979.
GRIME, J. P.: Plant Strategies and Vegetation Processes. J. Wiley, Chichester 1979.
KNODEL, H., KULL, U.: Ökologie und Umweltschutz. 2. Auflage. Metzler, Stuttgart 1981.
KREEB, K. H.: Ökologie und menschliche Umwelt. Fischer, Stuttgart 1979.
KREEB, K. H.: Vegetationskunde. Ulmer, Stuttgart 1983.
KÜHNELT, W.: Grundriß der Ökologie. 2. Auflage. Fischer, Jena 1970.
KUNTZE, H., NIEMANN, J., ROESCHMANN, G., SCHWERDTFEGER, G.: Bodenkunde. 2. Auflage, Ulmer, Stuttgart 1981.
MARGALEF, R.: Perspectives in Ecological Theory, Univ. Chicago Press, Chicago 1968.
MÜLLER, P.: Biogeographie. Ulmer, Stuttgart 1979.
ODUM, E. P.: Grundlagen der Ökologie, 2 Bde. Thieme, Stuttgart 1980.
ODZUCK, W.: Umweltbelastungen. Ulmer, Stuttgart 1982.
REMMERT, H.: Ökologie. Springer, Berlin 1978.
STUGREN, B.: Grundlagen der allgemeinen Ökologie. VEB Fischer, Jena 1972.
TISCHLER, W.: Einführung in die Ökologie. Fischer, Stuttgart 1976.
WALTER, H.: Die ökologischen Systeme der Kontinente (Biogeosphäre). Fischer, Jena 1976.
WALTER, H.: Vegetation und Klimazonen. 4. Auflage. Ulmer, Stuttgart 1979.
WHITTAKER, R. H.: Communities and Ecosystems. Collier-Macmillan, London 1960.
WINKLER, S.: Einführung in die Pflanzenökologie. 2. Auflage. Fischer, Stuttgart 1980.

Reihe Advances in Ecological Research. Academic Press, London.
Reihe Ecological Studies, Springer, Berlin.
Reihe Ecosystems of the World. Elsevier, Amsterdam.

Methodenbücher

ALLEN, S. E., GRIMSHAW, H. M., PARKINSON, J. A., QUARMBY, Ch.: Chemical Analysis of Ecological Materials. Blackwell, Oxford 1974.
BEIDEMAN, I. N.: Metodika izučenija fenologii rastenii i rastitelnych soobščestv. Nauka, Novosibirsk 1974.
BÖHM, W.: Methods of Studying Root Systems. Ecol. Stud. 33, Springer, Berlin 1979.

CHAPMAN, S. B. (ed.): Methods in Plant Ecology. Blackwell, Oxford 1976.
DOWNS, R. J., HELLMERS, H.: Environment and the Experimental Control of Plant Growth. Academic Press, London 1975.
EVANS, G. C.: The Quantitative Analysis of Plant Growth. Blackwell, Oxford 1972.
GRODZINSKI, W., KLEKOWSKI, R. Z., DUNCAN, A.: Methods for Ecological Bioenergetics. IBP Handbook No 24, Blackwell, Oxford 1975.
JANETSCHEK, H. (ed.): Ökologische Feldmethoden. Ulmer, Stuttgart 1982.
KREEB, K.: Methoden der Pflanzenökologie. Fischer, Stuttgart, New York 1977.
LIETH: Phenology and Seasonality Modeling. Ecol. Stud. 8. Springer, Berlin 1974.
MILNER, C., HUGHES, R. E.: Methods for the Measurement of the Primary Production of Grassland. IBP Handbook No 6, Blackwell, Oxford 1968.
MONTHEITH, J. L.: Survey of Instruments for Micrometeorology. Handbook No 22, Blackwell, Oxford 1972.
NEWBOULD, P. J.: Methods for Estimating the Primary Production of Forests. IBP Handbook No 2, Blackwell, Oxford 1967.
PHILIPSON, J.: Methods of Study in Quantitative Soil Ecology. Population, Production and Energy flow. IBP Handbook No 18, Blackwell, Oxford 1971.
SCHNELLE, F.: Pflanzenphänologie. Akad. Verl. Ges., Leipzig 1955.
SCHUURMAN, J. J., GOEDEWAAGEN, M. A. J.: Methods for the Examination of Root Systems and Roots. Centre Agr. Publ. Doc., Wageningen 1965.
ŠESTAK, Z., ČATSKÝ, J., JARVIS, P. G.: Plant Photosynthetic Production. Manual and Methods. Junk, Den Haag, 1971.
SLAVÍK, B.: Methods in Studying Plant Water Relations. Ecol. Studies 9. Springer, Berlin 1974.
STEUBING, L.: Pflanzenökologisches Praktikum. Parey, Berlin und Hamburg 1965.
STEUBING, L., KUNZE, CH.: Pflanzenökologische Experimente zur Umweltverschmutzung. Biol. Arbeitsbücher 11. Quelle & Meyer, Heidelberg 1972.
VOLLENWEIDER, R. A.: A Manual on Methods for Measuring Primary Production in Aquatic Environments. Blackwell, Oxford 1969.
VOSNESENSKY, V. L., ZALENSKY, O. V., SEMICHATOVA, O. A.: Methody issledovanija fotosinteza i dychanija rastenii. Nauka, Moskva-Leningrad 1965.

Quellenverzeichnis

Den hier angeführten Veröffentlichungen sind Definitionen, Formeln Datenunterlagen oder Abbildungsvorlagen entnommen worden. Wer sich mit dem Fachgebiet der experimentellen Pflanzenökologie näher befassen möchte, findet hier auch Hinweise (mit Sternchen gekennzeichnet) auf weiterführende Handbuchbeiträge und Übersichtsreferate.

ABEL, W. O.: Die Austrocknungsresistenz der Laubmoose. Sitzungsber. Österr. Akad. Wiss., Abt. I, 165, 619–707, 1956.

*ADDICOTT, F. T.: Environmental factors in the physiology of abscission Plant Physiol., 43, 1471–1479, 1968.

ALBERT, R., POPP, M.: Chemical composition of halophytes from the Neusiedler Lake region in Austria. Oecologia 27, 157–170, 1977.

ALBERT, R., POPP, M.: Zur Rolle der löslichen Kohlenhydrate in Halophyten des Neusiedlersee-Gebietes (Österreich). Oecol. Plant. 13, 27–42, 1978.

ALEXANDROV, V. Y.: Cytophysiological and cytoecological investigations of resistance of plant cells toward the action of high and low temperature. The Quarterly Rev. Biol. 39, 35–77, 1964.

*ALEXANDROV, V. Ya.: Cells, Molecules and Temperature. Ecological Studies 21. Springer, Berlin 1977.

ALTMAN, P. L., DITTMER, D. S. (eds.): Biology Data Book, Bd II. 2. Aufl. Fed. Amer. Soc. Exp. Biol. Bethesda 1973.

*ALVIM, P. de T., KOZLOWSKI, T. T.: Ecophysiology of Tropical Crops. Academic Press, New York 1977.

ASHTON, D. H.: The ecology of Eucalyptus regnans F. Muell: The species and its frost resistance. Austral. J. Bot. 6, 154–176, 1958.

AULITZKY, H.: Die Bodentemperaturverhältnisse an einer zentralalpinen Hanglage beiderseits der Waldgrenze. I. Die Bodentemperatur oberhalb der zentralalpinen Waldgrenze. Arch. Meteorol. Geophys. Bioklimatol. B. 10, 445–532, 1961.

AULITZKY, H.: II. Über die Bodentemperaturen im subalpinen Zirben-Lärchenwald. Arch. Meteorol. Geophys. Bioklimatol. B 11, 301–362, 1962.

AULITZKY, H.: Über die Ursachen von Unwetterkatastrophen und den Grad ihrer Beeinflußbarkeit. Cbl. ges. Forstwesen 85, 2–32, 1968.

*BAEUMER, K.: Allgemeiner Pflanzenbau. E. Ulmer, Stuttgart 1971.

BAKER, N. R., HARDWICK, K.: Development of the photosynthetic apparatus in cocoa leaves, Photosynthetica 10, 361–366, 1976.

*BANNISTER, P.: Introduction to Physiological Plant Ecology, Blackwell Oxford 1976.

*BARRS, H. D.: Determination of water deficits in plant tissues. In: T. KOZLOWSKI: Water deficits and plant growth, Vol. I, 235–368. Academic Press, New York–London 1968.

BARRS, H. D.: Light intensity and water-use efficiency. C.S.I.R.O., Div. Irrig. Res. Ann. Rep. 1968–1969, 7, 1969.

*BARTHOLOMEW, D. P., KADZIMIN, S. B.: Pinapple. In: P. de T. ALVIM, T. T. KOZLOWSKI (eds.): Ecophysiology of Tropical Crops, 113–157. Academic Press, New York 1977.

Bartkov, B. I., Zvereva, G.: Raspredelenie assimiliatov v period plodonošenija bobovych rastenii. (O printcipe dublirovanija v fitosistemach). Fiziol. i Biochimija Kult. Rast. 6, 502–505, 1974.

Bassham, J. A.: Increasing crop production through more controlled photosynthesis. Science 197, 630–638, 1977.

Bauer, H.: Hitzeresistenz und CO_2-Gaswechsel nach Hitzestreß von Tanne (Abies alba Mill.) und Bergahorn (Acer pseudoplatanus L.). Diss. Innsbruck 1970.

Bauer, H., Huter, M., Larcher, W.: Einfluß und die Nachwirkung von Hitze- und Kältestreß auf den CO_2-Gaswechsel von Tanne und Ahorn. Ber. Dt. Bot. Ges. 82, 65–70, 1969.

*Baumeister, W., Ernst, W.: Mineralstoffe und Pflanzenwachstum. 3. Aufl. Fischer, Stuttgart 1978.

Baumgartner, A., Reichel, E.: Preliminary results of new investigations of world's water balance. Bull. IASH, Gentbrügge 1970, 65–78, 1970.

Baxter, P., West, D.: The flow of water into fruit trees. I. Resistances to water flow through roots and stems. Ann. appl. Biol. 87, 95–101, 1977.

Bazilevich, N. I., Rodin, L. Y.: Geographical regularities in productivity and the circulation of chemical elements in the earth's main vegetation types. In: Soviet Geography (Rev. & Translation). American Geogr. Soc., New York 1971.

*Beevers, L.: Nitrogen Metabolism in Plants. Arnold, London 1976.

*Beideman, I. N.: Metodika izučenija, fenologii rastenii i rastitelnych soobščestv. Nauka, Novosibirsk 1974.

*Berge, H.: Immissionsschäden. In: Handbuch der Pflanzenkrankheiten Bd. 11, Liefg. 4, Parey, Berlin–Hamburg 1970.

Berger, W.: Das Wasserleitungssystem von krautigen Pflanzen, Zwergsträuchern und Lianen in quantitativer Betrachtung. Beihefte Bot. Cbl. 48, I, 364–390, 1931.

Berger-Landefeldt, U.: Der Wasserhaushalt der Alpenpflanzen. Bibl. Bot. 115, Schweizerbart, Stuttgart 1936.

*Berger-Landefeldt, U.: Der Energieumsatz am Standort. Bot. Jb. 86, 402–448, 1967.

Biebl, R.: Trockenresistenz und osmotische Empfindlichkeit der Meeresalgen verschieden tiefer Standorte. Jb. wiss. Bot. 86, 350–386, 1938.

Biebl, R.: Die Resistenz gegen Zink, Bor und Mangan als Mittel zur Kennzeichnung verschiedener pflanzlicher Plasmasorten. Sitzungsber. Österr. Akad. Wiss. 155, 145–157, 1947.

Biebl, R., Maier, R.: Tageslänge und Temperaturresistenz. Österr. Bot. Z. 117, 176–194, 1969.

Billés, G.,Lossaint, P., Cortez, J.: L'activité biologique des sols dans les écosystémes méditerranéens. II. Minéralisation de l'azote. Rev. Ecol. Biol. Sol. 8, 533–552, 1971.

Billings, W. D., Godfrey, P. J., Chabot, B. F., Bourque, D. P.: Metabolic acclimation to temperature in arctic and alpine ecotypes of Oxyria digyna. Arct. Alpine Res. 3, 277–290, 1971.

Björkman, O.: Comparative photosynthetic CO_2-exchange in higher plants. In: M. D. Hatch, C. B. Osmond, R. O. Slatyer (eds.): Photosynthesis and Photorespiration, 18–32. Wiley, New York 1971.

*Black, C. C.: Ecological implications of dividing plants into groups with distinct photosynthetic production capacities. In: J. B. Cragg (ed.): Advances in Ecological Research. Vol. 7, 87–114, Academic Press, London 1971.

*Black, C. C.: Photosynthetic carbon fixation in relation to net CO_2 uptake. Ann. Rev. Plant Physiol., 24, 253–286, 1973.

Blackmann, G. E., Black, J. N.: Physiological and ecological studies in the analysis of plant environment. XII. The role of the light factor in limiting growth. Annals of Botany 23, 131–145, 1959.

Blinks, L. R.: Manual of Phycology. Waltham, Mass. 1951.

*Blüthgen, J.: Allgemeine Klimageographie. W. de Gruyter, Berlin 1964.

Bobrovskaja, N. I.: O vodnom balanse drevesnych i kustarnikovnych vidov pesčanoi pustyni Karakum. Bot. Žurn. 56, 361–368, 1971.

Böhning, R. H., Burnside, C.: The effect of light intensity on the rate of apparent photosynthesis in leaves of sun and shade plants. Amer. J. Bot. 43, 557–561, 1956.

*Bolin, B.: The carbon cycle. Scientific American 223, (3), 124–132, 1970.

Boyer, J. S.: Leaf enlargement and metabolic rates in corn, soybean, and sunflower at various leaf water potentials. Plant Physiol., 46, 233–235, 1970.

Boyer, J. S.: Nonstomatal inhibition of photosynthesis in sunflower at low leaf water potentials and high light intensities. Plant Physiol., 48, 532–536, 1971.

Boyer, J. S.: Water transport in plants: Mechanism of apparent changes in resistance during absorption. Planta, 117, 187–207, 1974.

Boyer, J. S., Bowen, B. L.: Inhibition of oxygen evolution in chloroplasts isolated from leaves with low water potentials. Plant Physiol., 45, 612–615, 1970.

*Boyer, J. S.: Water deficits and photosynthesis. In: T. T. Kozlowski (ed.): Water Deficits and Plant Growth IV, 154–190. Academic Press, New York 1976.

Boyer, Y.: Données écologiques et écophysiologiques sur certaines fougéres de la Région du Banyuls. Vie et Milieu, Ser. C: Biologie terrestre, 19, 331–344, 1968.

*Boysen-Jensen, P.: Die Stoffproduktion der Pflanzen. G. Fischer, Jena 1932.

Boysen-Jensen, P., Müller, D.: Die maximale Ausbeute und der tägliche Verlauf der Kohlensäureassimilation. Jb. wiss. Bot. 70, 493–502, 1929.

Braun, H. J.: Rhythmus und Größe von Wachstum, Wasserverbrauch und Produktivität des Wasserverbrauchs bei Holzpflanzen. I. Alnus glutinosa (L.) Gaertn. und Salix alba (L.) „Liempde". Allg. Forst Jagdztg. 145, 81–86, 1974a.

Braun, H. J.: Zum Wachstum und zur Produktivität des Wasserverbrauches der Baumarten Alnus und Salix. Z. Pflanzenphysiol., 74, 91–94, 1974 b.

Braun, H. J.: Zum Wachstum und zur Produktivität des Wasserverbrauchs der Baumarten Acer platanoides L., Acer pseudoplatanus L. und Fraxinus excelsior L. Z. Pflanzenphysiol., 84, 459–462, 1977.

Breckle, S. W.: Zur Ökologie und zu den Mineralstoffverhältnissen absalzender und nichtabsalzender Xerohalophyten. Diss. Bot. Bd. 35, Cramer Vaduz 1976.

BRIGGS, L. J. , SHANTZ, H. L.: The wilting coefficient and its indirect determination. Bot. Gaz. 53, 20–37, 1913.

BROCK, Th. D.: Life at high temperatures. Science 158, 1012–1019, 1967.

*BUCH, K.: Das Kohlendioxyd in der atmosphärischen Luft. In: W. RUHLAND (ed.): Handbuch der Pflanzenphysiologie V/1: 12–23, Springer, Berlin–Göttingen–Heidelberg 1960.

*BÜNNING, E.: Entwicklungs- und Bewegungsphysiologie der Pflanze. Springer, Berlin–Göttingen–Heidelberg, 3. Auflage, 1953.

BURIAN, K.: Phragmites communis Trin. im Röhricht des Neusiedler Sees. Wachstum, Produktion und Wasserverbrauch. In: H. ELLENBERG: Ökosystemforschung, 61–78. Springer, Heidelberg 1973.

*CALDWELL, M. M.: The effects of solar UV-B radiation (280–315 nm) on higher plants: Implications of stratospheric ozone reduction. In: A. CASTELLANI (ed.): Research in Photobiology, 597–602, Planum Publ. Corp. 1977.

CALDWELL, M. M., WHITE, R. S., MOORE, R. T., CAMP, L. B.: Carbon balance, productivity and water use of cold–winter desert shrub communities dominated by C_3 und C_4 species. Oecologia 29, 275–300, 1977.

CAPPELLETTI, C.: Ricerche sulla permeabilitá delle cuticole alle radiazioni ultraviolette. I. Piante di duna. Acc. Naz. Lincei Cl. fis., mat., nat. 30, 331–342, 1961.

CERNUSCA, A.: Einsatz mobiler Meßeinrichtungen in der Ökosystemforschung. In: H. ELLENBERG (ed.): Ökosystemforschung, 195–201, Springer, Berlin 1973.

CERNUSCA, A.: Projektstudien: Eine neue Ausbildungsmethode für Umweltforscher. Umschau 75, 242–245, 1975.

CERNUSCA, A.: Energie- und Wasserhaushalt eines alpinen Zwergstrauchbestandes während einer Föhnperiode, Arch. Met. Geoph. Biokl., B 24, 219–241, 1976.

CERNUSCA, A., KOFLER, W., SCHINNER, F.: Ökologische Grundlagen des Natur- und Umweltschutzes. In: W. KOFLER (ed.): Natur- und Umweltschutz in Tirol, 19–37. Golfverlag, Innsbruck 1976.

*CHAPMAN, S. B.: Methods in Plant Ecology. Blackwell, Oxford 1976.

*CHARTIER, Ph., BETHENOD, O.: La productivité primaire à l'échelle de la feuille. In: A. MOYSE (ed.): Les processus de la production végétale primaire, 77–112, Gauther Villars, Paris 1977.

*CHOLLET, R., OGREN, R. W. L.: Regulation of photorespiration in C_3 and C_4 species. Bot. Rev. 41, 137–179, 1975.

CLARK, J.: Photosynthesis and respiration in white spruce and balsam fir. State Univ. Coll. For. Syracuse N. Y., 1961.

CLODIUS, S.: Die Zukunftsplanung auf dem Wassergebiet. Der Biologieunterr. 6, 101–110, 1970.

COOPER, J. P.: Photosynthetic efficiency of maize compared with other field crops. Ann. appl. Biol. 87, 237–242, 1977.

COWAN, I. R.: Transport of water in the soil-plant-atmosphere system. J. Appl. Ecol. 2, 221–239, 1965.

CRAWFORD, R. M. M.: Tolerance of anoxie and ethanol metabolism in germinating seeds. New. Phytol. 79, 511–517, 1977.

*DÄSSLER, H. G.: Einfluß von Luftverunreinigungen auf die Vegetation. VEB Gustav Fischer Verlag, Jena 1976.

DÄSSLER, H. G., RANFT, H.: Das Verhalten von Flechten und Moosen unter dem Einfluß einer Schwefeldioxidbegasung. Flora, Abt. B. 158, 454–461, 1969.

DECKER, J. P.: Further evidence of increased carbon dioxide production accompanying photosynthesis. J. Solar Energy, 1, 30–33, 1957.

DEEVEY, E. S.: Mineral cycles. Scientific American 223, (3), 148–158, 1970.

DELWICHE, C. C.: The nitrogen cycle. Scientific American 223 (3), 136–146, 1970.

DE WIT, C. T.: Transpiration and crop yields. Vers. Landbouk. Onderzoek 64.6, 5–88, 1958.

DE WIT, C. T., BROUWER, R., PENNING DE VRIES, F. W. T: The simulation of photosynthetic systems. Proc. IBP/PP Techn. Meeting Trebon, 47–70, Ctr. Agr. Doc. Wageningen 1970.

DÖRING, B.: Die Temperaturabhängigkeit der Wasseraufnahme und ihre ökologische Bedeutung. Bot. Z. 28, 305–383, 1935.

DORMLING, I., GUSTAFSSON, A., WETTSTEIN, D.: The experimental control of the life cycle in Picea abies (L.) Karst. Silvae Genet. 17, 44–64, 1968.

DOWNTON, W. J. S.: The occurence of C_4 photosynthesis among plants. Photosynthetica 9, 96–105, 1975.

*DUVIGNEAUD, P.: Écosystèmes et Biosphère. Min. Educ. Nat. Cult. Brüssel 1967.

DUVIGNEAUD, P., DENAEYER-DE SMET, S.: Cuivre et végétation au Katanga. Bull. Soc. R. Bot. Belge, 96, 93–224, 1963.

DUVIGNEAUD, P., DENAEYER-DE SMET, S., AMBROES, P., TIMPERMAN, J. , MARBAISE, J. L.: Recherche sur l'écosystème forêt. B. La chênaie mélangé calcicole de Virelles-Blaimont. Bull. Soc. R. Bot. Belge, 102, 317–327 und 339–354, 1969.

*DUVIGNEAUD, P., DENAEYER-DE SMET, S.: Biological cycling of minerals in temperate deciduous forests. In: D. E. REICHLE (ed.), Analysis of Temperate Forest Ecosystems. Ecological Studies 1, 199–225. Springer, Berlin 1970.

DUVIGNEAUD, P., DENAEYER DE SMET, S.: Considérations sur l'écologie de la nutrition minérale des tapis végétaux naturels. Oecol. Plant. 8, 219–246, 1973.

*EAGLES, C. F., WILSON, D.: Photosynthetic efficiency and plant productivity. In: M. RECHCIGL (ed.): Handbook of agricultural productivity. Vol. I, 213–247, 1982.

EBERHARDT, E.: Der Atmungsverlauf alternder Blätter und reifender Früchte. Planta 45, 57–68, 1955.

ECKHARDT, F. E, , HEIM, G., METHY, M., SAUGIER, B., SAUVEZON, R.: Foncionnement d'un écosystème au niveau de la production primaire. Mesures effectuées dans une culture d'Helianthus annuus. Oecol. Plant. 6, 51–100, 1971.

ELFVING, D. C., KAUFMANN, M. R., HALL, A. E.: Interpreting leaf water potential measurements with a model of the soil-plant-atmosphere continuum. Physiol. Plant 27, 161–168, 1972.

ELLENBERG, H.: Über Zusammensetzung, Standort und Stoffproduktion bodenfeuchter Eichen- und Buchen-Mischwaldgesellschaften Nordwestdeutschlands. Mitt. floristisch-soziol. Arbeitsgem. Niedersachsens 5, 3–135, 1939.

*Ellenberg, H.: Bodenreaktion (einschließlich Kalkfrage). In: W. Ruhland (ed.): Handbuch der Pflanzenphysiologie IV, 638–708, Springer, Berlin–Göttingen–Heidelberg 1958.
*Ellenberg, H.: Vegetation Mitteleuropas mit den Alpen. E. Ulmer, Stuttgart 1963, 1978.
*Ellenberg, H.: Stickstoff als Standortsfaktor. Ber. Dt. Bot. Ges. 77, 82–92, 1964.
*Ellenberg, H.: Nitrogen content, mineralization and cycling, In: P. Duvigneaud (ed.): Productivity of Forest Ecosystems. 509–514, Unesco Paris 1971.
*Ellenberg, H.: Stickstoff als Standortsfaktor, insbesondere für mitteleuropäische Pflanzengesellschaften. Oecol. Plant. 12, 1–22, 1977.
El-Sharkawy, M. A. , Hesketh, J. D.: Effects of temperature and water deficit of leaf photosynthetic rates of different species. Crop. Sci. 4, 514–518, 1964.
Ernst, W.: Schwermetallresistenz und Mineralstoffhaushalt. Westdeutscher Verlag Opladen 1972.
Ernst, W.: Mechanismen der Schwermetallresistenz. Verh. Ges. Ökologie 1974, 189–197, Junk, Den Haag 1975.
*Ernst, W.: Physiological and biochemical aspects of metal tolerance. In: I. A. Mansfield (ed.): Effects of Air Pollutants on Plants, 115–133, Cambridge Univ. Press 1976.
Esterbauer, H., Grill, D. und Zotter, M.: Peroxydase in Nadeln von Picea abies (L.) Karst. Biochem. Physiol. Pfl. 172, 155–159, 1978.
*Evans, G. C.: The Quantitative Analysis of Plant Growth. Blackwell, Oxford 1972.
*Evenari, M., Schulze, E. D., Kappen, L., Buschbom, U., Lange, O. L.: Adaptive mechanisms in desert plants. In: F. J. Vernberg (ed.): Physiological Adaptation to the Environment, 111–130. Intext Educ. Publ., New York 1975.
Finck, A.: Grenzwerte der Nährelementgehalte in Pflanzen und ihre Auswertung zur Ermittlung des Düngerbedarfs. Ztsch. Pflanzenernährung u. Bodenkunde 119, 197–208, 1968.
*Finck, A.: Pflanzenernährung in Stichworten. F. Hirt, Kiel 1969.
Fischer, A.: Beiträge zur Physiologie der Holzgewächse. Jb. wiss. Bot. 22, 73–160, 1891.
*Fischer, R. A., Turner, N. C.: Plant productivity in the arid and semiarid zones. Ann. Rev. Plt. Physiol. 29, 277–317, 1978.
*Flowers, T. J., Troke, P. F., Yeo, A. R.: The mechanism of salt tolerance in halophytes. Ann. Rev. Plant Physiol. 28, 89–121, 1977.
Fonteno, W. C., McWilliams, E. L.: Light compensation points and acclimatization of four tropical foliage plants. J. Amer. Hort. Sci. 102, 52–56, 1978.
*Fortescue, J. A. C., Marten, G. G.: Micronutrients: Forest ecology and system analysis. In: D. E. Reichle (ed.): Analysis of Temperate Forest Ecosystems. Ecological Studies 1, 173–198, Springer, Berlin 1970.
Frahm, J. P.: Transplantationsversuche mit epigäischen Moosen zur Eichung von Bioindikatoren für die Luftverschmutzung. Natur und Landschaft 51, 19–22, 1976.
Franco, C. M.: Influence of temperature on growth of coffee plant. IBEC Res. Inst. Bull. 16, 1–21, 1958 (zit. bei Maestri und Barros 1977).

FRENCH, C. S., YOUNG, V. M. K.: The absorption, action, and fluorescence spectra of photosynthetic pigments in living cells and in solutions. Radiation Biology 3, 343–391, 1956.

*FREY-WYSSLING, A.: Stoffwechsel der Pflanzen. Büchergilde Gutenberg, Zürich, 2. Aufl., 1949.

FRIEND, D. J. C., HELSON V. A., FISHER, J. E.: Leaf growth in Marquis wheat, as regulated by temperature, light intensity, and daylength. Can. J. Bot. 40, 1299–1311, 1962.

FRITSCHEN, L. J., HSIA, J., DORAISWAMY, P.: Evapotranspiration of a Douglas Fir determined with a weighing lysimeter. Water Res. Res. 13, 145–148, 1977.

*FRITTS, H. C.: Tree ring and climate. Academic Press, London 1976.

*FUCHS, W. H., ROSENSTIEL, K.: Ertragssicherheit. In: H. KAPPERT, W. RUDORF (eds.): Handbuch der Pflanzenzüchtung, 1. Bd. 365–442. 2. Auflage. Parey, Berlin 1958.

GAASTRA, P.: Photosynthesis of crop plants as influenced by light, carbon dioxide, temperature and stomatal diffusion resistance. Med. landbouwhogeschool Wageningen 59, 1–68, 1959.

GÄUMANN, E.: Der Stoffhaushalt der Buche (Fagus silvatica) im Laufe eines Jahres. Ber. schweiz. bot. Ges. 44, 157–334, 1935.

GAFF:, D. F.: Desiccation tolerant vascular plants of Southern Africa. Oecologia 31, 95–109, 1977.

GAMPER, A.: Hitzeresistenz von einigen zweikeimblättrigen Pflanzen auf einem xerothermen Standort. Thesis Padua–Innsbruck 1975.

*GARDNER, W. R.: Availability and measurement of soil water. In: T. T. KOZLOWSKI (ed.), Water Deficits and Plant Growth, Vol. I, 107–135. Academic Press, New York 1968.

GATES, D.: The physical environment as affected by radiation Proc. Semicent. Celebr. Univ. of Michigan, 31–52, 1959.

*GATES, M.: Energy, plants and ecology. Ecology 46, 1–14, 1965.

*GEIGER, R.: Das Klima der bodennahen Luftschicht. F. Vieweg & Sohn, Braunschweig, 4. Aufl. 1961.

GEIGER, R.: Die Atmosphäre der Erde. Karte 1: Jährliche Sonnenstrahlung; Karte 5: Jährlicher Niederschlag; Karte 6: Jährliche wirkliche Verdunstung. Perthes, Darmstadt 1965.

GEIGER, R., WOELFLE, M., SEIP, L. PH.: Höhenlage und Spätfrostgefährdung. 6. Mitt. Forstwiss. Cbl. 56, 357–364, 1934.

GEORGE, M. F., BURKE, M. J.: Cold hardiness and deep supercooling in xylem of Shagbark Hickory. Plant Physiol. 59, 319–325, 1977.

GERWICK, B. C., WILLIAMS III, G. J., URIBE, E. G.: Effects of temperature on the Hill reaction and photophosphorylation in isolated cactus chloroplasts. Plant Physiol. 60, 430–432, 1977.

*GESSNER, F.: Hydrobotanik, Bd. I: Energiehaushalt. VEB Deutscher Verlag d. Wiss. , Berlin 1955.

*GESSNER, F.: Die Binnengewässer. In: W. RUHLAND (ed.): Handbuch der Pflanzenphysiologie IV, 179–232, Springer, Berlin–Göttingen, Heidelberg 1958.

*GESSNER, F.: Hydrobotanik, Bd. II: Stoffhaushalt. VEB Deutscher Verlag d. Wiss., Berlin 1959.

GLOSER, J.: The dependence of CO_2-exchange on density of irradiation,

temperature and water saturation deficit in Stipa and Bromus. Photosynthetica 1, 171–178, 1967.
GLOSER, J.: Photosynthesis and respiration of some alluvial meadow grasses: responses to irradiance, temperature and CO_2 concentration. Acta Sc. Nat. Brno 10, 1–39, 1976.
GORYŠINA, T. K.: Rannevesennie efemeroidy lesostepnych dubrav. Izd. Leningradskogo Univ. 1969.
GORYSHINA, T. K.: Recherches écophysioloques sur les plantes éphéméroides printaniéres dans les chênaies de la zone forêt-steppe de la Russie centrale. Oecol. Plant, 7, 241–258, 1972.
*GRACE, J.: Plant Response to Wind. Academic Press, London, 1977.
GRADMANN, H.: Untersuchungen über die Wasserverhältnisse des Bodens als Grundlage des Pflanzenwachstums. Jb. wiss. Bot. 69, 1–100, 1928.
GRIEVE, B. J., HELLMUTH, E. O.: Eco-physiological studies of Western Australian plants. Proc. Ecol. Soc. Austral. 3, 46–54, 1968.
GRANHALL, U., LID-TORSVIK, V.: Nitrogen fixation by bacteria and free-living blue-green algae in Tundra areas. In: WIEGOLASKI, F. E., KALLIO, P., ROSSWALL, T. (eds.): Fennoscandian Tundra Ecosystems, Ecol. Studies 16 (1), 305–315, Springer, Berlin–Heidelberg–New York 1975.
GREGORY, F. G.: The effect of climatic conditions on the growth of barley. Ann. Bot. 40, 1–26, 1926.
GRIN, A. M.: Wasserhaushalt der russischen Ebene. Umschau 72 (17), 551–554, 1972.
*GUDERIAN, R. , 1977: Air Pollution. Ecological Studies 22. Springer-Verlag, Berlin–Heidelberg–New York.
HÄRTEL, O.: Wie lassen sich Pflanzenschäden definieren? Umschau 76, 347–350, 1976.
HALBWACHS, G.: Physiologische Probleme der Vegetationsschädigung durch gasförmige Immissionen. Ber. Dt. Bot. Ges. 84, 507–514, 1971.
HAMPICKE, U.: Das CO_2-Risiko. Umschau 28, 599–606, 1977.
HARRASSER, J.: Die Kälteresistenz des Bergahorns (Acer pseudoplatanus L.). Diss. Innsbruck 1969.
*HAWKSWORTH, D. L., ROSE, F.: Qualitative scale for estimating sulphur dioxide air pollution in England and Wales using epiphytic lichens. Nature 227, 145–148, 1970.
*HEBER, U., SANTARIUS, K. A.: Cell death by cold and heat, and resistance to extreme temperatures. Mechanisms of hardening and dehardening. In: H. PRECHT, J. CHRISTOPHERSEN, H. HENSEL, W. LARCHER (eds.): Temperature and Life, 232–292. Springer, Berlin 1973.
HELLMERS, H.: Growth response of redwood seedlings to thermoperiodism. Forest Sci. 12, 275–283, 1966.
HELLMUTH, E. O. Eco-physiological studies on plants in arid and semiarid regions in Western Australia. III. Comparative Studies on photosynthesis, respiration and water relation of ten arid zone and two semi-arid zone plants under winter and late summer climatic conditions. J. Ecol, 59, 225–259, 1971.
HELLRIEGEL, F.: Beiträge zu den naturwissenschaftlichen Grundlagen des Ackerbaues. Vieweg und Sohn, Braunschweig 1883.
HESKETH, J., BAKER, D.: Light and carbon assimilation by plant comunities. Crop. Sci. 7, 285–293, 1967.

HEW, Ch.-S., KROTKOV, G., CANVIN, D. T.: Determination of the rate of CO_2-evolution by green leaves in light. Plant Physiol. 44, 662–670, 1969.

HIROI, T., MONSI, M.: Dry matter economy of Helianthus annuus communities grown at varying densities on light intensities. J. Fac. Sci., Tokyo 9, 241–285, 1966.

HÖFLER, K.: Ein Schema für die osmotische Leistung der Pflanzenzelle. Ber. Dt. Bot. Ges. 38, 288–298, 1920.

HÖFLER, K.: Über die Austrocknungsfähigkeit des Protoplasmas. Ber. Dt. Bot. Ges. 60 (94)–(100), 1942.

HÖFLER, K.: Über Trockhärtung des Protoplasmas. Ber. Dt. Bot. Ges. 63, 3–10, 1950.

HÖFLER, K., MIGSCH, H., ROTTENBURG, W.: Über die Austrocknungsresistenz landwirtschaftlicher Kulturpflanzen. Forschungsdienst 12, 50–61, 1941.

HOFFMANN, G.: Die mittleren jährlichen und absoluten Extremtemperaturen der Erde. II. Met. Abh. 8, H. 3. Reimer, Berlin 1960.

HOFFMANN, G.: Wachstumsrhythmus der Wurzeln und Sproßachsen von Forstgehölzen. Flora 161, 303–319, 1972.

HOLMGREN, P., JARVIS, P. G., JARVIS, M. S.: Resistance to carbon dioxide and water vapour transfer in leaves of different plant species. Physiol. Plant, 18, 557–573, 1965.

HORAK, O., KINZEL, H.: Typen des Mineralstoffwechsels bei den höheren Pflanzen. Österr. Bot. Z. 119, 475–495, 1971.

*HSIAO, T. C.: Plant responses to water stress. Ann. Rev. Plant Physiol., 24, 519–570, 1973.

*HUBER, B.: Allgemeine Grundlagen der Wasserleitung. In: W. RUHLAND, (ed.): Handbuch der Pflanzenphysiologie, Bd. 3, 509–513, Springer, Berlin 1956.

ILJIN, W. S.: Über die Austrocknungsfähigkeit des lebenden Protoplasmas der vegetativen Pflanzenzellen. Jb. wiss. Bot. 66, 947–964, 1927.

ILJIN, W. S.: Über die Ursache der Resistenz von Pflanzenzellen gegen Austrocknung. Protoplasma 10, 379–414, 1930.

INCOLL, L. D., LONG, S. P., ASHMORE, M. R.: SI units in publications in plant science. Current Adv. Plant Sci. 28, 331–343, 1977.

IVES, J. D.: Permafrost. In: J. D. IVES, R. G. BARRY (eds.): Arctic and alpine environments, 159–194. Methuen, London 1974.

JANIESCH, P.: Ökophysiologische Untersuchungen von Erlenbruchwäldern. I. Die edaphischen Faktoren. Oecol. Plant. 13, 43–57, 1978.

*JANZEN, D. H.: Ecology of Plants in the Tropics. Arnold, London 1975.

JARVIS, P. G.: Production efficiency of coniferous forests in the UK. In: C. B. JOHNSON (ed.): Physiological processes limiting plant productivity, pp. 81–107. Butterworths, London 1981.

JARVIS, P. G., JARVIS, M. S.: Growth rates of woody plants. Physiol. Plant. 17, 654–666, 1964.

JONES, M. B., MANSFIELD, T. A.: A circadian rhythm in the level of carbon dioxide compensation in Bryophyllum fedtschenkoi with zero values during the transient. Planta 103, 134–146, 1972.

JOSHI, M. C., BOYER, J. S., KRAMER, P. J.: Growth, carbon dioxide exchange, transpiration and transpiration ratio of pineapple. Bot. Gaz. 126, 174–179, 1965.

KAINMÜLLER, Ch.: Die Temperaturresistenz von Hochgebirgspflanzen. Diss. Innsbruck 1974.
KAIRIUKŠTIS, L. A.: Racionalnoe ispolzovanie solnečnoi energii kak faktor povyšenija produktivnosti listvenno-elovych nasaženij. In: Ju. L. CELNIKER, Svetovoi režim fotosintez i produktivnost lesa, 151–166. Nauka, Moskau 1967.
*KALLE, K.: Das Meerwasser als Mineralstoffquelle der Pflanze. In: W. RUHLAND (ed.): Handbuch der Pflanzenphysiologie IV, 170–178, Springer, Berlin 1958.
KALLIO, P., HEINONEN, S.: Influence of short term low temperature on net photosynthesis in some subarctic lichens. Rep. Kevo Subarctic Res. Sta. 8, 63–72, 1971.
KALLIO, P.: Kevo, Finnland. In: T. ROSSWALL, O. W. HEAL, (eds.): Structure and Function of Tundra Ecosystems. Ecol. Bull. (Stockholm) 20, 193–223, 1975.
*KAMIYA, N.: Protoplasmic streaming. Protoplasmatologia VIII 3a. Springer, Wien 1959.
KAPPEN, L.: Untersuchungen über die Widerstandsfähigkeit der Gametophyten einheimischer Polypodiaceen gegenüber Frost, Hitze und Trokkenheit. Flora 156, 101–116, 1965.
*KAPPEN, L.: Ecological significance of resistance to high temperature. In: O. L. LANGE (ed.): Physiological Plant Ecology I, Encyclopedia of Plant Physiology 12 A, 439–474. Springer, Berlin 1981.
KAPPEN, L., LANGE, O. L., SCHULZE, E. D., EVENARI, M., BUSCHBOM, U.: Distribution pattern of water relations and net photosynthesis of Hammada scoparia (Pomel) Iljin in a desert environment. Oecologia 23, 323–334, 1976.
KAUFMANN, M. R.: Leaf water stress in Engelmann Spruce. Influence of the root and shoot environments. Plant Physiol. 56, 841–844, 1975.
KAUFMANN, M. R.: Soil temperature and drying cycle effects on water relations of Pinus radiata. Can. J. Bot. 55, 2413–2418, 1977.
KAUSCH, W.: Saugkraft und Wassernachleitung im Boden als physiologische Faktoren, unter besonderer Berücksichtigung des Tensiometers. Planta 45, 217–265, 1955.
KECK, R. W. , BOYER, J. S.: Chloroplast response to low leaf water potentials. III. Differing inhibition of electron transport and photophosphorylation. Plant Physiol. 53, 474–479, 1974.
KELLER, R.: Wasserbilanz der Bundesrepublik Deutschland. Umschau 71 (3), 73–78, 1971.
KELLER, Th.: Der Einfluß der Stickstoffernährung auf den Gaswechsel der Fichte. Allg. Forst. Jgd. Ztg. 142 (4), 1971a.
KELLER, Th.: Auswirkungen der Luftverunreinigung auf die Vegetation. Ber. Eidg. Anst. f. forstl. Versuchswesen, Birmensdorf Nr. 67, 1971 b.
KELLER, Th.: Zur Phytotoxizität von Fluorimmissionen für Holzarten. Mitt. Eidg. Anst. Forstl. Versw. 51, 305–331, 1975.
KHAIRI, M. A. , HALL, A. E.: Effects of air and soil temperatures on vegetative growth of Citrus. J. Amer. Soc. Hort. Sci. 101, 337–341, 1976.
KIENDL, J.: Zum Wasserhaushalt des Phragmitetum communis und des Glycerietum aquaticae. Ber. Dt. Bot. Ges. 66, 246–263, 1953.
*KILLIAN, Ch. , LEMÉE, G.: Lex Xérophytes: leur économie d'eau. In: W.

RUHLAND (ed.): Handbuch der Pflanzenphysiologie III, 787–824. Springer, Berlin 1956.
KINZEL, H.: Ansätze zu einer vergleichenden Physiologie des Mineralstoffwechsels und ihre ökologischen Konsequenzen. Ber. Dt. Bot. Ges. 82, 143–158, 1969.
KIMURA, M.: Ecological and physiological studies on the vegetation of Mt. Shimagare. VII. Analysis of production processes of a young Abies stand based on the carbohydrate economy. Bot. Mag. Tokyo 82, 6–19, 1969.
KIRA, T., OWAGA, H., YODA, K., OGINO, K.: Primary production by a tropical rain forest of southern Thailand. Bot. Magazine, Tokyo 77, 428–429, 1964.
KIRA, T., SHIDEI, T.: Primary production and turnover of organic matter in different forest ecosystems of the Western Pacific. Jap. J. Ecology 17, 70–87, 1967.
KIRA, T., SHINOZAKI, K., HOZUMI, K.: Structure of forest canopies as related to their primary productivity. Plant and Cell Physiol. 10, 129–142, 1969.
KISLYUK, I. M.: Issledovanie povreždajuščego lejstvija ochlaždenija na kletki listev rastenii, čuvstvitelnych k cholodu. Nauka, Moskva–Leningrad 1964.
KISLYUK, I. M., ALEXANDROV, V. Ya., DENKO, E. I., FELDMAN, N. L., KAMENTSEVA, I. E., LUTOVA, M. I., SHUKHTINA, H. G., VASKOVSKY, M. D.: Thermostability of cells and temperature conditions of species life. Phytotronic Newsl. 15, 59–64, 1977.
KLUGE, M.: Der CO_2-Austausch der Sukkulenten: Biochemische Grundlagen einer ökologischen Anpassung. Ber. Dt. Bot. Ges. 84, 417–424, 1971.
*KLUGE, M.: Crassulacean acid metabolism (CAM): CO_2 and water economy. In: O. L. LANGE, L. KAPPEN, E. D. SCHULZE (eds.): Water and Plant Life. Ecological Studies 19, 313–322. Springer, Berlin 1976.
*KLUGE, M.: Ecological aspects of Crassulacean acid metabolism. Proc. Fourth Int. Congr. Phot synthesis 1977, 335–345, 1977.
*KLUGE, M., TING, J. P.: Crassulacean Acid Metabolism: Analysis of an Ecological Adaptation. Ecol. Studies 30, Springer, Heidelberg 1978.
KOCH, W.: Untersuchungen über die Wirkung von CO_2 auf die Photosynthese einiger Holzgewächse unter Laboratoriumsbedingungen. Flora B 158, 402–428, 1969.
KÖRNER, Ch., HOFLACHER, H., WIESER, G.: Untersuchungen zum Wasserhaushalt von Almflächen im Gasteiner Tal. In: A. CERNUSCA, (ed.): Ökologische Analysen von Almflächen im Gasteiner Tal, 67–79. Wagner, Innsbruck 1978.
*KÖRNER, Ch., SCHEEL, J. A. , BAUER, H.: Maximum leaf diffusive conductance in vascular plants. Photosynthetica 13, 45–82, 1979.
*KOL, E.: Kryobiologie, I. Kryovegetation. Schweizerbart, Stuttgart 1968.
*KOZLOWSKI, T. T.: Growth and Development of Trees. Volume I: Seed Germination, Ontogeny, and Shoot Growth. Academic Press, New York 1971.
*KRAMER, P. J.: Plant and Soil Water Relationship. McGraw-Hill, New York–Toronto–London 1949.
*KRAMER, P. J.: Thermoperiodism in Trees. In: V. THIMANN (ed.): The Physiology of Forest Trees. Ronald Press Co., New York 1958.
KRASAVCEV, O. A.: Über Gefriervorgänge bei pflanzlichen Geweben. Dt. Akad. Landwirtschaftswiss. Berlin, Tagungsber. 100, 23–34, 1968.

Krasavcev, O. A.: Kalorimetrija rastenii pri temperaturach niže nulja. Nauka, Moskva 1972.
Kreeb, K.: Die ökologische Bedeutung der Bodenversalzung. Angew. Bot. 39, 1–15, 1965.
*Kreeb, K.: Ökophysiologie der Pflanzen. VEB G. Fischer, Jena 1974 a.
*Kreeb, K.: Pflanzen an Salzstandorten. Die Naturwiss. 61, 337–343, 1974 b.
Krüssmann, G.: Taschenbuch der Gehölzverwendung. P. Parey, Berlin–Hamburg, 2. Aufl., 1970.
Künstle, E., Mitscherlich, G.: Photosynthese, Transpiration und Atmung in einem Mischbestand im Schwarzwald. IV. Teil: Bilanz. Allg. Forst. Jagdztg. 148, 227–239, 1977.
Künz, M.: Dürreüberdauerungsvermögen von Holzpflanzen im submediterranen Raum. Thesis Padua–Innsbruck 1974.
Kwakwa, R. S.: The effects of temperature and day-length on growth and flowering in woody plants. MSc. Thesis, Univ. of Ghana. Zitiert bei Longman, K. A. , und Jenik, 1964.
Kyriakopoulos, E., Larcher, W.: Saugspannungsdiagramme für austrocknende Blätter von Quercus ilex L. Ztsch. Pflanzenphysiol., 77, 268–271, 1976.
*Laatsch, W.: Dynamik der mitteleuropäischen Mineralböden. Steinkopf, Dresden, 1954.
Labus, B., Schuster, H., Nobel, W., Kohler, A.: Wirkung von toxischen Abwasserkomponenten auf submerse Makrophyten. Angew. Bot. 51, 17–36, 1977.
Ladefoged, K.: Transpiration of forest trees in closed stands. Physiol. Plant. 16, 378–414, 1963.
*Laetsch, W. M.: The C_4 Syndrome: A structural analysis. Ann. Rev. Plant Physiol., 25, 27–52, 1974.
*Läuchli, A.: Symplasmic transport and ion release to the xylem. In: I. F. Wardlaw, J. B. Passioura (eds.): Transport and Transfer Processes in Plants, 101–112, Academic Press, New York 1976.
Lang, A. R. G., Klepper, B. , Cumming, M. J.: Leaf water balance during oscillation of stomatal aperture. Plant Physiol. 44, 826–830, 1969.
Lange, O. L.: Hitze- und Trockenresistenz der Flechten in Beziehung zu ihrer Verbreitung. Flora 140, 39–97, 1953.
Lange, O. L.: Untersuchungen über den Wärmehaushalt und Hitzeresistenz mauretanischer Wüsten- und Savannenpflanzen. Flora 147, 595–651, 1959.
Lange, O. L.: Die Photosynthese der Flechten bei tiefen Temperaturen nach Frostperioden. Ber. Dt. Bot. Ges. 75, 351–352, 1962.
Lange, O. L.: Der CO_2-Gaswechsel von Flechten bei tiefen Temperaturen. Planta 64, 1–19, 1965.
Lange, O. L.: Investigations on the variability of heat-resistance in plants. In: A. S. Troshin (ed.): The cell and environmental temperature, 131 – 141. Pergamon Press, London 1967.
Lange, O. L.: Experimentell-ökologische Untersuchungen an Flechten der Negev-Wüste. I. CO_2-Gaswechsel von Ramalina maciformis (Del.) Bory unter kontrollierten Bedingungen im Laboratorium. Flora, Abt. B, 158, 324–359, 1969.
Lange, O. L., Schulze, E. D., Koch, W.: Experimentell-ökologische Untersuchungen an Flechten der Negev-Wüste. II. CO_2-Gaswechsel und

Wasserhaushalt von Ramalina maciformis (Del.) Bory am natürlichen Standort während der sommerlichen Trockenperiode. Flora 159, 38–62, 1970.

LANGE, O. L., SCHULZE, E. D., KAPPEN, L., BUSCHBOM, U., EVENARI, M.: Photosynthesis of desert plants as influenced by internal and external factors. In: D. M. GATES, R. B. SCHMERL: Perspectives of Biophysical Ecology Ecol. Studies 12, 121–143, Springer, Berlin 1975.

LARCHER, W.: Die Kälteresistenz mediterraner Immergrüner und ihre Beeinflußbarkeit. Planta 44, 607–638, 1954.

LARCHER, W.: Transpiration and photosynthesis of detached leaves and shoots of Quercus pubescens and Quercus ilex during desiccation under standard conditions. Bull. Res. Counc. , Israel 8D, 213–224, 1960.

LARCHER, W.: Jahresgang des Assimilations- und Respirationsvermögens von Olea europaea L. ssp. sativa Hoff. et Link., Quercus ilex L. und Quercus pubescens Willd. aus dem nördlichen Gardaseegebiet. Planta 56, 575–606, 1961.

LARCHER, W.: Die Eignung abgeschnittener Zweige und Blätter zur Bestimmung des Assimilationsvermögens. Planta 60, 1–18, 1963 a.

LARCHER, W.: Zur Frage des Zusammenhangs zwischen Austrocknungsresistenz und Frosthärte bei Immergrünen. Protoplasma 57, 569–587, 1963 b.

*LARCHER, W.: The influence of water stress on the relationship between CO_2-uptake and transpiration. In: B. Slavík (ed.): Water Stress in Plants. Academia Prag, 184–194, 1965.

*LARCHER, W.: The effect of environmental and physiological variables on the carbon dioxide gas exchange of trees. Photosynthetica 3, 167–198, 1969.

LARCHER, W.: Kälteresistenz und Überwinterungsvermögen mediterraner Holzpflanzen. Oecol. Plant. 5, 267–286, 1970.

LARCHER, W.: Die Kälteresistenz von Obstbäumen und Ziergehölzen subtropischer Herkunft. Oecol. Plant. 6, 1–14, 1971.

LARCHER, W.: Der Wasserhaushalt immergrüner Holzpflanzen im Winter. Ber. Dt. Bot. Ges. 86, 85, 315–327, 1972.

*LARCHER, W.: Limiting temperatures for life functions in plants. In: H. PRECHT, J. CHRISTOPHERSEN, H. HENSEL, W. LARCHER (ed.), Temperature and Life, Springer, Berlin–Heidelberg–New York, 2. Aufl., 1973.

LARCHER, W.: Ökologie der Pflanzen. UTB 232, Ulmer, Stuttgart 1973 b.

LARCHER, W.: Ergebnisse des IBP-Projektes „Zwergstrauchheide Patscherkofel“. Sitzungsber. Österr. Adad. Wiss., Math.-naturwiss. Kl. I, 186, 301–371, 1977.

LARCHER, W.: Physiological Plant Ecology. 2. Auflage. Springer, Berlin 1980.

LARCHER, W.: Resistenzphysiologische Grundlagen der evolutiven Kälteakklimatisation von Sproßpflanzen. Plant. Syst. Evol. 137, 145–180, 1981.

*LARCHER, W. und BAUER, H.: Ecological significance of resistance to low temperatures. In: O. L. LANGE (ed.): Physiological Plant Ecology I, Encyclopedia of Plant Physiology 12 A, 403–437. Springer, Berlin 1981.

LARCHER, W., CERNUSCA, A., SCHMIDT, L.: Stoffproduktion und Energiebilanz in Zwergstrauchbeständen auf dem Patscherkofel bei Innsbruck. In: H. ELLENBERG (ed.), Ökosystemforschung, 175–194, Springer, Berlin–Heidelberg–New York 1973.

LARCHER, W., MAIR, B.: Die Temperaturresistenz als ökophysiologisches

Konstitutionsmerkmal 1. Quercus ilex und andere Eichenarten des Mittelmeergebietes. Oecol. Plant. 4, 347–376, 1969.

LARCHER, W., WAGNER, J.: Ökologischer Zeigerwert und physiologische Konstitution von *Sempervivum montanum*. Verh. Ges. Ökol. 11, 253–264, 1983.

LAURIE, A., KIPLINGER, D. C.: Commercial flower forcing, 4. ed., Philadelphia 1944.

LAUSCHER, F.: Methoden zur Weltklimatologie der Hydrometeore. Der Anteil des festen Niederschlags am Gesamtniederschlag. Arch. Met. Geoph. Biokl. B 24, 129–176, 1976.

LENZ, F.: Effects of day length and temperature on the vegetative and reproductive growth of „Wahington Navel" orange. Proc. Ist. Int. Citrus Symp. Vol. 1, 333–338, 1969.

*LEVITT, J.: Frost, Drought, and Heat resistance. Protoplasmatologia VIII, 6. Springer, Wien 1958.

*LEVITT, J. 1972: Responses of Plants to Environmental Stresses. Academic Press, New York 1972.

*LIETH, H. (ed.): Die Stoffproduktion der Pflanzendecke. Fischer, Stuttgart 1962.

*LIETH, H.: Phenology in productivity studies. In: D. E. REICHLE (ed.): Analysis of Temperate Forest Ecosystems. Ecol. Studies 1, 29–46. Springer, Berlin 1970.

LIETH, H.: Über die Primärproduktion der Pflanzendecke der Erde. Angew. Bot. 46, 1–37, 1972.

*LIETH, H.: Phenology and Seasonality Modeling. Ecological Studies 8. Springer, Berlin 1974.

*LIETH, H. WHITTAKER, R. H.: Primary Productivity of the Biosphere. Ecological Studies, 14. Springer, Berlin 1975.

*LIKENS, G. E.: Primary productivity of inland aquatic ecosystems. In: H. LIETH, R. H. WHITTAKER (eds.): Primary Productivity of the Biosphere. Ecological Studies 14, 185–202. Springer, Berlin 1975.

LIKENS, G. E., BORMANN, F. H., PIERCE, R. S., EATON, J. S., JOHNSON, N. M.: Biogeochemistry of a Forested Ecosystem. Springer, New York 1977.

LLOYD, N. D. N., CANVIN, D. T., BRISTOW, J. M.: Photosynthesis and photorespiration in submerged aquatic vascular plants. Can. J. Bot. 55, 3001–3005, 1977.

LÖSCH, R.: Responses of stomata to environmental factors – Experiments with isolated epidermal strips of Polypodium vulgare. II. Leaf bulk water potential, air humidity, and temperature. Oecologia 39, 229–238, 1979.

*LONGMAN, K. A., JENIK, J.: Tropical Forest and its Environment. Longman Ltd., London 1974.

*LOOMIS, R. S., GERAKIS, P. A.: Productivity of agricultural ecosystems. In: J. P. COOPER (ed.): Photosynthesis and Productivity in Different Environments, Cambridge Univ. Press 1975.

LOSSAINT, P., RAPP, M.: Répartition de la matiére organique, productivité et cycles des éléments minéraux dans des écosysteémes de climat méditerranéen. In: P. DUVIGNEAUD (ed.): Productivity of Forest Ecosystems, 597–617, UNESCO Paris 1971.

LOSSAINT, P., RAPP, M.: La forêt méditerranée de chênes verts. In: M. LAMOTTE und C. BOURLIÈRE (eds.): Problémes d'Écologie. Écosystèmes terrestres, 129–185. Masson, Paris 1978.

LOVEYS, B. R., KRIEDEMANN, P. E.: Rapid changes in abscisic acid-like inhibitors following alterations in vine leaf water potential. Physiol. Plant. 28, 476–479, 1973.

LUDLOW, M. M., WILSON, G. L.: Photosynthesis of tropical pasture plants. I. Illuminance, carbon dioxide concentration, leaf temperature, and leaf air vapour pressure difference. Austr. J. biol. Sci. 24, 449–470, 1971.

LUDLOW, M. M., WILSON, G. L.: Photosynthesis of tropical pasture plants. II. Temperature and illuminance. Austr. J. biol. Sci. 24, 1065–1075, 1971.

LUDLOW, M. M., WILSON, G. L.: Photosynthesis of tropical pasture plants. III. Leaf age. Austr. J. biol. Sci. 24, 1077–1087, 1971.

*LUDLOW, M. M.: Ecophysiology of C_4-Grasses. In: O. L. LANGE, L. KAPPEN, E. D. SCHULZE (eds.): Water and Plant Life. Ecological Studies 19, 364–386. Springer, Berlin 1976.

*LÜTTGE, U.: Stofftransport der Pflanzen. Springer, Berlin–Heidelberg–New York 1973.

LUNDEGÅRDH, H.: Der Temperaturfaktor bei der Kohlensäureassimilation und Atmung. Biochem. Z. 195–234, 1924.

*MAESTRI, M., BARROS, R. S.: Coffee. In: P. d. T. ALVIM, T. T. KOZLOWSKI: Ecophysiology of Tropical Crops, 249–278. Academic Press, New York 1977.

MAHLKNECHT, A.: Dürreüberdauerungsvermögen sommergrüner Laubbäume in Abhängigkeit vom Wasservorrat in Ästen und Stämmen. Thesis Padua–Innsbruck 1976.

MAIR, B.: Frosthärtegradienten entlang der Knospenfolge auf Eschentrieben. Planta 82, 164–169, 1968.

MALKINA, I. S., CELNIKER, Ju. L. , JAKŠINA, A. M.: Fotosintez i dychanie podrosta. Nauka, Moskau 1970.

MAR-MÖLLER, C., MÜLLER, D., NIELSEN, J.: Graphic presentation of dry matter production of European beech. Det. forstl. Forsøgsv. i. Danmark 21, 327–335, 1954.

Mc MANMON, M., CRAWFORD, R. M. M.: A metabolic theory of flooding tolerance: The significance of enzyme distribution and behaviour. New Phytol. 70, 299–306, 1971.

MAXIMOV, N. A.: Experimentelle und kritische Untersuchungen über das Gefrieren und Erfrieren der Pflanzen. Jb. wiss. Bot. 53, 327–420, 1914.

MAXIMOV, N. A.: Physiologisch-ökologische Untersuchungen über die Dürreresistenz der Xerophyten. Jb. wiss. Bot. 62, 128–144, 1923.

MAXIMOV, N. A.: Internal factors of frost and drought resistance in plants. Protoplasma 7, 259–291, 1929.

*MENGEL, K.: Ernährung und Stoffwechsel der Pflanze. VEB Fischer, Jena, 3. Aufl. , 1968.

MERINO, J. , GARCÍA NOVO, F., SÁNCHEZ DÍAZ, M.: Annual fluctuation of water potential in a xerophytic shrub of the Doñana Biological Reserve (Spain). Oecol. Plant. 11, 1–11, 1976.

*MEYER, F. M.: Bäume in der Stadt. Ulmer, Stuttgart 1978.

MEYER, N.: Histochemische Untersuchungen über jahreszeitliche Veränderungen der Fermentaktivität und des Stärkegehaltes in Trieben einiger Prunus-Arten. Flora A 159, 215–232, 1968.

MILLER, R., RÜSCH, J.: Zur Frage der Kohlensäureversorgung des Waldes. Forstwiss. Cbl. 79, 42–62, 1960.

*MITSCHERLICH, G.: Wald, Wachstum und Umwelt. 2. Bd.: Waldklima und Wasserhaushalt. Sauerländer, Frankfurt/Main 1971.

*MOLCHANOV, A. A.: Cycles of atmospheric precipitation in different types of forests of natural zones of the USSR. In.: P. DUVIGNEAUD (ed.): Productivity of Forest Ecosystems (1969), 49–68. UNESCO Paris 1971.

MOLISCH, H.: Der Einfluß einer Pflanze auf die andere – Allelopathie. Fischer, Jena 1937.

MONSI, M., SAEKI, T.: Über den Lichtfaktor in den Pflanzengesellschaften und seine Bedeutung für die Stoffproduktion. Jap. J. Bot. 14, 22–52, 1953.

MONSI, M., UCHIJIMA, Z., OIKAWA, T.: Structure of foliage canopies and photosynthesis. Ann. Review Ecol. and Syst. 4, 301–327, 1973.

*MONTEITH, J. L.: Principles of Environmental Physics. Edward Arnolds, London 1973.

MONTEITH, J. L.: Reassessment of maximum growth rates for C3 and C4 crops. Exp. Agr. 14, 1–5, 1978.

MONZIGO, H. N., COMANOR, P. L.: Implications of the thermal response of Ferocactus acanthodes. Cactus & Succ. J. , Suppl. Vol. 1975, 22–28, 1975.

MOONEY, H. A., EHLERINGER, J., BERRY, J. A.: High photosynthetic capacity of a winter annual in Death Valley. Science 194, 322–324, 1976.

MOSER, W., BRZOSKA, W., ZACHHUBER, K., LARCHER, W.: Ergebnisse des IBP-Projekts „Hoher Nebelkogel 3184 m“. Sitzungsber. Österr. Akad. Wiss., Math.-naturwiss. Kl. I, 186, 389–419, 1977.

*MUDD, J. B. und KOZLOWSKI, T. T.: Responses of Plants to Air Pollution. Academic Press, New York 1975.

*MÜLLER, D.: Kreislauf des Kohlenstoffs. In: W. RUHLAND (ed.): Handbuch der Pflanzenphysiologie XII/2, 934–948. Springer, Berlin–Göttingen–Heidelberg 1960.

*MÜLLER, E., LOEFFLER, W.: Mykologie. G. Thieme, Stuttgart, 2. Aufl. 1971.

MÜLLER, H.: Kennzahlen der Dürreresistenz von Obstbäumen und Weinreben. Thesis Padua–Innsbruck 1976.

MÜLLER-STOLL, W. R.: Ökologische Untersuchungen an Xerothermpflanzen des Kraichgaus. Z. Bot. 29, 161–253, 1935.

MÜLLER-THURGAU, H.: Über das Gefrieren und Erfrieren der Pflanzen. Landw. Jb. 15, 435–610, 1886.

*MÜNCH, E.: Die Stoffbewegungen in der Pflanze. Fischer, Jena 1930.

MURATA, Y.: Level-I-investigations of IPP/P. In: H. TAMIYA (ed.): JIBP Synthesis, Vol. 20, 57–62. Univ. Tokyo Press, Tokyo 1978.

NACHUZRIŠVILI, G. Š.: Ekologija vysokogornych rastenii i fitozenozov zentralnogo Kavkaza. Ritmika razvitija, fotosintez, ekobiomorfy. Mezniereba Tbilisi 1974.

*NAPP-ZINN, K.: Anatomie des Blattes. II. Blattanatomie der Angiospermen. A. Entwicklungsgeschichtliche und topographische Anatomie des Angiospermenblattes. Handbuch der Pflanzenanatomie VIII/2A, Borntraeger, Berlin 1973.

NEGISI, K.: Photosynthesis, respiration and growth in 1 year old seedlings of Pinus densiflora, Cryptomeria japonica and Chamaecyparis obutsa. Bull. Tokyo Univ. For. 62, 1–115, 1966.

NEUWIRTH, G.: Der CO_2-Stoffwechsel einiger Koniferen während des Knospenaustriebes. Biol. Zentralbl. 78, 560–584, 1959.

NOBEL, P. S.: Water relations and photosynthesis of a barrel cactus, Ferocactus acanthodes, in the Colorado Desert. Oecologia 27, 117–133, 1977.

OCHI, H.: Autecological study of mosses in respect to water economy. I. On the minimum hydrability within which mosses are able to survive. Bot. Mag. 65, 112, 1952; zitiert bei O. STOCKER, Handbuch der Pflanzenphysiologie III, 738. Springer, Berlin 1956.

*ODUM, E. P.: Fundamentals of Ecology. Sounders Comp., Philadelphia–London, 1953, 1959, 1971.

ODUM, E. P.: The strategy of ecosystem development. Science 164, 262–270, 1969

ODUM, H. T.: Trophic structure and productivity of Silver Springs, Florida. Ecol. Monogr. 27, 55–112, 1957.

ODUM, H. T. und PIGEON, R. F.: A Tropical Rain Forest, US. Atomic Energy Comm., Oak Ridge 1970.

OLIEN, Ch. R.: Freezing stresses and survival. Ann. Rev. Plant Physiol. 18, 387–408, 1967.

OLIEN, C. R.: Energies of freezing and frost desiccation. Plant Physiol. 53, 764–767, 1974.

OPPENHEIMER, H. R.: Zur Kenntnis der hochsommerlichen Wasserbilanz mediterraner Gehölze. Ber. Dt. Bot. Ges. 50 a 185–243, 1932.

*OSMOND, C. B.: Crassulacean acid metabolism: A Curiosity in context Ann. Rev. Plt. Physiol. 29, 379–414, 1978.

*OSMOND, C. B., WINTER, K., ZIEGLER, H.: Functional significance of different pathways of CO_2 fixation in photosynthesis. In: O. L. LANGE, P. S. NOBEL, C. B. OSMOND, H. ZIEGLER (eds.): Physiological plant ecology II. Encyclopedia of Plant Physiol. 12 B, 479–547. Springer, Berlin 1982.

O'TOOLE, J. C., CRUZ, R. T., SINGH, T. N.: Leaf rolling and transpiration. Plant Sci. Letters 16, 111–114, 1979.

OVINGTON, J. D.: A comparison of rainfall in different woodlands. Forestry 27, 41–53, 1954.

PARKER, J.: Drought resistance of roots of white ash, sugar maple, and red oak. NE. Forest Exp. Sta. Upper Darby, Pa., US-Forest Serv. Res. Paper NE-94, 1968.

PATE, J. S.: Nutrient mobilization and cycling: Case studies for carbon and nitrogen in organs of a legume. In: I. F. WARDLAW, J. B. PASSIOURA (eds.): Transport und Transfer Processes in Plants, 447–462. Academic Press, New York 1976.

*PERRY, Th.: Dormancy of trees in winter. Science 171, 29–36, 1971.

PICHLER, J.: Hitzeresistenz von Gräsern eines Steppenhanges im Vintschgau. Thesis Padua–Innsbruck 1975.

PISEK, A.: Versuche zur Frostresistenzprüfung von Rinde, Winterknospen und Blüten einiger Arten von Obstgehölzen. Gartenbauwiss. 23, 54–74, 1958.

PISEK, A., BERGER, E.: Kutikuläre Transpiration und Trockenresistenz isolierter Blätter und Sprosse. Planta 28, 124–155, 1938.

PISEK, A., KEMNITZER, R.: Der Einfluß von Frost auf die Photosynthese der Weißtanne (Abies alba Mill.). Flora, Abt. B, 157, 314–326, 1968.

PISEK, A., SCHIESSL, R.: Die Temperaturbeeinflußbarkeit der Frosthärte von Nadelhölzern und Zwergsträuchern an der alpinen Waldgrenze. Ber. naturwiss. med. Ver. Innsbruck 47, 33–52, 1947.

PISEK, A., TRANQUILLINI, W.: Transpiration und Wasserhaushalt der Fichte (Picea excelsa) bei zunehmender Luft- und Bodentrockenheit. Physiol. Plant. 4, 1–27, 1951.

Pisek, A., Winkler, E.: Die Schließbewegung der Stomata bei ökologisch verschiedenen Pflanzentypen in Abhängigkeit vom Wassersättigungszustand der Blätter und vom Licht. Planta 42, 253–278, 1953.

Pisek, A., Winkler, E.: Wassersättigungsdefizit, Spaltenbewegung und Photosynthese. Protoplasma 46, 597–611, 1956.

Pisek, A., Winkler, E.: Assimilationsvermögen und Respiration der Fichte (Picea excelsa Link.) in verschiedener Höhenlage und der Zirbe (Pinus cembra L.) an der alpinen Waldgrenze. Planta 51, 518–543, 1958.

Pisek, A., Winkler, E.: Licht- und Temperaturabhängigkeit der CO_2-Assimilation von Fichte, Zirbe und Sonnenblume. Planta 53, 532–550, 1959.

*Pleiss, H.: Der Kreislauf des Wassers in der Natur. VEB Fischer, Jena 1977.

Pollanschütz, J.: Die ertragskundlichen Meßmethoden zur Erkennung und Beurteilung von forstlichen Rauchschäden. Mitt. Forst. Bdes. Vers. Anst. Wien, Heft 92, 153–206, 1971.

*Polster, H.: Die physiologischen Grundlagen der Stofferzeugung im Walde. Bayer. Landwirtschaftsverlag, München 1950.

*Polster, H.: Wasserhaushalt. In: H. Lyr, H. Polster, H. J. Fiedler: Gehölzphysiologie. VEB G. Fischer, Jena 1967.

Polster, H., Fuchs, S.: Winterassimilation und -Atmung der Kiefer (Pinus silvestris L.) im mitteldeutschen Binnenlandklima. Arch. Forstwesen 12, 1011–1024, 1963.

Polster, H., Neuwirth, G.: Assimilationsökologische Studien an einem fünfjährigen Pappelbestand. Arch. Forstwesen 7, 749–785, 1958.

Ponomareva, M. M.: Vliyanie koncentracii uglekisloty na intensivnost fotosinteza. Exper. Bot. IV, 14, 53–72. Izd. Akad. Nauk, Moskva–Leningrad 1960.

Poole, D. K., Miller, P. C.: Water related characteristics of some evergreen sclerophyll shrubs in central Chile. Oecol. Plant. 13, 289–299, 1978.

Pospišilová, J.: Development of water stress in kale leaves of different insertion levels. Biol. Plant. (Praha) 17, 392–399, 1975.

Rabotnov, T. A.: Žiznennyi cikl mnogoletnich travianystich rastenii v lugovych cenozach. Trudy Bot. Inst. Akad. Nauk SSSR, Ser 3 (6), 1950.

Rabotnov, T. A.: Fitocenologija. Izd. Moskovsk. Univ. 1978.

Raeuber, A., Meinl, G., Engel, K. H.: Über die Beziehungen zwischen einigen meteorologischen Elementen und dem Wachstum von Kulturpflanzen. Wiss. Z. Univ. Leipzig 17, 295–301, 1968.

*Raghavendra, A. S., Das, V. S. R.: The occurence of C_4-photosynthesis: A supplementary list of C_4-plants reported during late 1974 – mid 1977. Photosynthetica 12, 200–208, 1978.

Rapp, M.: Production de litière et apport au sol d'éléments minèraux dans deux écosystèmes méditerrannéens: La forêt de Quercus ilex L. et la garrique de Quercus coccifera L. Oecol. Plant. 4, 377–410, 1969.

Rapp, M.: Cycle de la matière organique et des éléments minèraux dans quelques écosystèmes méditerrannèens. Édit. C. N. R. S. 40, 19–184, Paris 1971.

Raschke, K.: Über die physikalischen Beziehungen zwischen Wärmeübergangszahl, Strahlungsaustausch, Temperatur und Transpiration eines Blattes. Planta 48, 200–239, 1956.

*Raunkiaer, C.: Statistik der Lebensformen als Grundlage für die biologische Pflanzengeographie. Beih. Biol. Cbl. 27 II, 171–206d, 1910.

*Raven, J. A.: The evolution of vascular land plants in relation to supracellular transport processes. In: H. W. Woolhouse (ed.): Advances Bot. Res. 5, 154–240. Academic Press, London 1977.

Rehder, H., Schäfer, A.: Nutrient turnover studies in alpine ecosystems. IV. Communities of the Central Alps and comparative survey. Oecologia 34, 309–327, 1978.

Retter, W.: Untersuchungen zur Assimilationsökologie und Temperaturresistenz des Buchenlaubes. Diss. Innsbruck 1965.

Richter, G. D., Petrova, L. A.: Schema rasprostranenija snežnogo pokrova na povepchnosti suši semnogo šara. Geografija snežnogo pokrova. Nauka, Moskva 1960.

Richter, H.: Wie entstehen Saugspannungsgradienten in Bäumen? Ber. Dtsch. Bot. Ges. 85, 341–351, 1972.

*Richter, H.: The water status in the plant – Experimental evidence. In: O. L. Lange, L. Kappen, E. D. Schulze (eds.): Water and Plant Life. Ecological Studies 19, 42–58. Springer, Berlin 1976.

Richter, H., Halbwachs, G., Holzner, W.: Saugspannungsmessungen in der Krone eines Mammutbaumes (Sequoiadendron giganteum). Flora 161, 401–420, 1972.

Ringoet, A.: Recherches sur la transpiration et la bilan d'eau de quelques plantes tropicales. Publ. Ist. Nat étude Agron. Congo Belge, Série Scientifique No 56, 1952.

*Ritchie, G. A., Hinckley, Th. M: The pressure chamber as an instrument for ecological research. Advanches Ecol. Res. 9, 165–254, Academic Press, London 1975.

Robberecht, R., Caldwell, M. M.: Leaf epidermal transmittance of ultraviolet radiation and its implications for plant sensitivity to ultraviolet radiation induced injury. Oecologia 32, 277–287, 1978.

*Rodin, L., Bazilevich, N. I.: Production and Mineral Cycling in Terrestrial Vegetation. Oliver & Boyd, Edinburgh–London 1967.

Rook, D. A.: The influence of growing temperature on photosynthesis and respiration of Pinus radiata seedlings. New Zealand J. Bot. 7, 43–55, 1969.

Rorison, I. H.: Ecological interferences from laboratory experiments on mineral nutrition. In: I. H. Rorison (ed.): Ecological Aspects of the Mineral Nutrition of Plants, 155–175. Blackwell, Oxford–Edinburgh 1969.

Rouschal, E.: Zur Ökologie der Macchien. Jb. wiss. Bot. 87, 436–523, 1938.

*Roussel, L.: Photologie forestrière. Masson & Cie, Paris 1972.

Rychnovská, M.: A contribution to the ecology of the genus Stipa – II. Water relations of plants and habitat on the hill of Křižová hora near the town of Moravský Krumlov. Preslia 37, 42–52, 1965.

Rychnovská, M. , Úlehlová, B.: Autökologische Studie der tschechoslowakischen Stipa-Arten. Vegetace ČSSR, A 8. Academia-Vlg. Prag 1975.

Rydén, B. E.: Hydrology of Truelove Lowland. In: L. C. Bliss: Truelove Lowland, Devon Island, Canada: A High Arctic ecosystem, 107–136. Univ. Alberta Press, Edmonton 1977.

Sakai, A., Weiser, C. J.: Freezing resistance of trees in North America with reference to tree regions. Ecology 54, 118–126, 1973.

Sale, P. J. M.: Net carbon exchange of field-grown crops in relation to irradiance and dry weight accumulation. Austr. J. Plant Physiol. 4, 555–569, 1977.

SALISBURY, E. I.: The oak-hornbeam woods of Hertfordshire. J. Ecol. 4, 83–117, 1916.
SALISBURY, F. B., SPOMER, G. G.: Leaf temperatures of alpine plants in the field. Planta 60, 497–505, 1964.
*SAUBERER, F., HÄRTEL, O.: Pflanze und Strahlung. Akad. Verlagsgesellschaft, Leipzig, 1959.
SAVAGE, M. J.: Use of the international system of units in the plant sciences. HortSci. 14, 492–495.
*SCHEFFER, F.: Der organisch gebundene Stickstoff des Bodens. In: W. RUHLAND (ed.): Handbuch der Pflanzenphysiologie VIII, 179–200, Springer. Berlin–Göttingen–Heidelberg 1958.
*SCHENNIKOW, A. P.: Phänologische Spektra von Pflanzengesellschaften. In: E. ABDERHALDEN (ed.): Handbuch der biologischen Arbeitsmethoden. 11 (6), 251–266. Springer, Berlin 1932.
SCHMIDT, L.: Phytomassevorrat und Nettoprimärproduktivität alpiner Zwergstrauchbestände. Oecol. Plant. 12, 195–213, 1977.
*SCHNARRENBERGER, C., FOCK, H.: Interactions among organelles involved in photorespiration. In: C. R. STOCKING, U. HEBER (eds.): Encyclopedia of Plant Physiology (N.S.), Transport in plants, III, 185–234, Springer, Berlin 1976.
*SCHNELLE, F.: Pflanzenphänologie. Akad. Verlagsgesellschaft, Leipzig 1955.
SCHNOCK, G.: Le bilan de l'eau dans l'écosystème forêt. Application à une chênaie mélangée de haute Belgique. In: P. DUVIGNEAUD (ed.): Productivity of forest ecosystems, 41–42. UNESCO, Paris 1971.
SCHÖLM, H. E.: Untersuchungen zur Hitze- und Frostresistenz einheimischer Süßwasseralgen. Protoplasma 65, 97–118, 1968.
SCHOLANDER, P. F., HAMMEL, H. T., BRADSTREET, E. D., HEMMINGSEN, E. A.: Sap pressure in vascular plants. Science 148, 339–346, 1965.
*SCHROEDER, D.: Bodenkunde in Stichworten. F. Hirt, Kiel 1969.
SCHULZE, E. D.: Der CO_2-Gaswechsel der Buche (Fagus silvatica L.) in Abhängigkeit von den Klimafaktoren im Freiland. Flora 159, 177–232, 1970.
*SCHULZE, E. D.: Plant life forms and their carbon, water and nutrient relations. In: O. L. LANGE, P. S. NOBEL, C. B. OSMOND, H. ZIEGLER (eds.): Physiological plant ecology. II. Encyclopedia of Plant Physiol. 12 B, 615–676. Springer, Berlin 1982.
SCHULZE, E. D., LANGE, O. L., KOCH, W.: Ökophysiologische Untersuchungen an Wild- und Kulturpflanzen der Negev-Wüste. III. Tagesverläufe der Nettophotosynthese und Transpiration am Ende der Trockenzeit. Oecologia 9, 317–340, 1972.
*SCHULZE, R.: Strahlenklima der Erde. Steinkopff, Darmstadt 1970.
SEMICHATOVA, O. A.: Energetika dychanija rastenii pri povyšennoi temperature. Izd. Nauka, Leningrad 1974.
SHANTZ, H. L.: Drought resistance and soil moisture. Ecology 8, 145–157, 1927.
*ŠESTÁK, Z., ČATSKÝ, JARVIS, P. G.: Plant photosynthetic production. Manual and methods. Junk, Den Haag 1971.
SHANTZ, H. L., PIEMEISEL, N.: The water requirement of plants at Acron Colorado. J. Agr. Res. 34, 1093–1190, 1927.
SHERIDAN, R. P., ULIK, T.: Adaptive photosynthesis responses to temperature extremes by the thermophilic cyanophyte Synechococcus lividus. J. of Phycology 12, 255–261, 1976.

SIEGELMAN, H. W., BUTLER, W. L.: Properties of phytochrome. Ann. Rev. Plant Physiol. 16, 383–392, 1965.

SIRÉN, G., SIVERTSSON, E.: Överlevelse och produktion hos snabbväxande Salix-och Populus-kloner för skogsindustri och energiproduktion. Rapp. Uppsatser 83, Stockholm 1976.

*SLATYER, R. O.: Plant-Water Relationships. Academic Press, London–New York 1967.

SLATYER, R. O.: Comparative photosynthesis, growth, and transpiration of two species of Atriplex. Planta 93, 175–189, 1970.

SLATYER, R. O.: Altitudinal variation in the photosynthetic characteristics of snow gum, Eucalyptus pauciflora Dieb. ex Spreng. VII. Relationship between gradients of field temperature and photosynthetic temperature optima in the Snowy Mountains Area. Aust. J. Bot. 26, 111–121, 1978.

SLATYER, R. O., TAYLOR, S. A.: Terminology in plant and soil water relations. Nature 187, 922–924, 1960.

SLAVÍK, B.: Methods in studying plant water relations. Ecological Studies 9. Springer, Berlin 1974.

*SMITH, P. F.: Mineral analysis of plant tissues. Ann. Rev. Plant Physiol. 13, 81–108, 1962.

STÅLFELT, M. G.: Die Spaltöffnungsweite als Assimilationsfaktor. Planta 23, 715, 1935.

STÅLFELT, M. G.: Der Gasaustausch der Moose. Planta 27, 30–60, 1937.

*STANHILL, G.: The water flux in temperate forests: Precipitation and evapotranspiration. In: D. E. REICHLE (ed.): Analysis of Temperate Forest Ecosystems. Ecological Studies 1, 247–256. Springer, Berlin–Heidelberg–New York 1970.

STEINER, M.: Zur Ökologie der Salzmarschen den nordöstlichen Vereinigten Staaten von Nordamerika. Jb. wiss. Bot. 81, 94–202, 1934.

STEŠENKO, A. P.: Osobeniosti stroenija podzemnych organov rastenii predelnych vysot proisrastanija na Pamire. Problemy botaniki XI, 284. Nauka, Leningrad 1969.

*STEUBING, L.: Niedere und höhere Pflanzen als Indikatoren für Immissionsbelastungen. Landschaft und Stadt 8, 97–144, 1976.

STEUBING, L., DAPPER, H.: Der Kreislauf des Chlorids im Meso-Ökosystem einer binnenländischen Salzwiese. Ber. Dt. Bot. Ges. 77, 71–74, 1964.

STOCKER, O.: Das Wasserdefizit von Gefäßpflanzen in verschiedenen Klimazonen. Planta 7, 382–387, 1929.

STOCKER, O.: Der Wasser- und Photosynthesehaushalt von Wüstenpflanzen der mauretanischen Sahara. III. Kleinsträucher, Stauden und Gräser. Flora 161, 46–110, 1972.

STOY, V.: Photosynthesis, respiration and carbohydrate accumulation in spring wheat in relation to yield. Physiol. Plant. 4, 1–125, 1965.

STOY, V.: Funktion von Blatt, Halm und Ähre bei der Ertragsbildung von Getreide. Ber. Arbeitstagung Gumpenstein 1966, 29–49, 1966.

*SUKAČEV, V., DYLIS, N.: Osnovy lesnoi biogeozenologii. Nauka, Moskva 1964.

SUCOFF, E.: Effect of deicing salts on woody vegetation along Minnesota roads. Techn. Bull. 303, Forestry Ser. 20, Minnesota Agricult. Exp. Station 3–49, 1975.

SUGIMOTO, K.: Studies on transpiration and water requirement of indica and japonica rice plants. Jap. J. of Trop. Agricult. 16, 260–264, 1973.

SULLIVAN, C. J., LEVITT, J.: Drought tolerance and avoidance in two species of oak. Physiol. Plant. 12, 299–305, 1959.

SVOBODA, J.: Ecology and primary production of raised beach communities, Truelove Lowland. In: L. C. BLISS (ed.): Truelove Lowland, Devon Island, Canada: A High Arctic Ecosystem, 185–216. Univ. Alberta Press, Edmonton 1977.

SZAREK, S. R., TING, I. P.: Photosynthetic efficiency of CAM plants in relation to C3 und C4 plants. In: R. MARCELLE (ed.): Environmental and Biological Control of Photosynthesis, 289–297. W. Junk, Den Haag 1975.

*SZAREK, S. R., TING, I. P.: The occurrence of Crassulacean acid metabolism among plants. Photosynthetica 11, 330–342, 1977.

*TAIT, R. V.: Meeresökologie. G. Thieme, Stuttgart 1971.

TALLING, J. F.: Generalized and specialized features of phytoplankton as a form of photosynthetic cover. In: Prediction and Measurement of Photosynthetic Productivity. Proc. IBP/PP. Techn. Meeting Trebon 1969, 431–445, Centre Agr. Publ. Doc. Wageningen 1970.

TANSLEY, A. G.: The use and abuse of vegetational concepts and terms. Ecology 16, 284–307, 1935.

*TAYLOR, O. C., THOMPSON, C. R., TINGEY, D. T., REINERT, R. A.: Oxides of nitrogen. In.: J. B. MUDD, T. T. KOZLOWSKI: Responses of Plants to Air Pollution, 122–140. Academic Press, New York 1975.

*THIENEMANN, A. F.: Leben und Umwelt. Leipzig 1941.

THOMAS, W.: Nitrogenous metabolism of Pyrus malus. III. The partition of nitrogen in leaves, one- and two-year branch growth and non-bearing spurs throughout a year's cycle. Plant Physiol. 2, 109–137, 1927.

THOMASER, W.: Kaloriengehalt verschiedener Organe mediterraner Hartlaubpflanzen und Vorkommen von Stärke und Fett im Jahresablauf. Thesis Padua–Innsbruck 1975.

THOMPSON, P. A.: Germination of Caryophyllaceae at low temperatures in relation to geographical distribution. Nature 217, 1156–1157, 1968.

TINUS, R. W.: Response of ponderosa pine and blue spruce to day and night temperature. Contr. No. 176, Congr. A. A. P. P. 1973.

TJURINA, M. M., GOGOLEVA, G. A.: Rol pokoja i temperatury v morozostoikosti jabloni. 12. Int. Bot. Cgr. Leningrad 1975, Abstr. II, 488, 1975.

*TOLBERT, N. E.: Leaf peroxisomes and photorespiration. In: M. D. HATCH, C. B. OSMOND, R. O. SLATYER (eds.): Photosynthesis and Photorespiration, 458–471, Wiley & Sons, Inc., New York 1971.

TOTSUKA, T.: Theoretical analysis of the relationship between water supply and dry matter production of plant communities. Fac. Sci. Univ. Tokyo 8, 341 375, 1963.

TRANQUILLINI, W.: Die Stoffproduktion der Zirbe an der Waldgrenze während eines Jahres. 2. Zuwachs und CO_2-Bilanz. Planta 54, 130–151, 1959.

TRANQUILLINI, W. , SCHÜTZ, W.: Über die Rindenatmung einiger Bäume an der Waldgrenze. Cbl. f. d. gesamte Forstwesen 87, 42–60, 1970.

TRANQUILLINI, W.: Physiological Ecology of the Alpine Timberline. Ecol. Stud. 31, Springer, Berlin 1979.

TREHARNE, K. J., EAGLES, C. F.: Effect of temperature on photosynthetic activity of climatic races of Dactylis glomerata L. Photosynthetica 4, 107–117, 1970.

TREHARNE, K. J., NELSON, C. J.: Effect of growth temperature on photosynthetic and photo-respiratory activity in tall fescue. In: R. C. MARCELLE:

Environmental and Biological Control of Photosynthesis 61–69. Junk, Den Haag 1975.
*TROLL, C.: Der jahreszeitliche Ablauf des Naturgeschehens in den verschiedenen Klimagürteln der Erde. Studium Generale 8, 713–733, 1955.
TÜRK, R., WIRTH, V., LANGE, O. L.: CO_2-Gaswechseluntersuchungen zur SO_2-Resistenz von Flechten. Oecologia 15, 33–64, 1974.
*TUMANOV, I. I.: The frost-hardening process of plants. In: A. S. TROSHIN (ed.): The Cell and Environmental Temperature, 6–14. Pergamon Press, Oxford 1967.
TURNER, N. C., BEGG, J. E.: Responses of pasture plants to water deficits. In: J. R. WILSON (ed.): Plant Relations in Pastures. C.S.I.R.O., Melbourne 1978. 50–66.
ULLRICH, H., MÄDE, A.: Studien über die Ursachen der Frostresistenz. II. Untersuchungen über den Temperaturverlauf beim Gefrieren von Blättern und Vergleichsobjekten. Planta 31, 251–263, 1940.
ULRICH, B.: Ausmaß und Selektivität der Nährelementaufnahme in Fichten- und Buchenbeständen. Allg. Forst Ztg. 1968, H. 47, 1968.
URL, W.: Über Schwermetall-, zumal Kupferresistenz einiger Moose. Protoplasma 46, 768–793, 1956.
URSPRUNG, A., BLUM, G.: Besprechung unserer bisherigen Saugkraftmessungen. Ber. Dt. Bot. Ges. 36, 599–618, 1918.
VARESCHI, V.: Zur Frage der Oberflächenentwicklung von Pflanzengesellschaften der Alpen und der Subtropen. Planta 40, 1–35, 1951.
VINŠ, B.: Použiti letokruhových analýz k průkazu kouřových skod (Verwendung von Jahresringanalysen zum Nachweis von Rauchschäden). Lesnictví 8, 263–280, 1962.
VONG, N. Q., MURATA, Y.: Studies on the physiological characteristics of C_3 and C_4 crop species I. The effects of air temperature on the apparent photosynthesis, dark respiration and nutrient absorption of some crops. Japan. J. Crop Sci. 46, 45–52, 1977.
VOZNESENSKII, V. L.: Fotosintez pustynnych rastenii. Nauka, Leningrad 1977.
*WAISEL, Y.: Biology of Halophytes. Academic Press, New York 1972.
WALLACE, W., PATE, J. S.: Nitrate assimilation in higher plants with special reference to the cocklebur (Xanthium pennsylvanicum Wallr.). Ann. Bot. 31, 213–228, 1967.
WALTER, H.: Die Hydratur der Pflanze und ihre physiologisch-ökologische Bedeutung. G. Fischer, Jena 1931.
*WALTER, H.: Einführung in die Phytologie, III/1. Standortslehre. E. Ulmer, Stuttgart, 2. Aufl., 1960.
WALTER, H.: Die physiologischen Voraussetzungen für den Übergang der autotrophen Pflanzen vom Leben im Wasser zum Landleben. Z. Pflanzenphysiol. 56, 170–185, 1967.
*WALTER, H.: Die Vegetation der Erde in ökophysiologischer Betrachtung, Bd. II: Die gemäßigten und arktischen Zonen. VEB G. Fischer, Jena 1968.
*WALTER, H.: Vegetations- und Klimazonen (UTB 14). E. Ulmer, Stuttgart 1979.
*WALTER, H.: Allgemeine Geobotanik. UTB 284, Ulmer, Stuttgart 1973.
WALTER, H., LIETH, H.: Klimadiagramm-Weltatlas. VEB G. Fischer, Jena 1967.

*WARDLAW, I. F.: Temperature control of translocation. In: R. L. BIELESKI, A. R. FERGUSON, M. M. CRESSWELL (eds.): Mechanisms of Regulation of Plant Growth, 533–538. Wellington, New Zealand, 1974.

*WARDLAW, I. F.: Assimilate partitioning: Cause and effect. In: I. F. WARDLAW, I. B. PASSIOURA (eds.): Transport and Transfer Processes in Plants, 381–391. Academic Press, New York 1976.

WATSON, D. J.: Comparative physiological studies on the growth of field crops. I. Variation in net assimilation rate and leaf area between species and varieties, and within and between years. Ann. Bot. 11, 41–76, 1947.

WAUGHMAN, G. J.: The effect of temperature on nitrogenase activity. J. Exper. Bot. 28, 949–960, 1977.

WEIDNER, M., ZIEMENS, C.: Preadaptation of protein synthesis in wheat seedlings to high temperature. Plant Physiol., 56, 590–594, 1975.

*WENT, F. W.: The Experimental Control of Plant Growth. Waltham, Mass 1957.

*WHITTAKER, H., LIKENS, G. E.: The biosphere and man. In: H. LIETH, R. H. WHITTAKER: Primary Productivity of the Biosphere. Ecological Studies 14, 305–328. Springer, Berlin 1975.

*WIESNER, J.: Der Lichtgenuß der Pflanzen. Leipzig 1907.

WILLIAMS III, G. J., LAZOR, R., YOURGRAU, P.: Temperature adaptations in the Hill reaction of altitudinally and latitudinally diverse populations of Verbascum thapsus. Photosynthetica 9, 35–39, 1975.

WILSON, Ch. Ch.: The effect of some environmental factors on the movements of guard cells. Plant Physiol. 23, 5–35, 1948.

*WINKLER, S.: Flechten und Moose als Bioindikatoren. In: W. FREY, H. HURKA, F. OBERWINKLER (eds.): Beiträge zur Biologie der niederen Pflanzen, 155–176. Fischer, Stuttgart 1977.

WINTER, K.: Carbon dioxide and water vapor exchange in the Crassulacean acid metabolism plant *Kalanchoe pinnata* during a prolonged light period. Plant Physiol. 66, 917–921.

WOLTERECK, R.: Über die Spezifität des Lebensraumes, der Nahrung und der Körperformen bei pelagischen Cladoceren und über „ökologische Gestaltsysteme". Biol. Zbl. 48, 521–551, 1928.

WOLVERTON, B. C., MCDONALD, R. C.: Upgrading facultative wastewater lagoons with vascular aquatic plants. J. Water Pollution Control Fed. 51, 305–313, 1979.

WYN JONES, R. G., GORHAM, J.: Osmoregulation. In: O. L. LANGE, P. S. NOBEL, C. B. OSMOND, H. ZIEGLER (eds.): Physiological plant ecology. III. Encyclopedia of Plant Physiol. 12 C, 35–58. Springer, Berlin 1983.

YODA, K.: Comparative ecological studies on three main types of forest vegetation in Thailand. III. Community respiration. Nature and Life in Southeast Asia 5, 83–148, 1967.

YODA, K., KIRA, T.: Comparative ecological studies on three main types of forest vegetation in Thailand. V. Accumulation and turnover of soil organic matter with notes on the altitudinal soil sequence on Khao (Mt.) Luang, penisular Thailand. Nature and Life in South-east Asia VI, 83–110, 1969.

ZELICH, I.: Improving the efficiency of photosynthesis. Science 188, 626–633, 1975.

ZIMMERMANN, M. H., BROWN, C. L.: Trees, Structure and Function. Springer, Berlin 1971.

Sachregister

Mit Sternchen * versehene Seitenzahlen beziehen sich auf Abbildungen oder Tabellen.